Christoph Deutschmann (Hrsg.)

Die gesellschaftliche Macht des Geldes

LEVIATHAN
Zeitschrift für Sozialwissenschaft

Sonderheft 21/2002

Christoph Deutschmann (Hrsg.)

Die gesellschaftliche Macht des Geldes

Mit Beiträgen von
Dirk Baecker, Jan-Alexander Bethge, Mathias Binswanger,
Christoph Deutschmann, Heiner Ganßmann, Aldo J. Haesler,
Rolf Haubl, Tilman Heisterhagen, Rainer-W. Hoffmann,
Jochen Hörisch, Wolfgang Ludwig-Mayerhofer,
Rudolf W. Müller, Axel T. Paul, Klaus Prange, Lucia A. Reisch,
Werner Schneider, Franz Segbers, Heinz-Peter Spahn,
Sibyll-Annett Strecker, Rainer Weinert, Christine Wimbauer

Westdeutscher Verlag

Die Deutsche Bibliothek – CIP-Einheitsaufnahme
Ein Titeldatensatz für diese Publikation ist bei
Der Deutschen Bibliothek erhältlich

1. Auflage Juli 2002

Alle Rechte vorbehalten
© Westdeutscher Verlag GmbH, Wiesbaden 2002

Der Westdeutsche Verlag ist ein Unternehmen der Fachverlagsgruppe BertelsmannSpringer.
www.westdeutschervlg.de

Das Werk einschließlich aller seiner Teile ist urheberrechtlich geschützt. Jede Verwertung außerhalb der engen Grenzen des Urheberrechtsgesetzes ist ohne Zustimmung des Verlags unzulässig und strafbar. Das gilt insbesondere für Vervielfältigungen, Übersetzungen, Mikroverfilmungen und die Einspeicherung und Verarbeitung in elektronischen Systemen.

Die Wiedergabe von Gebrauchsnamen, Handelsnamen, Warenbezeichnungen usw. in diesem Werk berechtigt auch ohne besondere Kennzeichnung nicht zu der Annahme, dass solche Namen im Sinne der Warenzeichen- und Markenschutz-Gesetzgebung als frei zu betrachten wären und daher von jedermann benutzt werden dürften.

Umschlaggestaltung: Horst Dieter Bürkle, Darmstadt
Satz: Martina Fleer, Herford

Gedruckt auf säurefreiem und chlorfrei gebleichtem Papier

ISBN 978-3-531-13687-5   ISBN 978-3-322-91614-3 (eBook)
DOI 10.1007/978-3-322-91614-3

Inhalt

Christoph Deutschmann: Einleitung 7

I. Geld als Kommunikationsmedium

Heiner Ganßmann: Das Geldspiel 21

Heinz-Peter Spahn: Die Ordnung der Gesellschaft als Zahlungswirtschaft . . 47

Dirk Baecker: Die Form der Zahlung 73

II. Geld und Religion

Christoph Deutschmann: Kapitalismus, Religion und Unternehmertum: eine unorthodoxe Sicht 85

Axel T. Paul: Die Legitimität des Geldes 109

Franz Segbers: Geld – der allergewöhnlichste Abgott auf Erden (Martin Luther). Die Zivilreligion des Alltags im Kapitalismus 130

III. Geld und Moderne

Rudolf W. Müller: The Coming Only is Sacred – Rush to the Future. Über Zeit, Geld, Zukunft heute 151

Aldo J. Haesler: Irreflexive Moderne. Die Folgen der Dematerialisierung des Geldes aus der Sicht einer tauschtheoretischen Soziologie 177

IV. Psychologie des Geldes und des Konsums

Rolf Haubl: Money madness. Eine psychodynamische Skizze 203

Lucia A. Reisch: Symbols for Sale: Funktionen des symbolischen Konsums . 226

V. Geld und Sozialcharakter

Klaus Prange: Geld in der Erziehung. Über Knappheit als paedagogicum . . 251

Christine Wimbauer / Werner Schneider / Wolfgang Ludwig-Mayerhofer unter Mitarbeit von Jutta Allmendinger und Dorothee Kaesler: Prekäre Balancen – Liebe und Geld in Paarbeziehungen 263

Jan-Alexander Bethge / Tilman Heisterhagen / Rainer-W. Hoffmann / Sibyll-Annett Strecker: Geldkrisen und Währungsreformen. Schichten-Schicksale, Sozialcharaktere und Sozialisation 286

Jochen Hörisch: Zählen oder Erzählen. Hinweise auf neuere Geld-Literatur . 316

VI. Zentralbanken und Finanzmärkte

Rainer Weinert: Geld und Politik: Autonomisierung und Funktionswandel von Zentralbanken 327

Mathias Binswanger: Spekulative Blasen und ihre Bedeutung in hochentwickelten Industrieländern 351

Verzeichnis der Autorinnen und Autoren 361

English abstracts 363

Christoph Deutschmann

Einleitung

Dass Geld nicht nur Träger von „Kaufkraft" ist, sondern seinem Besitzer Macht verleiht, ja, dass es sich seines Willens und seiner Seele selbst bemächtigt, war zu allen Zeiten ein zentrales Thema der schönen Literatur. Für Shakespeare war Geld das „stärkste Gift", für George Bernhard Shaw „das Allerwichtigste auf der Welt", für Robert Musil „das Maß aller Dinge" (Weimer 1994). Die Aufmerksamkeit, die das Thema Geld in der Poesie immer genossen hat, hat in der Wissenschaft freilich bis heute nur wenig Widerhall gefunden. Für die Soziologie beschreibt Ganßmann (1996, S. 17) die Situation treffend wie folgt: „Weil es als normal gilt, daß fast das ganze soziale Leben am Tropf des Geldes hängt, richtet sich die soziologische Aufmerksamkeit kaum auf diese Normalität, eher auf verbliebene nicht-monetarisierte Bereiche, etwa die zarten Pflänzchen der Lebenswelt, oder die schon seit Beginn der modernen Gesellschaft bedrohten, 'letzten' moralischen Ressourcen". Auf die Frage nach dem Geld pflege der Soziologe zu antworten: „Dafür bin ich nicht zuständig. Der Kollege von nebenan kommt gleich". Aber, so stellt sich bald heraus: Auch der „Kollege von nebenan", nämlich der Ökonom, weiß zum Geld nicht allzu viel zu sagen.

Die Wirtschaftstheorie betrachtet das Geld als Wertmaß und Tauschmittel. Man geht von der Vorstellung eines „realen" Tausches von Gütern gegen Güter aus, der – im Gleichgewicht – zu einer bestimmten Struktur der geldlos gedachten relativen Preise führt. Das Geld wird erst im zweiten Schritt eingeführt: als eine „Notlösung" (Aglietta 1993, S. 176), die die realen Austauschrelationen in einem allgemeinen Medium abbildet und so die Transaktionskosten senken und die unvermeidlichen Informations- und Rationalitätsdefizite der Akteure kompensieren hilft. Das Geld hat keinen inhaltlichen Einfluss auf die Tauschoperationen, sondern sorgt nur für deren effizientere Abwicklung. Weil das Geld als rein „symbolisches" Medium gilt, erübrigt sich die Frage nach seiner Substanz und Qualität; zulässig ist allein die nach seiner Funktion. Je „neutraler" es ist, je mehr sein Charakter sich auf den des vielzitierten „Schleiers" über den allein für bedeutsam gehaltenen „realen" Vorgängen reduziert, desto besser erfüllt es seine Funktion als Tauschmittel. Man kann hier von einer „naturalistischen" Sicht der Wirtschaft sprechen, die von der Produktion, dem Austausch und Konsum von Gütern als letzten, nicht weiter zu begründenden Realitäten ausgeht und das Geld dieser vermeintlichen Evidenz subsumiert. Der Preis dieser Betrachtungsweise ist freilich, dass es nicht gelingt, das Geld mehr als nur äußerlich in das Gebäude der ökonomischen Theorie einzufügen. Weil Angebot und Nachfrage nach dem rein „symbolischen" Medium Geld unter den Prämissen der naturalistischen Wertlehre nicht zu erklären sind, kann die Bereitstellung des Geldes nicht modellendogen abgeleitet werden, sondern muss als extern gewährleistete Rahmenbedingung des Wirtschaftens vorausgesetzt werden. Die herrschende Meinung geht von der Annahme der Existenz einer Zentralbank aus, die die Wirtschaft mit Geld „versorgt" und den Geldumlauf „steuert". So wird man erneut an den „Kollegen von nebenan" verwiesen, diesmal den Experten für Geldpolitik, den Politikwissenschaftler oder politischen Soziologen.

Nicht zu allen Zeiten freilich war das Verhältnis der Wissenschaft zum Geld durch eine solche Sprachlosigkeit gekennzeichnet. Schon seit einiger Zeit wird Simmels vor gut hundert Jahren erschienene „Philosophie des Geldes" (Simmel 1989) wiederentdeckt (Laidler/Rowe 1980; Kinzelé/Schneider 1993; Flotow 1995; Müller 2000), und es war Simmel, der Einwände gegen die Tauschmitteltheorie des Geldes formuliert hatte. Diese Theorie, so argumentierte er, sei zwar nicht falsch. Jedoch erscheine es nur auf den ersten Blick so, dass das Wertempfinden sich an den Gütern als den Endzwecken wirtschaftlichen Handelns und nicht an dem Geld als Mittel zu ihrer Erlangung festmache. Diese durch die Zwecke dominierte Wertorientierung des Wirtschaftens treffe in Wahrheit nur für wenig entwickelte agrarwirtschaftliche Verhältnisse mit gering differenzierter Technik und Arbeitsteilung zu, wie sie etwa im antiken Griechenland herrschten. Damals habe das Geld nur der Konsumtion gedient, heute aber diene es „wesentlich auch der Produktion" (Simmel 1989, S. 299). Mit wachsender Arbeitsteilung und Komplexität der Zweck-Mittel-Reihen nehme auch die Bedeutung des Geldes als Vermittler zu. Damit aber komme es zwangsläufig zu einer Verschiebung der Aufmerksamkeit und des Wertempfindens von den Zwecken auf das Mittel: „Es bedarf wohl keines besonderen Nachweises, daß diese Vordatierung des Endzwecks an keiner Mittelinstanz des Lebens in solchem Umfang und so radikal stattfindet als am Geld. Niemals ist ein Objekt, das seinen Wert ausschließlich seiner Mittlerqualität, seiner Umsetzbarkeit in definitivere Werte verdankt, so gründlich und rückhaltslos zu einer psychologischen Absolutheit des Wertes, einem das praktische Bewußtsein ganz ausfüllenden Endzweck aufgewachsen" (a.a.O., S. 298). Ein Mittel wie das Geld, das nicht nur vielen Zwecken dient, sondern in der modernen Gesellschaft zum schlechterdings unersetzlichen 'absoluten Mittel' (Simmel) herangewachsen ist, kann nicht bloß jenes harmlose „Tauschmittel" sein, als das es die ökonomische Theorie wahrnimmt. Es wird vielmehr, ob die Akteure das wollen oder nicht, selbst zur „Mitte", zum Endzweck, um den sich alles wirtschaftliche und soziale Handeln direkt oder indirekt dreht.

Kaum eine Abstraktion der Wissenschaft dürfte sich von der Wirklichkeit jemals weiter entfernt haben als die ökonomisch-neoklassische Doktrin vom „neutralen Geld". Tatsächlich war Geld wohl niemals „neutral", sondern wurde immer auch um seiner selbst willen begehrt. Es war Objekt der Begierde und des Bereicherungstriebes, es diente als Darstellungsmittel von Macht und Prestige. „Die 'auri sacra fames' ist so alt wie die uns bekannte Geschichte der Menschheit", stellt Max Weber (1920, S. 48) fest. Schon in der Antike und im europäischen Mittelalter hatte der Fernhandel den Geldnexus expandieren lassen und für eine stetige Erweiterung des Kreises der für Geld erhältlichen Güter gesorgt: Gewürze, Edelhölzer, Perlen, kostbare Tücher. Das hatte den Goldhunger des Adels und der Kirche angefacht, mit der Folge, dass beide in die Hände der Bankiers gerieten. Und schon damals „bastelten Kaufleute und Gelehrte an dem Wucher-Verbot herum und lösten legalen Gewinn, Teilhaberrisiko und Entschädigung aus dem generellen Verbot heraus: *Lucrum, fictum, damnum, interesse, donum, remuneratio, premium; dono, guadagno; frais, finance; interest, consideration, gratuity* werden alle zu etwas anderem als *usura*, Wucher" (Buchan 1999, S. 88).

Um das Geld definitiv in selbstzweckhaft sich vermehrendes Kapital zu verwandeln, musste freilich erst noch ein weiterer Schritt der Ausweitung des Geldnexus getan werden: die Verwandlung nicht nur aller Güter, sondern auch der Voraussetzungen für ihre Herstellung – Arbeit, Boden, produzierte Produktionsmittel – in Waren; in Europa geschah das bekanntlich zu Beginn des 19. Jahrhunderts. Das bedeutete nicht weniger, als den gesamten menschlichen Lebensprozess zu einem „Anhängsel des Marktes" (Karl Polanyi) zu machen. Die Analyse dieser Umwälzung, der „Great Transformation", wie Polanyi sie später bezeichnete, stand im Zentrum von Marx' Theorie des Kapitalismus. Mit der Entstehung eines freien Arbeitsmarktes kann Geld direkt auf das kreative Vermögen des Menschen selbst zugreifen, und im Gegensatz zum Sklaven ist der Lohnarbeiter selbst in den Geldnexus einbezogen! Erst jetzt wird das Geld wahrhaft zum höchsten Zweck für sich selbst, denn kaufen lassen sich jetzt nicht mehr nur profane Güter und Dienstleistungen, sondern alles durch Arbeit überhaupt nur Herstellbare: Reichtum schlechthin. Es wird zum Schlüssel der Produktion menschlicher Wirklichkeit. Ungeachtet seiner Selbstzweckhaftigkeit als absolutes Mittel muss Geld zwar nach wie vor ausgegeben werden. Es muss aber so weit wie möglich vermieden werden, es für bloß nützliche Güter auszugeben, denn dies hieße ja Perlen vor die Säue zu werfen und die Vermögenseigenschaft des Geldes zu vernichten. Geld muss so ausgegeben werden, dass es zurückfließt – nicht nur einfach, sondern *vermehrt* zurückfließt, denn sonst wäre die ganze Operation ebenso sinnlos gewesen. Der direkte Zugriff von Geld auf Arbeit macht das Kunststück möglich, den Kuchen zu essen, aber gleichwohl am Ende sogar mehr davon zu behalten. Nicht W-G-G-W, sondern G-W-W-G' ist die Bewegungsform des Kapitalismus. Der Kapitalismus ist damit gerade nicht mehr nur „Ökonomie" im konventionellen, harmlosen Sinn der Befriedigung der Bedürfnisse im Rahmen des „ganzen Hauses". Er zerstört vielmehr das Haus und wälzt die Gesellschaft wie die Natur beständig und mit unbekanntem Ziel um.

Das Geld nicht als Tauschmittel, sondern als selbstzweckhaftes Gebilde zu begreifen und diesen Gedanken zum Ausgangspunkt einer Analyse der Gesellschaft zu machen, der Selbstreferenzialität des Geldes in allen Bereichen der Gesellschaft nachzuspüren – dies war das gemeinsame Motiv von Marx und Simmel ungeachtet ihrer sonst so unterschiedlichen theoretischen Provenienz. So vielversprechend dieser Ansatz war, er wirkte nur innerhalb der verschiedenen, sich freilich zunehmend dogmatisierenden marxistischen Schulen weiter. In den sich akademisch ausdifferenzierenden und profilierenden Sozialwissenschaften wurde er kaum verstanden und geriet rasch in Vergessenheit. Die Kodifizierung und Systematisierung des Wissens über die Gesellschaft hatte zur Folge, dass die Sozialwissenschaften sich in zwei akademische Terrarien spalteten: Hier die Ökonomie, die sich auf das Gebiet der Bedürfnisbefriedigung und der rationalen Wahlhandlungen konzentrierte, dort die Soziologie, die sich auf Werte, Institutionen, Normen und Kultur spezialisierte. Hier der Blick auf die Mensch-Ding-Beziehungen, dort der auf die Mensch-Mensch-Beziehungen – so lautete die recht schlichte, aber einflussreiche Einteilung Oppenheimers. Ganßmann bezeichnet sie als „Oppenheimers Fluch", dem die Ökonomie und die Soziologie nicht mehr entkommen sollten. Das Thema Geld fiel durch die Raster dieser sich verfestigenden wissenschaftlichen Arbeitsteilung hindurch. Geld ist ein Gegenstand mit sowohl „realen" als auch „symbolischen" Eigenschaften, der genau zwischen den Forschungsfeldern von Ökonomie und Soziologie angesiedelt ist. Es verbindet die ökonomische Welt individueller Nutzenmaximierung mit der sozialen Welt der Kommunikation, der Normen und Institutionen – und stellt zugleich etwas Drittes dar, das sich keiner der beiden Perspektiven subsumieren lässt. So kam es, dass das Thema Geld mit der Trennung von Wirtschafts- und Sozialwissenschaften buchstäblich in ein „schwarzes Loch" fiel. Ausgerechnet in den Sozialwissenschaften wird die Macht des Geldes in und über die Gesellschaft in manchmal geradezu bizarrem Ausmaß ignoriert, verdrängt, heruntergespielt. Der „Fluch Oppenheimers" wirkt nahezu unvermindert nach – und das in einer Ära internationalisierter Finanzmärkte, in der die Dominanz monetärer Interessen in nahezu allen Bereichen der Gesellschaft so handgreiflich wie kaum jemals zuvor geworden ist.

Das Unbehagen an diesem Zustand, die Beunruhigung über die mit dem Geld verknüpften, noch immer „ungelösten Rätsel" (Heinsohn/Steiger 1996) der Wirtschafts- und Sozialwissenschaften, nimmt freilich zu. Es ist das gemeinsame Ziel der Autoren und Autorinnen des Bandes, dieses Unbehagen kräftig anzufachen und zugleich neue Wege zu seiner Überwindung aufzuzeigen. Ein solches Unternehmen kann sich aus den genannten Gründen nicht einfach entlang den Bahnen der herrschenden akademischen Arbeitsteilung bewegen. Dem Leser, der Leserin muss ein immer neuer Wechsel der Perspektiven zwischen den Disziplinen, Ansätzen und Themen zugemutet werden. Ein gemeinsamer Grundgedanke zieht sich gleichwohl als roter Faden durch die Texte hindurch: das Geld nicht nur als technische Größe aufzufassen, sondern seine gesellschaftliche Eigenbedeutung als Medium und Vehikel von Macht sichtbar zu machen.

Wir beginnen mit drei Beiträgen, die sich auf relativ vertrautem Terrain bewegen. *Heiner Ganßmann, Heinz-Peter Spahn und Dirk Baecker* analysieren die Funktionen des Geldes als Kommunikationsmedium. Sie knüpfen damit an einem von Talcott Parsons begründeten und von Niklas Luhmann ausgearbeiteten Ansatz an und entwickeln ihn kritisch weiter. Das Tauschmitteltheorem wird hier zwar nicht prinzipiell in Frage gestellt. Aber es wird gezeigt, dass schon der Gütertausch mittels Geld selbst nur als kommunikativer Vorgang angemessen verstanden werden kann – in dem zugleich mehr stattfindet als nur Kommunikation. Geld, so argumentiert *Heiner Ganßmann* in Anlehnung an John Searle und Jean Cartelier, beruht auf Sprache und wäre ohne Sprache nicht denkbar. Es stellt ein auf Sprache gestütztes Regelsystem dar, das nicht nur die Kenntnis und Beachtung der Regeln durch die Akteure voraussetzt, sondern auch die begründete Erwartung, dass die Anderen die Regeln ebenfalls kennen und sie beachten. Insofern lässt Geld sich als eine genuin soziale Tatsache begreifen: Was Geld „ist", hat mit dem durch pure Konvention (wie bei einem Schachspiel) bestimmten Geldmaterial nichts zu tun, sondern ergibt sich allein aus den Regeln des „Geldspiels", ist also nur in performativer Einstellung erschließbar. Aber in dem Geldspiel geht es nicht, wie bei der Sprache, nur um Kommunikation, denn es werden ja nicht nur Bedeutungen kommuniziert, sondern physische Ressourcen verfügbar gemacht. Und das Geld selbst wird nicht bloß mitgeteilt, sondern übertragen. Indem man es nicht nur wissen, sondern auch haben kann, verbinden sich mit ihm zusätzliche, wirksame Motive zur Handlungskoordinierung.

Von der ökonomischen Theorie her kommend, argumentiert *Heinz-Peter Spahn* in eine ähnliche Richtung. Die Wirtschaftstheorie, so lautet seine These, missversteht sich selbst, wenn sie allein von dem Modell des nutzenmaximierenden individuellen Akteurs ausgeht, dabei aber die Notwendigkeit institutioneller Koordinierung der individuellen Handlungen vernachlässigt. Wirtschaftliche Leistungen müssen gesellschaftlich verbucht, das Wirtschaften muss gesellschaftlich eingebunden werden – durch Geld. Ökonomische Transaktionen können in der modernen Eigentumsgesellschaft nur über geldliche Kontrakte und Geldzahlungen abgewickelt werden. Geld stellt ursprünglich einen Schuldschein dar. Private Schuldscheine werden im Zuge der Entwicklung des Geldwesens durch Zentralbanknoten ersetzt. So kann das prekäre Vertrauen in Personen durch stabileres Vertrauen in Institutionen ersetzt werden, obwohl auch das letztere immer riskant bleibt. Auch Spahn greift auf das Luhmann'sche Medienkonzept zurück, um die gesellschaftlichen Koordinierungs- und Ordnungsfunktionen des Geldes zu charakterisieren, aber er weist ebenso auch auf die Grenzen der Anwendbarkeit des Medienkonzepts hin: Das Zahlungsmedium Geld erfüllt nicht nur eine Kommunikationsfunktion, sondern kann als materialisiertes Vermögensaktivum auch selbst gehandelt und gehalten werden.

Dirk Baecker nimmt unter Rückgriff auf informationstheoretische Überlegungen die kommunikativen Funktionen des Geldmediums genauer unter die Lupe.

Die „Form der Zahlung" kommuniziert nicht nur die Zahlung selbst, sondern auch den Raum nicht aktualisierter sachlicher, sozialer und zeitlicher Möglichkeiten, aus dem sie ausgewählt wird. So wird es den Zahlenden möglich, ihre eigenen Zugriffe auf knappe Güter ebenso wie die der anderen wie in einem Spiegel zu beobachten – und das heißt zugleich, wie Baecker in Anlehnung an Luhmann argumentiert: Stillzuhalten, wenn die Anderen zugreifen. Diese „pazifizierende" Wirkung des Geldes setzt freilich den dauernden Rollenwechsel zwischen Geldbesitzern, Warenbesitzern und Dritten voraus. Auch die Dritten müssen über Geld verfügen oder die Chance haben, durch Verkäufe von Waren (wenigstens zu halbwegs akzeptablen Bedingungen) in seinen Besitz zu kommen. Das ist, wie man anmerken könnte, nicht selbstverständlich. Im Gegensatz zu Baecker vergisst Luhmann nicht, auf die mit den symbolischen Funktionen des Geldes untrennbar verknüpften „diabolischen" Wirkungen hinzuweisen: Wer, wie die Arbeitslosen, faktisch nicht an das privatkapitalistische Wirtschaftssystem angeschlossen sei, werde „nicht bereit sein, den Zugriff auf knappe Güter zu tolerieren, nur weil dafür gezahlt wird" (Luhmann 1988, S. 261). So schafft das Geld wohl auch kaum die Gewalt aus der Welt. Es transformiert sie nur in eine andere, zivilisierte Form, eben in den gewaltsamen Konflikt um das Geld selbst. Das Spektrum dieser „zivilisierten" Gewaltformen reicht von der Kriminalität – fast alle moderne Kriminalität dreht sich bekanntlich um Geld – bis hin zum kollektiven Verteilungs- oder Klassenkampf.

Ging es in diesen ersten drei Beiträgen im Kern um eine soziologische bzw. kommunikationstheoretische Erweiterung und Neufundierung des konventionellen Tauschmitteltheorems, so wird in den folgenden drei Aufsätzen eine neue und aus dem Blickwinkel der akademischen Diskussionen sicherlich ungewohnte Fragestellung aufgenommen. Es geht um das Verhältnis von Geld und Religion und die Frage einer *inneren* Wahlverwandtschaft beider, nicht nur einer exogenen Bedingtheit des kapitalistischen Geistes durch die Berufsethik des asketischen Protestantismus, wie Weber sie in seiner bekannten These postuliert hatte. *Christoph Deutschmann* beantwortet die Frage unter Berufung vor allem auf Walter Benjamin, Georg Simmel und Karl Marx positiv. Die Übereinstimmungen zwischen Geld und Religion erblickt er vor allem in der Nicht-Beobachtbarkeit des religiösen Glaubens wie des monetären „Vertrauens", sowie in dem Chiffrencharakter religiöser wie monetärer Sinnformen. Die Unendlichkeit des Verweisungshorizonts religiöser wie monetärer Symbole führt in beiden Fällen dazu, dass der Unterschied zwischen dem Zeichen und dem Bezeichneten verschwimmt und das Zeichen an die Stelle der Sache tritt: Wie Gott *ist* Geld, was es bedeutet. Diese Paradoxie kann im Fall des Geldes, wie Deutschmann im Anschluss an Marx argumentiert, nur durch einen verabsolutierten Wachstumsimperativ, das heißt, durch die Transformation des Geldes in Kapital, überwunden werden. Bei der praktischen Bewältigung der Unendlichkeit der in der Kapitalform des Geldes angelegten Möglichkeiten sind die Akteure, wiederum wie bei der traditionellen Religion, auf

Deutungshilfen durch dazu berufene Experten und „heilige" Schriften angewiesen: Was Propheten und Priester für die Religion leisten, leisten wissenschaftlich-technische Experten, Managementgurus und Unternehmer für die kapitalistische Wirtschaft. Deutschmann greift hier kritisch auf Schumpeter, auf die Technikgeneseforschung sowie die neoinstitutionalistische Organisationstheorie und die hier entwickelten Konzepte des technischen „Leitbildes" sowie des organisatorischen „Rationalitätsmythos" zurück. Der Kapitalismus lässt sich mit Benjamin als eine säkularisierte Religion des Menschen begreifen, die sich in der immer neuen Überschreitung seiner irdischen Grenzen bewähren muss.

Axel Paul setzt sich kritisch mit den Überlegungen Deutschmanns auseinander und bezweifelt, ob die sinnbegründende Funktion der Religion in der von Deutschmann unterstellten Weise durch die Kapitalform substituiert werden könne. Dennoch stimmt auch er der These der Wahlverwandtschaft von Geld und Religion teilweise zu, nimmt dabei freilich vor allem auf das Problem der Legitimität des Geldes Bezug, das sich ohne Rückgriff auf religiöse Kategorien nicht angemessen begreifen lasse. Ausgehend von wirtschaftsanthropologischen Forschungen macht Paul den Unterschied zwischen dem durch die Vorstellung der Äquivalenz bestimmten Tausch und der auf unbestimmte Gegenleistungen zielenden Gabe deutlich. Mit Simmel argumentiert er dann, dass der geldvermittelte Tausch das Problem der Transzendenz des Gabentauschs in Gestalt des Glaubens an den Geldwert wiederkehren lasse. Denn in ihn sind stets drei Parteien verwickelt: Käufer und Verkäufer sowie die Gesamtheit, welche für die Wiederverwertbarkeit des Geldes einsteht. Das Vertrauen in den Geldwert sei eine Frage nicht des Wissens, sondern des Glaubens an die Legitimität des Geldes, der sich auch durch noch so perfekt rationalisierte institutionelle und monetäre Ordnungen nicht überflüssig machen lasse.

Franz Segbers diskutiert die These der religiösen Natur des Kapitalismus aus evangelisch-theologischer Sicht. Er warnt vor einem unterschiedslosen Reden über Religion und erinnert an die biblische Unterscheidung zwischen Gott und Götzen, der er eine aufklärerische und mythenkritische Kraft zuspricht. Segbers stimmt der These von der inneren Affinität von Geld und Gott bemerkenswert bereitwillig zu und beruft sich dabei nicht nur auf den Theologen Falk Wagner, sondern schon auf Luther und die alttestamentarischen Warnungen vor dem „Götzen Mammon". Aber gerade weil der „Mammon" in der kapitalistischen Moderne zu einem allgegenwärtigen Konkurrenzunternehmen für den christlichen Glauben geworden sei, sei es umso wichtiger, an einem Referenzrahmen festzuhalten, der die Wahrnehmung und Kritik von Götzen überhaupt erst ermögliche. Sollte der Kapitalismus allerdings wirklich Religion sein – dieses Problem liegt auf der Hand –, dann dürfte die kritische Kritik und auch der politische Protest gegen Neoliberalismus, IWF und „Shareholder value" nicht ausreichen, um der Macht des Götzen Mammon Einhalt zu gebieten. Eine Kritik, die mehr sein will als nur Protest, müsste die Bedingungen ihrer eigenen Möglichkeit reflektieren: Darauf hatten Marx und Luhmann mit Recht insistiert.

Das Rahmenthema der beiden folgenden Beiträge lässt sich am treffendsten wohl mit „Geld und Moderne" umschreiben. Beide Autoren, *Rudolf W. Müller* und *Aldo J. Haesler*, bemühen sich je in ihrer Weise, zu zeigen, dass es sich beim Geld nicht nur um ein Epiphänomen der „Moderne", sondern um den sie schlechthin begründenden, vorantreibenden (und schließlich zerstörenden, wie zumindest Haesler vermutet) Faktor handelt. Bei der „Moderne" handelt es sich ja um einen temporalen Begriff, und die spezifisch „moderne" Umwälzung der gesellschaftlichen Zeitordnungen wäre, darauf macht *Müller* aufmerksam, ohne die Entwicklung der Geldwirtschaft nicht denkbar. Geld strukturiert, wie Müller betont, die Zeitdimension der Welt, nicht nur ihre sachliche und soziale Ordnung. Er verdeutlicht dies anhand einer Gegenüberstellung der Zeitbegriffe archaischer, geldloser Kulturen (afrikanische Stammesgesellschaften, das homerische Griechenland) und der durch die Unterscheidung der drei Tempora Präteritum, Präsenz und Futurum geprägten Zeitordnung des modernen Kapitalismus: auf der einen Seite noch eine weitgehende Indifferenz gegenüber der Zeit und ein Verzicht auf aktive Gestaltung der Zukunft, auf der anderen Seite ein „Rush to the Future", der auf Beschleunigung aller Abläufe drängt und nur dem Neuen, Zukünftigen Wert beimisst. Müller knüpft hier an Gedanken Simmels, Marx', Schumpeters und Frank Knights an, insbesondere aber an den Schilderungen des amerikanischen Lebensstils durch Ralph W. Emerson und Philip Fisher. *Haesler* fundiert seine Geldtheorie in einer anthropologisch angelegten Tauschtheorie. Im Gütertausch sieht er die Minimalform und den Garanten jenes Mindestmaßes an Reziprozität, das für zivilisierte menschliche Gesellschaften unerlässlich sei. Mit der Entfaltung der Geldwirtschaft kommt es, wie Haesler im Anschluss an Simmel und Sohn-Rethel argumentiert, zu einer Abstraktifizierung des Austauschs, sowie zu einer Entsubstanzialisierung und Funktionalisierung des Geldes selbst und zu einer Monetarisierung der Lebenswelt. So ist auch für Haesler „Monetarisierung" der Inbegriff der „Modernisierung". Der Prozess der Modernisierung bleibe freilich nur so lange gesellschaftlich reflexionsfähig, wie ungeachtet aller Funktionalisierung und Nominalisierung eine letzte „substanzielle" Deckung des Geldes und mit ihr die Grundform der Reziprozität erhalten bleibe. Unter diesem Blickwinkel stellt die Abschaffung der Golddeckung des Weltwährungssystems im Jahr 1972 und die vollständige Entmaterialisierung des Geldes in Gestalt der Kreditkarte nach Auffassung Haeslers einen fundamentalen Wendepunkt der Geldgeschichte dar. Was sich seither durchsetze, sei das „rein begriffliche" Geld, das einer Reflexion auf das Prinzip sozialer Reziprozität nicht mehr zugänglich sei; der Tausch selbst werde zu einer „Abstraktion". Durch die Kreditkarte werde die Gesellschaft unmerklich in das Spinnennetz einer totalen „Disziplinargesellschaft" einbezogen. Haesler bezieht sich bei dieser düsteren Prognose auf die Modelle von Michel Foucault und Gilles Deleuze. Zweifellos wird diese Position Widerspruch provozieren; der Vertiefung der Diskussion wird sie gerade damit förderlich sein.

Mit den folgenden Beiträgen wechseln wir von den großen gesellschaftstheoretischen Szenarien in Welt der kleinen sozialen Einheiten und intimen Interaktionsbeziehungen. *Rolf Haubl* und *Lucia Reisch* befassen sich mit der Psychologie des Geldes und des Konsums und zeigen, wie das Geld auch die „Innenwelt" des Individuums, die scheinbar „ureigenen" Wünsche, Gefühle, menschlichen Beziehungen strukturiert. *Rolf Haubl* schildert anhand eigener empirischer Untersuchungen und Erfahrungen aus der psychotherapeutischen Praxis, wie der Umgang mit Geld in unkontrollierter Weise zur Projektionsfläche unterdrückter Wünsche und innerer Konflikte wird. Kaufsucht, Geiz, übersteigertes finanzielles Autonomie- und Erfolgsstreben sind Symptome eines solchen projektiven Verhaltens. Wie sehr die Geldkultur der heutigen Gesellschaft auch ihren Sozialcharakter formt, zeigt Haubl anschließend an der auch in Deutschland immer populäreren Börsenspekulation auf. Das zuvor dargestellte Projektionsphänomen wird hier mit Unterstützung der Massenmedien in großem Maßstab zur sozialen Norm erhoben: Das Steigen oder Fallen der Aktienkurse werde als „eigener" Erfolg oder „eigenes" Versagen erlebt und inszeniert. Was sich in der Börsenkultur durchsetzt, ist, wie Haubl argumentiert, die Verdrängung der traditionellen Ethik von Arbeit und Leistung durch eine postmoderne Spielermentalität, die den Erfolg als Prämie für Risikobereitschaft, Flexibilität und Rücksichtslosigkeit betrachtet. – Dass es naiv wäre, im Konsum nur einen Akt der Befriedigung „natürlicher" Bedürfnisse zu erblicken, dass der Konsum vielmehr größtenteils von seinen „symbolischen" Funktionen lebt, nämlich von seinen Funktionen zur sozialen Versinnbildlichung des pekuniären Vermögens der Verbraucher, ist keine neue Erkenntnis, sondern wurde sogar schon im frühen 17. Jahrhundert gesehen und dann in Veblens „Theory of the Leisure Class" (1899) eindringlich beschrieben. Die moderne Konsumforschung, über die *Lucia Reisch* einen Überblick gibt, knüpft an diesem Gedanken an, geht aber auch über ihn hinaus. Die Symbolisierung der sozialen Position, die noch im im Zentrum der Veblen'schen Analyse stand, gilt nur noch als eine unter vielen anderen Funktionen des modernen Konsums. Reisch nennt die Kompetenzfunktion, die Expressionsfunktion, die Hedonismusfunktion, die Kompensationsfunktion. So scheint es, dass die Vervielfältigung der postmodernen Warenwelt den Konsum ganz ähnlich wie das Geld zu einer unkontrollierten Projektionsfläche individueller Bedürfnisse, Sehnsüchte und Konflikte macht.

Die folgenden Beiträge lassen sich unter dem Titel 'Geld und Sozialcharakter' zusammenfassen. Geld ist der Träger der „individuellen Freiheit" (Simmel) – aber souverän über Geld verfügen können nur gefestigte, selbstdiziplinierte Persönlichkeiten, die die moderne bürgerliche Erziehung zu moralischer Autonomie erfolgreich durchlaufen haben. Wer seine Wünsche und Begierden nicht kontrollieren kann, den macht das Geld zu ihrem Sklaven. Bürgerliche Erziehung war daher, wie *Klaus Prange* mit Verweis vor allem auf Pestalozzi ausführt, am Ideal der Armut und Knappheit ausgerichtet. Werden diese Ideale freilich in einer Gesellschaft wie der heutigen praktiziert, in der Geld reichlich zur Verfügung steht, so werde Knappheit zu einem „paedagogicum" mit fragwürdigen und paradoxen Folgen. Denn die künstlich-pädagogische Knappheit, in die nicht nur die Kinder, sondern auch die Lehrer einbezogen sind, sei ja selbst teuer und keineswegs ohne viel Geld zu haben. Die Prätention des Unprätentiösen, wie sie typischerweise an bürgerlichen Eliteschulen bis heute gepflegt werde, müsse in den Verdacht der Heuchelei geraten. Bis heute, so kritisiert Prange, hat die Erziehungswissenschaft sich kaum mit diesem Dilemma auseinander gesetzt. Eine wirklichkeitsgerechte Geldpädagogik sei noch immer Desiderat.

Mit einer anderen bürgerlichen Lebenslüge, nämlich dem vermeintlichen Antagonismus von Geld und Liebe, setzen sich *Christine Wimbauer, Werner Schneider und Wolfgang Ludwig Mayerhofer (unter Mitwirkung von Jutta Allmendinger und Dorothee Kaesler)* auseinander. Die Autoren/innen dechiffrieren sie als Ausdruck des bürgerlichen Ehemodells, das der heutigen, durch Erwerbstätigkeit der Frauen bestimmten Wirklichkeit nicht mehr entspreche. Auf der Basis von Fallstudien aus einer eigenen Untersuchung zeigen sie, dass Geld bei modernen, doppelt erwerbstätigen Paaren nicht länger einen Gegensatz zur Liebe bildet, sondern zum „Material" der Konstruktion der gemeinsamen Paaridentität wird. Die Beziehung werde zwar keineswegs ausschließlich oder vorwiegend über Geld definiert. Dennoch könne das Geld nicht als ein separates Medium gesehen werden, sondern sei untrennbar mit der Gesamtkonstruktion und -bewertung der Beziehung verknüpft. Den Unterschieden in der Konstruktion der Paaridentität entsprechend kommt es daher auch zu ganz unterschiedlichen Bewertungen des je „eigenen" oder „gemeinsamen" Geldes.

Um die Prägung von Sozialisationsprozessen und Sozialcharakteren durch Geldkrisen und Währungsreformen geht es in dem folgenden, historisch angelegten Beitrag von *Jan-Alexander Bethge, Tilman Heisterhagen, Rainer-W. Hoffmann und Sybill-Annett Strecker.* Grundlage ist ein an der Universität Göttingen durchgeführtes Forschungsprojekt, in dem Angehörige dreier genealogisch verbundener Generationen in Deutschland aus Geburtsjahrgängen von 1896 bis 1977 nach ihren Erfahrungen mit Währungskrisen und Währungsumstellungen und nach ihren Maximen des Umgangs mit Geld befragt wurden. Währungskrisen und Währungsumstellungen wie der inflationäre Zusammenbruch im Jahr 1923, die Währungsreform von 1948, die Einführung der D-Mark in der DDR im Jahr 1990, sowie die aktuelle Einführung des Euro stellen, wie die Autoren betonen, historische Zäsuren mit tiefgreifenden, teilweise traumatischen Auswirkungen auf das Sozialgefüge dar. Die Verfasser begnügen sich nicht damit, die Gewinner und Verlierer der Währungsumstellungen nach ihrem sozio-ökonomischen Status zu identifizieren. Wer die Krise von 1923 und die Währungsreform von 1948 unbeschadet überstand und wer nicht, hing vielmehr auch, wie sie zeigen, von verinnerlichten monetären Handlungsdispositionen sowie von der subjektiven Fähigkeit der Akteure ab, sich auf wechselnde Währungsregimes einzustellen. Interessanterweise waren gerade diejenigen Familien in allen drei Generationen am stärksten unter den Verlierern vertreten, die die „puritanische" Norm eines sparsamen und vorausschauenden Umgangs mit Geld am stärksten verinnerlicht hatten. In der Einstellung zum Schuldenmachen erwiesen sich die Kinder häufig als flexibler und realitätsgerechter als die Eltern, so dass das Schicksal der Familie von der Fähigkeit der Eltern abhing, von den Kindern zu lernen. Die Studie untersucht die Kontinuität und Veränderung des monetären Habitus über Generationen hinweg und zeigt die umwälzenden Wirkungen von Geldkrisen auf die Sozialstruktur auf.

Jochen Hörisch, Autor eines vielbeachteten Buches über die „Poesie des Geldes" (1996), lädt anschließend einmal mehr dazu ein, sich unserem Thema über die schöne Literatur zu nähern. In seinen „Hinweisen auf neuere Geld-Literatur" kommentiert er literarische, literatur- und geldhistorische Veröffentlichungen der letzten Jahre, in denen es immer wieder um die Verstrickung bürgerlicher Lebensgeschichten in die Paradoxien des Geldes geht.

Die Analyse institutioneller Strukturen und Strategien der Geldpolitik nimmt in der geldtheoretischen Literatur wirtschafts-, politik- und sozialwissenschaftlicher Provenienz einen breiten Raum ein, wobei vor allem das Problem der sog. „Geldwertstabilität" interessiert. Auf eine ausführliche Erörterung dieser vieldiskutierten Thematik wurde in diesem Band bewusst verzichtet. Wir schließen vielmehr mit zwei Beiträgen, die die Entwicklung von Zentralbanken und die aktuelle Situation der Börse zum Gegenstand haben. *Rainer Weinert* fragt nach den Ursachen des heute um Zentralbankpräsidenten wie Greenspan und Duisenberg betriebenen Personenkults. Sie liegen nicht, wie er zeigt, in dem Charisma der Personen selbst, sondern in einem vielfach unsichtbaren, hinter den Kulissen stattfindenden historischen Prozess der Autonomisierung von Zentralbanken, der vor allem in den letzten Jahrzehnten des 20. Jahrhunderts zum Durchbruch kam und mit der Gründung der ersten suprastaatlichen Zentralbank in Europa ihren ersten Höhepunkt erreicht hat. Der Autor gibt einen Überblick über die Entwicklung der britischen, US-amerikanischen und deutschen Zentralbanken seit dem Ende des 19. Jahrhunderts und analysiert sie in einer durch Lepsius inspirierten institutionentheoretischen Perspektive. Die wachsende Autonomie des Zentralbanksystems gegenüber der Politik ging einher, wie er zeigt, mit einer Machtverschiebung zugunsten einer international vernetzten „financial and banking community" und einer Verschiebung der Prioritäten der staatlichen Wirtschaftspolitik zugunsten des Ziels der Geldwertstabilität auf Kosten von Wirtschaftswachstum und Beschäftigung. *Mathias Binswanger* analysiert die durch die Globalisierung der Finanzmärkte seit den 1970-er Jahren geschaffene Situation an der Börse. Ein hervorstechendes Phänomen ist, wie er argumentiert, der nicht mehr kurzlebige, sondern lang anhaltende Charakter „spekulativer Blasen". Nicht erst mit der vielzitierten „New Economy", sondern schon seit Beginn der Achtzigerjahre sei eine Abkoppelung der Börse in den USA von der realwirtschaftlichen Entwicklung festzustellen. Binswanger deutet diese Entwicklung als ein Indiz für eine zunehmende Knappheit profitabler Investititionsprojekte in der Realwirtschaft angesichts großer Mengen international vagabundierenden, anlagesuchenden Finanzkapitals. Da die reale Wirtschaft nicht in den Himmel wachsen könne, werde das kapitalistische Wachstum sich in der Zukunft in den virtuellen Raum verlagern müssen. Binswangers Beitrag wurde vor dem großen Absturz der internationalen Börsen im Jahre 2001 geschrieben. Seine Diagnose hat dennoch nichts von ihrer Aktualität eingebüßt.

Zweifellos wäre zu den Themen Geldpolitik und Finanzmärkte aus aktueller Sicht über die Thesen der beiden letzten Beiträge hinaus noch viel mehr zu sagen. Aber dies war nicht beabsichtigt, denn es ging in diesem Band ja in erster Linie darum, die fachdisziplinäre Zerstückelung der Analyse des Geldes zu überwinden und die Einheit des Gegenstandes sichtbar zu machen. Die gesellschaftliche Macht des Geldes erstreckt sich über die Wirtschaft wie die Politik, über die normativen Ordnungen der Gesellschaft ebenso wie über private Lebensgeschichten und Interaktionsbeziehungen. Sollte es gelungen sein, den blinden Fleck, den das Geld bislang für die Sozialwissenschaften darstellte, wenigstens ein Stück weit auszuleuchten, dann hätte dieser Band sein Ziel erreicht.

Redaktionelle Anmerkung: Ein Teil der Beiträge ist aus einer Ringvorlesung zum Thema „Geld und Gesellschaft" entstanden, die im Sommersemester 1999 im Rahmen des Studium generale an der Universität Tübingen abgehalten wurde. Die redaktionelle Überarbeitung der Texte wurde durch Claudia Weber-Deutschmann besorgt.

Literatur

Aglietta, Michel, 1993: Die Ambivalenz des Geldes, in: Jeff Kintzelé und Peter Schneider, Georg Simmels Philosophie des Geldes, Frankfurt a.M., S. 175-220.
Buchan, James, 1999: Was das Geld will. Unsere gefrorenen Begierden, Köln.
Flotow, Paschen v., 1995: Geld, Wirtschaft und Gesellschaft. Georg Simmels Philosophie des Geldes, Frankfurt a.M.
Ganßmann, Heiner, 1996: Geld und Arbeit. Wirtschaftssoziologische Grundlagen einer Theorie der modernen Gesellschaft, Frankfurt a.M.
Heinson, Gunnar und Otto Steiger, 1996: Eigentum, Zins und Geld. Ungelöste Rätsel der Wirtschaftswissenschaft, Reinbek.
Hörisch, Jochen, 1996: Kopf oder Zahl. Die Poesie des Geldes, Frankfurt a.M.
Kintzelé, Jeff und Peter Schneider (Hrsg.), 1993: Georg Simmels Philosophie des Geldes, Frankfurt a.M.
Laidler, David und Nicholas Rowe, 1980: Georg Simmel's Philosophy of Money. A Review Article for Economists, in: Journal of Economic Literature, Vol. XVIII (March 1980), S. 97-105.
Müller, Hans-Peter, 2000: Geld und Kultur. Neuere Beiträge zur Philosophie und Soziologie des Geldes, in: Berliner Journal für Soziologie, Bd. 10, Nr. 3, S. 423-434.
Simmel, Georg, 1989: Philosophie des Geldes, Gesamtausgabe, hrsg. v. David P. Frisby und Klaus C. Köhnke, Bd. 6, Frankfurt a.M.
Weber, Max, 1920: Die protestantische Ethik, Tübingen.
Weimer, Wolfram, 1994: Geschichte des Geldes. Eine Chronik mit Texten und Bildern, Frankfurt a.M.

I. Geld als Kommunikationsmedium

Heiner Ganßmann

Das Geldspiel

Dass Geld hinreichend als „symbolisch generalisiertes Medium der Kommunikation" zu verstehen sei, wie Parsons (1967) zuerst vorgeschlagen hatte, lässt sich mit guten Gründen bezweifeln. Zwar sind Habermas (1981) und Luhmann (1994) dem Parsonsschen Vorschlag gefolgt, aber an der Medientheorie des Geldes sind wenigstens drei Aspekte problematisch: Erstens die Analogie von Sprache und Geld, durch die die dingliche Qualität des Geldes vernachlässigt wurde. Zweitens die ungeklärte Redeweise vom Geld als Symbol. Drittens die Vernachlässigung des von Marx bis Weber betonten Zusammenhangs von Geld und Herrschaft. Meine Vermutung war (Ganßmann 1988, 1996), dass zwischen diesen drei Aspekten ein Zusammenhang besteht. Um diese Vermutung zu stützen, also zu zeigen, dass die Vernachlässigung der Materialität des Gelds und das Ausblenden seiner Rolle als Herrschaftsmittel zusammengehören, konzentrierte ich mich auf die Kritik an der Analogie von Geld und Sprache. Inzwischen halte ich diese Kritik für teils fehlgeleitet, teils unzureichend.[1] Zwar bin ich nach wie vor der Ansicht, dass der Begriff der „symbolisch generalisierten Medien der Kommunikation" übergeneralisiert ist, weil unter ihn Objekte, Institutionen und soziale Beziehungen gleichermaßen subsumiert werden – Geld, Liebe, Recht oder Wahrheit bei Luhmann oder Geld und Macht in der berechtigten Revision der Parsonsschen Begriffsanordnung bei Habermas. Gleichwohl ist die der soziologischen Medientheorie eigene Sichtweise der Rolle des Geldes im Kommunikationsprozess hilfreich, um die Leistungen und Eigenarten des Geldgebrauchs zu verstehen, insbesondere angesichts des Versagens der Ökonomie bei der Lösung meist selbstauferlegter Probleme der Geldtheorie.

Im Folgenden versuche ich, den Geldgebrauch als ein Spiel zu verstehen, das zwar gewisse Analogien zur Sprache aufweist, aber anders als die Sprache nicht ohne dingliche Objekte in zentraler Rolle auskommt. Ein Zusammenhang von Geld und Herrschaft besteht dabei insofern, als das Geld die Rolle eines eigentümlich anonymen und weitreichenden Disziplinierungsmittels spielt, die auf letztlich sehr einfache Weise an seinen dinglichen Charakter gebunden ist.

---

1 Dabei habe ich viel aus Diskussionen mit Ernst Michael Lange gelernt. Otto Mölk und Michael Mühlhaus haben mir durch Kommentare und Fragen zu einer früheren Fassung des folgenden Textes weitergeholfen, für dessen verbliebene Schwächen ich natürlich allein verantwortlich bin.

Wenn man das Verhältnis von Sprache und Geld, die Rolle und Funktionen von Symbolen in der Kommunikation und die Art und Weise, in der der Geldgebrauch soziale Beziehungen strukturiert, untersuchen will, geht man am besten von der Einsicht aus: Geld ist eine soziale Tatsache. Das klingt trivial, aber die Besonderheit sozialer Tatsachen herauszuarbeiten und in Rechnung zu stellen ist eine ziemlich anspruchsvolle Aufgabe. Soziale Tatsachen werden in der Alltagspraxis von sprachfähigen Akteuren „konstruiert", wobei die Sprache der Repräsentation, der Vergegenwärtigung von nicht unmittelbar Vorzeigbarem, und der Kommunikation dient. Nur wenn es sprachfähige Akteure gibt, gibt es so etwas wie „subjektiv gemeinten Sinn" und Intentionalität.[2] Trotz ihres, wenn man so will, voluntaristischen Ursprungs im Handeln sind soziale Tatsachen Teil der objektiven Wirklichkeit. Ihnen gegenüber verhalten sich Akteure wie sie sich gegenüber naturgegebenen Tatsachen verhalten. Am Geld lässt sich also nicht nur die Eigenart sozialer Tatsachen verdeutlichen. Die Geldtheorie ist auch ein geeignetes Terrain, um die Fruchtbarkeit einer theoretischen Perspektive zu testen, in der die Eigenart sozialer Tatsachen in Rechnung gestellt wird.

Eine brauchbare Standarderöffnung für die Diskussion geldtheoretischer Fragen ergibt sich nach wie vor im Anschluss an Carl Mengers Rätsel: „Dass ein Gut von seinem Besitzer gegen ein anderes, ihm nützlicheres, im Austausche hingegeben wird, ist ein Vorgang, welcher auch dem gemeinsten Verstande einleuchtet. Dass aber bei allen einigermassen zivilisierten Völkern jedes wirtschaftende Subjekt bereit, ja eifrig bemüht ist, seine zum Austausche bestimmten Güter gegen kleine, an sich nutzlos erscheinende Metallscheiben, oder gegen diese letzteren vertretende Urkunden, auszutauschen: dies ist ein dem gemeinen Laufe der Dinge so widersprechender Vorgang, dass es uns nicht wundernehmen darf, wenn er selbst einem so ausgezeichneten Denker wie Savigny geradezu als 'geheimnisvoll' erscheint" (Menger 1970, S. 3 f.).

Mengers Rätsel ist uns erhalten geblieben: „Who would want to exchange something useful in itself for something useless in itself?" fragt Shackle (1974, S. 4) noch fast hundert Jahre nach Menger. Die ökonomischen Erklärungen, die für die Akzeptanz und das Halten von nutz- und wertlosen, als Geld dienenden Objekten angeboten werden, sind nach wie vor unbefriedigend. Man kann sie in zwei Gruppen aufteilen. In der *Ersten* wird das Phänomen des Geldgebrauchs zirkulär begründet: Jeder akzeptiert Geld, weil jeder erwartet, dass es von allen anderen akzeptiert wird.[3] In der *zweiten* Gruppe soll der Geldgebrauch dadurch

---

2 Und umgekehrt: Nur Akteure sprechen, nicht die Waren, wie Deutschmann (1999, S. 60, 86) in Anknüpfung an eine missverständliche, mitunter von Marx gebrauchte Metaphorik meint: „Geld ist eine Sprache nicht der sozialen Akteure, sondern der Waren, bei der die Akteure nur sekundär als Eigentümer der Waren ins Spiel kommen." Weder ist Geld eine Sprache, noch können Waren sprechen.

3 „There is an oddly circular characteristic in the value of fiat money-sellers are willing to accept it because other sellers are willing to accept it. However that may be, and several hundred years of speculation and empirical study have not removed the perplexity, we can

plausibel gemacht werden, dass man den Geldobjekten Symboleigenschaften zuschreibt: Geld wird akzeptiert, weil es etwas Akzeptables repräsentiert, seien es Güter, ihr Wert oder ihre Nützlichkeit.[4] Das Symbol ist der Platzhalter für etwas anderes, einen anderen Gegenstand. Aber wieso handeln alle so, als seien das Symbol und das, was es vertritt, identisch? Es muss eine Art Projektion stattfinden. Wie geht das vor sich? Wir wissen es nicht.

Um die *erste* Gruppe zu verteidigen, könnte man zugestehen, dass das soziale Leben insgesamt von zirkulären Phänomenen durchzogen ist, wie z.B. imitativem Verhalten: Ich tue etwas, weil Du es tust und es Erfolg versprechend aussieht. Allerdings soll es sich bei dem homo oeconomicus um ein rationales Wesen handeln. Dafür, dass ein rationaler Akteur Geld akzeptiert, kann die Beobachtung, dass es andere ebenfalls akzeptieren, allenfalls eine notwendige, aber keine hinreichende Bedingung sein. Der Geldgebrauch muss einen individuellen Vorteil versprechen und dieser Vorteil kann nicht allein darin bestehen, dass man das, was man eingetauscht hat, wahrscheinlich ohne große Probleme wieder loswird. Kurz, etwas zu tun, nur weil alle andern es auch tun, sieht nicht besonders rational aus, selbst wenn solche Handlungsweisen post festum durch anfallende Belohnungen gerechtfertigt werden könnten.

Für die *zweite* Gruppe stellt sich das Hauptproblem, die Eigenart von Symbolen zu erklären. Normalerweise werden Symbole als Repräsentationen betrachtet. Im Fall des Geldes wird in etwa wie folgt argumentiert: Es gibt nützliche Objekte, Güter oder Dienste auf der einen Seite und Geld, das diese nützlichen Objekte repräsentiert, auf der anderen Seite. Der Gebrauch des Symbols wird darin begründet, dass es als eine Art Hebel in der Welt der wirklichen Ressourcen, der Güter und Dienste, dient. Aber es bleibt ein Rätsel, warum rational Handelnde Symbole manipulieren, wenn sie einfach direkt mit dem umgehen könnten, wofür die Symbole stehen. Die vorgeschlagenen Lösungen laufen normalerweise darauf hinaus, einen *sozialen* Vorteil im Symbolgebrauch auszumachen (die Verwendung von Symbolen ist billiger, sicherer, spart Transaktionskosten usw.) Die Zuschreibung sozialer Vorteile, ob im Sinn von „Funktionen" oder sonst wie, hilft aber wenig in der Welt des methodologischen Individualismus. Wenn man sich nicht mit einer zirkulären Argumentation zufrieden geben will, muss man zeigen können, warum individuelle Akteure Symbole benutzen ohne bereits deren soziale Bedeutung und Akzeptanz vorauszusetzen. Die Schwierigkeit, die Annahme einer zir-

---

take the acceptability of money for granted" (Arrow 1981, S. 148). Nach Weber ist ein Tauschmittel „ein sachliches Tauschobjekt insoweit [...], als dessen Annahme beim Tausch [...] *primär* an der Chance für den Annehmenden orientiert ist, daß dauernd [...] die Chance bestehen werde, es gegen andre Güter in einem seinem Interesse entsprechenden Austauschverhältnis in Tausch zu geben" (Weber 1956, S. 38 f.).

4 Geld ist für Parsons „symbolic in that, though measuring and thus 'standing for' economic value or utility, it does not itself possess utility in the primary consumption sense – it has no 'value in use' but only 'in exchange', that is for possession of things having utility" (Parsons 1967, S. 306).

kulären Bedingtheit des Geldgebrauchs zu vermeiden, bringt die beiden Gruppen von Erklärungen wieder zusammen. Aber vielleicht lässt Zirkularität sich nicht vermeiden, weil sie eine allgemeine Eigenschaft sozialer Tatsachen ist?

Über die Klärung der allgemeinen Eigenschaften sozialer Tatsachen lassen sich u.U. auch die Probleme der Gelderklärung Erfolg versprechend angehen. John Searle (1997) hat die Rolle der Sprache bei der Konstitution sozialer Tatsachen untersucht und sich dabei wiederholt auf das Geld als soziale Tatsache bezogen. Mit Hilfe der Argumentation Searles lassen sich, wie ich zeigen will, einige tradierte Schwächen der ökonomischen und soziologischen Gelderklärungen kleinarbeiten. Auf diesem Wege werde ich zur Medientheorie des Geldes und ihre Probleme zurückkehren und ihren möglichen Beitrag zum Verständnis des Geldgebrauchs erneut prüfen.

Sprache, soziale Tatsachen und Geld

Wie alle sozialen Tatsachen beruht Geld auf Sprache. Das impliziert nicht notwendig, dass soziale Tatsachen Eigenschaften der Sprache teilen (was vom Geld oft vermutet wurde). Vielmehr bedeutet es, dass soziale Tatsachen – im Gegensatz zu „rohen Tatsachen" wie natürlich gegebenen physischen Objekten – nur existieren, weil es Akteure gibt, die sich sprachlich und handelnd in einer Weise auf sie beziehen, dass sie sie als Tatsachen bestätigen. Dass die Objektivität sozialer Tatsachen sich auf eine derartig zirkuläre Struktur stützt, bedeutet: Sie werden durch Handlungen hervorgebracht, indem sie zugleich Handlungen beschränken, kanalisieren und regulieren. Am Beispiel des Geldes lässt sich Searle (1997) folgend die Konstitution sozialer Tatsachen in den folgenden Schritten rekonstruieren:

1. Als Geld dienen Objekte nur dann, wenn Akteure ihnen eine oder mehrere Funktionen zuschreiben. Funktionen sind generell beobachterabhängig. Man kann nur dann sagen, etwas hat eine Funktion, wenn man sich zugleich auf beobachtende Akteure bezieht. Zugleich impliziert die Funktionszuschreibung einen Bezug auf Normen. Normen dienen (implizit oder explizit) dazu, die gewünschten von den unerwünschten Zustände eines Systems, auf das hin Funktionen zugeschrieben werden, zu unterscheiden. Deshalb erlaubt der Bezug auf Normen uns, Fragen wie die folgenden zu beantworten: Ist die Funktion erfüllt? (Wurde z.B. ein Vertrag eingehalten?)

2. Geld gibt es nur in einem Bezugsrahmen, in dem mehrere Akteure Überzeugungen, Intentionen und Bedürfnisse teilen. Diese aufeinander bezogen handelnden Akteure müssen davon überzeugt sein, dass bestimmte Metallstücke Geld sind, sonst können die Metallstücke nicht als Geld funktionieren. Dass Akteure diese Überzeugung teilen ist eine notwendige, aber keine hinreichende Bedingung dafür, dass das infragestehende Objekt als Geld dienen kann.

3. Geld gibt es nur, wenn die geldgebrauchenden Akteure Regeln folgen. Diese

Regeln regeln nicht einen Typus von Verhalten, den es auch ohne Geld gäbe (wie in Ableitungen des Geldes aus dem Naturaltausch oft unterstellt). Vielmehr sind die Regeln des Geldgebrauchs konstitutiv für das Geld. Diese Regeln haben die Form: „X zählt als Y (in Situation S)". (Oder dieses Stück Papier zählt als Zahlungsmittel in der Transaktion T zwischen A_i und A_j in Euroland).

4. Die Regeln, die soziale Tatsachen stützen, können wie die Regeln eines Spiels verstanden werden. Zusammenhängende, regelgeleitete Handlungen bilden Systeme. Solche Handlungssysteme (wie die Börse oder eine Basketballspiel) können von ihrer Umwelt durch Muster regelgeleiteten Verhaltens unterschieden werden. Diese werden verständlich in dem Maß, wie die Regeln verständlich werden, nicht bereits durch die Beobachtung von Sequenzen physischer Ereignisse. Die Teilnehmer müssen sich an die Regeln halten, andernfalls kann das Spiel nicht laufen.[5] Die Regeln definieren Rechte und Verpflichtungen, erwünschte oder erlaubte Spielzüge. Dass die Teilnehmer nach den Regeln handeln können, impliziert nicht, dass sie die Regeln als solche formulieren können – was man z.B. beim Schachspiel unterstellen kann. Ebenso wie man grammatisch korrekt spricht, ohne spontan die Regeln der Grammatik als solche angeben zu können, kann man andere Spiele spielen ohne deren Regeln explizit zu kennen. Regelverletzungen werden auf verschiedene Weise sanktioniert. Bei Spielen mit elaborierten Regelsystemen finden sich Mechanismen und Institutionen, die Auseinandersetzungen über die Regeln und ihre Bedeutung beizulegen helfen.

5. Irgendwann wurden Gegenstände – wie Stücke wertvollen Metalls – ausgesucht, als Geld zu dienen, weil sie offenbar physische Eigenschaften hatten, die für diese Funktion zweckdienlich waren. Im Gegensatz zu solchen sozialen Objekten wie Werkzeugen, z.B. einem Hammer, deren Funktionieren von einem Satz physischer Eigenschaften abhängt, können jedoch die Geldfunktionen mit Hilfe einer ganzen Reihe von physischen Objekten erfüllt werden.[6] Deshalb kann ein solches Objekt andere ersetzen, so wenn Papier Gold oder Silber ersetzt. Es ist eben nicht die Natur der Objekte, sondern die Befolgung der Regeln des Geldspiels ist, die Geld möglich macht. Um dieses Spiel zu spielen, muss das Objekt, das als Geld dient, von Nicht-Geld-Objekten unterscheidbar sein. Seine wiederholte Benutzung als Geld stützt Erwartungen über seinen weiteren Gebrauch. Das Objekt dient dann selbst als Signal, das anzeigt, welches Spiel gespielt wird.

6. Im Ergebnis kann die kollektive Zuschreibung einer Funktion an ein Objekt sich völlig ablösen von den spezifischen Eigenschaften dieses Objekts als Ding. Das heißt jedoch nicht, dass sämtliche Funktionen des Geldes ohne ein dingliches Trägerobjekt geleistet werden können. Ein gesprochener Satz kann ein Versprechen sein und das Versprechen kann einen Akteur verpflichten, einem anderen Akteur

---

5 Wobei die Regeleinhaltung allein noch nicht garantiert, dass das Spiel läuft. Viele Spiele kann man durch besonders strikte Regeleinhaltung sogar blockieren.
6 Lester (1939, S. 10 ff.) beschreibt all die Dinge, die einmal als Geld gedient haben, von Äxten bis Biberfellen, und ihren allmählichen Ersatz durch Verkleinerungen.

in der Zukunft eine Leistung zu erbringen. Aber diese Struktur von Anspruch und Erfüllung macht aus einem Versprechen noch lange kein Geld. Wenn das Versprechen auf ein Stück Papier geschrieben wird: „Der Unterzeichnete schuldet A [...]", und vom Halter des Papiers benutzt werden kann, um seinerseits eine Schuld bei einem Dritten zu begleichen usw., kann das auf diese Weise zirkulierende Stück Papier als rudimentäre Form des Kreditgelds gelten. Die kollektive Zuschreibung hat die einfache Form: „X zählt als Y" (dieses Stück Papier zählt als Geld), aber dahinter steckt eine sehr viel elaboriertere Form: „Dieses Objekt X (geschriebene und unterschriebene Feststellung auf einem Stück Papier) zählt als etwas, das jenen Status (Schuldschein) hat und deshalb in dieser Situation (im sozialen Kontext wechselseitiger Zahlungsverpflichtungen) als Y, Geld, dienen kann". Bis ein Satz wie: „Diese Banknote gilt als gesetzliches Zahlungsmittel im Staate Z" kunstvoll verschnörkelt auf ein bestimmte Art Papier gedruckt wird und im Staate Z alle Akteure ihr Spiel so spielen, dass der Satz zutrifft, und diese ihre Praxis durch kontinuierliche Weiterführung bestätigen, muss eine komplizierte soziale Konstruktion aufgebaut worden sein. Wenn sie aber einmal steht, beruht das Spiel auf seiner eigenen Grundlage, auch wenn gelegentlich seine Fragilität sichtbar wird. Das Spiel ist hauptsächlich den Risiken der Inflation und der Fälschung ausgesetzt. Um sich vor diesen Risiken zu schützen, entwickeln und etablieren Akteure technische und institutionelle Innovationen.

7. Wenn wir „Geld" sagen, dient das Wort als zusammenfassender Ausdruck für die Objekte, die als Zahlungsmittel, Tauschmittel, Wertaufbewahrungsmittel, Recheneinheit usw. dienen. Das Wort „Geld" bezieht sich also auf eine Familie von Funktionen, die manchmal von denselben, manchmal von verschiedenen Objekten wahrgenommen werden. Das Wort „Geld" bezeichnet in diesem Sinne bestimmte Knoten in einem ausgedehnten Netzwerk von Praktiken, den Praktiken des Besitzens, Kaufens, Verkaufens, Verdienens, Bezahlens, Borgens und Verleihens usw. (Searle 1997, S. 62). Demnach existiert Geld nur als nodale Komponente einer großen Menge unterschiedlicher Handlungsmuster.

8. Zwar werden physische Objekte nur dann zu Geld, wenn Akteure sie als Geld behandeln. Aber die Akteure sind nicht alle gleich. Unter modernen Bedingungen ist eine Zentralbank ein Akteur, der viele andere Akteure dazu ermutigt, bestimmte Objekte als Geld zu behandeln. Die Zentralbank kann etwas zum gesetzlichen Zahlungsmittel machen, indem sie es zum gesetzlichen Zahlungsmittel erklärt. Insoweit die andern Akteure diese Erklärung akzeptieren und das Zentralbankgeld – und nicht irgendein anderes Objekt – in ihrem Spiel benutzen, funktioniert es auch als gesetzliches Zahlungsmittel. Die dauerhafte Akzeptanz hängt dabei davon ab, dass die Zentralbank selbst sich an bestimmte Regeln hält.[7]

9. Die Regeln des Geldspiels sind iterativ. Sie beruhen auf anderen sozialen

---

7 Welche Regeln dabei gelten sollen, ist wenigstens teilweise im Fluss, wie die Auseinandersetzung darüber zeigt, ob Zentralbanken ein Geldmengen- oder ein Inflationsziel – oder beides – verfolgen sollen.

Regeln und auf sich selbst, so dass immer elaboriertere Muster entstehen, wie: Akteur A macht Geräusche. Diese Geräusche zählen für andere Akteure als Sätze. Bestimmte Sätze zählen als Versprechen. Bestimmte Versprechen zählen als Verträge. Bestimmte Verträge zählen als Grundlage von Zahlungsansprüchen gegenüber A. Die Abgabe bestimmter Objekte zählt als Erfüllung von Zahlungsverpflichtungen [...]

In dieser Art gebaute Regelsysteme ermöglichen das komplizierte Ineinandergreifen von Handlungen, die durch Wiederholung zu Strukturen gerinnen. Man hat und benutzt nicht nur Geld, sondern hat ein Konto bei der Bank B, auf das die Firma F ein Gehalt zahlt und von dem die Miete, die Stromrechnung und die Versicherungsbeiträge abgebucht werden. Der Eigentums- und Ortswechsel von Ressourcen, ihre Speicherung, ihr Konsum, ihr Recycling usw., all diese Praktiken werden durch Transaktionen eingeleitet, die Geldbewegungen implizieren. Diese Geldbewegungen müssen, bei Einsatz moderner Kommunikationstechniken, oft nicht mehr physische Realität haben als die Veränderung von Daten in Computern.

10. Geld als soziale Tatsache beruht also auf einem Set elaborierter Regeln. Sie haben sich nach dem Muster von Versuch und Irrtum entwickelt. Eine zentrale Eigenschaft, die Geld mit allen sozialen Tatsachen teilt, besteht darin, dass sein Funktionieren von den Einstellungen abhängt, die die Akteure ihm gegenüber haben. Searle (1997, S. 34 f.) beschreibt diese Einstellungen als „kollektive Intentionalität": *Ich* tue etwas nur als Teil dessen, was *wir* tun. Das Gleiche gilt für *Dich*. Jeder von uns kann ein Objekt nur dann als Geld benutzen, wenn wir alle es als Geld benutzen. In dieser Weise beruhen soziale Tatsachen auf kollektiver Intentionalität.[8]

Wie auch immer kollektive Intentionalität zustandekommt, sie stützt sich darauf, dass sich Akteure wechselseitig als Teile eines Kollektivs wahrnehmen. Diese wechselseitige Wahrnehmung muss in irgendeiner Form kommuniziert werden. Je komplexer der zur Verwirklichung kollektiver Intentionalität erforderliche Hand-

---

8 Die Berufung auf kollektive Intentionalität dient Searle dazu, die Schwierigkeiten zu umgehen, die für die Handlungsanalyse daraus entstehen, dass jeder individuelle Akteur seine Handlungen von dem abhängig macht, was die jeweiligen Gegenüber tun. Das Ausbuchstabieren einer solchen Konstellation führt zur Rekonstruktion von Erwartungen von Erwartungen von Erwartungen [...] (vgl. z.B. Lewis 1969, S. 29 f.), die irgendwann kurzgeschlossen wird, z.B. indem man von einer sequenziellen Erwartungsbildung zu deren Ergebnis springt, wie in der folgenden Definition eines Nash-Gleichgewichts: „if a mode of behavior is self-evident, and each player believes it is self-evident to all the players, it is self-evident that it is self-evident, and so on, then each of the players must be choosing a best response to what the others are evidently doing. That is, it must be a Nash equilibrium" (Kreps 1990, S. 31). Trotzdem ist die Einführung kollektiver Intentionalität qua Postulat – anstelle einer Demonstration, wie sie aus individueller Intentionalität entstehen kann – wahrscheinlich der Teil der Searleschen Argumentation, der für in der Tradition des methodologischen Individualismus sozialisierte Sozialwissenschaftler am wenigsten akzeptabel ist.

lungszusammenhang ist, umso elaborierter ist normalerweise die erforderliche Kommunikation. Sie wird durch eine gemeinsame Sprache ermöglicht. Deshalb ist der Gebrauch von Geld als soziales Artefakt undenkbar ohne Sprache als Kommunikationsmedium.

Dass Akteure sich gegenseitig als Teile eines Kollektivs (an-)erkennen und eine gemeinsame Sprache benutzen, impliziert, dass sie eine reflexive Einstellung zueinander entwickeln. Jeder handelt nach sozial definierten, geteilten Regeln nicht nur in dem Wissen, dass andere das auch tun, sondern auch in dem Wissen, dass man dabei andere beobachtet und von anderen beobachtet wird. Dieses Wissen könnte die Grundlage für kollektive Intentionalität sein. Anstatt ein allseitiges, potenziell unabsehbar tiefgehendes Raisonnement des Typs „Ich erwarte, daß Du erwartest, daß ich erwarte [...]" zu unterstellen, das Interaktionen strukturieren soll, aber zu Immobilismus führen kann, gehen wir einfach von der Form aus: „Wir tun A gemäß der Regel R" (wobei hier offen bleiben kann, warum ein Akteur eine solche Regel befolgt: einfach weil er Teil des „Wir" ist, oder weil die Regelbefolgung Bedingung für die Zugehörigkeit zum „Wir" ist?).[9]

Symbole

Selbst wenn wir das Zustandekommen der Zuschreibung „X zählt als Y" auf kollektive Intentionalität zurückführen, ist schwer zu verstehen, wie eine solche Zuschreibung funktioniert. Wenn alle Betroffenen übereinstimmen, dass „X zählt als Y", wird X dadurch zu einem Symbol von Y? Und bedeutet das, nach der traditionellen Standardformel für Symbole: *aliquid stat pro aliquo*, dass es eine Relation der Repräsentation zwischen dem Symbol und etwas „Realem" gibt? So dass – im Fall des Geldes – Geld „für" Güter (oder deren Eigenschaft Wert zu haben) „steht"? Beim Geld ist jedenfalls nicht ohne weiteres einsichtig, wofür es als Symbol steht, was es repräsentieren soll, nicht zuletzt, weil der dafür traditionell herangezogene Wertbegriff notorisch unklar und strittig ist.

---

9 Die Berufung auf kollektive Intentionalität genau an dieser Stelle der geldtheoretischen Argumentation hat einen Vorläufer. Marx beschreibt das Dilemma der Warenbesitzer, die den Wert ihrer Waren in kommunizierbarer, überindividuell verständlicher Form ausdrücken wollen, aber nur über individuell selegierte Ausdrucksmittel verfügen. Dieses Dilemma überspringt Marx durch einen unvermittelten Bezug auf kollektive Intentionalität: „In ihrer Verlegenheit denken unsre Warenbesitzer wie Faust. Im Anfang war die Tat. Sie haben daher schon gehandelt, bevor sie gedacht haben [...] Sie können ihre Waren nur als Werte [...] aufeinander beziehn, indem sie dieselben gegensätzlich auf irgendeine andre Ware als allgemeines Äquivalent beziehn [...] Aber nur die gesellschaftliche Tat kann eine bestimmte Ware zum allgemeinen Äquivalent machen [...] So wird sie – Geld" (Marx 1962, S. 101). Der „gesellschaftlichen Tat", der kollektiven Zuschreibung „x zählt als allgemeines Äquivalent", liegt kollektive Intentionalität in dem Sinne zugrunde, als die Individuen handeln, ohne gedacht, also – so kann man Marx hier lesen – ohne ihre individuellen Interessen durchkalkuliert zu haben.

Das kann man an der Art sehen, wie sogar Luhmann, indem er ein Verständnis von Symbolen als Zeichen für etwas anderes ausdrücklich ablehnt, sich in der Wertsemantik verfängt. Er geht zunächst auf den ursprünglichen Wortsinn von „Symbolon" zurück. „Symbole fügen Getrenntes zur Einheit zusammen, und zwar so, daß auf beiden Seiten die Zusammengehörigkeit erkennbar wird, ohne daß eine Verschmelzung, eine Aufhebung der Differenz stattfindet." Daraus folgt für Luhmann, dass Symbole keine Repräsentationen im Sinne von Zeichen für etwas anderes sind. Aber was sind sie dann? Nach Luhmann sind „Symbole [...] Sinnformen, die die Einheit des Verschiedenen ermöglichen; sie sind diese Einheit, ihre äußere Form ist Darstellung dieser Einheit, aber nicht Zeichen für etwas anderes". Sehr deutlich ist das nicht. Wer weiß, was Sinnformen sind und wie sie die Einheit des Verschiedenen nicht nur ermöglichen, sondern zugleich „sind"? Jedenfalls ist Geld kein Zeichen für etwas anderes. Als symbolisches Medium in Tauschbeziehungen soll es nach Luhmann vielmehr den Tauschenden bei Wahrung unterschiedlicher Interessen gestatten, diese „trotzdem zur Konvergenz [...] in der Annahme einer Wertäquivalenz" zu bringen. Sogar Luhmann benutzt an dieser Stelle das Wort „Wert", aber was trägt es zum Verständnis des Vorgangs bei? Wenn wir „Wertäquivalenz" einfach mit „Gleichwertigkeit" übersetzen, dann lautet Luhmanns These, dass die Tauschenden die Gleichwertigkeit der getauschten Objekte annehmen (oder erst dann tauschen, wenn sie davon überzeugt sind, dass die getauschten Objekte gleichwertig sind). Darüber kann man sich streiten (warum reicht es nicht, wenn sie einfach nur beide davon überzeugt sind, ein gutes Geschäft gemacht zu haben?), aber selbst wenn wir diese These akzeptieren, wie kommt es von der Annahme der Gleichwertigkeit zur Symbolisierung? Wie kann Wertäquivalenz „das ad hoc fungierende Symbol, die zur Konvergenz gebrachte Absicht zu tauschen" sein? Was immer Wertäquivalenz sein soll, in jedem Fall handelt es sich um eine Relation. Relationen kann man nicht sehen. Man kann sie durch Symbolisierung sichtbar machen. Aber wie stellen die Tauschenden[10] das an?

Wenn zwei Akteure mit Tauschabsichten aufeinander treffen, müssen sie sich über Art und Menge der zu tauschenden Güter oder Dienstleistungen verständigen und einigen. Das ist alles. Wie man aus der langen Geschichte der Geldtheorien weiß, wird diese Verständigung und Einigung jedoch dann schwierig, wenn es um mehr als zwei Akteure mit unterschiedlichen Ressourcen geht, die durch Tauschbeziehungen miteinander verkettet sind. Wenn A mit B und B mit C tauscht, können A und C im Nachhinein beobachten, ob sie durch direkten Tausch untereinander etwas dazugewonnen oder verloren hätten. Sie müssen sich dabei auf das Gut von B als tertium comparationis beziehen, benutzen also spontan ein einheitliches Referenzobjekt. Das könnten sie in der nächsten Tauschrunde von vornherein tun, um ihre Absichten und Forderungen in einer über ihren Zweierzusammenhang zunächst nur graduell hinausreichend verständlichen Form quan-

---

10 Wie man schon von Marx lernen konnte (s.o. Fn. 9), besteht eine Schwierigkeit darin, dass die Akteure eine *gemeinsame* Symbolisierung finden müssen.

titativ auszudrücken. Je mehr Akteure das gleiche Objekt als tertium comparationis wählen, umso weiter reicht die Rechen- und Kommunikationsfähigkeit. Ein solches Referenzobjekt muss dabei nur als Recheneinheit dienen, als gemeinsames Ausdrucksmittel von wechselseitigen Forderungen. Insoweit ist seine physische Anwesenheit genauso überflüssig wie das wirkliche Einschlagen von Tauschumwegen, die über das Referenzobjekt laufen. Die Akteure können sich sprachlich und gedanklich darauf beziehen, und sich auf diesem Wege auf eine Austauschrelation zwischen ihren Gütern bzw. Dienstleistungen einigen. Wenn alle Akteure das gleiche Gut in diesem Sinne als Referenzobjekt benutzen, fungiert es als Rechengeld. Es hat wenig damit zu tun, wie sich ein ausgehandelter Preis zu irgendwelchen angenommenen Werten verhält, allenfalls damit, dass der Bezug auf eine gemeinsame Recheneinheit die Herausbildung von transitiven Tauschrelationen (Krause 1979) erleichtert.

Unterstellen wir mit der nötigen hermeneutischen Barmherzigkeit, dass Luhmann eine solche Überlegung im Sinn hat, wenn er behauptet, die „Annahme einer Wertäquivalenz [...] ist das ad hoc fungierende Symbol, die zur Konvergenz gebrachte Absicht zu tauschen". Die Überlegung macht plausibel, dass das infragestehende Symbol, das Rechengeld, keiner gegenständlichen Darstellung bedarf. Wie folgt daraus der nächste Schritt, die Einführung des Geldes „in seiner Tauschfunktion"? Luhmann beschreibt es als „eine Generalisierung dieses Symbols, eine Kondensierung der Wertäquivalenz zur Wiederverwendung in anderen Tauschzusammenhängen" (Luhmann 1994, S. 258). Den Aspekt der Generalisierung, von dem Luhmann an dieser Stelle (mit Erinnerung an Parsons) spricht, kann man so verstehen, dass Geld in Geldwirtschaften nicht nur als Rechengeld, sondern bei praktisch allen wirtschaftlichen Transaktionen benutzt wird. Den Aspekt der Kondensierung (wobei wir hier offen lassen können, ob sich Wertäquivalenz wie Milch kondensieren lässt) kann man zusammen mit dem Hinweis auf Wiederverwendung so verstehen, dass es in diesen Geldfunktionen auf die physische Präsenz eines Geldobjekts ankommt. Geldobjekte zirkulieren, wechseln von einer Hand in die andere, so dass man ihre Bewegung durch viele Transaktionen verfolgen kann. Ansonsten bleibt das, was Luhmann sagt, sowohl vom Ausgangssatz: Wertäquivalenz ist ein Symbol, als auch von der Folgerung: das Symbol wird generalisiert und dabei kondensiert, her unklar und als Erklärung unzureichend. Wie kommt es zur gegenständlichen Darstellung des Symbols? Wer tut was, in welchen Entwicklungsschritten?

Was immer da symbolisiert wird, angesichts der Geldgeschichte könnte man eher von einer Verflüchtigung als von einer Kondensierung sprechen. Die Objekte, die als Geld dienen, haben sich in Richtung eines Ersatzes von Gütern durch Modelle dieser Güter entwickelt. „In time [...] the knives, hoes, axes, and fishhooks (die als Geld dienten, H.G.) were gradually decreased in size – the blade and most of the handle disappearing from the knive [...] and the sharp point from the fishhook – until only miniature models or tokens of these instruments were used as money" (Lester 1939, S. 10).

In der jüngeren Geschichte des Geldes ist diese frühe, gut dokumentierte Entwicklung – vom Benutzen von gebrauchsfähigen Dingen zum Benutzen von Miniaturmodellen dieser Dinge oder von aus Edelmetallen geprägten Münzen zu Aluminiumscheibchen – jedoch mit einer ganz anderen Entwicklung verwoben. Parallel zur tendenziellen Entgegenständlichung des alltäglich gebrauchten Gelds entsteht Kreditgeld durch die Ausweitung der zwischen Kaufleuten enstandenen Gepflogenheit, schriftliche Zahlungsversprechen als Zahlungsmittel zu benutzen. In dieser Entwicklungsreihe „stehen" Geldobjekte nicht mehr „für" andere Objekte, die zur Welt der „rohen Tatsachen" – wie Searle sie bezeichnet – gehören. Vielmehr stehen Geldobjekte allenfalls und auf eine schwer zu durchschauende Weise für soziale Beziehungen vom Typ der Verpflichtung, die dank ihrer gegenständlichen Darstellung von einem Akteur zum andern und von diesem zu unbekannten Dritten weitergereicht werden können. Ein früher Beobachter des Kreditsystems, Henry Thornton, hat den Niederschlag kommunikativen Geschehens in gegenständlichen Repräsentationen, der Voraussetzung für dieses Weiterreichen ist, bereits instruktiv beschrieben: „commercial credit is the foundation of paper credit; paper serving to express that confidence which is in the mind, and to reduce to writing those engagements to pay, which might otherwise be merely verbal" (Thornton 1802, S. 76).

Wenn Zahlungsversprechen schriftlich fixiert und auf dieser Grundlage zu zirkulierenden Zahlungsmitteln werden, wird die traditionelle Auffassung von Symbolen als Repräsentationen anderweitig beobachtbarer Objekte für die Geldtheorie jedenfalls unzureichend. Luhmanns alternative, aber dunkle Andeutungen helfen jedoch nicht recht weiter. Die Frage ist also, ob sich die Rolle von Symbolen in ökonomischen Interaktionen adäquater beschreiben lässt.

Einen viel versprechenden Ausgangspunkt für die Ausarbeitung eines Symbolbegriffs, der sich von der traditionellen Annahme einer Relation der Repräsentation zwischen Symbol und Symbolisiertem löst, finden wir bei Wittgenstein. Im Zusammenhang der Diskussion um Grundlagen der Mathematik folgt Wittgenstein der Kritik Freges an der formalistischen Auffassung, wonach die Arithmetik ein bloßes Zeichenspiel ist. Wittgenstein stimmt Freges Kritik zwar zu, findet aber, dass am Formalismus etwas berechtigt ist:

„Für Frege besteht die Alternative: ein Zeichen hat entweder Bedeutung, d.h. es vertritt einen Gegenstand [...] oder es ist nur die mit Tinte auf das Papier gemalte Figur.

Diese Alternative besteht nicht zu Recht. Es gibt, wie schon das Schachspiel zeigt, etwas Drittes: Der Bauer im Schachspiel hat weder Bedeutung in dem Sinn, daß er etwas vertritt, daß er Zeichen von etwas ist, noch ist er bloß die aus Holz geschnitzte Figur [...] Was der Bauer ist, wird durch die Regeln des Schachspiels bestimmt" (Wittgenstein 1984a, S. 150).

Können wir diesen Gedanken Wittgensteins in die Geldtheorie importieren? Z.B. indem wir sagen: Diese 10-Euro-Banknote hat weder Bedeutung im Sinne der Vertretung eines Gutes, als Zeichen von Wert, noch ist sie einfach nur ein aufwändig bedrucktes Stück Papier. Was die Banknote ist, wird vielmehr bestimmt durch die Regeln des [...]? Welches Spiel wird hier gespielt?

Ökonomen und Soziologen

Ökonomen und Soziologen haben diese Frage verschieden beantwortet. Der traditionellen Wirtschaftstheorie zufolge ist das, was hier unter dem „Geldschleier" gespielt wird, trotz dieses Schleiers einfach nur der Tausch von Gütern und Dienstleistungen. Zwar wurden gewisse Schwierigkeiten, die das Spiel in Form des Naturaltauschs mit sich brachte, durch die Einführung des Geldes als Tauschmittel überwunden. Zunächst indem, wie Menger vorschlug, das am häufigsten getauschte Gut als Brücke diente, um durch indirekten Tausch das Problem der doppelten Koinzidenz der Bedürfnisse zu umgehen. Später indem elaboriertere Formen des Spiels durch die Entwicklung neuer Funktionen des Geldes als Zahlungsmittel, als Maß der Werte, als Schatzmittel, Rechengeld usw. möglich wurden. Im Laufe dieser Entwicklung änderte das Geld zugleich seine Form, von mehr oder weniger vollwertigen Münzen zu Papiergeld. Aber bei alledem bleibt es „neutral", d.h. die Verwendung von Geld berührt die auf Nutzenmaximierung abgestellten Naturaltauschrelationen letztlich nicht.

Demgegenüber steht am Anfang der soziologischen Überlegungen zum Geld bei denjenigen Soziologen, die Geld als symbolisch generalisiertes Medium der Kommunikation auffassen, die Annahme, dass das Geldspiel eine Variante der Kommunikation ist. Allgemein geht es bei Kommunikation darum, andere in Kontakt mit den eigenen Intentionen zu bringen. Dabei spielt nicht-sprachliche Kommunikation zwar nach wie vor eine große Rolle und ist, wie Hunde wissen, wenn sie mit dem Schwanz wedeln, die ursprüngliche Form des Kommunizierens, aber die normale menschliche Form läuft über die Sprache. Die Zeichen, die benutzt werden, sind Wörter und Sätze. Ein Rätsel bleibt dabei, wie (und in welchem Ausmaß) der Gebrauch sprachlicher Zeichen die Akteure dazu befähigt, einander zu verstehen.

Wer die Analyse des Geldes in einen solchen linguistischen Bezugsrahmen[11] stellt, geht wohl von der Vermutung aus, dass sich ein viel versprechender Zugang zum Verständnis der Kommunikation mittels Geld dadurch öffnet, dass wir zunächst die Funktionsweise sprachlicher Kommunikation überhaupt verstehen lernen. Aber wie passt die Beobachtung der Ökonomen, dass sich das Geldspiel qua Tausch um die Aneignung und den physischen Gebrauch von Ressourcen dreht,

---

11 Parsons (1967, S. 345 f.) zufolge ist Geld „essentially a 'symbolic' phenomenon and hence [...] its analysis required a frame of reference closer to that of linguistics than of technology".

in die Welt der Soziologen, in der es sich um reine, allenfalls symbolisch vermittelte Kommunikation handelt? Die Soziologen betonen offensichtlich zurecht, dass ein Verständnis der Geldkommunikation ein Verständnis der Kommunikation im Allgemeinen voraussetzt. Aber ebenso offensichtlich ist, dass erfolgreiche sprachliche Kommunikation nur eine Vorbedingung für die Koordination über Kommunikation hinausreichender Handlungen ist, deren Bedeutung die Ökonomen betonen. Kauf und Verkauf schließen nicht zuletzt physische Manipulationen von Gütern und Geldobjekten ein, bei denen es nicht nur um die Veränderung von Eigentumstiteln, sondern um Händewechsel und daran angeschlossene außersprachliche Prozesse der Produktion und Konsumtion geht. Handlungen reichen nicht nur über die Sphäre reiner Kommunikation hinaus, sondern womöglich sind rein sprachliche Kommunikationsmittel auch unzureichend, um Handlungskoordination zu bewerkstelligen.

Aus dieser Gegenüberstellung können wir schließen,

a) dass der soziologische Zugang zur Gelderklärung mit seinem Anfang bei der Kommunikation als solcher abstrakter und allgemeiner, aber nichtsdestotrotz wesentlich ist: Wir können nicht hoffen, das Geldspiel zu verstehen, solange wir seine kommunikativen Aspekte vernachlässigen; und

b) dass dieses Spiel sich normalerweise um die Koordination von Handlungen dreht, die nicht nur über die sprachliche Kommunikation hinausreichen, sondern denen auch außersprachliche Intentionen zugrundeliegen. Wirtschaftliches Handeln dreht sich, wie die Ökonomen betonen, letztendlich um Bedürfnisbefriedigung. Diese setzt voraus, dass man sich Ressourcen aneignen kann, so dass sie für Produktion und Konsum verfügbar sind. Diese Verfügbarkeit setzt wiederum physische Manipulationen voraus, die durch das Geben und Nehmen von Geld, durch seine Zirkulation von einem Akteur zum andern initiiert werden können.

Eine adäquate Analyse des Geldgebrauchs muss deshalb aus wenigstens zwei Schritten bestehen: *Erstens* müssen wir verstehen wie Kommunikation mittels Zeichen, Symbolen, Sprache usw. funktioniert. Wie wird die Trinität von Information, Mitteilung und Verstehen hergestellt und reproduziert, aus der – Luhmann zufolge – Kommunikation besteht? Wie sind kommunikative Einheiten miteinander verkoppelt? Kommunikation befähigt Akteure einander zu verstehen, aber das Verstehen kann entweder zur Ablehnung oder zur Annahme eines Kommunikationsangebots führen. Normalerweise ist die Annahme Voraussetzung für die Lösung von Koordinationsproblemen. Wenn ich das, was ich tue, abhängig mache von dem, was Du mir sagst, oder noch positiver, wenn ich die Information, die Deine Mitteilung enthält, zur Prämisse meiner Handlung mache, können wir von erfolgreicher Kommunikation sprechen. Erst wenn die Bedingungen erfolgreicher Kommunikation geklärt sind, können wir den *zweiten* Schritt gehen und prüfen, in welcher Weise das Geldspiel sich von Handlungskoordination mittels sprachlicher Kommunikation unterscheidet, was seine über sprachliche Kommunikation hinausreichenden Eigenschaften sind.

Zeichen

Was erlaubt es uns einander zu verstehen, wenn wir Zeichen, Wörter, Sätze, Sprache benutzen? Besteht eine Art Harmonie oder Übereinstimmung zwischen einem Gedanken, einem Satz und der Wirklichkeit, auf die wir uns verlassen? Bleiben wir auf der Suche nach einer Antwort bei Wittgenstein. Lange zufolge entwickelte Wittgenstein eine Übereinstimmungslehre, „derzufolge die sprachliche Verständigung und Darstellung ermöglichenden Übereinstimmungen gar nicht mehr gegenständlich abgestützt sind in Gemeinsamkeit der Formen zwischen Darstellung und Dargestelltem, sondern nur noch auf dem *regelhaften und regelmäßigen Gebrauch von Zeichen* (Hervorh. HG) aufgebaut sind. Der seinerseits ist freilich natürlichen Regelmäßigkeiten und Reaktions- und Handlungsbereitschaften aufgepfropft. Der Gebrauch von Zeichen aber kann, was ihre Bedeutung angeht, nicht kausal erklärt, sondern nur in einer Regeln tabulierenden Grammatik – zu deutsch: Sprachlehre [...] – beschrieben werden" (Lange 1992, S. 101).

Wenn wir uns demnach nicht einfach auf die Idee stützen können, dass die Bedeutung von Zeichen notwendig auf einer Korrespondenz zwischen ihrer Form und der Form des Dargestellten beruht, wie funktionieren dann Zeichen in Kommunikationsprozessen? Neben den erforderlichen Fähigkeiten der Akteure, Zeichen zu erkennen, zu interpretieren und zu gebrauchen, müssen die Objekte, die als Zeichen dienen, wenigstens drei Eigenschaften haben (Hutter 1995, S. 337):

„1. Ein verwendetes Zeichen muß sich in der Umwelt bestehender Zeichen *unterscheiden*. Das Zeichen muß erkennbar werden, aus der Unterscheidung wird eine Identität.
2. Das verwendete Zeichen muß sich *wiederholen*. Es gibt eine Regelmäßigkeit des Erkennens, und es gibt Erwartungen über zukünftige Verwendungen.
3. Das verwendete Zeichen muß sich selbst und den Kontext des Spiels, in dem es Gültigkeit hat, *bezeichnen*."[12]

Für die Geldtheorie bedeuten diese Eigenschaften, dass wir traditionelle Auffassungen, die das Funktionieren von Geldobjekten mit Rückgriff auf den „Wert" des Geldes erklären, indem sie eine gemeinsame Eigenschaft von Geldobjekt und was immer damit gekauft wird herausstellen, zunächst[13] beiseite lassen können.

12 Die Redeweise, wonach Zeichen etwas tun („sich unterscheiden", „sich wiederholen", „sich bezeichnen"), ist irreführend. Es sind Akteure, die Zeichen unterscheiden, wiederholt verwenden usw. Damit das möglich ist, müssen die Akteure bestimmte Fähigkeiten und die Zeichen bestimmte Eigenschaften haben.
13 Mit andern Worten schlage ich vor, zunächst die allgemeinen Bedingungen der Geldkommunikation zu klären und erst danach Fragen wie die nach der „Kaufkraft" des Geldes.

Eine materielle Korrespondenz von Geld und Waren, d.h. den Gegenständen der geldvermittelten Interaktion, mag historisch bestanden haben, solange Geld Warengeld war. Aber eine solche Korrespondenz ist keine notwendige Bedingung für das Funktionieren von Geld.[14] Alles, was dafür erforderlich ist, ist eine Übereinstimmung der an Kauf und Verkauf beteiligten Akteure, die die Form hat: „X zählt als Y". Um eine solche Übereinstimmung herzustellen, zu reproduzieren und zu kommunizieren, müssen die Akteure sich an etablierte Regeln halten. Der Gebrauch gleich welchen Objekts als Geld ist sowohl Ausdruck dieser Regeln als auch wesentlicher Bestandteil des Kommunikationsprozesses, der zum wechselseitigen Verstehen führt und dadurch Handlungskoordination ermöglicht.

Konventionen

Wenn wir wissen wie Zeichen gebraucht werden und das Geldspiel als besonderen Fall des Zeichengebrauchs betrachten, können wir die Geldtheorie von einer ersten Schicht traditioneller Irrwege befreien, die sich um das „Geldrätsel" im Mengerschen Sinn aufgetan haben. Das Rätsel ergibt sich aus dem Kontrast zwischen dem Geldobjekt, seinen Eigenschaften und der unterstellten Rationalität der Wirtschaftsakteure. Sie tauschen wertvolle Objekte gegen wertloses Geld. Warum tun sie etwas derart Irrationales? Wenn man mit soziologischen und philosophischen Handlungstheorien den kommunikativen Aspekt des Geldgebrauchs betont, klingt diese Frage so, als ob man z.B. die Rationalität des Gebrauchs des Wortes „Hund" zur Bezeichnung des Tiers, das wir „Hund" nennen, infragestellen wollte. Es gibt keine Rationalität bei der Auswahl von Zeichen jenseits der Bedingung, dass sie verständlich sein sollten. Man könnte sogar hinzufügen: Je weniger intrinsische Bedeutung das Objekt hat, das als Zeichen dient, umso unwahrscheinlicher ist es, dass die Kommunikation damit durch Interessen verzerrt wird, die sich auf das Objekt als solches richten.[15]

In diesem Sinne beruht der Gebrauch von Zeichen auf Konventionen, die als Antworten auf Koordinationsprobleme entstehen. Sprache ist dafür genauso ein Beispiel wie der Geldgebrauch. Was als Zeichen dient, ist sekundär: „Suppose we are tradesmen. It matters little to any of us what commodities he takes in exchange for goods (other than commodities he himself can use). But if he takes what others refuse he is stuck with something useless, and if he refuses what others take he needlessly inconveniences his customers and himself. Each must choose what he will take according to his expectations about what he can spend – that

---

14 Womit nicht ausgeschlossen sein soll, dass manche Objekte geeigneter sind als Geld zu dienen als andere.
15 Vielleicht verurteilt die ältere Geldkritik den eher kognitiven Defiziten zuzuschreibenden Umstand, dass Objekt und Funktion – wie im Goldfetischismus à la Midas – nicht auseinander gehalten werden, unangemessen moralisch?

is, about what the others will take: gold and silver if he can spend gold and silver, U.S. notes if he can spend U.S. notes, Canadian pennies if he can spend Canadian pennies [...], whatever may come along if he can spend whatever may come along, nothing if he can spend nothing" (Lewis 1969, S. 7). Das Koordinationsproblem besteht hier darin, dass die willkürliche individuelle Selektion eines Tauschmittels nicht ausreicht, um einen flüssigen Handel zu gewährleisten. Letzterer kommt nur zustande, wenn alle im gleichen Handelsnetzwerk simultan das gleiche Objekte auswählen und benutzen. Das ist offensichtlich schwer zu bewerkstelligen, sogar dann, wenn die Akteure bereits eine gemeinsame Sprache (die selbst konventionell ist) benutzen können.

Mit Lewis (1969) lässt sich das allgemeine Muster, in dem Konventionen zustandekommen, plausibel rekonstruieren, wenn wir von der Annahme ausgehen, dass mehrere Akteure einen Vorteil aus der Lösung eines geteilten Koordinationsproblems ziehen können. Eine zufällige Lösung bildet einen Präzedenzfall, das Handlungsmuster wird in ähnlichen Situationen wiederholt oder auf andere, in irgendeiner Hinsicht analoge Situationen übertragen. Die Erfahrung erfolgreicher Koordination stabilisiert die Lösung und weitet sie aus. „We acquire a certain belief, unrestricted as to time, that members of a certain population conform to a certain regularity in a certain kind of recurring coordination problem for the sake of coordination." Die Überzeugung, dass ein Muster stabil ist, wirkt selbstverstärkend: „Each new action in conformity to the regularity adds to our experience of general conformity [...] And our expectation of future conformity is a reason to go on conforming, since to conform if others do is to achieve a coordination equilibrium and to satisfy one's own preferences [...] Once the process gets started, we have a metastable self-perpetuating system of preferences, expectations, and actions capable of persisting indefinitely" (Lewis 1969, S. 41 f.). Auf diese Weise kann eine Konvention zu einem Koordinationsgleichgewicht führen und wenn es eine solche Konvention mit Gleichgewichtseigenschaften einmal gibt, ist leicht nachvollziehbar, warum sich jeder daran hält. Bezogen auf den Geldgebrauch gilt: „Once there is a rule that transactions should proceed via money, it is not advantageous to deviate from this rule" (Hahn 1982, S. 21).

Die eigentlich interessante Frage ist deshalb nicht, warum eine Konvention aufrechterhalten wird, sondern wie eine Konvention zustandekommt. Sie muss jedenfalls nicht durch einen ausdrücklichen Vertrag oder förmliche wechselseitige Versprechen in Gang kommen. Von Hume stammt das Beispiel von zwei Männern, die zusammen ein Boot rudern. Wenn sie einen gemeinsamen Rythmus finden, wird sich das Boot glatt vorwärts bewegen, wenn nicht, werden sie Energie verschwenden und das Boot wird sich erratisch und langsam bewegen. Deshalb versucht jeder Ruderer seine Bewegungen in Kraft und Rhythmus an die des anderen anzupassen. Das kann ohne ausdrückliche Verständigung geschehen, aber natürlich auch misslingen. Selbst die Erfahrung fehlgeschlagener Koordination kann jedoch das Zustandekommen einer Regel oder Konvention stimulieren, die z.B. festlegt, wer sich wem anpasst. Auch wenn gemeinsame Probleme aufgrund mangelnder, aber möglicher Koordination nicht gelöst werden, führt diese Erfahrung bei den Beteiligten zu einem „general sense of common interest [...] which induces them to regulate their conduct by certain rules" (Hume, A Treatise on Human Nature, III.ii.2, zit. n. Lewis 1969, S. 4).

Humes Ruderbeispiel zeigt, dass es nicht unbedingt sprachlicher Verständigung bedarf, um Regeln zu etablieren. Regeln können Handeln steuern, ohne explizit formuliert zu sein. Nichtsdestotrotz gilt, dass Koordinationsprobleme normalerweise umso leichter mittels Konventionen bewältigt werden können, je mehr Kommunikation über „common interest" und die Wege seiner Verfolgung möglich ist. Situationen vom Typus des Gefangenendilemmas bieten klare Beispiele für die Vorteile, die nur durch explizite Kommunikation realisierbar sind. Vermutlich geben sie Anlass, Regeln ausdrücklich zu deklarieren, also in sprachliche Form zu bringen und allen Betroffenen als Regeln mitzuteilen. Hier stoßen wir einmal mehr auf einen zirkulären Zusammenhang: Sprache, als konventionell geordneter Gebrauch von Zeichen, wird benutzt, um Konventionen gehorchendes Handeln herbeizuführen.

Sprache und Geld als Medien

Ein Weg aus derartiger Zirkularität öffnet sich, wenn wir in Betracht ziehen, dass Konventionen durch Iteration zu Systemen geordnet sein können: Eine etablierte Konvention wird zur Grundlage einer weiteren Konvention, die von der ersten abhängig bleibt, aber ein anderes Koordinationsproblem löst. In diesem Sinne ist es nicht weiter schwierig nachzuvollziehen, dass der Aufbau neuer Konventionen auf Kommunikation mit Hilfe selbst wieder konventioneller Mittel beruht.

Medien lassen sich in diesem Rahmen von Konvention und Kommunikation verorten. Allgemein ist ein Medium ein Mittel für Akteure, in Kontakt mit anderen Akteuren zu treten. Medien entstehen also nur in Kontexten, in denen es mehr als einen Akteur gibt. In diesem allgemeinen Sinn sind sowohl Sprache als auch Geld Medien. Obwohl sie konventionell gebraucht werden, können sie kreativ eingesetzt werden. Man kann alles Mögliche mit ihnen anstellen. Mit Hilfe von Sprache kann man beschreiben, kommandieren, überreden, fragen, singen usw. Durch den Gebrauch des Mediums Sprache bringt der Sprechende seine Intentionen in Kontakt mit anderen Sprechenden und mit nicht-sprachlicher Wirklichkeit, oft von Intentionen geleitet, die über den sprachlichen Bereich hinauszielen. Eine adäquate Vermittlung wird erreicht, die Kommunikation ist erfolgreich, wenn der Adressat versteht, welche Kommunikationsweise beabsichtigt ist, was mitgeteilt werden soll, und wenn er signalisiert, dass er die Kommunikation fortsetzen will. Dann kann ein Spiel entstehen.

Geld als Medium lässt sich parallel beschreiben. Durch den Gebrauch von

Geld bringen Akteure ihre wirtschaftlichen Interessen miteinander in Kontakt, in einem Kontext, der durch Arbeitsteilung und die Institution des Privateigentums charakterisiert ist. Die Art der Geldverwendung signalisiert, welcher Transaktionstyp angezielt wird. Geldfunktionen werden in diesem Sinne oft je nach Kontext aktualisiert. Wie bei der Sprache gibt es keine abgeschlossene Liste von Formen des Geldgebrauchs, sondern Spielraum für Kreativität, so dass neue Geldfunktionen durch kollektive Zuschreibung entstehen können.

Im Vergleich zur Sprache besteht jedoch eine klare Differenz im Hinblick auf Universalität. Während Sprache benutzt werden kann, um ihre eigene Verwendung zu erklären – auch wenn ein derartiges Unterfangen schwierig sein mag und Zirkularität impliziert –, kann man mit Geld nicht den Gebrauch von Geld erklären. Zwar sagt man im Englischen: „Money talks", aber wir müssen uns auf den geordneten Gebrauch der Sprache stützen, wenn wir Geld erklären wollen. In diesem Sinne ist Sprache ein universelles Medium, Geld nicht. Insofern haben Habermas und Luhmann Recht, wenn sie von Geld als „Spezialsprache" reden. Oder, um es anders auszudrücken: Sprache kann es geben, ohne dass es Geld gibt, aber Geld kann es nicht geben, ohne dass es Sprache gibt. Wie Searle gezeigt hat, beruht der Geldgebrauch in einem hierarchischen System von Regeln, Konventionen, Medien auf ziemlich elaborierten Mustern von Funktionszuschreibungen des Typs: „X zählt als Y in Situation S", die jeweils sprachliche Kommunikation voraussetzen. Deshalb kann Geld das Sprechen nicht ersetzen, aber manchmal als Substitut und oft komplementär zur Sprache benutzt werden.

Z.B. ist es für jeden modernen Touristen eine übliche Erfahrung, dass man einen Kaufwunsch, den man wegen mangelnder Sprachkenntnisse nicht verbal äußern kann, dadurch ausdrückt, dass man mit entsprechender Gestik den Geldbetrag vorzeigt, den man bereit ist zu zahlen.[16] Offensichtlich ist diese Art und Weise Geld als Ersatzmedium für Sprache zu benutzen jedoch nur in solchen Kontexten Erfolg versprechend, in denen Kauf und Verkauf die erwarteten Aktivitäten sind. Solche Kontexte können sich ausdehnen, aber sie können nicht die gesamte soziale Welt dominieren. Insoweit hat Habermas Recht, wenn er Grenzen der über Geld bewerkstelligten Kolonialisierung der Lebenswelt sieht, aber daraus

---

16 Eines der Projekte in Swifts großer Akademie von Lagado belehrt uns per Analogie über die Universalität des Geldes, nicht im Verhältnis zur Sprache, sondern im Verhältnis zu käuflichen Dingen. Das Projekt sollte dazu dienen, die Abnutzung unserer Lungen einzuschränken, die sich beim Sprechen einstellt. „An expedient was therefore offered, that since words are only names for things, it would be more convenient for all men to carry about them such things as were necessary to express the particular business they are to discourse on". Das Projekt schlug fehl, weil „the women in conjunction with the vulgar and illiterate [...] threatened to raise a rebellion [...] However, many of the most learned and wise here adhere to the new scheme of expressing themselves by things, which hath only this inconvenience attending it, that if a man's business be very great, and of various kinds, he must be obliged in proportion to carry a greater bundle of things upon his back" (Swift 1973, S. 230). Swift entwirft hier eine Transaktionskostentheorie der Sprache, für die sich zahlreiche Parallellen in der Geldtheorie finden lassen.

folgt trotzdem nicht, dass der „Mediencode nur für eine gut abgrenzbare Klasse von Standardsituationen" (Habermas 1981, S. 395) gilt. Vielmehr werden laufend innovative Verwendungen von Geld erschlossen. Schon allein deshalb können wir erwarten, dass sich die moralisch inspirierten Beschwerden über allgemeine Käuflichkeit fortsetzen, auch wenn sie den Geldgebrauch bereits seit seinen historischen Anfängen begleitet haben.

Dass sowohl Sprache als auch Geld den Gebrauch von Zeichen beinhalten und auf Konventionen beruhen, dass beide Kommunikationszwecken dienen, in diesem Sinne Medien sind und dass Sprache das universellere Medium ist, führt zu der Frage: Warum benutzen/brauchen Akteure überhaupt das beschränktere Medium des Geldes, wenn sie doch über das universelle Medium der Sprache verfügen?

Medien und Handlungskoordination

Sprache kann benutzt werden, um alle möglichen Intentionen auszudrücken: Zum Bitten und Betteln, Befehlen, Überzeugen, Beschreiben, Erklären usw. Der plausible Kern des soziologischen Begriffs der Kommunikationsmedien kommt in den Blick, sobald wir fragen: Unter welchen Bedingungen ist eine kommunikative Bemühung des Akteurs A erfolgsversprechend in dem Sinne, dass dadurch Akteur B dazu bewegt wird, in der von A intendierten Weise zu reagieren? Oder, etwas förmlicher: Wenn Kommunikationen aus Information, Mitteilung und Verstehen bestehen, wie kann A B dazu bringen, die von A mitgeteilte Information als Prämisse seiner darauf folgenden Handlung zu übernehmen?

Symbolisch generalisierte Medien der Kommunikation sollen diese Frage beantworten, insoweit wir davon ausgehen müssen, dass es soziale Konstellationen gibt, in denen der reine und einfache Gebrauch der Sprache nicht ausreicht, um B dazu zu bringen, gemäß der Intentionen von A zu handeln. Anders gesagt: A's Äußerung: „Ich will, daß Du das tust", wird in vielen Fällen unzureichend sein, um B zu überzeugen, nach A's Absichten zu handeln. Demgegenüber kann es jedoch ausreichen, wenn A zusätzlich mitteilt: „Ich will, daß Du das tust, weil das, was ich sage, wahr ist", oder: „[...] weil das, was ich fordere, rechtens ist", oder: „[...] weil ich Dich zwingen kann, das zu tun", oder: „[...] weil ich Dir sieben Euro gebe, wenn Du es tust". Medien der Kommunikation, hier also Wahrheit, Recht, Macht oder Geld, sind Antworten auf Koordinationsprobleme, die entstehen, wenn das einfache Mitteilen einer Absicht von Seiten eines Akteurs unzureichend ist, um Handlungskoordination mit einem anderen Akteur zu bewerkstelligen. Wie schon Mandeville (1924, S. 421) trocken feststellte: „To expect, that others should serve us for nothing, is unreasonable." Was kann aber an die Stelle dieses „nothing" treten? Die breite soziologische Antwort lautet: Wahrheit, Liebe, Recht, Macht, Geld [...] als Kommunikationsmedien. Dahinter steckt die

Beobachtung, dass Koordinationsprobleme auf vielen Wegen gelöst werden können, nicht nur, wie Mandeville, Smith und die Ökonomen danach als paradigmatische Lösung vorschlugen, durch „the bartering of one thing for another" (ibid.).

Wenn nun die diversen Kommunikationsmedien gemeinsam haben, dass sie helfen, Koordinationsprobleme zu lösen, stellt sich die Frage:

Wodurch unterscheidet sich Geld von den anderen Medien?

Die leichte, aber, wie sich herausgestellt hat, unzureichende Antwort auf diese Frage bestand – den Spuren von Mandeville und Smith folgend – im Rückgang auf Tausch: „Give me that which I want, and you shall have this which you want" (Smith 1976, S. 26). Ich kann Dich dazu bringen zu tun, was ich will – nämlich ein Gut an mich abzutreten –, indem ich Dir ein Gut zum Tausch anbiete. Das Koordinationsproblem wird durch den wechselseitigen Appell an die Interessen des andern und die Herstellung einer Symmetrie des *do ut des* gelöst. Sobald jedoch Geld benutzt wird, müssen wir die (scheinbare oder wirkliche) Bewegung weg von dieser Symmetrie erklären. So wird Geld als bequemer Ersatz für das zweite Gut in der als Modell dienenden Naturaltauschtransaktion eingeführt. Um deren Symmetrie aufrechtzuerhalten, postulier(t)en ökonomische Theorien, dass der „Wert" des Geldobjekts dem „Wert" des damit gekauften Gutes gleich sein sollte.[17] Aber diese Symmetrie ist spätestens dann schwer gestört, wenn Warengeld durch wertlose Objekte ersetzt wird. Da die Erfahrung lehrte, dass, was immer als Geld diente, keinen intrinsischen Wert haben musste, konnte man die Symmetrievorstellung nur durch das Postulat retten, das Geld symbolisiere jenen Wert, wobei man sich auf einen traditionellen Symbolbegriff stützte: Das Symbol „steht für" etwas anderes. Damit landet man aber bei Mengers Rätsel: Warum sollten sich rationale Akteure mit der Aneignung des Stellvertreters eines wirklichen Dings begnügen, wenn sie das wirkliche Ding haben können?

Wenn demgegenüber Soziologen das Geld lediglich als ein sprachanaloges Medium der Kommunikation ansehen, können sie an dieser Stelle nicht weiterhelfen. Sie übersehen offenbar aufgrund dieser Analogiebildung die nicht-kommunikativen Aspekte von geldvermittelten Transaktionen, die meistens[18] die Bewegung von Gütern oder Dienstleistungen einschließen, wobei die physische Verfügbarkeit, nicht nur der – eventuell noch als bloßes Kommunikationsereignis auffassbare Wechsel von Eigentumstiteln entscheidend ist. Umgekehrt macht es allerdings die Sicht der Soziologie einfach zu verstehen, dass das, was für Kaufobjekte im Gegenzug gegeben wird, seien es Münzen, Banknoten, Schecks, Wechsel oder com-

---

17 Wie wir oben gesehen haben, hat sich Luhmann mit der Unterstellung einer „Wertäquivalenz" überraschend wenig von diesem Grundmodell gelöst.
18 Man kann in der „reflexiven Moderne" natürlich auch Geld mit Geld kaufen.

putergesteuerte Abzüge vom Konto, weder „Wert" haben muss noch Güter „vertritt". Die Geldobjekte sind Figuren in einem Spiel, das wir spielen. Außerhalb dieses Spiels haben sie keine Bedeutung. Im Spiel gewinnen sie ihre Bedeutung offenbar aus einer Hintergrundsüberzeugung der Beteiligten, dass der Zugang zu ihnen durch die Regel des *do ut des* begrenzt und die Höhe der Anstrengungen oder Opfer, die erforderlich sind, um sie anzueignen, für alle, die sich in gleichen ökonomischen Positionen[19] befinden, in etwa gleich ist.[20] Das schließt nicht aus, dass manche Glück haben[21] oder dass die Aneignung von Geld jenseits eines Schwellenwerts durch wachsende Skalenerträge begünstigt wird.[22] Es geht zunächst einfach darum, dass der Zugang zu Geld spürbaren und für alle gültigen Regeln unterliegen muss, wenn das Geldspiel funktionieren soll. Ich werde es nicht mit Dir in der normalen Form spielen, wenn ich glaube, dass Du die Banknoten, die Du mir anbietest, selbst im Keller gedruckt hast und daher über beliebige Mengen davon verfügen kannst.

Die funktional erforderliche, fest institutionalisierte Schwierigkeit des Geldzugangs steckt vermutlich hinter der Knappheitssemantik, mit der wirtschaftliche Fragen heute generell besprochen werden. Auch Luhmann hat Knappheit als das Bezugsproblem des ökonomischen Systems beschrieben. Geld bewirke eine Verdopplung der Knappheit, die nun als Knappheit wirtschaftlicher Ressourcen und als Geldknappheit existiert. Man kann das so sehen, weil eine Voraussetzung für das normale Funktionieren des Geldes seine Knappheit in dem Sinne ist, dass – wie Inflationserfahrungen lehren – zu viel Geld zu Störungen aller Art führt. Aber Knappheit in Bezug auf was? Wann ist Geld zu viel Geld? Im Gegensatz zu traditionellen ökonomischen Theorien, die die Geldmenge auf irgendein Güteraggregat beziehen, scheint es mir sinnvoll, sich auf das Problem des Geldzugangs zu konzentrieren. Der Gelderwerb erfordert normalerweise Anstrengung, Ressourcen müssen mobilisiert werden. Dazu gehört wesentlich, dass die Geldaneignung immer wieder erneuert werden muss, weil jeder Akteur die Geldmenge, die er erworben hat, nur einmal ausgeben kann: „When money talks, it says good by". Dadurch, dass das Geld immer wieder verschwindet, müssen die auf Gelderwerb verwiesenen Akteure ihre Anstrengungen an die zyklischen Reproduktionserfordernisse der Wirtschaft anpassen. Um immer wieder Geld zu erwerben, muss man immer wieder Dienste oder Ressourcen als *quid pro quo* anbieten. Der Gelderwerb wird zu einem allgemeinen, allgegenwärtigen Ziel, weil man es verliert, sobald

---

19 Definiert nach den jeweils mobilisierbaren Ressourcen. Für diejenigen, die ihre Arbeitskraft verkaufen müssen, lässt sich der Zusammenhang von ökonomischer Position und Bedeutung des Geldes wie folgt beschreiben: „Money should be looked upon not merely as one type of reward among others, but as a symbol of the fact that goods (means of subsistence) can be had only by work" (Mannheim 1951, S. 267).
20 In liberalen Theorien soll der Konkurrenzmechanismus diese gleiche Schwierigkeit des Geldzugangs gewährleisten.
21 Man kann in der Lotterie gewinnen oder einen Schatz finden.
22 Je mehr man schon hat, umso leichter ist es, noch mehr zu bekommen.

man es benutzt,[23] weil man es aber immer wieder braucht. Geld ist die Eintrittskarte zur Teilnahme am Wirtschaftsleben moderner Gesellschaften, das weitestgehend[24] in die Form des Geldspiels gebracht worden ist.

Ein einfaches Modell

Versuchen wir, das Geldspiel vorläufig in einer einfachen Form im Hinblick auf seine notwendigen Komponenten zu beschreiben. Jean Cartelier hat ein entsprechendes Modell entworfen, mit der Ausgangsüberlegung: „la monnaie n'est pas un objet ou un bien particulier, mais un ensemble de règles" (Cartelier 1996, S. 61). Diese Geldauffassung lässt sich mit der dargelegten Argumentation im Gefolge von Searle, Lewis, Wittgenstein begründen, allerdings mit einer Einschränkung: Das Geldspiel, dessen Regeln zu bestimmen sind, wird nicht zufällig normalerweise mit Hilfe dinglicher Geldobjekte gespielt. Wir haben bereits gesehen, warum das so ist. Für die Dauerhaftigkeit des Spiels als Lösung des ökonomischen Reproduktionsproblems von Gesellschaften muss garantiert werden, dass jede Einheit Geld von ihrem Eigentümer nur einmal ausgegeben werden kann, so dass der Geldbedarf immer wieder neu entsteht.[25] Im Geldspiel sollen durch regelgebundenes Handeln die ökonomischen Aktivitäten von Individuen koordiniert werden, die einerseits nach eigenen Interessen ohne Kenntnis des Gesamtzusammenhangs einer Wirtschaft in ihrer jeweiligen Situation, andererseits in starker wechselseitiger Abhängigkeit voneinander im Rahmen einer Arbeitsteilung agieren.[26] Sie handeln also ohne vollständige Information. Zugleich werden die Resultate ihres Handelns nicht nur von ihnen selbst, sondern auch vom Handeln der anderen Akteure bestimmt.

Nach Cartelier kann ein solches Geldspiel auf der Grundlage von drei Regelkomplexen ablaufen, die festlegen:

a) eine gemeinsame Recheneinheit (unité de compte commune), die es den Marktteilnehmern erlaubt, ökonomische Größen einheitlich auszudrücken,
b) einen Modus des Zugangs zu Zahlungsmitteln (monnayage) und

23 Sichtbar wird hier die Differenz von „Geld als Geld" und „Geld als Kapital" (um die Marxsche Ausdrucksweise zu benutzen): Bei der Verwendung von Geld als Kapital kann zwar jede Geldeinheit vom Eigentümer auch nur einmal ausgegeben werden, aber das Ausgeben/Kaufen geschieht in der Erwartung eines vermehrten späteren Rückflusses.
24 Zu den Grenzen des Geldspiels als Regelungsform wirtschaftlicher Aktivitäten in Bezug auf Arbeitsverhältnisse vgl. Tilly/Tilly (1998).
25 Hier wird eine wichtige Differenz zu den anderen Kommunikationsmedien sichtbar: Die Häufigkeit ihres Gebrauch beeinträchtigt nicht notwendig ihre Verfügbarkeit, ihr wiederholter Gebrauch ermöglicht vielmehr oft eine höhere Wirksamkeit – z.B. beim gezielten Einsatz von Macht.
26 Hayek (1976) hat diese Koordinationsleistung bei beschränkter Information sehr gut beschrieben, ohne allerdings eine passende Geldtheorie auszuarbeiten.

c) ein Prinzip des Saldenausgleichs (règlement des soldes) (vgl. Aglietta/Cartelier 1998, S. 134).

Das Geldspiel läuft dann wie folgt ab:

a) Die Akteure drücken ihre wirtschaftlichen Ziele, Mittel und Situationseinschätzungen durch Bezug auf die – per Konvention eingeführte – gemeinsame Recheneinheit so aus, dass ihre Intentionen von allen verstanden und aufgrund der Quantifizierung möglicher Transaktionen kalkulativ verhandelbar werden können.

b) Der Zugang zu Geldobjekten (monnayage) erfolgt – bei Kreditgeld – gemäß einem einfachen Modell so, dass alle Akteure vor Beginn einer Wirtschaftsperiode bei einer Bank unter Bezug auf ihre Pläne Kredite aufnehmen. Die Bank stellt ihnen ihre eigenen Zahlungsversprechen als Zahlungsmittel zur Verfügung, die die Kreditnehmer am Ende der Wirtschaftsperiode wieder zurückzahlen müssen. Nur wenn sie mit diesen Geldobjekten ausgestattet sind, können die Akteure ihre Pläne (Produktionsmittel kaufen, Entgelte für Produktionsfaktoren zahlen, etc.) am Markt und in der Produktion umsetzen.[27] Da die jeweils individuellen Vorhaben unterschiedlich erfolgreich sind, entsteht normalerweise am Ende der Wirtschaftsperiode eine Situation, in der eine Teilmenge der Akteure ihre Rückzahlungsverpflichtungen an die Bank nicht erfüllen kann, eine andere hingegen entsprechende Überschüsse erzielt.[28]

c) Für den Saldenausgleich gibt es prinzipiell drei Möglichkeiten. Entweder die defizitären Akteure können auf ein Vermögen zurückgreifen oder ihre Rückzahlungsverpflichtung wird – mit zusätzlichen Zinslasten – zeitlich gestreckt oder sie gehen Bankrott. Im Falle der zeitlichen Streckung bleiben die Akteure zunächst selbstständig handlungsfähig, aber ihre Zahlungsprobleme sind nur aufgeschoben, nicht aufgehoben. Im Fall des Bankrotts verlieren die betroffenen Akteure die Fähigkeit, Marktprozesse selbstständig zu initiieren.[29] Die Bankrotteure müssen – soweit sie im legalen Rahmen wirtschaftlich aktiv bleiben – zu Lohnabhängigen werden; die Kreditwürdigen werden/bleiben Unternehmer; die Bank sorgt für die Einhaltung der monetären Budgetrestriktion.[30] Die Lohnabhängigen sind nun in

---

27 Es gilt also eine „no barter"-Bedingung für die Ingangsetzung von Marktprozessen, oder: „Money buys goods and goods buy money, but goods do not buy goods" (Clower 1969, S. 207 f.).

28 Da innerhalb einer Periode die Gesamtsumme des ausgegebenen Kreditgelds konstant bleibt, handelt es sich um ein Nullsummenspiel.

29 Benetti/Cartelier (1980) haben aus dieser Konstellation die Klassenspaltung zwischen Unternehmern und Lohnabhängigen (salariat) abgeleitet.

30 Eine monetäre Budgetrestriktion bedeutet, dass die Wirtschaftseinheiten nicht mehr Geld ausgeben können, als ihrem Budget entspricht. Die Höhe des Budgets wird durch das Geldeinkommen pro Periode und die Möglichkeiten des Rückgriffs auf Vermögen und der Kreditaufnahme bestimmt. Je nach den Bedingungen der Kreditgewährung kann die Budgetrestriktion hart oder weich ausfallen. Normalerweise gilt eine harte Budgetrestriktion als das Disziplinierungsmittel, das allein die Effizienzvorteile von Marktwirtschaften zu realisieren erlaubt.

einen Arbeit-Geld-Konsum-Zyklus eingebunden, d.h. ihr Zugang zu Geld und damit zu Konsummöglichkeiten erfolgt immer wieder über den befristeten Verkauf ihres Arbeitsvermögens an Unternehmer.

Der weitere Verlauf des Spiels lässt sich mit dem Schlagwort Kaleckis beschreiben: Die Unternehmer verdienen das, was sie ausgeben, die Arbeiter geben das aus, was sie verdienen. Unbeschadet der Tatsache, dass individuelle Vorhaben und Lebenspläne immer ge- oder misslingen können, gilt im Aggregat die Bedingung, dass Investitionen, über zusätzliche Kredite finanzierte Ausgaben, sich nur dann durch höhere Erträge rechtfertigen, wenn genügend Unternehmer genügend investieren. Die Lohnabhängigen sind demgegenüber gesamtwirtschaftlich in eine passive Rolle eingebunden.

Diese Modellierung des Geldspiels bietet, wie ersichtlich, die Möglichkeit einer weiteren Entfaltung der Theorie in Richtung eines „Übergangs vom Geld zum Kapital", weil sich zeigen lässt, wie asymmetrische Positionen im Geldspiel entstehen.

Schluss

Blicken wir abschließend noch einmal zurück auf die Medientheorie des Geldes und ihre Probleme. Die Analogie von Sprache und Geld, die Auffassung des Geldes als „Spezialsprache" ist zwar wegen einer eingebauten Verharmlosungstendenz irreführend, aber es ist nichtsdestotrotz sinnvoll, das Geld als Medium der Handlungskoordination und in diesem Sinne sprachanalog aufzufassen. Man muss allerdings klären, inwieweit Geld einerseits weniger, nämlich weniger universell, andererseits mehr ist, nämlich z.B. seine eigene Metrik mitbringt, einerseits weniger leistet, nämlich weniger Informationen transportieren kann, andererseits mehr leistet als Sprache, nämlich durch indirekte Nutzenversprechen zusätzliche, wirksame Motive zur Handlungsabstimmung liefert. Diese Leistungsfähigkeit hängt nicht zuletzt daran, dass das Geld ein symbolisches Medium ist, das im Gegensatz zur Sprache und den anderen Medien in vielen seiner Funktionen dinglich präsent und physisch manipulierbar ist. Was schließlich den Zusammenhang von Geld und Herrschaft angeht, lässt er sich wohl am besten unter dem Gesichtspunkt funktionaler Äquivalenz beschreiben. Ein Teil, aber eben nur ein Teil der Handlungskoordination über Geld funktioniert wie Herrschaft im klassischen Sinne von Befehl-Gehorsam-Beziehungen. Während normale Kauf- und Verkaufstransaktionen über freiwillig abgeschlossene Verträge – und insoweit herrschaftsfrei – abgewickelt werden, tritt diese, wenn man so will, zivilisiertere Seite des Geldgebrauchs bei Arbeitsverträgen in den Hintergrund, sobald wirklich fremdbestimmt gearbeitet wird. Auch hier geht es um Befehl-Gehorsam-Beziehungen, allerdings wird der Gehorsam nicht wie bei Herrschaft durch – meist latente – Gewaltandrohung herbeigeführt, sondern über die Drohung mit dem Ausschluss aus dem

Geldspiel. Da von der Teilnahme am Geldspiel die ökonomische Reproduktionsfähigkeit in modernen Gesellschaften weitgehend abhängt, ist die Ausschlussdrohung ein überaus wirksames, weitreichendes Disziplinierungsmittel.

Die Objekte, die als Geld dienen, signalisieren, welches Spiel gespielt wird. Falls sie als symbolische Objekte überhaupt „für etwas stehen", stehen sie für die Regeln des Kaufens und Verkaufens und des Eigentums. Wenn Du dieses Haus gekauft hast durch Übereignung der vereinbarten Geldsumme an den früheren Eigentümer, kann ich das Haus nicht rechtmäßig nutzen, jedenfalls nicht ohne Dein Einverständnis. Wenn ich mit einem Geldversprechen die Disposition über Dein Arbeitsvermögen erworben habe, musst Du das tun, was ich will.[31] In diesem Sinne signalisiert Geld die Fähigkeit, den Zugang zu ökonomischen Ressourcen zu kontrollieren, oder die Fähigkeit das anzueignen, was veräußerlich ist. Kaufen und Verkaufen sind dabei nur die einfachsten Formen des Geldgebrauchs, der viele andere Formen hat. Man kann Geld in der Lotterie gewinnen, Geld als Kapital einsetzen, leihen und verleihen, verschwenden, erben, stehlen, waschen, verheizen usw. usf. Weil Geld, wie Simmel sagte, das „absolute Mittel" ist, wird es allseits begehrt, was wiederum vor dem Hintergrund stabiler Konventionen bei der Erschließung von Zugangswegen zum Geld dauernd Innovationen stimuliert. Der Geldgebrauch wird dabei getragen von einem stabilen gemeinsamen Interesse der Teilnehmer am Geldspiel, dem Interesse an der Möglichkeit, die Einstellungen und Handlungen der anderen durch Geldangebote zu kontrollieren und auf diese Weise Koordinationsprobleme aller Art zu lösen.

31 Natürlich nur in den gegebenen, rechtlich fixierten Grenzen bei immer wieder möglichen Konflikten um die Auslegung des Arbeitsvertrags.

Literatur

Aglietta, M. und J. Cartelier, 1998: Ordre monétaire des économies de marché, in: M. Aglietta und A. Orléan (Hrsg.), La monnaie souveraine, Paris, S. 129-157.
Arrow, K.J., 1981: Real and Nominal Magnitudes in Economics, in: D. Bell und I. Kristol (Hrsg.), The Crisis in Economic Theory, New York, S. 139-150.
Benetti, C. und J. Cartelier, 1980: Marchands, salariat et capitalistes, Paris.
Cartelier, J., 1996: La Monnaie, Flammarion.
Clower, R.W., 1969: Foundations of Monetary Theory, in: ders. (Hrsg.), Monetary Theory, Harmondsworth, S. 202-211.
Deutschmann, C., 1999: Die Verheißung des absoluten Reichtums, Frankfurt a.M.
Ganßmann, H., 1988: Money – a Symbolically Generalized Medium of Communication?, in: Economy and Society, Vol. 20, No. 3, S. 285-316.
Ganßmann, H., 1996: Geld und Arbeit, Frankfurt a.M.
Habermas, J., 1981: Theorie des kommunikativen Handelns, 2 Bde., Frankfurt a.M.
Hahn, F., 1982: Money and Inflation, London.
Hutter, M., 1996: Signum non olet: Grundzüge einer Zeichentheorie des Geldes, in: W. Schelkle und M. Nitsch (Hrsg.), Rätsel Geld, Marburg, S. 325-352.

Krause, U., 1979: Geld und abstrakte Arbeit, Frankfurt a.M.
Kreps, D.M., 1990: Game Theory and Economic Modelling, Oxford.
Lange, E.M., 1992: Übereinstimmung bei Wittgenstein, in: E. Angehrn et al. (Hrsg.), Dialektischer Negativismus – Michael Theunissen zum 60. Geburtstag, Frankfurt a.M., S. 82-102.
Lester, R.A., 1939: Monetary Experiments, Princeton.
Lewis, D.K., 1969: Convention, Harvard UP, Cambridge, Mass.
Luhmann, N., 1994: Die Wirtschaft der Gesellschaft, 3. Aufl., Frankfurt a.M.
Mandeville, B. de, 1924: The Fable of the Bees (ed. Kaye), Vol. 2, Oxford.
Mannheim, K., 1951: Freedom, Power and Democratic Planning, London.
Marx, K., 1962: Das Kapital, 1. Band, Marx-Engels-Werke, Bd. 23, Berlin.
Menger, C., 1892: Geld, in: ders., Gesammelte Werke Bd.IV, Tübingen 1970.
Parsons, T., 1967: On the Concept of Political Power, in: ders., Sociological Theory and Modern Society, New York, S. 297-354.
Searle, J., 1997: Die Konstruktion der gesellschaftlichen Wirklichkeit, Reinbeck (Originalfassung: The construction of social reality, Free Press, New York 1995).
Shackle, G.L.S., 1974: Keynesian Kaleidics, Edinburgh.
Smith, A., 1976: An Inquiry into the Nature and Causes of the Wealth of Nations, Vol. 1, Oxford.
Swift, J., 1973: Gulliver's Travels, Harmondsworth.
Thornton, H., 1802: An Enquiry into the Nature and Effects of the Paper Credit of Great Britain, repr. New York 1939.
Tilly, C. und C. Tilly, 1998: Work under Capitalism, Boulder.
Weber, M., 1956: Wirtschaft und Gesellschaft, 4. Aufl., Tübingen.
Weggler, R., 1993: Wie läßt sich die Annahme einer Kommunikation sicherstellen, in: H. Ganßmann und S. Krüger (Hrsg.), Produktion – Klassentheorie, Festschrift für Sebastian Herkommer, Hamburg, S. 94-103.
Wittgenstein, L., 1984: Philosophische Untersuchungen, in: Werkausgabe, Bd. 1, Frankfurt a.M., S. 225-485.
Wittgenstein, L., 1984a: Ludwig Wittgenstein und der Wiener Kreis, in: Werkausgabe, Bd. 3, Frankfurt a.M.

Heinz-Peter Spahn

Die Ordnung der Gesellschaft als Zahlungswirtschaft

> In der Wissenschaft, die der deutsche Volksmund seit je her und immerdar als Nationalökonomie bezeichnet, ist alles, was bestimmt sein sollte, unbestimmt: sogar der Gegenstand, mit dem sie sich beschäftigt.
> *Werner Sombart* (1929, S. 1)

Was ist Wirtschaft?

In der Zeit, als es den Sozialismus noch gab, wurde zuweilen noch rückgefragt, welche Art Wirtschaftssystem gemeint sei, wenn von „der Wirtschaft" die Rede war. Diese Differenzierung ist nun unnötig geworden. Der globalisierte Kapitalismus lässt nationale Unterschiede scheinbar nur noch im Hinblick auf Wohlstand und Effizienz zu; auch staatliche Institutionen und Regulierungen sind weltweit auf dem Prüfstand und haben ihre Angemessenheit vor den Erfordernissen „des" Marktes unter Beweis zu stellen.

Gegen die als uniform empfundene Übermacht des ökonomischen Prinzips regt sich politisch-moralischer Widerstand. Die „Gier des Marktes" wird beklagt, der die liebgewonnene Konstellation von Vollbeschäftigung und sozialer Sicherung aushöhle (Koch 1995) – ohne dass freilich eine analytische Auseinandersetzung mit der These der Marktbefürworter geleistet würde, wonach der Wohlfahrtsstaat anreiztheoretisch inkompatibel zum Beschäftigungssystem ist. Der Neoliberalismus wird als „Kapitalismus ohne menschliches Antlitz" entlarvt (Chomsky 2000) – die dabei monierte Instrumentalisierung staatlicher Stellen für die Verlustabdeckung und Markterschließung im Interesse von Großunternehmen widerspricht allerdings gerade dem neoliberalen Dogma. Wenn im Übrigen nun entdeckt wird, dass dem Marktsystem ein „menschliches Antlitz" fehlt, so kann dies nur demjenigen neu sein, der zuvor soziale Harmoniebedürfnisse auf dieses System projiziert hat; in Wahrheit hat nicht „die Wirtschaft" solches versprochen, sondern Vertreter bestimmter gesellschaftspolitischer Konzeptionen, die der Marktwirtschaft oft diese oder jene ideologische Verbrämung andichteten.

Ein klassisches Beispiel ist die Metapher vom „Dritten Weg": die sozialromantische Idee einer Wirtschaftsordnung zwischen Kapitalismus und Kommunismus. Diese Idee wurde zunächst ansatzweise in der nationalsozialistischen Ära verwirklicht gesehen, interessanterweise sowohl von sozialkritisch eingestellten Ökonomen wie Erich Preiser als auch von liberalen Vertretern wie Eucken und Müller-Armack, die diese Denkfigur dann nach dem Krieg unter den Schlagworten „Ordo" und „Soziale Marktwirtschaft" popularisierten (vgl. Blesgen 2000, S. 13 ff., 81; Abelshauser 1991). Der Markt als Vehikel eines „Dritten Weges" wurde später auf jeder Stufe des Verfalls sozialistischer Wirtschaften beschworen, wohl in der Hoffnung, den unliebsamen Begleiterscheinungen kapitalistischer Geldwirtschaften entgehen zu können.

Angesichts der spektakulären Entwicklungen auf den Kapital- und Devisenmärkten ist es aber vor allem die finanzielle Seite des Wirtschaftsgeschehens, die die Aufmerksamkeit kritischer, mehr oder weniger fachkundiger Beobachter erregt hat. Der generelle Topos vieler Beiträge ist die diagnostizierte „Abkoppelung" der Finanzmärkte von ihrer realwirtschaftlichen Basis. Der „Casino-Kapitalismus" erscheint als Entartung der Marktwirtschaft (Altvater 1992, S. 143 ff.), woraus man auf die immanenten Entwicklungsrisiken dieser Wirtschaftsordnung schließen mag und/oder institutionelle Vorkehrungen zum Schutz der Produktionssphäre vor den Eigensinnigkeiten und Übertreibungen der Finanzmärkte fordert, damit eben die „eigentliche" Wirtschaft ihren (den ihr zugeschriebenen) versorgungs- und beschäftigungspolitischen Aufgaben nachgehen könne.

Die vorstehend skizzierten Diskussionsfragmente deuten an, dass die aufklärerisch tätigen Marktkritiker eine Vorstellung davon haben, was eine Wirtschaft ist, wie sie aussehen und was sie leisten sollte – jedoch ist zu fragen, wie groß die normative Freiheit der Sozialwissenschaftler bei der Definition ihres Erkenntnisobjekts sein kann. Sombart (1929) beklagte vor 70 Jahren die sich nach dem Ende des deutschen Methodenstreits durchsetzende Tendenz, Wirtschaft als die abstrakte Menge formal-rationalen Verhaltens zu definieren, anstatt eine „ganzheitliche" Erfassung der gesellschaftlichen Bereiche Produktion, Handel, Konsum etc. anzustreben. Praktisch gab es bei jedem Paradigmenwechsel in der Geschichte der Nationalökonomie eine neue Sichtweise wirtschaftlicher Zusammenhänge; diese reflektierte den Erkenntnisstand der Ökonomen über die wesentlichen Funktionsmechanismen des Marktsystems – also seine Gleichgewichtsstruktur[1] –, zum Teil aber auch gesellschaftliche Interessen im Hinblick auf seine politische Steuerung.

Es war stets umstritten, ob Geld nun zum „harten Kern" einer Marktwirtschaft gehört oder nicht. In der merkantilistischen Ära hätte man diese Frage wohl bejaht; in den nachfolgenden Schulen der Klassik und Neoklassik erschien das Geld aber eher als Schleier über den wesentlichen realwirtschaftlichen Zusammenhängen;

---

1 Der explizite Hinweis auf die erkenntnistheoretisch zentrale Rolle der – mathematisch gesprochen – Gleichgewichtslösung eines Systems ist deshalb angebracht, weil Ungleichgewichte, Krisen, Chaos, Störungen, Instabilitäten etc. immer nur vor dem Hintergrund des Gleichgewichts, als Abweichung von der Norm(alität), aussagefähige Phänomene darstellen, keinesfalls jedoch für sich genommen ausreichen, um den Charakter eines Systems analytisch zu beschreiben.

der Keynesianismus gilt als (Wieder-)Entdecker einer eigenständigen Rolle des Geldes; und der moderne Monetarismus liefert auf den ersten Blick eine Art Synthese, da er mit der Quantitätstheorie auf der historisch frühesten Theorie über den Zusammenhang von Geld und Nominaleinkommen basiert, klare Kriterien für eine auf Preisstabilität bedachte Geldpolitik formuliert, im Übrigen jedoch die klassische Norm einer realwirtschaftlichen Neutralität des Geldes vertritt.

Aber man muss sich hüten, dieses wechselhafte Bild als Ausdruck eines Gewinnens und Verdrängens von Erkenntnissen zu interpretieren. Denn schon die Antwort auf die Frage, woran die Zugehörigkeit eines Elements zum harten Kern eines Systems zu messen sei, ist durchaus offen. Aus dieser Perspektive wird auch die beanspruchte Kompetenz des Keynesianismus in monetären Fragen zweifelhaft: Die verschiedenen keynesianischen Theorieströmungen eint im Grunde der Gedanke, die Existenz von Geld zerstöre die Kohärenz der Ökonomie; Arbeitslosigkeit, finanzielle Instabilität und Unsicherheit seien der Ausdruck der so entstandenen pathologischen Marktkonstellation (Minsky 1980; Altvater 1992, S. 105 ff.). Der Keynesianismus schreibt der *Existenz* des Geldes bestimmte wohlfahrtsschädliche Folgen zu, lässt jedoch die Frage offen, warum überhaupt Geld verwendet wird. Eben damit leistet er der erwähnten populären Vorstellung Vorschub, man solle und könne die Ebene der finanziellen Beziehungen von der „wirklichen" Wirtschaft abtrennen oder zumindest in wohlfahrtsförderlicher Weise kontrollieren.

Auf der anderen Seite hat die klassische Schule durchaus eine Erklärung für die Verwendung von Geld: Es gilt als ein Medium, das den Gütertausch erleichtere. Aber diese Funktion erscheint dieser Schule nicht als „wesentlich" (Geld bleibt neutral), so dass zentrale theoretische und wirtschaftspolitische Fragen unter Rekurs auf das Modell einer reinen Güterwirtschaft beantwortet werden.

Was ist Wirtschaft? Eine rein inhaltliche Antwort, die auf Tätigkeiten und Vorgänge wie Arbeit, Produktion und Konsum abstellt, ist wenig ergiebig, weil diese Phänomene in höchst unterschiedlichen Systemen wie Robinsonaden, Stammesgesellschaften, Plan- und Marktwirtschaften zu beobachten sind. Also ist die *Form* des Wirtschaftens entscheidend. Diese Form kann angesichts der Komplexität des Gegenstands nur mittels eines theoretischen *Bildes* verstanden werden. Insoweit ist „Wirklichkeit" stets eine mehr oder weniger schmutzige Abweichung vom theoretischen Modell. Im Grunde hat jedes Paradigma der Nationalökonomie ein solches Bild einer Volkswirtschaft, das als Referenzsystem beim Verständnis empirischer Erfahrungen fungiert.

Es herrscht auch keine Einigkeit darüber, ob es *einen* Basisansatz gibt, der alle theoretischen Schulen als Spezialfälle enthält, oder ob diese Schulen gänzlich unterschiedliche und möglicherweise miteinander unverträgliche Bilder des Wirtschaftens zeigen. Die neoklassische Definition ist jedoch hinlänglich allgemein und für vielfältige Erörterungen offen. Danach wird Wirtschaften dadurch beschrieben, dass

- Individuen über in ihrem Besitz befindliche Ressourcen frei disponieren,
- dabei eine Zielfunktion verfolgen, die ihr subjektives Wohlbefinden mit der Nutzung von Ressourcen verknüpft,
- und mit anderen Individuen freiwillige Vereinbarungen zur wechselseitigen Verbesserung ihrer subjektiven Lage treffen können.

Über einige Aspekte dieses Szenarios sind langwierige und nutzlose Kontroversen geführt worden (vgl. Hahn 1980). *Irgendeine* Verteilung der Erstausstattung mit physischen Ressourcen, zu denen auch menschliche Fähigkeiten gehören, muss als gegeben angenommen werden (die Verteilung von Markteinkommen ist damit in keiner Weise prädeterminiert). Die Nutzung der Ressourcen schließt neben dem Eigenverbrauch und dem Tausch auch die Möglichkeit der *Produktion* ein. Wenn die Gesellschaft eine Art Rechtssystem ausgebildet hat, gehört neben dem bloßen Besitz auch eine Verteilung von *Eigentumsrechten* zur Beschreibung der Ausgangslage (vgl. Richter 1993; Heinsohn/Steiger 2000).

Die Redeweise, dass sich Ökonomie mit dem wirtschaftlichen Verhalten des Menschen beschäftige, hat im Zusammenhang mit den vorstehenden axiomatischen Modellbausteinen das Missverständnis befördert, insbesondere die Neoklassik baue auf einem Menschenbild des „homo oeconomicus" auf, der in mechanisch-rationaler Weise formalen Gewinnmaximierungskalkülen folge. In Wahrheit hat die ökonomische Theorie jedoch kein bestimmtes Menschenbild i.S. einer verhaltenswissenschaftlichen Perspektive; die „neuen Erkenntnisse" aus dem Bereich der Psychologie, die immer wieder gern gegen neoklassische Wahlhandlungs- und Entscheidungstheorien ins Feld geführt werden, haben diesen Optimierungsansätzen denn auch nicht den Boden entzogen. Die oben angesprochene Zielfunktion lässt sich mit weitgehend *beliebigen* Inhalten füllen; die konkrete Erforschung der menschlichen Verhaltensweisen i.e.S. ist eigentlich nicht Gegenstand der ökonomischen Theorie, sondern der empirischen Sozialforschung.

Die Volkswirtschaftslehre handelt nicht „vom Menschen"; sie ist auch nur insoweit Sozialwissenschaft, als es um die systemtheoretische Erklärung der Selbstorganisation und Leistungsfähigkeit einer nicht zentral geplanten Volkswirtschaft geht. Die Akteure, die die ökonomischen Theorien bevölkern, sind lediglich Kunstfiguren, geschaffen, um die Modelle in Bewegung zu bringen; und die Erklärungsschwächen dieser Theorien – die Arbeitslosigkeit, die ungleiche Wohlstandsverteilung in der Welt, die Bewegung der Wechselkurse u.a.m. – haben zu allerletzt etwas mit der unterstellten Verhaltensannahme einer Nutzenmaximierung zu tun. Offen ist hier jedoch der soziale oder institutionelle Mechanismus, der eine „wirtschaftliche" Ebene des Gesellschaftslebens ausdifferenziert und die Koordination individueller Entscheidungen trägt.

Im Folgenden wird zunächst betont, dass hinter der Aufzählung bestimmter

Geldfunktionen das zentrale gesellschaftliche Organisationsproblem der Herstellung einer Kompatibilität und Kohärenz individueller Handlungen in einer dezentralen Wirtschaftsordnung gesehen werden muss. Geld löst fundamentale Informationsprobleme in „low-trust societies" und stellt als Zahlungsmedium ein Substitut für ein sonst notwendiges Netz intertemporaler und instabiler Gläubiger-Schuldner-Beziehungen dar. Aus der einzelwirtschaftlichen Abwicklung wirtschaftlicher Interaktion mittels einer geldlichen Sprache entsteht gesellschaftlich ein besonderer Typus einer Wirtschaftsordnung, in der Interessenkonflikte stellvertretend über das Medium Geld ausgetragen werden. Die Redeweise von einer „Entkoppelung" führt insofern in die Irre, als Wirtschaften in einer Geldökonomie im Kern immer in der Verfolgung nominaler Vermögenshaltungsstrategien besteht; die Durchführung von Produktionsprozessen ist dabei nur eine mögliche Anlageform. Die Form des Wirtschaftens prägt ihren Inhalt.

Das Problem der Organisation gesellschaftlicher Interaktion

> Die wirkliche Frage ist: Macht das bürgerliche Austauschsystem selbst nicht ein spezifisches Austauschinstrument nötig? Schafft es nicht notwendig ein besondres Äquivalent für alle Werte? [...] Es zeigt sich, dass Gold und Silber keine Waren wie die anderen sind und die moderne Ökonomie sich plötzlich und mit Schrecken temporär immer wieder bei den Vorurteilen des Merkantilsystems ankommen sieht.
> *Karl Marx* (1857/58, S. 46 f.)

Heiner Ganßmann hat jüngst die These vertreten, „dass das grundsätzliche Paradigma der Wirtschaftstheorie für die Gelderklärung kategorial unterausgestattet ist" (2000, S. 506; vgl. auch in diesem Band). Sein Argument ist, dass Geld nur in einem sozialen Bezugsrahmen wechselseitig anerkannter Konventionen und Regeln „funktioniert", die offenbar eher von der Soziologie erfasst werden könnten. Aber die ökonomische Theorie berücksichtigt durchaus Konventionen, Normen und Regeln nicht nur passiv als Rahmenbedingungen wirtschaftlichen Handelns, sondern bemüht sich zunehmend auch um eine Erklärung ihrer Genese aus dem Marktprozess: Die Individuen erkennen den hohen ökonomischen Wert dieser Kollektivgüter und sind u.U. trotz der Free-Rider-Problematik bereit, einen Beitrag zur Sicherstellung ihres Angebots zu leisten. Dies war gerade in der Geldgeschichte häufig zu beobachten (vgl. Spahn 2001, S. 69 f.). Die analytische und historische Entstehung von Geld ist durchaus mit Hilfe der Wirtschaftstheorie nachvollziehbar. Jedoch erweist es sich dabei als nützlich, soziologische Kategorien in ihrer ökonomischen Tragweite zu würdigen und in ökonomische Begriffe umzusetzen.

Die dem Geld üblicherweise zugeschriebenen Funktionen des Rechen-, Tausch- und Wertaufbewahrungsmittels benennen nur oberflächliche Aspekte des zu lösenden gesellschaftlichen Koordinationsproblems. Ein *Rechenmittel* wäre selbst dann erforderlich, wenn die Individuen autark wirtschafteten. So müsste Robinson überlegen, wie lange er in Anbetracht des erwarteten Genusses gefangener und zubereiteter Fische angeln möchte. Das Kalkulationsmedium ist hierbei der subjektive Nutzen: der Vergleich von Arbeitsleid und Konsumgenuss. Komplizierter wird es bei Arbeitsteilung. Die Entscheidung etwa, eine Angel selbst zu basteln oder gegen Abgabe einer bestimmten Anzahl Fische einzutauschen, verlangt auf Seiten beider Marktpartner einen Vergleich der Tauschrate mit den jeweils berührten Arbeitszeit-, Produktivitäts- und Konsumeffekten.

In diesem Zusammenhang entwickelte die klassische Ökonomie die Idee der Arbeitszeit als Wertmaß. Der Wertstandard kann aber auch ein reines Zählgut, ein „numéraire" sein, das selbst physisch nicht zu existieren braucht. Drückt man die Werte der Güter in einem gemeinsamen Standard aus, so verringern sich die Informationskosten, da bei n Gütern statt der $(n^2-n)/2$ relativen Preise nur noch n absolute Geldpreise zu beachten sind. Ohne die gemeinsame „Sprache" eines einheitlichen Wertstandards ist ein effizientes Wirtschaften kaum möglich. „The efficiency of this language in performing this vital coordination role depends crucially on whether the unit of account always means the same thing to different individuals both at one and the same moment in time and over time" (Issing 1999, S. 10; vgl. Smith 1786, S. 36 ff., 59 ff.).

Die (vielleicht lediglich intuitive) Verwendung eines Rechenmittels ist letztlich nur die Implikation eines zielorientierten Verhaltens der Wirtschaftssubjekte. Ein *Tauschmittel* erfüllt die davon unabhängige Funktion einer Vereinfachung von Tauschaktionen, da im Regelfall zwei aufeinander treffende Marktakteure nicht genau diejenigen Güter in der Menge abgeben möchten, die jeweils der Tauschpartner nachfragt. Zur Lösung dieses Problems einer mangelnden „coincidence of wants" hatten sich schon die Merkantilisten das Geld als ein haltbares, teilbares und leicht zugängliches Medium ausgedacht, das allgemein die Transaktionskosten senkt – das ist der bis heute in der Ökonomie dominierende Ansatz der Gelderklärung (Law 1720, S. 13 ff.; Smith 1786, S. 28 ff.; Menger 1909). Man beachte, dass die häufig als Geldeigenschaft genannte Knappheit für sich genommen offenbar keineswegs tauschererleichternd ist.

Dass Geld zur *Wertaufbewahrung* geeignet sein soll, ist zunächst in einem trivialen Sinne eine Voraussetzung für seine Tauschmitteleigenschaft, damit Kaufkraft zwischen verschiedenen Märkten, insbesondere im Zeitablauf, transportiert werden kann. Eine darüber hinausgehende Wertaufbewahrungsfunktion ist aber nicht plausibel, da es für diesen Zweck meist besser geeignete, weil (höher) verzinsliche Medien gibt. Diese Geldfunktion wurde denn auch erst von Keynes betont, der auf eine Geldhaltung in Zeiten subjektiv empfundener Zukunftsunsicherheit hinwies, wobei eine Art Sicherheitsprämie an die Stelle des pekuniären Ertrags tritt.[2]

---

2 „It is a recognised characteristic of money as a store of wealth that it is barren; whereas practically every other form of storing wealth yields some interest or profit. Why should

Nun mag es sein, dass ein „Safe-Heaven-Effekt" zu einem Drang ins Geld führt, wenn es denn existiert (obwohl durchaus unklar ist, warum gerade Geld das sicherste Aktivum sein soll); aber es ist schwer einzusehen, wie und warum im Markt eine einheitliche Vorstellung über ein unsicherheitsminderndes Medium entstehen und praktisch umgesetzt werden kann.

Die Vielzahl der offenen Fragen, aufgrund derer Geld als das „letzte Rätsel der Nationalökonomie" bezeichnet wurde (Riese 1995a), rühren nicht zuletzt daher, dass mit Beginn der neoklassischen Ära um 1870 für knapp 100 Jahre ein theoretisches Bild im Hintergrund der Forschung stand, das in nahezu vollkommener Weise die Norm eines geldlosen Wirtschaftens i.S. einer Disposition über reale Ressourcen ausdrückte. Es war dies die kühne Idee von Walras, als Ideal einer gesellschaftlichen Organisation von Wirtschaft einen großen Auktionsmarkt zu etablieren. Hier sollten gleichgewichtige Tauschrelationen für alle gegenwärtigen *und* künftigen Angebots- und Nachfragepläne berechnet und festgesetzt werden; im späteren Zeitablauf würden dann nur noch die bereits fixierten wechselseitigen Güterlieferungen erfolgen. Natürlich ist dieses Modell nicht nur unrealistisch, sondern vor allem auch anti-evolutionär. Die Zukunft ist in Form von Wahrscheinlichkeiten bekannt, so dass für alle denkbaren und möglichen Weltzustände bereits in der Gegenwart (bedingte) Kontrakte abgeschlossen werden können. „Die Annahme, dass für jeden Umweltzustand Gegenwartsmärkte existieren, bewirkt eine Verlegung der Zukunft in die Gegenwart" (Hahn 1980, S. 165).

Aber die an Walras anknüpfende Allgemeine Gleichgewichtstheorie thematisiert einen volkswirtschaftlich wichtigen Gedanken: Wie können individuelle Wirtschaftspläne koordiniert werden, so dass die Märkte geräumt werden und jedes Wirtschaftssubjekt „innerhalb seiner Budgetbeschränkung bleibt", d.h. nur so viel an Güterwert dem gesellschaftlichen Produktionsprozess entnimmt, wie er selbst an Leistungen hineingibt? Nur über als fair empfundene bilaterale Wirtschaftsbeziehungen wird ein Verteilungsmodus auch gesellschaftliche Akzeptanz finden. Schumpeter drückte diesen Zusammenhang so aus, dass alle individuellen Transaktionen gleichsam in einem „sozialen Hauptbuch" verzeichnet seien; die Allgemeine Gleichgewichtstheorie beschreibt insoweit nicht eine bloße „barter economy", sondern eine „accounting economy", in der „each agent could be trusted to take out of the economy, in value terms, exactly what he put in" (Gale 1982, S. 186; vgl. Schumpeter 1970, S. 206 ff.; Heering 1999, S. 113 n.).

Der walrasianische Auktionator und Schumpeters soziale Buchhaltung sind beides Metaphern, die für die ökonomisch notwendige Herstellung einer gesellschaftlichen Kompatibilität und Kohärenz individueller Aktivitäten stehen. Eine

> anyone outside a lunatic asylum wish to use money as a store of wealth? Because, partly on reasonable and partly on instinctive grounds, our desire to hold money as a store of wealth is a barometer of the degree of our distrust of our own calculations and conventions concerning the future. [...] The possession of actual money lulls our disquietude; and the premium which we require to make us part with money is the measure of the degree of our disquietude" (Keynes 1937, S. 115 f.).

praktische, institutionelle Entsprechung in der Marktwirtschaft haben sie unmittelbar jedoch nicht. Es liegt deshalb nahe anzunehmen, dass die gesellschaftliche Einbindung privaten Wirtschaftens und die „Verbuchung" individueller Leistungen durch das Geld bewirkt wird. Man stelle sich zwei Robinsons vor, deren einziger Kontakt in gelegentlichen wechselseitigen Essenseinladungen besteht. Jeder möchte die Arbeit des Kochens vermeiden, und da sie alt und vergesslich geworden sind, entsteht immer wieder Streit darüber, wer als Nächster einladen muss – bis sie auf die Idee kommen, einen kleinen Stein grün anzumalen und jeweils dem Gastgeber mitzubringen, was diesen dann später berechtigt, gegen Übergabe des Steins seinerseits eine Mahlzeit zu empfangen.[3]

Die ordnungstheoretische Rolle des Geldes ist von Seiten der ökonomischen Theorie nicht immer deutlich gesehen worden. Die bloße Betrachtung des Geldes als tauscherleichterndes Medium greift zu kurz, weil die Frage nach der Herstellung des Marktgleichgewichts dabei ausgespart bleibt und suggeriert wird, dass die Marktinteraktion notfalls auch ohne Geld stattfinden könnte; nicht ohne Grund hat es jedoch reine Tauschwirtschaften niemals gegeben.

Deutlich wird dieser analytische Mangel bei der Gelderfassung auch bei den in monetären Fragen gemeinhin hochgelobten Merkantilisten. Law etwa begründet die Vorteilhaftigkeit des Geldes beim Gütertausch bezeichnenderweise noch damit, dass das hierzu verwendete Silber überall den gleichen Wert habe. Dabei misst er den Geldwert ganz offenbar in Gütereinheiten, und nicht – wie für eine Geldwirtschaft angemessen – die Güterpreise in Geldeinheiten. Das „Gesetz des einheitlichen Preises", das die Geldpreise homogener Güter annähert, ein *Ergebnis* des geldwirtschaftlichen Wettbewerbs, erscheint ihm (in der inversen Form gleicher Güterpreise des Geldes) als ein glücklicher Umstand, der überhaupt erst die Geldverwendung motiviere.[4]

Marx hingegen sieht die gesellschaftliche Koordinationsfunktion des Geldes in seiner Werttheorie deutlicher. Waren sind dann Produkte „gesellschaftlicher Arbeit" und erhalten somit definitionsgemäß „Wert", wenn sie den technologischen Möglichkeiten und zahlungsfähigen Bedürfnissen entsprechend produziert wurden. Ein individuelles Marktangebot, „private Arbeit", ist nicht per se Teil der gesellschaftlich notwendigen Arbeit. Die Eigenschaft der Ware, Träger von Wert zu sein, ist kein Apriori, sondern ergibt sich erst aus dem Marktprozess. „Es wird nicht ausgegangen von der Arbeit der Individuen als gemeinschaftlicher, sondern umgekehrt von besondern Arbeiten [...], die sich erst im Austauschprozess durch Aufhebung ihres ursprünglichen Charakters als allgemeine gesellschaftliche Arbeit beweisen.

---

3 Diese von Ostroy und Starr (1990) geschilderte Episode lässt auch die Gepflogenheit von Gastgeschenken in der zivilisierten Welt in neuem Licht erscheinen.
4 Vgl. Law (1720, S. 14 ff.). Einen haarsträubenden Denkfehler leistet sich Law (1720, S. 96) auch mit seinem Vorschlag, zusätzliches Geld gegen Bodensicherheiten zu emittieren: Der Boden sei als Deckung deshalb geeignet, weil sein *Wert* wegen seines *gegebenen physischen* Bestandes besonders stabil sei!

Die allgemein gesellschaftliche Arbeit ist daher nicht fertige Voraussetzung, sondern werdendes Resultat" (Marx 1859, S. 42).

Es muss folglich in jedem Einzelfall praktisch entschieden werden, ob und in welchem Umfang privat verausgabte Arbeit als gesellschaftlich notwendig anerkannt wird. Das verlangt, dass das Maß der Gesellschaftlichkeit selbst eine praktisch erfahrbare, dingliche Existenz annehmen muss. Das ist das Geld, als Inkarnation und sichtbar gewordener Ausdruck der gesellschaftlichen Arbeit. „Das Geld, die gemeinsame Form, worin sich alle Waren als Tauschwerte verwandeln, die allgemeine Ware, muss selbst als eine besondere Ware neben den anderen existieren, da sie nicht nur im Kopf an ihm gemessen, sondern im wirklichen Austausch gegen es ausgetauscht und eingewechselt werden müssen" (Marx 1857/58, S. 82).

Die Gemeinsamkeit aller Privatarbeiten im Gleichgewicht, nämlich Teil der gesellschaftlichen Arbeit zu sein, nimmt als „Wert an sich" im Geld eine besondere Gestalt an. Ein gesellschaftliches Produktionsverhältnis stellt sich „als ein ausser den Individuen vorhandener Gegenstand" dar (Marx 1859, S. 45; vgl. Marx 1857/58, S. 46 f., 60). In formaler Hinsicht erfüllt also das Geld in der Marxschen Werttheorie eine zur Figur des Auktionators analoge Rolle: Transaktionen gegen Geld stellen Gleichgewichtstransaktionen dar. Das Geld stellt den gesellschaftlichen Zusammenhang zwischen dezentral agierenden Wirtschaftssubjekten her. Theorien, bei denen diese Aufgabe durch die fiktive Instanz eines Auktionators erfüllt wird, haben nicht zuletzt deshalb für das Geld keinen rechten Platz mehr in ihrem System.

Mit seiner Wertformanalyse setzt sich Marx von der Ansicht der übrigen Klassiker, nichts sei unwichtiger als Geld, ab. Geld ist nicht – wie bei Smith oder in der modernen Geldtheorie – ein „pfiffig ausgedachtes Auskunftsmittel" zur Verminderung der Transaktionskosten beim Tausch von Gebrauchswerten. Vielmehr verleiht der Besitz von Geld eine Verfügungsgewalt über Güter, weil es selbst Wert ist. Als „geronnener Wert" ermöglicht Geld das Halten und die Sicherung von Vermögen in abstrakter Form, d.h. ohne die Intention einer Umwandlung gegen konkrete Güter zu einem bestimmten Zeitpunkt, und die Aneignung von Ressourcen zu jedem Zeitpunkt.

Aber Marx entzieht der systemtheoretisch gedachten Rolle des Geldes sogleich wieder den Boden, indem er darauf insistiert, dass Geld ebenfalls ein Produkt gesellschaftlicher Arbeit sein müsse. Geld sei ein Gut, das zugleich abstrakte und konkrete Arbeit verkörpere. Geld entstehe eben nicht durch Konvention, sondern aus dem Tausch. Damit sind es letztlich aber wieder die physischen Eigenschaften, die eine bestimmte Ware mit der Geldfunktion auszeichnen – ein Prozess, dessen Ergebnis (eigentlich entgegen der Marxschen Intention) nun doch von den alternativen Transaktionskosten bei den verschiedenen, möglichen Geldwaren abhängt (vgl. Marx 1857/58, S. 83; Marx 1859, S. 45 ff.). Damit bleibt auch bei Marx offen, wie sich die gesellschaftliche Geldfunktion als praktisches Erfordernis in der Marktinteraktion durchsetzt.

Geld als soziale Treuhandinstanz

> Wer etwas schuldet, der ist entweder bankrott oder *muss* zahlen, solange ein Schilling im Lande ist. Wer aber kauft oder kaufen möchte, *muss Geld haben*, oder er kann nichts kaufen, denn wenn er auf Kredit kauft, fällt er sofort unter die vorhergehende Kategorie, und *muss zahlen*.
>
> *James Steuart* (1770, S. 497)

Gibt man das Konstrukt einer allumfassenden walrasianischen Auktion auf und lässt Kontrakte zwischen den Akteuren zu jedem Zeitpunkt zu, so ändern sich ihre Budgetrestriktionen bei jedem Schritt dieser „Sequenzökonomie". Zwar bliebe die hypothetische Möglichkeit, dass die Individuen bilateral Tauschraten und entsprechende Lieferungen vereinbaren. Viele potenzielle Markttransaktionen kämen jedoch nicht zustande, weil unklar ist, welche Gegenleistung für die Abgabe von Gütern und Diensten vereinbart werden könnte. Die Tauschwirtschaft begründet in Wahrheit eine *Verpflichtungsökonomie:* Der Empfänger von Gütern wird offensichtlich zunächst zum *Schuldner*. Diese Schuld könnte er zwar möglicherweise durch eigene Lieferungen von Gütern und Diensten umgehend begleichen. Wegen des mangelnden „double coincidence of wants" wird jedoch der *Gläubiger* an einer derartigen sofortigen Güterleistung im Regelfall direkt wenig interessiert sein.

Allenfalls würde er einen Schuldschein des Käufers, eine Forderung auf spätere oder jederzeitige Güterlieferung, akzeptieren, weil dies seine zeitliche Dispositionsfreiheit über die Güterverfügung erhöht (man sieht hier bereits, dass eine *Option* auf Güter im Markt häufig wertvoller als die direkte Verfügung ist). Der Schuldschein könnte insbesondere dann angenommen werden, wenn zu erwarten wäre, dass man ihn bei eigenen späteren Käufen bei Dritten zur Begleichung von Verpflichtungen verwenden könnte. Der wenig beachtete Klassiker Henry Dunning Macleod sah 1855 in einem solchen Schuldschein die Grundform des Geldes. Danach ist Geld „nothing more than the evidence of services having been rendered for which an equivalent has not been received, but can at any time be demanded" (zit. n. Skaggs 1997, S. 111). Allgemeiner formuliert: „Money must be defined in terms of debt" (Hawtrey 1930, S. 545).

Offen bleibt dabei jedoch nicht nur die Frage, wie aus der Vielzahl der heterogenen Schuldscheine eine einheitliche Währung hervorgehen soll; der potenzielle Gläubiger eines bilateralen Kontrakts kann vor allem prinzipiell nicht sicher sein, dass der Schuldner bei Fälligkeit liefern wird. Geht man realistischerweise von unvollkommener Information über die gegenwärtige und zukünftige wirtschaftliche Lage des Schuldners aus und berücksichtigt zudem, dass alle Marktakteure mehr oder weniger von einem Eigennutzstreben geprägt sind, so ist das Risiko groß, dass ein Schuldner entweder nicht in der Lage oder nicht willens sein wird, seiner Leistungspflicht nachzukommen. Auch Macleod sah, dass die Qualität der Schuldscheine als Zahlungsmittel von der allgemeinen Erwartung über die Lieferfähigkeit und Solvenz ihrer Aussteller abhängt; insbesondere bei einer übermäßigen Emission würden Zweifel an ihrer Einlösbarkeit entstehen. „Es ist keineswegs einzusehen, dass der homo oeconomicus auf Arglist, Betrug, Täuschung und Schwindel verzichten wird, wenn dies zu seinem Vorteil ist" (Heinemann 1990, S. 308; vgl. Skaggs 1997, S. 111 f.).

Das Problem eines mangelnden gegenseitigen Vertrauens der Marktakteure, das der Annahme von Schuldscheinen im Wege steht und das Zustandekommen vor allem intertemporaler Transaktionen behindert, ist nur bei rein bilateralen Wirtschaftsbeziehungen, an denen beide Marktseiten ein langfristiges Interesse haben, weniger gravierend: Der Informationsgrad ist in diesem Fall relativ hoch und der Schuldner würde bei Nichterfüllung seiner Verpflichtungen sich selbst schaden, weil dies zu einem Abbruch der Geschäftsbeziehungen führen wird. Schwieriger erscheint dagegen die Zusicherung der Glaubwürdigkeit von Schuldversprechen im Falle vielseitiger Marktbeziehungen. „The issue of confidence is chiefly one of multilateral trading" (Hicks 1989, S. 47, vgl. S. 41 ff.).

Gerade bei Existenz mehrerer Marktteilnehmer bietet sich jedoch ein zumindest prinzipieller Ausweg aus dem Informations- und Vertrauensproblem an, indem Zwei-Parteien- zu Drei-Parteien-Geschäften erweitert werden: Wenn der potenzielle Käufer über einen allgemein akzeptierten Vermögenstitel verfügt, so wird er durch die Abgabe dieses Aktivums eher in der Lage sein, sich Güter am Markt zu verschaffen, eben weil der Verkäufer eine marktgängigere Forderung erhält. Dieser Vermögenstitel kann in einer Edelmetallmünze, aber auch in einer Bürgschaft oder einem Schuldschein eines bekannten, angesehenen Privateigentümers bestehen. Münze oder Schuldschein (bzw. ihre Produzenten) übernehmen somit die Funktion einer treuhänderischen Vermittlungsinstanz. „Monetary relations are trilateral. Monetary exchange [...] involves a third party of those authorities that may legitimately produce money" (Ingham 2000, S. 23; vgl. Coleman 1990, S. 119 ff., 186 f.; Heering 1999).

Wenn private Schuldscheine zirkulieren und zumindest nicht unmittelbar ihrem ursprünglichen Aussteller zur Einlösung in Gütern präsentiert werden, so werden sie zu *Zahlungsmitteln*. Diese Schuldscheine verbürgen ursprünglich Forderungen auf bestimmte Einheiten güterwirtschaftlicher Leistungen. Aus transaktions- und informationstheoretischen Gründen werden sich in allgemein bekannten, standardisierten Gütern formulierte Leistungsversprechen durchsetzen, die die Zähleinheiten eines Wertstandards – des „numéraires" – darstellen. Die Geldfunktion eines marktgängigen Schuldscheins hängt aber nicht von seinem realen Inhalt, sondern von der Reputation seines Ausstellers ab. Wertstandard und Zahlungsmittel sind hier strikt zu trennen. So wird vermutet, dass in altertümlichen Wirtschaften z.B. Rinder als Rechenmittel dienten; aber deshalb waren sie nicht zugleich auch Zahlungsmittel, weil Vieh im Prinzip unbegrenzt privatwirtschaftlich produzierbar ist. *Zahlungsmittel* müssen jedoch – im Gegensatz zu Tausch- und Rechenmitteln – *knapp* sein, weil sonst ihre Akzeptanz nicht gewährleistet ist. Dies bedeutet, dass das knapp gehaltene *Symbol* des Rindes (der Schuldschein des Eigentümers oder die Opfermarke des Tempels) Träger der entscheidenden Geldfunktion des Zahlungsmittels war.

Die allgemeine Akzeptanz eines als Geld zirkulierenden Schuldscheins verweist darauf, dass aus einer gegen einen bestimmten Schuldner gerichteten Forderung gleichsam eine Forderung gegen die Marktgesellschaft als ganze geworden ist: ein allgemeiner, gesellschaftlicher Anspruch, der zu einer Aneignung von Ressourcen berechtigt, eben weil jedes Wirtschaftssubjekt bereit ist, Güter und Dienste gegen eine derartige Zahlung zu liefern. Das ursprünglich bilaterale Schuldverhältnis wird in ein gesellschaftliches Arrangement umgewandelt, bei dem *der Markt* eine Leistungserfüllung verspricht. Schon Georg Simmel erkannte, „dass alles Geld nur eine Anweisung auf die Gesellschaft ist; es erscheint gleichsam als ein Wechsel, in dem der Name des Bezogenen nicht ausgefüllt ist. [...] Die Solvierung jeder privaten Verbindlichkeit durch Geld bedeutet eben, dass jetzt die Gesamtheit diese Verpflichtung gegen den Berechtigten übernimmt. [...] Der Unterschied zwischen dem gedeckten und dem ungedeckten Papiergeld [...] ist dabei ganz irrelevant" (Simmel 1907, S. 213 f.; vgl. Gale 1982, S. 187).

Indem ein privater Schuldschein als Geld zirkuliert, verliert er seinen ursprünglichen Status. Dies wird in der Geschichte des Geldwesens daran deutlich, dass die Noten der Zentralbank, ursprünglich eine Forderung auf ihre Goldreserve, zwar immer noch als Passivum in ihrer Bilanz verbucht werden, jedoch (bei flexiblen Wechselkursen) keine inhaltliche Verpflichtung für die Bank mehr darstellen. In der entwickelten Geldwirtschaft werden somit nicht (zinstragende) Wertpapiere, d.h. Verpflichtungen potenziell konkursfähiger Wirtschaftssubjekte, sondern (zinsloses) Geld als Zahlungsmittel gehalten. Geld wird deshalb zum „ultimativen Medium der Kontrakterfüllung" in der Marktwirtschaft, weil die Wirtschaftssubjekte aus informationstheoretischen Gründen ihre Vereinbarungen in Geldeinheiten festsetzen. Geld ist ein Substitut für das Konstrukt einer perfekten Marktorganisation mit vollständiger Information und ungetrübtem wechselseitigen Vertrauen der Marktteilnehmer. „Geld existiert, weil individualisierte Privateigentümer sich gegenseitig misstrauen müssen" (Heering 1999, S. 113 f.; vgl. Riese 1995a, S. 47, 55). Unterstellt man vollständige Voraussicht, insbesondere über die Vertragserfüllung der Marktpartner, „dann läge als Zahlungsmittel der 'reine Kredit' und nicht das Geld näher" (Claassen 1970, S. 101).

Freilich findet im Fall einer Geldzahlung nur eine Problemverschiebung statt, weil nun das Vertrauen in das Geldmedium selbst sichergestellt sein muss. Dies erscheint aber leichter lösbar, als wenn jedes einzelne Wirtschaftssubjekt bei jeder Transaktion immer wieder seine Solvenz und Leistungsbereitschaft unter Beweis stellen müsste; die gesellschaftlichen Informationskosten wären hierbei außerordentlich hoch. „Because money is a claim on the economy as a whole rather than on a single individual, there is no need to acquire information about the individual who offers it in exchange. [...] It is information costs that lie at the bottom of any difference between money and other assets" (Gale 1982, S. 187 f.).

Der Kostengesichtspunkt erklärt auch, warum für das Vertrauensproblem nicht primär eine andere, unmittelbar vielleicht näher liegende Lösung gefunden wird: Die Vereinbarungen über den wechselseitigen Austausch von Gütern und Leistungen könnten im Prinzip direkt durch das staatliche Rechtssystem überwacht und durchgesetzt werden. Aber bedenkt man die Vielzahl nicht standardisierter Schuldverhältnisse in einer intertemporalen Tauschökonomie, deren Geltung zudem von nicht unstrittig zu beobachtenden Umweltbedingungen abhängig gemacht werden kann, so wird rasch deutlich, dass eine sofortige Geldzahlung für alle Beteiligten die billigere Variante ist. Die Gerichte werden primär zur Eintreibung von Geldschulden, d.h. zum Gläubigerschutz bei Kreditverträgen,[5] bemüht, während Gütermarktkontrakte unmittelbar durch *Zahlungen* beglichen werden.

Damit wird deutlich, dass die Verwendung von Geld eine *Alternative* zum Aufbau von Gläubiger-Schuldner-Beziehungen ist und insofern die Verpflichtungsökonomie aufhebt. Wenn Altvater schreibt „Geld erlaubt das Eingehen intertemporaler Verpflichtungen" (1992, S. 112) und daran populäre Diagnosen über die angeblich so in die Ökonomie hineingebrachte Instabilität der Finanzmärkte knüpft, stellt er den Sachverhalt auf den Kopf. Ohne Geld wäre das Gefüge intertemporaler Verpflichtungen viel unübersichtlicher und fragiler; wahrscheinlicher ist allerdings, dass die Gesellschaft im Status einer in sich abgeschlossenen Dorfökonomie verbliebe, weil die Risiken von rein güterwirtschaftlich definierten Geschäftsbeziehungen mit fremden Akteuren zweifelhafter Reputation viel zu hoch wären.

In ganz ähnlicher Weise ist Keynes' berühmter Satz „Die Bedeutung des Geldes rührt im wesentlichen daher, dass es ein Verbindungsglied zwischen der Gegenwart und der Zukunft darstellt" (1936, S. 248) zumindest missverständlich. Da Geld die unmittelbare Begleichung von intertemporalen Verpflichtungen mittels Zahlung erlaubt, kann der Zeitaspekt insoweit aus den ökonomischen Beziehungen herausgehalten werden. Geld ermöglicht so, mit der unvermeidlichen Zukunftsunsicherheit leichter umzugehen. Es ist ein Medium der Komplexitätsreduktion, das zugleich dem Geldbesitzer einen unvergleichlichen Spielraum an Wahlfreiheit und Handlungsoptionen verschafft. Es ist diese Optionsqualität des Geldes, seine Eigenschaft unbedingter Liquidität, die im *Zins* zu entgelten ist. „Geld ist [...] übertragbare Freiheit zu begrenzter Güterwahl. [...] Das erworbene Geldsymbol

---

[5] Dass auch bei der Rückzahlung geliehenen Geldes die Norm des „pacta sunt servanda" keineswegs unbesehen gilt, betonte schon David Hume (1739/40, S. 479): „I suppose a person to have lent me a sum of money, on condition that it be restor'd in a few days; and also suppose, that after the expiration of the term agreed on, he demands the sum: I ask, *What reason or motive have I to restore the money?*"

drückt eine bestimmte Unbestimmtheit von offenen Erwerbsmöglichkeiten aus und macht die Reduktion dieser Komplexität nach individuellem Belieben verfügbar. [...] Durch Geld kann mithin die Komplexität des gesamten Wirtschaftssystems ausschnittweise dem einzelnen buchstäblich in die Hand gegeben werden."[6]

Geldwirtschaft als Gesellschaftsmodell

> Das Problem Knappheit [...] entsteht, wenn jemand im Interesse der eigenen Zukunft andere vom Zugriff auf Ressourcen ausschließt. Die Frage ist: Wann und wie darf er das? [...] Die Antwort, die das Kommunikationsmedium Geld ermöglicht, lautet: *wenn er zahlt*.
>
> Niklas Luhmann (1988, S. 252)

Im Übergang von traditionalistischen zu modernen Gesellschaften zerfallen stabile Deutungs- und Ordnungsmuster und müssen durch individuelle Fähigkeiten der Problembewältigung ersetzt werden. Vertrauen in soziale Regeln und private Reaktionsweisen wird dabei zur „Voraussetzung normalrationaler Lebensführung". Luhmanns treffliche Charakterisierung von Vertrauen als „riskanter Vorleistung" deutet schon darauf hin, dass ein gesellschaftlicher Bedarf an einem Interaktionsmechanismus besteht, der den Individuen unmittelbar eine größere Sicherheit vermittelt. Die Kernthese der modernen neoklassischen Theorie – „The institution of money can act as a substitute for trust" (Gale 1982, S. 239) – findet sich bereits bei Luhmann: „Wer Geld hat, braucht [...] anderen nicht zu vertrauen" (1968, S. 66, vgl. S. 27, 60 ff.) Simmel scheint demgegenüber weniger klar gesehen zu haben, dass Geld als *Substitut* für zwischenmenschliches Vertrauen fungiert: „Wie ohne den Glauben der Menschen aneinander überhaupt die Gesellschaft auseinanderfallen würde, [...] so würde ohne ihn der Geldverkehr zusammenbrechen".[7] Die besondere Leistung des Geldes besteht aber gerade darin, dass es wirtschaftliche Kommunikation und Interaktion in einer „low-trust society" ermöglicht – wobei sich dann die Vertrauensprobleme auf das Geldmedium konzentrieren.

Luhmann interpretiert Geld als ein Kommunikationsmedium, das vermittelt durch *Zahlungsvorgänge* überhaupt erst ein wirtschaftliches Subsystem innerhalb einer Gesellschaft ausdifferenziert. Indem die Aneignung von Ressourcen in einer Marktwirtschaft nicht durch die direkte Abgabe von eigenen Gütern oder durch die bilateral erklärte Verpflichtung einer späteren Lieferung, sondern durch die Übertragung von Geld geregelt und vollzogen wird, erscheint die Knappheit von Ressourcen – *das* Problem der Wirtschaft – als gleichsam verdoppelt bzw. gespiegelt

---

6 Luhmann (1968, S. 62 f.); zur Zinstheorie siehe ausführlicher Spahn (2001, S. 18 ff.).
7 Simmel (1907, S. 213 f., 215). Zu seiner „Philosophie des Geldes" siehe auch Laidler/Rowe (1980), Heinemann (1990), Deutschmann (1995) und Backhaus/Stadermann (2000).

in der Knappheit des Geldes. Dieses Kommunikationsmedium ermöglicht jedoch nicht nur einen Informationsaustausch zwischen den Marktteilnehmern in einer auf die Dimension des Ökonomischen bezogenen Sprache (Geldfunktion des Wertstandards), sondern leistet zugleich eine Übertragung von Zugriffsrechten im Hinblick auf die gesellschaftlich verfügbaren Ressourcen (Geldfunktion des Zahlungsmittels). „Der 'unit act' der Wirtschaft ist die Zahlung" (Luhmann 1988, S. 52, vgl. S. 14, 46 f., 196 f., 246 f., 252; Ganßmann 2000).

Geld ist somit kein Gut, sondern erhält seine Funktion gerade dadurch, dass es der Güterwelt gegenübergestellt wird. Es ist ein Medium, das zur Zahlungsmitteltechnologie der Marktwirtschaft gehört. Soziale Systeme lassen sich nicht allein durch Ressourcen, Personen und Präferenzen beschreiben. Sie unterscheiden sich vielmehr durch ihre Organisations- und Kommunikationsstrukturen.[8] „Geld hat keinen 'Eigenwert', es erschöpft seinen Sinn in der Verweisung auf das System, das die Geldverwendung ermöglicht und konditioniert" (Luhmann 1988, S. 16; vgl. Riese 1995a). Die durch Verträge strukturierten Rechtsbeziehungen zwischen den Individuen werden in Geldeinheiten *festgesetzt* und *gelöst;* die Übertragung von Geld löscht Verpflichtungen, die beim Kauf von Gütern (und im Rahmen anderer Gläubiger-Schuldner-Beziehungen) entstanden sind.

Damit erhält das Wirtschaftssystem eine durch den Nominalstandard Geld geprägte formale Ordnung, die als solche der ebenfalls formal definierten Eigenschaft der Rechtsstaatlichkeit einer Privateigentumsgesellschaft korrespondiert. Hier haben formale Verfahrensregeln wie etwa die Gleichheit vor dem Gesetz, die formale (nicht materielle) Gerechtigkeit oder die parlamentarische (nicht imperative) politische Willensbildung einen zentralen Stellenwert; entscheidend für die Akzeptanz der Ergebnisse eines gesellschaftlichen Prozesses, z.B. bei den Einkommenspositionen, ist primär nicht ihr Inhalt, sondern die *Form* ihres Zustandekommens. Geld ist kein Störfaktor der Marktwirtschaft, sondern umgekehrt das zentrale Medium der Herstellung ihrer Kohärenz. Das Spannungsverhältnis zwischen der „realen" Wirtschaft und der Symbolebene des Geldes erzeugt nun seinerseits funktionale, aber auch disfunktionale Effekte:

Die Regel, nach der eine Güteraneignung nur durch eine Zahlung von Geld möglich ist, schafft eine Motivation zum Gelderwerb und normiert darüber gesellschaftliches und wirtschaftliches Verhalten. Persönliche Vertrauensbeziehungen werden tendenziell durch monetäre Zwänge unterhöhlt. Die Eindimensionalität geldlicher Motive wird zwar immer wieder beklagt; frühbürgerlichen Gesellschaftstheoretikern galt die Ausrichtung menschlicher Interessenverfolgung auf das Geld hingegen als Grundvoraussetzung für die Stabilität einer freien, nicht länger durch

---

[8] Die Schwierigkeiten, die die neoklassische Allgemeine Gleichgewichtstheorie mit dem Geld hat, rühren u.a. daher, dass Geld nicht einfach in die Nutzenfunktion der Subjekte aufgenommen werden kann, weil sein Nutzen von der Relation von Präferenzen, Ressourcenerstausstattungen und Preisen abhängt, d.h. von den Bedingungen, die bestimmen, ob überhaupt Markttransaktionen gewünscht werden (vgl. Ostroy/Starr 1990).

obrigkeitsstaatliche und ideologische Zwänge zusammengehaltenen Ordnung. Das befürchtete Chaos infolge eines Zusammentreffens unterschiedlichster Verhaltensmuster und Lebensweisen konnte allein durch die Herausbildung eines gleichförmigen, am Gelderwerb orientierten Verhaltens vermieden werden.[9]

Das Ordnungsmuster einer Beanspruchung und Zuteilung gesellschaftlicher Ressourcen durch Geldzahlungen signalisiert, dass die Individuen innerhalb ihrer Budgetrestriktion bleiben. „The willingness of an individual to part with it [money] in payment for an excess of the value of commodities received over those given up is evidence that he is willing to bear the cost of his purchase" (Ostroy/Starr 1990, S. 11). Dies kann als „fairer Tausch" verstanden werden. Auch Luhmann nimmt an, dass die über Geldzahlungen vermittelte gesellschaftliche Zuteilung von Ressourcen eine gewisse Befriedung im Verteilungsstreit schafft, weil dieses Zuteilungsmuster – für jedermann erkennbar – auf objektive und öffentliche Weise, nämlich über *Preise*, und nicht (primär) über persönliche Beziehungen erfolge. Die Notwendigkeit, sich permanent, auch mittels Gewalt, um Ressourcen bemühen zu müssen, entfällt, wenn und weil auch nicht aktiven Marktteilnehmern die Erwartungssicherheit vermittelt wird, später ebenfalls über Geldzahlungen zum Zuge zu kommen. „Geld ist der Triumph der Knappheit über die Gewalt."[10]

Das bedeutet freilich nicht, dass die Gewalt aus der Gesellschaft verschwindet. Sie verändert ihre Form von einer allgegenwärtigen Räuberei zwischen Ressourcenbesitzern zu einer „Beschaffungskriminalität", die sich auf das Geld richtet. Ebenso lässt sich die These einer konsensschaffenden Wirkung geldlicher Einkommenszuteilungsverfahren bestreiten: Gerade die formale Einheitlichkeit dieser Verfahren macht die an der bloßen Quantität des Geldeinkommens zu messende unterschiedliche Potenz der Gesellschaftsmitglieder besonders deutlich; schließen sich wirtschaftlich arme und reiche Länder zu einem gemeinsamen Währungsgebiet zusammen, so kann das Ausmaß der Unzufriedenheit über die Einkommensungleichheit durchaus zunehmen. Geld beseitigt die durch „unfairen Gütertausch" entstehenden persönlichen und gesellschaftlichen Verluste, aber keineswegs öko-

---

9 Hirschman hat in einer instruktiven Studie die Reduktion dieser vielfältigen, alle Lebensbereiche umfassenden „Leidenschaften" in die Kategorie des Interesses nachgezeichnet, die als Synonym und Symptom menschlichen Vorteilsstrebens verstanden wurde und so „schließlich mit einer einzelnen Leidenschaft, der Liebe zum Geld, gleichgesetzt werden konnte" (1977, S. 63). Hirschmans Metapher vom „Gelderwerb als ruhiger Leidenschaft" verweist auf die zivilisatorische Wirkung einer Dominanz geldlicher Interessen. „Gefährliche menschliche Triebe können [...] durch Gelegenheiten für Gelderwerb und privaten Besitz in verhältnismäßig harmlose Kanäle abgeleitet werden [...]. Es ist besser, dass ein Mensch sein Bankguthaben tyrannisiert als seine Mitmenschen" (Keynes 1936, S. 315).

10 Luhmann (1988, S. 253, vgl. S. 19, 69, 255). Dass insoweit vor dem Geld alle Gesellschaftsakteure gleich werden, wurde von Simmel (1889, S. 60) allerdings eher kritisch kommentiert: „Die Qualitätslosigkeit des Geldes bringt [...] die Qualitätslosigkeit des Menschen als Geldgeber und Geldnehmer mit sich. [...] Dass im Geldverkehr eine Person genau soviel wert ist wie eine andere, hat nur den Grund, dass keine etwas wert ist, sondern nur das Geld. [...] Das Geld ist das absolut Objektive, an dem alles Persönliche endet."

nomische Ungleichheit zwischen den Wirtschaftssubjekten. Weil allein die Verfügung über Geld zur Aneignung von Ressourcen berechtigt, ändert der Unterschied zwischen Arm und Reich seine Form und zeigt sich in der Form einer Trennung zwischen denen, die zahlen können, und jenen, die nicht zahlen können.

Davon zu trennen ist das Element des Nicht-Zahlen-Wollens: Zahlungen und Nicht-Zahlungen, d.h. Kaufverweigerungen, erzeugen eine strukturelle Hierarchie in der Marktposition der Wirtschaftssubjekte. „Die Zahlung schafft sehr hohe *Sicherheit der beliebigen Verwendung* des erhaltenen Geldes für den Gelderwerber (Geldeigentümer) und zugleich sehr hohe *Unsicherheit der bestimmten Verwendung* für alle anderen" (Luhmann 1988, S. 21). Die Geldverwendung umfasst den Kauf ebenso wie die Geldhaltung. Der Flexibilitätsgewinn der Nachfrager (infolge der Möglichkeit, definitive Entscheidungen aufschieben zu können) erhöht offensichtlich die Probleme der Anbieter, ihre Produktionsprozesse auf eine in Höhe und Struktur ungewisse Zukunftsnachfrage einzustellen. Im Allgemeinen herrscht die Konstellation eines „Käufermarktes" vor, in der Ressourcen tendenziell im Überschussangebot vorhanden sind. „Seit es überhaupt Geld gibt, ist, im großen und ganzen, jedermann geneigter zu verkaufen als zu kaufen" (Simmel 1907, S. 722; vgl. Luhmann 1968, S. 64 f., 74).

Diese aus der mikroökonomischen Rolle des Geldes als Zahlungsmittel resultierende, den Geldbesitzer begünstigende Asymmetrie garantiert jedoch keineswegs auf gesamtwirtschaftlicher Ebene die Sicherheit eines langfristig konstanten realen Geldwertes: Die Ressourcenknappheit wird in die Form einer Geldknappheit gebracht – jedoch nicht auf die Weise, dass für jedes Gut gleichsam ein Anrechtsschein emittiert wird; das effektive Geldvolumen ist vielmehr unabhängig von der kurzfristig gegebenen Gütermenge bestimmt. Damit tritt die scheinbare Paradoxie auf, dass die Knappheit *aller* Güter im Vergleich zum Geld zunehmen kann – was nicht möglich wäre, wenn die Güteraneignung wiederum durch eine Güterlieferung erfolgte. Die Erkenntnis, dass die Existenz von Geld eine Verknappung der Güter bewirken kann, geht auf Locke zurück. Geld, als „die beständige Sache", galt ihm zugleich als Voraussetzung dafür, dass die Menschen überhaupt bereit seien, über die unmittelbaren Bedürfnisse hinaus zu arbeiten (Locke 1690, S. 125; vgl. Luhmann 1988, S. 195). Ein scheinbar grenzenloses Besitz- und Akkumulationsstreben ist an die Existenz eines *Wertaufbewahrungsmittels* gebunden. Allerdings ist Geld nicht das einzige oder auch nur vorteilhafteste Vermögensaktivum, das einen solchen Dienst leistet.

Jeder über Geldzahlungen ausgeübte Zugriff auf die Ressourcen steigert ihren Knappheitsgrad. „Der Zugriff erzeugt mithin Knappheit, während zugleich Knappheit als Motiv für den Zugriff fungiert. [...] Der Zugriff schafft das, was er beseitigen will" (Luhmann 1988, S. 179, vgl. S. 98, 252). Dieses von Luhmann so bezeichnete „Knappheitsparadox" ist zugleich ein unfreiwilliges Gegenargument zu seiner These einer grundsätzlichen Beruhigung des Verteilungsstreits durch die Verlagerung des Zuteilungsverfahrens auf die geldliche Ebene. Denn bei steigenden

Abbildung 1: Geldvermögen, Einkommen und Staatsschuld in der Bundesrepublik

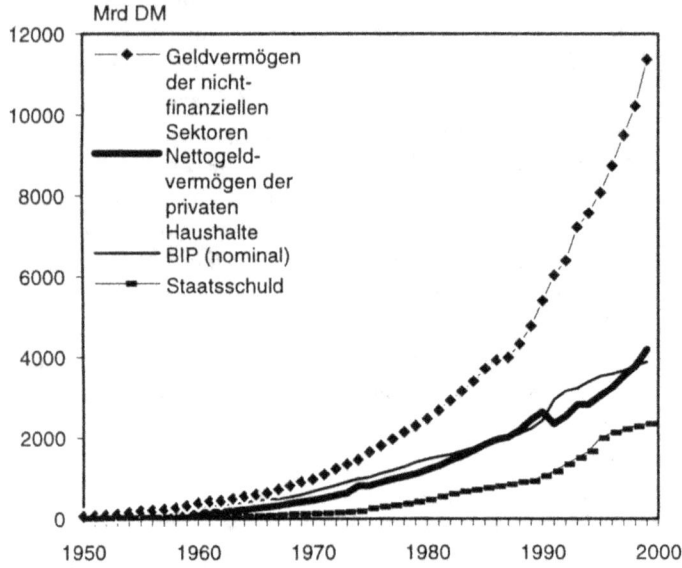

Datenquelle: Deutsche Bundesbank

Geldpreisen der erwünschten Güter erfahren die Wirtschaftssubjekte eine fortschreitende reale Entwertung ihrer nominal fixierten Anrechtsscheine, was den Streit um die Menge ihrer individuellen Zuteilung anheizen wird.

Der ökonomische Hintergrund des sich hier andeutenden gesamtwirtschaftlichen Ungleichgewichts ist ein Stock-Flow-Problem: Auf der einen Seite gelangen die Güter aus laufender Produktion auf den Markt, auf der anderen wird Geld als Bestandsgröße gehalten. Änderungen in der Bereitschaft zur Geldhaltung können somit ausgeprägte Schwankungen der monetären Güternachfrage auslösen. Die sich dabei ergebenden Veränderungen im Preisniveau stellen ein für Geldwirtschaften charakteristisches Systemrisiko dar. Das Vertrauen in den gesamtwirtschaftlichen Geldwert ist ein für die Systemstabilität kritischer Faktor, weil zum einen ja ein Großteil potenzieller wirtschaftlicher Unsicherheiten durch die Verwendung von Geldkontrakten umgangen wird, wodurch umso größere Anforderungen an die Solidität und Wertsicherheit des Geldes gestellt werden, und weil zum anderen jeder Geldvermögensbesitzer weiß (oder wissen muss), dass der Realwert seiner Geldanlagen, d.h. ihr potenzieller güterwirtschaftlicher Gegenwert, vor allem davon abhängt, dass nicht alle anderen Akteure aus der Haltung von Geld und Finanzaktiva aussteigen.

Das prekäre Gleichgewicht eines solchen „holder-holder game", dessen Brisanz an der wachsenden Diskrepanz zwischen Geldvermögensbeständen und dem wertmäßigen Sozialprodukt deutlich wird (siehe Abbildung 1), verweist auf eine geradezu ordnungspolitische Verpflichtung der Geldpolitik auf das Ziel der Geldwertstabilisierung. „Das Geld selbst muss knapp gehalten werden, und dies auch dann, wenn man weiß, daß es als bloßes Kommunikationssymbol an sich nicht knapp ist" (Luhmann 1988, S. 70; vgl. Simmel 1907, S. 215; Luhmann 1968, S. 62 ff., 90; Schumpeter 1970, S. 219, 224 f.).

Geldvermögenshaltung, Produktion und „Entkoppelung"

> An economy where money is created by banking processes that finance the acquisition of capital assets and the production of investment outputs has essentially a nominal core.
> *Hyman P. Minsky* (1984, S. 454)

Gegen die im Zahlungsvorgang angelegte Hierarchisierung der Geld- gegenüber der Gütersphäre hat sich die neoklassische Ökonomie stets instinktiv gesträubt und auf der Tauschmittelfunktion beharrt.[11] Die Existenz von in Geldeinheiten abgeschlossenen Arbeits-, Kauf- und Schuldverträgen wird daher im Lichte der fundamentalen Prinzipien des Wirtschaftens grundsätzlich dahingehend interpretiert, „that agents negotiate nominal contracts, but care only about real values".[12] Jede Kritik an dieser Interpretation wird gemeinhin mit dem Vorwurf der Unterstellung von Geldillusion zurückgewiesen. Aber wenn die Marktteilnehmer nur an „real values" interessiert sind, ist umgekehrt zu fragen, warum sie nicht direkt in Güterbündeln zu „zahlende" Gegenleistungen festsetzen. Offensichtlich wünschen sie dies gerade nicht und beharren auf einer Bezahlung ihrer Leistungen *in Geld.*

Sie erliegen dabei auch keineswegs (notwendigerweise) einer Geldillusion – natürlich bilden die Marktakteure bei der Festsetzung von nominalen Kontrakten Erwartungen über den Realwert der vereinbarten Geldzahlungen –, sondern verlangen eine Zahlung in einem Medium, das sie vor den Informations-, Transaktions- und Vertrauensproblemen bewahrt, die bei Vereinbarungen über direkte gegenseitige Güterleistungen auftreten. Zwar ist beim Vergleich zwischen Real- und Finanzaktiva die erwartete Geldentwertung zu berücksichtigen; aber auch in „realen Dollars" kalkulierte Anlage- und Investitionsprojekte weisen keinen Weg zurück zum Gütertausch, weil die in Geld festgesetzten Verträge nach wie vor durch (ggf. um die Inflationsrate korrigierte) Geldzahlungen zu erfüllen sind.

Geld bildet das zentrale Element der – durchaus im wörtlichen Sinne – *Ordnung*

---

11 „Wird die Funktion des Geldes als den Waren- und Kapitalverkehr vermittelndes Verkehrsobjekt [...] im Auge behalten [...]: so fehlt es an jedem Bedürfnis und jeder Berechtigung, von einer bevorzugten Benützung, oder gar von einer Funktion des Geldes als *Zahlungsmittel* noch besonders zu handeln" (Menger 1909, S. 579).
12 So Goodhart (1994, S. 103) in einer kritischen Analyse der modernen Theorie der Geldpolitik.

einer Marktökonomie, so dass *Wirtschaften* stets ein in Geldeinheiten gedachter und durchzuführender Prozess ist. Damit weist auch der Produktionsprozess grundsätzlich einen monetären Charakter auf: Er muss sich für den Unternehmer stets in einem *Geldergebnis* niederschlagen, weil dieser sich Produktionsmittel mit Geld zu beschaffen und als Schuldner jeden Kredit in Geldeinheiten zu tilgen hat. Dies folgt wiederum daraus, dass der Gläubiger einen *Geldbetrag* verleiht und nur die Rückerstattung dieses allgemeinen Optionsrechts – nicht aber eine Güterlieferung – ihn in seinen Vermögensstatus zurückversetzt. Dies wird durch die einfache Marxsche Formel G-W-G' ausgedrückt, die später von Keynes aufgegriffen wurde: Der kapitalistische Wirtschaftskreislauf beginnt und endet nicht wie in der Tauschökonomie mit der Ware, wobei das Geld nur einen Zwischenschritt markiert; umgekehrt stellt die Produktion von Waren ein Durchgangsstadium im Verwertungsprozess des Geldvermögens dar. „An entrepreneur is interested, not in the amount of product, but in the amount of *money* which will fall to his share. He will increase his output if by so doing he expects to increase his money profit, even though this profit represents a smaller quantity of product than before" (Keynes 1933, S. 82, vgl. S. 81; Marx 1890, S. 162 ff.; Luhmann 1988, S. 196 f.).

Indem Geld den Anfangs- und Endpunkt von Produktionsprozessen bildet, werden diese unter die Logik des Vermögensmarktes subsumiert. Produktion ist lediglich eine Form der Geldvermögenshaltung, eine mögliche Form der Kapitalverwertung, die sich immer in einer geldlichen Sprache vollzieht. Eben deshalb ist Altvaters Versuch untauglich, das „gute", lediglich den Gütertausch vermittelnde Geld vor dem „bösen", unsicherheitsträchtigen Geld der Finanzmärkte schützen zu wollen: „Das Geld als Zirkulationsmittel ist [...] harmlos, weil direkt an die reale Sphäre der Produktion rückgebunden. [...] Doch das Geld als Zahlungsmittel ist das Problem, weil es Schuldverhältnisse voraussetzt (und konstituiert), Gegenwart und Zukunft verknüpft, also ein Moment von Unsicherheit enthält, und zur Produktion rückgekoppelt ist, die nicht den Bedingungen der Finanzsphäre von Zahlung und Nichtzahlung gehorcht [?], sondern technischen und sozialen Verhältnissen, in denen [...] der Klassenkonflikt zwischen Lohnarbeit und Kapital enthalten ist" (Altvater 1992, S. 161, vgl. S. 106 f.). Bemerkenswert ist, wie hier fern jeder Alltagserfahrung ein von geldlichen Kalkülen unbelastetes Produktionsethos einer Güterwelt beschworen wird, in der dann der Klassenkampf zu Hause sein soll. Letztlich zeigt sich so im Marxismus die gleiche romantische Sehnsucht nach dem „neutralen Geld" wie in der orthodoxen Wirtschaftstheorie.[13]

Man ist versucht, den Spätmarxisten Altvater an die Marxsche Formel G-W-G' zu erinnern – aber schon Marx selbst sträubte sich gegen seine eigene Dialektik:

---

13 Schelkle (1995) zufolge gilt dies auch für die heterodoxe Gruppe der „monetary cranks" und „Geldreformer". So schrieb der berüchtigte Silvio Gesell (1924, S. 193): „Das Geld ist Tauschmittel, nichts anderes. Es soll den Austausch der Waren erleichtern, die Schwierigkeiten des Tauschhandels umgehen. [...] Das ist es, was wir vom Geld fordern. Der Grad der Sicherheit, Schnelligkeit und Billigkeit, womit die Waren ausgetauscht werden, bildet den Prüfstein für die Brauchbarkeit des Geldes."

Er trennte die Bewegungsform des Geldkapitals, „Weggeben unter der Bedingung der Rückerstattung", als bloß „juristische Transaktion" von der „wirklichen Kreislaufbewegung des Geldes als Kapital" – als habe erstere nichts mit kapitalistischer Ökonomie im eigentlichen Sinne zu tun! Der Begriff des zinstragenden Kapitals entsprang für ihn einer populär-verkehrten Weltsicht, aber er war gleichwohl auch das Endergebnis seiner eigenen theoretischen Analyse. Das Kapitalverhältnis erreicht seine „äusserlichste und fetischartigste Form"; in der blossen Bewegung G-G' ist ihre Bedingung, die „reale" Kapitalverwertung, ausgelöscht; der Zins erscheint direkt als „die eigentliche Frucht des Kapitals" und „das gesellschaftliche Verhältnis ist vollendet als Verhältnis eines Dings, des Geldes, zu sich selbst". Das Bank- und Kreditsystem ist für Marx das *ausgebildetste* Produkt des Kapitalismus – aber eben auch das *künstlichste*. Infolge seiner Fixierung auf den materiellen Charakter des Geldes erscheinen Marx der nicht durch „hartes" Geld gedeckte Kredit und die Bewegung des „fiktiven Kapitals" (der Wertpapierhandel) immer irgendwie suspekt: Spekulation und Schwindelgeschäfte kennzeichnen für ihn die Finanzwelt.[14]

Die moderne Variante der Marxschen Diagnose ist die These einer Abkoppelung der Finanzmärkte vom „realen" Geschehen. Die Redeweise, immer mehr liquide Mittel würden aus den investierbaren Fonds in den Casino-Kapitalismus abgezogen,[15] erweckt den falschen Eindruck, als gäbe es dort keine Schuldner, die diese Mittel letztlich wieder zum Güterkauf verwenden. Der enorm gewachsene Umfang weltweiter Finanztransaktionen ist das Ergebnis des Zusammenwirkens mehrerer Effekte, die alle mehr oder weniger mit dem ebenfalls gewachsenen realen Wohlstand auf der Welt zusammenhängen:

– Das Geldvermögen repräsentiert zu einem großen Teil Eigentumsrechte oder Ansprüche an privates oder öffentliches Sachvermögen und muss insoweit mit diesem zunehmen. Zumindest die industrialisierte Welt hat seit historisch auffällig langer Zeit keinen Krieg mehr erlebt, der stets mit einer Entwertung realer und/oder finanzieller Vermögenswerte verbunden war.

14 Marx' Schimpftiraden gegen die Finanzwelt wirken auch eher hilflos als überzeugend. „Das Kreditsystem, das seinen Mittelpunkt hat in den angeblichen Nationalbanken und den grossen Geldverleihern und Wucherern um sie herum, ist eine enorme Zentralisation und gibt dieser Parasitenklasse eine fabelhafte Macht, nicht nur die industriellen Kapitalisten periodisch zu dezimieren, sondern auf die gefährlichste Weise in die wirkliche Produktion einzugreifen – und diese Bande weiss nichts von der Produktion [!] und hat nichts mit ihr zu tun. Die Akte von 1844 und 1845 sind Beweise der wachsenden Macht dieser Banditen, an die sich Finanziers und stock-jobbers anschliessen" (Marx 1894, S. 560, vgl. S. 359 ff., 404 f., 413 ff., 620 ff.).
15 Altvater (1992, S. 156 f.); vgl. auch die umfassende Studie von Menkhoff/Tolksdorf (2001). Dass die internationalen Kapitalbewegungen sich nach Zinsdifferenzen und erwarteten Wechselkursveränderungen richten, ist entgegen der Meinung Altvaters (1992, S. 144 f.) kein Beleg einer Entkoppelung der monetären von der realen Akkumulation, sondern schlicht die Gleichgewichtsbedingung des internationalen Vermögensmarktes, die im Übrigen sinngemäß auch für grenzüberschreitende Realinvestitionen gilt.

- Hinzu kommt, dass direkte Gläubiger-Schuldner-Beziehungen zwischen Geldvermögens- und Realkapitalbesitzern durch die Intermediation des Bankensektors gleichsam verdoppelt werden. Die Entkoppelung von Unternehmensfinanzierung und Geldvermögenshaltung stellt eine der größten Errungenschaften der Geldwirtschaft dar. Handelbare Wertpapiere belassen jedem einzelnen Anleger die Flexibilität, sein Geld jederzeit wieder zurückziehen zu können, ohne damit zugleich die Fortführung der Unternehmenstätigkeit zu gefährden. Der Finanzmarkt leistet eine einzel- und gesamtwirtschaftlich überaus erwünschte Verlagerung der Risiken von Haushalten und Unternehmen zu Finanzinstituten, die dann ihrerseits durch Diversifikation versuchen, die übernommenen Risiken zu streuen.
- Die temporäre Instabilität von Vermögensmärkten resultiert daraus, dass sich die erwarteten Vermögenspreise in selbstreferenzieller Weise auf den Preistrend selbst beziehen (anstatt auf die Reihe diskontierter Ertragserwartungen) und somit „bubbles" erzeugen. Insoweit liegt dann eine „Abkoppelung" vor; allerdings haben die hierbei auftretenden Vermögensumverteilungen und -verluste eben auch keine wesentlichen gesamtwirtschaftlichen Konsequenzen (wenn die Geldpolitik die Liquidität auf den Märkten sichert).
- Transaktionen und Absicherungsgeschäfte werden weiter durch flexible Wechselkurse zwischen verschiedenen Währungen aufgebläht. Insofern war die Welt des einheitlichen Goldstandards oder des festen Dollarkurses im Bretton-Woods-Systems übersichtlicher; aber diese Welt ist eben deshalb zerbrochen, weil die Nationalstaaten aus politischen und wirtschaftlichen Gründen keine Unterordnung unter einen exogen gesetzten monetären Standard wünschten.

Ein ernstes Problem ist die in vielen Ländern gestiegene Staatsverschuldung, wenn der Gegenposten zum Geldvermögen letztlich in einem öffentlichen Konsum besteht. Darin wird eine „Verletzung des ökonomischen Prinzips" gesehen, da hier kein Überschuss erwirtschaftet wird, „aus dem die Zinsen für die aufgenommenen Kredite bezahlt werden" (Riese 1995b, S. 21; vgl. Altvater 1992, S. 113, 157 ff. und Abbildung 1).

Aber diese Argumentation bleibt dem güterwirtschaftlichen Denken der klassischen Ökonomie verhaftet, wonach die Zinsen aus einem „produktiven Gewinn" abgezweigt werden müssen. Tatsächlich ist die Zinszahlung lediglich ein Einkommenstransfer, der im Falle der Unternehmensverschuldung über einen Preisaufschlag vom Konsumenten, im Falle der Staatsverschuldung vom Steuerzahler, an den Geldvermögensbesitzer gezahlt wird. Es kann keine Rede davon sein, dass eine öffentliche Verschuldung per se marktinkonform sei; bei relativ hohen Zinsen müssen lediglich entsprechend hohe Einnahmen im Staatshaushalt für den Zinsendienst vorgesehen werden, damit die Staatsschuld nicht explodiert. Dass viele Regierungen diese Bedingung missachten, zeugt von politischer Schwäche, nicht aber von einer „Entartung" der Finanzmärkte.

Ein zweites Problem ist die Kombination von „schwachen" Entwicklungs- bzw. Transformationsländern einerseits und freien Kapitalbewegungen andererseits, genauer: ein „overfunding" von Leistungsbilanzdefiziten, das infolge von Diversifikationsbestrebungen, Risikoübernahme dritter Stellen oder Risikohedging durch neue Finanzinstrumente möglich geworden ist. Früher hätten diese Länder keinen privaten Pfennig bekommen. Heute fällt das Kapital in diese Länder ein, pickt die Rosinenrenditen heraus und wird bei den ersten Anzeichen von Unsicherheit wieder abgezogen, Wirtschafts- und Zahlungsbilanzkrisen zurücklassend.

Die „Schuld" an dieser wiederkehrenden Konstellation haben nicht die Finanz- und Devisenmärkte; das Kernproblem ist die politisch-ökonomische Schwäche der Institutionen und Eliten in diesen Ländern. Es sind die Inkompetenz und Korruptionsanfälligkeit vieler Regierungen (und weniger der Glauben an die Existenz perfekter Märkte), die eine Entwicklung und Modernisierung via Anbindung an den Weltmarkt nahelegen, einfach weil man ihnen keine effektive nationale Wirtschaftspolitik zutraut. Sie erliegen dann jedoch der Versuchung gesteigerter Konsummöglichkeiten im privaten und öffentlichen Bereich, die ihnen durch die Marktöffnung in Aussicht gestellt werden. Die Lösung dieses Problems liegt nicht in Entwicklungsprogrammen unter Aufsicht wohlmeinender externer Instanzen, sondern in einem konsequenten Festhalten am privaten Gläubigerrisiko, einem Verbot von (kurzfristigen) Kapitalimporten, was die Volkswirtschaft dazu zwingen sollte, eine exportorientierte Entwicklungsstrategie zu verfolgen. Aber eben dazu sind die Regierungen meist zu schwach, Reallohn- und Konsumverzicht erscheinen nicht durchsetzbar. Es ist ja kein Zufall, dass gerade die VR China den Verlockungen der vorzeitigen Öffnung widerstehen konnte: ihre stramme innenpolitische Kontrollfähigkeit machte es möglich. Südkorea bot – unter politisch anderem Vorzeichen – ein ähnliches Beispiel. Die Bundesrepublik profitierte in den 50er Jahren innenpolitisch von einer Kombination aus Arbeitsethos und Büßermentalität und außenwirtschaftlich von der noch nicht entwickelten Marktöffnungsphilosophie.

Ein Schlusswort

> Dem Kapitalismus ist es höchst gleichgültig, was die Menschen einschließlich der Wissenschaftler von ihm denken. Deshalb ist er auch dann funktionsfähig, wenn die Einsichten der Wissenschaftler unzureichend oder sogar falsch sind.
> *Hajo Riese* (1995a, S. 61)

Geldwirtschaft ist eine Wirtschaftsordnung sui generis, in der ökonomischen Interaktionsprozesse über geldliche Kontrakte und Geldzahlungen abgewickelt werden; Kontrakte und Zahlungen bilden so ein dezentrales Netzwerk (dessen Abstimmungs- und Entscheidungsaufgaben in einer Zentralverwaltungswirtschaft von einer Planungsbehörde zu übernehmen sind). Wirtschaften in einer Marktökonomie spiegelt sich aus gesellschaftstheoretischer Sicht in einem Kontinuum von Zahlungsvorgängen wider, die den ökonomischen (und teilweise auch den sozialen) Zusammenhang zwischen den Wirtschaftssubjekten und die Vereinbarkeit individuell geplanter Markthandlungen herstellen. Indem das Zahlungsmedium Geld nicht nur eine Kommunikationsfunktion erfüllt, sondern als gleichsam „materialisiertes" Vermögensaktivum auch selbst gehandelt und gehalten werden kann, drückt die *Verknüpfung von Zahlungstechnologie und Vermögenswirtschaft* dieser Wirtschaftsordnung ihren Stempel auf. Die Beziehungen zwischen Geld, Zins, Profit und Kapital prägen dieses System. Indem der Markt individuelles ökonomisches Handeln einem geldlichen Kalkül unterwirft, d.h. in die Form eines Vergleichs von Geldwerten bringt, muss auch die Produktion den Kriterien einer Sicherung und Mehrung von Geldvermögen genügen.

Der ökonomische Gehalt des Faktums, dass das Marktsystem realiter als *Zahlungswirtschaft* fungiert, ist von der Wirtschaftswissenschaft lange nicht hinreichend gewürdigt worden. Wahl und Existenz eines Zahlungsmediums haben keineswegs nur technisch-institutionelle Auswirkungen. Schon die Entscheidungen zugunsten bestimmter Zahlungsmittel prägten große Kapitel der Wirtschaftsgeschichte. Dies verdeutlicht, dass die Anforderungen an ein funktionsfähiges Zahlungsmedium außerordentlich hoch sind und dass seine Bereitstellung mit vielfältigen politisch-ökonomischen Interessen verknüpft ist. Die Organisation der Marktökonomie als Geldwirtschaft impliziert darüber hinaus, dass die Einkommensbildung nicht von der Ressourcenausstattung der Akteure, sondern nachfrageseitig von der Bereitschaft zur Geldausgabe abhängt. Dies ist denn auch der eigentliche Grund dafür, warum in der Marktwirtschaft im Prinzip die Güter reichlich, Arbeit als Produktionsfaktor tendenziell überschüssig und das Geld knapp sind, während in der Planwirtschaft die Güter stets Mangelware darstellten – und das Geld kein Geld war.

Literatur

Abelshauser, W., 1991: Die ordnungspolitische Epochenbedeutung der Weltwirtschaftskrise in Deutschland – Ein Beitrag zur Entstehungsgeschichte der Sozialen Marktwirtschaft, in: D. Petzina (Hrsg.), Ordnungspolitische Weichenstellungen nach dem Zweiten Weltkrieg, Berlin, S. 11-29.
Altvater, E., 1992: Die Zukunft des Marktes – Ein Essay über die Regulation von Geld und Natur nach dem Scheitern des „real existierenden Sozialismus", 2. Aufl. Münster.
Backhaus, J.G. und H.-J. Stadermann (Hrsg.), 2000: Georg Simmels Philosophie des Geldes – Einhundert Jahre danach, Marburg.
Blesgen, D.J., 2000: Erich Preiser – Wirkung und wirtschaftspolitische Wirkung eines deutschen Nationalökonomen (1900-1967), Berlin.

Chomsky, N., 2000: Profit over People – Neoliberalismus und globale Weltordnung, Hamburg/Wien.
Claassen, E.-M., 1970: Probleme der Geldtheorie, Berlin u.a.
Coleman, J.S., 1990: Foundations of Social Theory, Cambridge/London 1994.
Deutschmann, C., 1995: Geld als soziales Konstrukt – Zur Aktualität von Marx und Simmel, in: Leviathan, 23, S. 376-393.
Gale, D., 1982: Money – In Equilibrium, Cambridge.
Ganßmann, H., 2000: Geld als soziale Tatsache, in: Ethik und Sozialwissenschaften, 11, S. 506-509.
Gesell, S., 1924: Die natürliche Wirtschaftsordnung durch Freiland und Freigeld, Berlin.
Goodhart, C.A.E., 1994: Game Theory for Central Bankers – A Report to the Governor of the Bank of England, in: Journal of Economic Literature, 32, S. 101-114.
Hahn, F.H., 1980: Die Allgemeine Gleichgewichtstheorie, in: D. Bell und I. Kristol (Hrsg.), Die Krise in der Wirtschaftstheorie, Berlin u.a. 1984, S. 154-174.
Hawtrey, R.G., 1930: Credit, in: Encyclopedia of the Social Sciences, Bd. 3, New York, S. 545-550.
Heering, W., 1999: Privateigentum, Vertrauen und Geld – Überlegungen zur Genese von Zahlungsmitteln in Marktökonomien, in: K. Betz und T. Roy (Hrsg.), Privateigentum und Geld – Kontroversen um den Ansatz von Heinsohn und Steiger, Marburg, S. 99-143.
Heinemann, K., 1990: Geld und Vertrauen, in: J. Kintzelé und P. Schneider (Hrsg.), Georg Simmels Philosophie des Geldes, Frankfurt a.M. 1993, S. 301-323.
Heinsohn, G. und O. Steiger, 2000: The Property Theory of Interest and Money, in: J. Smithin (Hrsg.), What Is Money?, London/New York, S. 67-100.
Hicks, J., 1989: A Market Theory of Money, Oxford.
Hirschman, A.O., 1977: Leidenschaften und Interessen – Politische Begründungen des Kapitalismus vor seinem Sieg, Frankfurt a.M. 1980.
Hume, D., 1739/40: A Treatise of Human Nature, Oxford 1951.
Ingham, G., 2000: „Babylonian Madness" – On the Historical and Sociological Origins of Money, in: J. Smithin (Hrsg.), What Is Money?, London/New York, S. 16-41.
Issing, O., 1999: The ECB and Its Watchers, in: Deutsche Bundesbank (Hrsg.), Auszüge aus Presseartikeln, Nr. 41, Frankfurt a.M., 17.6., S. 10-19.
Keynes, J.M., 1933: The Distinction between a Co-operative Economy and an Entrepreneur Economy, in: D. Moggridge (Hrsg.), The Collected Writings of John Maynard Keynes, Bd. 29: The General Theory and After, A Supplement, London/Basingstoke 1979, S. 76-87.
Keynes, J.M., 1936: Allgemeine Theorie der Beschäftigung, des Zinses und des Geldes, Berlin.
Keynes, J.M., 1937: The General Theory of Employment, in: D. Moggridge (Hrsg.), The Collected Writings of John Maynard Keynes, Bd. 14: The General Theory and After, Teil II: Defence and Development, London/Basingstoke 1973, S. 109-123.
Koch, C., 1995: Die Gier des Marktes – Die Ohnmacht des Staates im Kampf der Weltwirtschaft, München/Wien.
Laidler, D. und N. Rowe, 1980: Georg Simmel's „Philosophy of Money" – A Review Article for Economists, in: Journal of Economic Literature, 18, S. 97-105.
Law, J., 1720: Betrachtungen über das Geld und den Handel einschliesslich eines Vorschlags zur Geldbeschaffung für die Nation, in: Ders., Handel, Geld und Banken, Berlin 1992, S. 11-125.
Locke, J., 1690: Zwei Abhandlungen über die Regierung, Frankfurt a.M. 1972.
Luhmann, N., 1968: Vertrauen – Ein Mechanismus der Reduktion sozialer Komplexität, Stuttgart 2000.
Luhmann, N., 1988: Die Wirtschaft der Gesellschaft, Frankfurt a.M. 1996.

Marx, K., 1857/58: Grundrisse der Kritik der politischen Ökonomie, Frankfurt a.M./Wien o.J.
Marx, K., 1859: Zur Kritik der politischen Ökonomie, Berlin 1970.
Marx, K., 1890: Das Kapital – Kritik der politischen Ökonomie, Bd. 1, 4. Aufl., Marx-Engels-Werke, Bd. 23, Berlin 1962.
Marx, K., 1894: Das Kapital – Kritik der politischen Ökonomie, Bd. 3, Marx-Engels-Werke, Bd. 25, Berlin 1973.
Menger, C., 1909: Geld, in: Handwörterbuch der Staatswissenschaften, Bd. 4, 3. Aufl. Jena, S. 555-610.
Menkhoff, L. und N. Tolksdorf, 2001: Financial Market Drift – Decoupling of the Financial Sector from the Real Economy?, Berlin u.a.
Minsky, H.P., 1980: Money, Financial Markets, and the Coherence of a Market Economy, in: Journal of Post Keynesian Economics, 3, S. 21-31.
Minsky, H.P., 1984: Frank Hahn's 'Money and Inflation' – A Review Article, in: Journal of Post Keynesian Economics, 6, S. 449-457.
Ostroy, J.M. und R.M. Starr, 1990: The Transactions Role of Money, in: B.M. Friedman und F.H. Hahn (Hrsg.), Handbook of Monetary Economics, Bd. 1, Amsterdam u.a., S. 3-62.
Richter, R., 1993: Ökonomische Theorie des Privateigentums – Thema und Variationen, in: Jahrbuch für Sozialwissenschaft, 44, S. 311-347.
Riese, H., 1995a: Geld – Das letzte Rätsel der Nationalökonomie, in: W. Schelkle und M. Nitsch (Hrsg.), Rätsel Geld – Annäherungen aus ökonomischer, soziologischer und historischer Sicht, Marburg, S. 45-62.
Riese, H., 1995b: Das Grundproblem der Wirtschaftspolitik, in: K. Betz und H. Riese (Hrsg.), Wirtschaftspolitik in einer Geldwirtschaft, Marburg, S. 9-28.
Schelkle, W., 1995: Motive ökonomischer Geldkritik, in: Dies. und M. Nitsch (Hrsg.), Rätsel Geld – Annäherungen aus ökonomischer, soziologischer und historischer Sicht, Marburg, S. 11-44.
Schumpeter, J.A., 1970: Das Wesen des Geldes, Göttingen.
Simmel, G., 1889: Zur Psychologie des Geldes, in: H.-J. Dahme (Hrsg.), Georg Simmel – Aufsätze 1887 bis 1890, Frankfurt a.M. 1995, S. 49-65.
Simmel, G., 1907: Philosophie des Geldes, 2. Aufl., Neuausgabe Frankfurt 1991.
Skaggs, N.T., 1997: Henry Dunning Macleod and the Credit Theory of Money, in: A. Cohen u.a. (Hrsg.), Money, Financial Institutions and Macroeconomics, Boston u.a., S. 109-123.
Smith, A., 1786: Eine Untersuchung über Wesen und Ursachen des Volkswohlstandes, 4. Aufl., Buch I. Neuausgabe Bd. 1, Jena 1923.
Sombart, W., 1929: Die drei Nationalökonomien, München/Leipzig 1950.
Spahn, H.-P., 2001: From Gold to Euro – On Monetary Theory and the History of Currency Systems, Berlin/Heidelberg.
Steuart, J., 1770: Untersuchung über die Grundsätze der Volkswirtschaftslehre, Bd. 2, Jena 1913.

Dirk Baecker

Die Form der Zahlung

I.

Eine der interessantesten Paradoxien des Geldmediums besteht darin, dass jede Zahlung nicht nur eine Schuld löst, wie es seit dem römischen Wort für Zahlung, „solutio", bekannt ist, sondern zugleich in die Verhältnisse verstrickt, unter denen diese Lösung einer Schuld möglich ist. Hinter dieser Paradoxie verbirgt sich das „missing link" zwischen Mikroökonomie und Makroökonomie, zwischen „individuellem" Tausch und „kollektiver" Wirtschaft, zwischen dem Geld in der Tasche des Lohnempfängers und den Zahlungsströmen, die eine Notenbank beobachtet (Deleuze/Guattari 1974, S. 293 ff.; Hahn 1989). Ronald H. Coase (1937) hat in lakonischer Kurzfassung der politischen Ökonomie herausgefunden, dass die Existenz von Unternehmen der Preis ist, den wir für die Benutzung des Preissystems bezahlen müssen. Aus dieser Einsicht hat sich eine reichhaltige Transaktionskostenökonomie entwickelt (Williamson 1975 und 1985), die jedoch den Versuch schuldig geblieben ist, ihre Analysen der Kosten von Märkten, Hierarchien und Netzwerken auch geldtheoretisch fruchtbar zu machen. Der vorliegende Aufsatz versucht, der „unsichtbaren Hand" dabei zuzuschauen, wie sie aus der Form der Zahlung einen Knoten knüpft, den wir als „Geld" bezeichnen. Der Aufsatz greift auf informationstheoretische Überlegungen zurück.

II.

Unser Ausgangspunkt ist der Begriff des „Doppelkreislaufs der Wirtschaft", den Niklas Luhmann (1988, S. 131 ff.) im Anschluss an Überlegungen von Talcott Parsons (1980) ausgearbeitet hat. Mit diesem Begriff wird darauf hingewiesen, dass mit jeder Zahlung nicht nur Zahlungsfähigkeit auf der Seite dessen, der die Zahlung in Empfang nimmt, sondern auch (relative) Zahlungsunfähigkeit auf der Seite dessen, der die Zahlung zahlt, produziert wird. Geld, das man ausgegeben hat, fehlt einem anschließend. Beide Effekte der Zahlung lösen Anschlusshandlungen aus. Der um eine bestimmte Geldsumme Bereicherte kann jetzt bezahlen, was er vorher vielleicht nicht bezahlen konnte. Und der um eine bestimmte Geldsumme Verarmte kann oder muss dafür Sorge tragen, den Mangel wieder ausgleichen zu können. Regierungen müssen sich durch Steuern, Haushalte durch Arbeit, Unternehmen durch Gewinne refinanzieren. Luhmann (1988, S. 137) spricht von einem „Düsenprinzip", nach dem die Wirtschaft weniger durch „Gier" als vielmehr durch die Notwendigkeit der Kompensation des Mangels angetrieben wird. Dort, wo Geld fehlt, muss Geld neu beschafft werden. Das erinnert an die durchaus noch gültige Idee der Wirtschaft als Mechanismus der Bedüfnisbefriedigung, verankert diese Idee jedoch nicht in einer Anthropologie der menschlichen Natur, sondern in dem Mechanismus eines sozialen Systems, das sich in einem sehr wörtlichen Sinne durch Feedback, durch Rückfütterung, reproduziert und aus den Notwendigkeiten dieses Feedbacks seine Führung erhält. Inzwischen weiß man, dass von Leerstellen ausgelöste „chains of opportunity" (White 1970) eine präzisere Beschreibung von Handlungsbedarf, Handlungsmöglichkeiten und tatsächlichen Handlungen liefern als klassische Vorstellungen zielorientierten Verhaltens, die unter Zielen neue, bisher noch nicht realisierte Zustände verstehen. Systeme reproduzieren sich durch die Aufrechterhaltung bereits realisierter Zustände, gerade weil es ihnen nicht gelingt, diese Zustände stabil zu halten. Wenn nicht alles täuscht, ist dies auch das Thema der neuronalen Netzwerkforschung (Stoica 2000). Jede Morphogenese setzt eine dynamische Morphostasis in diesem Sinne voraus (Maruyama 1963).

Wir schlagen ein einfaches Analyseinstrument vor, um uns diesen Doppelkreislauf genauer anzuschauen. Wir nennen die doppelte Herstellung von Zahlungsfähigkeit und Zahlungsunfähigkeit die „Form der Zahlung" und legen hierbei den von George Spencer-Brown (1969) vorgeschlagenen Formbegriff zugrunde (vgl. Baecker 1993). Die Zahlungsfähigkeit ist die markierte, die Zahlungsunfähigkeit die unmarkierte Seite der Zweiseitenform Zahlung.

Abbildung 1: Die „Form"

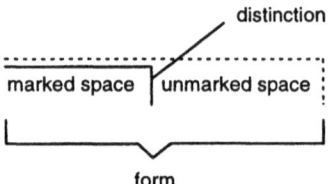

Die allgemeine „Form" (Abbildung 1), in der die gestrichelte Linie (Spencer-Browns „unwritten cross") andeutet, dass die Form als Beobachtung der ersten Unterscheidung („distinction") ihrerseits eine Unterscheidung trifft, die einen neuen unmarked space voraussetzt, spezifizieren wir für den Fall des Geldes der Wirtschaft zur „Form der Zahlung" (Abbildung 2).

Für alles Weitere können wir uns jetzt darauf konzentrieren, herauszufinden, wie die Zahlungsunfähigkeit als „unmarked space" der „Form" der Zahlung diese Form mitdeterminiert. Wir schließen hiermit an einen auch als „linguistisch" und

Abbildung 2: Die „Form der Zahlung"

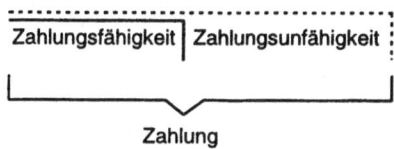

„semiotisch" bekannten und als „feministisch" bewährten Analysetyp an, der marked spaces auf unmarked spaces zurückbuchstabiert und die unmarked spaces ihrerseits markiert, um ihren Beitrag an der Aufrechterhaltung einer Form deutlich zu machen (Waugh 1982).

Was also spielt sich im unmarkierten Raum der Zahlungsunfähigkeit ab, während die Wirtschaft glaubt, die Reproduktion ihrer Leitunterscheidung „Zahlung" oder „Nichtzahlung" würde nichts anderes bezeichnen als immer neue Zustände der Zahlungsfähigkeit?

Wir führen ein weiteres, unseres Erachtens streng komplementäres Analyseinstrument ein, um auf diese Frage eine Antwort geben zu können. Wir rekurrieren auf die von der mathematischen Kommunikationstheorie (Shannon/Weaver 1949, S. 31) gelieferte Definition einer „message" als *selected from a set of possible messages* und interpretieren das Verhältnis von *message* zu *set of possible messages* als Verhältnis von *marked space* zu *unmarked space* (vgl. Baecker 2002, S. 111 ff.). Interessant ist diese Definition deshalb, weil sie nicht nur für den Fall einer technischen Festlegung der Menge möglicher Nachrichten (zum Beispiel durch das Alphabet), sondern auch für den Fall der sozialen Interpretation und Aushandelung der Menge möglicher Nachrichten gilt. In jedem Fall sind es weder die Nachricht noch die Menge möglicher Nachrichten, sondern ist es der Umstand der Auswahl einer bestimmten Nachricht aus einem mit dieser Nachricht „zitierten" Möglichkeitenraum, der eine Information ausmacht. Dies bedeutet, dass man für die Zwecke einer informations- und kommunikationstheoretisch ihrerseits in-formierten soziologischen Beschreibung bestimmter Ereignisse, Prozesse oder Zustände über Möglichkeiten der Beobachtung von Möglichkeitenräumen verfügen muss. Mit dieser Problematik beschäftigt sich die „methodologische Vorbemerkung" in Niklas Luhmanns Buch „Die Gesellschaft der Gesellschaft" (Luhmann 1997, S. 36 ff.). Die Soziologie muss sich eine Relation von Auswahl und Möglichkeitenraum konstruieren, obwohl sie dafür keine anderen Anhaltspunkte hat als die beobachteten Auswahlen im sozialen Phänomen selbst. Wir bewegen uns in theoretischem Neuland, obwohl sowohl die Ethnomethodologie (Garfinkel 1967) als auch die Interaktionstheorie (Goffman 1974) nicht nur phänomenologisch mit der Problematik vertraut sind.

Wie also nähern wir uns der Relation bestimmter Zahlungsfähigkeiten und dem Möglichkeitenraum von Zahlungsunfähigkeit, die von jeder einzelnen Zahlung immer neu, immer anders und mehr oder minder sozial umstritten sowie interpretativ ambivalent realisiert wird? Wir beschreiben eine Zahlung als eine Kommunikation im Medium des Sinns (Luhmann 1988; Baecker 1988) und gewinnen daraus die Möglichkeit, jeden einzelnen Sinn im Horizont möglicher Sinnverweisungen zu beobachten (Luhmann 1971). Insofern operiert die soziologische Systemtheorie, die Phänomenologie des Sinns und Theorie der Kommunikation zugleich ist, immer schon auf der Höhe der durch die mathematische Kommunikationstheorie und das Formkalkül gegebenen Möglichkeiten.

III.

Was also spielt sich ab im Möglichkeitenraum einer Zahlung? Und wie profiliert sich eine Zahlung gegen diese Möglichkeiten, die von ihrer eigenen Verwirklichung immer nur um die eine Nuance ihrer Auswahl oder Nichtauswahl entfernt sind?

Den ersten Unterschied macht, dass dort, wo gezählt wird, auch nicht gezählt werden könnte. Ein Produkt wird zum ausgewiesenen oder angebotenen Preis nicht nachgefragt. Ein potenzieller Arbeitgeber willigt in bestimmte Gehaltsforderungen nicht ein. Steuern können zwar rechtlich, aber nicht faktisch erhoben werden. „Die" Wirtschaft, worunter wir nichts anderes verstehen als das Eruieren der Möglichkeit von Zahlungen, springt aus dem Zustand der Beobachtung faktischer Zahlungen in der Zustand der Reflexion ihrer eigenen Kontingenz: Dort, wo gezählt wird, kann auch nicht gezählt werden. Die Nichtzahlung ist der Rejektionswert von der Wirtschaft angebotener Preise durch die Wirtschaft und damit der Reflexionswert der Wirtschaft auf ihren eigenen Möglichkeitenraum, wenn es stimmt, dass jedes System seine Fähigkeit der Selbstbeobachtung aus der Beobachtung der in das System hineinkopierten Differenz von System und Umwelt bezieht (Günther 1976). Die Spezifizierung der Zahlungsfähigkeit im Horizont von Nichtzahlungen wäre somit die erste „form taken out of the form" der Zahlung (Abbildung 3).

Abbildung 3: Die Möglichkeit der Nichtzahlung

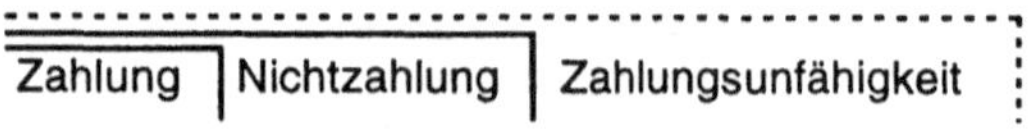

| Zahlung | Nichtzahlung | Zahlungsunfähigkeit |

Man sieht, dass die Nichtzahlung eine Beobachtung des Raums der Möglichkeiten der Zahlungsunfähigkeit darstellt und dadurch eine engere Bestimmung der Möglichkeit der Zahlung vorzunehmen erlaubt.

Einen zweiten, bereits weiter in die Umwelt der Gesellschaft ausgreifenden Unterschied macht, dass dort, wo gezählt wird, andere versuchen können, auch ohne Zahlung, etwa unter Einsatz von Gewalt, Verführung oder Überzeugung, auf dasselbe knappe Gut zuzugreifen. Dies ist die Konstellation, die das Medium Geld im Kernbereich seiner Funktion bedroht, wenn die Analyse Luhmanns (1988,

S. 230 ff.) zutrifft, dass das Geld darauf angewiesen ist, dass das Handeln des einen (ego) vom anderen (alter ego) nur erlebt wird, er sich also nicht seinerseits zu einem sei es komplementären, sei es konkurrierenden Handeln aufgerufen fühlt. Der eine zahlt, der andere hält still. Nur so kann Geld funktionieren. Das bedeutet jedoch des Näheren, dass der andere nicht etwa irgendwie, etwa durch politische Gewalt, durch moralische Regeln oder durch eine Magie der Münze, dazu gebracht werden muss, stillzuhalten, sondern durch die Zahlung selbst. Jede einzelne Zahlung, das ist die Autonomiebedingung der Wirtschaft, muss uno actu den Warenbesitzer motivieren, sein Produkt herzugeben, den Geldbesitzer motivieren, auf sein Geld zu verzichten, und Dritte motivieren, den dualen Tausch von Ware gegen Geld zuzulassen. Möglich ist dies nach der Analyse von Luhmann nur, weil die Zahlung beim Zahlenden „dieselbe" Knappheit, nur in anderer Form, wiederherstellt, die er durch den Zugriff auf das knappe Gut reduziert hat. Nur deswegen, weil der Verzicht auf Zahlungsfähigkeit schwer fällt, muss der Geldbesitzer durch die Aussicht auf das Gut zur Zahlung motiviert werden. Und nur deswegen, weil Dritte sehen, dass dieser Preis entrichtet wird, schauen sie dem Knappheitszugriff zu.

Diese Auswirkung des Geldgebrauchs auf Dritte ist gemeint, wenn man dem Geld eine die Gesellschaft pazifizierende, über die Gewalt triumphierende (Luhmann 1988, S. 253), einen „doux commerce" (Hirschman 1982) sicherstellende Wirkung zuschreibt. Hierbei ist es wichtig, auf den dauernden Rollenwechsel zwischen Geldbesitzer, Warenbesitzer und Dritten hinzuweisen, der im Zuge des Prozesses der Wirtschaft die Regel ist. Nur so macht die Rede von ego und alter ego Sinn, nach der die Motivationswirkung des Geldes in dem Umstand verankert ist, dass sich jeder in der Rolle jedes anderen vorstellen kann. Und nur so kann die Wirtschaft parallel zum laufend resymmetrisierenden Imitationswettbewerb der Knappheitszugriffe (Aglietta/Orléan 1984) die Asymmetrie des Tauschduals sowohl innerhalb des Tauschpaars als auch gegenüber beobachtenden Dritten aufrechterhalten.

Die zweite Form in der Form hätte somit folgende Form (Abbildung 4).

Abbildung 4: Die Voraussetzung des Stillhaltens

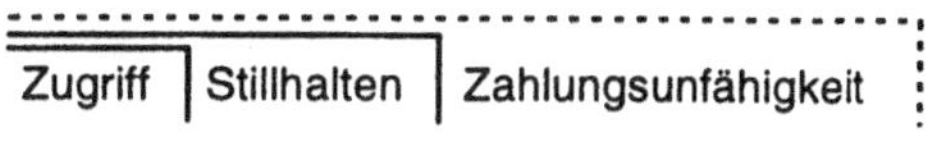

| Zugriff | Stillhalten | Zahlungsunfähigkeit |

Der erste Unterschied konditioniert die Zahlung sachlich, der zweite Unterschied sozial.

Der dritte Unterschied konditioniert die Zahlung zeitlich. Damit wären die drei von Luhmann (1971) genannten Sinndimensionen ausgeschöpft. Dieser dritte Unterschied bedeutet, dass überall dort, wo eine Zahlung stattfindet, später unter Umständen nicht gezahlt wird, und überall dort, wo keine Zahlung stattfindet, später unter Umständen gezahlt wird, und beides entweder von denselben Leuten oder von anderen. Die Temporalisierung der Form der Zahlung ist daher zunächst nichts anderes als eine Temporalisierung ihrer Komplexität (Luhmann 1980), worunter sowohl die Ausweitung dieser Komplexität, also die Erweiterung der Zahlungskontingenzen oder die Furcht vor noch unbekannten Nichtstillhaltern, als auch die Reduktion dieser Komplexität etwa durch die Einführung von Planung und Marktforschung oder durch den Bau von schützenden Mauern zu verstehen ist. Die Temporalisierung der Form der Zahlung bildet demnach die Sach- und Sozialdimension der Zahlung noch einmal ab. Sie macht sie jedoch auf ihre Weise auch erst zugänglich, weil anders als im Kontext der Unterscheidung von Vorher und Nachher die Kontingenz der Sache und die Politik gegenüber dem Problem des Dritten nicht operativ in den Blick genommen werden könnten. Die Temporalisierung liefert somit einen Beitrag zur Transformation der Unwahrscheinlichkeit jeder Zahlung in ihre Wahrscheinlichkeit, weil Strukturen aufgebaut werden können, die es erlauben, aus Nichtzahlungen zu lernen und auch jene Dritten zu gewinnen, die bislang zum Beispiel nur verführt oder überwältigt werden wollten. Insofern ist die Befristung von Zahlungserwartungshorizonten das sine qua non der Konstitution von Wirtschaft (Baecker 1995).

Die dritte Form in der Form der Zahlung ist somit die Differenz von Vorher und Nachher (Abbildung 5).

Abbildung 5: Der Zeithorizont der Zahlung

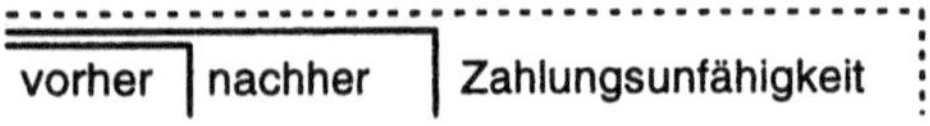

| vorher | nachher | Zahlungsunfähigkeit |

Sie gewinnt ihre operative Einsatzfähigkeit nur aus weiteren Spezifizierungen, die sozial in der Regel in der Form von Organisation auftreten. Haushalte spezifizieren sie durch den Unterschied von Arbeit und Konsum (Abbildung 6).

Abbildung 6: Die Zahlungsform des Haushalts

| Konsum | Arbeit | Zahlungsunfähigkeit |

Unternehmen spezifizieren sie durch den Unterschied von Investition („Kosten") und Gewinn (Abbildung 7).

Abbildung 7: Die Zahlungsform des Unternehmens

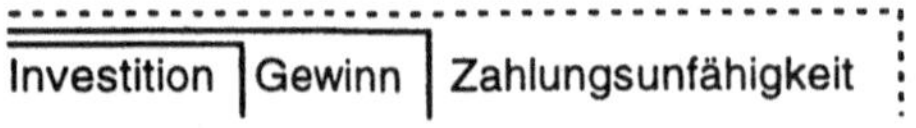

Banken spezifizieren sie durch den Unterschied von Kredit und Zins beziehungsweise, allgemeiner, Finanzierung und Provision (Abbildung 8).

Abbildung 8: Die Zahlungsform der Bank

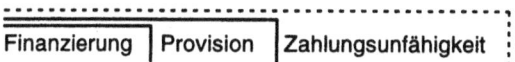

Und Regierungen spezifizieren sie durch den Unterschied von Steuern und Wahlen beziehungsweise, allgemeiner, Steuern und Macht (Abbildung 9).

Abbildung 9: Die Zahlungsform der Regierung

Für Nicht-Regierungsorganisationen (NGOs) müsste man analoge Zahlungsformen identifizieren können, etwa eine Spezifizierung durch den Unterschied zwischen Protest und Unterstützung, an den NGOs im Einflussbereich sozialer Bewegungen ökonomisch gebunden sind (Abbildung 10).

Abbildung 10: Die Zahlungsform einer NGO

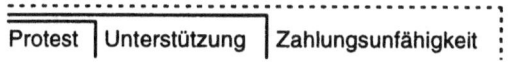

Damit soll in diesem Fall vor allem darauf hingewiesen werden, dass jeder einzelne „Protest" einer NGO gegen was auch immer so formuliert werden muss, dass sie Zahlungsbereitschaften stimuliert, die sich als Bereitschaft, diese NGO in ihrer Politik zu unterstützen, versteht und ihr Maß sowohl an der Art des Protests als auch an der Höhe der Zahlungen hat.

Man sieht, dass in jedem einzelnen Fall die Möglichkeiten der Zahlung spezifiziert werden und die Möglichkeit der Zahlungsunfähigkeit zwar abhängig von den jeweiligen Spezifizierungen ihre konkrete Färbung erhält, gleichzeitig jedoch im Medium des Geldes „dieselbe" bleibt. Nur dadurch, und über jede Form des „earmarking" des Geldes hinweg (Zelizer 1993 und 1997), bleibt der Zusammenhang der „Wirtschaft" gewahrt.

IV.

Die Pointe dieser Beschreibung der Form der Zahlung liegt nicht nur darin, dass sie unter Rückgriff auf Informationstheorie und Formkalkül etwa gleich weiten Abstand zur Ökonomie und zur Soziologie hält. Insofern befolgen die Überlegungen nur die Empfehlung des von Foersterschen razors, bei der Suche nach möglichen Erklärungen von Phänomenen auf dessen Zusammensetzung („composition") und nicht auf dessen Substanz zu achten (Baecker 1996). Insofern trifft die Dekompositionsregel der soziologischen Methode (Luhmann 1981) nicht auf kleinste substanzielle Einheiten, sondern auf Relationen, wie dies die neuere Netzwerktheorie besonders überzeugend vor Augen führt (Fuchs 2001).

Wichtiger ist, dass die vorgelegte Beschreibung für die Perspektiven beider Fächer nützlich ist. Unter soziologischen Gesichtspunkten interessiert vor allem, dass jede einzelne Form den Rahmen einer Wirtschaft beschreibt, der in jeder einzelnen Situation sowohl vorausgesetzt als auch neu erstritten werden muss. Die Form definiert kein Kategorienschema, kein Regelwerk und keine Handlungsgesetze, sondern ein Muster der Informationsverarbeitung, das sich bewähren kann, aber nicht muss. Je konventionalisierter und institutionalisierter es in einzelnen Bereichen der Wirtschaft zugeht, desto mehr ähnelt die Form Kategorien, Regeln und Gesetzen. Doch nichts garantiert, dass nicht bereits die nächste Auswahl einer konkreten Zahlung nur verstanden werden kann, wenn man den Möglichkeitenraum, den man bisher auf beiden Seiten, beim Zahlenden wie Zahlungsempfänger, unterstellt hat, zugunsten der Integration neuer Möglichkeiten variiert.

Unter ökonomischen Gesichtspunkten interessiert hingegen, wie und ab wann die genannten Formen nicht nur ein Sozialkalkül der Zahlung, sondern auch ein Rechenkalkül der Zahlung definieren, wie immer dies dann unterschieden wird. Bei Spencer-Brown (1969, S. 56 f.) liest man, dass erst dann gezählt werden kann, wenn Formen in den von ihnen markierten Raum von Unterscheidungen wiedereingetreten sind und somit das Formarrangement insgesamt in dem Sinne unbestimmt geworden ist, dass man nicht wissen kann, ob es auf etwas oder nicht vielmehr auf nichts zurückgeführt werden kann. Insofern symbolisiert die Einführung der Null die Geburtsstunde auch der Ökonomie (Rotman 1987). Ab wann kondensieren wieder und wieder getroffene Unterscheidungen, hierfür und nicht dafür zu zahlen, zu einer Ökonomie, die mit entsprechenden Zahlungserwartungen rechnet? Und welche Zahlungen müssen, kaum vorgenommen, wieder rückgängig gemacht beziehungsweise aus dem Raum der wirtschaftlichen Möglichkeiten ausgeschlossen, vergessen und kriminalisiert werden, weil sie andernfalls die Verlässlichkeit dieses Raumes wegen religiöser, moralischer oder politischer Proteste in Frage stellen? Die Ökonomie ist ohne ihre eigene politische Ökonomie einer sensiblen Beobachtung der Grenzen ihres Möglichkeitenraums nicht zu denken, und dies auch dann nicht, wenn anderen Beobachtern in der Gesellschaft eher die Grenzverletzung der Ökonomie auffällt. Die Form der Zahlung beschreibt das Ausdifferenzierungskalkül, das die Ökonomie immer mitführen muss, wenn sie Sensibilität für die Reproduktionsbedingungen der Wirtschaft bewahren möchte.

Die Form der Zahlung beschreibt einen vantage point jenseits der gängigen soziologischen und ökonomischen Beobachtungen. Man braucht nur zu versuchen, das „unwritten cross" auszuschreiben, das wir in allen Formen unmarkiert gelassen haben, um die Form der Zahlung auf die Ununterscheidbarkeit hin gegenlesen zu können, der sie abgetrotzt ist. Insofern ist die Zahlung ebenso wie das Geschenk

(Derrida 1991) nicht nur ins Ungefähre gebaut und nicht nur auf Beobachterakteure angewiesen, die zu verstehen glauben, woran sie sich orientieren, sondern auch immer wieder nahe an ihre eigene Unmöglichkeit heranzuführen, wenn man sicher sein will, dass man die Grenze zwischen Zahlungsunfähigkeit und Rest der Gesellschaft weiter im Blick hat. Denn an der Grenze zwischen Zahlungsfähigkeit und Zahlungsunfähigkeit braucht nicht etwa nur noch gerechnet zu werden, sondern muss in Rechnung gestellt werden, wie attraktiv andere Formen der Kommunikation werden, wenn Zahlungsfähigkeit und Zahlungsunfähigkeit nicht mehr genau genug unterschieden werden können. Dann kippt die gerade noch verlässliche Form der Zahlung um in die Form der Macht, der Liebe oder des Glaubens, die das Spiel der Gesellschaft auf ganz andere Wege bringen.

Literatur

Aglietta, Michel, und André Orléan, 1984: La violence de la monnaie, Paris: PUF.
Baecker, Dirk, 1988: Information und Risiko in der Marktwirtschaft, Frankfurt a.M.: Suhrkamp.
Baecker, Dirk (Hrsg.), 1993: Kalkül der Form, Frankfurt a.M.: Suhrkamp.
Baecker, Dirk, 1995: Die Unruhe des Geldes, der Einbruch der Frist. In: Waltraud Schelkle und Manfred Nitsch (Hrsg.), Rätsel Geld: Annäherungen aus ökonomischer, soziologischer und historischer Sicht, Marburg: Metropolis, S. 107-123.
Baecker, Dirk, 1996: A Note on Composition, in: Systems Research 13, S. 195-203.
Baecker, Dirk, 2002: Wozu Systeme?, Berlin: Kadmos.
Coase, Ronald H., 1937: The Nature of the Firm, in: Economica 4, zitiert nach dem Wiederabdruck in: ders., The Firm, the Market, and the Law, Chicago: Chicago UP, 1988, S. 33-55.
Deleuze, Gilles und Félix Guattari, 1974: Anti-Ödipus: Kapitalismus und Schizophrenie I. Aus dem Französischen von Bernd Schwibs, Frankfurt a.M.: Suhrkamp.
Derrida, Jacques, 1991: Donner le temps 1: La fausse monnaie, Paris: Galilée.
Fuchs, Stephan, 2001: Networks, in: Soziale Systeme: Zeitschrift für soziologische Theorie 7, S. 125-155.
Garfinkel, Harold, 1967: Studies in Ethnomethodology. Reprint Oxford: Blackwell, 1984.
Goffman, Erving, 1974: Frame Analysis: An Essay on the Organization of Experience, Cambridge, Mass.: Harvard UP.
Günther, Gotthard, 1976: Cybernetic Ontology and Transjunctional Operations, in: ders., Beiträge zur Grundlegung einer operationsfähigen Dialektik, Bd. 1, Hamburg: Meiner, S. 249-328.
Hahn, Frank (Hrsg.), 1989: The Economics of Missing Markets, Information, and Games, Oxford: Clarendon Press.
Hirschman, Albert O., 1982: Rival Interpretations of Market Society: Civilizing, Destructive, or Feeble?, in: Journal of Economic Literature 20, S. 1463-1484.
Luhmann, Niklas, 1971: Sinn als Grundbegriff der Soziologie, in: Jürgen Habermas und Niklas Luhmann, Theorie der Gesellschaft oder Sozialtechnologie: Was leistet die Systemforschung?, Frankfurt a.M.: Suhrkamp, S. 25-100.
Luhmann, Niklas, 1980: Temporalisierung von Komplexität: Zur Semantik neuzeitlicher Zeitbegriffe, in: ders., Gesellschaftsstruktur und Semantik: Studien zur Wissenssoziologie der modernen Gesellschaft, Bd. 1, Frankfurt a.M.: Suhrkamp, S. 235-300.

Luhmann, Niklas, 1981: Wie ist soziale Ordnung möglich?, in: ders., Gesellschaftsstruktur und Semantik: Studien zur Wissenssoziologie der modernen Gesellschaft, Bd. 2, Frankfurt a.M.: Suhrkamp, S. 195-285.
Luhmann, Niklas, 1988: Die Wirtschaft der Gesellschaft, Frankfurt a.M.: Suhrkamp.
Luhmann, Niklas, 1997: Die Gesellschaft der Gesellschaft, Frankfurt a.M.: Suhrkamp.
Maruyama, Magoroh, 1963: The Second Cybernetics: Deviation-Amplifying Mutual Causal Processes, in: American Scientist 51, S. 164-179 und 250A-256A.
Parsons, Talcott, 1980: Zur Theorie der sozialen Interaktionsmedien, hrsg. von Stefan Jensen, Opladen: Westdeutscher Verlag.
Rotman, Brian, 1987: Signifying Nothing: The Semiotics of Zero. Reprint Stanford: Stanford UP, 1993.
Shannon, Claude E. und Warren Weaver, 1949: The Mathematical Theory of Communication. Reprint Urbana, Ill.: Illinois UP, 1963.
Simmel, Georg, 1900: Philosophie des Geldes. Gesamtausgabe, Bd. 6, hrsg. von David P. Frisby und Klaus Christian Köhnke, Frankfurt a.M.: Suhrkamp, 1989.
Spencer-Brown, George, 1969: Laws of Form: Gesetze der Form. Aus dem Englischen von Thomas Wolf, Lübeck: Bohmeier, 1997.
Stoica, Christina, 2000: Die Vernetzung sozialer Einheiten: Hybride Interaktive Neuronale Netzwerke in den Kommunikations- und Sozialwissenschaften, Wiesbaden: Deutscher Universitäts-Verlag.
Waugh, Linda R., 1982: Marked and Unmarked: A Choice between Unequals in Semiotic Structure, in: Semiotica 38, S. 299-318.
White, Harrison C., 1970: Chains of Opportunity: System Models of Mobility in Organizations, Cambridge, Mass.: Harvard UP.
Williamson, Oliver E., 1975: Markets and Hierarchies: Analysis and Antitrust Implications. A Study in the Economics of Internal Organization, New York: Free Press.
Williamson, Oliver E., 1985: The Economic Institutions of Capitalism: Firms, Markets, Relational Contracting, New York: Free Press.
Zelizer, Viviana A., 1993: Making Multiple Monies, in: Richard Swedberg (Hrsg.), Explorations in Economic Sociology, New York: Russell Sage, S. 193-212.
Zelizer, Viviana, 1997: The Social Meaning of Money: Pin Money, Paychecks, Poor Relief, and Other Currencies, Princeton: Princeton UP.

II. Geld und Religion

Christoph Deutschmann

Kapitalismus, Religion und Unternehmertum: eine unorthodoxe Sicht

Die Wahlverwandtschaft von Geld und Religion

Seit den religionssoziologischen Studien Max Webers ist es in der Soziologie üblich geworden, das Thema „Kapitalismus und Religion" als Frage nach dem Einfluss religiöser Überzeugungen auf wirtschaftliches Handeln zu diskutieren. Unsere Überlegungen werden der durch Weber vorgezeichneten orthodoxen Fragestellung nicht folgen. Vielmehr soll der Vermutung nachgegangen werden, dass es sich bei der Kapitalform des Geldes um eine *inhärent* religiöse Erscheinung handelt, die in der modernen Gesellschaft jenen Platz einnimmt, die die Religion in vormodernen Gesellschaften innehatte.

Die Vermutung ist nicht so abwegig, wie sie auf den ersten Blick erscheinen mag. Schon Weber (1991) selbst legt sie im Grunde nahe, indem er betont, dass es sich bei dem Einfluss der protestantischen Ethik auf die kapitalistische Entwicklung nur um eine vorübergehende historische Erscheinung handle. Sobald der Kapitalismus sich etabliert hat und nach seinen eigenen Gesetzen funktioniert, bedarf er Weber zufolge der religiösen Stütze nicht mehr – vielleicht, weil er *selbst* eine Religion ist? Schon die zahlreichen sprachlichen Übereinstimmungen deuten auf die Verwandtschaft der Sphären von Geld und Religion hin: Kredit und Credo, Erlös und Erlösung, Schulden und Schuld, Offenbarungseid und Offenbarung, kommerzielle und heilige Messe. Die Wahlverwandtschaft von Geld und Religion ist das zentrale Thema in Simmels „Philosophie des Geldes", und Walter Benjamin (1991, S. 100) spricht vom „Kapitalismus als Religion". Er sieht in ihm ausdrücklich nicht nur ein „religiös bedingtes Gebilde" im Sinne Webers, sondern eine „essentiell religiöse Erscheinung" (vgl. auch Steiner 1988). Sogar in der Theologie haben ähnliche Auffassungen Resonanz gefunden (Wagner 1984). Jochen Hörisch (1996) schließlich hat in einer Interpretation literarischer Texte die These vertreten, dass Geld in der modernen Ära nicht etwa nur neben die Religion tritt, sondern selbst deren Platz als ontosemiologisches, letzte Wahrheiten kommunizierendes System einnimmt. Ungewohnt und unverständlich erscheint die These vom Kapitalismus *als* Religion lediglich in der Sicht der zuständigen Fachwissenschaften, Soziologie und ökonomische Theorie.

Die Schwierigkeit der These vom Kapitalismus als Religion liegt darin, dass sie sich nicht nach dem einschlägigen Verfahren der Bestimmung von *genus proximum* und *differencia specifica* begründen lässt. Dazu müsste zunächst ein allgemeiner Begriff von Religion gefunden werden und dann geprüft werden, ob sich diesem Begriff neben den herkömmlichen Religionen auch das Phänomen des Kapitalismus subsumieren lässt. Einen allgemeinen Begriff der Religion zu entwickeln, ist der Religionssoziologie und Religionswissenschaft jedoch trotz aller Bemühungen bekanntlich bis heute nicht gelungen. Es lohnt sich, die Schwierigkeiten, auf die sie dabei gestoßen ist, etwas genauer unter die Lupe zu nehmen. Sie sind, wie wir anschließend zeigen wollen, den einschlägigen Problemen der Theorie des Geldes bemerkenswert ähnlich.

Weber hatte sich geweigert, das Religiöse zu definieren. Er beschränkte sich darauf, religiöses Handeln zu beschreiben und charakterisierte es durch seine Orientierung auf diesseitige Zwecke einerseits, die Inanspruchnahme außeralltäglicher Kräfte andererseits. Die außeralltäglichen Kräfte, die Weber mit dem Begriff „Charisma" fasst, können entweder durch direkte Einwirkung aktiviert oder durch Bitte, Gebet oder Kultus angerufen werden. Im ersten Fall spricht Weber von magischem, im zweiten Fall von religiösem Handeln (Weber 1972, S. 245 f.). Durkheims (1994) Versuch, die Religion als das Heilige zu fassen, und das Heilige wiederum als Ausdruck des gesellschaftlichen Kollektivbewusstseins zu dechiffrieren, war von verschiedenen Seiten her auf Kritik gestoßen. Malinowski (1973) betonte, weder lasse sich Religion auf Moral reduzieren, noch seien kollektive Gefühle ausschließlich oder auch nur überwiegend religiöser Natur. Religion sei in erster Linie im persönlichen Erleben verankert und aus ihrer Funktion für die Bewältigung individueller Grenzerfahrungen, Unsicherheiten und Spannungszustände zu verstehen. Unaufgelöst ist bis heute die Kontroverse zwischen „substanzialen" Definitionen der Religion, die auf die Eigenheiten religiöser Vorstellungen selbst Bezug nehmen, und „funktionalen" Definitionen, die religiöse Phänomene von ihren gesellschaftlichen und individuellen Wirkungen her zu fassen versuchen. Während erstere den Vorwurf der Verengung auf die christliche Kulturtradition auf sich ziehen, lautet der Einwand gegen letztere, sie seien zu breit. Weil sie Religion mehr oder weniger mit Gesellschaft gleichsetzten, seien sie zur präzisen Abgrenzung des Religiösen vom Nichtreligiösen ungeeignet (vgl. Luckmann 1993; Knoblauch 1999).

Versucht man, die Schwierigkeiten einer allgemeinen Definition der Religion zu resümieren, so ist es zunächst ihr Totalitätscharakter, der Probleme bereitet. Religiöse Welten umfassen das Ganze der menschlichen Erfahrung, das Kollektive wie das Individuelle, das Sakrale wie das Profane. Sie bilden einen Horizont, der sich von „außen" nicht beobachten lässt, sondern vielmehr selbst noch die Perspektiven seiner eigenen Beobachtung bestimmt: Was „Glaube" ist, kann nur der wissen, der selbst glaubt. Tenbruck hat daher argumentiert, dass die Suche nach einem Allgemeinbegriff der Religion auf ein Missverständnis der Sache zurückgeht, die er zum Ausdruck bringen soll. Der abstrakte Begriff der „Religion" steht für kulturell individuierte Sinnformen, die einer objektiven Beobachtung unzugänglich sind. „Ursprünglich war jede Religion der ausschließliche Besitz einer sozialen Gemeinschaft – eines Stammes oder eines Volkes – also strikte 'Nationalreligion'. Die Völker besaßen für ihre eigene 'Religion' (wie wir sie nennen) keinen Namen und erlebten sie als völlig fremd gegenüber anderen 'Religionen' (wie wir sie nennen)", so dass ein Begriff 'Religion' nirgends entstehen konnte (Tenbruck 1993, S. 42). Ein allgemeiner Begriff der „religio" konnte, wie Tenbruck zeigt, zwar später unter den besonderen Bedingungen des Okzidents mit der hier gegebenen engen Berührung und Vermischung der Völker sowie der gegenseitigen Durchdringung von antiker Philosophie und christlicher Theologie entstehen. Mit der christlichen Missionsbewegung und ihrem Bestreben, die neue Religion gegenüber den vorgefundenen heidnischen Kulten zu rechtfertigen, entstand eine reflexive Form des Umgangs mit dem religiösen Glauben, die noch in der Religionskritik der Aufklärung nachwirkte – aber gleichwohl laut Tenbruck ihren ethnozentrischen, durch die westlich-christliche Kulturtradition geprägten Charakter nie abstreifen konnte (vgl. auch Matthes 1993).

Die Nicht-Beobachtbarkeit religiöser Welten schlägt sich in jener Spezifik religiöser Sinnformen nieder, die Luhmann (1992, 2000) mit dem Begriff der „Chiffre" bezeichnet. Religionen haben es, wie er ausführt, mit der Unterscheidung von Transzendenz und Immanenz, mithin mit der Grenze des Sinnhaften selbst zu tun. Sie können diese Grenze aber nur im Medium Sinn zum Thema machen. Die religiöse Kontingenzformel „Gott" transformiert das Unbeobachtbare in eine beobachtbare Form, an die weitere sinnhafte Operationen anschließen können. „Gott" ist ein Ausdruck, der nichts Bestimmtes bezeichnet, sondern auf Unendliches verweist. Damit aber verschwimmt der Unterschied zwischen dem Zeichen und dem Bezeichneten. Das Zeichen tritt selbst an die Stelle des Bezeichneten, bringt es zum Ausdruck und verbirgt es zugleich: „Chiffren sind nicht einfach nur Symbole, geschweige denn Zeichen oder Allegorien oder Begriffe. Sie sollen nicht etwas anderes nur bezeichnen oder nur ausdrücken. Sie sind nicht gemeint und werden nicht erlebt als bloße Hinweise auf etwas, was nicht oder nicht direkt zugänglich ist. Sie haben ihren Sinn überhaupt nicht in der Relation zu etwas anderem, sondern sind es selbst" (Luhmann 1992, S. 33). Die Suche nach dem „genus proximum" führt im Fall der Religion in die Irre, denn sie ist ja schon die Einheit aller Unterscheidungen, die Gattung aller Gattungen, die selbst der Reflexion nicht mehr zugänglich sein kann.

Wir brechen hier ab und wechseln von der Religion zu dem scheinbar gänzlich anderen Thema des Geldes über, stellen aber die gleiche Frage: Ist Geld definierbar? Geld lässt sich in erster Annäherung als Kredit fassen: Eine Note über 10 Dollar repräsentiert das Versprechen der Federal Reserve Bank der USA auf Zahlung dieser Summe. Als Kredit muss Geld freilich gedeckt werden, worin besteht diese Deckung? Die traditionelle, im Hinblick auf den Dollar bis 1972 zumindest formal gültige Antwort lautete: Durch Gold- oder andere Metallreserven der Zentralbank. Aber der Goldstandard hat sich bekanntlich als unpraktisch und überflüssig erwiesen. Gold und Silber konnten den Währungen auch früher niemals einen wirklich stabilen Anker bieten; auch sie konnten, wie sich schon in den Inflationen des 16. Jahrhunderts zeigte, in ihrem Wert stark schwanken. Das scheinbar handfeste Metall ist wiederum nur Symbol für einen anderen, unsichtbaren Wert. Die moderne Antwort auf das Deckungsproblem ist bekanntlich, dass ein Problem nicht existiert. Als Voraussetzung für das Funktionieren des Geldes gilt vielmehr „Vertrauen": Vertrauen der Wirtschaftssubjekte in die Politik der Zentralbank sowie in die Akzeptanz des Geldes durch die anderen Akteure. Geld stellt eine Kette von Verweisungen dar. Seine letzte Deckung ist, wie beim religiösen Glauben, unsichtbar. Sie liegt im „Vertrauen" der Wirtschaftssubjekte – Vertrauen nicht auf jemand oder etwas Bestimmtes, sondern darauf, dass auch die anderen Akteure vertrauen.

Nigel Dodd (1994) hat darauf hingewiesen, dass auch die Geldtheorie bis heute eine konsistente Definition ihres Gegenstandes nicht zustandegebracht hat und, wie die Religionssoziologie, zwischen einer „funktionalen" und einer „substanzialen" Position hin- und herschwankt. Die funktionale Position, wie sie durch den neoklassischen Hauptstrom der Wirtschaftstheorie vertreten wird, verzichtet auf eine inhaltliche Bestimmung des Geldes und versucht, das Geld allein von seinen Funktionen als Wertmaß, Tausch- und Wertaufbewahrungsmittel her zu fassen. Als „Geld" werden alle Artefakte bezeichnet, die diese Funktionen erfüllen können. Der Einwand gegen diese Definition lautet, dass sie zu breit ist, weil keine einzige empirische Geldform alle Geldfunktionen befriedigend gewährleisten kann und zugleich ein unbegrenztes Spektrum von Objekten denkbar ist, die in dem einen oder anderen Sinne „monetäre" Funktionen wahrnehmen. Bei der substanzialen Position lässt sich eine ältere und eine moderne Variante unterscheiden: Die ältere, von Marx und auch noch von Menger vertretene Variante beharrt darauf, dass Geld durch eine besondere Geldware, in der Regel Gold oder Silber, verkörpert und durch sie gedeckt sein müsse. Die moderne, zuerst von Knapp verfochtene und heute, nach der Abschaffung der Metallwährungen, allgemein herrschende Meinung lautet dagegen, dass nicht der Substanzwert des Geldes, sondern seine staatlich-institutionelle Absicherung als gesetzliches Zahlungsmittel für den Geldcharakter konstitutiv sei: Geld entsteht aus dem „Nichts" durch staatliches Dekret. Wie im parallelen Fall der „substanzialen" Theorie der Religion lässt sich gegen diese Definition der Einwand erheben, dass sie zu eng ist und den Begriff des Geldes auf den der Währung verkürzt. Sie trägt der Möglichkeit nicht Rechnung, dass dort, wo das Publikum das Vertrauen in die offizielle Währung verliert, inoffizielle Geldformen entstehen können.

Monetäre Welten sind nicht weniger schwierig zu beobachten als religiöse. Schließlich lässt sich auch das, was Luhmann über den Chiffrencharakter religiöser Sinnformen ausführt, nahezu direkt auf das Geld übertragen. Die übliche Rede vom Nominalgeld als bloßem „Symbol" führt in die Irre. So, wie religiöse Chiffren auf Unendliches verweisen und daher an die Stelle des Bezeichneten treten, verweist auch Geld auf einen unbestimmbaren Horizont von Möglichkeiten und *ist* daher, was es bedeutet. Im Unterschied zu anderen, z.B. sprachlichen Symbolen, muss es ja „knapp" gehalten werden, mit anderen Worten: Es muss immer so behandelt werden, *als ob* es eine ausgedehnte Substanz wäre. Andernfalls könnte man Geld nicht „haben", nicht privat aneignen. Im Unterschied zur normalen Kommunikation wird Geld – darauf weist Luhmann (1988, S. 247) selbst hin, ohne den Konsequenzen nachzugehen – nicht mitgeteilt, sondern übertragen: Es muss immer sichergestellt werden, dass der Zahlende verliert, was er an den Zahlungsempfänger abgibt. Der Mitteilende jedoch behält, was er an andere weitergibt. Genau deshalb ist die Einstufung des Geldes als bloßes „Kommunikationsmedium" durch Luhmann, Baecker und die anderen Verfechter der systemtheoretischen Position problematisch. Geld hat zwar die Eigenschaften eines Kommunikationsmediums, aber es ist, wie Smelt (1980) mit Recht betont, Wertsymbol und Wertgegenstand *zugleich*, also nicht nur ein Medium, sondern eine Chiffre. Es liegt immer nur in einer bestimmten Summe vor, einer Summe aber von etwas Unbestimmbaren.

Geld, so können wir zunächst festhalten, lässt sich ebenso wenig definieren wie Religion. Unternimmt man einen solchen Versuch, so stößt man auf Paradoxien, die den Selbstwidersprüchen der Religion überraschend ähnlich sind. Dieser Befund soll im Folgenden durch eine Diskussion der Theorien von Simmel und Marx vertieft werden.

Marx und Simmel

Für eine Diskussion, wie wir sie vorhaben, bietet die die heutige Wirtschaftssoziologie nur wenige Anknüpfungspunkte. Von wenigen Ausnahmen abgesehen (neben den bereits erwähnten Autoren Heinemann 1987, Kellermann 1995, Ganßmann 1996) widmet sie dem Thema Geld kaum Aufmerksamkeit. Was in der einschlägigen Literatur (z.B. Mizruchi/Stearns 1994) darüber zu lesen ist, unterscheidet sich kaum von den üblichen Darstellungen in ökonomischen Textbüchern. Man liest die alte, auf Adam Smith zurückgehende Geschichte über den natürlichen Hang des Menschen zum Austausch und dessen Erleichterung durch die Erfindung des Geldes. Mit Parsons und Parsons/Smelser (1956) wird das die ökonomische Theorie bis heute beherrschende Paradigma des „Realtauschs" ohne nähere Prüfung übernommen. Auch die neuere systemtheoretische Interpretation des Geldes als „Kommunikationsmedium" folgt der etablierten akademischen Arbeitsteilung zwischen Soziologie und ökonomischer Theorie. Das ökonomische Tauschmitteltheorem wird nicht kritisiert, sondern mit der Konzeptualisierung des Geldes als funktional (d.h. auf die Bewältigung wirtschaftlicher Knappheiten) spezialisiertes Kommunikationsmedium lediglich soziologisch reformuliert.[1]

Sowohl auf der Seite der Soziologie wie der Ökonomie wird die Interpretation des Geldes durch ein „naturalistisches" Vorurteil dominiert, das von der Produktion, dem Austausch und dem Konsum von Gütern als evidenten, vermeintlich „letzten" Realitäten der Wirtschaft ausgeht. Geld erscheint in einer solchen Perspektive als bloßer „Geldschleier", der den Inhalt der wirtschaftlichen Allokationsprozesse letztlich nicht berührt. Es ist zwar unentbehrlich, um die Transaktionskosten des Tausches zu verringern und komplexere Formen der Arbeitsteilung zu ermöglichen. Aber es tritt von vornherein nur in einer funktionalen Perspektive in den Blick: als ein letztlich „unwichtiges" Medium, das den als selbstverständliche Gegebenheit unterstellten Realtausch nur zu vermitteln hat. Die neoklassische und die monetaristische Schule nehmen an, dass dies grundsätzlich problemlos geschehen kann, sofern nur gewisse institutionelle Voraussetzungen der Geldpolitik erfüllt sind. Die keynesianische Schule dagegen macht auf die in der Rolle des Geldes als Wertspeicher begründete Eigendynamik der Finanzmärkte aufmerksam und leitet daraus die Möglichkeit von Ungleichgewichten zwischen realen und monetären Anpassungsprozessen ab. Auch wenn das Geld hier als potenzieller Störfaktor des gesamtwirtschaftlichen Gleichgewichts gesehen wird, wird dennoch an dem naturalistischen Grundverständnis des Wirtschaftens festgehalten: „Consumption – to repeat the obvious – is the sole end and object of all economic activity", heißt es bei Keynes (1973, S. 104).

Sowohl die neoklassische wie die keynesianische Sicht des Geldes bleiben technisch verkürzt. Beide wissen daher gar nicht, „was Geld ist" (Riese 1995, S. 45). Weil die Frage nach dem genus proximum der Definition des Geldes überflüssig erscheint, wird sie gar nicht mehr gestellt (Backhaus 2000). Aber das Problem selbst verschwindet damit keineswegs. Um es angemessen zu diskutieren, müssen wir uns jenen klassischen Autoren zuwenden, deren Denken noch nicht durch die in der ersten Hälfte des zwanzigsten Jahrhunderts entstandene Arbeitsteilung zwischen Wirtschaftswissenschaften und Soziologie geprägt war: Marx, Veblen und Simmel.

Die schon für die klassischen Ökonomie des späten 18. und 19. Jahrhunderts charakteristische Fixierung auf die Vorstellung des Realtauschs, wie sie sprichwörtlich in dem berühmten „Sayschen Theorem" zum Ausdruck kam, war es, die in den Augen von Marx den „ideologischen" Charakter der bürgerlichen Wirtschaftstheorie ausmachte. Er sah darin einen Dogmatismus des gesunden Menschenverstandes am Werk. Dass mit Geld Güter gekauft werden und dass Geld selbst als

[1] Axel Paul (1999) weist zwar mit Recht auf die recht komplexe, „verborgene" Rolle des Geldes in Luhmanns Theorie hin, die in der medientheoretischen Konzeptualisierung nicht aufgeht. Gleichwohl fehlt bei Luhmann eine klare Antwort auf die Frage: Ist Geld nur ein funktional spezialisiertes Kommunikationsmedium neben anderen (wie Macht, Liebe oder Wahrheit)? Oder ist es ein „Medium", das die funktionale Differenzierung der Gesellschaft selbst erst ermöglicht, wie Simmel argumentiert hatte?

Tauschmittel für den Kauf von Gütern begehrt ist, scheinen zwar unbezweifelbare Wahrheiten des Alltagslebens zu sein. Wer Geld ausgibt, möchte dafür etwas haben, und um etwas haben zu können, braucht er Geld. Aber, so mokiert sich Marx: Mit der gleichen Evidenz, die in diesen Beobachtungen steckt, lässt sich auch behaupten, dass die Sonne sich um die Erde drehe. In Wahrheit verhält es sich, darauf besteht er, genau umgekehrt: Nicht das Geld dreht sich um die Güter, sondern die Güter drehen sich um das Geld. Denn ein „Tauschmittel", das wie ein „Sesam-öffne-Dich" den Schlüssel nicht nur zur individuellen Aneignung des Reichtums, sondern zur Realisierung der Möglichkeiten des Menschen schlechthin bildet, kann nicht bloß jenes harmlose „Mittel" sein, als das es die akademische Wirtschaftstheorie wahrnimmt. Es wird vielmehr – und hier erhält Marx Unterstützung von dem aus einer ganz anderen intellektuellen Tradition kommenden Georg Simmel (1989) – ganz unwillkürlich selbst zur „Mitte", zu dem Endzweck, um den sich alles wirtschaftliche Handeln dreht und in den es zurückläuft. Der Markttausch von Gütern gegen Geld ist nur ein funktionales Zwischenspiel in einem Prozess, der mit dem Geld beginnt und in es zurückführt. Marx fasst diesen Prozess in der Formel G-W-G'; Simmel spricht vom Geld als „substanzgewordener Relativität" (Simmel 1989, S. 134).

Auch die wirtschaftlichen „Bedürfnisse", die die Nationalökonomie als exogenes Datum behandelt, sind ja, so wird Veblen (1953) nach Marx argumentieren, alles andere als nur das. Sie richten sich primär nicht auf materielle, sondern auf symbolische Objekte, die den pekuniären Status der Wirtschaftssubjekte und die in ihm begründete soziale Macht zum Ausdruck bringen sollen. Die moderne Gesellschaft drängt die primitive, kriegerische oder räuberische Macht des barbarischen Zeitalters immer mehr zugunsten der feineren Macht des Geldes zurück. Weil alles wirtschaftliche Handeln sich um pekuniäre Konkurrenz dreht, können auch die Konsumbedürfnisse nicht länger als exogenes Datum behandelt werden, sondern werden zu einer endogenen Größe, denn sie leiten sich ihrerseits aus dem pekuniären Status der Wirtschaftssubjekte ab. Die Güter symbolisieren das Geld, nicht umgekehrt.[2]

Mit diesen Aussagen wird die Tauschmitteltheorie des Geldes keineswegs schlicht für falsch erklärt. Aber sie ist in fataler Weise verkürzt, sie sieht den Wald

---

2 Die an Veblen anschließende moderne Konsumforschung hebt einerseits den zunehmend „positionalen", nicht länger durch intrinsische Motive, sondern durch den Wettbewerb um sozialen Status bestimmten Charakter des Konsums hervor; andererseits macht sie auf die wachsende Heterogenität der intrinsischen Konsummotive selbst aufmerksam: Konsumgüter sollen nicht nur materielle, sondern expressive, kompensatorische, therapeutische Bedürfnisse befriedigen (einen Überblick geben Reisch 1995 und Stihler 1998; vgl. auch Reisch in diesem Band). Von der Seite der Soziologie wurden diese Erkenntnisse durch Erlebnis-, Individualisierungs- und Lebensstiltheorien (Schulze, Beck, Hradil, Lüdtke, Berger) aufgegriffen. Merkwürdigerweise ist freilich hier wie dort vom Geld und seiner Vermögenseigenschaft fast nie die Rede. Veblens Erkenntnisse über den Zusammenhang zwischen Konsum und pekuniärer Macht scheinen hier weitgehend verloren gegangen zu sein.

vor lauter Bäumen nicht. Denn die Kaufkrafteigenschaft des Geldes erweist sich nur als die Embryonalform eines im Geld angelegten, sehr viel umfassenderen Machtpotenzials, das sich dem naturalistisch fixierten Blick der akademischen Ökonomie entzieht. Marx fasst dieses Potenzial mit dem Begriff des „Kapitals", Simmel mit dem des „Vermögens". Als „Kapital" oder „Vermögen" wird Geld aber zu einem Thema, das sich in den akademischen Fachdisziplinen nicht nur der „Ökonomie", sondern auch der „Soziologie" nicht länger verorten lässt. Denn was das Kapital in Gang setzt, ist eben nicht länger nur „Ökonomie" im konventionellen, harmlosen Sinn der Befriedigung menschlicher Bedürfnisse im Rahmen des Hauses – das „ganze Haus" hatte der Kapitalismus ja gerade zerstört –, sondern ein die gesamte Gesellschaft beständig und mit unbekanntem Ziel umwälzender Prozess. Seine Analyse steht quer zu der in der ersten Hälfte des 20. Jahrhunderts entstandenen akademischen Grenzziehung zwischen den beiden Fächern. Darin ist die bis heute nicht aufgelöste Rätselhaftigkeit und Anstößigkeit der Marxschen Perspektive begründet (Deutschmann 1999).

In der Ära des modernen Kapitalismus vermittelt Geld den Zugriff auf die gesamte Welt der käuflichen Güter und Dienstleistungen, und zwar sowohl auf die Güter selbst, als auch auf die Voraussetzungen zu ihrer Herstellung: Boden, Arbeit, Produktionsmittel. Es wird, wie Simmel (1989, S. 254 f.) ausführt, zum Vehikel grenzenloser Verlängerung der wirtschaftlichen Zweck-Mittel-Reihen. Das bedeutet, dass Geld nicht nur auf die aktuell vorhandenen, sondern indirekt auch auf die durch den Einsatz der verfügbaren Produktionsmittel und Arbeitskräfte *herstellbaren* Güter zugreift. Es überbrückt die Differenz zwischen der Welt der realen und der der imaginären Güter. Entgegen den geläufigen ökonomischen Vorstellungen besteht das Gegenüber des Geldes am Markt nicht allein in der Gesamtheit der vorhandenen, sondern der vorhandenen plus der mit den gegebenen Mitteln herstell*baren* Waren.

Geld bietet aber nicht nur so gut wie unbegrenzte sachliche Zugriffsmöglichkeiten, sondern regelt auch, wer zugreifen darf: nämlich derjenige, der zahlt. Der Handlungsraum, den es erschließt, bezieht sich nicht nur auf die Sachdimension der Welt (so, wie es etwa bei Lebensmittelmarken oder den „Währungen" der sozialistischen Länder der Fall war), sondern auch auf die Sozialdimension – und das ist, wie Heinsohn/Steiger (1996) zu Recht betonen, etwas gänzlich Anderes. Geld verkörpert über seine Rolle als Tauschmittel hinaus ein generalisiertes und quantifiziertes *Eigentumsrecht,* das eine komplementär generalisierte Verschuldung Dritter einschließt. Dank seiner Geldform kann Eigentum unabhängig von seiner materialen Nutzung belastet oder verpfändet werden.[3] Indem Geld es dem Ein-

---

3 Heinsohn/Steiger (1996) machen umgekehrt den Versuch, das Geld seinerseits aus den Operationen der Belastung und Verpfändung des Eigentums zu erklären. Aber diese Argumentation ist zirkulär, denn die Operationen der Belastung und Verpfändung setzen ja ihrerseits die durch das Geld begründete Generalisierung des Eigentumsbegriffs – Simmel (1989, S. 413) hatte vom Geld als „höherer Potenz des allgemeinen Eigentumsbegriffs" gesprochen – bereits voraus.

zelnen ermöglicht, seine Ansprüche an die Leistungen anderer in gegenständlicher Form – gleichsam „in der Tasche" – mit sich herumzutragen, wird das Individuum aus persönlichen Bindungen und Verpflichtungen befreit. Die Abhängigkeit der Individuen voneinander wird dadurch zwar nicht aufgehoben, aber sie nimmt nun eine anonyme, sachliche Form an und ermöglicht genau dadurch die Emanzipation des Einzelnen. Sie gewinnt die Gestalt von „Verträgen", d.h. auf der Basis des freien Willens der Beteiligten geschlossener und durch die Rechtsordnung kodifizierter Vereinbarungen. Geld wird zum Unterpfand der „individuellen Freiheit" (Simmel): Mitten in der Gesellschaft kann das Individuum sich selbst finden. Erst durch das Geld konstituiert es sich als autonomes wirtschaftliches und soziales Subjekt. An der Stelle vorgefundener Bindungen eröffnet sich ihm eine unabsehbare Fülle neuer sozialer Möglichkeiten – und natürlich auch deren Kehrseite: Schulden.

Damit nicht genug: Geld ist auch Träger *zeitlicher und räumlicher Optionen*. Zeit ist Geld und Geld ist gespeicherte Zeit – und das ist wiederum etwas gänzlich anderes. Mittels des Kreditform des Geldes können Möglichkeiten, die sich sonst erst später ergeben würden, schon jetzt wahrgenommen werden, oder umgekehrt jetzt verfügbare Optionen für die Zukunft offengehalten werden (die Funktion des Geldes als Wertspeicher). Geldvermögen macht seinem Eigentümer auch die zeitliche Dimension seinen Daseins verfügbar. Einerseits verleiht es Sicherheit, andrerseits zwingt die Akteure zu verstärkter Aufmerksamkeit für die Gegenwart, zu einer immer weiter reichenden Antizipation der Zukunft und steigert so das „Tempo" des sozialen Lebens (Simmel 1989, S. 696 f.). Und zu guter Letzt erweitert es auch die räumliche Reichweite sozialer Handlungsketten. Sein Vermögen macht den Geldeigentümer von lokalen Ressourcen unabhängig und öffnet ihm die ganze Welt als Feld seiner Operationen. So wird „das Entfernteste näher, um den Preis, die Distanz zum Näheren zu erweitern" (Simmel 1989, S. 663).

Als Kapital oder Vermögen erweitert Geld mithin die Freiheitsgrade des Individuums in allen Dimensionen seines Verhältnisses zur Welt und vereinigt diese Potenziale in einem einzigen Medium. Geldvermögen beherrscht die Welt der Sachen, die soziale Welt, die Zeit, den Raum – es ist das „Können schlechthin" (Simmel 1989, S. 276). In der Maximierung dieses Potenzials, nicht etwa des bloßen Gützernutzens, liegt der Angelpunkt kapitalistischen „Wirtschaftens". Geldvermögen überbrückt die Differenz zwischen dem Wirklichen und dem Möglichen und versetzt alle aktuellen Weltbezüge des Individuums in die Perspektive des „Als-ob", des Vergleichs mit anderen Möglichkeiten. Die „Knappheit", die Geld repräsentiert, ist, ganz im Gegensatz zur üblichen systemtheoretischen Auffassung (Luhmann 1988; Baecker 1988), keineswegs nur die der Güter, sondern auch die sozialer Macht, sowie die von Raum und Zeit. Geld, so könnte man in Anlehnung an Castoriadis (1984, S. 246) formulieren, denotiert nichts, konnotiert aber (fast) alles. So erfüllt Geld im sozialen System genau jene Funktion, die Luhmann eigentlich der Religion zugedacht hatte: Nämlich das Unbestimmbare bestimmbar zu machen.[4]

Als Vermögen hat Geld im Gegensatz zur konventionellen ökonomischen Meinung einen *inneren*, nicht nur äußeren Wert. Es wird, ganz unabhängig von seiner jeweiligen institutionellen Verfassung als Nominal- oder Metallgeld, um seiner selbst willen begehrt. Denn was es seinem Eigentümer bietet, ist nicht nur die Option auf dieses oder jenes Gut, sondern eine Option höherer Ordnung. „Individuelle Freiheit" – das ist etwas ganz anderes als nur der „Nutzen" von Äpfeln oder Birnen! Der Reiche wirkt, wie Simmel erläutert, „nicht nur durch das, was er tut, sondern auch durch das, was er tun könnte: weit über das hinaus, was er nun wirklich mit seinem Einkommen beschafft, und was andere davon profitieren, wird das Vermögen von einem Umkreis zahlloser Verwendungsmöglichkeiten umgeben, wie von einem Astralleib [...]" (Simmel 1989, S. 276). Dieses „Superadditum des Reichtums" (Simmel) verleiht dem Vermögenden soziale Macht. Weil er immer auch andere Optionen hat, muss man ihn ganz besonders hofieren, damit er sein Geld hier und nicht woanders lässt.

In den Genuss der Vermögenseigenschaft des Geldes kommt freilich nur der, dem es über das Maß des Lebensnotwendigen hinaus zur Verfügung steht. Der Arme dagegen ist mit ihrem Gegenpart konfrontiert: der Schuld. Dem „Können schlechthin" korrespondiert notwendig die Verschuldung, aus der der Vermögenslose sich nur durch Arbeit befreien kann. Für den Armen verwandelt sich Geld, wie schon Marx betont hatte, aus einem Unterpfand der Freiheit in ein Vehikel des Arbeitszwangs (vgl. auch Ganßmann 1996 und Reddy 1987). Die disziplinierende Macht des Geldes wirkt umso unerbittlicher, als es kein fremder Herr, sondern nur die körperliche Bedürfnisnatur des Armen selbst ist, die ihn zum Gelderwerb durch Arbeit antreibt. Von ihr kann sich nur befreien, wer Geld über die Erfordernisse der physischen Reproduktion hinaus besitzt. Je mehr dies der Fall ist, desto mehr kommt er in den Genuss des inneren Geldnutzens, der Freiheit zu wählen, zuzugreifen und so sein Ich auszuleben.

Das für gewöhnliche Güter geltende ökonomische Gesetz des mit steigender Menge sinkenden Grenznutzens trifft auf das Geld nicht zu; der Bedarf nach Geld ist unbegrenzt. Armut ist deshalb weit mehr als eine nur „materielle" Benachteiligung, eine Ungleichheit in der Verteilung des Reichtums. Der Reiche ist dem Armen nicht nur quantitativ hinsichtlich der Menge der verfügbaren Güter, sondern qualitativ überlegen: Der eine ist frei, der andere ist abhängig, obwohl

---

[4] Systemtheoretiker werden einwenden: Aber Wahrheit, politische Macht, Recht, Kunst, Liebe kann man doch nicht kaufen! Gewiss kann man sie nicht direkt „kaufen", auch wenn das bekanntlich immer wieder versucht wird. Aber sie müssen stets *finanziert* werden, eben dies macht ihren spezifisch modernen Charakter aus. Geld eröffnet erst jene Spielräume, in denen auch andere Codierungen als monetäre möglich werden. Diese Spielräume bleiben stets prekär, gefährdet, stehen unter „Finanzierungsvorbehalt", wie man z.B. in Bezug auf die Liebe eindrucksvoll bei Flaubert lernen kann (von der Politik, der Wissenschaft, der Kunst gar nicht zu reden).

er selbst in den Geldnexus einbezogen ist und daher immer die Illusion pflegen darf, auf die Seite der Freiheit hinübergelangen zu können. Simmel spricht von der im Geldvermögen angelegten Wahlfreiheit auch von einem „Superadditum", einer Art Zugabe des Geldreichtums. Die Gesellschaft ist deshalb nicht einfach nur ein großer Marktplatz, wie es in der Sicht der ökonomischen Theorie scheint. Der grundlegende, aber gesellschaftlich schwer kommunizierbare Tatbestand ist vielmehr, dass „money [...] means utterly different things to different people" (Reddy 1987, S. 32). Nicht der Tausch, sondern die stummen Zwänge von Abhängigkeit und Verschuldung prägen die gesellschaftlichen Verhältnisse: Das ist es, was Marx und auch Weber mit ihrem Begriff der sozialen „Klasse" meinten.

Sowenig, wie der „Nutzen" des Geldes sich auf seine Kaufkrafteigenschaft reduziert, sowenig stellt es ein bloßes Wertzeichen oder „symbolisches" Medium dar. Wäre es tatsächlich nur ein Zeichen, so könnte es – wir haben schon darauf hingewiesen – ebensowenig privat angeeignet werden wie die Sprache. Die der Doppelnatur des Geldes als Wertsymbol und Wertgegenstand innewohnende Paradoxie lässt sich mit analytischen Mitteln nicht auflösen. Der im Geld angelegte Anspruch auf absoluten Reichtum kann nur praktisch eingelöst werden – indem es ausgegeben wird. Wird es nicht irgendwann ausgegeben, erzeugt es keine Schuld, so zerfällt es in bloßes Metall, Papier oder löst sich gar in Nichts auf. Es aber für ordinäre, bloß nützliche Güter auszugeben, hieße Perlen vor die Säue werfen, die Vermögenseigenschaft des Geldes würde vernichtet. Es muss so ausgegeben werden, dass es zurückfließt – und zwar nicht nur einfach, sondern *vermehrt* zurückfließt, denn sonst wäre die ganze Operation ebenso sinnlos gewiesen wie die Hortung. Geldvermögen ist per definitione immer zuwenig da, so wie umgekehrt die durch es begründete Schuld niemals definitiv getilgt werden kann. Der Widerspruch, der im Geld steckt, nämlich einerseits auf einen unabschließbaren Horizont gesellschaftlicher Reichtümer zu verweisen, auf der anderen Seite aber immer nur in einer bestimmten Summe zur Verfügung zu stehen – einer Summe von etwas Undefinierbaren –, lässt sich nur dynamisch überwinden: durch den beständigen, auf Wachstum hin orientierten Wechsel zwischen Geld- und Warenform, das heißt durch seine Kapitaleigenschaft. Kapital muss bei Strafe der Krise wachsen: Dies ist der oberste Imperativ des Kapitalismus, den Marx mit seiner Formel G-W-W-G' bezeichnet.

Der Möglichkeitsraum, den das Geld erschließt, ist unbestimmbar. Was sich mittels Geld erwerben und ins Werk setzen lässt, wird sich niemals durch eine „Theorie" erschöpfend beschreiben lassen. Ein Mittel, das einen so unermesslichen Möglichkeitsraum erschließt, wächst damit unvermeidlich über seinen Mittelcharakter hinaus und wird zur höchsten Präferenz für sich selbst. So, wie Gott nur noch sich selbst wollen kann, kann auch das Geld als „Gott der Waren" (Marx) keinen höheren Zweck haben, als seinerseits Geld und mehr Geld zu machen. Nicht zufällig drängen sich hier die Parallelen zur Theologie und Religion auf, auf die auch Simmel immer wieder hinweist. Er zitiert Hans Sachs („Geld ist auf

Erden der irdische Gott") und Nikolaus v. Kues mit seinem Gedanken von Gott als der „coincidentia oppositorum". Wie Gott der letzte Ruhepunkt des Seins ist, in dem alle Gegensätze der Welt ihr Gemeinsames finden, finden die Dinge im Geld ihr Zentrum, aus dem sie hervorgehen und dem sie wieder zustreben. Wenn das Geld keinen höheren Zweck kennen kann als sich selbst, muss es wachsen und wird damit zum Kapital. Das führt zu der Frage: Wie ist Kapitalwachstum möglich?

Unternehmer, Arbeit und kapitalistische Mythen

Wiederum kann das neoklassische Modell keine Antwort auf unsere Frage geben. Es basiert auf dem Konzept des Gleichgewichts, im Gleichgewicht aber gibt es, wie schon Walras betont hatte, keine Profite und damit auch kein Wachstum. Die Keynessche Theorie bietet zwar eine Theorie des Zinses, nicht aber eine des Profits als Überschuss über den Zins. Auch Marx' Mehrwerttheorie erscheint wenig hilfreich – auf den ersten Blick zumindest. Die Zeitdifferenz zwischen notwendiger Arbeit und der gesamten neu zugesetzten Arbeit, die im Zentrum der Marxschen Theorie steht, bietet ebenfalls keinen befriedigenden Ausgangspunkt zur Erklärung des Kapitalprofits. Die von Marx behauptete Korrelation zwischen Ausbeutungs- und Profitrate trifft zwar in vielen Fällen zu, aber keineswegs immer. Marx setzt stets voraus, dass es sich bei der durch das Kapital eingesetzten Arbeit um „gesellschaftlich notwendige" Arbeit handelt, aber genau in deren Bestimmung liegt in einer dynamischen Wirtschaft das Problem. Produziert der Unternehmer am Markt vorbei, so kann ihn auch die denkbar höchste Ausbeutungsrate nicht vor dem Bankrott schützen (vgl. auch Deutschmann 1999).

Die einflussreichsten Ansätze zur Erklärung des Kapitalwachstums sind bis heute die von Schumpeter und Knight. Schumpeter stellt bekanntlich die Figur des Unternehmers in das Zentrum seiner Analyse. Er sieht die Mission des Unternehmers darin, die Wirtschaft durch Entdeckung und Durchsetzung durch zusätzlichen Kredit finanzierter „neuer Kombinationen" aus einem statischen in einen dynamischen Reproduktionsmodus zu überführen. Unternehmerisches Handeln, Profit und Wachstum sind unter der von der neoklassischen Theorie unterstellten Prämisse vollständiger Information gar nicht möglich, sondern setzen vielmehr Unsicherheit voraus – dies war auch Knights zentrale These gewesen. Gelingt es dem Unternehmer, die Kosten durch Einführung neuer Technologien oder Organisationskonzepte zu reduzieren, oder durch das Angebot neuartiger Produkte oder Dienstleistungen zusätzliche Nachfrage auf sich zu lenken, so erringt er eine temporäre Monopolposition, die die Erzielung eines Profits erlaubt. Schumpeter interpretiert den Profit als Prämie für die durch den Unternehmer übernommene Marktführerrolle (Schumpeter 1952, S. 228). Freilich ruht diese Prämie stets auf unsicherem Grund, denn die Konkurrenten sind nicht träge und versuchen, der

Neuerung nachzueifern und den Vorsprung des Pionierunternehmers aufzuholen. Der Unternehmer ist der „Revolutionär der Wirtschaft" (Schumpeter 1952, S. 130), der sich in seinem Handeln gerade nicht durch die aktuell sichtbaren Marktkonstellationen leiten lässt, sondern durch seinen Instinkt für zukünftige Trends und Chancen. Er ist kein „homo economicus", kein nur seinen individuellen Vorteil suchender Rationalist oder Hedonist. Vielmehr braucht er den „Traum, ein privates Reich zu gründen", den Willen, zu kämpfen und zu siegen (ebd., S. 138).

Die Schwächen von Schumpeters Analyse, insbesondere seine Neigung zur Hypostasierung der individuellen Schöpferkraft des Unternehmers, sind oft kritisiert worden (Werner 1967). Schumpeter verkennt, dass Innovation ein sozialer Prozess ist, niemals eine rein individuelle Leistung des Unternehmers. Um gesellschaftlich wirksam zu werden, müssen Innovationen kommuniziert werden. Der Unternehmer kann seine Mission nur erfüllen, wenn es ihm gelingt, seine soziale Umwelt, d.h. seine Arbeiter ebenso wie seine Ingenieure, Experten, Kunden, Lieferanten, Kapitalgeber, „politischen" Verbündeten, für seine Ideen zu mobilisieren. Seine Projekte können nur gelingen, wenn es ihm gelingt, die richtigen „Koalitionen" zu bilden. Der Unternehmer mag zwar ein „Revolutionär" sein, aber er ist alles andere als ein Anarchist oder Chaot. Er erfüllt vielmehr eine für Institution des Privateigentums entscheidende soziale Mission, indem er den im Geldvermögen angelegten Wachstumsimperativ „interpretiert", indem er der Unendlichkeit der Möglichkeiten des Geldes eine durch soziales Handeln zu bewältigende Gestalt gibt.

Wie kann der Unternehmer seine Mission erfüllen? Die erste Voraussetzung ist: Er muss Lohnarbeiter beschäftigen. Der Arbeitsvertrag ist kein technisches Instrument, sondern eine kommunikative Beziehung, die das Problem der doppelten Kontingenz des Handelns birgt. Arbeit lässt sich nicht wie Maschinen oder Computer programmieren, sondern ist ein „Produktionsfaktor" mit – neben seiner Fähigkeit zu Streik und Sabotage – genuin kreativen Eigenschaften. Nur durch Arbeit, nicht durch Maschinen oder Computer, lassen sich ökonomische und technische Routinen durchbrechen, lassen sich neue Kombinationen aus dem Nichts erzeugen. Der Unternehmer ist weit stärker von den Leistungen seiner Arbeiter abhängig als Schumpeter annimmt. Schumpeter sieht nur die große Idee des heroischen Unternehmers, nicht die vielen tausend kleinen seiner Produktionsarbeiter, Ingenieure, Kaufleute, die sie erst zu einem ökonomischen Erfolg machen und damit jene Unsicherheit der Umwelt erst konstituieren, die wiederum das Bewährungsfeld des Unternehmers bildet. Schon bei der Gewährleistung der scheinbar einfachen, in Wirklichkeit aber immer wieder durch Störungen und situative Kontingenzen unterbrochenen alltäglichen Operationen ist, wie die Industriesoziologie (z.B. Thomas 1964) vielfach aufgezeigt hat, die Kreativität der Arbeiter unentbehrlich. Umso mehr ist sie es bei der Entwicklung neuer Produkte und Technologien (Deutschmann 2002).

Von dieser Seite her gesehen, erfährt Marx' Arbeitswerttheorie eine unerwartete Rechtfertigung. Gewiss bildet die bloß zeitliche Verausgabung durchschnittlich produktiver Arbeit, wie wir argumentiert haben, keine Gewähr für die Entstehung von Mehrwert und Profit. Arbeit muss vielmehr kreativ eingesetzt werden, um einen Mehrwert zu erbringen. Marx insistierte jedoch mit Recht darauf, dass *allein* Arbeit dazu in der Lage ist: Nur sie (freilich nicht nur die der Lohnarbeiter, sondern auch die des tätigen Unternehmers), nicht Maschinen oder Computer, ist zu genuin innovativen Leistungen imstande. Der Möglichkeitsraum der Arbeit ist ebenso unendlich wie der des Geldes; nur Arbeit kann den in der Vermögensform des Geldes angelegten Anspruch auf absoluten, nicht nur konkreten Reichtum einlösen. Das heißt aber zugleich, dass ihr Beitrag weder zeitlich, noch in anderer Weise quantitativ bestimmbar ist: Es gibt immer mehr Variablen als Gleichungen. Marx erkannte nicht, dass genau in diesem Tatbestand die eigentliche Rechtfertigung für seine eigene Position liegt: nämlich Arbeit als „Substanz" des Wertes zu betrachten. Er hätte von daher seine Übernahme der quantitativen Arbeitswerttheorie Smiths und Ricardos problematisieren müssen. Wert ist nur deshalb und insoweit Wert, als er *sich selbst* in einem gesellschaftlichen Prozess bestimmt und nicht durch exogene Strukturen determiniert ist. Eben weil sie sich auf die Kreativität gesellschaftlicher Arbeit stützt, folgt die Verwertung des Kapitals nicht einem wie immer durch einen wissenschaftlichen Beobachter nachvollziehbaren „Wertgesetz". Der Wert ist vielmehr so unsichtbar und unerforschlich wie der Gott der protestantischen Ethik. Keine Planungsbehörde und auch keine wissenschaftliche Theorie, darin ist auch Friedrich v. Hayek Recht zu geben, wird ihn je erfassen können – sie müsste dazu intelligenter sein als die Summe der in die Bewegung des Kapitals investierten gesellschaftlichen Intelligenz selbst. Und dennoch bildet er den letzten Horizont, auf den hin alle unternehmerischen Strategien entworfen werden. Die Frage nach dem unsichtbaren „Dritten" jenseits der manifesten Ware-Geld-Beziehungen, die Marx' Wertformanalyse antreibt, ist ungeachtet der Kurzschlüssigkeit seiner Antwort alles andere als bedeutungslos.

Mit den Mitteln von Technik und Bürokratie allein lässt sich das kreative Potenzial der Arbeit nicht mobilisieren. Gewinne und Wachstum werden sich allen technischen Utopien zum Trotz niemals „automatisch" produzieren lassen. Der Arbeiter ist nicht nur von dem Unternehmer abhängig, sondern umgekehrt hängt auch der Unternehmer – ungeachtet aller Machtasymmetrien – von dem kreativen Potenzial freier Lohnarbeit ab. Nicht nur die Arbeiter, sondern auch die anderen Akteure in der Umwelt des Unternehmers – Erfinder, technische Experten, Finanziers, Verkäufer, Kunden etc. – müssen kooperieren. Innovative Prozesse setzen, wie Beckert (1997) mit Recht betont, die Existenz sozialer Institutionen und Symbolismen voraus, die die Unsicherheit der Umwelt auf ein durch Handeln zu bewältigendes Format reduzieren. Um zu verstehen, wie es Unternehmern gelingen kann, die Unterstützung ihrer Umwelt zu gewinnen, ist der Vergleich nicht nur mit politischen (Fligstein 1996), sondern auch mit religiösen Bewegungen hilfreich.

So, wie der Gläubige (von wenigen virtuosen Mystikern abgesehen) sich durch die unmittelbare Präsenz Gottes überfordert sieht und der Vermittlung durch Propheten, Priester, heilige Schriften und Rituale bedarf, können die ökonomischen Akteure die direkte Konfrontation mit der Unendlichkeit der Möglichkeiten des Geldes nicht aushalten. Den rechten Weg können sie nur dank der Hilfe von Wissenschaftlern, Erfindern, Experten, Beratern, Managementgurus und der von ihnen in die Welt gesetzten Deutungen und Symbolismen finden.

Die neuere Technikgeneseforschung widmet der Kommunikation innovativer Prozesse verstärkte Aufmerksamkeit. Bei deren Analyse haben sich Konzepte wie „technologisches Paradigma" (Dosi 1983; Freeman/Perez 1988) oder „Leitbild" (Mambrey et al. 1995) heute weithin durchgesetzt. Zur Begründung dieser Terminologie beruft Dosi sich ausdrücklich auf das bekannte Kuhnsche Modell wissenschaftlicher Revolutionen: „In broad analogy with the Kuhnian definition of scientific paradigm we shall define a technological paradigm as a model and pattern of *selected* principles derived from natural sciences and on *selected* material technologies" (Dosi 1983, S. 83). Leitbilder entstehen in der Kommunikation von Erfindern, technischen Experten und Unternehmern und bieten ihr rückwirkend Orientierung. Sie verknüpfen die Beschreibung eines konkreten technischen Artefakts mit einer Projektion bestimmter Entwicklungs- und Nutzungsmöglichkeiten. Letztere wiederum verbinden sie mit Entwürfen idealer Lebens- und Konsumformen, in denen die neuen Technologien ihre Rahmung finden (ein Beispiel wäre die Assoziationskette: Verbrennungsmotor-Automobil-individuelle Mobilität). Leitbilder antizipieren bestimmte Potenziale einer Technologie, schließen andere aus und geben damit der Suche nach dem Neuen eine Richtung vor. Sie bieten nicht nur kognitive Orientierung, sondern erfüllen auch motivierende Funktionen, indem sie Prozesse zielorientierter kollektiver Problemlösung in Gang setzen; sie legitimieren darüber hinaus die im Zuge dieser Kooperation unvermeidlich entstehenden Herrschaftsbeziehungen.

Leitbilder vermitteln die Kommunikation innovativer Prozesse und stellen damit auch eine begrenzte Rationalität des Handelns der Beteiligten sicher. Sie selbst haben freilich keinerlei rationale Grundlage, weshalb sie auch als „Mythen" im Sinne Meyer/Rowans (1977) bezeichnet werden können. Wir selbst benutzen diesen Begriff, um den durch die Konstruktion von Leitbildern ausgelösten selbstreferenziellen Prozess zu kennzeichnen. Die soziale Resonanz, die Leitbilder in Mythen verwandelt (oder auch nicht), entwickelt sich nach dem Muster der „self fulfilling prophecy"; sie ist „autopoetischer" Natur im Sinne Luhmanns. Mythen erzeugen, wenn sie erfolgreich sind, ihre eigene Wirklichkeit, indem sie die für das innovative Projekt erforderlichen Investitionen und Ressourcen mobilisieren. Sie bewirken die selbstreferenzielle Schließung kommunikativer Prozesse, indem sie die Einheit von Information, Mitteilung und Verstehen gewährleisten und Motive für die Annahme der übermittelten Selektion bereitstellen (Mambrey et al. 1995, S. 52, 54). Was sie von anderen Kommunikationsmedien unterscheidet, ist ihr funktional diffuser Charakter, der sie zu Katalysatoren der Kooperation zwischen heterogenen Subsystemen und Expertenkulturen werden lässt (Dierkes et al. 1996, S. 33 f.). Das Konzept des Mythos steht quer und zugleich über dem der Organisation, denn es geht ja gerade darum, Lernprozesse über die Grenzen von Organisationen und Subsystemen in Organisationen hinweg zu ermöglichen. Erst dank des gemeinsamen Mythos kann sich die für innovative Prozesse unentbehrliche Zusammenarbeit von Experten und Akteuren aus *verschiedenen* Funktionsbereichen, Unternehmen, Branchen, wissenschaftlichen Disziplinen zu konkreten „Projekten" verdichten. Mythen können so die für ihren ökonomischen Erfolg so wichtige „soziale Einbettung" einer Erfindung (Halfmann 1997) gewährleisten. Die diffuse Ausstrahlungskraft von Mythen kann über den Kreis der Produzenten hinaus weit in die Gesellschaft hineinreichen. Das ist dort der Fall, wo nicht nur neue Produkte, sondern neue Lebensstile antizipiert werden, durch die die neuen Produkte ihre Rahmung und Funktion finden sollen (etwa: unbegrenzte Mobilität durch das Automobil, grenzenlose Information durch digitale Kommunikationsmedien). Auf diese Weise können auch Nutzer und Kunden erreicht und immer neue Konsumwellen stimuliert werden.

Mythen sind auf verschiedenen Stufen des ökonomischen Prozesses wirksam. Die durch die Kapitalform des Geldes induzierte imaginäre Anreicherung ökonomischen Handelns kommt in den Phasen der Produktion wie in der Konsumption zum Tragen. Wir können unter diesem Gesichtspunkt *Technikmythen, Organisationsmythen und Konsummythen* unterscheiden. Technikmythen strukturieren innovative Prozesse im Bereich der sachlichen Produktionsmittel und Werkzeuge, Organisationsmythen geben den Veränderungen der Aufbau- und Ablauforganisation ihre Richtung. Auch die Dynamik der Konsumnachfrage muss durch den Aufbau von Projektionen, Imaginationen und „Ersatzbefriedigungen" (Scherhorn 1997, S. 177; vgl. auch Reisch in diesem Band) in Gang gehalten werden. Konsummythen werden zielstrebig durch Werbung in Umlauf gebracht und sollen den Hunger der Konsumenten nach immer neuen Produkten und Dienstleistungen wecken. Hier wie überall gilt freilich, dass der Erfolg von Mythen ein emergentes Ereignis ist, das auch mit großem technischem Aufwand nicht einfach „gemacht" werden kann.

Mythen sind symbolische Objektivierungen, die historisch entstehen und vergehen. Sie folgen einem Zyklus von Genese-Verbreitung-Institutionalisierung-Krise[5] (Deutschmann 1997, 1999, S. 147 f.). Was diesen Zyklus in Bewegung setzt, ist nicht allein Wissen und rationales Kalkül, sondern der „Glaube" der Akteure,

---

5 Derartige Zyklus- oder Prozessmodelle der Genese, Verfestigung und Krise institutioneller Strukturen sind vor allem aus dem Kreis der neoinstitutionalistischen Schule der Organisationsforschung heraus entwickelt worden. Tolbert und Zucker (1996, S. 180 f.) etwa charakterisieren die Phasen als „Innovation – Habitualization – Objectivation – Sedimentation". Vgl. auch die ähnlichen Ansätze bei Anderson/Tushman (1990), Beckert (1999) und Rammert (2000).

die Resonanz, die sie mit ihren Ideen in ihrer sozialen Umwelt finden. Wir beschreiben kurz die vier genannten Phasen:

- *Genese:* Das der Innovation zugrunde liegende Wissen wird durch einen Erfinder oder durch eine Gruppe von Forschern in einem industriellen Labor erzeugt und validiert. Rationale, gar ökonomische Handlungskalküle sind in dieser Phase weitgehend bedeutungslos. Der innovative Prozess ähnelt eher einem „Spiel", in dem Zufälle eine große Rolle spielen und die Akteure schrittweise nach dem Prinzip von Versuch und Irrtum vorgehen (Rammert 2000, S. 80).
- *Verbreitung:* Die Erfindung wird zur Anwendungsreife weiterentwickelt, veröffentlicht, vermarktet, materialisiert sich in einer wachsenden Zahl von Produkten. Die Anwendung ist als ein rekursiver Prozess zu verstehen, der immer wieder auch zu Modifikationen der ursprünglichen Erfindung und auch zu neuen Erfindungen führt (Asdonk et al. 1991; Rammert 2000). Die Verbreitung der Erfindung wird durch die Neigung der Akteure gefördert, als erfolgreich geltende Rezepte (nicht selten sogar unabhängig von ihrem aktuellen Nutzen) nachzuahmen. DiMaggio/Powell (1983) sprechen von einem „mimetischen Isomorphismus", einem aus Unsicherheit geborenen Anlehnungsbedürfnis an die Umwelt. Auch Unternehmer sind im Gegensatz zu Schumpeters Sicht nicht immer Revolutionäre, sondern bewegen sich gern im Konvoi und handeln nur begrenzt rational. Es kommt deshalb für die Protagonisten der Erfindung zunächst vor allem darauf an, den Nimbus der Erfolgsträchtigkeit zu wecken. In dieser Phase pflegen Organisations- und Technikberater, Managementgurus und von ihnen publizierte Texte eine wichtige Rolle als Resonanzverstärker, „cognitive stabilizers" und Legitimatoren zu spielen (Furusten 1998, S. 160; vgl. auch Mazza 1998; Nohria/Eccles 1998; Faust 2000).
- *Institutionalisierung:* Setzt sich die neue Technologie am Markt durch, so kommt es zu Prozessen sozialer Schließung, die sie in das Stadium der „Stabilisierung" beziehungsweise „Institutionalisierung" führen: Der Mythos gewinnt nun den Charakter gesellschaftlichen Standardwissens. Er wird in Universitäten und Ausbildungsstätten gelehrt und lässt stabile, berechenbare Märkte entstehen. Erst jetzt entsteht die Chance „rationalen" Markthandelns in breiterem Umfang. Die Erfindung kristallisiert sich nicht mehr länger nur in Produkten, sondern auch in Sach- und Humankapitalinvestititionen, die auf die Ökonomisierung der Fertigung zielen.
- *Krise:* Die Folge der Verallgemeinerung und Institutionalisierung ist, dass der Mythos seine ursprüngliche innovative Aura verliert. Er kann keine Aufbruchsstimmung mehr erzeugen und ist damit immer weniger in der Lage, wirtschaftliches Wachstum zu stimulieren. Mit dem Anwachsen der Investitionen in die Realisierung des Leitbildes entsteht ein Verriegelungseffekt („lock-in"), der die Nutzung anderer Optionen immer mehr ausschließt, damit aber nur

die ursprüngliche Selektivität des Leitbildes selbst sichtbar macht. Es entsteht jetzt jener Zustand, der in der Sprache der Ökonomie als „Sklerose" bezeichnet wird. Arbeit wird nicht mehr schöpferisch-zerstörend, sondern nur noch reproduktiv eingesetzt. Sie mag zwar unvermindert „effizient" sein. Aber sie produziert – in Marxscher Terminologie – keinen Mehrwert mehr, sondern nur noch gegenständlichen Reichtum. Die Rationalität und die Profitabilität der Wirtschaft sind, so zeigt sich hier, keineswegs nur zwei Seiten ein und derselben Medaille, sondern treten im Stadium der Institutionalisierung eines Mythos in einen zunehmenden Gegensatz zueinander. Dies muss über kurz oder lang die Krise des alten Leitbildes heraufbeschwören und die Suche nach neuen Lösungen begünstigen.

So wird der Niedergang des alten Mythos zum Ausgangspunkt eines neuen Zyklus, der den alten indessen nicht einfach wiederholt. Er entwertet zwar die vorhandenen technisch-organisatorischen Investitionen und das mit ihnen verknüpfte Wissen und Können, entwickelt sie aber zugleich in neuer Weise weiter. Der neue Zyklus setzt an den „blinden Flecken", der impliziten Selektivität des alten Paradigmas an und macht sie zum Gegenstand der Reflexion. Damit entsteht ein Potenzial für Innovationen, die sich ihrerseits in neuen Leitbildern verdichten, usw.

Freeman und Perez (1988) haben gezeigt, dass der Zyklus der Innovationen sich auf verschiedenen Systemebenen entwickelt. Sie unterscheiden „incremental innovations", die im Rahmen der alltäglichen Operationen in Organisationen entstehen, von „radical innovations" und „changes of technology systems", die die Struktur ganzer Märkte und Industrien verändern. Den Begriff „changes in the techno-economic paradigm" reservieren sie, anknüpfend and Schumpeters und Kuznets' Konzepte der „langen Wellen", für die gesamte Wirtschaftsstruktur revolutionierende Basisinnovationen, wie etwa die Erfindungen der Dampfmaschine, des Verbrennungsmotors, des Elektromotors, des elektrischen Schaltkreises. Die durch diese Innovationen ausgelösten ökonomischen Umwälzungen sind, wie sie betonen, stets auch mit gesellschaftlichen Umbrüchen verknüpft. Nicht nur die Struktur der Produkt- und Arbeitsmärkte verändert sich, sondern auch Management- und Ausbildungssysteme, Erziehungsinstitutionen, sowie die öffentliche Infrastruktur; neue politische Konflikte und soziale Bewegungen entstehen.

In den frühen Phasen der kapitalistischen Entwicklung konnten neue technisch-ökonomische Leitbilder noch aus der Kooperation relativ kleiner Kreise von Unternehmern, Erfindern und Finanziers entstehen. In manchen Fällen – James Watt und Richard Arkwright bildeten Beispiele dafür – konnte der Erfinder selbst noch in der Rolle des Unternehmers auftreten. Mit der wachsenden Rolle der Natur- und Ingenieurwissenschaften nahm die Bedeutung von Wissenschaftlern, Technik- und Managementexperten als Erfinder und Interpreten technisch-ökonomischer Mythen beträchtlich zu (siehe z.B. die Beschreibung der Rolle von Rudolf Diesel bei Dierkes et al. 1996); Wissenschaft und industrielle Innovation wuchsen zu einem integrierten System zusammen. In den Firmen entstanden immer stärker differenzierte Forschungs- und Entwicklungsabteilungen, technische Ausbildungsstätten und Universitäten entwickelten sich. Die Finanzierung und Steuerung der technischen Entwicklung wurde zur Aufgabe der staatlichen Bürokratie; zugleich entstanden Forschungsnetzwerke zwischen privaten Firmen sowie zwischen Privatunternehmen und staatlichen Einrichtungen. Nicht nur die Zahl der beteiligten Akteure wuchs, sondern auch die Komplexität der Kooperationsformen. Mit der zunehmenden Vergesellschaftung des innovativen Prozesses wuchsen auch die Anforderungen an die Kommunikation zwischen den Akteuren; das gegenwärtig vieldiskutierte Wachstum der Consulting-Industrie (Ernst/Kieser 1999; Faust 1998, 2000) kann nicht zuletzt darauf zurückgeführt werden.

Wir müssen hier darauf verzichten, diese Entwicklungen genauer darzustellen. Unser Ziel war es, die Fruchtbarkeit der Interpretation des Kapitalismus *als* Religion für die Analyse der kapitalistischen Dynamik deutlich zu machen. Der Kapitalismus ist die revolutionäre Produktionsweise par excellence, die den gesellschaftlichen Strukturwandel auf Dauer stellt. Eine angemessene Analyse des Kapitalismus muss daher schon im Ansatz dynamisch angelegt sein, dabei aber die szientistischen Verkürzungen der Marxschen Theorie vermeiden. Dies setzt voraus, dass sie sich systematisch mit dem Problem der Unsicherheit konfrontiert und die Prozesse der Reduktion und des erneuten Aufbaus von Unsicherheit durch die Akteure selbst – den Zyklus ökonomischer Mythen – rekonstruiert. Nicht „Bewegungsgesetze" regieren den Gang der kapitalistischen Entwicklung, sondern die durch die Akteure getragene Konstruktion und De-Konstruktion ökonomischer Mythen. „Gewöhnlich wird nur das Problem betrachtet, wie der Kapitalismus mit bestehenden Strukturen umgeht, während das relevante Problem darin besteht, wie er sie schafft und zerstört. So lange dies nicht erkannt wird, verrichtet der Forscher eine sinnlose Arbeit. Sobald es erkannt wird, ändert sich sein Einblick in die kapitalistische Praxis und ihre Ergebnisse beträchtlich" (Schumpeter 1993, S. 139) – diese Sätze Schumpeters verdienen es wahrlich, immer wieder zitiert zu werden. Die Interpretation des Kapitalismus *als* Religion könnte, wie wir zu zeigen versuchten, die Grundlage für die von Schumpeter geforderte Form der Analyse bereitstellen.

Schlussbemerkungen

Wir rekapitulieren unseren Gedankengang: Wie die Wirtschaftstheorie hat auch die Wirtschaftssoziologie seit langem auf den Versuch einer begrifflichen Bestimmung des Geldes verzichtet. Unter den Prämissen der für beide selbstverständlichen „naturalistischen" Sicht der Wirtschaft erscheint die Frage nach der „Natur" des Geldes ebenso unbeantwortbar wie überflüssig. So hat sich eine rein „technische" Sicht des Geldes durchgesetzt, die es allein über seine Funktionen als Wertmaß,

Tauschmittel, Zahlungsmittel und Wertaufbewahrungsmittel zu erfassen sucht. Die noch nicht durch die heutige akademische Arbeitsteilung zwischen Soziologie und Ökonomie intellektuell geprägten Autoren des 19. Jahrhunderts, allen voran Marx und Simmel, hatten die Frage nach der „Substanz" des Geldes noch sehr viel ernster genommen. Unternimmt man mit ihnen den Versuch einer positiven Bestimmung des Geldes, so stößt man auf Paradoxien, die denen der soziologischen Theorie der Religion ähnlich sind. Wie religiöse Welten ist Geld nicht beobachtbar; wie die Religion im „Glauben" ruht, wird das Geld letztlich durch nichts anderes gedeckt als durch das „Vertrauen" der Wirtschaftssubjekte. Das Zugriffspotenzial des Geldvermögens umfasst nicht nur alle – sachlichen, sozialen, zeitlichen, räumlichen – Sinndimensionen der Wirklichkeit, sondern überbrückt auch die Differenz zwischen dem Wirklichen und dem Möglichen. Wie religiöse Sinnformen hat Geld den Charakter einer Chiffre: Es *ist*, was es bedeutet, denotiert nichts, konnotiert aber (fast) alles. Die dem Geld innewohnende Paradoxie, Wertgegenstand und Wertsymbol zugleich zu sein, findet, wie wir mit Marx argumentiert haben, ihre dynamische Auflösung im Wachstum des Geldes als „Kapital".

Geht man der Frage nach, wie der Wachstumsimperativ des Kapitals in soziale Praxis übersetzt werden kann, so stößt man auf die Figur des Unternehmers. Die durch die Kapitalform begründete radikale Unsicherheit der Umwelt muss durch das Handeln des Unternehmers kommunikativ bewältigt werden. Hier stoßen wir auf eine weitere Parallele zur Religion: So, wie der Gläubige auf eine authentische Repräsentation des Absoluten durch Priester, Propheten und heilige Schriften angewiesen ist, stützt sich der kapitalistische Unternehmer auf die Autorität von Experten, auf technische, organisatorische und ökonomische Mythen, auf soziale Institutionen. Institutionen, heilige Schriften und Mythen bilden die Grundlage für rationales Handeln, entziehen sich aber selbst einer rationalen Begründung, sondern entstehen durch sich selbst bestätigende kommunikative Prozesse.

Der Unterschied besteht freilich darin, dass religiöse Mythen zeitlose Gültigkeit beanspruchen, während kapitalistische Mythen einem historischen Zyklus von Entstehung, Institutionalisierung und Niedergang unterworfen sind; sie können sich nicht auf Dauer etablieren. Während Religionen sich auf eine feste Unterscheidung von Diesseits und Jenseits gründen, scheint sich eben diese Grenze durch die Dynamik des Kapitalismus zu verflüssigen. Die Grenze tritt nur noch als immer wieder zu Überschreitendes und neu zu Konstituierendes, als nie endende Herausforderung in den Blick.

Es waren diese Charakteristika kapitalistischer Entwicklung, die Benjamin (1991) veranlassten, vom Kapitalismus als einer „Religion" zu sprechen. Es handele sich, wie er ausführt, um eine „reine Kultreligion", die auf alle dogmatischen Gewissheiten verzichtet und das gesamte Leben dem ohne Unterbrechung durch „Wochentage" zu verrichtenden Kult unterwirft. Schließlich münde diese Religion nicht in Erlösung, sondern in einer immer weiter wachsenden Verschuldung. Benjamins Aussagen können ohne ihren Bezug auf Nietzsche und die anderen großen

Religionskritiker des 19. Jahrhunderts – Goethe, Bauer, Feuerbach, Marx – nicht verstanden werden, die sich in einem Punkt einig waren: Religion ist keineswegs eine bloße „Illusion", wie die noch von Freud wiederholte radikal-aufklärerische Formel lautete, wohl aber eine *Projektion.* In dem Kirchenglauben an den Schöpfergott bespiegelt sich nur ein noch zu ganz anderen Taten fähiger wirklicher Schöpfer, nämlich der Mensch selbst – er weiß es nur nicht oder will es nicht wissen. Vor allem Nietzsche ist kompromisslos in seiner Kritik falscher religiöser und moralischer Objektivierungen. Aber mit der Beseitigung dieser Objektivierungen setzte der Mensch sich selbst unter einen dauernden Druck, die eigenen irdischen Grenzen zu überschreiten und sich einem Imperativ totaler Kreativität zu unterwerfen. Dies bedeutete nicht die Überwindung der Religion, sondern ihre Überbietung durch eine Religion des Menschen selbst. Sie hat die christliche Theologie und Kirche gründlich diskreditiert, entmachtet, auf nur noch dekorative Funktionen reduziert. Ihren Vormarsch mit Benjamin mit dem Aufstieg des industriellen Kapitalismus gleichzusetzen, ist gewiss nicht weit hergeholt.

Der moderne Kapitalismus ist ein „faustisches" (Landes 1973, S. 36) Projekt, das Geld in ein absolutes Mittel verwandelt und es dadurch dem Menschen ermöglicht, sich an die Stelle Gottes zu setzen. Seine zentralen Antriebskräfte liegen in der narzisstischen Utopie individueller Verfügung über die Totalität menschlicher Möglichkeiten. Aber diese Utopie verspricht, wie Benjamin feststellte, keine Erlösung, sondern nur eine immer wachsende Verschuldung. So scheint es, dass der Gesellschaft die eigentliche religiöse Desillusionierung erst noch bevorsteht: Der Abschied von der Religion des Geldes.

Literatur

Anderson, P. und M.L. Tushman, 1990: Technical Discontinuities and Dominant Designs: A Cyclical Model of Technical Change, in: Administrative Science Quarterly 35, S. 604-633.
Asdonk, J., U. Bredeweg und U. Kowol, 1991: Innovation als ein rekursiver Prozeß. Zur Theorie und Empirie der Technikgenese am Beispiel der Produktionstechnik, in: Zeitschrift für Soziologie 20, S. 290-304.
Backhaus, H.G., 2000: Die 'Verrücktheit' des Geldes aus der Marx'schen Perspektive des Geldfetischs, in: Der blaue Reiter. Journal für Philosophie 11, S. 107-114.
Baecker, D., 1988: Information und Risiko in der Marktwirtschaft, Frankfurt a.M.
Baecker, D., 1995: Die Unruhe des Geldes, der Einbruch der Frist, in: W. Schelkle und M.Nitsch (Hrsg.), Rätsel Geld. Annäherungen aus ökonomischer, soziologischer und historischer Sicht, Marburg: S. 107-124.
Beckert, J., 1997: Grenzen des Marktes. Die sozialen Voraussetzungen wirtschaftlicher Effizienz, Frankfurt a.M.
Beckert, J., 1999: Agency, Entrepreneurs, and Institutional Change. The Role of Strategic Choice and Institutionalized Practices in Organizations, in: Organization Studies, Vol. 20, No. 5, S. 777-799.

Benjamin, W., 1991: Kapitalismus als Religion, in: W. Benjamin, Gesammelte Schriften, hrsg. unter Mitwirkung von T.W. Adorno, H. Schweppenhäuser und G. Scholem, Vol. VI, Frankfurt a.M., S. 100-103.
Castoriadis, C., 1984: Gesellschaft als imaginäre Institution. Entwurf einer politischen Philosophie, Frankfurt a.M.
Deutschmann, C., 1997: Die Mythenspirale. Eine wissenssoziologische Interpretation industrieller Rationalisierung, in: Soziale Welt 47, S. 55-70.
Deutschmann, C., 1999: Die Verheißung des absoluten Reichtums. Zur religiösen Natur des Kapitalismus, Frankfurt a.M. (2. Aufl. 2001).
Deutschmann, C., 2002: Postindustrielle Industriesoziologie. Theoretische Grundlagen, Arbeitsverhältnisse und soziale Identitäten, Weinheim.
Dierkes, M., U. Hoffmann und L. Marz, 1996: Visions of Technology. Social and Institutional Factors Shaping the Development on New Technologies, Frankfurt a.M./New York.
DiMaggio, P.J. und W.M. Powell, 1983: The Iron Cage Revisited: Institutional Isomorphism and Collective Rationality in Organizational Fields, in: American Sociological Review, Vol. 48, S. 147-160.
Dodd, N., 1994: The Sociology of Money. Economics and Reason in Contemporary Society, Cambridge.
Dosi, G., 1983: Technological Paradigms and technological trajectories. The determinants and directions of technical change and the transformation of the economy, in: C. Freeman (Hrsg.), Long Waves in the World Economy, London, S. 78-101.
Durkheim, Émile, 1994: Die elementaren Formen des religiösen Lebens, Frankfurt a.M. Original: Les Formes Élémentaires de la vie religieuse, Paris 1896.
Ernst, B. und A. Kieser, 1999: In Search of Explanations for the Consulting Explosion. Paper prepared for the SANCOR Workshop „Carriers of Management Knowledge", Stanford University, 16-17. Sept. 1999.
Faust, M., 1998: Die Selbstverständlichkeit der Unternehmensberatung, in: J. Howaldt und R. Kopp (Hrsg.), Sozialwissenschaftliche Organisationsberatung. Auf der Suche nach einem neuen Beratungsverständnis, Berlin, S. 146-182.
Faust, M., 2000: Warum boomt die Managementberatung – und warum nicht zu allen Zeiten und überall?, in: Soziologisches Forschungsinstitut Göttingen (SOFI), Mitteilungen, Nr. 28, Juli.
Fligstein, N., 1996: Markets as politics: A political-cultural approach to market institutions, in: American Sociological Review, Vol. 61, S. 656-673.
Flotow, P. v., 1995: Geld, Wirtschaft und Gesellschaft. Georg Simmels Philosophie des Geldes, Frankfurt a.M.
Freeman, C. und C. Perez, 1988: Structural crises of adjustment, business cycles and investment behaviour, in: G. Dosi et al. (Hrsg.), Technical Change and Economic Theory, London, S. 38-66.
Furusten, S., 1998: The Creation of Popular Management Texts, in: J.L. Alvarez (Hrsg.), The Diffusion and Consumption of Business Knowledge, London, S. 141-163.
Ganßmann, H., 1996: Geld und Arbeit. Wirtschaftssoziologische Grundlagen einer Theorie der modernen Gesellschaft, Frankfurt a.M.
Halfmann, J., 1997: Die Implementation von Innovationen als Prozeß sozialer Einbettung, in: D. Bieber (Hrsg.), Technikentwicklung und Industriearbeit. Industrielle Produktionstechnik zwischen Eigendynamik und Nutzerinteressen, Frankfurt a.M., S. 87-110.
Heinemann, K., 1987: Soziologie des Geldes, in: ders. (Hrsg.), Soziologie des wirtschaftlichen Handelns. Sonderheft 28 der Kölner Zeitschrift für Soziologie und Sozialpsychologie, Opladen, S. 322-338.
Heinsohn, G. und O. Steiger, 1996: Eigentum, Zins und Geld. Ungelöste Rätsel der Wirtschaftswissenschaft, Reinbek.

Hörisch, J., 1996: Kopf oder Zahl. Die Poesie des Geldes, Frankfurt a.M.
Joas, H., 1992: Die Kreativität des Handelns, Frankfurt a.M.
Kellermann, P., 1995: Das Geldparadigma-Über die Dialektik zwischen Symbolglaube und Wirtschaftsleistung, in: Schweizerische Zeitschrift für Soziologie/Revue Suisse de Sociologie, Vol. 21, Nr. 2, S. 283-293.
Keynes, J.M., 1973: The General Theory of Employment, Interest and Money, London.
Knoblauch, H., 1999: Religionssoziologie, Berlin.
Landes, D.S., 1973: Der entfesselte Prometheus. Technologischer Wandel und industrielle Entwicklung in Westeuropa von 1750 bis zur Gegenwart, Köln (Original: The Unbound Prometheus, Cambridge 1969).
Luhmann, N., 1992: Funktion der Religion, 3. Aufl., Frankfurt a.M. (1. Aufl. 1977).
Luhmann, N. 1988: Die Wirtschaft der Gesellschaft, Frankfurt a.M.
Luhmann, N., 2000: Die Religion der Gesellschaft, Frankfurt a.M.
Luckmann, T., 1993: Die unsichtbare Religion, 2. Aufl., Frankfurt a.M. (Original: The Invisible Religion, New York 1967).
Malinowski, B., 1973: Magie, Wissenschaft und Religion: und andere Schriften, übers. von V.E. Krafft-Bassermann, Frankfurt a.M.
Mambrey, P., M. Pateau und A. Tepper, 1995: Technikentwicklung durch Leitbilder. Neue Steuerungs- und Bewertungsinstrumente, Frankfurt a.M.
Matthes, J., 1993: Was ist anders an anderen Religionen? Anmerkungen zur zentristischen Organisation des religionssoziologischen Denkens, in: A. Hahn, J. Bergmann und T. Luckmann (Hrsg.), Religion und Kultur. Sonderheft 33 der Kölner Zeitschrift für Soziologie und Sozialpsychologie, Opladen, S. 16-30.
Marx, K., 1953: Grundrisse der Kritik der Politischen Ökonomie (Rohentwurf 1857-58), Berlin (DDR).
Mazza, C., 1998: The Popularization of Business Knowledge Diffusion: From Academic Knowledge to Popular Culture, in: J.L. Alvarez (Hrsg.), The Diffusion and Consumption of Business Knowledge, London, S. 164-181.
Meyer, J.W. und B. Rowan, 1977: Institutionalized Organizations: Formal Structure as a Myth and Ceremony, in: American Journal of Sociology, Vol. 83, No. 2, S. 340-363.
Mizruchi, M.S. und L.B. Stearns, 1994: Money, Banking and Financial Markets, in: N.J. Smelser und R. Swedberg (Hrsg.), The Handbook of Economic Sociology, Princeton, N.J., S. 313-341.
Nohria, N. und R.G. Eccles, 1998: Where does Management Knowledge come from?, in: J.L. Alvarez (Hrsg.), The Diffusion and Consumption of Business Knowledge, London, S. 278-304.
Parsons, T. und N.J. Smelser, 1956: Economy and Society, London.
Paul, A., 1999: Wirtschaft als Gesellschaft. Über den geldwirtschaftlichen Kern der Luhmann'schen Systemtheorie, in: ders. (Hrsg.), Ökonomie und Anthropologie. Studien des Frankreich-Zentrums der Albert-Ludwig-Universität Freiburg, Vol. 5, S. 103-122.
Rammert, W., 2000: Technik aus soziologischer Perspektive II, Opladen.
Reddy, W.M., 1987: Money and Liberty in modern Europe. A critique of historical understanding, Cambridge.
Reisch, L., 1995: Status und Position. Kritische Analyse eines sozio-ökonomischen Leitbildes, Wiesbaden.
Riese, H., 1995: Geld – das letzte Rätsel der Nationalökonomie, in: W. Schelkle und M. Nitsch (Hrsg.), Rätsel Geld. Annäherungen aus ökonomischer, historischer und soziologischer Sicht, Marburg, S. 45-62.
Scherhorn, G., 1997: Das Ganze der Güter, in: K.M. Meyer-Abich et al., Vom Baum der Erkenntnis zum Baum des Lebens. Ganzheitliches Denken der Natur in Wissenschaft und Wirtschaft, München, S. 162-253.

Schumpeter, J.A., 1952: Theorie der wirtschaftlichen Entwicklung. Eine Untersuchung über Unternehmergewinn, Kapital, Kredit und Zins, 5. Aufl., Berlin (Original 1911).
Schumpeter, J.A., 1993: Kapitalismus, Sozialismus und Demokratie, 7. Aufl., Tübingen.
Sennett, R., 1998: Der flexible Mensch. Die Kultur des neuen Kapitalismus, Berlin.
Simmel, G., 1989: Philosophie des Geldes. Gesamtausgabe, hrsg. v. O. Rammstedt, Bd. 6, Frankfurt a.M.
Steiner, U., 1998: Kapitalismus als Religion. Anmerkungen zu einem Fragment Walter Benjamins, in: Deutsche Vierteljahresschrift für Literaturwissenschaft und Geistesgeschichte, Vol. 72, S. 147-171.
Stihler, A., 1998: Die Entstehung des modernen Konsums. Darstellung und Erklärungsansätze, Berlin.
Smelt, S., 1980: Money's place in society, in: British Journal of Society, Vol. 31, No. 2, S. 204-223.
Swedberg, R., 1991: The 'Battle of Methods': Towards a Paradigm Shift?, in: A. Etzioni und P.R. Lawrence (Hrsg.), Socio-Economics. Toward a New Synthesis, New York, S. 13-34.
Tenbruck, F.H., 1993: Die Religion im Maelstrom der Reflexion, in: J. Bergmann, A. Hahn und T. Luckmann (Hrsg.), Religion und Kultur. Sonderheft 33 der Kölner Zeitschrift für Soziologie und Sozialpsychologie, Opladen, S. 31-67.
Thomas, K., 1964: Die betriebliche Situation der Arbeiter, Stuttgart.
Tolbert, P. und L.G. Zucker, 1996: The Institutionalization of Institutional Theory, in: S.R. Clegg, C. Hardy und W.R. North (Hrsg.), Handbook of Organization Studies, London, S. 175-190.
Veblen, T., 1953: The Theory of the Leisure Class. An Economic Study of Institutions, New York (First Edition 1899).
Wagner, F., 1984: Geld oder Gott? Zur Geldbestimmtheit der kulturellen und religiösen Lebenswelt, Stuttgart.
Weber, M., 1972: Wirtschaft und Gesellschaft. Grundriß der Verstehenden Soziologie, 5. Aufl., Tübingen.
Weber, M., 1991: Die Protestantische Ethik – eine Aufsatzsammlung, 8. Aufl., Gütersloh.
Werner, J., 1967: Das Verhältnis von Theorie und Geschichte bei Joseph A. Schumpeter, in: A. Montaner (Hrsg.), Geschichte der Volkswirtschaftslehre, Köln, S. 277-295.

Axel T. Paul

Die Legitimität des Geldes*

Die Soziologie des Geldes ist – wie die Wirtschaftssoziologie überhaupt – trotz einiger Zwischenrufe bis vor wenigen Jahren Brachland gewesen. (Ebenso übrigens wie die Mainstreamökonomie in den letzten Jahrzehnten kaum mit originellen Beiträgen zur Geldtheorie aufgefallen ist.) Inzwischen mehren sich jedoch die Anzeichen, dass das Blatt sich wendet. Nicht nur hat es „das Geld" in die deutschen Feuilletons geschafft (so wie es heute kein faux pas mehr ist, auf Partys über „investments" zu reden), sondern eine Reihe von Publikationen – nicht zuletzt natürlich das vorliegende Heft – bezeugen, dass die Sozialwissenschaften das Thema wiederentdecken oder – was dasselbe ist – aus ihrer eigenen Geldblindheit erwachen.

Zwei der soziologisch anspruchsvollsten Titel der letzten Jahre stammen von Aldo Haesler (1995) und Christoph Deutschmann (1999). Anspruchsvoll sind die Autoren, weil sie Geld- und Gesellschaftstheorie zusammendenken oder, anders gesagt, die moderne Gesellschaft als Geld-„Wirtschaft" dechiffrieren. Fragen der Konstitution von Gesellschaft wie zeitdiagnostische oder evolutionäre Perspektiven werden von ihnen mehr oder weniger direkt mit dem Gelde verknüpft. Damit setzen sie das Simmelsche Projekt fort, der in seiner 1900 erschienenen *Philosophie des Geldes* eben dieses als Kern der Moderne ausgemacht hatte. Haesler und Deutschmann verhehlen nicht, dass sie sich als Zwerge auf den Schultern eines Riesen verstehen. Dennoch meinen sie, ein wenig weiter zu sehen – genauer: heute ein wenig weiter sehen zu können – als der Riese selbst. Haeslers Moderne wird nicht nur wie die Simmels aus dem Gelde geboren, sondern zugleich – als Postmoderne – wieder von ihm verschlungen. Und Deutschmann radikalisiert Simmels Andeutungen über die religiösen Aspekte des Geldes zu einer Theologie des Kapitals.

Beider Thesen lassen sich mit Simmel begründen. Wir meinen jedoch, dass sich mit Simmel zugleich auf sie antworten lässt, dass, mit anderen Worten, eine weitere Lektüre der *Philosophie des Geldes* möglich und sachlich angezeigt ist. Das ist keine bloße Übung in Sachen Philologie, sondern ein alternativer oder, besser vielleicht, anders akzentuierter Vorschlag, wie die Geldwirtschaft zu verstehen sei.

* Die nachstehenden Ausführungen sind Teil eines in Arbeit befindlichen Buches zur Soziologie des Geldes.

Es geht nicht um die in der Tat müßige Frage, ob und wo Simmel Recht hatte, auch nicht darum, wer ihm (eher) gerecht wird, sondern um eine möglichst kohärente Theorie des Geldes, die sich in zentralen Punkten, wenn auch nicht ausschließlich, Simmelscher Argumente bedient. Unsere Interpretation der bürgerlichen Gesellschaft malt diese oder vielmehr ihre Errungenschaften in weniger dunklen Farben, als Haesler dies tut und vermag vor allem das „Reich der Gabe" nicht so recht als schönere Welt zu erkennen. Und Deutschmann gegenüber bezweifeln wir nicht, dass die Geldwirtschaft auch religiöse Züge besitzt, nur verorten wir diese in der Notenbankpolitik, anstatt Gott und Geld vorschnell ineinszusetzen. Völlig d'accord hingegen sind wir mit beiden Autoren (respektive Simmel), dass es unsere Gesellschaft ohne das Geld gar nicht gäbe. Nur über dieses lässt sich jene begreifen.

Abschnitt I entwirft eine monetäre Konstitutionstheorie des Sozialen beziehungsweise argumentiert, warum die funktional differenzierte Gesellschaft als Geldwirtschaft angesprochen werden muss. Abschnitt II zeigt – allen Unkenrufen zum Trotz, Simmel habe von Wirtschaft keine Ahnung gehabt –, dass er die Wachstumsdynamik der Geldwirtschaft mit seiner Entdeckung des „Wertplus des Geldes" sehr wohl in den Blick bekam. Abschnitt III thematisiert den „Geist" des Kapitalismus, die Zentralbankpolitik, und stellt im Übrigen eine Auseinandersetzung mit Deutschmann dar. Haeslers These vom Geld als Sozialvertrag diskutieren wir in Abschnitt IV. Abschnitt V gibt ein kurzes Resümee.

I.

Es ist nicht falsch, die Simmelsche Soziologie als Theorie des Tausches zu rubrizieren. Völlig in die Irre geht jedoch, wer in ihr einen Vorläufer der Rational Choice-Theorie sieht (Homans 1958). Dass für Simmel „die Mehrzahl der Beziehungen von Menschen untereinander als Tausch gelten kann" und dieser „die zugleich reinste und gesteigertste Wechselwirkung" darstellt (Simmel 1989, S. 59; im Folgenden nur mit Seitenangabe zitiert), bedeutet allerdings weder, dass es neben den dominanten Tauschbeziehungen der Menschen auch noch einen Kranz von vielleicht kuriosen, aber unwesentlichen Interaktionsformen gäbe, noch, dass da, wo Simmel Tausch schreibt, ein interessegeleiteter, bewusst kalkulierter Austausch gemeint wäre. In der Tat sind Simmels Auslassungen zur Genese und zum Verhältnis der Tauschformen spärlich und auf den ersten Blick wenig systematisch. Dennoch lässt sich aus der *Philosophie des Geldes* und der *Soziologie* ein Schema destillieren, das den wirtschaftlichen Tausch von anderen und früheren Formen abhebt und dabei dem Geld eine Schlüsselposition anweist.[1]

Simmel unterscheidet drei Typen des Besitzwechsels: Raub, Geschenk und

---

[1] Wir lösen damit ein, was wir an anderer Stelle (Paul 1999) nur erst als Desiderat einer begrifflich aufgeklärten Wirtschaftsanthropologie formuliert hatten.

Tausch. Letzterer markiere eine soziokulturelle Revolution. Denn Simmel ist der Auffassung, dass die Evolution sich nicht kontinuierlich, sondern vielmehr in Sprüngen vollzieht und schlagartig neue Beziehungsformen enstehen können, welche die alten und dauerhaften Probleme der Menschheit wie zum Beispiel die Aneignung fremden Besitzes so erfolgreich lösen, dass sie die alten Formen zwar nicht völlig verdrängen, aber doch weitgehend zurücktreten lassen. Der Tausch wäre dann kein natürliches oder unvordenkliches, sondern ein emergentes Sozialphänomen, dessen Erfolg oder Leistung mit seiner friedenstiftenden Macht zu erklären wäre (S. 89). Dieser Befund deckt sich mit Marcel Mauss' Schlussfolgerungen über die Bedeutung der Gabe für den Prozess der Zivilisation: Diesem zufolge war und ist die Gabe das Angebot, Frieden zu schließen – der Konflikt, der Krieg nicht aller gegen alle, wohl aber der einen gegen die andere Gruppe wäre also der natürliche Zustand –, und der Gabentausch die rituelle Bekräftigung dieser Urszene aller höheren Kultur (Mauss 1989, S. 140-142). Die rohe Aneignung fremden sowie die freie Vergabe eigenen Besitzes stellt Simmel als Beispiele für den „substanziellen Fortschritt der Kultur" dem „funktionellen Fortschritt" des für beide Seiten vorteilhaften Tauschs gegenüber; und den Übergang von der einen zur anderen Form des Besitzwechsels selbst tituliert er als einen „der ungeheuersten Fortschritte, [den] die Menschheit überhaupt machen konnte" (S. 385).

Dennoch, Mauss' Gabe und Simmels Tausch bezeichnen nicht dasselbe. Die große Verwirrung in Bezug auf die Begriffe 'Gabe', 'Gabentausch', 'Tausch', 'Austausch', 'Warentausch' (und weitere verwandte Komposita) sowie die sachlichen Schwierigkeiten, dem Phänomen des Gabentauschs gerecht zu werden, lassen einige klärende Bemerkungen angezeigt erscheinen. Wir schlagen vor, mit Simmel den Tausch als die umfassende Kategorie anzusehen, diese aber deutlicher, als Simmel dies auf begrifflicher Ebene tut, in den Gabentausch einerseits und den Aus- oder Warentausch andererseits aufzuspalten. Die Gabe ist streng genommen nur die Initialzündung des Gabentauschs. Sie inauguriert jenen eigentümlichen Zwang, eine empfangene Gabe erwidern zu müssen.[2] Eben deswegen ist sie nicht identisch mit dem Geschenk, dessen Idee darin besteht, dem Beschenkten *unverdient* Gutes zu tun und es ihm anheim zu stellen, sich erkenntlich zu zeigen *oder auch nicht* (Berking 1996). Würde der Schenker auch nur Dank vom Beschenkten erwarten, wäre er nicht wirklich freigiebig; sein Geschenk wäre im Prinzip wie der anstelle einer Münze in die Mütze eines Blinden geworfene Knopf mit Eigennutz kontaminiert (Derrida 1993, S. 143-219). Möglich, dass es das Geschenk oder die

---

2 Die Frage, woher dieser Zwang rührt – wenn es denn ein Zwang ist –, steht im Zentrum der meisten gabentauschtheoretischen Arbeiten, die hier auch nur zu erwähnen den Rahmen einer Fußnote sprengte. Siehe anstatt dessen Godelier (1999), der eine ganze Reihe von Vorschlägen bespricht, wodurch der Gabentausch zu erklären sei. Wir begnügen uns hier mit der Feststellung, *dass* es den Gabentausch gibt und dass einer seiner wesentlichen Effekte in der friedlichen Erweiterung der Gruppenkontakte besteht. Die besagte Frage, *warum* es ihn gibt, sparen wir aus.

reine Gabe, als die es gelegentlich ausgegeben wird, gar nicht gibt. Die Gabe jedenfalls, ob es sich um ein den Göttern oder den Toten dargebrachtes Opfer, einen Akt der Verschwendung oder eine großzügige Spende handelt, ist nicht frei von Kalkül; sie zielt zumindest darauf, einen endlosen Fluss von Gaben und Gegengaben in Gang zu setzen. Es ist gleichwohl wichtig, den Gabentausch vom zu ganz bestimmten Bedingungen am Erwerb ganz bestimmter Objekte interessierten Warentausch zu unterscheiden. Denn das durch den Gabentausch zum Ausdruck gebrachte Interesse ist diesem gewissermaßen äußerlich oder transzendent, während das Interesse der Kontrahenten im Warentausch zugleich artikuliert und *ausgelöscht* wird. Man bekommt, was man begehrt; sonst würde man nicht tauschen. Es ist durchaus denkbar, dass die Erlösungsreligionen mit ihrer radikalisierten Trennung von Diesseits und Jenseits und insbesondere das Christentum durch das Opfer Gottes am Kreuz – einer Gabe, die von den Menschen niemals vergolten werden kann – zur Säkularisierung des Gabentauschs, seiner Konversion in den Warentausch, beigetragen haben (Parry 1986), ebenso wie der Calvinismus gerade aufgrund der Unberechenbarkeit Gottes zur Religion der rechnenden Krämer werden konnte. Sicher ist jedoch, dass die Vorstellung der *Äquivalenz*, der Wertgleichheit zweier Objekte, dem Gabentausch das Wasser abgegraben haben muss. Nun, da man seine Schuld messen oder sogar in Zahlen ausdrücken konnte, war es möglich, sie buchstäblich restlos zu begleichen. Die Idee der Äquivalenz taugt mithin als, ja sie *ist* die „Entschuld(ig)ung", sich der ehedem endlosen Verpflichtung zu entziehen, zu geben, zu nehmen und zu erwidern. Ohne zu bestreiten, dass immer schon Güter des alltäglichen Bedarfs getauscht wurden – allerdings ohne dass dieser Tausch jemals zum Charakteristikum vormoderner Gesellschaften geworden wäre –, kommt der Warentausch erst als Äquivalententausch auf seinen Begriff.

Und der Gabentausch selbst? Verschwindet er aus dem Repertoire menschlicher Verhaltensweisen? Wird er zur Reminiszenz an eine frühere Form von Gesellschaftlichkeit? Oder ist und bleibt er die unerschütterliche Grundlage aller Kultur, der „Felsen", wie Mauss schreibt (1989, S. 128), welcher der Brandung der Zeiten trotzt und der alles Weitere trägt einschließlich der modernen Ökonomie? Uns scheint dies eine falsche Alternative zu sein. Weder wird der Gabentausch zur Geschichte, noch ist er das Fundament selbst der modernen Gesellschaft, das heutige Maussianer in ihm sehen wollen (Godbout/Caillé 1992). Der Kapitalismus funktioniert nicht nach der Regel manus manum lavat; diese Form der moralischen Ökonomie ist dem leistungsbezogenen und ergebnisorientierten Tausch vielmehr entgegengesetzt und gilt zu Recht als Korruption. Das heißt gleichwohl nicht, dass die Wirtschaft jeder „moralischen" Grundlage entbehre, wenn man dieses Wort als Chiffre für nicht-ökonomische, nicht in Kosten-Nutzen-Kalküle aufzulösende Rahmenbedingungen gelten lassen will. Ja, man wird sogar sagen müssen, dass die Transzendenz des Gabentauschs, der Glaube, dass eine Gabe notwendig vergolten wird, in Gestalt des Glaubens an den Geldwert wiederkehrt. Dennoch – und darin stimmen wir der Rational Choice-Theorie durchaus zu – sind die unsere Gesellschaft und nicht allein unsere Ökonomie prägenden Akte oder Interaktionen weitgehend und in weiter zunehmendem Maße als Äquivalenten- und nicht als Gabentausch anzusprechen. Die Pointe besteht freilich darin, dass jener diesen nicht tendenziell restlos ablöst – oder, mit und gegen Habermas, das System die Lebenswelt nicht vollends kolonisiert –, sondern dass das Geschenk, die reine Gabe, *neben* ihn tritt. Mit anderen Worten, sowohl der Waren- oder Äquivalententausch als auch das Schenken sind Derivate oder besser Spaltprodukte des Gabentauschs. Dessen Ambivalenz, selbstlos und doch mit Interesse geladen zu sein, zerfällt in einen offen am Gewinn orientierten Tausch oder den Handel und die ebenso bürgerliche Praxis des Schenkens.

Wir können unser Schema der Tauschformen nun vervollständigen. Die Gabe oder das Geben ist eine anthropologisch universale Kategorie. Selbst der Raub kann als deren Negativ aufgefasst werden. Der erste riesige Schritt in Richtung Zivilisation war die Erfindung und Institutionalisierung des Gabentauschs in all seinen verschiedenen Formen. Dieser wird schließlich nicht nur durch den Warentausch, sondern auch durch das Schenken ersetzt. Das Geschenk war prinzipiell natürlich immer schon möglich, in den allermeisten Situationen dürfte es jedoch kein Anlass, sondern vielmehr ein Appell zur Dankbarkeit gewesen sein. Die Wasserscheide, die bewirkt, dass Handel und Schenken sich ausdifferenzieren, ist die Idee der Äquivalenz.

Praktisch jedoch ist es das Geld, das den Tausch objektiviert und damit auf eine neue Stufe hebt. Der Äquivalententausch, schreibt Simmel, „ist das erste und in seiner Einfachheit wunderbare Mittel, mit dem Besitzwechsel die Gerechtigkeit zu verbinden; indem der Nehmende zugleich Gebender ist, verschwindet die bloße Einseitigkeit des Vorteils", wie sie den Raub und cum grano salis auch das Geschenk charakterisiert. Die Tauschgerechtigkeit, der sich einerseits die zivilisierende Leistung des Tausches verdankt, ist andererseits allerdings eine nur erst ausgleichende, eine die hinter jedem Besitzwechsel schlummernde Gewalt sozusagen beschwichtigende Gerechtigkeit, denn im Naturaltausch wird der Wunsch des einen, eine Sache zu erwerben oder sich ihrer zu entledigen, nur selten auf einen gleich starken Wunsch eines anderen treffen, dasselbe zu tun. Dieser wird von jenem, wie man es heute als westlicher Reisender in Ländern der Dritten Welt jederzeit erfahren kann, häufig erst von seinem Vorteil überzeugt werden müssen, sich auf den vorgeschlagenen Tausch einzulassen. Einmal vollzogen, gilt dieser freilich als gerecht. Dennoch bleibt diese Gerechtigkeit, wie Simmel sagt, „nur etwas Formales und Relatives". Vollendet oder *sachlich* gerechtfertigt wird sie erst vermittelst des Geldes, und zwar dadurch, dass es auf beiden Seiten eine *Wertvermehrung* bewirkt: „Beim Tausch von Leistungen für Geld [...] erhält der Eine den Gegenstand, den er ganz speziell braucht; der Andere etwas, was jeder ganz allgemein braucht. Vermöge seiner unbeschränkten Verwertbarkeit und daraus folgenden jederzeitigen Erwünschtheit kann es [...] jeden Tausch zu einem solchen machen, der beiden Teilen gleichmäßig vorteilhaft ist: der Eine, der das naturale Objekt nimmt, tut es sicher nur, weil er jetzt gerade dessen bedarf; der Andere, der das Geld nimmt, bedarf dessen ebenso gerade jetzt, weil er seiner überhaupt in *jedem* Augenblick bedarf. [...] So ist er die bisher vollendetste Form für die Lösung des großen Kulturproblems, [...] das objektiv gegebene Wertquantum durch bloßen Wechsel seiner Träger zu einem höheren Quantum subjektiv empfundener Werte zu gestalten" (S. 387-389). Die echte Äquivalenz der Tauschwerte ist demnach nicht allein und nicht einmal in erster Linie an die technische Voraussetzung eines beliebig und exakt teilbaren Tauschmittels geknüpft, sondern paradoxerweise Folge eines durch das Geld bewerkstelligten Wertzuwachses beziehungsweise eines ihm eigenen Mehrwerts.

II.

Simmel geht davon, dass das Geld historisch zwar als weithin um seiner selbst willen geschätzter Gegenstand, etwa als Schmuck, zu einem gebräuchlichen Tauschgegenstand geworden sein dürfte, seine physische Transformation über rohe Edelmetalle, Münzen und Wechselbriefe bis hin zum modernen, ungedeckten Papiergeld – und man kann ergänzen: Kreditkarten und anderen elektronischen Zahlungsmitteln – aber durch zunehmende Entsubstanzialisierung gekennzeichnet sei (S. 156-171). Aus der Tatsache, dass das heutige Papiergeld an oder in sich keinen Wert trage, dürfe allerdings nicht geschlossen werden, dass es keinen Wert habe. Im Gegenteil. Gerade indem das materiell wertlose Geld seine Dienste als Tauschmittel und Recheneinheit bestens erledige, wachse ihm ein *Funktionswert* zu. Das ist keine Variante der geläufigen Tautologie, dass Geld sei, was Geldfunktionen erfülle, sondern vielmehr ein Schwertstreich, mit dem Simmel die von der Ökonomie viel und gern beschworene Neutralität des Geldes ins Reich der Fabel verweist.

Geld kann nicht wertlos sein, da es, „indem ich für einen Gegenstand, den ich konsumieren will, Geld hingebe" und damit die „Lücke der Wertbewegung" schließe, „die durch meine Konsumtion entsteht oder vielmehr entstehen würde", „die *Kontinuität* der wirtschaftlichen Ereignisreihe" trägt (S. 129), das heißt zwischen die einzelnen Tauschakte tritt – oder besser: in den Kauf- und Verkaufsakten als Zahlungsmittel fungiert, so dass man im Grunde davon sprechen sollte, dass die verschiedenen Waren zwischen die einzelnen Zahlungsakte treten. Die Zahlung, heißt es dementsprechend bei Luhmann (1988, S. 52), ist der unit act des Wirtschaftssystems. Insofern Geld den intertemporalen Tausch ermöglicht und damit erst die einzelnen wirtschaftlichen Akte in Beziehung setzt, muss es die von ihm einerseits nur gespiegelten Werte, um sie durch die Zeit transportieren zu können, zugleich auch verkörpern oder ein ganz bestimmter Wert sein. Das den Ökonomen teure Projekt, jedwede Gelddeckung aufzuheben – sei es um Angebot und Nachfrage nach Waren „monetaristisch" sich selbst zu überlassen,[3] sei es um das Geld keynesianisch in Regie nehmen zu können – scheitert deshalb nicht etwa an inneren Widerständen sachwertverliebter Geldbesitzer, sondern am technischen beziehungsweise evolutionären Erfolg des Mediums Geld, das gerade *ob* seiner scheinbaren Wertlosigkeit begehrt wird. Wir stoßen hier auf den schon von Marx (1982, S. 151 f.) bemerkten und später vor allem von Keynes (1973) analysierten Sachverhalt, dass die Tauschmittel- und Wertaufbewahrungsfunktion des Geldes in Gegensatz zueinander treten und über den Hebel einer anschwellenden Geldhaltung eine gesamtwirtschaftliche Krise auslösen können. Denn ein als wertloses wertvolles Geld unterliegt nicht nur wie jede andere Ware auch einer durch Schwankungen in Angebot und Nachfrage, sondern zudem einer permanenten durch die Zahlungsakte der Geldbesitzer selbst bedingten Neubewertung.

„Das Paradoxon, daß ein Geld um so wertvoller sein kann, je wertloser es ist", „daß der Wert des Geldes immer mehr von seinem terminus a quo auf seinen terminus ad quem übergeht", dass „nicht was das Geld ist, sondern wozu es ist" ihm seinen Wert verleiht (S. 231, 158, 251), hat seinen tieferen – man muss wohl sagen: grenznutzentheoretischen – Grund darin, dass der Wert einer Sache niemals an sich, sondern stets nur in Hinblick auf eine oder mehrere andere erscheint, oder genauer: davon abhängt, welche andere aufzugeben oder welchen Verzicht zu leisten, man bereit ist. „Jede Ersparnis an jenem Opfer wird als ein positiver Gewinn gerechnet. Allein sie ist ein Gewinn nur dadurch, daß sie ermöglicht, dasselbe Opfer bei einer anderen Gelegenheit zu bringen" (S. 155). Der Wert eines Objekts steigt also in dem Maße, in dem es sich nicht nur gegen *ganz bestimmte*, sondern *alle möglichen* Dinge eintauschen lässt. Geld ist das universale Äquivalent, weil es zu nichts anderem gebraucht werden kann als zum Ein- oder Austausch von Waren, weil es im Unterschied zu allen anderen Waren, außer Tauschwert zu sein, keinen weiteren Gebrauchswert hat. In Wahrheit jedoch ist dieser Mangel sein Lorbeer, denn es gibt einen „Eigenwert des Nichtgenießens" (S. 176), insofern nämlich das Geld die Tauschchancen in jeder Hinsicht generalisiert. Das Geld stellt es seinem jeweiligen Besitzer anheim, wann und wo er was von wem erwirbt. Damit ist er jedem Warenbesitzer faktisch überlegen, der, um an eine beliebige von ihm begehrte andere Ware zu kommen, seinen Besitz erst einmal in Geld umwandeln muss. Der Geldgebrauch stimuliert nicht nur die Wirtschaft, weil er „halbseitige" Geschäfte an die Stelle des komplizierten Warentauschs setzt, sondern „die Möglichkeit der Wahl ist ein Vorteil, der im Werte des Geldes eskomptiert werden muß" (S. 267). Dieses „Wertplus des Geldes" (S. 268)[4] ist nichts anderes als der Zins, insofern man ihn nicht neoklassisch als

---

3 Es ist eine Ironie, dass ausgerechnet der Monetarismus, der das Geld im Namen führt, die wirtschaftliche Bedeutung des Geldes theoretisch wie praktisch durchzustreichen sucht.
4 Simmel zeigt, dass dem Geldbesitzer zudem noch eine „Zugabe" sowie ein „Superadditum des Reichtums" zuteil werden, die sich nicht in wirtschaftliche Kategorien übersetzen lassen beziehungsweise als sozialpsychologische Pendants des Zinses interpretiert werden müssen.

Entschädigung für die Einschränkung seines Konsums, sondern mit wie Keynes (1973, Kap. 17) als Ausdruck der Liquiditätsprämie versteht, das heißt als Ausgleich für den Verzicht auf jene Annehmlichkeit, die ein wohlgefülltes Portemonnaie verspricht.[5]

Geld zu besitzen, gibt Sicherheit. Mit Geld in der Tasche ist man für alle Eventualitäten gewappnet. Auf der anderen Seite jedoch ist Geld, das reine Vermögen, etwas zu tun, ein großer Unruhestifter. „Die bloße *Möglichkeit* unbegrenzter Verwendung, die das Geld wegen des absoluten Mangels an eigenem Inhalt nicht sowohl hat als ist, spricht sich positiv darin aus, daß es nicht ruhen mag, sondern wie von sich aus fortwährend zum Verwendetwerden drängt" (S. 267). Das heißt, das Geld ist nicht nur die Sprache der Ökonomie, in der sich (fast) alle Wünsche artikulieren müssen, um zumindest die Aussicht auf Befriedigung zu erheischen, sondern umgekehrt stachelt das Geld die Wunschproduktion allererst an. Einerseits, weil jeder in Geldform gegossene Wunsch diesen entstellt und stets ein Rest bleibt, der nicht gestillt werden kann, und andererseits, weil Geld als absolutes Mittel das Subjekt auf Zwecke verweist, an die es zunächst gar nicht dachte. Zudem gibt es einen im engeren Sinne wirtschaftlichen Grund, warum Geld nicht nur beruhigt, sondern auch Sorgen macht. Seinen Eigenwert hat oder erlangt es als Tauschmittel, das heißt, solange es genügend andere gibt, die seiner konkret bedürfen. Nur als Einzelner kann man sich des Geldes im Strumpf oder auf seinem Konto erfreuen. Die Gruppe hingegen, die das Geld gebraucht, kann es sich nicht geschlossen aneignen. Damit käme nicht nur der Handel zum Erliegen, sondern das Geld selbst verlöre seinen Wert. Und weil das gehaltene Geld seinen Wert einbüßen oder auch nur im Wert fallen kann, steht der glückliche Geldbesitzer zugleich unter Investitionszwang. Sein Geld zur Bank zu tragen und eben nicht in den Strumpf zu stecken, ist bereits ein erster Schritt, um die stets dräuende Gefahr des Wertverlusts durch das wie auch immer geringe Wagnis einer Investition zu kontern.

Es ist daher das letzte Resultat der *Philosophie des Geldes,* dass das Geld der vollendete Ausdruck der modernen Ambivalenz, dass es Symbol und Ursache eines *absoluten* Relativismus ist. Einerseits verkörpert es die stete Bewegung, sorgt für die Mobilisierung der Werte und die Beschleunigung der Zirkulation, andererseits erscheint es jedoch als ruhender Pol, als Wert aller Werte und Endzweck aller Aktivität. Dennoch handelt es sich hier nicht einfach um die zwei Seiten einer Medaille, so als ob unsere Welt – wie Simmel es in der Vorrede noch suggeriert – sich je nach Gusto sowohl vom relativistischen als auch absolutistischen Standpunkt aus interpretieren ließe. Denn der Absolutismus des Geldes ist nichts anderes als eine Funktion seiner unendlichen Relativität. Diese „zeigt sich als Herrscherin,

---

5 Die wirtschaftstheoretisch zentrale Bedeutung der Frage, was ist Zins?, wird selbst von den Keynesianern nicht immer gesehen und nur in den seltensten Fällen ausgeleuchtet. Eine zinstheoretische Fundierung der Wirtschaftstheorie haben jüngst Heinsohn und Steiger (1996) vorgelegt.

wo sie eben nur Partei zu sein schien" (S. 715). Weit davon entfernt, nur ein „Senkblei" zu sein, das sich von „jedem Punkte der gleichgültigsten, unidealsten Oberfläche des Lebens [...] in seine letzten Tiefen werfen läßt" (S. 719), ist das Geld selbst das unnahbare Zentrum, der Brennpunkt, die Reaktionskammer unserer Existenz, die Energie, die alles Absolute einschmilzt und uns dazu zwingt, uns im Vorläufigen einzurichten. Wenn es wie ein Echo durch die Rezensionen und Kritiken der *Philosophie des Geldes* hallt (Frisby 1990a; 1990b), dass das Geld bei Simmel nur eine Metapher sei, ein terminologisches Alibi, um Disparates in Beziehung zu setzen, dann haben diese Kritiker wider Willen Recht. Denn das Geld ist eine Kraft, die die Welt in eine Metapher verwandelt, eine Wirklichkeit, in der allein der Wandel, der Tausch, der Ersatz des einen durch das andere real ist, während alle Substanz nur momentan aufscheint und dann verglüht wie ein Komet am Firmament.

III.

Simmel fasst diesen ontologischen Gegensatz, die Ambivalenz des Geldes, sowohl als Unruhestifter wie als unbewegter Beweger zu erscheinen, auch in religiösen Termini, genauer, er betont, dass die Doppelgesichtigkeit des Geldes dem christlichen Gottesbild einer coincidentia oppositorum (Nikolaus von Kues) entspricht, der Vereinigung und Aufhebung aller Gegensätze und Widersprüche (S. 304-307). Und nicht nur das. Als absolutes, als allmächtiges Mittel hat es göttliche Qualitäten. Es gibt so gut wie nichts, was Geld nicht vermag. Jedoch, während man Gottes Allmacht allein erflehen kann, lässt Geld sich ganz direkt zu fast allem gebrauchen. Die häufige Geldfeindschaft der Kirche oder vielmehr ihrer Ideologen dürfte ihren tieferen, hinter die kanonischen Vorschriften zurückreichenden Grund in eben diesem „unsäglichen" Konkurrenzverhältnis haben.

Christoph Deutschmann (1999) hat diese Analyse aufgegriffen und in Verbindung mit Simmels Entdeckung des „Superadditums" des Geldes zum Kernstück einer religionssoziologischen Interpretation der kapitalistischen Wachstumsdynamik gemacht. Das Superadditum, der symbolische Mehrwert des Geldes, erzwinge, wenn das System nicht kollabieren soll, ein nominelles Wachstum, das letztlich allerdings nur auf dem Wege kreativer Arbeit geschaffen oder eingelöst werden könne.[6] Damit ist nicht bloß gemeint, dass nur menschliche Arbeit neue Werte zu schaffen imstande sei, sondern im Anschluss an Schumpeters Rede vom „schöpferischen Unternehmer" (1964, S. 110-139) auch, dass diese die unfassliche Potenzialität des Geldes – wie die Zauberer und Propheten die jenseitigen Kräfte

---

6 Präzise gesprochen wird der systemdestabilisierende Wachstumszwang von Simmel durch das *Wertplus* des Geldes und nicht das moralisch-politische Superadditum des Reichtums erklärt. Diese begriffliche Ungenauigkeit tut der Argumentation Deutschmanns allerdings keinen Abbruch.

oder das von ihnen geschaute Absolute in eine vernehmliche Heilsbotschaft – in „neue Kombinationen", das heißt konkrete wirtschaftliche Projekte zu übersetzen hätten. Und ähnlich wie den Weberschen Untersuchungen zufolge mit der ideellen, vor allem aber organisatorischen Rationalisierung des heiligen Wissens durch die Priester dessen Verknöcherung einhergehe, stürbe die innovative Idee eines Unternehmers im Zuge ihrer Realisierung nicht nur eines gewissermaßen natürlichen Todes, sondern die Innovation selbst komme zum Stillstand in dem Maße, in dem das Management den Fortschritt in seine Regie nimmt. Der Kapitalismus sei deswegen in einer „Mythenspirale" gefangen, in der um den Preis des Systembestands periodisch neue technische Leitbilder geschaffen werden müssten und verschlissen würden. Als Geldwirtschaft könne der Kapitalismus sich nicht mit dem einmal erreichten Niveau der Produktion zufrieden geben; er müsse vielmehr wachsen – bis buchstäblich niemand mehr weiter weiß.

Das entscheidende Argument, warum der Kapitalismus eine im Wesentlichen religiöse Unternehmung sei, sind für Deutschmann jedoch nicht die genannten Analogien, sondern Luhmanns, wie er meint, ebenso treffende wie falsch adressierte Bestimmung der Funktion von Religion. Auf der Grundlage phänomenologischer Analysen zum Sinnbegriff, nach denen jede gedankliche oder sprachliche Fixierung einer Bedeutung sowohl revidiert werden kann als auch und vor allem auf neue Horizonte verweist, gelangt Luhmann zu dem Schluss, dass Religion „für das Gesellschaftssystem die Funktion [erfüllt], die unbestimmbare, weil [...] unabschließbare Welt in eine bestimmbare zu transformieren" (1977, S. 26), anders gesagt, die qua Sinn unabschließbaren Verweisungsketten zu unterbrechen oder, noch einmal anders, Frageverbote zu etablieren, an denen die Ordnung der Welt allein aufgehängt werden kann. Deutschmann hält diese Bestimmung trotz einiger grundsätzlicher Bedenken gegen funktionalistische Religionsdefinitionen für passend, nur sieht er heute nicht mehr die Religion, sondern die Wirtschaft damit betraut, der abgründigen Vorstellung, dass die Welt auch ganz anders sein könnte, Einhalt zu gebieten. Luhmanns Annahme, dass die Religion aufgrund des von ihr gelösten und doch unlösbaren Problems auch in modernen Gesellschaften nicht abstirbt, vermag er sich nicht anzuschließen. Insofern sei der Luhmannsche Systempurismus, der das eine säuberlich vom anderen trennt, selber Ideologie. Dieser Einwand ist nicht leicht von der Hand zu weisen. Denn warum sollten sich in einer Welt der funktionalen Äquivalente die Systeme, die für Luhmann nichts anderes als Sinnprovinzen sind, nicht gegenseitig ent- und belasten? Dafür handelt Deutschmann sich allerdings ein anderes Problem ein. Schließlich ist die Wirtschaft ihm zufolge nicht nur der Ort, an dem religiöse Probleme gelöst werden, sondern auch die Stelle, an der sie entstehen: Geld und nicht Gott ist für ihn der Überschuss an Möglichkeiten, die man ungeschützt nicht aushält und die deshalb von Heilsexperten auf ein bloßes Repertoire heruntergeschnitten werden müssen. Geld, nicht Sinn, stellt das Medium dar, welches wie von selbst nach Anschlüssen sucht. Wir bezweifeln in keiner Weise, dass das Geld als Geld nach Bewegung und Verwertung drängt, ohne dass der Kapitalismus erst durch die Profitgier Einzelner unter Dampf gesetzt werden müsste. Deutschmann hätte jedoch deutlich zu machen, warum es die Religion überhaupt (noch) gibt, wenn sie doch als und in der Geldwirtschaft entsteht. Oder ist Sinn vor und neben aller Spezialisierung des Mediums doch ein Extra- und Dauerproblem jeder Gesellschaft? Wahrscheinlich ließen sich diese Probleme evolutionstheoretisch einholen. Bei Deutschmann fehlt es jedoch an Überlegungen zur Differenzierung oder besser Substitution von Systemen, mit denen diese Lücke zu schließen wäre. Seine These vom Wachstumszwang halten wir hingegen für richtig, auch wenn sie der religionssoziologischen Form nicht notgedrungen bedarf. Die Dynamik der Geldwirtschaft lässt sich auch ohne Rückgriff auf Religion plausibel machen.

Es gibt freilich einen Aspekt des Geldes, der sich unseres Erachtens allein mit Hilfe oder wenigstens in Anlehnung an religiöse Kategorien begreifen lässt: die Geltung oder die Legitimität des Geldes. Hier interessiert die Frage, ob das idealerweise an sich völlig wertlose, dematerialisierte Geld gilt oder von Dritten angenommen wird, schlicht weil es umläuft, der praktische Gebrauch es also „legitimiert", oder ob es einer besonderen Haltung, eines nicht mit dem Gebrauch des Geldes selbst identischen „Aktes" bedarf, der diesem vorausgeht und das Geld erst annehmbar macht. Die Grenze ist fein, für die Beurteilung der Stabilität und der Zukunft unseres Geldwesens allerdings wichtig. Deutlicher wird sie, wenn man daran erinnert, dass Weber bei seiner Unterscheidung der drei Typen legitimer Herrschaft nicht nur die traditionale und charismatische durch jenseits der eigentlichen Herrschaft liegende Qualitäten legitimiert fand – dort das ehrwürdige Alter und hier die besondere Befähigung –, sondern auch die legale auf einen wie immer unausgesprochenen Legitimitäts*glauben* verwiesen sah, der die Herrschaft des Rechts als auch gerecht anerkennt (Weber 1988, S. 475). Das seiner materiellen Deckung beraubte Geldsystem entspricht der legalen Herrschaft, von der Rechtspositivisten meinen, dass sie sich selber trage, während die normativen und „realpolitischen" Gegner des Positivismus alles Recht in letzter Instanz durch Ideen oder Gewalt garantiert sehen. In Durkheims Termini geht es um die Frage, ob es in struktureller Hinsicht nicht-monetäre Voraussetzungen des Geldes gibt und, wenn ja, worin diese bestehen (Simiand 1934). Die Antwort auf diese Frage hat mehr als nur theoretische Relevanz. An ihr entscheidet sich, ob man das gegenwärtige zweistufige Bankensystem mit einer Zentralbank an der Spitze und vielen Geschäftsbanken an der Basis für einen dem Staat mühsam abgetrotzten und in Richtung auf eine vollständige „Entnationalisierung des Geldes" (Hayek 1977) zu überwindenden Kompromiss oder für ein im Wesentlichen bewährtes und für die Gestaltung der globalen Finanzen taugliches Modell hält.

Die Antwort, die Simmel in der *Philosophie des Geldes* gibt, ist auf den ersten Blick widersprüchlich oder wenigstens nicht ganz klar. Einerseits geht er davon aus, dass der Übergang zu einem derartig abstrakten Tauschmittel wie dem Papiergeld nicht möglich gewesen wäre, ohne dass sich eine Zentralmacht zwischen oder besser: über die einzelnen Tauschakte geschoben hätte, die anstelle einer selbst wertvollen Geldsubstanz dessen Wieder- und Weiterverwendung verbürgt (S. 213). Seine Legitimität empfange das Geld demnach von einer höheren Instanz. Auf der anderen Seite jedoch ist Simmel der Ansicht, dass die Garantie der Zentrale in nichts anderem besteht als der „Eskomptierung der ungeheuren Wahrscheinlichkeit, daß jeder Einzelne, trotz seiner Freiheit, das Geld zurückzuweisen, es nehmen wird" (S. 218). Die Zentralmacht verspräche also etwas, das sie im Grunde gar nicht halten kann; sie kann bloß darauf hoffen und *glauben* machen, dass die Masse der Anbieter gegen Geld verkauft. Die Legitimität – wenn sich in diesem Falle überhaupt noch von Legitimität sprechen lässt – entspränge dem Gebrauch des Geldes. Alle anders lautenden (und oft auf Geldscheine gedruckten) Behauptungen der Zentralinstanz wären eine Anmaßung oder bestenfalls Simulation.

Es liegt zunächst nahe, diesen Widerspruch zu historisieren beziehungsweise im Sinne der Funktionstheorie aufzulösen. Dann wäre der Anlauf der Geldwirtschaft ohne eine den Geldgebrauch legitimierende religiöse oder politische Instanz nicht möglich gewesen (Laum 1924; Servet 1984). Einmal etabliert, könnte oder – eingedenk der vielen Versuche nicht nur absolutistischer Staatslenker, die Währung zu ihren Gunsten zu manipulieren – sollte sogar auf zentrale Kontrollen verzichtet werden. Dass die Zentralbanken gerade der wirtschaftlich mächtigsten Staaten nicht der Weisungsbefugnis ihrer Regierungen unterstehen, sondern den sozusagen vierten Pfeiler im System der Gewaltenteilung darstellen, wäre so gesehen ganz zweifellos eine wichtige Errungenschaft, aber eben doch nur ein erster Schritt auf dem Wege hinaus in die bessere Welt des *free banking*.[7] Ein legitimitätstheoretisches Argument zugunsten der Zentralbanken lässt sich auf diese Weise nicht gewinnen. Simmel gegen eine autoritäre Geldpolitik in Anspruch zu nehmen (Frankel 1977), ist also nicht aus der Luft gegriffen. Es bleiben allerdings immer noch im engeren Sinne technische Rechtfertigungsgründe für die Existenz von Zentralbanken übrig: Denn wer, wenn nicht diese, sollte die gerade dem sich selbst überlassenen Geschehen der Geldwirtschaft entwachsenden Krisen (Kindleberger 1996) im Interesse der Allgemeinheit zu steuern versuchen? So sehr das Geldmonopol missbraucht werden kann, so sehr ist es ein Hebel, erratische und desaströse Schwankungen in der umlaufenden Geldmenge und der Wechselkurse auszugleichen.

Eine genauere Lektüre der in unserem Zusammenhang zentralen Passagen und die Berücksichtigung konstitutionstheoretischer Analysen aus der *Soziologie* ergeben jedoch ein etwas anderes Bild. Sie zeigen, dass die Legitimität des Geldes in der Tat nicht am Notenmonopol der Zentralbank oder der Bestimmung ihres Geldes zum gesetzlichen Zahlungsmittel hängt, wohl aber an der Symbolisierung des geldvermittelten Tauschs als einer ternären Struktur. Man könnte, um diese unschöne und unmittelbar wenig klare Formulierung zu vermeiden, auch schreiben:

---

7 Wiederbelebt werden die Hayekschen Vorschläge, bereichert um Gesellsche Motive, neuerdings von Lietaer (1999).

sie hänge am öffentlichen Segen des Souveräns. Das ist oder – und hier liegt das Problem – *war* nicht falsch. Denn kann es nicht sein, dass das Geld das Problem seiner Legitimität erledigt, indem es es einfach durchstreicht? Dann bedürfte es in der Tat keiner Instanz mehr, die es legitimiert, sondern würde selbst zur Instanz, welche das Tun der Menschen legitimiert. So zumindest lautet die These Aldo Haeslers (1995). Die Legitimität des Geldes hätte demnach sehr wohl ihre Geschichte. Aber sie hätte auch eine Zukunft, und wir wären Zeugen, meint Haesler, einer epochalen Entwicklung, der gegenüber sich der abendländische Sonderweg wie ein Vorgeplänkel ausnimmt.

Wie Keynes (1971, S. 3) erklärt Simmel, alles Geld sei Kredit. In Hinblick auf modernes, nicht einlösbares Papiergeld macht diese Behauptung unmittelbar Sinn. Unabhängig davon, ob Geld einem Kreditvertrag entspringt, ist es, da selber ohne intrinsischen Wert, immer nur ein (freilich universales) Wertversprechen. Im Unterschied zur Pfandleihe, in der *zwei* Partner (zeitweilig) ihre jeweiligen Tauschchancen tauschen, indem der eine dem anderen gegen die Sicherheit eines bestimmten Gutes Geld vorstreckt, sind in den geldvermittelten Tausch stets *drei* Parteien verwickelt: Käufer, Verkäufer und die Gesamtheit, welche für die Wiederverwendbarkeit des Geldes einsteht. „Hierauf beruht der Kern von Wahrheit in der Theorie, daß alles Geld nur eine Anweisung auf die Gesellschaft ist; es erscheint gleichsam als ein Wechsel, in dem der Name des Bezogenen nicht ausgefüllt ist" (S. 213). 'Kern von Wahrheit' nicht etwa deshalb, weil die Theorie nur halbwahr wäre, sondern weil sie für die Zeit des Goldgelds nur eingeschränkt gilt. Streng genommen jedoch ist schon dieses Kredit. Denn einerseits kann nicht jede Münze von jedem auf ihren Feingehalt hin geprüft werden und andererseits muss der Empfänger von Metallgeld nicht minder als der von Papiergeld darauf *vertrauen*, das Geld zum gleichen Wert auch wieder ausgeben zu können. *Non aes sed fides*. Aller Geldtausch hat, beziehungsweise artikuliert eine ternäre Struktur. (Genau genommen gilt dies schon für den Tausch als solchen: Dieser ist selbst eine neue Form, die jenseits des Gebens und Nehmens steht.) Was sich ändert, sind die symbolischen Garanten, nicht die Tatsache, dass man an die Macht der Symbole *glaubt*. Schon das Gold des Goldgeldes ist im Grunde nicht die materielle Basis, über der sich ein luftiger Überbau erhebt, sondern wie der Stempel des Fürsten oder die Unterschrift des Zentralbankpräsidenten Symbol des Vertrauens, ohne das die Geldwirtschaft ein Ding der Unmöglichkeit bliebe. Damit ist nicht behauptet, dass, ist die Geldwirtschaft einmal etabliert, das Vertrauen auf die Weiterverwendbarkeit von Geld nicht mit Verweis auf die Praxis gefertigt werden könnte, wohl aber, dass das Vertrauen der Praxis nicht zwingend entspringt, ihr heterogen bleibt und man nicht *wissen* kann, ob das System hält oder nicht.

Simmel vergleicht in der *Philosophie des Geldes* das Vertrauen in die Wiederverwendbarkeit des Geldes mit dem religiösen Glauben. Im religiösen Sinne zu glauben, heiße, eine nicht näher bestimmte Verbindung, eine Art Komplementarität, eine Zusammengehörigkeit mit dem zu empfinden, an den oder das man glaubt, und sich dieser Empfindung mit einer „Sicherheit und Widerstandslosigkeit" auszuliefern, „die wohl auf angebbare Gründe hin entsteht, aber nicht aus ihnen besteht". Ebenso sei das Vertrauen darauf, dass die anderen das ihnen angebotene Geld annehmen werden, „ein überhaupt nicht in Richtung des Wissens liegender Gemütszustand, einerseits [...] weniger, andererseits aber mehr als dieses" (S. 216). Wer glaubt oder vertraut, kann sich seiner Sache niemals völlig sicher sein, handelt jedoch so, als bestünde an dem, was er tut, überhaupt kein Zweifel. Der Glaube kann bekanntlich Berge versetzen. Die These von der religiösen Dimension der Geldwirtschaft findet hier also Unterstützung. In der *Soziologie* hingegen unterscheidet Simmel zwischen Glauben und Vertrauen. Dieses definiert er als eine „Vor- oder Nachform des Wissen", als „Hypothese künftigen Verhaltens, die sicher genug ist, um praktisches Handeln darauf zu gründen [...]. Der völlig Wissende braucht nicht zu *vertrauen*, der völlig *Nicht*wissende kann vernünftigerweise nicht einmal vertrauen". Der Glaube aber steht jenseits von Wissen und Nichtwissen. Er ist „weder durch Erfahrungen noch durch Hypothesen vermittelt, sondern ein primäres Verhalten einer Seele in Bezug auf eine andere" (Simmel 1992, S. 393). Glaube unterscheidet sich vom Vertrauen durch seine empirische Haltlosigkeit, wobei auch dieses bei weitem kein statistisches Mittel, kein Wahrscheinlichkeitswert, ist, sondern eine begründete Ahnung oder – mit einem Term aus der Moralphilosophie – eine superrogatorische Leistung, die sich, wie die erste Gabe, welche den Zyklus eröffnet, ihre eigenen Voraussetzungen schafft. „Vertrauen [...] 'schenkt' man; es kann nicht in demselben Maße *verlangt* werden, wie daß man ihm entspreche, wenn es einmal geschenkt ist" (Simmel 1992, S. 425). Akzeptiert man diese begriffliche Feinarbeit, wird man die Geldwirtschaft als vertrauensbasiert und nicht als durch religiösen Glauben zusammengeschweißt ansprechen müssen. Die Geschäftspraxis der sich wechselseitig beobachtenden Geldbesitzer, aber auch die Verlautbarungen und Aktionen der Zentralbanken zum Schutz der Währung vor innerem oder äußerem Preisverfall bieten genügend Anhaltspunkte, um Vertrauen zu stiften, allerdings ohne den Verkäufern von Waren das Risiko, für wertlose Zeichen geliefert zu haben, jemals von der Schulter zu nehmen. Oder anders gesagt, insofern die Geldwirtschaft von einem Glauben ihrer Teilnehmer an sich selbst getragen wird, handelt es sich um einen „vor- oder nachreligiösen" Glauben.

Je mehr eine Gesellschaft wächst und sich differenziert, je unüberschaubarer sie wird, desto größer wird ihr Bedarf an fertigen – an vorgefertigten – Formen, um die Millionen und Abermillionen von Kontakten sei es zu koordinieren, sei es voreinander abzuschirmen. Es sei hier nur daran erinnert, dass Geld die disparatesten Leistungen Einzelner kompatibel und so den Aufbau von hochdifferenzierten, von den Einzelinteressen ihrer Mitglieder entkoppelten Organisationen möglich macht (Weber 1980, S. 551-579). Dieses in sich bewegliche Geflecht von Einflussmöglichkeiten und Interdependenzen, dieses verworrene Labyrinth von Schutzwällen und Neutralisierungsbädern lässt sich theoretisch modellieren, aber ebenso wenig abbilden oder widerspruchslos darstellen wie der Elektronenmantel eines Atoms. Man kann die Moderne nicht wissen. Man kann sie nicht nur kognitiv nicht bewältigen. Wir meinen weiter: Man *darf* sie nicht wissen. Denn wüsste man um die Probleme technischer und sachlicher Natur, Entscheidungen und Handlungen zu koordinieren und nur nicht verlaufen zu lassen, würden die vielen, oft vergeblichen Anstrengungen, Anschluss zu finden, unter Umständen gar nicht erst unternommen. Das System schliefe ein. Das heißt in unserem Zusammenhang: Wüsste man um die Probleme, den (inneren und/oder äußeren) Geldwert stabil zu halten, beziehungsweise verdrängte man sie nicht, geräte die auf Wachstum abonnierte und dabei inhärent und notwendig instabile Geldwirtschaft in Gefahr zu stagnieren. Denn das Gleichgewicht ist ihr Tod.

Zwar nicht darin, dieses zu stören, wohl aber darin, sich so zu gerieren, als hätten sie die Dynamik des Geldes im Griff, sehen wir deshalb die Unabdingbarkeit der Zentralbanken. Sie müssen so tun und auch so handeln, als wären sie in der Lage, über die Menge respektive den Leitzins den Wert des Geldes zu steuern, und zugleich verschleiern – wahrscheinlich auch vor sich selbst –, dass der Geldwert seiner eigenen Wege geht. Wir bezweifeln damit nicht die Wirksamkeit geldpolitischer Maßnahmen, nur lässt sich nicht voraussagen, ob zum Beispiel die Erhöhung des Zinses Auslandskapital anlockt und den Außenwert stabilisiert oder nicht vielmehr die Inflation drosselt und die Inlandsnachfrage abwürgt. Die vornehmste Aufgabe der Zentralbanken wäre demnach nicht technischer Art; sie wäre nicht „Saldenmechanik" (Stützel 1958), sondern wirklich Simulation. In diesem Sinne erfüllten die Zentralbanken in der Tat eine quasi-religiöse Funktion: Wie Gott die Simultaneität von Sein und Nichts chiffriert, verdecken sie das Paradox, dass das Nichtwissen um die Funktionsbedingungen der Geldwirtschaft zu den Funktionsbedingungen der Geldwirtschaft gehört. Die Legitimität des Geldes hinge eben doch am seidenen Faden der Zentralbank*kunst*.

IV.

Auf der anderen Seite aber müssen wir sehen, dass die Art und Weise des Vertrauens in eine anonymisierte, blind aufeinander eingespielte Gesellschaft nicht die gleiche ist, wie die, in welcher man einem Menschen vertraut. „Die Traditionen und Institutionen, die Macht der öffentlichen Meinung und die Umschriebenheit der Stellung, die den Einzelnen unentrinnbar präjudiziert, sind so fest und zuverlässig geworden, daß man von dem Anderen nur gewisse Äußerlichkeiten zu wissen braucht, um das für die gemeinsame Aktion erforderliche Zutrauen zu haben. Das Fundament an persönlichen Qualitäten, von dem prinzipiell eine Modifikation des Verhaltens innerhalb der Beziehung ausgehen könnte, kommt nicht mehr in Betracht, die Motivierung und Regulierung dieses Verhaltens hat sich so versachlicht, daß das Vertrauen nicht mehr der eigentlich personalen Kenntnis bedarf"

(Simmel 1992, S. 394). Man vertraut mithin nicht mehr den Menschen, sondern der Ordnung, in der sie sich eingerichtet haben – sozusagen den Bildern der Bilder (der Bilder ...), die sie wechselseitig voneinander entwerfen. Neben das personale Vertrauen tritt das Vertrauen ins System (Luhmann 1989, Kap. 7). Die Geldwirtschaft, so könnten wir auch schreiben, treibt nicht nur die Relativierung der Wirklichkeit voran, sondern ist bereits ihrer Verfassung nach ein durch und durch „irreales" Gebilde (Baudrillard 1972). Ob sie deswegen weniger stabil ist als eine Gesellschaft, in der man darauf vertraut, dass die Welt ist, wie sie ist; ob sie einen höheren Vertrauensbedarf hat als vormoderne Gesellschaften, ist eine schwierige, theoretisch wohl kaum zu lösende Frage. Einerseits sind die Menschen in ihr all ihren scheinbaren und tatsächlichen Freiheiten zum Trotz stärker als vormals in Zwänge eingespannt, lasten Funktionsimperative auf ihnen, die sich nicht abschütteln oder revolutionieren lassen wie eine ungeliebte Herrschaft, so dass es scheint, als bedürfe es gar keines Vertrauens mehr; zu komplex ist unsere Ordnung. Andererseits aber, das heißt, wenn die Analyse stimmt, dass die Geldwirtschaft strukturell nicht ohne ein Restmoment an kognitiv ungerechtfertigtem, weil nicht zu rechtfertigendem Vertrauen auskommen muss, ist die Fallhöhe, könnte man es ihr doch noch entziehen, gewiss höher als in traditionalen Verhältnissen. Wir befinden uns also in einer Situation, in der Legitimitätskrisen des Geldes in dem Maße unwahrscheinlicher werden, in dem die Ausbruchsmöglichkeiten schwinden, in der, sollte das Geldvertrauen trotzdem einmal erodieren, eine Krise die Gesellschaft allerdings in ihren Grundfesten erbeben ließe.

Ist es übertrieben zu sagen, dass angesichts dieser Alternative das Geld unsere Form des Sozialvertrags ist? Das ist die These Haeslers. Er interpretiert die *Philosophie des Geldes* zu Recht als Theorie der Moderne; die Geldwirtschaft ist dementsprechend nicht allein als ein bestimmter Typus von Ökonomie, sondern als eine Gesellschaftsform anzusehen. An zwei, wie es zuerst aussieht, eher nebensächlichen Punkten weicht Haesler allerdings von den Simmelschen Analysen ab beziehungsweise gibt er ihnen einen etwas anderen Ton. Zum einen mache die Wirklichkeit in einem viel schärferen und weitergehenden Sinne mit der durch die Dematerialisierung des Geldes bedingten Monetarisierung des Sozialen ernst als Simmel meine, und zum anderen sei die Dynamisierung zunächst der Ökonomie, dann der Gesellschaft als ganzer, nicht dem Gelde als solchem, sondern einer frühneuzeitlichen Revolution des Weltbilds geschuldet. Mit letzterem ist gemeint, dass nicht der geldvermittelte Tausch den Übergang vom „substanziellen" zum „funktionellen Fortschritt" bewerkstelligt, beziehungsweise nicht das Geld den Tausch praktisch so transformiert habe, dass er für beide Seiten vorteilhaft wurde, sondern dass vielmehr der ideologisch-theoretische Übergang „von der geschlossenen Welt zum unendlichen Universum" (Koyré 1969) die Annahme eines im doppelten Sinne offenen Kosmos – offen, weil selber ohne Grenzen, und offen für des Menschen eigene Entwürfe – den vorbestimmten Zusammenhang von allem, was die Welt bevölkert, habe reißen lassen. Der Sündenfall sei die

Idee, der Glaube an die Möglichkeit einer kreditären creatio ex nihilo gewesen, welcher die Menschheit für ein halbes Jahrtausend zwar zu einer selbst im Rückblick kaum fasslichen Reichtumsproduktion angestachelt habe, nun aber, zu Beginn des dritten Jahrtausends dabei sei, die Menschheit selber ins Nichts zu reißen. Wir neigen mit Sohn-Rethel (1976) zu der umgekehrten Annahme, dass das Geld praktisch als Medium, als Katalysator der Idee der Äquivalenz fungiert hat, wollen diese genetische Frage hier allerdings nicht weiter verfolgen, zumal darin, dass eine einmal etablierte Geldwirtschaft zum Wachstum verdammt ist, keinerlei Dissens besteht.

Die eigentliche Brisanz der Haeslerschen Arbeit liegt denn auch in ihrer Behauptung, dass die vollständige, von Simmel aus sozialpsychologischen Gründen für unmöglich gehaltene (S. 182-184), heute jedoch annähernd realisierte Dematerialisierung des Geldes die Monetarisierung des Sozialen so weit getrieben habe, dass unsere Gesellschaft nicht länger als bürgerliche (oder mit anderen „traditionellen" Titeln) bezeichnet werden könne. Haesler unterscheidet in Anknüpfung an Foucault (1976) und Deleuze (1993, S. 243-262) zwischen Souveränitäts-, Disziplinar- und Kontrollgesellschaften. Dieses Schema ist zunächst in Hinblick auf die Analyse und Bezeichnung verschiedener Typen und Strukturen von Macht entworfen worden. In Souveränitätsgesellschaften wird die Macht zentral ausgeübt; wer sich dem Willen des Königs nicht fügt, wird bestraft; die Strafe dient sowohl der symbolischen Wiedergutmachung des der Zentralgewalt angetanen Torts wie der Abschreckung anderer. In Disziplinargesellschaften wird die Macht pädagogisch; Strafen dienen der Besserung des Delinquenten und der Durchsetzung und möglichst Übererfüllung von Normen; es gilt, die Produktivkraft des politischen Körpers zu steigern, nicht die Allmacht eines Herrschers zu demonstrieren. In Kontrollgesellschaften endlich, die sich erst seit kurzem und oft noch nicht vollständig an die Stelle der Disziplinargesellschaften schieben, wird auf offene Machtausübung weitgehend verzichtet; anstatt ihre Mitglieder Normen zu unterwerfen, entwickeln jene in einem Milieu, das ihnen nur das Beste zu wünschen scheint, einen eigenen „Willen zur Normalität"; Selbstkontrolle tritt an die Stelle äußeren Zwangs. Als Stufenfolge gelesen ergibt sich eine zunehmende Entpolitisierung der Macht beziehungsweise eine wachsende Politisierung zunächst der Körper und dann der Seelen.

Während Foucault und Deleuze den Übergang von der Disziplinar- zur Kontrollgesellschaft weitgehend mit der als Wissenschaft verkleideten Lebensphilosophie der Biologen erklären, ist für Haesler das körperlose, unsichtbare, in alle Poren des Sozialen einsickernde und den symbolischen Tausch korrumpierende Geld die Triebkraft dieses epochalen Wandels und die Kreditkarte ihr trojanisches Pferd. Karten werden zum Mittel des Ein- oder Ausschlusses. Wer keine hat, gehört nicht dazu, aber selbst wer sich ausweisen kann, trägt mit der Karte sein elektronisches Halsband. „Par le moyen de carte de paiement, on instaure un système chiffré qui mène à la budgétarisation de nos existences [...]. Ainsi se clôture un système ultrastable dont le mode de régulation n'est plus référable à une transcendence externe, mais se trouve dans l'immanence des actes" (Haesler 1995, S. 96). In einer Gesellschaft der Karten ist das elektronische Geld das Medium, das alle unsere „Taten" verbindet; eine, nein: viele Karten zu haben, wird zur Zugangsvoraussetzung zum System. Die Zulassung, sprich: Kredit zu erhalten – das ist die Haeslersche Pointe –, heißt jedoch eine monetäre Schuld auf sich zu laden, die mir den Spielraum vorgibt, in dem ich mich frei wähnen darf. „L'homme n'est plus enfermé, [...] il est endetté" (Haesler 1995, S. 73). Diese Schuld ist unser Milieu; um sie zu wissen, das versteckte Motiv, sich selbst an die Kandare zu nehmen. Sie ist unser monetäres Gewissen. Und in Form von Karten bindet sie fester noch als unser herkömmliches Geld, weil sie den Tausch annulliert. Wer mit der Karte zahlt, bringt kein irgend sichtbares Opfer, sondern belastet sein Konto. „A l'instar de la 'cage d'airain' de Max Weber, l'individu de ce système monétaire se trouve intriqué dans une immense toile d'araignée, une toile dont il ignore la structure et jusqu'à l'instance qui la tisse" (Haesler 1995, S. 141). Dass dieses selbstgewobene Netz, dessen Fäden so dünn sind, dass man sie nicht sieht, in Frage gestellt werden könnte, dass dieses System daran scheitert, dass man ihm das Vertrauen entzieht, erscheint als unmöglich. Das Problem der Legitimität des Geldes wäre erledigt. Oder anders: nicht das Geld hätte sich zu legitimieren, sondern die Menschen, die es gebrauchen.

Es ist ein dunkles, ja, ein düsteres Bild, das Haesler malt, aber eines, dem Ähnlichkeit mit der Realität nicht abzusprechen ist (Rifkin 2000). Ähnlichkeit hat es zugleich allerdings mit einer von der Gabe regierten Welt: Die Schuld ist erneut unkündbar geworden; an die Stelle des – scheinbar? – verschwundenen Tauschs ist eine abstrakte Verpflichtung getreten, diesmal nicht die, wieder und wieder zu geben, sondern zu zahlen, egal was man tut. So wie der Geist des Gebers die Gabe beseelt, mit ihr ein Stück von sich gibt, bezahlt man heute wieder mit seinem Namen. Und vice versa: das Geld, das gerade eben noch weder tugendhaft noch schmutzig war, hat plötzlich wieder eine Identität. *No cash accepted, only major credit cards taken.* Haesler, für den die Gabe einerseits das ganz Andere des Geldes ist, verspürt auf der anderen Seite durchaus die Nähe einer durchmonetarisierten, verkarteten Welt zum Reich des Gabentauschs, versucht jedoch dieses gegen jene zu retten, indem er die Hingabe, das „gute" Engagement der ganzen Person, dem „asozialen" Desinteresse der Zahlung entgegenhält (Haesler 1995, S. 321). Wir akzeptieren die Differenz, nicht aber die Wertung. Denn war es nicht gerade das Geld, das den ewigen Zyklus des Gebens und Nehmens sprengte und die Gabe zum Geschenk zivilisierte? Ist das 'Engagement der ganzen Person' nicht ein Widerspruch in sich, und, wäre es keiner, etwas, das man sich wünschen soll? War es nicht die Geldwirtschaft, die es nicht nur dem Adel erlaubte, Masken zu tragen? Ist das, was wir Persönlichkeit nennen, nicht ein Korrelat ihrer Möglichkeiten, sich zu verbergen? – Ja, es kann sein, dass die bürgerliche Gesellschaft sich selbst überwindet, genauer: dass die Dynamik der Geldwirtschaft ihre eigene

Schöpfung zerstört. Doch im Namen der Gabe wäre diese Entwicklung nicht zu bereuen.

V.

Auf die Frage, ob das Geld nach wie vor der Legitimierung bedarf, gibt es keine einfache Antwort. Beide diskutierten Interpretationen der Legitimitätsproblematik lassen sich verteidigen: sowohl die Auffassung, dass das moderne Geldsystem der Experten bedarf, die seine Gefahren und Paradoxa verschleiern und es auf diese Weise legitimieren, als auch die These, dass das Geld ein Sozial-„vertrag" ist, der von den Kontrahenten nicht gekündigt werden kann und folglich auch nicht legitimiert zu werden braucht. Ablehnen müssen wir jedoch alle Positionen, welche die Legitimität des Geldes, das heißt den Konnex von Geld und konstitutionstheoretischen Fragen, für ein Scheinproblem halten. Ob sie auch praktisch erneut auf die Agenda gelangt, lässt sich theoretisch schwerlich entscheiden. Die Möglichkeit zumindest besteht. Denn es ist denkbar, dass die Geldwirtschaft an ihrem anderen Ende Feuer fängt, das heißt, dass der auf ihr liegende Wachstumszwang und die von ihr generierte Spekulation das System in eine Krise reißen, die sich weder durch Zentralbankinterventionen noch durch weiteres Wachstum noch durch eine nochmals gesteigerte Reflexivität des Geldes lösen lässt. Die „sozialen Kosten" einer solchen Krise wären enorm. Die Ereignisse in Südostasien, Lateinamerika und Russland in den Jahren 1997/98 gaben einen Vorgeschmack auf ihr mögliches Ausmaß. Vielleicht jedoch braucht man das Ende der Ordnung nicht erst heraufzubeschwören; vielleicht genügt es, dass die Spekulation die Dollarmilliarden in das Nichts zurückschickt, aus dem sie gekommen sind, um zu erkennen, dass Geld nicht gilt, nur weil man es benutzt, sondern auch und gerade insofern man auf es vertraut.

Literatur

Baudrillard, Jean, 1972: Pour une critique de l'économie politique du signe, Paris.
Berking, Helmuth, 1996: Schenken. Zur Anthropologie des Gebens, Frankfurt a.M./New York.
Deleuze, Gilles, 1993: Unterhandlungen 1972-1990, Frankfurt a.M.
Derrida, Jacques, 1993: Falschgeld. Zeit geben I, München.
Deutschmann, Christoph, 1999: Die Verheißung des absoluten Reichtums. Zur religiösen Natur des Kapitalismus, Frankfurt a.M./New York.
Foucault, Michel, 1976: Überwachen und Strafen. Die Geburt des Gefängnisses, Frankfurt a.M.
Frankel, S. Herbert, 1977: Two Philosophies of Money. The Conflict of Trust and Authority, New York.

Frisby, David, 1990a: Introduction to the Translation, in: Georg Simmel: The Philosophy of Money, London/New York, S. 1-49.
Frisby, David, 1990b: Preface to the Second Edition, in: Georg Simmel: The Philosophy of Money, London/New York, S. XV-XLI.
Godbout, Jacques T. und Alan Caillé, 1992: L'Esprit du don, Paris/Montreal.
Godelier, Maurice, 1999: Das Rätsel der Gabe. Geld, Geschenke, heilige Objekte, München.
Haesler, Aldo J., 1995: Sociologie de l'argent et postmodernité. Recherche sur les conséquences sociales et culturelles de l'électronisation des flux monétaries, Genf.
Hayek, Friedrich A. von, 1977: Entnationalisierung des Geldes. Eine Analyse der Theorie und Praxis konkurrierender Umlaufmittel, Tübingen.
Heinsohn, Gunnar und Otto Steiger, 1996: Eigentum, Zins und Geld. Ungelöste Rätsel der Wirtschaftswissenschaften, Reinbek.
Homans, George C., 1958: Social Behavior as Exchange, in: American Journal of Sociology 63, S. 597-606.
Keynes, John Maynard, 1971: A Treatise on Money I. The Pure Theory of Money, London/Basingstoke.
Keynes, John Maynard, 1973: The General Theory of Employment, Interest and Money, London/Basingstoke.
Kindleberger, Charles P., 1996: Manias, Panics, and Crashes. A History of Financial Crises, 3. Aufl., New York.
Koyré, Alexandre, 1969: Von der geschlossenen Welt zum unendlichen Universum, Frankfurt a.M.
Laum, Bernhard, 1924: Heiliges Geld: Eine historische Untersuchung über den sakralen Ursprung des Geldes, Tübingen.
Lietaer, Bernard A., 1999: Das Geld der Zukunft. Über die destruktive Wirkung des existierenden Geldsystems und die Entwicklung von Komplementärwährungen, 2. Aufl., o.O.
Luhmann, Niklas, 1977: Funktion der Religion, Frankfurt a.M.
Luhmann, Niklas, 1988: Die Wirtschaft der Gesellschaft, Frankfurt a.M.
Luhmann, Niklas, 1989: Vertrauen. Ein Mechanismus der Reduktion sozialer Komplexität, 3. Aufl., Stuttgart.
Marx, Karl, 1982: Das Kapital. Kritik der politischen Ökonomie, Bd. 1, Berlin.
Mauss, Marcel, 1989: Die Gabe. Form und Funktion des Austauschs in archaischen Gesellschaften, in: ders., Soziologie und Anthropologie, Bd. 2, Frankfurt a.M., S. 11-144.
Parry, Jonathan, 1986: „The Gift", the Indian Gift and the 'Indian Gift', in: Man 21, S. 453-473.
Paul, Axel T., 1999: Einleitung, in: ders. (Hrsg.), Ökonomie und Anthropologie, Berlin, S. 7-21.
Rifkin, Jeremy, 2000: The Age of Access. The New Culture of Hypercapitalism, New York.
Schumpeter, Joseph, 1964: Theorie der wirtschaftlichen Entwicklung. Eine Untersuchung über Unternehmergewinn, Kapital, Kredit, Zins und den Konjunkturzyklus, 6. Aufl., Berlin.
Servet, Jean-Michel, 1984: Nomismata. Etat et origines de la monnaie, Lyon.
Simiand, François, 1934: La Monnaie, réalité sociale, in: L'Année sociologique, série D, 1, S. 1-86.
Simmel, Georg, 1989: Philosophie des Geldes, Frankfurt a.M.
Simmel, Georg, 1992: Soziologie. Untersuchungen über die Formen der Vergesellschaftung, Frankfurt a.M.
Sohn-Rethel, Alfred, 1976: Das Geld, die bare Münze des Apriori, in: Paul Mattick, Alfred Sohn-Rethel und Hellmut G. Haasis: Beiträge zur Kritik des Geldes, Frankfurt a.M., S. 35-117.
Stützel, Wolfgang, 1958: Volkswirtschaftliche Saldenmechanik. Ein Beitrag zur Geldtheorie, Tübingen.

Weber, Max, 1980: Wirtschaft und Gesellschaft. Grundriß der verstehenden Soziologie, 5. Aufl., Tübingen.
Weber, Max, 1988: Die drei reinen Typen der legitimen Herrschaft, in: ders., Gesammelte Aufsätze zur Wissenschaftslehre, 7. Aufl., Tübingen, S. 475-488.

Franz Segbers

Geld – der allergewöhnlichste Abgott auf Erden (Martin Luther)

Die Zivilreligion des Alltags im Kapitalismus

> „Heute zwingt man der ganzen Welt eine Neue Weltordnung auf, in der die Reichen immer reicher und die Armen immer ärmer werden. Als einzige Alternative verordnet man uns eine Ökonomie des freien Marktes, in der die zum Bankett Geladenen das Ende der Geschichte feiern. Die Ausgeschlossenen (die große Mehrheit der Menschheit) werden als schuldige Opfer angesehen, deren Opferung unvermeidlich und dem Gott Moloch oder auch dem Mammon der Geschichte letztlich wohlgefällig ist."
>
> (Richard 1992, S. 299)

Mammons Sieg in der Moderne

Der seit der Antike ausgetragene traditionelle Gegensatz von Gott und Geld scheint mit der beginnenden Neuzeit entschieden zu sein, wie Voltaire mit Blick auf die Börse beobachtet: „Kommen Sie in die Börse von London, einen Ort, der angesehener ist als die meisten Königshöfe. Sie finden da Abgeordnete aller Nationen zum Nutzen der Menschheit versammelt. Dort verhandeln Jude, Moslem und Christ miteinander, als hätten sie die gleiche Religion, und sie nennen nur den einen Ungläubigen, der bankerott macht. Dort verlässt sich ein Presbyterianer auf einen Wiedertäufer, und der Anglikaner nimmt den Schuldschein des Quäkers entgegen" (Voltaire, zit. nach Günther 1994, S. 8). Als hätten sie die gleiche Religion, so vereint die Gläubigen über alle ideologischen und konfessionellen Schranken hinweg eines: das Geld. Das Geld ist der große, Universalität begründende Einheitsstifter der Menschheit, dem alle vertrauen.

Hat Geld in der Moderne die Religion vielleicht nicht nur abgelöst, sondern sich gar angepasst? Nach Bloch jedenfalls soll insbesondere die calvinistische Reformation letztendlich eine solche Reform gewesen sein, die nicht nur „bloßen Mißbrauch, sondern vollkommenen Abfall vom Christentum, ja Elemente einer neuen 'Religion': des Kapitalismus als Religion und Mammonskirche brachte" (Bloch 1977, S. 123). Zwar hatte Max Weber ausdrücklich vor der „töricht-doktrinären These" gewarnt, „dass der Kapitalismus als Wirtschaftssystem ein Erzeugnis der Reformation sei" (Weber 1991, S. 77). Gleichwohl wurde Calvin zum Gewährsmann einer Entwicklung, die jener Gesinnung den Weg bahnte, welche die kapitalistische Wirtschaftsordnung braucht: die „Hingabe an den 'Beruf' des Geldverdienens" (Weber 1991, S. 61).

In seinem Fragment *Kapitalismus als Religion* (Benjamin 1985) geht Walter Benjamin über Weber hinaus. Der Kapitalismus sei nicht nur ein religiös bedingtes Gebilde, sondern eine „essentiell religiöse(n) Erscheinung" (Benjamin 1985, S. 100), eine Kultreligion „sans rêve et sans merci": ohne Traum und ohne Gnade. „Die permanente Dauer des Kultus" sei die permanente Geldvermehrung und die gnadenlose Mobilisierung aller Lebensinteressen auf dieses eine Ziel hin.

Wenn Religion die jeweils alles bestimmende Wirklichkeit repräsentiert, dann hat Benjamins These weitreichende Folgen: Gott und die alles bestimmende Wirklichkeit müssen fortan unterschieden werden. Meine These lautet deshalb, dass ein unterschiedsloses Reden von Religion bezogen auf den Kapitalismus nicht ausreicht. Zu unterscheiden ist wie im biblischen Reflektieren über Gott zwischen Gott und Götzen. Der vorliegende Beitrag geht der Frage nach, ob die mythenkritische Kraft biblischer Tradition die Logik des Geldes zugunsten einer Logik der Humanität depotenzieren und die „Religion des Alltagslebens" (Marx MEW 25, S. 838) entmystifizieren kann, um eine lebensdienliche Wirtschaftsordnung jenseits einer alles dominierenden Herrschaft des Geldes zu ermöglichen. Die biblisch-theologische Unterscheidung zwischen Gott und Götzen/Mammon ist nicht nur mythenkritisch, sie verfolgt auch eine aufklärerische Absicht. Die inhärente destruktive Tendenz einer vorbehaltlosen Nutzung der Eigengesetzlichkeit des Geldsystems wird in der biblischen Tradition theologisch einer Leben garantierenden Herrschaft Gottes entgegengesetzt: Gott *oder* Mammon. Diese theologische Alternative zeitigt in der biblischen Tradition ökonomische Alternativen und geldpolitische Normen wie Zinsverbot und Schuldenerlass (Dtn 15,1 ff.; Ex 22,24 u.ö.). Ich möchte aufzeigen, dass Götzendienst keine harmlose religiöse Verirrung ist, sondern Legitimation eines destruktiven Herrschaftssystems. „Das herrschende System bringt nicht nur materielle Güter, sondern auch Götzen und Götzendienst hervor. [...] Der Götzendienst ist insofern eine Form der Machterweiterung" (Richard 1992, S. 301). Denn zusätzlich zur politischen oder ökonomischen Macht entsteht eine Ideologie, die sich der Religion bedienen kann, um die Gesellschaft geistig zu dominieren. Letztlich können sich diese Mächte nur behaupten, wenn es ihnen gelingt, ihre Legitimität glaubhaft zu machen. Dazu umgeben sie sich mit einem religiösen Schein, der als Mythos der Unveränderbarkeit fungiert. Da ihre Wurzeln in einer Zivilreligion des Kapitalismus liegen, genügt es nicht, die Geldverhältnisse im Kapitalismus allein unter wirtschaftlichen oder soziologischen Kriterien zu analysieren, denn dann lässt man unberücksichtigt, dass es sich um eine tiefgründige, Herrschaft und Macht legitimierende religiöse Metaphysik handelt. Ich möchte mich deshalb darauf konzentrieren, die Metaphysik des beherrschenden Geldsystems im neoliberalen Kontext zu analysieren und die „verkappte Religion" (Rüstow 1945, S. 78) dadurch aufzudecken, dass nicht allein ein vermeintlich illusionärer Charakter einer Religion des Geldes, sondern mit der Unterscheidung zwischen Gott und Götzen auch der destruktive Charakter der die Gesellschaft dominierenden und vermeintlich unabänderlichen Geldverhältnisse zur Sprache kommt.

Gott oder Mammon

Wie Gott ist auch das Geld auf Glauben angewiesen. Gedeckt ist Geld allein durch den Glauben an das Geld. Alles hat seinen Preis und wird zur Handelsware. Angesichts der Führungsrolle, die der geldgesteuerten Wirtschaft insgesamt für das gesellschaftliche System in der Moderne zugebilligt wird, greifen die vom Geld regulierten ökonomischen Verwertungsprozesse auf nichtökonomische Bereiche wie Politik, Religion, Kultur oder Bildung über mit der Folge, dass das Geld zu einer alles bestimmenden Wirklichkeit mutiert. Nicht wie ehedem die göttliche Vorsehung, sondern das Geld bestimmt über gelingendes oder gescheitertes Leben oder die Verteilung von Lebenschancen. Tausch und Käuflichkeit finden keine Grenze, sondern alle soziokulturellen Sphären werden einer ökonomischen Kolonisierung mittels des Geldes unterworfen. Der Code ökonomischer Rationalität, genauer: der Code der Geldverhältnisse, soll sich auf alle Lebensbereiche ausbreiten. Die Folge: „Geld zieht alles in den Bann seiner Vergleichgültigung, weil für das zum Selbstzweck erhobene Geld alles zum unselbständigen Mittel seiner Verwertbarkeit wird" (Wagner 1984, S. 144).

Diesen Prozess einer Vergleichgültigung, der alles auf seinen geldfunktionalen Ausdruck reduziert und überführt, meint der Theologe Falk Wagner, wenn er von „der alles bestimmenden Wirklichkeit des Geldpantheismus" (Wagner 1984, S. 134 ff.) spricht. Wenn mit Religion eine „alles bestimmende Wirklichkeit" (Wagner 1984, S. 8) bezeichnet wird, dann übt Geld wie ein irdischer Gott die Funktion jener alles bestimmenden und allumfassenden Wirklichkeit aus. Der Geldpantheismus, Ausdruck einer Zivilreligion des Kapitalismus, durchtränkt die gesamte Lebenswelt, das Lebensumfeld und die Lebensziele. Geld wird gottgleich zu einer alles bestimmenden Wirklichkeit; ist omnipotent, omnipräsent und universal, besitzt also Attribute, die in der Religion Gott zugeschrieben werden. Ist dieser von Wagner beschriebene Geldpantheismus aber nun so total und zwangsläufig, dass kein Entrinnen möglich ist?

Ethische Ermahnungen sind angesichts der Dominanz einer vom Geld gesteuerten Ökonomie hilflos – allenfalls eine liebenswert harmlose, keineswegs jedoch gefährliche „Appellitis" (Luhmann 1993, S. 134). Dieser Einschätzung Luhmanns entspricht in der Sache die biblischen Tradition, wenn sie mit der jesuanischen Alternative „Gott oder Mammon" eben diese Wahlverwandtschaft von Religion und Geld in einen Zusammenhang mit der Entscheidungsfrage nach der Geltung Gottes *oder* des Götzen Mammon[1] stellt, also theologisch und gerade nicht ethisch argumentiert.

Welche Absicht verfolgt die Unterscheidung zwischen Gott und Götzen? Gott und die alles bestimmende Wirklichkeit wie jene des Geldes sollen nicht nur unterschieden werden, Gott oder Mammon ist eine Begründungsheuristik, die danach fragt, wer die alles bestimmende Wirklichkeit ist – Geld *oder* Gott. Politisch und theologisch bedeutsam ist, dass mit der biblischen Gottesvorstellung Freiheit, Gerechtigkeit, Menschenwürde verbunden werden. Als falscher Gott wird dagegen jene Gottesvorstellung kritisiert, die diesem befreienden Verständnis nicht gerecht wird und nicht von einer alles bestimmenden destruktiven Wirklichkeit befreit. Mammon meint also mehr als nur Geld oder ein unrechter Umgang mit Geld sondern ein Macht ausübendes Geldsystem, das dem Leben nicht dient und für den Menschen weder nützlich noch gut ist. Der Gottesgedanke ist ein zutiefst praktischer Gedanke, der darauf zielt, das menschliche Leben von jener alles bestimmenden Wirklichkeit einer Geldmacht zu befreien. Die Identifizierung des Geld-Götzen mit dem bekannten Diktum Mammon soll mithin die Freiheit des Menschen gegenüber dem Götzen artikulieren und auch zum Widerstand gegenüber den dominierenden Mammonsdienst motivieren. Lebensdienlichkeit oder Destruktivität sind in theologischer Sprache und ethischer Wertung nichts anderes als „Exempel des Widerspiels" Gott *oder* Mammon (Marquardt 1983, S. 210).

Bedarf es aber eines solchen Umwegs über eine Differenzierung zwischen Gott und Götze-Mammon, um die Freiheit des Menschen gegenüber der Dominanz des Geldsystems zu begründen? Im Gegensatz zur auffälligen Zurückhaltung der bürgerlichen Theologie, Geld zum Thema theologischer Reflexion zu machen, geht Luther in seiner Auslegung des ersten Gebotes von der Antithese Gott oder Mammon aus. Die Macht des Geldes war für ihn nicht ein ethisches Problem, sondern ein Thema, das in den theologischen Kernbereich, nämlich die Gottesfrage gehörte: „Ein Gott heißt das, von dem man alles Gute erwarten und bei dem man Zuflucht in allen Nöten haben soll, so daß 'einen Gott haben' nichts anderes ist, als ihm von Herzen trauen und glauben; wie ich oft gesagt habe, daß allein das Vertrauen und Glauben des Herzens beide macht: Gott und Abgott. [...] Woran Du nun (sage ich) Dein Herz hängst und Dich darauf verläßt, das ist eigentlich dein Gott. [...] Es ist mancher, der meint, er habe Gott und alles genug, wenn er Geld und Gut hat; er verlässt und brüstet sich darauf so steif und sicher, dass er niemand etwas gibt. Siehe: dieser hat auch einen Gott, der heißt Mammon,

---

[1] Die Etymologie des aramäischen Wortes *Mammon* ist keineswegs gesichert. „Mammon" meint von einer aramäischen Ableitung ursprünglich „das, worauf man traut". Im Babylonischen finden sich Hinweise auf einen Mythos, nach dem Gold der Dreck der Hölle des Gottes der Unterwelt sei (Hauck 1942, S. 390). Geld ist dann nichts anderes als der Kot der Unterwelt. Diese Herleitung gibt die Ablehnung des Geldsystems klar wieder. Mammon wird im Neuen Testament durchgängig negativ konnotiert und als ungerechte Macht bezeichnet, unter dessen Regiment permanent Unrecht geschieht (vgl. Lk 18,8 ff.).

das ist Geld und Gut, darauf er all sein Herz setzt, was auch der allergewöhnlichste Abgott auf Erden ist" (Luther 1983, S. 9 f.). Nach Luther genügt es also nicht, überhaupt einen Gott zu haben. Entscheidend ist vielmehr die Frage: Welcher Gott wird verehrt? Er kann nämlich sehr wohl ein anderer sein als jener, der im religiösen Glaubensbekenntnis bekannt wird. Deshalb gilt: Auf wen der Mensch tatsächlich vertraut, den hat er auch durch seinen Akt des Vertrauens zu seinem Gott gemacht. Mammon und Gott sind zwar in diesem Akt des Vertrauens selber austauschbar, doch als funktionales Äquivalent nur insofern, als Mammon sich eine Funktion aneignet und der Mensch auf diesen Mammon sein Vertrauen in eben einer Weise setzt, die der „rechte Glaube" Gott allein vorbehält und eben nicht dem Mammon zukommen lässt. Die Scheidelinie Gott/Götze verläuft keineswegs zwischen christlichem Glauben und anderen religiösen Überzeugungen, sondern quer zu diesen. Luther argumentiert nun keineswegs zeit- und kontextlos theologisch, sondern gerade „angesichts des Kapitalismus" (Marquardt 1983, S. 205; so auch Prien 1992; Duchrow 1986, S. 79 ff.; Segbers 2001, S. 290-296 gegen Wagner 1984, S. 98 ff.). Hellsichtig analysiert Luther den frühkapitalistischen Kontext und deutet ihn theologisch als eine neue Möglichkeit, einen Gott haben zu können, nämlich einen Geld-Gott. Nach Luther ist diese theologische und nicht nur ethische Reflexion der Geldverhältnisse lange nicht mehr rezipiert worden. Doch jetzt in Zeiten der Zivilreligion des Kapitalismus, wo das Geld zur alles bestimmenden Wirklichkeit avanciert ist, kann Luthers Unterscheidung zwischen Gott und Geld-Gott Mammon aufgegriffen werden.

Kapitalismuskritik als Religionskritik

Wenn die Bibel von Götzendienst spricht, dann wird die Herrschaft der Objekte über die Subjekte als Götzendienst definiert. Eine solche Religionskritik differenziert zwischen einer fetischisierten (götzenhaften) und humanisierten Transzendenz. Zwischen dem biblischen Kampf gegen die Götzen und der marxistischen Kritik des Geld- und Warenfetischismus bestehen auffallende Affinitäten, die Marx durch oft verwendete, wenngleich auch in der Marxrezeption kaum beachtete, biblische Bilder und Begriffe in seiner Kapitalismuskritik nahe legt. Baal, das Goldene Kalb, Mammon sind einige dieser theologischen Metaphern, die Marx im *Kapital* und in anderen ökonomischen Schriften immer wieder benutzt, um das Wesen des Kapitalismus als Götzendienst von Geld, Ware, Profit, Markt oder Kapital zu bezeichnen. Die Börse wird „Tempel von Baal" oder von „Mammon" genannt. Noch wichtiger sind die vielen Stellen, wo er das Kapital als einen Götzen beschreibt, der Opfer verlangt.

Marx vertritt die Ansicht, dass der moderne Götzendienst des Kapitalismus vielleicht noch ärger sei als der archaische: „Man hat ein Idol aus diesen Metallen (Gold und Silber) gemacht [...] um sie zu *Gottheiten* zu machen, denen man mehr

Güter und wichtige Bedürfnisse und sogar Menschen geopfert hat und immer noch opfert, als jemals das blinde Altertum seinen falschen Göttern geopfert hat" (Marx MEW 13, S. 103). Für Marx gehört Götzendienst also keineswegs in eine bereits überwundene vormoderne oder unaufgeklärte Epoche der Menschheitsgeschichte. Der zentrale Begriff der Marxschen Kapitalismuskritik ist eine theologische Metapher: *Fetischismus*. Geld besitzt die Fähigkeit, sich jeden Wert einverleiben und in einen Geldwert umwandeln zu können. Bereits beim jungen Marx heißt es: „Das Geld ist der eifrige Gott Israels, vor welchem kein anderer Gott bestehen darf. Das Geld erniedrigt alle Götter des Menschen – und verwandelt sie in eine Ware" (Marx MEW 1, S. 374).

In der Moderne findet ein folgenreicher Paradigmenwechsel statt, den der Wirtschaftshistoriker Tawny so beschreibt: „Gerade das Bestreben, das die moderne Gesellschaft als verdienstlich ansieht, nämlich den irdischen Reichtum unablässig und grenzenlos zu mehren, verurteilte der Denker des Mittelalters als sündhaft, und die Laster, die er am leidenschaftlichsten anprangerte, gehörten zu den edleren und feineren wirtschaftlichen Tugenden einer späteren Zeit" (Tawny 1946, S. 50). Die klassische politische Ökonomie im 17./18. Jahrhundert begann, die Habsucht in der Gestalt des Eigennutzes als Antrieb des Menschen zu wirtschaftlichem Handeln positiv zu werten, betonte die vorteilhaften Auswirkungen des individuellen Gewinnstrebens für die Gesamtheit und deutete Gewinnstreben zu einem wünschenswerten sozialen Verhalten um.

Die philosophischen und religiösen Traditionen seit dem Aufkommen der Geldwirtschaft in der Antike wissen noch um die Gefährdung durch eine grenzenlose Kapitalvermehrung. Zahlreich sind deshalb die Klagen in der Antike über die negativen Folgen des Geldsystems, wie einige Stimmen aufzeigen sollen: „Das Verlangen nach Geld wird von Silber und Gold nicht gestillt und die Habgier hört nicht auf, das Mehr zu erwerben" (Plutarch, Über die Liebe zum Reichtum, Mor 523 E). Publius Syrus (1. Jh.) überliefert den sprichwörtlichen universalen Anspruch des Geldes: „Pecunia una regimen est rerum omnium. – Geld regiert die Welt". „Für den Reichtum liegt bei den Menschen keine sagbare Grenze vor", sagt bereits Solon (ca. 640 - ca. 560 v. Chr.), und Aristoteles, der Solon zitiert, fügt hinzu: „Alle Geschäftemacher nämlich wollen ins Unbegrenzte hinein ihr Geld vermehren" (Aristoteles, Politik, A 9 p 1257 b 30 ff.). Die Bibel unterscheidet sich in keiner Weise von dieser vorherrschenden Einschätzung des Geldes in der Antike: „Wer das Geld liebt, bekommt vom Geld nie genug" (Pred. 5,9). „Bewahret euch vor Geldgier" (Altjüdisches Schrifttum, Testament der zwölf Patriarchen, Juda 18,1). Die biblische Tradition geht über jene ethische Bewertung der Geldgier hinaus, wie sie in der Antike allenthalben zu finden ist. Das Geld trete an Gottes Stelle, heißt es in der jüdischen Literatur: „Die Geldgier, meine Kinder, führt zu den Götzenbildern hin; durch Geld verführt, benennt sie ja Götter, die keine sind. Sie macht den, der sie hat, verrückt" (Altjüdisches Schrifttum, Testament der zwölf Patriarchen, Juda 19,1). Diese Kritik der lebensweltlichen und gesellschaftlichen Dominanz des Geldes findet sich auch in neutestamentlichen Schriften (Mt 6,24; Lk 16,13; Kol 3,5; Eph 5,5). Wann immer Geld eine Funktion und Bedeutung bekommt, die über die des Rechnens und Tausches hinausgeht, und Geld zu einer alles bestimmenden Wirklichkeit mutiert, wird diese einhellig in der Antike ethisch disqualifiziert und darüber hinaus in der biblischen Tradition theologisch als Mammon/Götze abgewehrt. Die neutestamentlichen Schriften fassen ökonomische Entfremdung als eine religiöse Entfremdung, als Fetischdienst auf, wenn es heißt: „Niemand kann zwei Herren dienen [...] Ihr könnt nicht Gott dienen und dem Mammon" (Mt 6,24). Mit Gott und Mammon werden konkurrierende Gottesverständnisse thematisiert, wobei wohl erstmals in der Geschichte Geld eben als ein „falscher" Gott bezeichnet wird, der real und gleichsam mit Händen zu fassen, die Gesellschaft dominiert. Indem scharf zwischen Gott und dem Götzen Mammon differenziert wird, wird zugleich ausgesagt, dass zwischen diesen beiden Größen nur das Verhältnis des Widerspruchs bestehen kann.

Die biblische Mammonkritik sagt mehr aus als die seit der antiken Zeit umlaufende und stets zutreffende Redewendung, dass Geld die Welt regiert. Sie analysiert den Geldmechanismus, insofern er sich dominierend auswirkt und bewertet diesen Sachverhalt ethisch und theologisch. „Götze" ist also eine system-analytische Kategorie in einer wertenden und ethisch-theologischen Sprache und will aussagen: Das Geldsystem des Mammon herrscht dann, wenn die permanente Geldvermehrung als oberstes Ziel akzeptiert und entsprechend gehandelt wird. Nicht ein Wesen oder eine Natur des Geldes an sich kommt also zum Vorschein, sondern eine potenzielle Funktion und Auswirkung, die zugelassen wird. Die Kritik des Götzendienstes erreicht zweierlei: Sie identifiziert den falschen Gott, der zu Unrecht zu einer alles bestimmenden Wirklichkeit gemacht worden ist und inspiriert zu einem Widerstand gegen die dominierende Geldmacht, den Mammon. Die Rede von Gott und Geld/Mammon im Sinne konkurrierender Gottesverständnisse zeigt, dass die Dominanz der Geldlogik modern nur in ihrer Komplexität ist, aber sonst als Problem bis in die Zeiten der Anfänge der Geldwirtschaft zurückreicht.

Die Götzenkritik erlaubt, die tatsächlich herrschende, wenngleich auch verheimlichte Religion im Kapitalismus zu offenbaren: die ungehinderte und grenzenlose Kapitalvermehrung. Der Neoliberalismus hat einen Geist entfesselt, den seit alters her die Religionen bändigen wollten, um eine Logik der Humanität gegen die Logik des Geldes politisch, ökonomisch und sozial durchzusetzen.[2]

---

2 In der biblischen Tradition hat sich diese Einsicht in einem Zinsverbot und Schuldenerlass niedergeschlagen (Dtn 15,1 ff.; Ex 22,25; Lev 24,35 ff.; Dtn 23,20 f.). Diese beiden Instrumente greifen in die Mechanismen einer Geldwirtschaft ein. Der Eingriff erfolgt aus einer Logik der Humanität heraus, die den zu unterstützen gebietet, der in Not geraten ist. Der zentrale Einwand gegen Zinsnahme besteht darin, dass Notsituationen, in denen Darlehenszinsen verlangt werden, ausgenutzt werden (vgl. Segbers 2002, S. 192 ff., 390 ff.). Ein Zinsverbot gibt es auch bei Aristoteles. Die bis in die Neuzeit hineinreichende kirchliche Tradition eines Zinsverbotes greift argumentativ auf Aristoteles zurück,

Götzenkritik des Marktes

Götzenkritik im biblischen Verständnis begegnet allen Religionen – auch der eigenen – mit einem mythenkritischen Vorbehalt und reicht deshalb weiter als eine Entmystifizierung der Religion, wie sie im Erbe der europäischen Aufklärungstradition vorgenommen wurde. Radikaler als der Rationalitätstypus der Aufklärung enthält eine solche Religionskritik eine Kritik *aller* Mythen. Die emanzipatorischen Ideen der Aufklärung bergen die Gefahr in sich, zugleich auch jenen Referenzrahmen zu beseitigen, der die Wahrnehmung von Götzen überhaupt erst ermöglicht. Mit der Entmystifizierung der Religion kommt nämlich nicht zwangsläufig auch die Negation Gottes in Gestalt der Götzen in den Blick; es könnte sogar sein, dass sie ungestörter herrschen können, da der kategoriale Rahmen zu ihrer Wahrnehmung mit der Entmystifizierung der Religion nicht mehr präsent ist. Die biblische Mythenkritik verfolgt insofern ein aufklärerisches Interesse, als sie die Unterscheidung zwischen Gott und Götzen zum Thema macht. Mit der Kritik am Götzendienst wird eine destruktive Ideenmacht zur Sprache gebracht, die auch mit einem säkularen Anspruch auftreten kann.[3]

Von einem solchen hermeneutischen Ausgangspunkt her muss ein aufgeklärter Atheismus der Moderne keineswegs so religionslos sein, wie er sich gibt. Der liberale Ökonomen Alexander Rüstow war es, der auf eine, wenn auch verdeckte, so doch nicht weniger wirkmächtige Religion, nämlich eine „Wirtschaftstheologie" (Rüstow 1945, S. 11 f.), hingewiesen hat, die einen „Gott der Waren" (Marx MEW 42, S. 148) verehrt. Der vermeintlich säkularen Moderne ihre Säkularität nicht zu glauben, wird deshalb zu einer ideologiekritischen *und* theologischen Aufgabe.

Wagner kommt zu dem Ergebnis, dass sich „unter dieser Bedingung der geldgesteuerten Gewinnmaximierung [...] die selbstzweckhafte Freiheit des Menschen nicht adäquat realisieren" (Wagner 1984, S. 50) lasse. Wenn Wagner von einer „Universalität, Omnipräsenz und Omnipotenz des Geldes" (Wagner 1984, S. 144) spricht, dann stellt sich die Frage, wie in einem solchermaßen gekennzeichneten System des Geldes humane Freiheit und demokratisch legitimierte Gestaltungsräume möglich sind. Als ein markantes Beispiel kann ein Beitrag von Rolf Breuer,

---

3 Agnes Heller, Schülerin von Georg Lukács, trifft im Interesse der Freiheit des Menschen eine Unterscheidung in der Religion, die jener zwischen Gott und Götzen vergleichbar ist: „Die Tür bleibt geöffnet, solange es Männer und Frauen gibt, die sie offen halten. Der leere Stuhl wartet auf den Messias. Wenn jemand diesen Stuhl besetzt, kann man sicher sein: es handelt sich dabei um den pervertierten oder verlogenen Messias. Wenn jemand den Stuhl wegnimmt, dann ist die Vorführung zu Ende und der Geist wird die Gemeinde verlassen. Die Politik kann diesen Stuhl nicht gebrauchen; aber solange man den Stuhl belässt, wo er ist, genau im Zentrum des Raumes, wo er in seiner warnenden, vielleicht sogar pathetischen Leere fixiert bleibt, müssen die politischen Handlungsträger sein Dasein immer noch in Rechnung stellen. Zumindest steht es ihnen frei, sein Dasein in Rechnung zu stellen. Alles übrige ist Pragmatismus." (Heller 1997, S. 87)

dem Chef der Deutschen Bank, gelten, in welchem er darlegt, dass es allein richtig und wohlstandsfördernd sei, die Demokratie den Interessen der Kapitalverwertung unterzuordnen: „Gemäß der Logik der Marktwirtschaft führen die individuellen Aktionen einzelner Kapitalanbieter und – nachfrager dabei im Ergebnis zu einer Erhöhung der gesamtwirtschaftlichen Wohlfahrt. [...] Offene Finanzmärkte erinnern Politiker allerdings vielleicht etwas häufiger und bisweilen etwas deutlicher an diese Zielsetzung (i.e. Wohlstand und Wachstum, F.S.), als die Wähler dies vermögen. Wenn man so will, haben Finanzmärkte quasi als 'fünfte Gewalt' neben den Medien eine wichtige Wächterrolle übernommen [...] vielmehr müssen sich die Regierungen nach den Wünschen der Anleger richten. [...] Die autonomen Entscheidungen, die Hunderttausende von Anlegern auf den Finanzmärkten treffen, werden im Gegensatz zu den Wahlentscheidungen nicht alle vier oder fünf Jahre, sondern täglich gefällt, was Regierungen ständig unter einen erheblichen Erklärungszwang setzt" (Breuer 2000).

Ein Glaube spricht sich hier aus: Die „Logik der Marktwirtschaft", jene säkularisierte unsichtbare Hand, garantiert Wohlstand, der so sicher kommt wie das Amen in der Kirche. Deshalb kann man die gesellschaftliche Entwicklung getrost diesem wohlwollenden Mechanismus anvertrauen, der letztlich demokratische Kontrolle der Bürgerinnen und Bürger zu ihrem eigenen Nutzen überflüssig macht, denn viel besser sei es, dem Markt diese Aufgabe zu übertragen. Der Kapitalmarkt wird zu einer Instanz, welche die tatsächliche Demokratisierung der Gesellschaft gewährleisten soll. Wahlen üben nur sporadisch und zudem höchst unvollkommen die demokratische Kontrolle aus, doch der Finanzmarkt wache unablässig über die Politik zum Wohl der Bürger. Im Geldsystem findet also so etwas wie eine moralische Selbstorganisation der Gesellschaft statt. Demokratisch gewählte Regierungen tun deshalb gut daran, sich der Kontrolle durch die Finanzmärkte zu unterwerfen, denn außerhalb des Markts gibt es kein Heil. Der Kapitalmarkt ist ein eifernder Gott, der keine Konkurrenz oder Dreinrede durch die Politik duldet. Wenn allerdings die Politiker meinen, in die Märkte hereinregieren zu sollen, dann versündigen sie sich und verspielen zum eigenen Schaden den Segen des Marktes. Demokratie, gesellschaftliches Interesse und das Interesse der Kapitalvermehrer koinzidieren. Macht und Herrschaft gibt es nicht mehr – nur eine automatische „Logik der Marktwirtschaft" bleibt, die es gut mit den Menschen meint. Die Rede vom Kapitalmarkt macht die Akteure auf diesen Markt unsichtbar. Deren sichtbare Hand einer durchaus interessengeleiteten Kapitalvermehrung verschwindet hinter der unsichtbaren Hand eines anonymen und subjektlosen Finanzmarktes. Der Börsenplatz ersetzt das demokratisch gewählte Parlament und entscheidet über die gesellschaftliche Entwicklung. Die Götzendiener des Neoliberalismus sind weltweit auf der Suche nach günstigen Bedingungen für die Kapitalanlage. Sie belohnen günstige und bestrafen ungünstige Kapitalverwertungsbedingungen. Und sie preisen den Börsenkurs, der ununterbrochen rund um den Globus bei Tag und bei Nacht über das Wohl der Menschen wacht und unbotmäßige Politiker im Interesse aller abstraft – gerade so wie der Psalmist besingt: „Gott, der Hüter Israels, schläft und schlummert nicht" (Ps 121,4).

Insbesondere den Theologien der Dritten Welt wie der Theologie der Befreiung ist zu verdanken, dass die marxschen Kategorien der Kapitalismuskritik religionskritisch gewendet zum Thema der Theologie gemacht wurden. In dem Buch *Die Götzen der Unterdrückung und der befreiende Gott* heißt es: „Die zentrale Frage heute in Lateinamerika ist nicht die Frage des *Atheismus,* das ontologische Problem, ob Gott existiert oder nicht. [...] Die zentrale Frage ist der *Götzendienst* als die Verehrung der falschen Götter des Systems der Unterdrückung. Tragischer als der Atheismus ist der Glaube an die falschen Götter des Systems und das Hoffen auf sie. Jedes System der Unterdrückung kennzeichnet sich genau dadurch, daß es Götter schafft und Götzen hervorbringt, die Unterdrückung und Lebensfeindschaft heiligen. [...] Die Suche nach dem wahren Gott in diesem Kampf der Götter führt uns zu der gegen den Götzendienst gerichteten Einsicht über die falschen Götter, über die Fetische, die töten, und ihre religiösen Waffen des Todes. Der Glaube an den befreienden Gott, an den, der sein Antlitz und sein Geheimnis im Kampf der Armen gegen die Unterdrückung offenbar macht, verwirklicht sich notwendigerweise in der Verneinung der falschen Götter und der Abkehr von ihnen. *Der Glaube kehrt sich gegen den Götzendienst"* (Assmann/Hinkelammert 1984, S. 9 f.; auch: Assmann/Hinkelammert 1992; Duchrow 1986, 1994; Kern 1992; Ruster 2000; Segbers 2002). Die Religiosität, die sich als Teil der modernen kapitalistischen Welt entwickelt hat, ist ein politisches, gesellschaftliches, soziales und auch theologisches Problem. „Die Gottesfrage als Problematik für die Christen kann man theologisch nur aus einer politischen Perspektive der Auseinandersetzung mit dem religiösen System des heutigen Kapitalismus angehen" (Richard 1984, S. 12).

Die biblischen Aussagen über Götzendienst stehen zumeist in einem Zusammenhang mit dem Widerstand gegen Unterdrückung. Im Sinne dieser Tradition spricht Richard in seiner theologischen Kapitalismuskritik von einem Kampf „gegen den Götter-Olymp des kapitalistischen Systems" (Richard 1984, S. 13). Den religiösen Charakter des freien Marktes hatte bereits 1945 Alexander Rüstow in seiner leider zu Unrecht in Vergessenheit geratenen Studie *Das Versagen des Wirtschaftsliberalismus als religionsgeschichtliches Problem* (Rüstow 1945) überzeugend herausgearbeitet. Smith sah nach deistischer Überzeugung in der Welt ein göttliches Wesen wirksam, „dessen Wohlwollen und Weisheit seit aller Ewigkeit die ungeheure Maschine des Weltalls so ersonnen und gelenkt hat, daß sie zu allen Zeiten das größtmögliche Maß von Glückseligkeit hervorbringe" (Smith 1949, S. 299). Eine „Vorsehung" (Smith 1949, S. 231) leite in Güte das Weltgeschehen. Ihr sei es deshalb zu verdanken, dass egoistisches Verhalten am Markt in Gemeinwohl umgewandelt werde. Wer seinen eigenen Gewinn vergrößern wolle, werde „von einer unsichtbaren Hand geleitet, um einen Zweck zu fördern, den zu erfüllen er in keiner Weise beabsichtigt hat" (Smith 1978, S. 371). Die unsichtbare Hand wandelt das scheinbare Paradox des individuellen wirtschaftlichen Egoismus in Gemeinwohl um: „Sie (die Reichen, F.S.) werden von einer unsichtbaren Hand dazu geführt, nahezu die gleiche Verteilung lebensnotwendiger Güter vorzunehmen, die gemacht worden wäre, wenn die Erde zu gleichen Teilen unter all ihre Bewohner aufgeteilt worden wäre, und so fördern sie, ohne es zu beabsichtigen, ohne es zu wissen, das Interesse der Gesellschaft und bringen die Mittel zur Vermehrung der Gattung auf" (Smith 1949, S. 231).

Dieses Vertrauen auf eine wohlstandsfördernde „unsichtbare Hand" ist es, die Rüstow von einer „Wirtschaftstheologie" (Rüstow 1945, S. 11 ff.) sprechen lässt, die in nichts anderem besteht als in einer Abwehr jeglicher politischen Verantwortung für die Ökonomie, da sie doch selbstregulierend sei. Ähnlich nennt Galbraith die liberale Ökonomie „ein im konservativen Sinne nützliches Glaubenssystem, das diesen Glauben wie eine Wissenschaft verteidigte" (Galbraith 1973, S. 59). Dem Sinn nach bildet die Überzeugung, die in der Rede von der „unsichtbaren Hand" nur ihren pointiertesten Ausdruck findet, den Kernpunkt des sozioökonomischem Denkens im Gefolge von Smith. Die Rede von der „unsichtbaren Hand" ist keineswegs nur metaphorisch gemeint, sondern drückt eine zutiefst religiöse, nämlich deistische Überzeugung aus. „Alle Ökonomen, die ihre Wissenschaft in diesem Sinne verstehen, bilden daher eine stoische Glaubensgemeinschaft und somit auch eine Werturteilsgemeinschaft par excellence" (Binswanger 1998, S. 56). Der Kapitalismus ist also bereits von seinen Anfängen her religiös fundiert. Seine religiöse Tiefenstruktur ist den Propagandisten des Neoliberalismus in Wirtschaft und Politik zwar kaum mehr bekannt, gleichwohl wirkt das Vertrauen in die segensreichen Wirkungen des freien Marktes weiterhin auch säkular fort. Das Glaubensmotiv der deistischen „unsichtbaren Hand" erfüllt auch in säkularisierter Form seine Funktion, alle Versuche des Eingriffs in das ökonomische System als sachfremd abzuwehren. An die Stelle der „alles bestimmenden Wirklichkeit Gott" (Wagner) tritt im marktradikalen Neoliberalismus eine „alles bestimmende Geld-Ökonomie", die Vertrauen, Glauben und Demut gegenüber den universal gültigen Gesetzen des eigengesetzlichen Marktes einfordert. Ein tatsächlicher Glaube äußert sich hier und nicht allein eine importierte Metaphorik.

Die Subsumtion des Neoliberalismus unter einen übergreifenden Begriff „Religion" mag problematisch erscheinen, zumal von Religion nicht in der Weise die Rede sein kann, wie in der europäischen Geistesgeschichte von Religion gesprochen wird. Erschwert wird dieser Sprachgebrauch zudem durch die Tatsache, dass die mit soziologischen, theologischen, philosophischen oder psychologischen Kategorien geführte Debatte um den Religionsbegriff bislang zu keiner allgemeingültigen und konsensfähigen Definition von Religion geführt hat (Ruster 2000, S. 8). Angesichts dieses Umstandes kann jenes Verständnis von Religion, wie es Erich Fromm sich zueigen gemacht hat, weiterführen. Fromm nimmt die mythenkritische Kraft der biblischen Tradition auf, wenn er es eine ideologiekritische Aufgabe nennt, „das Wesen der Götzen und des Götzendienstes aufzuzeigen und die verschiedenen Götzen zu identifizieren, die bis zum heutigen Tag in der Geschichte der Menschheit verehrt wurden und weiter verehrt werden" (Fromm 1989, S. 112). In der Tradition der biblischen Religions- und Götzenkritik bezeichnet er Religion als ein Glaubenssystem, das keineswegs notwendigerweise einen Gottesbegriff einschließt oder sich selbst als Religion begreift. Religion sei vielmehr „jedes von einer Gruppe geteilte System des Denkens und Handelns, das dem einzelnen einen Rahmen der Orientierung und ein Objekt der Hingabe bietet" (Fromm 1976, S. 135). Der Inhalt der Hingabe ist allerdings keineswegs spezifisch. Objekte können Tiere, Bäume, ein unsichtbarer Gott, das Geld oder der Markt sein. Dass die Götzen nicht mehr biblische Namen wie Mammon, Baal oder Moloch tragen, bedeutet keineswegs, in einer götzenfreien Gesellschaft zu leben. Da der offizielle Gegenstand der Verehrung Gott ist, können sich die realen Objekte der Verehrung in der herrschenden und allgemein verehrten Zivilreligion des Kapitalismus bedeckt halten. Die entscheidende Frage lautet deshalb keineswegs: Religion oder nicht, sondern vielmehr: „Fördert sie die menschliche Entwicklung, die Entfaltung spezifisch menschlicher Kräfte, oder lähmt sie das menschliche Wachstum?" (Fromm 1976, S. 135). Fromm verbindet den Gottesgedanken mit dem, was biblisch Götzenkritik und neuzeitlich Ideologiekritik genannt wird. „Götzendienst verlangt seinem Wesen nach Unterwerfung – die Verehrung Gottes dagegen verlangt Unabhängigkeit" (Fromm 1989, S. 111). Das Götzenkriterium fungiert als eine religionsimmanente systematische Kritik destruktiver Religion und bezieht sich keineswegs lediglich abwertend auf die Fremdreligion eines anderen Volkes. Götzenkritik ist Religionskritik; eine Kritik der Religion des Christentums selber wie auch anderer Religionen und schließlich auch Kritik jener Religion des Kapitalismus, die sich als solche nicht zu erkennen gibt. Zentral und von ausschlaggebender Bedeutung ist dabei, dass das Götzenkriterium ein unterscheidendes Merkmal einführt: Religion, die der Humanität und dem Leben dient, verehrt Gott; Religion jedoch, die destruktiven Mächten nutzt, ist Götzendienst.

Die Frage nach Gott und Götzen meint in der Sache: Auf wen oder was wird ein unbedingtes Vertrauen gesetzt? Wer oder was ist Objekt der Hingabe? Aufklärung im mythenkritischen Erbe der biblischen Götzenkritik kann einen objektiven Blick auf die „Religion des Alltagslebens" (Marx MEW 25, S. 838) einer sich säkular und aufgeklärt wähnenden Gesellschaft werfen. Auf diesem Hintergrund verwundern die religiösen und theologischen Begriffe keineswegs, derer sich Hayek und andere neoliberale Theoretiker bedienen. Sie können vielmehr als Beleg einer tiefgründigen religiösen Metaphysik oder einer ausdrücklichen „Wirtschaftsethologie" (Rüstow) gewertet werden. So spricht Hayek von einer „Demut gegenüber den Vorgängen" (Hayek 1952, S. 47) des Marktes. Jene Haltung „demütiger Ehrfurcht, die die Religion [...] einflößte" (Hayek 1971, S. 254), sollen Menschen in gleicher Weise dem Markt gegenüber aufbringen. Aber nicht nur eine Haltung der Demut ist gefordert; Hayek bestaunt auch den sich selbst regulierenden Markt als ein „Wunder": „Ich habe absichtlich das Wort 'Wunder' gebraucht, um den Leser aus der Gleichgültigkeit herauszureißen, mit der wir oft das Wirken dieses Mechanismus als etwas Selbstverständliches hinnehmen" (Hayek 1952, S. 116). Die theologischen Begriffe wie „Demut", „Wunder des Marktes", „Glaube an den Markt", „Vertrauen" sollen dem Markt eine sakrosankte und unveränderbare Eigenschaft zuschreiben. Wie in der Religion Gott dem Einfluss des Menschen entzogen ist, so sind auch die Geldverhältnisse dem Einfluss des Menschen entzogen. Steuernde Eingriffe, die verändern, die den unterstellten Selbstlauf korrigieren, gelten als Gotteslästerung. Die wohlwollende Güte des Marktes, der vertrauende Unterwerfung einfordert, hat den wohlwollenden Gott ersetzt. Jede Dollar-Note bekennt mit der Aufschrift *„In God we trust"*. Der brasilianische Theologe koreanischer Herkunft Jung Mo Sung deutet dies so: „Das macht deutlich, daß das Vertrauen in das Geld und den Markt genauso grundlegend ist wie das Gottvertrauen, denn letztlich wurde der Markt in die Sphäre der Götter erhoben. Das nennen die Befreiungstheologen den Götzendienst des Marktes" (Jung Mo Sung 1997, S. 611).

Handelt es sich nun bei der Rede vom Götzen Markt oder vom Mammon nur um theologische Metaphern, oder fordern Markt und Geld in gleicher Weise, was die Religion von ihren Gläubigen erwartet? Ist die Religion des Geldes mithin in einem strengen theologischen Sinn Religion oder handelt es sich nur um einen illegitimen Import theologischer Begriffe? Die biblische Unterscheidung zwischen einer fetischisierten (götzenhaften) und humanisierten Transzendenz macht den latent religiösen Charakter des Kapitalismus sichtbar, der seine zentrale Funktion unkenntlich, unveränderbar und unangreifbar machen will: die unendliche Kapitalvermehrung. Das Kapital soll zur alles bestimmendes Wirklichkeit avancieren, vor dem „alle Welt die Knie beugen" (Jes 44,15) soll. Das Kapital soll dominieren. Die biblische Mythenkritik wird also dort ideologiekritisch aktuell, wo Menschen sich durch „Machwerke ihrer Hände" (Jes 17,8) wie das Geldsystem beherrschen lassen. Die Kritik der Götzen wendet sich gegen die Unterwerfung der Menschen unter selbstgeschaffene Instanzen wie jene eines Wirtschaftssystems, eines Geld- oder Kapitalmarktes. Dabei ist zu beachten, dass die theologische Gleichsetzung von Fetischismus des Kapitals mit Götzendienst gerade nicht auf ein subjektiv religiöses und religionssoziologisch beschreibbares Verhalten abheben will. Sie zielt vielmehr auf „den objektiven Gegensatz von Eigengesetzlichkeit des Kapitalismus und Gottes befreiender Gegenwart in der Geschichte, unabhängig davon, wie dieses Verhalten subjektiv gedeutet wird. [...] Behauptet wird nicht, daß der Kapitalismus Religionsersatz sei, sondern vielmehr, daß er Götzendienst ist. Diese beiden Aussagen befinden sich auf einer grundsätzlichen anderen Ebene" (Kern 1992, S. 207).

Im Akt des demütigen Vertrauens als einem genuin religiösen Akt zeigt sich eine Strukturanalogie zwischen dem Vertrauen auf Gott in der Religion und dem Vertrauen auf das Geld. Diese Strukturanalogie bestätigt sich in der Verwendung religiöser und theologischer Begriffe durch neoliberale Theoretiker. Der Kapitalismus ist Religion, nicht lediglich religionsähnlich. Sein Kult ist die Kapitalvermehrung. Ist der Kapitalismus eine Religion, dann ist das Geld sein Gott. Die Kritik am Mammon ist ein genuines Thema der Theologie, die Aspekte dieses Phänomens zur Sprache bringen kann, zu der ökonomische oder sozialwissenschaftliche Analysen nicht in gleicher Weise Zugang haben.

Politik aus der Kritik des Mammon

Durch moralische Appelle oder gut gemeinte Maximen eines rechten Umgangs mit Geld wird die alles bestimmende Wirklichkeit des Geldes nicht einzuschränken sein. Der Kampf gegen die mit Mammon angesprochene Dominanz der Geldlogik gegenüber der Lebenswelt bewegt sich auf zwei Ebenen: auf einer theoretischen Ebene, auf der Götzendienst im Geldsystem wahrgenommen, durchschaut und delegitimiert wird, und auf einer praktischen Ebene des Kampfs gegen die destruktiven Mächte eines Geldsystems.

Zunächst zur theoretischen Kritik: Der biblische Gottesgedanke durchbricht den Mythos der fatalen, schicksalsbestimmenden Eigengesetzlichkeit und Unveränderbarkeit, mit dem sich die bürgerliche Zivilreligion des Kapitalismus umgibt. Die Unterscheidung von Gott und Mammon kann aufzeigen, wann und wo kapitalistische Entwicklung lebensdienlich oder lebenszerstörerisch auftritt. Vor allem aber verhindert sie, dass diejenigen, die dem Götzen Mammon zum Opfer gebracht werden, ihr Schicksal auch noch als unumgänglich oder quasi naturgesetzlich auf sich nehmen sollen. Die Götzenkritik verfügt also über eine analytische und eine normativ-wertende Kraft und besagt: Der Mammon-Götze ist destruktiv und die geforderten Opfer des Kults der Religion des Kapitalismus sind nicht zwangsläufig, sondern verschuldet und verantwortet.

Im praktischen Widerstand gegen den Mammon will die Götzenkritik ihren Beitrag dazu leisten, dass Mammon nicht herrscht. Legitimierung, Demokratisierung und Kontrolle der Geldherrschaft sind der politische Weg des Widerstandes gegen den Geld-Götzendienst. Praktisch wird die Götzenkritik in Zeiten der Globalisierung im Widerstand gegen entfesselte Finanzmärkte und ihre Ideologien und Institutionen wie IWF oder Weltbank.[4] Sie mündet in Forderungen nach Instrumentarien wie der Tobin-Steuer, einer Devisenumsatzsteuer auf alle Kapitaltrans-

---

4 Vgl. Initiativen oder NGO wie ATTAC, welche die Totalität des dominierenden Geldsystems durchbrechen wollen (www.share-online.de/Finanzmaerkte bzw. www.attac.org). ATTAC wendet sich gegen die Macht der Finanzmärkte, welche die Demokratie untergräbt und fordert internationale politische Regulierungen zur Zähmung entfesselter Marktkräfte, um das destruktive Potenzial einzudämmen. ATTAC versteht sich als Bewegung für die demokratische Kontrolle der Finanzmärkte. Deshalb fordert ATTAC u.a.: Die Tobin-Tax zur Einführung einer Steuer auf internationale Finanztransaktionen, die demokratische Umgestaltung internationaler Finanzinstitutionen, die stärkere Besteuerung von Kapitaleinkünften.

aktionen. Dieser Vorschlag zielt darauf, die Finanzspekulationen zu bremsen und gleichzeitig mit der erzielten Steuer einen Weltsozialfonds zu finanzieren, der den Reichtum vom Norden in den Süden umverteilt. Der Bericht von 1999 des Entwicklungsprogramms der UN (Development Programme der UN) verweist auf eine wachsende globale Kluft zwischen Arm und Reich: In etwa 85 Ländern gehe es den Menschen in mehrfacher Hinsicht schlechter als noch vor zehn Jahren. Die 200 reichsten Personen der Welt hätten ihre Nettovermögen in den vier Jahren zwischen 1994 und 1998 verdoppelt. Das Gesamtvermögen der drei reichsten Milliardäre übersteige das Bruttosozialprodukt von 600 Millionen Menschen in den am wenigsten entwickelten Ländern. Weiter heißt es im Bericht der UNO: Die 225 reichsten Personen der Welt besitzen soviel wie 47 Prozent der Weltbevölkerung (UNDP 1999).

Erinnert sei abermals an Rüstow, einem der Vordenker eines regulierten Kapitalismus, der den lebensdienlichen Aspekt der Wirtschaft in einer geradezu klassischer und angesichts heutiger Realität doch so fremdartig klingenden Weise formuliert hat: „Da die Wirtschaft um des Menschen willen da ist, und nicht der Mensch um der Wirtschaft willen, so ist die Vitalsituation des wirtschaftenden Menschen ein überwirtschaftlicher Wert; die Wirtschaft ist Mittel, die Vitalsituation aber Zweck" (Rüstow 1945, S. 91). Diese Grundeinsicht rückt die „Vitalsituation", also die Lebensverhältnisse und nicht die Geldverhältnisse, ins Zentrum. Für unseren Zusammenhang bedeutet dies: Der Weltwährungsfonds, die Weltbank und andere Finanzinstitutionen müssen dergestalt lebensdienlich reguliert und demokratisiert werden, dass die Überlebensbedingungen von Mensch und Natur und nicht allein das Interesse an grenzenloser Kapitalvermehrung garantiert werden.

Als maßgebende unternehmenspolitische Programmatik gilt heute die Orientierung an der Maxime des *Shareholder Value*. Die Gewinnerwartung der Kapitalgeber wird zum ausschließlichen Kriterium erfolgreicher Unternehmenstätigkeit. Das Konzept rechtfertigt sich nicht zuletzt durch die angebliche Übereinstimmung der Anlegerinteressen mit dem gesamtgesellschaftlichen Wohl. Gemessen wird der *Shareholder Value* an der Börsenkapitalisierung der Firmen. Befriedigt der Aktienkurs nicht die Gewinnerwartung der Kapitaleigner, werden insbesondere die abhängig Beschäftigten zu Opfern gezwungen: Rationalisierung, Lohnkostensenkungsprogramme oder *Down-sizing* erscheinen als Sachzwänge. Als 1996 die Arbeitslosenquote eine Rekordmarke erreichte, meldete die Börse eine Höchststand der Aktienkursnotierungen, den die Frankfurter Rundschau so kommentierte: „Der Deutsche Aktienindex (DAX) stieg [...] höher als je zuvor [...] In das Zinsszenario passten auch die höheren Arbeitslosenzahlen" (FR, Nr. 8 vom 10.1.1996, S. 13). Deshalb kann es heißen: „Umbau bei Hoechst entzückt die Anleger und verschreckt Beschäftigte" (FR, vom 18.12.1996, S. 15). Die Selbstbehauptung der Kapitalinteressen gibt sich als alternative und zudem Erfolg versprechende Wohlfahrtsperspektive für alle aus. Dass sich mit der Steigerung des Börsenwertes gesamtgesellschaftlich nachteilige Wirkungen einstellen, dass die Arbeitslosigkeit steigt, gesicherte und verlässliche Arbeits- und Einkommensbedingungen unter Druck geraten, wird systematisch ausgeblendet und ignoriert. Die vorgebliche Alternativlosigkeit der Ideologie des Shareholder value verdeckt das durchaus eigennützige Interesse der Shareholder und Topmanager an der Maximierung ihrer Gewinne und Bezüge.

Wie die im Namen der Geldreligion eingeforderten Opfer real sind, so ist auch die Geldreligion keineswegs nur metaphorisch, sondern höchst real. Im neoliberalen Konzept der Globalisierung wurde der Mammon global inthronisiert. Die Strukturanpassungsauflagen des IWF oder der Weltbank erzwingen den Abbau von sozialen Rechten, Schließung von Schulen und Krankenhäusern, führen zu Verarmung und Arbeitslosigkeit. Sie haben tödliche Konsequenzen, zerstören Menschen und die außermenschliche Natur in wachsendem Maße. Es handelt sich um tatsächliche und nicht nur symbolische Menschenopfer im Namen einer Religion des Kapitalismus, legitimiert durch Dogmen einer Geldreligion, die andere Maßstäbe als jene der Kapitalvermehrung für unsachgemäß hält und als unzulässig abwehrt. In Lateinamerikas Theologie ist deshalb auch von einem Opferkapitalismus die Rede.

Die Alternative Gott *oder* Mammon will zu einer Entscheidung zwischen Gott und dem überschätzten Mammon führen, denn nach theologischem Verständnis begegnen sich in der Konkurrenz von Gott und Mammon nicht zwei gleich potente Größen. „'Ihr könnt nicht Gott dienen *und* dem Mammon' – diese Aussage Jesu bindet aufs Engste zusammen, was die Menschen damals wie heute lieber auseinander halten wollen: die theologische Frage nach Gott und wie ihm von ganzem Herzen zu dienen sei und die individualethischen, sozialen und politischen Fragen nach dem Umgang mit Geld und Besitz" (Merz 2000, S. 90). Die biblische Kritik des Mammon entmystifiziert die Macht des Geldes und zielt auf menschliche Verhältnisse, in denen Geld nicht eine alles bestimmende Wirklichkeit ist.

Literatur

Altjüdisches Schrifttum ausserhalb der Bibel, übers. und erl. von P. Riessler, Heidelberg, 3. Aufl. 1975.
Assmann, H. und F.J. Hinkelammert, 1992: Götze Markt, Düsseldorf.
Assmann, H., F.J. Hinkelammert u.a., 1984: Die Götzen der Unterdrückung und der befreiende Gott, Münster.
Benjamin, W., 1985: Gesammelte Schriften, Bd. VI, Frankfurt a.M., S. 100-103.
Bloch, E., 1977: Thomas Münzer als Theologe der Revolution, Werkausgabe Edition Suhrkamp, Bd. 2 (= Gesamtausgabe, Bd. 2.), Frankfurt a.M.
Binswanger, Hans Chr., 1998: Die Glaubensgemeinschaft der Ökonomen, in: ders., Die Glaubensgemeinschaft der Ökonomen. Essays zur Kultur der Wirtschaft, München, S. 47-64.
Breuer, R., 2000: Die fünfte Gewalt, in: DIE ZEIT, Nr. 18, S. 21 ff.

Deutschmann, Chr., 1999: Die Verheißung des absoluten Reichtums. Zur religiösen Natur des Kapitalismus, Frankfurt a.M.
Deutschmann, Chr., 2000: Geld als „absolutes Mittel". Zur Aktualität von Simmels Geldtheorie, in: Berliner Journal für Soziologie 3, S. 301-313.
Duchrow, U., 1986: Weltwirtschaft heute. Ein Feld für Bekennende Kirche?, München, S. 79 ff.
Duchrow, U., 1994: Alternativen zur kapitalistischen Weltwirtschaft. Biblische Erinnerungen und politische Ansätze zur Überwindung einer lebensbedrohenden Ökonomie, Gütersloh/Mainz.
Fromm, E., 1976: Haben oder Sein. Die seelischen Grundlagen einer neuen Gesellschaft, Stuttgart.
Fromm, E., 1989: Ihr werdet sein wie Gott. Eine radikale Interpretation des Alten Testaments und seiner Tradition, in: ders., Gesamtausgabe Bd. VI, S. 83-226.
Galbraith, J.K., 1973: Volkswirtschaftslehre als Glaubenssystem, in: Seminar: Politische Ökonomie. Zur Kritik der herrschenden Nationalökonomie, hrsg. von W. Vogt, Frankfurt a.M., S. 56-79.
Günther, H., 1994: Voltaire wird wieder jünger, in: Freibeuter 62, S. 3-10.
Hauck, F., 1942: mamonas, in: Theologisches Wörterbuch zum NT.
Hayek, F.A., 1952: Individualismus und wirtschaftliche Ordnung, Erlenbach-Zürich.
Hayek, F.A., 1971: Der Weg zur Knechtschaft, 2. Aufl., München.
Heller, A., 1997: Politik nach dem Tod Gottes, in: Bilderverbot. Jahrbuch Politische Theologie, Bd. 2, Bochum, S. 68-87.
Jung Mo Sung, 1997: Das Böse in der Ideologie des freien Marktes, in: Concilium 33, S. 606-614.
Kern, B., 1992: Theologie im Horizont des Marxismus. Zur Geschichte der Marxismusrezeption in der lateinamerikanischen Theologie der Befreiung, Mainz.
Luhmann, N., 1993: Wirtschaftsethik – als Ethik, in: J. Wieland, Wirtschaftsethik und Theorie der Gesellschaft, Frankfurt a.M., S. 134-147.
Luther, M., 1983: Der Große und der Kleine Katechismus, ausgew. von K. Aland und H. Kunst.
Marquardt, F.-W., 1983: Gott oder Mammon. Aber: Theologie und Ökonomie bei Martin Luther, Einwürfe, Bd. 1, München, S. 176-216.
Marx, K., Das Kapital, MEW 23; 24; 25.
Marx, K., Grundrisse der politischen Ökonomie, MEW 42.
Marx, K., Zur Kritik der Politischen Ökonomie MEW 13.
Marx, K., MEW 1.
Merz, A., 2000: Mammon als schärfster Konkurrent Gottes. Jesu Vision vom Reich Gottes und das Geld, in: Severin J. Lederhilger (Hrsg.), Gott oder Mammon. Christliche Ethik und die Religion des Geldes, Frankfurt a.M., S. 34-90.
Prien, H.J., 1992: Luthers Wirtschaftsethik, Göttingen.
Richard, P., 1984: Unser Kampf richtet sich gegen die Götzen. Biblische Theologie, in: H. Assmann, F.J. Hinkelammert u.a., Die Götzen der Unterdrückung und der befreiende Gott, Münster, S. 11-38.
Richard, P., 1992: Die Anwesenheit und Offenbarung Gottes in der Welt der Unterdrückten in: Concilium 28, S. 299-306.
Rüstow, A., 1945: Das Versagen des Wirtschaftsliberalismus als religionsgeschichtliches Problem, (Istanbuler Schriften Nr. 12) Istanbul/Zürich/New York.
Ruster, Th., 2000: Der verwechselbare Gott. Theologie nach der Entflechtung von Christentum und Religion, Freiburg.
Segbers, F., 2002: Hausordnung der Tora. Biblische Impulse für eine theologische Wirtschaftsethik, 3. Aufl., Luzern.

Smith, A., 1949: Theorie der ethischen Gefühle, bearbeitet nach der letzten Ausgabe von H.G. Schachtschnabel, Frankfurt a.M.
Smith, A., 1978: Der Wohlstand der Nationen. Eine Untersuchung seiner Natur und seiner Ursachen. Aus dem Engl. übertragen und mit einer umfassenden Würdigung herausgegeben von H.C. Recktenwald, 6. Aufl., München.
Tawny, R.H., 1946: Religion und Frühkapitalismus, Bern.
UNDP, 1999: Human Development Report, Oxford/New York. (http://www.undp.org/hdro/99.htm)
Wagner, F., 1984: Geld oder Gott? Zur Geldbestimmtheit der kulturellen und religiösen Lebenswelt, Stuttgart.
Wagner, F., 1998: In den Klauen des Mammon. Die diabolischen Folgen des modernen Geld-Pantheismus, in: Evangelische Kommentare 4, S. 192-195.
Weber, M., 1991: Die protestantische Ethik, I., Eine Aufsatzsammlung, hrsg. von J. Winckelmann, 8. Aufl., Gütersloh.

III. Geld und Moderne

Rudolf Wolfgang Müller

The Coming Only is Sacred – Rush to the Future

Über Zeit, Geld und Zukunft heute

> Der Engel der Geschichte [...] das Antlitz der Vergangenheit zugewendet. [...] ein Sturm weht vom Paradiese her, der sich in seinen Flügeln verfangen hat und so stark ist, daß der Engel sie nicht mehr schließen kann. Dieser Sturm treibt ihn unaufhaltsam in die Zukunft, der er den Rücken kehrt, während der Trümmerhaufen vor ihm zum Himmel wächst. Das, was wir den Fortschritt nennen, ist dieser Sturm.
>
> Walter Benjamin

Einleitung

In diesem Aufsatz wird es vor allem um das Verhältnis von *Geld und Zeit* gehen. Beide kann man als elementare Kategorien – neben anderen – der 'modernen' Gesellschaft betrachten, die in anderen Gesellschaften eine andere, eine geringere, oder auch gar keine Rolle gespielt haben, ja noch spielen: etwa auch bei jenen Schichten zeitgenössischer Menschen, die den Zeit und Geld impliziten Normen nicht voll gehorchen. Dennoch: Vielen Menschen, gerade jenen, welche sich die moderne Rationalität energisch angeeignet haben, fällt es schwer, sich einzugestehen, dass es jene anderen Schichten (im soziologischen und psychologischen Sinn) gegeben hat und noch immer gibt. Und auch wenn das akzeptiert wird, dann oft nur unter dem Signum des 'Unterentwickelten'. Mehr noch als fürs Geld gilt für die 'Zeit', dass sie, so wie wir sie kennen, zur allgemein menschlichen Grundausstattung gerechnet wird. Dass dem nicht so ist, soll daher zunächst verdeutlicht werden.

Es geht also in diesem Aufsatz *nicht* um das vielfältig erörterte Verhältnis, das in Benjamin Franklins Diktum 'Time is Money' angesprochen ist: also nicht um deren quantitative Beziehung, in der allemal schon die Natürlichkeit der einen wie der anderen Kategorie unterstellt ist. Thema ist vielmehr die strukturelle Beziehung zwischen Zeit und Geld in der Gegenwart; sie soll an einigen der scharfsinnigen Beobachtungen *Georg Simmels* erschlossen werden. Und besonders wird es um das enorm intensivierte *Verhältnis zur Zukunft* und um die parallel dazu stattfindende *Entwertung von Vergangenheit und Gegenwart* gehen: sobald nämlich Geld *als Geld* und vor allem *als Kapital* ausschlaggebend wird. Haben sich alle bisherigen Gesellschaften wesentlich aus dem Verhältnis zur Vergangenheit, zu ihrer Herkunft und Tradition gespeist, so wird das im Kapitalismus fundamental anders: Hier ist „nur das Kommende heilig", es findet ein „pausenloser Aufbruch in die Zukunft" statt. Überzeugendster Zeuge hierfür ist *Ralph Waldo Emerson*, der das US-amerikanische Selbstbewusstsein in diesem Sinne stärker als die Gründerväter geprägt und von den europäischen Traditionen gelöst hat. Auf ihn gehen die Formulierungen des Titels zurück.[1]

Der Argumentationsgang wird also seinen Ausgangspunkt von den im vorherrschenden Bewusstsein allzu unerörtert präsenten Begriffen und Vorstellungen nehmen. Also von der Vorstellung einer Zeitlinie, und von ihrer Einteilung in drei – etwa gleichberechtigte – Modi: *Vergangenheit, Gegenwart, Zukunft*, bzw. drei Tempora: Präteritum, Präsens, Futurum – gemäß der Schulgrammatik fraglose Basis des Unterrichts in Europa seit zwei Jahrtausenden (I.).

Die vom schulgrammatischen Training befestigte Vorstellung einer ewigen Geltung solcher Begriffe von Zeit soll durch die Konfrontation mit archaischen, geldlosen Kulturen erschüttert werden – Kulturen, die sich in 'unserem' Sinn kaum für Zeit interessieren. Solche Kulturen werden im Falle afrikanischer und indianischer Traditionen lediglich gestreift, für die ausgiebig untersuchte Welt der homerischen Epen als Frühwelt der europäischen Kultur aber im Einzelnen vorgestellt. Die Hauptthese: Es gibt kaum Interesse für Zeit, und dies in einem sehr anderen Sinn; und es gibt keine von denkenden, planenden, handelnden Subjekten ins Auge gefasste Zukunft. Es handelt sich um geldlose Gesellschaften (II.).

Der moderne Zugang zur Zeit und besonders zur Zukunft soll zunächst an ausgewählten Beobachtungen zu Geld und Zeit erörtert werden, wie sie *Georg Simmel* – mit dem Blick des 'Bemittelten' – angestellt hat. Dass er dabei die Bedeutung von Geld als Kapital und die Rolle des Unternehmers verkannt hat, wird zunächst an den in dieser Hinsicht moderneren Argumentationen von *Karl Marx* verdeutlicht, angeregt von Überlegungen *Christoph Deutschmanns*, der am Wertbegriff die grenzenlose Schöpferkraft menschlicher Arbeit festhält, die, vom Unternehmer organisiert, radikal alle bestehenden Strukturen umwälzt und als „schöpferische Zerstörung" im Sinne von *Joseph Schumpeter* die Zukunft 'aufreißt' – zum rastlosen Vorwärts ins Neue, zu radikaler Unsicherheit (III.).

In ähnlicher Richtung hatte bereits *Ralph Waldo Emerson*, etwa gleichzeitig mit Marx, die schöpferische Rolle des Unternehmertyps gefeiert – in einer naturalistisch überhöhten Welt der ständigen Jagd nach dem Neuen sowie dem damit einhergehenden Untergang des Alten: „the past is always swallowed and forgotten; the coming only is sacred" – wie von *Philip Fisher* herausgearbeitet, für die Gegenwart der Vereinigten Staaten (IV.).

Abschließend werden einige Zweifel gesät, indem neuere linguistische Forschungsergebnisse angedeutet werden, wonach die Zukunft – im tatsächlichen Sprachgebrauch auch moderner Gesellschaften Europas – als 'Futur' nur eine ge-

---

1 Der erste Teil des Titels nach Emerson, der zweite nach Fisher, im Text nachgewiesen.

ringe Rolle spielt, und auch für die übrigen Tempora keineswegs klar ist, ob sie vornehmlich oder überhaupt der Bezeichnung von Zeitstufen dienen (V.).

Angesichts der Konfrontation von Archaik (Homer...) und Moderne (Simmel...) wäre eine historische Vermittlung sinnvoll, welche eine vormoderne Hochkultur einbezöge – auch wenn nicht eine konsistente Entwicklungslinie 'von der Antike zur Gegenwart' unterstellt werden soll. Der zur Verfügung stehende Raum erzwingt einen Verzicht auf ein solches Kapitel. Es könnte etwa an Äußerungen von 'Schwellenautoren' wie *Aurelius Augustinus* (354-430) und *Francesco Petrarca* (1304-1374) ansetzen, der eine an der Schwelle zum 'Mittelalter', der andere an der Schwelle zu Renaissance und Neuzeit. Der wichtigste Punkt wäre die 'christliche Zutat': eine Linie der Zeit von der Erschaffung der Welt bis an ihr Ende durch Gott den Allmächtigen – aber kein eigenständiges Handeln des Menschen in Richtung Zukunft. Noch nicht.

I.

> Aspekte? Aktionsarten? Nie gehört. – Tempora? Ja, das ist ja elementar! (Abiturient 1995)

Wo im Folgenden von 'Zeit' und speziell von 'Zukunft' die Rede ist, soll dies auf einer vereinfachten Ebene geschehen. Nämlich nicht auf der Höhe des vielfältigen und inzwischen ins Unübersehbare angewachsenen Literaturbergs zum Thema 'Zeit', sondern auf der Ebene eines *verbreiteten* Bewusstseins. Vor allem dessen, was in der Schule in erster Linie gelernt wird, wenn von Zeit oder Zeiten die Rede ist: also den so genannten 'Tempora' und 'Zeitstufen'.[2] Ungefähr so hat man die Hauptunterscheidungen im Kopf: Präteritum/Präsens/Futur (mit Schrecken oder Stolz vielleicht noch 'Futur I und II' u. dgl.), und dann eben: Vergangenheit/Gegenwart/Zukunft.

Seit gut 100 Jahren war diese Dreierformel von Schülern zu erlernen, bei der Einübung der Formen des 'Tunworts', des 'Verbs' – und vielleicht bald vergessen. Bei den 'Gebildeten' ist sie sicherer verankert, bei denen also, welche die Hochsprache systematischer erlernt haben. Hinter dieser *'Trinität'* Präteritum/Präsens/ Futurum stehen zwei Jahrtausende lateinischer Schulgrammatik, das Muster für die europäischen (und auch außereuropäischen) National-, Imperial- und Kultursprachen. Diese Trinität ist 'klassisch',[3] wir könnten Augustin, Platon, ja Homer dazu zitieren.

---

2 Zwischen diesen beiden „ist zu unterscheiden", wie die Kultusministerkonferenz 1982 empfohlen hat; wohl weil schon hier sich das 'verbreitete Bewusstsein' schwer tut (Kultusministerkonferenz [Hrsg.] 1983, S. 296).

3 Genauer: 'Trinität' meint eigentlich die 'heilige Dreieinigkeit' der christlichen Glaubensbekenntnisse. Auf die drei Tempora wird das Wort 'Trinität' hier ironisch bezogen – ein bisschen wie ein moderner Gott?

Das 'verbreitete' Bewusstsein von Zeit, ihren drei Tempora, 'Zeitstufen', 'Modi' oder 'Dimensionen' mag problematisch sein – aber es ist verbreitet und gilt weithin als unhinterfragbar selbstverständlich, was immer Linguisten, Philosophen oder Soziologen davon halten mögen: Es *gibt* Vergangenheit, Gegenwart und Zukunft, sie haben Dingqualität, sind Substanzen, und das sieht man auch an 'der' Sprache mit ihrer 'Dreieinigkeit' (tatsächlich in der deutschen Grammatik eher eine 'Sechseinigkeit' in drei Hauptteilen). Im Folgenden soll also vereinfachend davon ausgegangen werden, dass diese *Dreierformel* das vorherrschende, das normative Bewusstsein der Menschen in den entwickelten westlichen Gesellschaften wiedergibt.

Wie wenig hier kontrovers ist, zeigt sich schon bei einem Blick in wissenschaftliche Standardgrammatiken der deutschen Sprache. Stellvertretend sei hier die Dudengrammatik (Drosdowski u.a. 1995, § 244-269) angeführt. Zwar werden hier Tempora klar von Zeitstufen unterschieden. Zwar gibt es hier einige klare Unterscheidungen dazu, dass der Bezug auf „Zukünftiges" nicht nur mit dem Futur I, sondern auch mit dem Präsens, ja mit dem Perfekt ausgedrückt werden kann, und dass das Futur I neben Voraussage und Ankündigung auch Vermutung einschließen kann, u.dgl. mehr – kurz: dass *Tempora* deutlich von *Zeitstufen* zu unterscheiden sind, anders als es das lateinische Wort *(tempora:* Zeiten) nahelegt. Aber der Hintergrund ist klar: Die Bezugnahme geht auf jene 'naturgegebene', womöglich sogar physikalisch verankerte Trinität: „Vergangenes", „Gegenwärtiges", „Zukünftiges". Zur Veranschaulichung des 'Natürlichen' wird gerne eine Gerade oder ein Pfeil verwendet, worauf die drei Zeitstufen abgetragen sind. Näherer Begründungen bedarf es nicht.[4]

Es ist gerade dieses selbstverständliche Gegebensein, das eine *Nähe zwischen Zeit und Geld* konstituiert. Alle gehen damit um, jeder weiß, dass 'es' Geld und dass es 'Zeit' gibt, dass sie in Mark und Pfennig bzw. in Vergangenheit, Gegenwart und Zukunft zerfallen, dass die meisten zu wenig davon haben. Geld und Zeit sind fundamentale Kategorien der 'modernen' Gesellschaft (neben anderen). Aber nicht aller Gesellschaften. Und sie stehen in einem Verhältnis zueinander, das zumeist nur an einer rechnenden Oberfläche wahrgenommen wird (etwa: „Time is Money", nach Benjamin Franklins berühmtem Diktum). Beide haben eine meist verkannte Tiefenstruktur, und beide verändern sich mit der Entfaltung der 'modernen' Gesellschaft, sind ein wesentliches Moment dieser Veränderung, die vor allem Expansion ist. Wobei diese Veränderungen durchaus historische, lokale, kulturelle Besonderheiten aufweisen (vgl. Eisenstadt 2001).

---

4 Wo dies doch geschieht, wird gerne der moderne Logiker Hans Reichenbach (1947/1999) herangezogen, der es unternommen hat, die Methoden der formalen Logik zur Analyse 'der' Umgangssprache zu verwenden.

II.

Wenn beim Geld oft noch gewusst wird, dass es 'primitive' Gesellschaften ohne Geld gegeben hat, denkt man bei der *Zeit* an eine Naturbedingung oder eine anthropologische Konstante. In einem gewissen Sinn wird daran etwas Wahres sein. Im Folgenden soll es aber zunächst einmal darum gehen, diese allzu fraglose Selbstverständlichkeit in Zweifel zu ziehen.

In seinem Buch über *afrikanische Religionen* erörtert Mbiti (1969/1974) auch die dort vorherrschende Vorstellung von Zeit. Sie sei viel weniger wichtig, und besonders die Zukunft existiere kaum:

„[...] löst sich der afrikanische Zeitbegriff, wenn er über einen Zeitraum von wenigen Monaten hinausgeht, in gleichgültiges Schweigen auf. Daraus folgt, daß Zukunft als *wirkliche* Zeit praktisch nicht existiert, wenn man von einer relativ kurzen Projektion der Gegenwart in den Zukunftsbereich bis zu höchstens zwei Jahren absieht" (Mbiti 1969/74, S. 28).

Eine solche Feststellung ist anschaulich, weil sie sich der 'bei uns' etablierten Vorstellungen bedient und Zahlenangaben enthält (Zukunft, Monate, Jahre); vielleicht zu anschaulich.

Mehr auf das Andere lassen sich Beobachtungen des Psychoanalytikers Erik H. Erikson über das Verhältnis von *Sioux-Indianern und Weißen* ein (Erikson 1945/ 1965, S. 128). Nach ausführlicher Darstellung hält er fest, dass die Stammesangehörigen zwar gewisse „zentrifugale Möglichkeiten der weißen Kultur" gerne aufgegriffen hätten: Pferd, Gewehr, Auto. Im Übrigen aber erscheine der von den Regierungslehrern gepredigte „Lebensplan mit zentripetalen und lokalen Zielen" sinnlos und werde in „tragischer Apathie" (ebd. S. 110) ignoriert: nämlich „Heimstätten, Herde, Bankkonten – alles was seinen Sinn aus einer Raum-Zeit bezieht, in der das Vergangene überwunden und das volle Maß der Erfüllung in der Gegenwart einem immer höheren Lebensstandard in der immer ferneren Zukunft geopfert wird." Gegen diese sinnlose Gegenwart gebe es nur passiven Widerstand, „Träume von der Wiederherstellung des Vergangenen [...]: wenn die Zukunft wieder in das Ehemalige zurückkehren, die Zeit wieder ahistorisch werden, der Raum ohne Ende, die Aktivität grenzenlos zentrifugal und die Herden der Büffel unerschöpflich" (ebd., S. 128).

Ahistorische Zeit, ins Ehemalige zurückkehrende Zukunft – in solchen fürs moderne Bewusstsein paradoxen Formulierungen versucht Erikson sich jener Fremde zu nähern. Und vielleicht sind sie für ihn, den rechtzeitig aus Wien nach den USA Ausgewanderten, leichter zu formulieren als für seine weißen Zeitgenossen dort, den von der Regierung angestellten Lehrern.

Eriksons 'paradoxe' Formulierungen über das Ineinanderübergehen von Vergangenheit und Zukunft verweisen auf Ähnliches in der – allzu vereinnahmend 'klassisch' genannten – Antike, in der *frühgriechischen Antike Homers*. Diese 'ähnlichen' Erscheinungen sind aus mehreren Gründen einer genaueren Darstellung wert. Zunächst: Sie stehen noch vor jener Epoche unserer europäischen kulturellen Tradition, in der wichtige Weichen gestellt worden sind (z.B. durch Platon), die für uns bis heute bestimmend sind. Sodann: Von 'Homer' (wahrscheinlich mehrere Dichter) sind zwei große Epen *schriftlich* überliefert, die seit langer Zeit intensiv erforscht worden sind. Und schließlich stellt sich die erkenntnistheoretische Frage hier schärfer: Wie können wir mit *'unserem* Andern' erkennend umgehen?

In Homers Ilias (um 750 vor Chr./1975, Buch I, Vers 70) ebenso wie von dem etwa gleichzeitigen Bauerndichter Hesiod (um 700 vor Chr./1970, Theogonie, Verse 38 u. 32) ist ein 'Standardvers' aus dem Repertoire der Dichter fast gleichlautend überliefert:

Der wußte/ was ist/ und was sein wird/ und was zuvor gewesen (Übers. Schadewaldt)
hos êdê/ ta t'eonta/ ta t'essomena/ pro t'eonta

Die Rede ist von dem Seher Kalchas. Es liegt nahe, dies als jene zeitliche Trinität von Gegenwart/Zukunft/Vergangenheit zu verstehen, nur in variierter Reihenfolge; und das ist oft geschehen. Die Ergebnisse der modernen Forschung zu 'Zeit' überhaupt, speziell zur Vorstellung von 'Zukunft', weisen in eine andere Richtung.

Immer noch beachtenswert ist der bahnbrechende Aufsatz des klassischen Philologen *Hermann Fränkel* über „Die Zeitauffassung in der frühgriechischen Literatur" (1931/1960, S. 1-22). Seine wichtigsten Thesen im Wortlaut:

„Bei Homer finden wir eine fast völlige Indifferenz gegenüber der Zeit [...] was wir in vielfältigen Bezügen 'Zeit' nennen, ist in der ganzen Epoche noch nicht als besonderer und einheitlicher Gegenstand ins Bewußtsein getreten: einzelne Elemente sind in anders zentrierten Komplexen subsumiert, andre werden überhaupt nicht wahrgenommen.

Das Wort *chrónos* ([das] noch am ehesten unserer 'Zeit' nahekommt) [...] bezeichnet immer *eine Dauer,* nie einen Punkt [...] *chrónos* ist nie Subjekt und tritt nie selbständig hervor; [...] ist immer nur etwas an Ereignissen – oder richtiger: an Zuständen. [...] die Zustände, bei denen von ihrem *chrónos,* ihrer Zeitdauer, gesprochen wird, [sind] fast ausschließlich negativer Art. [...] wenn die Zeit leer bleibt [...]; bei einer Unterbrechung; wenn jemand [...] getrennt ist, oder in der Fremde umherirrt; wenn man sich quälen muß, oder sich unfruchtbarer Klage hingibt; oder wenn Odysseus von einer Welle unter Wasser gedrückt wird und nicht nach oben kommen kann. [...] Beim Warten hat man also die Zeit entdeckt [...] Es besteht so gut wie kein Interesse an Chronologie, weder an relativer noch gar an absoluter" (Fränkel 1931/1960, S. 1 f.).

Wenn Fränkel bei Homer also „einen unentwickelten Zeitsinn" konstatiert (ebd., S. 6), so bestätigt das über 30 Jahre später der bedeutende Homerforscher *Wolfgang Schadewaldt:* „[...] Interesse für die Zeit [ist] so gut wie inexistent." Und zwar bezieht er diese Äußerung auf die 'Tempora'; er fügt hinzu: „Diese sog. Tempora [...] sind also nicht temporal zu deuten, sondern als feinste Abschattierungen der Weisen des Vollzugs", als 'Aspekte' (Schadewaldt 1978, S. 146 u. 147). Und in seiner weiteren Erörterung der 'Tempora' bzw. 'Aspekte' bemerkt er (ebd., S. 148 f.)

zum Futur ganz knapp: „Vom Futur braucht man kaum zu sprechen [wenn man von den Tempora spricht]; es fällt völlig heraus, hat sich erst spät entwickelt und ist auch dann nicht immer nötig [...]".

Insgesamt damit übereinstimmende Einschätzungen finden sich in der – von der deutschsprachigen so gut wie unabhängigen – französischen Forschung, die von ganz anderen Prämissen ausgeht und andere Fragestellungen verfolgt. Es handelt sich um die von *Louis Gernet* ausgehende Schule, von der in unserem Zusammenhang Arbeiten von *Jean-Pierre Vernant* von besonderem Interesse sind; dem Folgenden liegt vor allem das Kapitel „Aspects mythiques de la mémoire et du temps" aus Vernant 1985 zugrunde. Wenn es im oben zitierten Homervers (Ilias I, 70) heißt „und das zuvor Gewesene", „das *davor* Seiende", so ist das weit von unserer Vorstellung von Zeit und Geschichte entfernt, bezieht aber *Räumliches* ein. Es geht vielmehr um die Abfolge von Geschlechtern, um Genealogie, um Interesse am Ursprung (vgl. auch den Schöpfungsbericht und die Genealogien in der Bibel). Jedes Geschlecht hat 'seine Zeit', seine Farbe: Es fehlt die Vorstellung einer abstrakten, homogenen und linearen Chronologie. Vor allem: Diese Geschlechter sind nicht 'vergangen', sondern *bestehen weiter* an bestimmten *Orten*. So das Ursprungsgeschlecht von Gaia (Erde) und Uranos (Himmel), so das von beiden gezeugte Geschlecht der Titanen; besiegt von dem darauffolgenden Geschlecht, existieren sie weiter im Dunkel der Erde, 'drunten'. Und die jetzt herrschenden olympischen Götter leben '*droben* in der Höhe' zeitlos: ohne Altern, ohne Tod. Ebenso sind die vorherigen Menschengeschlechter, ursprünglich gezeugt oder gesät von Göttern, *dort unten*, in anderen Regionen des Seins, weiter gegenwärtig – für den, der sie wahrzunehmen versteht, genauer: für den, der *dort* unmittelbar anwesend sein kann, den von den Musen 'enthusiasmierten' Dichter und Sänger. „Le 'passé' est partie intégrante du cosmos" (Vernant 1985, S. 116). Einzelne können die Ahnen '*unten*' sogar besuchen: Orpheus darf Eurydike holen, Odysseus dort mit den Gestorbenen sprechen, mit seiner Mutter, mit Mitkämpfern vor Troja. Was seit seiner Abfahrt von dort geschehen ist, erfährt er, und auch das Zukünftige: Es ist schon vorhanden, und der begnadete Seher, die verfluchte Seherin (Kassandra) können es sehen, 'prophezeien'.

In den dualistisch geprägten, szientifisch entwickelten und routinierten Hochsprachen des Westens können wir so etwas nicht unmittelbar ausdrücken – auch die oben wiedergegebene Übersetzung jenes 'Standardverses' aus der Ilias (I, 70) durch Schadewaldt versagt hier. Am ehesten ist uns 'das' noch in Träumen zugänglich: hier *sind* wir mittendrin in dem, 'was *davor* war', in dem 'was *dahinter* kommt' (auch für uns noch *räumliche* Begriffe), und unmittelbar nach dem Aufwachen bringen wir Vergangenheit und Zukunft '*durcheinander*'.

Auf Zukunft *gestaltend* einzuwirken, ist für uns mit ihrem Begriff verbunden. Und dem geht voraus, dass die einzelnen Subjekte ihren Verstand gebrauchen und zwischen verschiedenen Möglichkeiten auswählen können: Dann können sie *Entscheidungen fällen* – als einzelne, dann auch gemeinsam. Wie wenig es aber in jener Welt Homers eine von denkenden, planenden und handelnden Subjekten gestaltbare Zukunft gibt, das zeigt die genauere Untersuchung solcher homerischer Wörter, die solches Denken und Planen, also wesentliche Momente von Rationalität in unserem Sinne, auszudrücken scheinen. Snell hält zusammenfassend fest:

„[...] die Tatsache, daß kein einziges Mal bei Homer eine wirkliche Entschließung erwähnt wird, läßt sich schlechterdings nicht anders erklären, als daß sie dem Menschen noch nicht bewußt geworden ist [...]" (Snell 1930/1966, S. 22; vgl. 1975, S. 286 f.)

Wie man sich das im Einzelnen vorzustellen hat, das lässt sich an einer Reihe einschlägiger, oft genau untersuchter Wörter studieren. So etwa am homerischen Wort *nóos*, dem Vorläufer des Begriffs *nûs,* der – in dieser attischen Form – in der frühgriechischen und dann der europäischen Philosophie seit Plato eine große Geschichte haben sollte und am ehesten als Frühform von 'Verstand', 'Denken', 'Geist' zu verstehen wäre. Was das Wort aber bei Homer bedeutete, dafür können hier nur Hinweise auf die Literatur gegeben werden, zuerst die Untersuchungen des klassischen Philologen Kurt von Fritz (1943/1945; vgl. auch Gadamer 1968; Erbse 1990; Rappe 1995, S. 35-94), weiter einschlägige Abschnitte in Publikationen des phänomenologischen Philosophen Hermann Schmitz (1965, 1988; vgl. auch Rappe 1995). So viel sei immerhin angedeutet: Wenn jener *nóos* bei Homer 'denkt', 'plant' usw., so wird das als eine leibliche Regung, am eigenen Leib gespürt, wie Hunger und Durst, als ein Drang, etwa als Einwirkung einer Gottheit, als Gnade oder Fluch. Nicht also als Akt eines Subjekts, andrerseits auch nicht als ein Fremdes. „Die Person hat sozusagen noch keine undurchlässige Außenhaut [...] Kräfte strömen in den Menschen frei hinein [...]" (Fränkel 1930/1960, S. 168). Platz für eine durch eigene Aktivität eines Subjekts gestaltete Zukunft ist hier nicht. Der etwa vorhandene Spielraum ist aufs Nächste beschränkt, weit entfernt von dem uns vertrauten oder nahegelegten Zukunftsbegriff. Freilich auch kein völliges Aufgehen im Jetzt und Hier. Und was für die Helden der Ilias gilt, das gilt *a fortiori* für die 'gewöhnlichen Sterblichen', die 'normalen Lebensabläufe': Hier tut man, 'was sich gehört', 'was alle tun'; hier 'hat jede Arbeit ihre rechte Zeit'. Das ergibt sich aus den normativ stark strukturierten Routinen – des Tages, des Monats, des Jahreslaufs: z.B. Füttern, Mahlen; Pflügen und Säen, Ernten, usw. Man vergleiche dazu den 'Bauernkalender' in Hesiods „Werken und Tagen" (Hesiod, um 700 v. Chr./1970, bes. Erga Verse 448 fff., 383 ff., mit S. 356 ff. des Kommentars von Marg).

Die herrschende Vorstellung in unserer Welt scheint zu sein: Eine *Linie der Zeit*, als solche verlaufend, oder als Wahrnehmung von Fließen im Bewusstsein, gegliedert in Gegenwart, Vergangenheit und Zukunft, als in die Zukunft gerichteter Pfeil dargestellt. Dagegen bei Homer – und offenbar ähnlich in anderen archaischen Kulturen – eine fast völlige *Indifferenz*. Besonders *Zukunft* interessiert kaum, eher 'stellt sie sich ein'. Entweder in einem Geschehen, wo Menschen in einer normativ geschlossenen Ordnung Routinen fortsetzen, die nötigen, die gewohnten Werke verrichten; oder aber eine andere Bahn einschlagen, von Kräften veranlasst, bei denen eine Herkunft von innen oder von außen kaum zu unterscheiden ist. Von eigenständigem Entscheiden und Handeln, nach Überlegung und Plan, kann nicht die Rede sein. Und daher auch: *keine Vorstellung von einer offenen und individuell gestaltbaren Zukunft.*

Es ist gewiss kein Zufall, dass die homerische Welt eine Welt ohne Geld und ohne Geldwirtschaft ist. Und dass andererseits die – noch recht beschränkte – Entwicklung von Handel und Geld im alten Griechenland einhergeht mit der „Entdeckung des Geistes, [...] der Entstehung des europäischen Denkens bei den Griechen", wie es Bruno Snell, der bedeutende Erforscher dieser 'Genesis' in Deutschland, ausgedrückt hat (vgl. Titel und Untertitel von Snell 1946/4. Aufl. 1975; vgl. dort S. 291).

III.

Der besondere Zugang zu Zeit und besonders zu Zukunft in der Moderne soll nun zunächst – ohne Versuch einer historischen Vermittlung, vgl. die Einleitung – an ausgewählten Beobachtungen zu Geld und Zeit erörtert werden.

Zum Zusammenhang von Zeit und Geld finden sich am ehesten historische und ökonomische Untersuchungen, und in ihnen wird gerne die systematische Berücksichtigung bzw. Einsparung von Zeit im Rahmen der Entwicklung von Handel, Geldwirtschaft und industriellem Kapitalismus untersucht (z.B. Le Goff 1977). Sie sollen hier unberücksichtigt bleiben, denn es ist in solchen Studien 'die Zeit' als fixe Kategorie von vornherein unterstellt; es geht nur noch um die Formen ihrer Anwendung, vor allem der ökonomischen. Es fehlt der Sinn dafür, dass 'die Zeit' und ihre drei Modi, Dimensionen usw. in verschiedenen Kulturen und Schichten sehr verschiedene Bedeutungen und Gewicht haben; ebenso dass die kapitalistische Expansion geradezu exponenziell Zukunft hervorruft, erfindet, erzeugt, erzwingt und zugleich die anderen Dimensionen minimiert, ihr Verhältnis verändert, und dass dieser Prozess mit enormen Erwartungen und Ängsten einhergeht.

Bei *Georg Simmel* am ehesten finden sich Anregungen im Sinne dieses Interesses; und auch bei einer Reihe von literarischen Autoren. Nicht aber bei Ökonomen, einschließlich der marxistischen; auch Marx bietet allenfalls in seinen frühen Manuskripten etwas. Doch ergänzt er Simmel in einer wichtigen Hinsicht. Simmel wie Marx stehen beide am Rande der Ökonomie und fassen die Bedeutung des Geldes weit über dessen ökonomische Bedeutung hinaus in einem allgemein gesellschaftstheoretischen Sinn auf (vgl. dazu auch Deutschmann 1995; 1999, Kap. 1-3). Beide sollen im Mittelpunkt dieses Kapitels stehen.

Simmel will in seiner „Philosophie des Geldes" (1900/1989) in einem „analytischen Teil" „diesseits" der Ökonomie die *Voraussetzungen* für das Geld (und überhaupt für die „wirtschaftlichen Formen") „in der seelischen Verfassung, in den Beziehungen, in der logischen Struktur der Wirklichkeit und der Werte" darstellen; das „Wesen" des Geldes also und „den Sinn seines Daseins" in seiner zeitgenössischen Gesellschaft – die historische Genesis lässt er bewusst beiseite (1900/1989, S. 10 u. 13). Auch andere Modernen (im Plural, vgl. Eisenstadt 2001), überhaupt andere Formen von Gesellschaft, sind nicht sein Thema; oder vielmehr: Sie sind alle in jenen „letzten Werten und Bedeutsamkeiten alles Menschlichen" angelegt (ebd., S. 12). In einem zweiten, „synthetischen" Teil „jenseits" der Ökonomie geht es ihm dann um die *Wirkungen* des Geldes „auf die innere Welt": das Lebensgefühl der Individuen, die allgemeine Kultur (ebd., S. 13). Jedenfalls beobachtet und analysiert Simmel auf der Höhe der noch nicht in ihrem Selbstbewusstsein erschütterten, der hochbürgerlichen Gesellschaft am Ende des 19. Jahrhunderts, auf der Höhe auch des wissenschaftlichen, des philosophischen Bewusstseins: einerseits in einer von sensibler Intuition beflügelten Phänomenologie und auf der Grundlage umfassendster Kenntnisse der ganzen Fülle der modernen Kultur, andrerseits in klassentypischem Desinteresse für andersartige Existenzformen innerhalb seiner Gesellschaft (und erst recht für solche außerhalb derselben, bei den 'Naturvölkern' in den Kolonien, Objekten der 'Völkerkunde').

Dies zunächst fällt heute besonders ins Auge: Er interessiert sich in allererster Linie fürs *Geld als Tauschmittel*, als potenziell für die 'Konsumtion' auszugebendes, eventuell auch einstweilen zurückzuhaltendes, aufzubewahrendes 'Mittel' – aber nicht etwa im Sinne der täglichen Lebensnotdurft, sondern erst, wo diese kein Thema mehr ist, wo vielmehr der „Astralleib" „jener unbegrenzten Freiheit" der Wahl zu glänzen beginnt, für die „Bemittelten" nämlich, für die „zahlungsfähigen Elemente der Gesellschaft" (Simmel 1900/1989, S. 276-278; vgl. auch Deutschmann 1995, S. 382). Dass er auch einen anderen, einen ganz zentralen Aspekt der Verwendung des Geldes übersieht oder vielleicht meidet, nämlich die Verwendung zur systematischen Vermehrung im modernen Unternehmen, als Kapital also – obgleich er dessen Schwelle zu erreichen scheint –, das soll weiter unten im Zusammenhang mit Marx' Stellung zu dieser Frage erörtert werden.

Im Folgenden werden einige von Simmels Überlegungen aus dem 3. Kapitel des „Analytischen Teils" („Das Geld in den Zweckreihen", Simmel, S. 254-371) vorgestellt, soweit sie Anregungen für das Verständnis der Zukunft in der 'modernen' Gesellschaft enthalten. Es geht also nicht um eine systematische Erschließung des Werks, sondern um die Auswertung einzelner Anregungen zum Verhältnis von Zeit und Geld.[5] Dieses ist im 3. Kapitel nicht Gegenstand systematischer Erörterung; nur en passant heißt es dort:

5 Nicht erörtert werden hier u.a. folgende zumeist schon bei Simmel angeschnittene Punkte:
 1. Das Geld als Basis individueller Freiheit, Thema des 4. Kapitels – Freiheit nicht nur in sozialer, sachlicher, räumlicher, sondern auch in zeitlicher Hinsicht, und insbesondere mit Blick auf Zukunft. Vgl. die Zusammenfassung bei Deutschmann (1999, S. 19-22; speziell zur Wahlfreiheit S. 46 f.). – 2. *'Meine* Zukunft': die Vorstellung vom individuell zu gestaltenden Lebenslauf, bzw. vom „Einzelnen als Planungsbüro" desselben (Deutschmann

„Die praktische Notwendigkeit, den Zweck um eine dazwischen gestellte Mittelreihe weit von uns abzurücken, hat vielleicht *die ganze Vorstellung der Zukunft erst hervorgebracht* – wie die Fähigkeit des Gedächtnisses die Vergangenheit – und damit dem Lebensgefühl des Menschen seine Form: auf der Wasserscheide zwischen Vergangenheit und Zukunft zu stehen, seine Ausdehnung und Beschränkung, gegeben" (Simmel 1900/1989, S. 265, keine Hervorhebung im Original; eine implizite Bezugnahme auf Augustinus, ca. 398/²1996 – Confessiones, Buch XI).

Formell bleibt Simmel damit im Rahmen der traditionellen 'Trinität' der Zeitdimensionen. Für das Verständnis dieser Äußerung sei nun auf seine in das 3. Kapitel einführende Argumentation zurückgegriffen. Es wird dort von einem dem Unterschied von Tier und Mensch analogen Unterschied im Menschen selbst ausgegangen. Je nachdem, ob man die Dinge von ihren Ursachen, kausal, oder von ihren Folgen her, teleologisch, betrachte,[6] ergebe sich ein bezeichnender Unterschied. In einem der für ihn so charakteristischen analogisierenden Beispiele unterscheidet Simmel „Essen ausschließlich aus Hunger", aus rein physiologischem Trieb mit nachfolgender Lösung der Spannung, von „dem Essen ohne Hunger, nur um des kulinarischen Genusses willen", nämlich „in der *Hoffnung* eines bestimmten Genusses *gesucht*", „in der *Vorstellung* (des Erfolgs)". „Wir empfinden uns hier gleichsam nicht von hinten getrieben, sondern *sondern von vorn gezogen.*" (Simmel 1900/1989, S. 254, keine Hervorhebung im Original). Eine bemerkenswerte Deutung von Zukunft, und in zuversichtlicher Beleuchtung. *Der Mensch hat also Zukunft,* das Tier nicht.

Aber Simmel meint es schärfer. Zur These zugespitzt: Zukunft in einem umfassenden Sinn hat nur, wer quantitativ möglichst unbeschränkt und in voller Wahlfreiheit der Zwecke über Geld als Tauschmittel verfügt: wer *vermögend* ist. Denn hier erst ist jenes weiträumige Zweckhandeln möglich, in dem Subjekt und Objekt deutlich unterschieden werden, und wo sich „das Ich als Persönlichkeit von den Naturelementen außerhalb (und innerhalb) seiner" differenziert (ebd., S. 256). Zur Verdeutlichung verweist er auch auf den „Unterschied, den man zwischen der Arbeit des Kulturmenschen und [jener] des Naturmenschen zu finden

---

1995, S. 388). – 3. „Der zeitpsychologische Zug der Moderne", „die Welt als ein großes Rechenexempel zu begreifen": Simmel (1900/1989, S. 612 f.). – 4. Langsichtigkeit, Weitsicht, Berechenbarkeit der Zukunft, affektive Selbstkontrolle angesichts langer Zweckreihen (bzw. des im Geldvermögen angelegten Potenzials sozialer Macht): Simmel (1900/1989, S. 301 f. u.ö.) (heute: 'deferred gratification pattern'). – 5. Beschleunigung des Lebenstempos: Simmel (1900/1989), und schon: Die Bedeutung des Geldes für das Tempo des Lebens, in: Ges. Werke, Bd. 5, 1992, S. 215-234.

6 Dieser methodologische Unterschied entspricht dem zwischen Naturwissenschaften und Geisteswissenschaft, den er auf seine Weise – im Zuge seiner neukantianischen Wende – zu vermitteln sucht. Für Natur und Tier ist die eine wissenschaftliche Methode angemessen; für den Menschen – soweit er auf Höheres angelegt ist – bedarf es auch der anderen. Die Zweckrationalität erst ermöglicht die höhere Vermittlung zwischen „der rein kausal betrachteten Natur" und dem „persönlich wollenden Geist" (Simmel 1900/1989, S. 256), welcher Zwecke setzen und eine teleologische Reihe zu ihnen errichten, beschreiten kann.

meint" (einerseits „regelmäßig und methodisch" (ebd., S. 256), „der primitive Mensch" (ebd., S. 260), andrerseits das Gegenteil). Es ist gerade die *„Verlängerung und Differenzierung der 'teleologischen Reihen' durch das Geld"*, welche die Menschen dazu veranlasst hat, „räumlich und zeitlich in größeren Distanzen zu denken und abstrakte *Begriffe von Raum und Zeit* zu bilden" (Deutschmann 1995, S. 390, keine Hervorhebung im Original). *Der vermögende Kulturmensch hat also wirklich Zukunft;* die anderen nicht, oder allenfalls im Rahmen ihrer Zahlungsfähigkeit.

Aus den Beziehungen zwischen „den ideellsten Potenzen des Daseins, den tiefsten Strömungen des Einzellebens und der Geschichte" (Simmel 1900/1989, S. 12), aus diesen Voraussetzungen holt das Geld die im Menschen angelegten Möglichkeiten optimal hervor – soweit als Tauschmittel reichlich vorhanden. „Das Geld ist die reinste Form des Werkzeugs" (ebd., S. 263); und das „Werkzeug ist das potenzierte Mittel" (ebd., S. 261); eine aufsteigende Linie des Menschen also von der Hand über die Hacke zum Geld – und zu den vom Geld evozierten ungeheuren Möglichkeiten. „Im Geld hat das Mittel seine reinste Wirklichkeit erhalten [...]: es ist das Mittel schlechthin" (ebd., S. 265). Es ist erreicht; hier steht der Mensch am höchsten. Und zwar mit offenen Horizonten. Oft genug regt uns „die Verfügung über Substanzen und Kräfte" erst dazu an, „uns gewisse, durch sie vermittelbare Zwecke zu setzen [...]" (ebd., S. 266). Vom Geld geht, hierin der Schönheit „psychologisch formgleich", „das Versprechen der Freuden aus", die es vermitteln soll (ebd., S. 442). Und das Geld ist hier *das* Mittel, weil es nicht wie andere Werkzeuge auf spezifische Zwecke gerichtet ist, sondern zu keinem Zweck irgendeine spezifische Beziehung hat. Daher ist das Geld

„dasjenige Werkzeug, in dem die Möglichkeit der nicht vorausgesehenen Verwendung auf ihr Maximum gekommen ist und das dadurch den maximalen, auf diese Weise überhaupt erreichbaren Wert gewonnen hat. Die bloße *Möglichkeit* unbegrenzter Verwendung, die das Geld wegen des absoluten Mangels an eigenem Inhalt nicht sowohl hat als ist, spricht sich positiv darin aus, dass es nicht ruhen mag, sondern wie von sich aus fortwährend zum Verwendetwerden drängt" (ebd., S. 267).

Dieses „metaphysische Wesen des Geldes", das „absolute Mittel" zu sein (Simmel 1900/1989, S. 281, 305), seine „reine Potentialität" (ebd., S. 276), welches es strukturell neben die Vorstellung von Gott stellt (ebd., S. 305), wendet und erörtert Simmel in einer schillernden Vielzahl von Aspekten. Ihn beschäftigt die Fülle der vorhandenen oder erst noch zu erweckenden Möglichkeiten,[7] vor allem als Genuss, Schönheit, Freiheit, Selbstverwirklichung (um einen modernen Begriff zu gebrauchen), auch als Können, Vermögen und Macht; insgesamt ein sehr zuversichtlicher Blick auf den weit geöffneten Horizont der Zukunft, auch wenn ihm ein Sinn für die Mängel und Verluste nicht abgeht (im Unterschied zu vielen gegenwärtigen

---

7 „[...] kann man mit Geld nicht nur existierende, sondern auch nicht existierende, erst zu produzierende oder gar zu erfindende Güter und Leistungen kaufen", (Deutschmann 1999, S. 52).

Befürwortern der Modernisierung). Während in Deutschland nur 15, 20 Jahre später, seit 1923, Geld für Jahrzehnte zum Inbegriff der Unsicherheit der Zukunft werden sollte, stellt es für Simmel im ersten Jahrzehnt des 20. Jahrhunderts, quasi auf dem unerschütterten Goldstandard fußend, gerade den Inbegriff von Sicherheit dar, Sicherheit auch in der *Verfügung über das Kommende* (vgl. z.B. Simmel 1900/1989, S. 314 f.). Für den „Bemittelten", als reichlich vorhandenes „Tauschmittel", nebst Aura. Im Geld kommen die Möglichkeiten des Menschen zur vollen Entfaltung, in einem unendlich vielfältigen und immer wieder überraschenden Zugriff auf Zukunft.

Es ist oft gesagt worden, dass Simmel in seiner „Philosophie des Geldes" Marxsche Skizzen zum gleichen Thema weit ausgefächert darstelle, 50 Jahre später – freilich aber ohne Kenntnis der einschlägigen Texte, in erster Linie also der „Ökonomisch-Philosophischen Manuskripte" von 1844 und der „Grundrisse" von 1850 bis 1859 (erst 1932 bzw. 1939 und 1941 in Moskau publiziert).[8] Weiter ist kritisch bemerkt worden,[9] dass Simmel sich ausschließlich auf die Ebene des Geldes als Tauschmittel beschränkt, dass er also seine Verwendung als Kapital zwar erwähnt, aber in keiner Weise erörtert (etwa wenn er notiert, dass das „klassische Griechentum" das Geld nur zur „Konsumtion" gebraucht habe, während es „jetzt aber wesentlich auch der Produktion dient" (Simmel 1900/1989, S. 299).

Vielleicht sollte man allerdings den Begriff *'Tauschmittel'* sehr weit fassen, als grundsätzlich „absolutes Mittel" (Simmel 1900/1989, S. 305). Denn tatsächlich kommt es Simmel ja wesentlich auch auf Geld als *'Wertaufbewahrungsmittel'* an, auf das zum *großen 'Vermögen'* aufgehäufte Geld. Wo Geld in diesem Sinn existiert, konstatieren sowohl Simmel als auch Marx eine Widersprüchlichkeit zwischen der 'leeren' Qualität des Geldes, für jeden beliebigen Zweck einsetzbar zu sein, und seiner stets gegebenen Begrenzung als Quantität. Ein Widerspruch, der für Simmel den Antrieb zur ständigen Expansion und Vermehrung zur Folge hat. Auch für Marx treibt dieser Widerspruch zur Vermehrung, und zwar indem das Geld *als Kapital* sich einen spezifischen Kreislauf schafft, durch den es in ein Verhältnis zur einzig 'kreativen' Ware tritt, der menschlichen Arbeitskraft. Hören wir zunächst Simmel:

„Das es [das Geld] nichts ist, als das an sich gleichgültige Mittel zu konkreten und grenzenlos mannigfaltigen Zwecken, so ist allerdings seine Quantität die einzige, vernünftigerweise uns wichtige Bestimmtheit seiner; ihm gegenüber steht die Frage nicht nach dem Was und Wie, sondern nach dem Wieviel. [...] dass seine Qualität ausschließlich in seiner Quantität besteht [...]" (Simmel 1900/1989, S. 340).

---

8 Die Nähe in den Formulierungen ist oft frappant. Simmel (1900/1989, S. 463): „trägt nun jeder seinen Anspruch auf die Leistungen von anderen in verdichteter, potenzieller Form mit sich herum". Marx (1850-59/1939, S. 74 f.): jedes Individuum „trägt seine gesellschaftliche Macht, wie seinen Zusammenhang mit der Gesellschaft, in der Tasche mit sich" (vgl. ebd., S. 80-82, 132 f., u.ö.).
9 Deutschmann (1995, S. 383); ders. (1999).

Und an andrer Stelle formuliert er:

„[...] alle mannigfaltigsten Waren [sind] nur gegen den einen Wert: Geld –, das Geld aber gegen alle Mannigfaltigkeit der Waren umzusetzen. [...] Die bloße *Möglichkeit* unbegrenzter Verwendung, die das Geld wegen des absoluten Mangels an eigenem Inhalt nicht sowohl hat als ist, spricht sich positiv darin aus, daß es nicht ruhen mag, sondern von sich aus fortwährend zum Verwendetwerden drängt. [...] das Geldkapital [kann] fast immer von einer Verwendung auf die andere [...] oft [...] mit Gewinn [...] übertragen werden" (ebd., S. 267; Reihenfolge verändert).

Mit diesen Formulierungen steht Simmel an dem systematischen Ort, den Marx als Geld in seiner „dritten Bestimmung" bezeichnet; aus den Widersprüchen des „Geld[es] in seiner letzten, vollendeten Bestimmung" (Marx, 1857-58/1939, S. 144), des „Geld[es] als solchen" (Marx, 1850-1859/1941, S. 888) entwickelt er das (industrielle) Kapital, in Formulierungen, die frappant denen Simmels ähneln. In der „dritten Bestimmung" ist das Geld

„allgemeine Form des Reichtums [...] Seinem Begriff nach ist er der Inbegriff aller Gebrauchswerte; aber als immer nur ein bestimmtes Quantum Geld (hier Kapital) ist seine quantitative Schranke im Widerspruch zu seiner Qualität. Es liegt daher in seiner Natur beständig über seine eigne Schranke hinauszutreiben" (Marx, 1857-58/1939, S. 181; vgl. passim).[10]

Der von Marx hier angesprochene „Übergang" vom Geld als solchem zum Geld als Kapital ist für seine Argumentation zentral, vor allem weil hier der Ort für die Genese des industriellen Kapitals ist, als eines Verhältnisses von Kapital und Lohnarbeit. Die Triftigkeit der Logik dieses Übergangs (lange gar nicht als Problem verstanden) wird kontrovers erörtert, besonders was die im „Kapital" vorliegende Variante betrifft. In den Manuskripten von 1857 und 1858 (Marx 1857-58/1939) ist der Argumentationsgang im Prozess der Entstehung zu verfolgen, einerseits wenig geordnet, andrerseits vielfältig ums Problem kreisend und lebendig, und auch in größerer Nähe zu Simmels Ausführungen und Blickrichtung (vgl. insbes. Reichelt 1970, III.B, bes. S. 244 ff.). Hier ist nicht der Ort zur weiteren Erörterung dieses Problems.

Im „Kapital" entfernt sich Marx von seinem umfassenden Blick aufs Ganze der modernen Gesellschaft und lässt sich immer detaillierter auf ihre entfesselte ökonomische Seite ein. Daher gibt es dort zwar zum Problem 'Zeit' genaue Erörterungen unter den Rubriken 'Arbeitszeit', 'Umschlagszeit' des Kapitals usw., aber nicht zu 'Zeit' und 'Zukunft' als epochaltypischen Kategorien. Für Simmel

---

10 Vgl. auch etwa im „Kapital" (einen Text, den Simmel gekannt haben dürfte): „*Qualitativ* oder seiner Form nach ist das Geld schrankenlos, d.h. allgemeiner Repräsentant des stofflichen Reichthums, weil in jede Waare unmittelbar umsetzbar. Aber zugleich ist jede wirkliche Geldsumme *quantitativ* beschränkt, daher auch nur Kaufmittel von beschränkter Wirkung. Dieser Widerspruch zwischen der quantitativen Schranke und der qualitativen Schrankenlosigkeit des Geldes treibt den Schatzbildner stets zurück zur Sisyphusarbeit der *Accumulation*" (Marx 1867, S. 94).

hingegen bleibt jener weitgespannte Ausblick kennzeichnend, den er – in der Beschränkung auf die Ebene der „Konsumtion" – auf die verschiedensten Gebiete des alltäglichen, geistigen und kulturellen Lebens richtet (im Zusammenhang des oben an erster Stelle gegebenen Zitats z.B. auf handlungstheoretische Erwägungen, später etwa auf die zunehmende Fixierung der zeitgenössischen Natur- und auch Geisteswissenschaften auf die quantitative Dimension; und eben auch auf 'Zukunft'). Hier liegt seine bis heute nicht übertroffene und in vielem durchaus noch höchste aktuelle und beeindruckende Stärke – mit dieser Erweiterung des Blickfelds arbeitet er Bloch, Vertretern der Frankfurter Schule oder auch etwa Bourdieu vor, freilich mit einer recht gefälligen Darstellung der Dimensionen von Macht und Herrschaft.

Dennoch: so dicht Simmels Blick auch an die 'Vermögenseigenschaft' des Geldes herankommt, so bleibt er doch grundsätzlich eingeschränkt: das produktive, damals vor allem das industrielle Kapital lässt er unberücksichtigt. Eine folgenreiche Einschränkung zumindest, wenn es darum geht, 'Zukunft' in der 'Moderne' zu begreifen. Denn der Unternehmer, das Unternehmen tritt nicht in den Kreis seiner Analyse ein; allenfalls beschäftigt er sich mit spekulativen Formen der Vermehrung großer Vermögen „zu Erwerbszwecken" (Simmel 1990/1989, S. 341), auch betrachtet er nur den „persönlichen Besitzer" in seiner „Einheit", als „Individuum" (ebd., S. 365, 358 f. u.ö.). Er verkennt damit das eigentliche, atemberaubende, exponenziell explodierende oder auch wieder stockende, das *dynamische Potenzial* der kapitalistischen Gesellschaft, unter Einschluss ihres Destruktivitätspotenzials. Hierzu muss die Verwendung von Geld als Kapital ins Auge gefasst werden. Und dies war, in ausgeprägtem Unterschied zu Simmel, schon recht bald der Zusammenhang in der Marxschen Analyse des Geldes, besonders kenntlich in den frühen, zu Simmels Lebenszeit noch nicht veröffentlichten Manuskripten aus den fünfziger Jahren.

Die genaue Wahrnehmung der wesentlichen Intentionen der Marxschen Analyse ist allerdings bereits durch ihre höchst reduzierte Rezeption als sozialdemokratischer und kommunistischer Marxismus verdunkelt worden. Speziell in der westlichen Ökonomie richtete sich die Hauptkritik gegen Marx' Versuch einer Transformation der Wert- in Preisgrößen. Diese durch Jahrzehnte fortgeführte Kritik (Böhm-Bawerk, Sraffa, u.a.) hat besonders dazu geführt, ihn zur überholten Erscheinung des 19. Jahrhunderts zu erklären. Seine weit über die Ökonomie hinausweisenden Absichten wurden ohnehin im Zuge der Vertiefung von Fachgrenzen unbegreiflich. Marx' 'Arbeitswerttheorie' ist unhaltbar, lautet das bis weit ins westliche marxistische Lager übernommene Verdikt.

Christoph Deutschmann (1996), von Ergebnissen der heutigen Managementliteratur ausgehend, nimmt diese Kritik rekapitulierend auf und spitzt sie zu, indem er Marx ein Selbstmissverständnis vorhält – um dessen zentrale Intention gegen ihn selbst zu retten. „Von Anfang an" sei es Marx „nicht gelungen, eine überzeugende Definition der Wertgröße zu geben"; er habe sich in scheinpräzise

Deduktionen geflüchtet und damit die Basis für die berechtigte Kritik an der sog. Transformation von Werten in Preise gelegt (Deutschmann 1996, S. 323-325). Der entscheidende Gesichtspunkt am Begriff des Werts sei gerade dessen Qualität als „genuin Unbestimmbares" (ebd., S. 324):

„In einer kapitalistischen Wirtschaft, so hätte Marx folgern müssen, sind Werte nicht länger quantitativ bestimmbar, *aber gerade in dieser Unbestimmbarkeit des Wertes liegt der Sinn des Festhaltens an der Arbeit als 'Wertsubstanz'* (Deutschmann 1996, S. 325). In der permanenten Mobilisierung der vergesellschafteten Lohnarbeit für außeralltägliche, innovative, umwälzende Zwecke liegt der 'Sinn' kapitalistischen Wirtschaftens: Dies wäre die Kernaussage einer nicht mehr als quantifizierende 'Arbeitswertlehre' aufgefaßten Marx'schen Werttheorie. [...] *die gesamte Gesellschaft, von der Familie bis hin zur Bildung und Kultur einem Imperativ rastloser Kreativität [unterworfen]*" (Deutschmann 1999, S. 100, keine Hervorhebung im Original).

In seiner Argumentation bezieht Deutschmann sich auf ein zentrales Theorem des österreichisch-amerikanischen Ökonomen *Joseph Schumpeter*. Kapitalistische Mehrwertproduktion ist ein dynamischer, mit enormen Aufschwüngen und Zusammenbrüchen einhergehender Prozess, in dem *Schöpfung und Zerstörung* ständig und unmittelbar aufeinander bezogen sind. In diesem Prozess wird der Horizont der Zukunft weit aufgerissen, wird die Gegenwart beiseitegeschoben in eine rasch zu eliminierende Vergangenheit:

„[...] the [...] process of industrial mutation [...] that incessantly revolutionizes the economic structure *from within*, incessantly destroying the old one, incessantly creating a new one. *The process of Creative Destruction is the essential fact about capitalism"* (Schumpeter 1942/1976, S. 83, zweite Hervorhebg. nicht im Original; vgl. dort insgesamt Kap. II.7).

Man darf wohl annehmen, dass der im Wien der k.u.k.-Monarchie als Zögling des adelsnahen Theresianum aufgewachsene, 1932 in die USA ausgewanderte Joseph Alois Schumpeter (1883-1950) ein besonderes Gespür für dieses Charakteristikum des – in USA damals besonders weit fortgeschrittenen – Kapitalismus gehabt hat.

Während aber Schumpeter die Bedeutung des innovativen Unternehmers für den Fortgang dieses Prozesses herausstellt, stellt Deutschmann der Kreativität des Unternehmers die Kreativität der von ihm organisierten Arbeit zur Seite – nicht 'klassisch marxistisch' die der „Produktionsarbeiter", sondern nicht weniger die der „Konstrukteure, Planer, [...] Marketing-Spezialisten" usw. (Deutschmann 1996, S. 327). Wertbildend (d.h. über die von ihr selbst verursachten Kosten hinaus) kann nur eine Ressource sein, die gerade nicht in ihren Möglichkeiten im Voraus zu berechnen ist: eine Ressource,

„die nicht algorithmisierbare Produktivitätseigenschaften aufweist. Die Arbeit ist der einzige 'Produktionsfaktor', dessen Verhalten sich nicht durch eine 'Turing-Maschine' modellieren lässt und der daher, neben seiner Fähigkeit zu Streik und Sabotage, zu originären kreativen Leistungen fähig ist" (Deutschmann 1996, S. 327; vgl. ders. 1999, S. 94, 99).

Deutschmann insistiert also auf einem, oder nach seiner Auffassung: *dem* Kern der Marxschen Auffassung des Werts, bzw. der Form des Werts: auf der 'unbezahlbaren' Kreativität der menschlichen Arbeit,[11] die sich in einer unberechenbaren, unvorhersehbaren Weite von Möglichkeiten äußert, mit der Folge radikaler Unsicherheit – und das heißt: *radikal unsicherer Zukunft.* „Nur ein solcher Begriff von Arbeit wird [...] der ihr von Marx selbst zugewiesenen Position als praktisches Gegenstück der dritten Bestimmung des Geldes gerecht" (Deutschmann 1999, S. 95).

Die Arbeitskraft ist „ein durch den Arbeitsvertrag absichtlich nicht präzise bestimmtes, erst durch die betriebliche Organisation abzurufendes *Potential*" (Deutschmann 1999, S. 92, keine Hervorhebung im Original). „Die richtige Organisation und Qualifizierung des 'Faktors Arbeit' ist entscheidend für Wertschöpfung und Wettbewerbsfähigkeit" (Deutschmann 1996, S. 323). Das Resultat soll (muss aber nicht: immer drohen die roten Zahlen, der Konkurs) mehr Wert hervorbringen als anfangs eingesetzt worden ist, und das hängt nicht nur vom möglichst effektiven, sondern auch kreativen, innovativen Einsatz der Arbeit ab, von der „Wiederentdeckung menschlicher Arbeit als primäre[r] Unternehmensressource" (Picot u.a., 1998, Titel von Kapitel 9.2, S. 446-455).

Auf der Rückseite dieses ganzen ungeheuren Prozesses der *Erzeugung von Zukunft* steht korrespondierend die ständige Entwertung und Zerstörung jeweils vorhandener Bestände, Technologien, Organisationsstrukturen, Qualifikationen, Bedürfnisse, Charakterstrukturen, von Hoffnungen und Hemmungen. In zeit- und stellenweise enormer Beschleunigung, aber auch in Stockungen, in Wiederaufleben oder endgültigem Verschwinden. Vor allem dieses: *Entwertung und Vernichtung des je Gegenwärtigen* durch den Aufbruch in eine Zukunft ohne Grenzen – A Rush to The Future.

IV.

Schumpeter hat den „Prozess der schöpferischen Zerstörung" als das „für den Kapitalismus wesentliche Faktum" verstanden. Eine ganz ähnliche Einschätzung findet sich bei dem Philosophen *Ralph Waldo Emerson* (1803-1882). Bei ihm freilich nicht aufs Ökonomische eingegrenzt, sondern mit einem Blick aufs Ganze der Welt und auf die Handlungsorientierungen der unternehmerischen Individuen überhaupt (Emerson 1839/1979). Galt diese Weltsicht ursprünglich als Ausdruck der Frontier-Situation in den Vereinigten Staaten in der Mitte des 19. Jahrhunderts,

---

11 Ohne diese Einschränkung auf den *modernen* Begriff von Arbeit wird die von Grund auf originelle, schöpferische Potenz von verschiedenen Philosophen als nicht zu 'eliminierende', einzigartige Fähigkeit des Menschen herausgearbeitet. Hier sei nur auf Hannah Arendt verwiesen, die darin die Schranke der Hoffnung gegen alle totalen und totalitären Organisations- und Unterjochungsabsichten sah.

so hat sie der Literaturwissenschaftler *Philip Fisher* neuerdings zu einer allgemeinen, auch heute gültigen Bestimmung der 'condition americaine' ausgeweitet. Er führt das an verschiedenen Autoren und mit weit übers Ökonomische hinausweisenden Gesichtspunkten aus (Fisher 1999; schon der Titel nimmt explizit Schumpeters Formel auf). Schumpeters These von der 'Creative Destruction' scheint unter Intellektuellen in USA ein Gegenstand der Diskussion zu sein,[12] doch soll diese These hier nicht als Spezifikum der US-amerikanischen Gesellschaft, sondern als eine Tendenz jeder in den Weltmarkt einbezogenen kapitalistischen Gesellschaft erörtert werden (in Hinblick auf den Zusammenhang von Zeit und Zukunftsbewusstsein).

Nun zu Ralph Waldo Emerson. Es ist hier nicht der Ort, Emersons poetisch formulierte, vom Neuplatonismus angeregte, fast nietzscheanische oder neuheidnische, die Natur vitalistisch mystifizierende Weltsicht im Einzelnen vorzustellen. Es seien nur einige einschlägige Passagen aus seinem frühen Essay „Circles" (1839) mitgeteilt und zusammengefasst. Gleich zu Anfang wird dort in einem einzigen Absatz ein zusammenfassender Bogen von der Natur zur Kultur nebst Ökonomie geschlagen:

„There are no fixtures in nature. The universe is fluid and volatile. Permance is but a word of degrees. [...] Our culture is the predominance of an idea which draws after it this train of cities and institutions. Let us rise into another idea: they will disappear" (Emerson 1839/1979, S. 179).

Er bringt zur Illustration das Bild von der wie Schnee dahingeschmolzenen griechischen Statue, von der nur noch Reste in kalten Schluchten übrig sind; ihnen wird bald die griechische Gelehrsamkeit nachfolgen, „tumbling into *the inevitable pit* which the creation of new thought opens for all that is old" (ebd., S. 180, keine Hervorhebung im Original). Emerson fährt fort:

„New arts destroy the old. See the investment of capital in aqueducts, made useless by hydraulics; fortifications, by gunpowder; roads and canals, by railways; sails, by steam; steam, by electricity" (ebd., S. 180).

Das Wort *creation* ist bereits gefallen. Im Fundus der Wörter für die Zerstörung findet sich (neben *pass, ruins, decomposition,* und *topple*) auch *destroy,* sodass wir Schumpeters „*Creative Destruction*" sogar wörtlich finden (ebd., S. 180), freilich in einer weiter gespannten Perspektive: das Ökonomische ist eingebettet in Kultur, ja Natur; wobei hier auch die Ethik einbezogen ist (vgl. ebd., S. 186).

Ein anarchischer Vitalismus umfasst alle Erscheinungen; allerdings – hier wird Emersons Studium des deutschen Idealismus spürbar – könnten wir ohne „irgendein Prinzip von Festigkeit oder Stabilität in der Seele" dieser ständigen Be-

---

12 Vgl. Sontag (1977), Greenblatt (2000); La Fleur (2000): „The cultural embodiment of the 'frontier spirit' means so great an orientation toward the future that serious ethical blind-spots are permitted in the present" (Ms. S. 25).

wegung nicht inne werden; dieser „ewige Erzeuger/Generator bleibt bestehen" (der moderne, technische Sinn des Worts ist englisch schon 1794 belegt), „ist der Schöpfung etwas überlegen" („somewhat superior", Emerson 1839/1979, S. 188). Gerade deswegen geht es *ständig vorwärts:*

„Thus there is no sleep, no pause, no preservation, but all things renew, germinate, and spring. Why should we import rags and relics into the new hour? Nature abhors the old, and old age seems the only disease: all others run into this one" (ebd., S. 188).

Emerson drückt die Konsequenzen für die Auffassung von Zeit, von *Zukunft, Gegenwart und Vergangenheit* auch ganz direkt aus, wie stets in engem Zusammenhang mit anderen Gesichtspunkten:

„[...] In nature, every moment is new; *the past is always swallowed and forgotten; the coming only is sacred.* Nothing is secure but life, transition, the energizing spirit. [...]" (Emerson 1839/1979, S. 189, keine Hervorhebung im Original).

Dem Leben, dem Augenblick hingegeben, die Vergangenheit beiseiteschiebend, stürmt der wahrhaft große Mann ins Kommende, ohne wissen zu wollen, wie, warum, wohin (vgl. ebd., S. 190). Das Alte, das Vergangene, die Tradition, sie sind zum Untergang verdammt. Die Anklänge an das Kommunistische Manifest von Marx und Engels von 1848 sind eklatant – mit dem wesentlichen Unterschied, dass diese beiden die Bourgeoisie im Rahmen des Kapitalismus als Werkzeug dieser 'schöpferischen Zerstörung' betrachteten (Schumpeter hat sich gerade in dieser Hinsicht auf Marx berufen), während Emerson dahinter eine ewige Naturenergie sah.

Nach Fishers These hat die um 1890 zu Ende gegangene Frontier-Epoche es den USA ermöglicht, eine solche Weltauffassung vom unaufhörlich weitergehenden Rhythmus von Schöpfung und Zerstörung auszubilden. Die zerstörerische Ruhelosigkeit, von der kreativen Kraft der modernen Technologie gefordert, von der liberalen Ökonomie in ihrem Lauf ermuntert, habe dann jener Weltauffassung eine neue Grundlage gegeben: jenes für die *amerikanische* Kultur so typische, ständige Drängen zum Neuen, gesichert in der permanenten Revolution des technologischen Konkurrenzkapitalismus (Fisher 1999, S. 3). Mögen alle anderen Kulturen der technologischen Revolution der vergangenen 150 Jahre mit einer Mischung von Bereitwilligkeit und Widerstand begegnet sein – einzig in der Kultur der USA seien Opposition, Verzögerung und Nostalgie vom „Sich-in-die-Zukunft-Stürzen" überwältigt worden, von einem *„rush to the future"* (Fisher 1999, S. 3, keine Hervorhebung im Original).

Fisher belegt seine These exemplarisch anhand einer zum amerikanischen 'Grundwortschatz' zu rechnenden Erzählung von Mark Twain aus „The Adventures of Tom Sawyer".[13] Er stellt Tom Sawyer als echten Sohn Emersons, als den Prototyp

---

13 Twain (1876/1980, Kap. 2, S. 19). Tom entledigt sich des von Tante Polly strafweise

des amerikanischen Unternehmers vor, der das Geld auf der Straße liegen sieht, weil er imstande ist, durch seine imaginativen Fähigkeiten die Dinge der Welt zu seinem Vorteil umzudeuten und geschäftsmäßig, als Manager zu organisieren. „This habit of imagining is common to both poetry and industry" (Fisher 1999, S. 10 f.).

Diese Kraft der Imagination verändert die etablierten Vorstellungen von Zukunft, Gegenwart und Vergangenheit, weil sie ins Kalkül des Geschäftsmanns eingeht – und jeder Amerikaner ist Geschäftsmann, oder sollte es sein. Vermöge der Imagination wird das Mögliche, *wird die Zukunft zu einem wesentlichen Bestandteil der Gegenwart:*

„In a technological world that accepts what the economist Joseph Schumpeter called the 'creative destruction' of what already exists and currently satisfies needs in its own way, *the future and the possible,* the promising idea and the articulated plan,[14] *have a complex reality* long before they are real" (Fisher 1999, S. 13, keine Hervorhebung im Original).

Umgekehrt verliert die Gegenwart einen Teil ihrer Gegenwärtigkeit an die Vergangenheit:

„Equally important is the fact that *everything that is now fully real becomes potentially unreal* because it is or might be threatened by some new scheme of things in which it would disappear or become merely decorative, as horses are today now that they are no longer primarily used for farm work" (Fisher 1999, S. 13, keine Hervorhebung im Original).

In einem solchen System muss ein jeder und eine jede ständig ganz präsent sein, ihr Vermögen (einschließlich des eigenen Arbeitsvermögens) im Hinblick auf zukünftige Veränderungen (schon beinahe wirkliche, wahrscheinlich mögliche) diskontieren, kalkulieren, umschichten, mobilisieren.

Das verändert auch das Verhältnis von Gegenwart und Zukunft zueinander und zur Vergangenheit: eine *neuartige Zeitzone* entsteht, in der die *Möglichkeit* regiert, in welcher der Wert aller Dinge der Wette unterliegt. Diese Zone beginnt mit dem Entstehen einer 'verwertbaren', wirtschaftlich interessanten Idee; sie endet mit deren Verwirklichung oder endgültigen Verwerfung (vgl. Fisher 1999, S. 12 f.). In die klassische Trinität wäre sie zwischen *tempus praesens* und *tempus futurum* einzufügen, als *tempus incertum,* freilich in beide ein- und übergreifend.

> erteilten Auftrags, an einem herrlichen Sommertag den Gartenzaun zu streichen, indem er die Aufgabe für seine schadenfroh vorbeikommenden Spielkameraden umdefiniert, aus lästiger Arbeit in einen Wert, in die freie Tätigkeit eines Künstlers, nicht Anstreichers, sondern Malers. Die Kameraden *dürfen* gegen Bezahlung (Murmeln, Bleistift, tote Ratte an einer Schnur, u. dgl. Schätze spielender Kinder in vormedialer Welt) einige Yards streichen. „[...] it is only necessary to make the things difficult to attain" (ebd., S. 50).
>
> 14 Vom Standpunkt einer (relativ!) 'statischen' Gesellschaft wird das als 'Projektemacherei' und 'Charlatanerie' denunziert, wie von verschiedenen Autoren an Goethes „Faust" gezeigt worden ist (vgl. u.a. Binswanger 1985; Krippendorff 1999). „Fictions that in stable systems are the marks of fraud and the work of charlatans are in unstable systems the sketch, or one possible sketch, of what will turn out to be the real just slightly later in one lifetime" (Fisher 1999, S. 13).

„This point where knowledge, the future, and value intersect is a key topic within the epistemology of rapidly changing worlds, the epistemology of capitalism" (ebd., S. 13).

Der Begriff des *tempus incertum*, der Zeitstufe der Unsicherheit, erinnert daran, dass von Frank H. Knight bereits 1916 in einer klassischen Schrift *Unsicherheit als grundsätzliches Merkmal* des Kapitalismus erörtert worden ist („Risk, Uncertainty and Profit", 1921).

Der Wert aller Dinge unterliegt der Wette. Manchmal sind die Ruinen des Vorausgehenden noch kenntlich, vom Allerneuesten dem Verfall, der Vernichtung überantwortet: Aus den das Land kreuz und quer überfliegenden Flugzeugen kann man noch die unten vor sich hin rostenden Eisenbahnlinien erblicken. Die Hochöfen und Walzwerke von Pittsburgh, über 40 Meilen ausgestrecktes Ruhmesblatt der US Steel, um 1900 'aus dem Boden gestampft', sind hingegen längst verschrottet, das Flussufer grün renaturiert. Die Zerstörung ist wesentliches Moment der ständigen Neuerschaffung. War *creatio ex nihilo* einmal eine Aussage über Gottes Allmacht, so ist heute für die menschliche Allmacht zu ergänzen: *destructio ad nihilum* (vgl. Fisher 1999, S. 4). Das betrifft auch die weniger sichtbare Werte, z.B. das Arbeits-Vermögen. Durchaus handfest weist Fischer auf eine sehr konkrete Form der immateriellen Zerstörung, der *Entwertung des Gegenwärtigen* hin: auf die ständige Bedrohung durch Dequalifizierung:

„The skills of a jazz musician in a world where jazz was the popular music would be devalued with the coming of rock-and-roll and the conversion of jazz into an esoteric art with a coterie audience" (Fisher 1999, S. 14).

Bei Emerson, dem 'Herold' einer „genuine culture of newness and nextness" (Fisher 1999, S. 18), hat die schöpferische Zerstörung durchweg einen guten Klang. Das Gewicht liegt auf 'schöpferisch', auf der 'Erschaffung' des Neuen und wiederum des Neuen: ein ständiges Übertreffen Gottes. Und das jeweils Neueste schiebt vermöge seiner höheren Qualität, seiner Einfügung in ganz neue Zusammenhänge das jeweils nicht mehr Neue in die unvermeidliche *Grube des Vergessens,* der Nichtexistenz hinab: „tumbling into the inevitable pit which the creation of new thought opens for all that is old" (hier geht es um die Gelehrsamkeit der alten Griechen, Emerson 1839/1979, S. 180; vgl. in gleicher Orientierung die übrigen oben zitierten Äußerungen Emersons). „[...] far from expressing regret, Emerson embraces the destruction of the old as an essential element of the thrilling realisation of human freedom" (Greenblatt 2000, S. 10).

Die jeweils junge Generation ist uns eine neue Welt schuldig, und damit zugleich die Zerstörung der Welt, in der wir's uns bequem gemacht haben (vgl. Fisher 1999, S. 19). Und zu dieser etablierten Welt, die 'wert ist, dass sie zugrunde geht' (Mephistopheles in Goethe, Faust I, Studierzimmer), gehören nicht nur die Ideen und die Künste, nicht nur die materiellen Werte und die technologischen 'Errungenschaften', sondern auch die Werte der Moral:

„The same law of eternal procession ranges all that we call the virtues, and exstinguishes each in the light of the better" (Emerson 1839/1978, S. 186).

V.

Abschließend sollen mit dem Hinweis auf neuere linguistische Forschungsergebnisse einige Zweifel an dem Eindruck der immer stärkeren Dominanz des Modus der Zukunft gesät werden. Die Forschung hat gezeigt, dass die Zukunft im tatsächlichen Sprachgebrauch der modernen Gesellschaften Europas als 'Futur' nur eine geringe Rolle spielt, und dass auch für die übrigen Tempora keineswegs klar ist, dass sie vornehmlich oder überhaupt der Bezeichnung von Zeitstufen dienen.

Blicken wir zurück. Die tief im allgemeinen Bewusstsein, im Sprachgebrauch, ausgehend von Philosophie und Grammatik, verankerte Formel von der Dreigliederung der Zeit in Vergangenheit, Gegenwart und Zukunft ist vielleicht abendländisch, aber sie ist nicht ewig – das zeigen die Berichte aus der archaischen Welt der Indianer oder Homers. Und Zukunft als ein Ziel und nicht als Punkt in einem Kreislauf gibt es erst durch Juden, dann Christen. Zum Gegenstand menschlichen, zielorientierten Handelns wird Zukunft erst mit der Neuzeit. Naturwissenschaft, Handelskapitalismus und andere Einflüsse haben daran ihren Anteil; Tradition, Vergangenheit beginnen zurückzutreten. Ein nachhaltiger Einbruch findet offenbar mit dem Geld statt, jener hochkontroversen Kategorie, sehr abstrakt und zugleich Gegenstand täglichen Operierens, welche die Menschen zunehmend prägt, auf der Ebene des Wünschens und Konsumierens, auf der Ebene des unternehmerischen Handelns, als Kapital, im Bereich der damit einhergehenden exakten Wissenschaft und Technologie. Hier tritt jene ständige Umwälzung aller Lebensverhältnisse auf, die schließlich als Formel von der 'schöpferischen Zerstörung' gefasst wird. Hier erst wird die ständig enteilende Zukunft zum höchsten Wert, sinkt Vergangenheit immer rascher ins Unkenntliche zurück, herrscht radikale Unsicherheit im Gegenwärtigen. Hat es hier noch einen Sinn, von Zukunft zu sprechen, und erst recht von jener Trinität ungefähr ebenbürtiger Zeiten? Dennoch geschieht es. Zähigkeit der Sprache, der Grammatik, der Institutionen, des Autochthonen?

Die Antwort auf diese Frage wird nicht einfacher, wenn man wichtige Resultate der linguistischen Forschung zum Umkreis der Tempora zur Kenntnis nimmt – sie entsprechen anscheinend nicht dem, was man erwarten sollte, nämlich dass sich die Sprachen in den modernen Gesellschaften, wenn auch verzögert, der neuen Bedeutung von Zukunft anpassen.

Nach zwei Jahrtausenden Schülererziehung in Europa anhand der Formel der drei Tempora (manchmal sind sie im Rahmen dieses Schemas komplizierter organisiert: z.B. statt 'Futur': 'Futur I' und 'Futur II') zeigen neuere Untersuchungen, dass das Futur als Anzeige von Zukunft besonders in der gesprochenen Sprache sehr wenig und wohl immer weniger gebraucht wird, überhaupt eher anderen, 'modalen' Zwecken dient (Absicht, Befehl, Vermutung u. dgl.; vgl. Dahl 2000). Überhaupt gilt, dass auch die anderen Tempora (lateinisch 'Zeiten') andere Zeitstufen ausdrücken als die scheinbar angezeigten (z.B. das Präsens 'ich komme *morgen* an'). Seit 150 Jahren ist in der Linguistik eine Entwicklung im Gange, die den 'Tempora' fast nur noch am Rande zeitliche Bedeutung zuspricht, ja sie ihnen am Ende ganz abspricht. Sehr andere Aspekte werden offenbar mit den Formen des 'Tempus' angedeutet: ob eine Handlung andauert, oder ob der Sprecher es auf einen Punkt abgesehen hat, z.B. den Eintritt oder das Ende eines Ereignisses ('Aspekte': vgl. Comrie 1976); ob die Welt 'erzählt' oder 'besprochen' wird (vgl. Weinrich 1964/1994); ob etwas vor den Augen steht ('hier' und 'jetzt') oder ob es das nicht tut (also alles Sonstige 'dort und nicht jetzt') (vgl. Bühler 1934/1994). Einzelne Autoren bestreiten für bestimmte Sprachen überhaupt jeden zeitlichen Ausdruck vermittels der 'Tempora', was natürlich nicht ausschließt, Zeit etwa mit Zeitadverbien auszudrücken.

Ich beziehe mich exemplarisch auf zwei vor einigen Jahren erschienene Sammelbände, in denen an einer Vielzahl von europäischen Sprachen untersucht wird, welche Bedeutungen eigentlich die Endungen des Verbs tatsächlich anzeigen, bzw. wie es sich mit dem Verhältnis aller drei einschlägigen Kategorien (Tempus, Modus und Aspekt) heute verhält (das Gesamtthema heißt „Tense Systems": Thieroff/Ballweg 1994; Thieroff 1995). Die Ergebnisse zu den verschiedenen Sprachen lassen sich zwar nicht auf einen einzigen Nenner reduzieren, aber sie weisen doch in dieselbe Richtung: dass die 'Tempora' eine zeitliche Bedeutung haben, wird zunehmend skeptisch beurteilt; fürs Futur gilt das am Entschiedensten.

So schreibt der Hauptherausgeber der beiden Bände, Thieroff, zusammenfassend:

„There is much debate on whether e.g. a Perfect in a given language [...] should be considered a tense or an aspect category (or neither), whether Futures are tenses or moods (or neither) [...]" (Thieroff/Ballweg 1994, S. 3).

Um es deutlich zu wiederholen: es ist kontrovers, ob in einer bestimmten modernen Sprache Perfekt und Futur überhaupt eine *zeitliche* Bedeutung haben. Thieroff fährt fort:

„In contrast to Perfect and Future, until very recently the category Past has been considered almost unanimously as a (or even *the)* tense category" (ebd.).

Auch das ist nicht mehr so, wie es einst war, und Thieroff stellt die verschiedenen Unterscheidungen im Überblick vor. In der Untersuchung des Niederländischen z.B. unterscheidet Janssen als Tempora nur Präsens und Präteritum, misst beiden aber *keinerlei zeitliche Bedeutung* zu (Janssen 1994, S. 116). Und Thieroff fügt hinzu, dass er fürs Deutsche zu ganz ähnlichen Schlüssen gekommen sei (Thieroff/

Ballweg 1994, S. 4). Und das Futur wird von beiden Autoren – also fürs Niederländische und fürs Deutsche – überhaupt nicht mehr als Tempus erwähnt!

In ähnlicher Richtung, und ebenfalls auf den Spuren des Wiener Psychologen und Linguisten Karl Bühler (1934/1994), untersucht Johanson die 'Aspektotempora' (also 'Tempora', die vor allem Aspekte mitteilen) im modernen Türkeitürkischen in einer deiktischen Analyse. D.h. die wesentliche Unterscheidung ist dabei, ob es sich um ein Ereignis handelt, das dem Sprecher unmittelbar *vor Augen* steht ('hier! jetzt!'), oder ob das Ereignis *außerhalb* des Aufmerksamkeitsstrahls des Sprechers liegt ('dort, nicht jetzt'; Johanson 1994). Für die niederländische Sprache versucht Janssen (1994, S. 116) das mit der Unterscheidung „region of *focal* referential concern" und „region of *disfocal* referential concern" zu fassen. Wo bleibt da noch ein eigenständiger Platz für das Futur, mag man sich ratlos fragen.

Wird durch diese Forschungen endlich ein von antiken Philosophen und Grammatikern erfundenes und qualvoll lange (besonders für die Schüler) mitgeschlepptes Gerüst 'Vergangenheit/Gegenwart/Zukunft' abgebaut? Oder lag die Bedeutung dieses Gerüsts vor allem darin, die Menschen im Abendland, jedenfalls die 'zur Verantwortung Berufenen', für eine gestaltbare und zu gestaltende Zukunft auszurüsten? Und gilt das auch heute? Oder ist das jetzt überflüssig oder sogar ablenkend, ja störend, wo die Zukunft beherrschend ins Gegenwärtige hineinreicht, wo daher neue Begriffe gefragt wären, z.B. ein 'Incertum', um 'Wettzeit' bzw. radikale Unsicherheit auszudrücken? Sind die Linguisten z.Z. noch hauptsächlich mit dem Wegräumen der Gerüstteile aus einer Aufbauepoche beschäftigt, um sich dann – die Sprache trabt der aktuellen Situation stets nur mit Verzögerung nach – der begrifflichen Kodifizierung des Erreichten zuzuwenden? Oder verweist die erstaunlich hartnäckige Lebenskraft des 'Gerüsts' der Tempora zumal in der Schule darauf, dass darin anthropologische Konstanten stecken, welche den gewissen himmelstürmenden Flügen Schranken setzen? Oder wenn nicht Anthropologie, dann vielleicht Autochthonie, sichernder Traditionsbestand?

Literatur

Anm.: Bei einigen Titeln wird zunächst das Jahr der Erstveröffentlichung genannt. Nach Schrägstrich erscheint dann die Ausgabe, nach der zitiert wird (vgl. z.B. Hesiod 700 v.Chr./ 1970; Schumpeter 1942/1976).

Augustinus, Aurelius, ca. 398/^{2}1996: Confessiones. Hrsg. M. Skutella u.a., Leipzig/Stuttgart.
Binswanger, Hans Christoph, 1985: Geld und Magie. Deutung und Kritik der modernen Wirtschaft anhand von Goethes 'Faust'. Mit einem Nachwort von Iring Fetscher, Stuttgart.
Bühler, Karl, 1934/1994: Sprachtheorie. Die Darstellungsfunktion der Sprache, Stuttgart.
Comrie, Bernard, 1976 u.ö.: Aspect. An Introduction to the Study of Verbal Aspect and Related Problems, Cambridge.
Dahl, Östen (Hrsg.), 2000: Tense and Aspect in the Languages of Europe, Berlin/New York.

Deutschmann, Christoph, 1995: Geld als soziales Konstrukt. Zur Aktualität von Marx und Simmel, in: Leviathan 23, S. 376-393. (Engl. in: Thesis Eleven 47 (Nov. 1996), S. 1-19).
Deutschmann, Christoph, 1996: Marx, Schumpeter und Mythen ökonomischer Rationalität, in: Leviathan 24, S. 323-338. (Engl. in: Thesis Eleven 53 (Mai 1998), S. 45-64).
Deutschmann, Christoph, 1999: Die Verheißung des absoluten Reichtums: zur religiösen Natur des Kapitalismus, Frankfurt a.M./New York.
Drosdowski, Günther (Hrsg. u. Bearbeitg. zus. m. Peter Eisenberg), 1995: Duden „Grammatik der deutschen Gegenwartssprache", Mannheim usw.
Eisenstadt, Shmuel Noah, 2001: Vielfältige Modernen, in: Zs. f. Weltgeschichte 2, S. 9-33.
Emerson, Ralph Waldo, 1839/1979: Circles, in: A.R. Ferguson u.a. (Hrsg.), The Collected Works of Ralph Waldo Emerson. Vol. II, Essays, First Series, Cambridge, Mass./London.
Erbse, Hartmut, 1990: Nachlese zur homerischen Psychologie, in: Hermes 118, S. 1-17.
Erikson, Erik H., 1945/1965: Childhood and Society, Harmondsworth. Dt. Übers.: Kindheit Kindheit und Gesellschaft, Stuttgart.
Fisher, Philip, 1999: Still the New World. American Literature in a Culture of Creative Destruction, Cambridge, Mass.
Fränkel, Hermann, 1930/^{2}1960: Parmenidesstudien, in: ders., Wege und Formen frühgriechischen Denkens. Literarische und philosophiegeschichtliche Studien, München.
Fränkel, Hermann, 1931/^{2}1960: Die Zeitauffassung in der frühgriechischen Literatur, in: ders., Wege u. Formen frühgriechischen Denkens. Literar. u. philosophiegesch. Studien, München.
Fritz, Kurt von, 1943 und 1945: NOOS and NOEIN in the Homeric Poems, NOUS, NOEIN and Their Derivatives in the Pre-Socratic Philosophy (excluding Anaxagoras), in: Classical Philology, 38, S. 79-95 und 40, S. 223-242. (Dt. von P. Wilpert, in: H.-G. Gadamer (Hrsg.), Um die Begriffswelt der Vorsokratiker, Darmstadt 1968, S. 246-363; nicht eingesehen.)
Goethe, Johann Wolfgang von, 1994: Faust, in: ders., Sämtliche Werke. [...] Hrsg. F. Apel u.a.; I. Abt., Bd. 7/1: Texte, Hrsg. A. Schöne; Bd. 7/2: Kommentare, von A. Schöne, Frankfurt a.M.
Greenblatt, Stephen, 2000, The Inevitable Pit, in: London Review of Books, 21 Sept, S. 9-11.
Hesiod, um 700 v. Chr./1970: Sämtliche Gedichte. Theogonie, Erga, Frauenkataloge. Übers. und erläutert von W. Marg, Zürich/Stuttgart.
Homer, um 750 v. Chr./2000: Ilias, 1. Gesang. Text u. Übers. Hrsg. M.L. West, München/Leipzig.
Homer, um 750 v. Chr./1975: Ilias. Neue Übertragung von W. Schadewaldt, Frankfurt a.M.
Janssen, Theo A.J.M., 1994: Tense in Dutch: Eight 'Tenses' or Two Tenses?, in: R. Thieroff und J. Ballweg (Hrsg.), Tense Systems in European Languages 1. Einleit. von R. Thieroff, Tübingen, S. 93-118.
Johanson, Lars, 1994: Türkeitürkische Aspektotempora, in: R. Thieroff und J. Ballweg (Hrsg.), Tense Systems in European Languages 1. Einleit. von R. Thieroff, Tübingen, S. 247-266.
Knight, Frank H., 1921/1971: Risk, Uncertainty and Profit, Chicago/London.
Krippendorff, Ekkehart, 1999: Goethes Faustkritik, in: ders., Goethe. Politik gegen den Zeitgeist, Frankfurt a.M./Leipzig (mit Literatur: S. 229 f.).
Kultusministerkonferenz (Hrsg.), 1983: Verzeichnis grundlegender grammatischer Fachausdrücke (von KMK zustimmend zur Kenntnis genommen am 26.2.1982). Anlage VI zur Niederschrift über die 76. Amtschefkonferenz, in: Anregung 29, S. 292-298.
LeGoff, Jacques, 1960/1977: Zeit der Kirche und Zeit des Händlers im Mittelalter, in: M. Bloch u.a., Schrift und Materie der Geschichte. Hrsg. C. Honegger, Frankfurt a.M., S. 393-414.

LaFleur, William R., 2000: Transplanting the Transplant: Japanese Sensitivity to American Medicine as an American Mission (Ms., University of Pennsylvania, Dept. of Asian [...] Studies).
Marx, Karl, 1844/1982: Ökonomisch-philosophische Manuskripte, in: K. Marx und F. Engels, Gesamtausgabe, I. Abt., Bd. 2, Berlin/DDR.
Marx, Karl, 1857-1858/1939: Grundrisse der Kritik der Politischen Ökonomie. Rohentwurf. 1857-1858, Moskau 1939. (Hier zitiert nach dem Nachdruck Berlin/DDR 1953). (Auch in: K. Marx und F. Engels, Gesamtausgabe, I. Abt., 1,1, Berlin/DDR 1976.)
Marx, Karl, 1850-1859/1941: Grundrisse der Kritik der Politischen Ökonomie. Anhang. 1850-59, Moskau 1941. (Auch als Nachdruck, Berlin/DDR 1953, S. 765-1102, ohne S. 1103 und sieben Bildbeilagen.) (Auch in: K. Marx und F. Engels, Gesamtausgabe, I. Abt., 1,2, Berlin/DDR 1981.)
Marx, Karl, 1867: Das Kapital. Kritik der politischen Oekonomie. Erster Band. Buch I: Der Produktionsprocess des Kapitals, Hamburg/New York. (Auch in: K. Marx und F. Engels, Gesamtausgabe, II. Abt, 2, Berlin/DDR 1983.)
Mbiti, John S., 1969: African Religions and Philosophy, London/Ibadan etc. (dt. Berlin 1974).
Picot, Arnold, Ralf Reichwald und Rolf T. Wigand, ³1998: Die grenzenlose Unternehmung. Information, Organisation und Management. Lehrbuch zur Unternehmensführung im Informationszeitalter, Wiesbaden.
Reichelt, Helmut, 1970: Zur logischen Struktur des Kapitalbegriffs bei Karl Marx, Frankfurt a.M./Wien.
Rappe, Guido, 1995: Archaische Leiberfahrung. Der Leib in der frühgriechischen Philosophie und in außereuropäischen Kulturen, Berlin.
Reichenbach, Hans, 1947: Elements of Symbolic Logic, New York. (Dt. Übers.: Grundzüge der symbolischen Logik, in: ders., Ges. Werke, hrsg. v. A. Kamlah und M. Reichenbach, Bd. 6, Braunschweig/Wiesbaden 1999).
Schadewaldt, Wolfgang, 1978: Die Anfänge der Philosophie bei den Griechen. Die Vorsokratiker und ihre Voraussetzungen, Frankfurt a.M.
Schmitz, Hermann, 1965: System der Philosophie. Zweiter Band, Erster Teil: Der Leib, Bonn.
Schmitz, Hermann, 1988: Der Ursprung d. Gegenstandes. Von Parmenides bis Demokrit, Bonn.
Schumpeter, Joseph A., 1942/1976: Capitalism, Socialism and Democracy, London/Boston/ Sydney (5th edition). Dt. Übers. Tübingen, Basel 1993 (7. Aufl.).
Simmel, Georg, 1900/1989: Philosophie des Geldes. Hrsg. D.P. Frisby und K.Chr. Köhnke, in: ders., Ges. Werke, Hrsg. O. Rammstedt, Frankfurt a.M., Bd. 6.
Snell, Bruno, 1930/1966: Das Bewußtsein von eigenen Entscheidungen im frühen Griechentum, in: ders., Ges. Schriften, Göttingen, S. 18-31.
Snell, Bruno, 1946/1975: Die Entdeckung des Geistes. Studien zur Entstehung des europäischen Denkens bei den Griechen, Göttingen.
Thieroff, Rolf und Joachim Ballweg (Hrsg.), 1994: Tense Systems in European Languages 1. Einleitg. von R. Thieroff, Tübingen.
Thieroff, Rolf (Hrsg.), 1995: Tense Systems in European Languages 2, Tübingen.
Twain, Mark, 1876/1980: The Adventures of Tom Sawyer, in: ders., The Works of Mark Twain, Hrsg. C. Gerber u.a., Bd. 4, Berkeley/Los Angeles/London.
Vernant, Jean-Pierre, 1985: Aspects mythiques de la mémoire et du temps, in: ders., Mythe et pensée chez les Grecs – études de psychologie historique, Paris.
Weinrich, Harald, 1964/1994: Tempus. Besprochene und erzählte Welt, Stuttgart usw.

Aldo J. Haesler

Irreflexive Moderne

Die Folgen der Dematerialisierung des Geldes aus der Sicht einer tauschtheoretischen Soziologie

Für Bruno Liebrucks

Die Verheißungen einer bargeldlosen Gesellschaft

Die zunehmende Autonomie des gesellschaftlichen Überbaus gegenüber der ökonomischen Infrastruktur ist ein klassischer Topos des europäischen Spätmarxismus. Der Vehemenz solcher 'Revisionismen' fiel jedoch sehr oft die kritische Analyse der Zirkulationssphäre als Vermittlung zwischen Basis und Überbau zum Opfer. Dieses Manko hat sowohl mit einem Widerspruch zwischen Marx' (metallistischer) Geldtheorie und seiner Kapitaltheorie zu tun, als auch mit einem ursprünglichen Denk- und Forschungsdefizit auf dem Gebiet der Geldgeschichte. Diese ging meist deskriptiv vor und gab sich höchst selten die Mühe, den Wandel der Geldformen zu reflektieren. Es ist wohl als eine Eigenart der englischen Wirtschaftsgeschichte anzusehen, wenn so unterschiedliche Historiker und Anthropologen wie George M. Foster, William H. Reddy und Igor Kopytoff auf die besondere entwicklungsgeschichtliche Bedeutung der sich autonomisierenden Zirkulationssphäre aufmerksam gemacht haben.[1] Doch blieben ihre Bemühungen, die Genese des Kapitalismus nicht mehr produktions-, sondern tauschlogisch zu denken, in der Regel folgenlos. Selbst Fernand Braudels epochales Werk *Materielle Zivilisation, Ökonomie und Kapitalismus*,[2] das dezidiert und nahezu provokatorisch den Primat der Tauschsphäre gegenüber der Produktionssphäre als Erkenntnisgrundlage für die Herausbildung des modernen Kapitalismus verfocht, blieb konsequenzenlos.

Mit dem Eintritt in eine 'bargeldlose Gesellschaft' rächt sich die Geschichte nun an ihren Denkern. Fassungs- und verständnislos stehen sie einem Wandel gegenüber, den zu erkennen und zu ermessen ihnen die Begriffe fehlen. Ja, wurde er überhaupt bemerkt? Ist es nicht so, dass der Hauptteil der kritischen Intelligenz

---

1 Vgl. Foster (1965), Reddy (1987), Kopytoff (1986).
2 Vgl. Braudel (1979).

immer noch einem ideologischen Produktivismus huldigt, in den alten Denkschemata von Wissenschaft und Technik als (bestenfalls) Ideologie verharrt und vom fundamentalen Wandel der Geldform noch kaum ein minimales Bewusstsein erlangt hat?

Die Geschichte der Dematerialisierung des Geldes 'scheint' zumindest bekannt zu sein. Ihre Periodisierung wurde schon in der alten deutschen Wirtschaftgeschichte unternommen. Die Erfindungen des Wechsels, des Notengeldes, des Bankchecks, des Giros sind erkannte Stadien in der Geschichte des Mediums. Linear wurde sie fortgeschrieben, so dass die Kreditkarte, das elektronische Geld, die Globalisierung der Geldströme als nichts anderes erschienen denn als technische Inszenierungen zur Senkung der Transaktionskosten. Dieser präsentistische Ansatz, der im Neuen immer nur das Alte erkennen will, dominiert auch heute noch unangefochten. So ist die Einführung der Kreditkarte für ihre Promotoren nichts anderes als eine Sparmaßnahme für den Bankensektor, ein willkommenes Marketinginstrument für die Konsumindustrie und ein wundersam fluides Medium für den postmodernen 'Prosumenten'. In diesem Kontext von theoretischer Naivität und kommerziellem Interesse sollte die Soziologie eigentlich den Störenfried spielen. Aber wie wir sehen werden, adaptiert sie sich einmal mehr den Gegebenheiten. Einmal mehr verschläft sie ein zeitgeschichtliches Thema. Doch was hätte sie eigentlich auf diesem weiten Feld zu suchen? Diese Frage zu beantworten hieße, die besondere Dignität des Themas offenzulegen. Kurzum: Einmal mehr empfiehlt sich eine Rückbesinnung auf Simmel, diesen „Seismographen der Moderne" (J. Habermas), der jedes Mal zu Rate gezogen wird, wenn der Karren der Soziologie im Dreck steckt.

Bei Simmel finden wir zum ersten Mal eine sozialtheoretische Hypothese über die Dematerialisierung des Geldes. Den schwierigen Weg zwischen einer chartalistischen Theorie des Zeichengeldes und einer metallistischen Theorie des Warengeldes gehend, entwirft Simmel eine soziologische Theorie des Vertrauens, derzufolge der Glaube an die Weiterverwertbarkeit des Geldes Ausdruck einer durchaus durkheimianisch anmutenden gesellschaftlichen Kohäsion ist: „Wie ohne den Glauben der Menschen aneinander überhaupt die Gesellschaft auseinanderfallen würde", so schreibt Simmel, „[...] so würde ohne ihn der Geldverkehr zusammenbrechen".[3] An sich ist diese Lösung nicht unproblematisch.[4] Dennoch erlaubt sie

---

3 Simmel (1907, S. 164 f.).
4 Indem sie vorgibt, beide geldtheoretischen Positionen zu überwinden, importiert sie gleichsam ihre Inkonsequenzen: den Weltrelativismus der Zeichentheorie, der zur Verabsolutierung des Staates qua Notenbank führt, und die historische Irrelevanz der Warentheorie, deren Rechtfertigung des Edelmetalls letztlich nur metaphysisch erbracht werden kann. Es ist dennoch ein Signum von Simmels Genialität, aus diesem schlechten Kompromiss heraus eine wegweisende Lösung in seiner Vertrauenstheorie erdacht zu haben. Sie ist es aber weniger als Überwindung beider geldtheoretischen Positionen, denn als Umgehung ihrer Aporien. Aus diesem Grunde ist auch die neuerliche Berufung auf diese Vertrauenstheorie bei Ökonomen Girardscher Obedienz (vgl. u.a. Aglietta/Orléan 1998) keineswegs unproblematisch.

eine theoretische Brücke zu Geldphänomenen zu schlagen, deren Stringenz und Historizität nur soziologisch erkannt werden kann. So eben auch die Dematerialisierung des Geldes. Eine Zeichentheorie ist immer unhistorisch, eine Warengeldtheorie ist immer inkohärent. Vertrauenstheorie dagegen erlaubt, die zunehmende Abstraktheit des Geldes mit der zunehmenden Abstraktheit der gesellschaftlichen Kohäsion zu parallelisieren. Die in der Vertrauenstheorie 'aufgehobene' Verschiebung des Substanzwertes in einen reinen Funktionswert des Geldes lässt sich bequem auf das schon in Simmels Theorie der sozialen Kreise entworfene Argumentationsmuster anwenden: „Das Ganze ist um so vollkommener und harmonischer, je weniger der Einzelne noch ein harmonisches Ganzes ist."[5] Je umfassender somit das Geldganze, desto unbedeutender die Geldeinheit. Und umgekehrt, je stoffloser das Geld, desto größer die dadurch integrierten Wirtschaftskreise, ja desto größer die Infiltration des Geldes in Kreise, die nichts mehr mit Wirtschaft zu tun haben. Simmel ist sich bewusst, dass diese Entwicklung auf ein abstraktes Weltgeld hin zielt und dabei immer zahlreichere Sektoren der Lebenswelt einbezieht. An der Materialität des Geldes wird somit für ihn sichtbar, was nach heutigem Sprachgebrauch als Globalisierung und Monetarisierung der Lebenswelt firmiert.[6]

Ein zweites Motiv ist diesem Globalisierungsthema hinzuzufügen. Es ist bei Simmel überall dort latent vorhanden, wo er die Materialität des Geldes mit dem geistigen Nachvollzug monetärer Vorgänge in Zusammenhang bringt. Auch Metallgeld birgt im Austauschvorgang Abstraktionsvorgänge, die historisch-praktisch erlernt werden müssen. Aber solange man das Geld in Händen halten kann, funktioniert die Realabstraktion.[7] Ein Quantensprung vollzieht sich erst dann, wenn Geld nur noch ein Tauschsymbol ist, sozusagen ein Zeichen seiner Austauschbarkeit. Nicht umsonst bedient sich Simmel hier einer empiriokritizistischen Denkfigur, wenn er schreibt:

„Das immer wirkungsvoller werdende Prinzip der Ersparnis an Kräften und Substanzen führt zu immer ausgedehnteren Verfahren mit Vertretungen und Symbolen, welche mit demjenigen, was sie vertreten, gar keine inhaltliche Verwandtschaft haben; so dass es durchaus in derselben Richtung liegt, wenn die Operationen mit Werten sich an einem Symbol vollziehen, das mehr und mehr die materielle Beziehung zu den definitiven Realitäten seines Gebietes einbüßt und bloß Symbol wird. Diese Lebensform setzt nicht nur eine außerordentliche Vermehrung der psychischen Prozesse voraus – wie komplizierte psychologische Vorbedingungen fordert etwa nur die Deckung von Banknoten durch Barreserve! – sondern auch eine Erhöhung derselben, eine prinzipielle Wendung der Kultur zur Intellektualität".[8]

---

5 Simmel (ebd., S. 191).
6 Im imposanten Werk von Hardt/Negri (vgl. 2000) wird u.E. zum ersten Mal der Zusammenhang der Bildung eines Weltimperiums und der 'biopolitischen' Zurichtung des Körpers und seiner Affekte auf den Begriff gebracht.
7 Ich wähle diesen Begriff mit Bedacht, da hier ohne weiteres von Sohn-Rethels materialistischer Erkenntnistheorie aus diese Abstraktionsvorgänge begriffen werden könnten.
8 Simmel (ebd., S. 128).

Und bündig ließe sich fortsetzen und fragen, wenn „nur" die Deckung der Banknoten solche Vorbedingungen forderte, welche Vorbedingungen bei weiterer Abstraktion, wie beim Giro, eigentlich geboten sein müssten? Die Folgerung lässt keinen Zweifel offen: Bei vollständiger Abstraktion des Geldes ist letztlich der Tauschakt selbst abstrakt, nicht nur das Tauschmittel, sondern die gesamte Tauschaktion.

Wie lassen sich diese beiden Denkfiguren zusammendenken? Mit anderen Worten, wie weit geht dieses Geldganze und wie tief reicht die Fragmentierung und die Unbewusstheit seiner Elemente? Um unsere Argumentstruktur über die geldbedingte Irreflexibilität der Spätmoderne zu vervollständigen, brauchen wir ein weiteres Versatzstück. Es stammt aus der verfehmten Erkenntnistheorie Alfred Sohn-Rethels.

Ich sage mit Bedacht „verfehmte Erkenntnistheorie", denn seit Horkheimers Bannfluch in den frühen Dreißigern bis zu den Richthofenschen Aburteilungen in den Siebzigern seitens dogmatischer Spätmarxisten lastet auf Sohn-Rethels Theorie ein Tabu, das durch die gutgemeinten Bemühungen der Epigonen nur noch verstärkt wurde. Dabei liefert Sohn-Rethel eine höchst produktive Hypothese,[9] die keineswegs mit fragwürdigen Widerspiegelungstheoremen gleichgesetzt werden kann. Im Geld verdichten sich, so Sohn-Rethel, Abstraktionsprozesse, welche Tausch- qua Erkenntnispraxis vermitteln. Kein Wunder, dass eine Gesellschaft, die ihre Gegenstände als reine Waren handelt, auch Erkenntnisformen zeitigt, deren Abstraktheit mit der Abstrahierung dieser Gegenstände kongruent ist. Im Geld lässt sich somit ablesen, dass Denk- und Warenform gleichen Abstraktionslogiken unterliegen. Sohn-Rethels verzweifelter[10] Versuch einer „Soziogenese des Rationalismus" (A. Honneth) sieht in ihm nicht zuletzt das wahre Transzendentalsubjekt. Auch wenn Sohn-Rethel noch einem negativen Metallismus anhängt, demzufolge das Geld der einzige Gegenstand ist, dessen alleiniger Gebrauch die Austauschbarkeit ist, gelangt auch er zu einer höchst interessanten Hypothese, die mit Simmels Einsicht durchaus kompatibel, wenn nicht komplementär ist: die Materialität des Geldes, so bekennt er in einer späten Schrift,[11] sei ein seltsamer

---

9 Als Beweis dafür möchte ich nur Adornos Anleihen in der *Negativen* Dialektik und R.W. Müllers Habilitation nennen, dessen fehlende Anschlussarbeiten ich ebenfalls aufs Konto eines „Sohn-Rethel-Syndroms" buchen möchte; vgl. Müller (1977). Es waren nicht zuletzt im *Leviathan* erschienene Aufsätze, welche damals eine Rehabilitation Sohn-Rethels erhoffen ließen, die aber ohne Folge blieb. Nimmt man Gunnar Heinsohns exemplarische Arbeiten aus (vgl. z.B. Heinsohn/Steiger 1995), so fragt man sich heute, was aus den viel versprechenden Ansätzen von Stefan Breuer, Klaus-Dieter Oetzel, Gerd-E. Famulla oder Christine Woesler wohl geworden ist.
10 Der Briefwechsel zwischen Adorno und Sohn-Rethel (vgl. Adorno/Sohn-Rethel 1991) schildert nicht nur die existenzielle Dramatik dieses Engagements, sondern auch die höchst ambivalente Haltung Adornos, der theoretisch zwar immer auf der Seite von Sohn-Rethels heterodoxem Marxismus war, sich in der Institutspraxis jedoch mit den Dogmatikern Marcuse und Löwenthal arrangierte.
11 Vgl. Sohn-Rethel (1976, S. 35-117).

Stoff, weil seine einzige Eigenschaft darin besteht, mit zunehmender Gebrauchslosigkeit auch zunehmend tauschbar zu werden. Tauschbarkeit entstünde somit durch Ausschluss des konkreten Gebrauchs. Ein solcher Stoff sei eigentlich undenkbar, behauptet Sohn-Rethel.[12] Er hat Recht: undenkbar ist er im Rahmen des Marxschen Schemas; nicht aber im Rahmen von Georg Simmels Geldsoziologie.

Daraus lässt sich ein bündiger Argumentationsrahmen zeichnen. Je abstrakter das Geld, desto extensiver die Tauschkreise; und je abstrakter das Geld, desto 'unbewusster' die Tauschvollzüge – soweit bei Simmel. Ungemach meldet sich nur beim Terminus 'unbewusst'. Bei Simmel wird die Tauschpraxis *verlernt*, was sich allmählich in immer abstrakter werdenden Tauschformen verdichtet. Doch was verlernt wird, kann auch immer – wenn auch mit viel größeren Umständen – gelernt werden. Dafür gibt es soziale Gedächtnisse. Und insofern ist seine in der *Philosophie des Geldes* entworfene Geldkultur durchaus reflexiv. Simmel wagt nicht den Schritt hinab zum Transzendentalsubjekt. Es sind empirische Subjekte, die bei ihm tauschen und die durch das Abstraktwerden des Geldmediums die höchst komplexe Tauschpraxis – das Messen, Vergleichen, Abwägen, Zögern, Hinausschieben usf. – aus ihrem Handlungsbewusstsein verdrängen. Ohne weiteres ließen sich aber Institutionen vorstellen – man denke nur an Silvio Gesells Geldreform –, die in der Lage wären, dieser 'verfließenden Vergleichgültigkeit' der Tauschpraxis Einhalt zu gebieten. Insofern hatte Bruno Liebrucks Recht, als er Simmels soziologische Kritik des Geldes als „harmlos" bezeichnete.[13] Hier hilft Sohn-Rethel weiter. Je abstrakter das Geld, desto abstrakter sind die Denkkategorien, welche solche Geldpraxis voraussetzen *muss. Diese Abstraktion ist nicht Resultat einer Verdrängung oder eines Verlernens, sondern deren Voraussetzung.* Sohn-Rethel setzt dort an, wo Simmel aufhört. Je abstrakter das Geld, desto mehr denkt das Geld anstelle des Tauschsubjekts. Es handelt aus ihm heraus, das Subjekt durchaus in der Illusion belassend, noch in vollem Bewusstsein handeln zu können. Nicht die Tauschpraxis ist somit durch das Abstraktwerden des Geldes affiziert, sondern der gesellschaftliche Zusammenhang, in dem der Tausch nicht anders als abstrakt gedacht werden kann.

Angesichts des Ausmaßes der ökologischen Bedrohung kursierte die Behauptung, die Moderne sei im Begriff, sich als Ganze – nämlich als Ursache dieser Bedrohung – zu objektivieren. Dieser historisch einmalige, kollektive Bewusstseinsakt – ob aus Hobbesianischer Furcht oder aus systemischer Selbstbeobachtung, sei hier dahingestellt – indiziere einen Bruch zwischen einer präreflexiven und einer reflexiven Moderne, in welcher ihre Pathologien zwar nicht zurückgenommen, jedoch politisch artikuliert werden könnten. Vielleicht hat eine Heuristik des Schreckens, selbst als schlechte Lehrmeisterin, die Moderne reflexiv gemacht. Doch das bedeutet angesichts der o.a. Hypothese wenig.

---

12 „Den Stoff, aus dem Geld also, streng genommen, gemacht sein müsste, kann es in der Natur nicht geben" (1970, S. 62).
13 Vgl. Liebrucks (1970).

Niemand spricht heute von monetärer Bedrohung und doch ist die Gefahr eines Zusammenbruchs des Geldsystems allgegenwärtig. Nicht umsonst ist Simmels *Philosophie des Geldes* immer noch, mehr als ein Jahrhundert seit ihrem Erscheinen, der einzige Wegweiser in einem begrifflichen Dickicht ungeahnten Ausmaßes. Nicht die Ökonomen, die Philosophen oder die Theologen haben sich primär dieser Herausforderung zu stellen. Die einen sind definitiv zu technisch, die anderen definitiv zu allegorisch. Nur eine historisch und kritisch verfahrende Soziologie scheint heute noch in der Lage zu sein, zwischen der Anstrengung des Begriffs und der Wahrnehmung der aktuellen gesellschaftlichen Dramatik des Geldes vermitteln zu können.

Die Genesis des 'automatischen Subjekts'

Dennoch – sollte man jemals einen Sisyphos-Preis für Sozialwissenschaften schaffen, so wäre die Geldsoziologie dafür eine höchst erfolgsversprechende Anwärterin. Irgendwie scheint eine umgekehrte Proportionalität zwischen dem Geldwissen und dem Geldverständnis zu bestehen. Denn im gleichen Zuge, wie sich jeder Laie als Geldexperte versteht, gehen diese – letztlich nur psychoanalytisch ausdeutbaren – Selbstverständlichkeiten des alltäglichen Umgangs mit Geld mit einer Flut trivialer Spekulationen einher. Weil nun Geld aber in der modernen Gesellschaft nicht ganz ohne Bedeutung ist, haben sich hie und da Soziologen bereitgefunden, sich darüber den Kopf zu zerbrechen. In der Regel haben sie diese Forschungsinsel so schnell wie möglich wieder verlassen und sind nicht mehr auf sie zurückgekehrt. Und wenn sie dennoch einige Skrupel empfanden, ihre geistigen Investitionen für null und nichtig zu erklären, so führte das entweder zu ontologischen Drahtseilakten oder zu empirischen Miniaturen, deren Erkenntniswert sich kaum von besagtem Laienwissen unterschied.[14]

Heiner Ganßmann hat vor geraumer Zeit auf die funktionalistischen Fixierungen der Geldsoziologie hingewiesen.[15] Das hat nicht nur mit der Entwicklung der Geldsoziologie seit Parsons zu tun, sondern ganz allgemein mit der Geschichtsblindheit der Soziologie. Geld als Werkzeug, Geld als Sprache, Geld als Medium, ja selbst Geld als autopoietisches Systemelement zu denken, spannt einen eindi-

---

14 So kann man heute getrost über die Versuche von Schacht (vgl. 1967), Heinemann (vgl. 1969) oder Burghardt (vgl. 1977) schmunzeln; man ermisst kaum, welcher Anstrengungen es bedurfte, *überhaupt* einen Ausgang aus diesem Dilemma gefunden zu haben.
15 Vgl. Ganßmann (1986, S. 6-22), der schon früh warnte: „Geld als symbolisch generalisiertes Medium der Kommunikation zu verstehen, bedeutet seine Verharmlosung" (7), dadurch nämlich, dass von der Gegenständlichkeit des Geldes abstrahiert wird. Ganßmann versteht unter Gegenständlichkeit des Geldes alles, was nicht unter seine Mittlerfunktion fällt, vornehmlich seine Fähigkeit, ein System sozialer Ungleichheiten zu verschleiern und zu rechtfertigen; im gleichen Sinne argumentiert auch W.H. Reddy (vgl. 1987). Wie wir sehen werden, müssen über diese Soziologismen hinaus Schlussfolgerungen aus diesem Befund gezogen werden.

mensionalen Bogen, von Parsons bis Luhmann, durch Ausschluss der besonderen historischen Dignität des Geldes und durch Nichtwahrnehmenwollen angrenzender Disziplinen wie der Religionswissenschaft, der Psychoanalyse, der Anthropologie und gewisser (postkeynesianischer) Strömungen der Ökonomie. Geldsoziologie ist somit auch der Spiegel eines Reflexionsmankos, das in den Sozialwissenschaften seit Jahren zugunsten hermeneutischer Spielkastentheorien ungebremst voranschreitet.

Funktionalistische Geldsoziologie erschöpft sich darin, den entlastenden Charakter geldvermittelter Interaktionen hervorzuheben. Dabei verliert sie aus dem Blick, dass Geld als Medium einen „interpenetrierenden" Charakter hat, der anderen Interaktionsmedien fehlt. Auch seine autopoietische Eigenschaft, ein Zahlungssystem zu generieren, das sich selbst beobachten kann, ändert nichts an dieser meta-medialen Eigenschaft. Geld ersetzt leichter Macht als umgekehrt. Denn Macht ist und bleibt Medium eines Nullsummenspiels. Wer sie nimmt, nimmt sie einem anderen weg. Als Medium eines Nullsummenspiels bleibt Macht bloßes Medium, Geld dagegen nicht. Als Medium eines Positivsummenspiels emanzipiert sich das Geld aus seiner medialen Eigenschaft und wird ökonomisch zum Produktionsfaktor, soziologisch zur Vergesellschaftungsinstanz, philosophisch gar zur Entelechie. Der historische Umweg mag dies verdeutlichen.

Es ist das große Verdienst von Jean-Michel Servet und Gunnar Heinsohn,[16] die sog. 'Tauschfabel', d.h. die Erklärung des tauschbedingten Ursprungs des Geldes, ein für alle Mal widerlegt zu haben. Dies machte den Weg frei für eine komplexere Geldentstehungs- und Diffusionstheorie, welche die vier Ursprünge des Geldes – den sakralen, den politischen, den 'debitistischen' und den wirtschaftlichen – miteinander zu verbinden und mit seinen Funktionen – als Opfer, als Maß, als Reichtum und als Tauschmedium – zu integrieren vermochte. Eine integrale Geldgeschichte hätte diese tetradische Struktur des Geldes in ihren hochkomplexen Verästelungen nachzuvollziehen, um sie schließlich einer Geldsoziologie, welche diesen Namen verdiente, zur Verfügung zu stellen. Im Folgenden kann dieser Rahmen nur sehr grob zur Darstellung gelangen.

Schon sehr früh kannte die Menschheit elementare Maßeinheiten. Der Abstraktionsschritt, der zwei Dinge (eine Melone und ein Schild) mit einem Dritten (Weizenkörner) vergleicht, wurde oft zugunsten seiner sachlichen Eigenschaften (seine Fungibilität, seine Teilbarkeit, seine Darstellbarkeit) vernachlässigt. Dieses Weizen-anstelle-einer-Melone-Denken, eng verwandt mit dem antiken *hypokeimenon*, ist ein Geistesakt erster Güte. Sicherlich mochte Opfersubstitution, die antike *mètis* – die gebot, das Rind durch den Geruch seines Bratens zu ersetzen – darin eine Rolle gespielt haben. Beide sind verstrickt, das Messen und das Opfern. Ob am Anfang das Maß war oder das Opfer, ist letztlich eine rhetorische Frage. Den-

---

16 Vgl. Servet (1981), Heinsohn (1982); kurioserweise haben sie diese Entschleierung etwa zur gleichen Zeit gewagt, ohne voneinander zu wissen – was wieder einmal aufs Konto intellektueller Synchronien gebucht werden kann.

noch ist daran zu erinnern, wenn später von der materiellen Auslöschung des Geldes zu sprechen sein wird. So genannte Paläogelder haben somit zwei wesentliche soziale Funktionen: Als Maßeinheiten sind sie *sozialintegrativ* von zentraler Bedeutung; als Opfersubstitute versachlichen diese Gelder die Grenze zwischen Kultur, Natur und Tradition und sind daher *gesellschaftskonstitutiv*.

Nun aber kann man von eigentlichem Geld erst dann sprechen, wenn all seine vier Funktionen in einem Gegenstand vereint sind. Erst dann entsteht eine Einheit, die zu bedenken immer große Anstrengungen erfordert hat. Diese Anstrengung ist bislang kaum erfolgt. Einheit wovon? Einheit wofür? Einheit wonach? ließe sich daher fragen. Dies sind aber Fragen, deren 'logischer Ort' (B. Liebrucks) ein blinder Fleck geblieben ist. Eine theoretische Numismatik hat es nie gegeben und die Erforschung des Geldes ist seit Menschengedenken immer nur Stückwerk geblieben. Ganz selten, wie in Goethes Faust II oder in Balzacs *Comédie humaine*, wurden Konturen dieser Wissenschaft sichtbar – und tunlichst als Literatur abgewertet. Zu anspruchsvoll für die Ökonomen, zu trivial für die Philosophen,[17] bleibt Geld weitgehend ungedacht, weitgehend irreflexiv. Sollte es zum Medium der auslaufenden Moderne mutieren, so ließe sich stark verkürzt folgern, dass diese Moderne eben auch dessen Züge übernimmt. *Irreflexive Moderne* [...], und dies trotz Beck und Giddens.

Die Verabschiedung der Tauschfabel darf jedoch nicht die wichtigste historische Funktion des Geldes unsichtbar machen. Der Schritt vom Maß und vom Opfer hin zum Tausch lag in der Natur der Sache. Zwar gilt beim Geld die Bestimmung durch Genesis und Geltung wie nirgendwo sonst. Das Maß war ein politischer Akt, die Setzung einer territorialen Ordnung, die Festlegung von Grenzen, die Symbolisierung einer Souveränität, das Opfer die Schöpfung eines Vertrauens aus dem Nichts. Dennoch breitete sich der Gebrauch des Geldes aus, getrieben durch die Notwendigkeit, immer größer werdende Überschüsse über immer weitere Strecken auszutauschen und diese risikobehafteten Transaktionen durch das Medium selbst absichern zu lassen. Die Erfindung des Wechsels zeigt anschaulich, wie sehr Risikominimierung mit einem Vertrauensballast kompensiert werden musste. Das dem Handelsreisenden auf den Weg mitgegebene an sich wertlose Papier, das ihn vor Überfällen bewahrte, wurde erst dadurch zum Handelsgegenstand, dass der Reisende darauf zählen konnte, es am Bestimmungsort gegen Kaufkraft austauschen zu können. Der Materialität des Geldes wurde dadurch kein Abbruch getan. Diese ideale Lösung der Probleme des Tauschverkehrs galt bis in die Renaissance: Geld folgte getreu der Warenzirkulation. Und solange nach dem klassischen Tauschtopos[18] gedacht wurde, wonach Warentausch Konsequenz und

---

17 Bruno Liebrucks (op. cit.) und Hans Blumenberg (vgl. 1979) bleiben daher rühmliche Ausnahmen.

18 Nebst der Fixierung auf seinen Tauschcharakter bleibt die klassische Geldsoziologie auch diesem Topos des Geldes verhaftet. Dabei hatte schon Adam Smith die Umkehrung des Tauschschemas gedacht, indem er seinem Wirtschaftssubjekt die Tauschneigung – als

nicht Voraussetzung der Arbeitsteilung ist, konnte die „Einbettung" des Geldes in die Zirkulationssphäre problemlos mit seinem medialen Charakter vereinbart werden. Den Erfordernissen des Handels folgend, wurden Verkehrssysteme aufgebaut, an die sich die jeweilige Materie des Geldes anzupassen hatte. Dabei dürfen die drei weiteren Funktionen des Geldes nicht vernachlässigt werden: Als Reichtum (Wertquantum) *via* Seignorage wurden die Staatskassen geöffnet; als Maß half Geld mit, die Territorien, d.h. den „Steuerstaat" (F.K. Mann) zu vereinheitlichen; und in seiner Opfer- (oder Abgeltungs-)Funktion generalisierte sich das Geld zum allgemeinen Schuldentilgungsmittel – das *Wergeld* ist dabei ein besonders sprechendes Beispiel. Je mehr sich das Geld dematerialisierte, desto umfassender wurden die Tauschkreise, desto sicherer die Transaktionen; und dasselbe gilt für die weiteren Funktionen: je mehr sich das Geld dematerialisierte, desto größer die Wertabschöpfung durch Seignorage, desto homogener die Steuerterritorien, desto universeller die Schuldentilgung.[19] So wichtig letztere für das Verständnis der Geldexpansion sind, so bestimmend ist und bleibt die Tauschfunktion bis hin zur Renaissance.

Die vielleicht folgenreichste, wenngleich kaum beachtete, Konsequenz der kopernikanischen Revolution ist nun die Emanzipation des Geldes zu einem ganz neuen Stoff.[20] Der Schritt vom Kosmos zum Universum sprengte die klassische Struktur des Geldes als Tauschmittel. Denn solange – und dies galt bis zur Renaissance für *alle* Kulturen der Welt – des Einen Vorteil mit des Anderen Nachteil korrespondierte, konnte Geld als Tauschmedium eben nur Medium sein und insofern vergleichbar mit anderen Medien wie Macht und Einfluss.[21] Sobald aber Tausch als Positivsummenspiel gedacht werden konnte – und dies war wohl der eigentliche demiurgische Einschnitt in der Renaissance, der den „abendländischen Sonderweg" (M. Weber) bereitete –, wurden sämtliche Phänomene der Chrematistik rechtfertigbar. Profit, Geldzins, unendliche Geldschöpfung und schließlich Marktvergesellschaftung – all diese als Chrematistik verpönten Ausgeburten der Ökonomik wurden auf einen Schlag in eine neue Metaphorik eingebettet, die sie nicht nur legitimierte, sondern zu Trägern einer neuen wirtschaftlichen und gesellschaftlichen Dynamik machte. Dass es sich hier um eine im strengeren Sinne

egoistische Variante der *'sympathy'* – zugrundelegte (vgl. Medick 1973). Von nun an hätte Arbeitsteilung nicht mehr als *deus ex machina* gedacht werden dürfen, sondern als Resultat dieser Neigung.

19 Insofern darunter immer auch persönliche Schuldverhältnisse fallen, muss mit Simmel immer wieder daran erinnert werden, dass diese Abgeltung einerseits eine Befreiung aus Untertanverhältnissen bedeutet, andererseits aber uralte Solidaritätsverhältnisse zerstört.
20 Im Grunde genommen hört auch hier die Kompetenz der klassischen Geldsoziologie auf.
21 Bislang der einzige, der die Vermutung geäußert hat, dass in der Denkfigur des Positivsummenspiels ein umfassendes Ideologem vorhanden ist, dessen Entfaltung die Modernitätsdiskussion in gänzlich neue Bahnen leiten könnte, war der französische Anthropologe Louis Dumont (vgl. 1979). In diversen Arbeiten habe ich versucht, dieser Spur nachzugehen (vgl. Haesler 1994, 1995, 1999).

Zirkulationsdynamik handelt, muss nicht weiter unterstrichen werden. Doch was ist eigentlich unter Emanzipation des Geldes zu verstehen?[22]

In kürzestmöglicher Form könnten die hier vorgestellten Prämissen – die Inversion des Tausch/Arbeitsteilungs-Schemas und die Legitimation des Tausches als Positivsummenspiel – zu folgender Formel zusammengefasst werden:

$$G = f(T) \rightarrow T^* = f(G)$$

In der ersten 'Gleichung' ist Geld – als 'abhängige Variable' – größtenteils durch die Tauscherfordernisse bestimmt. Die Emanzipation des Geldes in der Renaissance führte dazu, dass der Tauschhandel progressiv durch die monetäre Expansion bestimmt wurde. Dadurch jedoch, dass durch die Dematerialisierung des Geldes letzteres zu einem 'absoluten Mittel'[23] wird, tendiert das Geld dazu, über die wirtschaftlichen Tauschtransaktionen hinauszugehen und in sämtliche Interaktionsbereiche der Lebenswelt hereinzubrechen (T^*). Traditionelle Geldsoziologie ist nur imstande $G = f(T)$ zu bedenken. Den Monetarisierungsprozess – abgekürzt in der Formel $T \rightarrow T^*$ – hingegen muss sie immer noch exogen, d.h. weberianisch als Folge des Rationalisierungsprozesses, in Anschlag nehmen.

Hier ist nicht der Ort, um diese Diskussion nochmals aufzunehmen. Aber es sollte bereits klar geworden sein, dass unser Argumentationsversuch den Rationalisierungsprozess nicht als Datum auffasst, sondern in seine innerste Struktur einzudringen versucht. Mit Simmel über Weber hinausdenken und Weber auch dort beim Worte nehmen, wo er sich klammheimlich von Simmel absetzt – all dies ist im Zeitalter des unsichtbar werdenden Geldes nicht nur möglich, sondern auch notwendig geworden.

In der Renaissance begann ein fundamentaler Strukturwandel des Geldes, der bis heute nicht bedacht wurde (werden konnte[24]?). Ein zentrales Motiv dabei ist die augustinische *creatio ex nihilo*.[25] Wenn die Fabel des Zauberlehrlings überhaupt eine Bewandtnis haben sollte, dann hier. Denn die Wertschöpfung, wie sie

---

22 Ich erlaube mir diese einzige ironische Bemerkung: Sollte sich im rationalen Abendland überhaupt etwas emanzipiert haben, so weder das Subjekt noch die 'humane Behausung'. Die wahre Emanzipation erlebte nur das Geld, und zwar von seiner Materialität, indem es weder der Natur abgetrotzt noch umständlich herumgetragen werden musste; von seiner Normativität durch den Sieg des *'non olet'*; in seiner Partikularität, indem es zum 'absoluten Mittel' avancierte; und in seiner Eigenschaft als absolutes Maß. Die philosophische Reichweite dieses Gedankens ist noch nie gedacht worden, und auch dies gereicht dem Geld zu seinem Vorteil: in Ermangelung einer Geldwissenschaft wurde Geld stets hypostasiert, und so *mussten* Phänomene der Monetarisierung auch stets anderen Konten zugeschrieben werden (Rationalisierung, Technikentwicklung, Versachlichung u.v.a.m.).

23 Vgl. Deutschmann (2000, S. 301-313), der sich dieser höchst ambivalenten Denkfigur des Geldes annimmt.

24 Ich glaube nicht, wie etwa Liebrucks, dass diese Denkschwierigkeit mit der geldmäßigen Präformierung des Denkens erklärt werden kann. Solche performativen Widersprüche lassen sich durch eine historische und phänomenologische Positivierung des Geldes kontrollieren. Auch deshalb bin ich von der Produktivität einer Geldwissenschaft überzeugt.

25 Vgl. die bahnbrechende und kaum beachtete Arbeit von Gerhard May (1978).

schließlich das zentralbankabgesicherte Papiergeld realisieren wird, ist nichts anderes als die perfekte Säkularisierung dieser dogmatischen Begriffsschöpfung. Die moderne Vorstellung eines autopoietischen Vertrauens, welches dieser Wertschöpfung zugrundeliegen sollte, erklärt dabei nur ein Epiphänomen: den Annahmezwang des Zentralbankengeldes. Denn was hier vorliegt, ist *begriffliches Geld,* d.h. Geld, das durch eine begriffliche Konvention aus dem Nichts geschaffen worden ist. In der Renaissance realisiert sich somit etwas wie die Geburt eines eigenständigen Geschöpfs, das, obwohl es immer noch als Geld bezeichnet wird, mit dem alten Geld nur noch äußerlich vergleichbar ist. Hier beginnt eine Geldevolution,[26] die am Anfang zwar noch stark durch materielle und ideologische Bedingungen eingeschränkt war, mit der Zeit jedoch sich über diese Hindernisse hinwegsetzte, um sie sich schließlich gefügig zu machen. In der Renaissance kristallisiert sich also der moderne Geldkomplex heraus, wird er sozusagen begrifflich. Das Medium wird – um einen alten aristotelischen Terminus zu bemühen – zur *Entelechie.* Als begriffliches Geld ist es stofflos, ein Gespenst. Darin liegt die ganze rationale Metaphysik des Abendlandes chiffriert.

Geld und Geldsoziologie im Rahmen einer tauschtheoretischen Soziologie

1972 war das Jahr der Aufkündigung der Bretton-Woods-Abkommen, das Ende eines säkularen Trends,[27] des Nachkriegs-Kondratieffs, das Jahr des Erscheinens des ersten Club-of-Rome-Berichts, der ersten großen Drogenwelle in Europa, usw. usf. – und es ist das Jahr der ersten populären Kreditkarten in Amerika. Es ist zu früh, um hier von Epochenschwelle zu sprechen. Doch man könnte die Indizienliste nach Belieben verlängern. 1972 ist etwas in der Modernität in die Brüche gegangen, das die Post-/Spät-/Hyper-Modernitätsdiskussion, wenn überhaupt, nur unscharf zum Thema gemacht hat. Und dieses „Etwas" hat mit dem Geldkomplex zu tun. Bedenkt man die Flut an Epiphänomenen – von der Currywurst bis zu den Plateauschuhen – aufgehängter Zeitdiagnosen, so fällt das Fehlen der Kreditkarte auf. Handelte es sich lediglich um eine Modeerscheinung, wäre es an sich schon eine gewichtige Unterlassung.[28] Aber es handelt sich nicht um eine Modeerscheinung, sondern, so die hier vertretene Grundthese, um die Realisierung des begrifflichen Geldes, welches die in der Renaissance begonnene Evolution abschließt. Die Kreditkarte bildet somit nur eine Verdichtung sämtlicher im Geld-

---

26 Macht der Evolutionsgedanke qua selektive Anpassung überhaupt Sinn, dann in der Geldevolution. Simmelianisch gesprochen, verdrängt das Geld progressiv den Reichtum der sozialen Formen durch sein relativistisches Schema.
27 Im abschließenden Kapitel seiner Kapitalismus-Trilogie macht Fernand Braudel (vgl. 1979) darauf aufmerksam, dass die frühen Siebziger nicht nur das Ende eines Kondratieff-Zyklus' markierten, sondern mit dem Kulminationspunkt eines 'säkularen Trends' zusammenfallen, der *grosso modo* die gesamte Industrialisierungsphase umfasst.
28 In der Tat epiphänomenal die Behandlung des Themas bei George Ritzer (vgl. 1995).

begriff angelegter Prozesse,[29] eine Verdichtung jedoch, deren (symbolische) Gewalt in der Alltagspraxis ungeheure Ausmaße angenommen hat und die bislang nicht oder nur aus ökonomisch-technisch-juridischer Sicht erforscht wurde. Wir wollen im Folgenden nun einen ganz bestimmten gesellschaftstheoretischen Weg gehen und uns die Hauptfrage stellen: Wie ist eine gesellschaftliche Synthesis aus „begrifflichem Geld" darstellbar?

Die Antwort darauf setzt ein begriffliches Instrumentarium und einen theoretischen Rahmen voraus, den bereitzustellen die traditionelle Soziologie nicht mehr in der Lage ist. Einige Begriffe wurden schon erwähnt, einige Denkmuster wurden bereits angedeutet. Was sich dahinter verbirgt, wollen wir eine *tauschtheoretische Soziologie* nennen.[30] Stark verkürzt formuliert, entwickelt dieser Ansatz die an sich lapidare, aristotelische Vermutung, wonach Gesellschaft durch Tausch konstituiert wird. Was Aristoteles noch eingedenk der 'Tauschfabel' als Erfordernis einer arbeitsteiligen Gesellschaft dachte, soll hier anthropologisch erweitert und systematisiert werden. Das Grundelement jeder Gesellschaft, aber auch jeder subjektiven Identität, ist Reziprozität. Sich im Spiegel anderer Gesellschaften oder im Antlitz des Gegenübers zu objektivieren, sich Regeln des Gebens und Nehmens zu unterziehen, sich zu veräußern und sich dennoch zurückzunehmen – all dies kann auf den allgemeinen Nenner einer gesellschafts- und subjektivitätsstiftenden Reziprozität gebracht werden. Ohne Reziprozität ist Gesellschaft als 'humane Behausung' so undenkbar wie subjektive Identität und Integrität als Mindesterfordernisse der Person. Und Tausch ist nichts anderes als eine soziale Form, welche Reziprozität verzeitlicht und an gewisse Interaktions- und Transaktionsregeln bindet. Es ist hier nicht der Ort, um eine solche soziologische Tauschontologie zu entwickeln. Wir können nur so klar wie möglich unser Instrumentarium und den begrifflichen Rahmen offen legen.

Der Tausch ist eine fundamentale soziale Form,[31] Reziprozität ist ihr Inhalt. Die Besonderheit dieser Sozialform ist die Vermittlung durch einen Tauschgegenstand, den wir *Symbol* nennen wollen. Hätten wir, wie die Tiere und die Engel, die besondere Gabe, soziale Beziehungen spontan oder instinktgeleitet aufzubauen,

---

29 Ich nenne nur *pro memoria* einige ökonomische Elemente dieser Figuration: Globalisierung, elektronischer Geldverkehr, virtueller Kapitalismus, *monetary bubbles*, Mimetismus der spekulativen Märkte, deren Einheit nur auf der Folie dieses eigentlichen Geldbegriffs gedacht werden kann.

30 Ich verweise auf meine letzte Arbeit (vgl. 2000), in der ich, von Simmel ausgehend, einige interaktionistische Elemente dieser Theorie skizziere.

31 An sich nichts Neues, denn George C. Homans hat schon sehr früh, sich höchst fragwürdig auf Simmel berufend, ein solches Paradigma vertreten (vgl. 1958). Der folgenschwere Unterschied zu Homans ist nun, dass sich dieser mit einer Minimalform des Tausches beschäftigte, den selbst Menschenaffen ohne weiteres bewältigen können, während wir Tausch als komplexeste Sozialform betrachten, zu dem der Mensch überhaupt fähig ist – und dies als die höchste Zumutung an den Menschen überhaupt. Im Gegensatz zu Habermas versuchen wir somit humane Intersubjektivität nicht diskursiv, sondern pragmatisch einzulösen.

müssten wir nicht den beschwerlichen Weg über Tauschzeremonielle gehen.[32] Aber wir brauchen Worte, Gegenstände und Menschen, um Mythen, Wirtschaftskreise und Familien zu gründen.[33] Und daraus entsteht eine soziale Form, die komplexer nicht sein könnte. Unsere Hypothese ist nun, dass die Konstruktion dieser Form weniger über die Erkundung sprachlicher oder familiärer Vermittlungen, sondern letztlich nur im gegenstandsvermittelten Tausch gelingen kann. Die Tücken des Wortes und die Affektivität des Anderen sind trügerische Vermittlungen, die vielleicht zu endlosen und fruchtbaren Spekulationen Anlass geben, niemals jedoch zur Bildung dauerhafter sozialer Formen. Der Rekurs auf Simmel ist einmal mehr erkenntnisleitend. Denn so wie die soziale Form Regel und Grenze in einem ist, so ist der Tauschgegenstand sowohl Brücke und Tür, Hindernis und Überwindung. Auf die kürzeste Formel gebracht, besteht seine soziale Funktion darin, zu trennen, um zu vereinen, aber auch zu vereinen, um zu trennen. Daraus können zwei Idealtypen gewonnen werden. Als *symbolischer Tausch* gelten jene Tauschzeremonielle, die ihrer Bestimmung nach vereinen, Bindung schaffen und auf Dauer stellen. Der Gegenstand ist darin wahrlich Symbol, *symbolon*, ein Zeichen gemeinsamer Teilhabe, etwas, das gleichsam weg- und hinzugedacht werden muss, damit soziale Bindungen entstehen können. Doch jede Form, besteht sie einmal, ist auch Grenze. Und diese Grenze ist nichts anderes als die Vergegenständlichung des Gegenstandes, der nur noch insofern Symbol genannt werden kann, als sich die Tauschenden treffen, um in ihrem punktuellen Zusammenkommen Tauschhandlungen vorzunehmen. Hier besteht die soziale Funktion des Tausches darin, zu vereinen, um zu trennen, zusammenzuführen, um sich tunlichst wieder aus dem Staub zu machen. Denn hinter jedem *symbolon* lauert das *diabolon*, wie Niklas Luhmann einmal mehr – und nicht zufällig in einer Reflexion über das Geld – treffend bemerkt hat.[34] Das Zeremoniell verlangt die kleinstmögliche Bindung: Ja, man könnte wohl sagen, je geringer diese Bindung, desto perfekter gelingt der *wirtschaftliche Tausch*. So gesehen ist der wirtschaftliche Tausch nichts anderes als die *Grenze* des Symboltauschs. Nicht nur geographisch, indem der wirtschaftliche Tausch die Grenze zwischen Gesellschaft und Natur, Gesellschaft und Barbarei zieht, sondern in einem ganz begrifflichen Sinne: So wie der Tauschhandel an der „Grenze des Gemeinwesens" (K. Marx) möglich wurde, so *bildet* er die Grenze zwischen sinn- und beziehungsstiftendem Gemeinwesen und dem inhumanen Außen. Jede Gesellschaft konstruiert sich über diese doppelte Tauschlogik und schafft sich über die Sozialformen hinweg gesellschaftliche Institutionen, deren Funktion darin besteht, Isomorphien dieser Formen zu bilden und zu reprodu-

---

32 U.E. immer noch die beste Arbeit zur Besonderheit des Tausches als Zeremoniell, an Marcel Mauss' Anthropologie und Klaus Heinrichs Religionsphilosophie anknüpfend, hat Friedrich Stentzler (vgl. 1978) geliefert.
33 Die Anleihe bei Claude Lévi-Strauss erfolgt nicht ohne Bedacht. Seine großartigen Leistungen – zumindest in der Dechiffrierung der Familien- und Mythensysteme – sind in der letzten Zeit leichtfertig übergangen worden.
34 Luhmann (1988, S. 258).

zieren. Gesellschaftliche Kohäsion kann somit als eine auf Dauer gestellte Zirkulation von Menschen, Dingen und Botschaften aufgefasst werden, deren „metasoziale Garanten" (A. Touraine) die Institutionen sind. Unter Isomorphie verstehen wir eine Regelmäßigkeit verschiedenster Formen. Eine Form wiederum regelt eine Beziehung. Darunter fallen Beziehungen des Individuums – zu seinem Körper, zu seiner Referenzgruppe, zum Anderen, zu den vielen anderen usw.; Beziehungen von Gruppen und Gesellschaften zu anderen Gruppen und Gesellschaften, usw. Dieser Kosmos der Beziehungen kann geordnet werden. Institutionen sorgen nun dafür, dass eine Formeinheit dieser Beziehungen bestehen und erwartet werden kann, dass z.B. so verschiedene Beziehungen wie das Verhältnis von Ego zu seinem Körper und die Beziehung zwischen Natur und Gesellschaft der gleichen (Tausch-) oder Zirkulationsform unterliegen. Und es ist diese Formeneinheit, die wir Isomorphie nennen.

Geld ist eine solche Institution. Als Vehikel des wirtschaftlichen Tausches – und insofern der wirtschaftliche Tausch immer Grenze und Begrenzung ist – bildet es den kleinsten gemeinsamen Nenner aller menschlichen Beziehungen, dann nämlich, wenn alle anderen Vermittlungen ausgefallen sind. So gesehen umfasst das Imperium des Geldes den größtmöglichen Bereich des Humanen; und das will auch heißen: Dort, wo es nicht mehr gilt, wo es nicht mehr angenommen wird, beginnt die Barbarei.[35] Geld garantiert Reziprozität als Mindestnorm. Es zieht die letztmögliche humane Grenze. Mag es ein Instrument der „Vergleichgültigung" sein, wie Simmel betonte, mag es gesellschaftliche Verhältnisse fetischisieren, mag es Mittel und Zweck umkehren, ja gar zum „absoluten Mittel" werden; solange Geld *handelnd* im Verkehr ist, gilt Reziprozität als Mindestnorm. Ich betone bewusst dieses Prädikat. Denn Geld stinkt, Geld hat analen Charakter, Geld pervertiert alles Pervertierbare. Aber in der alltäglichen Handlung bewahrt es seine Gegenständlichkeit, ist Faszinosum und Schmutz zugleich. Nur handelnd, nur sich an seinem Widerstand reibend, kann der Mensch Geld in seiner Zweideutigkeit erfahren. Das Begrifflichwerden des Geldes ist somit nicht ein Abstraktionsschritt wie ein anderer, sondern durch die Auslöschung der handelnden Erfahrung ist es zugleich die Auslöschung dieser letzten Grenze. Im gleichen Zuge, wie diese neue Abstraktheit das Reziprozitätsschema allmählich auflöst, verwischt es die letztdenkbare Grenze zwischen innen und außen, zwischen Humanität und Barbarei.[36] Dann beginnt, was Hardt/Negri das „Imperium" nennen, was Georges Balandier als das „große System" auffasst.[37] Und dann ist wahrlich nur noch ein Engel in der Lage, die Differenz zwischen Himmel und Hölle zu beobachten.

---

35 Wobei mit Blumenberg immer daran gedacht werden muss, dass „nichts Wesentliches für Geld zu haben (ist); aber alles Wesentliche erreichbar (ist), wenn alles andere für Geld zu haben ist" (1976, S. 129).
36 Letztlich zwischen Sprache und Fassungslosigkeit, denn der *barbaros* ist der Stammelnde, der Sprachlose.
37 Vgl. Hardt/Negri (2000), Balandier (2000).

Die Wiederverzauberung des Geldes

Die ab 1982 von mir unternommenen soziologischen Untersuchungen über so genannte Geldsurrogate (wie z.B. die Bankkarten) hatten zunächst einen rein empirischen Charakter. Es galt möglichst klar darzustellen, wie sich diese Surrogate im Alltag der Benützer, in den Strategien der Kartenemittenten und in den politisch-rechtlichen Reaktionen der öffentlichen Organe von den traditionellen Zahlungs- und Geldbenützungspraktiken unterschieden. Eine Reihe in den Jahren 1992-1994 an der Universität Lausanne durchgeführter Feldforschungen verdichtete sich in folgenden vier kritischen Hypothesen:

1. *die (Geld-)Kartentransaktionen eröffnen die Möglichkeit einer kognitiven und verhaltensmäßigen Programmierung des Handelns und der Handlungsintentionen, welche die Tauschbeziehungen, die immer minimal reflexiv und objektiviert waren, in eine reaktive und prozedurale Beziehung verwandelt.*
2. *Auf institutioneller Ebene ermöglichen diese Transaktionen durch spezifische Verschuldungs- und Privilegierungsmechanismen eine neue Schichtungsform, welche eine Verstärkung der sozialen Kontrolle mit einer Legitimierung neuer Ungleichheiten verbindet.*
3. *Auf gesellschaftlicher Ebene führen diese Transaktionen zu einer „künstlichen Gesellschaft", einem „operativen System" (M. Freitag), in der die sozialen Beziehungen immer mehr durch maschinelle Dispositive geregelt werden.*
4. *Auf kultureller Ebene schließlich verschleiern sie das Paradox zwischen einer hypertrophierten „objektiven Kultur" (G. Simmel) und der epochalen Verknappung aller natürlichen Ressourcen.*

Wir wollen im Folgenden diesen Hypothesen nachgehen und anschließend unsere Frage nach der neuen geldbestimmten gesellschaftlichen Synthesis konkretisieren.

1. Im Gegensatz zum traditionellen, durch materielles Geld, vermittelten Kauf/Verkauf, äußert sich die Kreditkarten-Transaktion durch ein seltsames *Präsentationsritual*. Das *do ut des* ist nur noch virtuell vorhanden. Selbstverständlich wird immer noch mit Geld bezahlt, um eine Ware zu erhalten, doch im konkreten Handlungsakt ersetzt die Kartenpräsentation die Darbietung von Zahlungsmitteln. Diese Präsentation ist Identifikation, Kontrolle und Bezahlung ineins, doch der springende Punkt ist, dass der eigentliche Opfercharakter der Bezahlung gegenüber den beiden ersten Aspekten in den Hintergrund gerückt ist. Serge Moscovici bemerkte hierzu treffend, dass durch diese Auflösung des Opfercharakters die Transaktion „schmerzlos" geworden sei und folglich „aufgehört (habe), eine Vorbereitung auf den Tausch darzustellen".[38] Größere Diskretion, Reserviertheit und Distanziertheit gegenüber dem traditionellen Kaufakt paaren sich mit einer steigenden

---
38 Moscovici (1988, S. 400).

Entpersönlichung, einer schwächeren Kontrolle seitens der Benutzer und einer neuen Leichtigkeit des Bezahlens; der Vorstellung einer schier unendlichen Wahlfreiheit entspricht die Illusion eines nahezu unendlichen Budgets, einer immer unmittelbareren Bedürfnisbefriedigung. Eine phänomenale Erfassung dieser Transaktion zeigt schließlich, dass sich die traditionelle Spannung des Kaufaktes entpolarisiert hat. An die Stelle der vermittelten Gegenseitigkeit des *do ut des* haben sich zwei Sequenzen geschoben: der Konsum einer Ware und die Präsentation der Karte, wobei beide Sequenzen einer anderen Logik unterliegen. Statt mit einem rational handelnden, optimierenden Akteur haben wir es auf der einen Seite mit einer Wunschmaschine im unendlichen Selbstbedienungsladen der Spätmoderne zu tun, während auf der anderen Seite das Präsentationsritual strengen soziotechnischen Normen gehorcht. Die rein technisch-prozeduralen Aspekte der Transaktion ersetzen die traditionelle Rechenarbeit. Man muss Codes eintippen, man muss sich identifizieren lassen, man muss warten, bis man aus der Prozedur wieder entlassen wird – all dies setzt eine gewisse Technizität voraus, die genau an die Stelle tritt, an der man früher rechnete, addierte und verglich. Untrügerisches Zeichen dieser Verschiebung ist der in unseren Studien immer wieder konstatierte Kontrollverlust des Käufers, sowohl was Preisvergleiche angeht als auch über die effektiven Ausgaben und das Budget. Die oft fälschlich benutzte Bezeichnung „Kreditkarte" bringt diese Verschiebung zum Ausdruck. Der traditionelle Kauf verband Ausgabe und Erwerb in direkter Weise; die Aufschiebung der realen Bezahlung relativiert dagegen sowohl Zeithorizont wie Kostenwahrheit. Bezahlt wird immer später, konsumiert aber wird im Augenblick. Das hat natürlich nicht nur Konsequenzen für die Verschuldung. Das Auseinanderdriften der beiden Tauschpole unterläuft progressiv die im Alltagshandeln aktualisierte Reziprozitätsnorm und ersetzt sie durch technische Dispositive und Wunschdelirien, die ihrerseits wiederum technisch im Zaume gehalten werden müssen. Das Schicksal der von Marianne Sägebrecht verkörperten Rosalie in Parcy Adlons Film *Rosalie Goes Shopping* (1990) bringt all diese Phänomene auf den Punkt: Indem sich Rosalie all ihre Träume und die Träume ihrer Familie *via* getürkter Kreditkarten erschwindelt, wird ihre Realität selbst zum Traum, und die Karte selbst sozusagen zum Passierschein von der harten wirtschaftlichen Realität in die Traumwelt der unmittelbaren Wunschbefriedigung.

Man darf nicht vergessen, dass der wirtschaftliche Tausch immer auch ein Lernprozess gewesen ist. Selbstredend war es die Einübung in ein wirtschaftliches Kalkül, das durch „kühle Intellektualität" gekennzeichnet war. Seit Anselm Strauss und Jean Piaget weiß man von der sozialisatorischen Wichtigkeit dieses Kalküls.[39] Das Erlernen der Zahlen beim Zahlen, die Einübung quantitativer Vergleiche, das Abwägen, Unterscheiden und Manipulieren von Zeichen und Werten ging einher mit dem progressiven Erlernen der Gegenseitigkeit als moralischer Mindestnorm. Ist man aber in Rosalies Reich hinübergewechselt, so bleibt von dieser

---

39 Strauss (1952).

Reflexivität nur noch ein Simulakrum bestehen; was handelnd vollzogen wird, ist nur noch *Reaktivität*. Die Tauschabstraktion hat selbst den Tausch abstrahiert; was übrig bleibt, ist konditioniertes Verhalten.

2. Politisch gesehen war eine DM immer eine DM. Ob nun eine DM mit einer VIP-Karte oder gar bar bezahlt wird, macht einen kleinen, aber signifikanten Unterschied aus. Die Karte hat auch hier eine Mindestnorm unterwandert. Auch das mag, wie das Präsentationsritual, nur eine mikroskopische Veränderung darstellen – und uns den Vorwurf einhandeln, aus einer Mücke einen Elefanten zu machen. Doch verbirgt sich auch hier hinter der alltäglichen Unscheinbarkeit der Veränderung ein unglaublich komplexes und raffiniertes technisches Dispositiv.

Nicht zuletzt seit Dirk Baeckers Beschreibungen des Finanzsystems weiß man, dass Banken mit Risiken handeln[40] und dass Risiken über Informationen abgeschätzt werden können. Kundenrisiken im *Retail-banking* sind vielleicht unscheinbare Größen im Vergleich zu den kommerziellen Risiken im *Investmentgeschäft*. Doch letztere ließen sich im Gegensatz zu den ersten bei gebotener Sorgfalt ziemlich genau quantifizieren; und vergleicht man die Selbstkosten mit den kumulierten Risiken der *Retail*-Kunden, so wird schnell klar, dass auch in diesem meist weniger lukrativen Geschäft noch Margenvergrößerungen möglich waren. Sie beruhen auf zwei Faktoren: zum einen auf der Informatisierung der Bankenbranche und zum anderen auf dem Zugang zu Informationen über Kunden.[41] Die Bankenbranche war der zuletzt informatisierte Wirtschaftszweig. Das hatte gute Gründe. Denn erst über Vernetzung und Simultanschaltung konnte Risikoinformation zu einer kostenrelevanten Größe verwandelt werden. Solange aber wesentliche Zahlungsprozesse dem Blick der Bank verborgen blieben, glich die Risikoabschätzung des *Retail*-Kunden einem Blick in die Kristallkugel. Erst durch die „Verkartung" des traditionellen Bankkunden wurden wesentliche Informationen verfügbar, der Bankkunde Zug um Zug immer transparenter, bis er schließlich höchst differenzierten Risikokategorien zuordenbar wurde. Dass der Einsatz von Zahlungskarten dank der Speicherkapazität ihrer Chips und der Vernetzung des gesamten Zahlungssystems für eine höchst wirkungsvolle Datenzulieferung sorgte, ist ein offenes Geheimnis. An der Asymmetrie von Transparenz für die Kartenfirmen und Intransparenz für die Benutzer ändert auch die Tatsache nichts, dass die öffentliche Hand zahlreiche Gremien zum Schutze dieser Benutzer eingesetzt hat. Denn zur Abschätzung der Kundenrisiken haben die Banken sog. „*scoring*-Methoden" eingeführt, die weit über die Erfassung der Zahlungsgewohnheiten der Kreditkarteninhaber hinausgehen und sämtliche verfügbare Informationen über ihr Privatleben zur Risikoeinschätzung heranziehen. Ist eine Kundensegmentierung anhand dieser Einschätzung erst einmal vollzogen, so wundert es nicht, dass risikoreichere Bank-

---

40 Baecker (1995).
41 Einer der ersten und besten Aufsätze zu dieser Problematik stammt von Olivier Pastré (1982), dem ich wesentliche Einsichten verdanke.

kunden höhere Zinsen zahlen, Zahlungskarten – wenn überhaupt – dann nur mit sehr eingeschränkten Benützungsmodalitäten erhalten, dass ihr Bankscheckverkehr nicht mehr gratis abgewickelt wird, usw. Kurzum: Serviceleistungen der Banken, die früher allen Kunden zugänglich waren, werden verknappt, verrechnet oder gar ganz abgeschafft.

Seitens der Kartenemittenten ist eine solche Segmentierung noch sichtbarer. Nebst Standardkarten werden immer mehr Prestigekarten herausgegeben. Mit steigendem Prestige steigen auch die mit den Karten verbundenen Privilegien. Der Witz – wenn hier überhaupt von Witz gesprochen werden kann – an der ganzen Sache besteht darin, dass die Kosten dieser Privilegien stets nach unten verlagert werden, dass mit anderen Worten die Barzahler für die Privilegien der Standardkartenbesitzer bezahlen und diese ihrerseits für die Privilegien der Prestigekartenbesitzer. So entsteht über die Technik der Benutzersegmentierung eine höchst raffinierte Segmentierung der Zahlungsmittel selbst. Wie eingangs gesagt wurde: In dieser Kartenwelt ist eine DM nicht mehr gleich einer anderen DM.

Verallgemeinern wir diese Tendenz, so sind daraus klare Konsequenzen zu ziehen. Bislang wurde soziale Ungleichheit über Besitz, Zugang zu Produktionsmitteln, Bildung und Erbe erklärt. Ob nun wirtschaftliches oder symbolisches Kapital in Betracht gezogen wurde, die Reproduktion von sozialen Ungleichheiten geschah traditionellerweise über alle mögliche Flussgrößen einer Gesellschaft, jedoch nie über die besondere *Form* der Zahlungsmittel. Anscheinend haben wir uns nun mit der Tatsache abzufinden, dass die DM des Kapitalisten ein ganz anderes Gewicht erhält als die DM des barbezahlenden Kleinkunden, mit der Tatsache also, dass ein System produktiver Ungleichheiten durch ein System zahlungsbedingter Ungleichheiten überlagert und strukturell verändert wird. Der Arme hat nicht nur weniger Geld in seiner Tasche, sein Geld ist als solches weniger wert als jenes des Reichen. Dabei denken wir nicht nur an das Prestige gewisser Karten, an die zahlreichen so genannten Zusatzleistungen, sondern ganz allgemein an ein System *naturalisierter* sozialer Ungleichheiten, das auf eine nahezu perfekte Weise reproduziert und kontrolliert wird. Denn in der Tat ermöglicht die Karte eine soziale Kontrolle über das Geld, die von bislang unerreichter Einfachheit und Perfektion ist: Die Ausgeschlossenen werden insofern über Geld kontrolliert, als sie keins haben und somit Unterstützte sind, die Eingeschlossenen ihrerseits werden auch über Geld kontrolliert, insofern alle wichtigen Informationen via Zahlungskarte den Kontrollorganen übermittelt werden.

Michel Foucault hatte in seinen letzten Schriften – nebst Einsperrungs- und Disziplinargesellschaft – auf ein drittes gesellschaftliches Überwachungssystem hingewiesen, dessen Hauptcharakteristikum darin besteht, den Panoptismus der Disziplinargesellschaft in die Handlungsstrukturen der Akteure selbst zu verinnerlichen und so das große wachende Auge der Disziplin zu einer Privatangelegenheit zu machen.[42] In einem kleinen, aber überaus bedeutsamen Text hat Gilles Deleuze

---

42 Foucault (1994). Der griechische Soziologe Michalis Lianos spricht in seinem wegweisen-

diese Hypothese aufgenommen und den Begriff der *Kontrollgesellschaft* geprägt.[43] Auf eine kurze Formel gebracht, bezeichnet Deleuze den Unterschied zur Disziplinargesellschaft damit, dass in diesem neuen Gesellschaftstypus das Individuum nicht mehr eingesperrt, sondern nur noch verschuldet ist. Darin fungiert die monetäre Verschuldung – und jeder Kartenbesitzer ist potenziell immer verschuldet – als Signum eines 'Einschlussmechanismus', der jedes Individuum an die gesellschaftliche Urmutter – ich wähle bewusst eine solche Metapher – durch ein lebenslängliches Schuldverhältnis bindet. Die Karte mutiert so zum Transferobjekt, zur multioptionellen Nabelschnur, welche die individuellen Wunschmaschinen an den Tropf unmittelbarer Triebbefriedigung hängt. Vektor dieser neuen sozialen Kontrolle qua Einschluss in das Muttersystem ist eine soziale Topologie, welche das Prinzip der klassischen sozialen Kontrolle, die Normativität, durch das Prinzip der *Lokalität* ersetzt. Das Individuum muss nicht mehr diszipliniert, sondern nur noch lokalisiert werden. Und die Karte in all ihren Erscheinungs- und Gebrauchsformen ist hierzu das ideale Mittel. Denn während Normativität stets über einen lebenslangen Sozialisationsprozess eingeübt und erlernt werden muss, kann sich die neue soziale Kontrolle damit begnügen, das verschuldete Individuum in seinem lebensweltlichen Handeln auf Schritt und Tritt zu folgen. Dies gleicht demnach der Situation amerikanischer Strafgefangener, die man zur Entlastung der überfüllten Gefängnisse auf freien Fuss setzt, indem man sie mit einem elektronischen Halsband versieht, das sie jederzeit lokalisierbar macht.

Die Dematerialisierung des Geldes verwandelt somit nicht nur die objektivierbare, reflexive Handlungspraxis der Gegenseitigkeit in ein soziotechnisches Set transaktiver und reaktiver Handlungssequenzen. Sie schafft zugleich einen institutionellen Rahmen, der diese neue Irreflexivität naturalisiert, indem einerseits die inegalitären Schichtungsverhältnisse versachlicht und andererseits neue Kontrollmechanismen aufgeboten werden, welche diese Einsperrungen normalisieren und mit dem Schein konsumptiver Freiheiten umgeben.

3. Georg Simmel hatte einmal die moderne Gesellschaft mit einem Spinnennetz verglichen, dessen Fäden das Geld bildet. Dieser Minimalform von Gesellschaft entsprach auch das Minimalbewusstsein ihrer Insassen, sich nur noch über ein solch schnödes Medium in Beziehung setzen zu können. Wie sehr dieses Bewusstsein mit der Materialität des Geldes zu tun hat, kann nicht genug unterstrichen werden; denn solange ein *symbolon*, möge es auch in dieser allertrivialsten Form, als Geld, in den Tauschakten zirkuliert, besteht zumindest die Chance reflexiver humaner Beziehungen – selbst noch in der Verabschiedung ihrer letzten Hoffnung. Wir haben nun gesehen, wie durch die Auflösung von Gegenseitigkeit im Kaufakt diese Reflexivität aufgehoben wird und wie allmählich die Geldinstitution ein neues Spinnennetz aufbaut, in dem diese Chance nicht mehr geboten

den Buch über die „neue soziale Kontrolle" bezeichnenderweise von einem (autoskopischen) „*perioptikon*" (2001).
43 Deleuze (1990).

ist. Denn die Umkehrung der Tauschbestimmung des Geldes in eine Geldbestimmung des Tausches ist keine bloß kausale Umkehrung der Zweck-Mittel-Relation, wie dies unzählige Simmel-Epigonen immer wieder behaupteten, sondern ein fundamentaler Wandel der Logik der modernen gesellschaftlichen Synthesis.

Diese Vermutung als erster mit dem Aufkommen abstrakten Geldes in Verbindung gebracht zu haben, kommt dem in Amerika lehrenden französischen Philosophen Jean-Joseph Goux zu. In früheren Arbeiten hatte Goux schon versucht, mit Freud und Derrida über Marx' Wertformenanalyse hinausgehend, die Geschichte der abendländischen Symbolisierungssysteme entlang der verschiedenen Geldsysteme historisch zu rekonstruieren.[44] So indiziert materielles Geld eine Nomenklatur, die jedem Wort einen Sinn, jedem Zeichen eine Bedeutung zuordnete, während der Übergang zu fiduziarischem Geld ein neues Symbolisierungssystem anzeigt, dessen Entdecker Ferdinand de Saussure war, in dem ein Zeichen, ein Wort, eine Bedeutung nur noch im jeweiligen System, in seiner Differenz zu einem anderen Zeichen oder Wort bestimmt werden kann. Mit dem Übergang zu dematerialisiertem Geld ist nach Goux jeder Bezug zum Sprachakt, zur Handlung, zur Wirklichkeit, aufgehoben. In gleicher Weise, wie sich die Geldtransaktionen automatisch vollziehen, wird das heute dominierende Symbolisierungssystem zu einem *Hypertext*, der sich selbst schreibt und in dem die Intervention des Subjekts der lächerlichen Figur des Notars bei der Ziehung der Lottozahlen gleicht: Das Tastendrücken könnte getrost einem Schimpansen anvertraut werden.

Das kann, das muss soziologisch übersetzt werden. Wenn Goux Hypothese stimmt,[45] dass die Generativität des gegenwärtigen Symbolisierungssystems in seinen eigenen autopoietischen Operationen besteht, dann verweist dies, auf die gesellschaftliche Synthesis bezogen, auf eine fundamentale Zäsur zwischen einer gattungsmäßigen und einer *artifiziellen* Gesellschaft, die selbst mit den Mitteln Luhmannscher Systemtheorie noch unzureichend erfasst werden konnte. Denn was in die Brüche geht, ist nicht bloß eine althumanistische Vorstellung von menschlicher Vergesellschaftung, die in Luhmanns Gedanken zumindest noch parasitär überleben konnte – selbst als Parasit macht man sich noch Illusionen über seine eigene Unersetzbarkeit –, sondern die Chance einer humanen Behausung selbst. So wie der Notar bei der Lottomaschine durch einen Schimpansen, so kann dieser noch viel besser durch einen Zufallszahlengenerator ersetzt werden. Mit dem Begriff der *Institutionalität*, hat Michalis Lianos dieser Tatsache Rechnung getragen.[46] Galten in allen generischen oder Gattungsgesellschaften Institutionen als Gefäße, innerhalb derer menschliche Interaktionen reflexiv initiiert, repräsentiert und artikuliert werden konnten, besteht in der Institutionalität der gegen-

---

44 Goux (1973, 1978).
45 Sie ist eigentlich nur die Antwort auf die Kritik der Foucaultschen Vermutung vom Tode des Subjekts. Dieser Tod sei gar nicht denkbar, da „es", solange es Menschen gibt, weiter Sprechen, Bedeuten, Sinnkonstituieren geben müsse. Goux hat diesem „es" nun einen Namen gegeben: Im Hypertext generiert sich Sprache, Sinn und Bedeutung von selbst.
46 Lianos (2001, S. 175 ff.).

wärtigen artifiziellen Kontrollgesellschaft sozusagen nur noch ein *Menü* möglicher Interaktionen, das durch *Anklicken* aktiviert werden kann. Reaktivität ersetzt auch hier Reflexivität – aber mit dem Schein wohlfeiler Wahlfreiheit verbunden. Gesellschaft ist so zu einem operativen System, zu einer *Sozietät* geworden, in welcher der Störfaktor Mensch gänzlich durch die Vorbestimmung möglicher Interaktionen neutralisiert worden ist.[47] „Die Vermittler haben die Vermittlungen absorbiert", hatte Serge Moscovici einmal in einem visionären Aufsatz geschrieben, und ergänzt: „Das Geld, das einmal Vermittler des Tausches gewesen war, wird ihn letztendlich auch absorbieren und ihm so die meisten seiner Gesetze aufzwingen".[48]

Noch fehlte uns bislang die begriffliche Fassung dieser neuen gesellschaftlichen Synthesis, denn wir thematisierten immer nur ihre Teilaspekte wie Risiko, Erlebnis oder Kommunikation oder wir subsumierten sie unter Teileigenschaften wie Multioptionalität, Kontingenz oder Beschleunigung; jetzt aber besitzen wir ein Phänomen, welches diese neue Synthesis auf den Begriff bringen kann. Seit Simmel wurde das Geldthema stets umgangen. Teils, weil es die Reflexion vor schier unlösbare Probleme stellte, teils, weil es phänomenal noch nicht in allen Zügen entfaltet war. Doch die hier in aller Kürze vorgetragenen Gedanken und Daten – mögen sie vielleicht noch nicht in aller begrifflicher Perfektion vorliegen – lassen keinen anderen Schluss zu: Im Geld liegt der wichtigste Schlüssel, unsere Zeit in Gedanken zu fassen. Das Geld kristallisiert in der Tat durch seine zentrale Funktion, durch seine Eigenart als *fait social total*, durch seine historische Darstellbarkeit all die Züge dieser künstlichen Gesellschaft, die wir *irreflexive Moderne* nennen wollen. Das heißt eine Moderne, die irre geworden ist, irre an ihren eigenen Vorstellungen, irre und blind zugleich gegenüber Geschichte und Gegenwart, eine Moderne, die ihre Gestaltungsprinzipien verloren hat, die zwar noch immer den Modernisierungstraum weiterträumt, weiter akkumuliert, forscht, informiert, beschleunigt, jedoch die Prinzipien ihres Tuns vollends verloren hat. Das wird sich auch auf kultureller Ebene zeigen. Die Moderne ist weder unvollendet, noch hat sie sich überlebt – sie hat sich verlaufen, sie hat ihren Weg verloren und statt innezuhalten, zumindest bildhaft gesprochen, und sich umzusehen, taumelt sie weiter ihrem Abgrund entgegen.

4. Denn, in der Tat, den Traum einer nie endenwollenden Prosperität geträumt zu haben, hat den Erdball vor den Kollaps geführt. So konstatiert zumindest der minimalste gesunde Menschenverstand seit 1972. Gäbe es so etwas wie eine Weltgesellschaft, sie würde darin ihr letztes Wirklichkeitsprinzip finden. Und nicht das jämmerliche Seilziehen um die Limitierung des FCKW-Ausstoßes – zum Beispiel. Die elementarste Einsicht der mehr als dreißig Jahre andauernden Ökologiediskussion hätte, wenn nicht schon im Weltmaßstab, so wenigstens bei den

---

47 Für die Analyse dieses 'operativen Systems' verweise ich auf die immer noch unübertroffenen Analysen des kanadischen Soziologen Michel Freitag (1986/1987), der die Fundamente einer kritischen Theorie der Postmoderne gelegt hat.
48 Moscovici (1989, S. 25).

wichtigsten westlichen Entscheidungsträgern, darin bestehen müssen, auf die monströse Diskrepanz zwischen diesem Traum und dem wiederauftauchenden Wirklichkeitsprinzip hinzuweisen. Stattdessen debattieren die Briefträger des Weltuntergangs.

Hier wird die Irreflexivität der Modernen sozusagen handgreiflich. Doch auch hier liefert das Geld einen Ausweg. Durch sein Unsichtbarwerden ist es im Begriff, elementarste Gegenseitigkeitsvorstellungen auszuradieren, das heißt den Traum der nie endenwollenden Prosperität, allen Wirklichkeiten zum Trotz, weiterzuträumen. Ein Traum, der letztlich auch den Markttausch als kooperatives Positivsummenspiel zum eigentlichen Architekten der Modernität auserkor.[49] Als reines operatives System ist die artifizielle Gesellschaft im Begriff, die Tauschpraxis – selbst in ihrer Trivialform, als Markttausch – aus dem reflexiven Handlungsrepertoire der Akteure auszuklammern. Doch das Positivsummenspiel, die monetäre Dynamik aus dem Nichts, wuchert weiter. 1972 entsprachen sich Weltgeld- und Weltgütermenge *grosso mondo*. Wenige Jahre später sprach der damalige US-Staatssekretär James Brady von einem Verhältnis von 1.000 zu 3. Dass sich dieses Geldvolumen nicht samt und sonders einfach in seinen transaktiven Verstrickungen in Luft auflösen kann, dass es sich, wenn auch vielleicht nur marginal, irgendwann einmal auch *realisieren* muss, dass es umgetauscht werden muss in Ware, Wert und Wirklichkeit und dass dieser Umtausch schlichtweg unmöglich[50] ist, und wenn, dann nur durch komplette Geldzerstörung vonstatten gehen kann, dies erregt überhaupt niemanden. Wir sind so blind und unwissend gegenüber Geldphänomenen, dass uns die Vorstellung einer *Autonomisierung der monetären Dynamik* – um die es sich schließlich handelt – schlichtweg fehlt. Eine Gesellschaft ohne Tausch, deren Dynamik immer mehr von den erratischen Bewegungen der Finanzmärkte diktiert wird, ist zur Reflexion ihrer Existenzgrundlagen nicht länger in der Lage. Das Wunder des Geldes bestand darin, dass es als Medium einer jahrhundertlangen Inszenierung den Rausch des Schlaraffenlandes über die Menschheit gebracht hat. Jetzt hindert die Dematerialisierung des Geldes sie daran, aus diesem schlimmen und süßen Traum aufzuwachen.

---

49 Ich versuche in meinem nächsten Buch, diese Architektonik systematischer auszubauen, Haesler (2002).
50 Für mich ist es jedes Mal ein Schock, ein Buch wie H.-C. Binswangers *Wege aus der Wohlstandsfalle* (1978) in die Hand zu nehmen und mir zu sagen: 'Bald wird es ein Vierteljahrhundert sein, seit dem die klassische Wachstumstheorie als fataler Irrweg denunziert wurde', und mitanzusehen, dass allen Fatalitäten zum Trotz von dieser Kritik nicht viel mehr übrig geblieben ist als die noch viel fatalere Ideologie der „nachhaltigen Entwicklung".

Literatur

Adorno, Th.W. und A. Sohn-Rethel, 1991: Briefwechsel 1936-1969, München.
Aglietta, M. und A. Orléan (Hrsg.), 1998: La monnaie souveraine, Paris.
Baecker, D., 1995: Information und Risiko in der Marktgesellschaft, Frankfurt a.M.
Balandier, G., 2001: Le Grand Système, Paris.
Binswanger, H.-C., W. Geissberger und Th. Ginsburg, 1978: Wege aus der Wohlstandsfalle, Frankfurt a.M.
Blumenberg, H., 1979: Geld oder Leben. Eine metaphorologische Studie zur Konsistenz der Philosophie Georg Simmels, in: H. Böhringer und K. Gründer, Ästhetik und Soziologie um die Jahrhundertwende: Georg Simmel, Frankfurt a.M., S. 121-134.
Braudel, F., 1979: Civilisation matérielle, économie et capitalisme, XVe-XVIIIe siècle, 3 Bde., Paris.
Burghardt, A., 1977: Soziologie des Geldes und der Inflation, Wien/Köln/Graz.
Deleuze, G., 1990: Pourparlers, Paris.
Deutschmann, Chr., 2000: Geld als 'absolutes Mittel'. Zur Aktualität von Simmels Geldtheorie, in: Berliner Journal für Soziologie 3, S. 301-313.
Dumont, L., 1977: Homo Aequalis I. Genèse et épanouissement de l'idéologie économique, Paris.
Foster, G.M., 1965: Peasant Society and the Image of Limited Goods, in: American Anthropologist 67, S. 296-321.
Foucault, M., 1994: Dits et écrits. 1954, 1988, Bd. 3, Paris.
Freitag, M., 1986/1987: Dialectique et société, Bd. 1: Introduction à une théorie générale du symbolique, Bd. 2: Culture, pouvoir, contrôle. Les modes formels de reproduction de la société, Lausanne/Montreal.
Ganßmann, H., 1986: Zur Geldlehre der neueren Soziologie, in: Prokla 63, S. 6-22.
Goux, J.J., 1973: Freud, Marx. Economie et symbolique, Paris.
Goux, J.J., 1978: Les iconoclastes, Paris.
Haesler, A.J., 1993: Die Doppeldeutigkeit des Fortschritts in der 'Philosophie des Geldes', in: H.-C. Binswanger und P. v. Flotow (Hrsg.), Geld und Wachstum, Stuttgart, S. 61-80.
Haesler, A.J., 1995: Sociologie de l'argent et postmodernité. Les conséquences sociales et culturelles de l'invisibilisation des flux monétaires, Paris/Genf.
Haesler, A.J., 2000: Grundelemente einer tauschtheoretischen Soziologie I: Georg Simmel, in: Simmel Studies, 10. Jg., 1, S. 5-30.
Haesler, A.J., 2002: L'Invention de la démesure. Essai de socioanthrophologie, Paris.
Hardt, M. und A. Negri, 2000: Empire, Harvard/Ma.
Heinemann, G., 1969: Grundzüge einer Soziologie des Geldes, Stuttgart.
Heinsohn, G., 1986: Privateigentum, Patriarchat, Geldwirtschaft. Eine sozialtheoretische Rekonstruktion zur Antike, Frankfurt a.M. (= Diss. Bremen 1982).
Heinsohn, G. und O. Steiger, 1996: Eigentum, Zins und Geld. Ungelöste Rätsel der Wirtschaftswissenschaft, Reinbek b. Hamburg.
Homans, G.C., 1958: Social Behavior as Exchange, in: American Journal of Sociology 63, S. 597-606.
Kopytoff, I., 1986: The cultural biography of things: commodiziation as process, in: A. Appadurai (Hrsg.), The social life of things. Commodities in cultural perspective, Cambridge, S. 64-94.
Lianos, M., 2001: Le Nouveau contrôle social. Toile institutionnelle, normativité et lien social, Paris.
Liebrucks, B., 1970: Über den logischen Ort des Geldes. Vorbereitende Bemerkungen, in: Kant-Studien 61, S. 159-189.
Luhmann, N., 1988: Die Wirtschaft der Gesellschaft, Frankfurt a.M.

May, G., 1978: Schöpfung aus dem Nichts. Die Entstehung der Lehre der creatio ex nihilo, Berlin/New York.
Medick, H., 1973: Naturzustand und Naturgeschichte der bürgerlichen Gesellschaft, Göttingen.
Moscovici, S., 1988: La Machine à faire des dieux. Sociologie et psychologie, Paris.
Moscovici, S., 1989: Langages universel. Les 3M: Money, Music and Mathematics, in: Communications 50, S. 23-36.
Müller, R.W., 1977: Geld und Geist. Zur Entstehungsgeschichte von Identitätsbewußtsein und Rationalität seit der Antike, Frankfurt a.M./New York.
Pastré, O., 1982: Technologie, monnaie et crise: les enjeux économiques de l'électronisation des flux monétaires, in: Economie appliquee 3, S. 681-728.
Reddy, W.H., 1987: Money and Liberty in modern Europe. A critique of historical understanding, Cambridge.
Ritzer, G., 1995: Expressing America. A Critique of the Global Credit Card Society, Pine Oaks/London.
Schacht, J., 1967: Die Totenmaske Gottes. Zur Kulturanthropologie des Geldes, Salzburg.
Servet, J.-M., 1981: Genèse des formes et pratiques monétaires, Diss. Lyon II.
Simmel, G., 1907: Philosophie des Geldes, München/Leipzig (2. Aufl.).
Sohn-Rethel, A., 1970: Das Geld, die bare Münze des Apriori, in: P. Mattick, A. Sohn-Rethel und H.G. Haasis, Beiträge zur Kritik des Geldes, Frankfurt a.M. S. 35-117.
Stentzler, Fr., 1979: Versuch über den Tausch. Zur Kritik des Strukturalismus, Berlin.
Strauss, A.L., 1952: The development and transformation of monetary meanings in the child, in: American Sociological Review 17, S. 275-286.

IV. Psychologie des Geldes und des Konsums

Rolf Haubl

Money madness. Eine psychodynamische Skizze

Einleitung

Fragt man einen Ökonomen nach Geld, so wird er sagen, dass es ein Tausch- und Zahlungsmittel sowie ein Mittel der Wertbemessung, Wertaufbewahrung und Wertübertragung ist. In dieser Perspektive dient es der Erleichterung von Wirtschaftsbeziehungen und hat sonst keine Bedeutung. Aber so wie es den Homo oeconomicus als vollständig zweckrational Handelnden lebensweltlich nicht gibt, so findet sich auch kein durchrationalisiertes Verhältnis zu Geld. Wir alle erleben und gebrauchen Geld immer als ein Symbol, in dem die ökonomische Bedeutung mit einer psychischen Bedeutung konfundiert ist (vgl. Goldberg/Lewis 1978; Krueger 1986; Klebanow/Lowenkopf 1991). Wie wir mit ihm umgehen, manifestiert unsere Persönlichkeit mit all ihren unbewältigten lebensgeschichtlichen Traumata und Konflikten. Und deshalb lässt uns Geld, ganz gleich, wie viel wir davon besitzen, nicht kalt. Mehr noch: Es ist uns unheimlich. Und wir haben es in Verdacht, unsere zwischenmenschlichen Beziehungen tiefgreifend zu verändern.

Rose und ihr Freund lieben sich und möchten sobald wie möglich heiraten. Während der Hochzeitsvorbereitungen schlägt er ihr vor, einen Ehevertrag zu schließen, der die finanziellen Vereinbarungen für den Fall festlegt, dass ihre Ehe beendet werden sollte. Sie willigt zwar ein, in den nächsten Tagen verwirren sich aber ihre Gefühle. Von der 'hoch-zeitlichen' Stimmung bleibt keine Spur. Rose wird immer ambivalenter, beginnt, an ihrer Partnerwahl zu zweifeln; schließlich bittet sie ihn, den Termin zu verschieben. Den Ehevertrag, der für ihn Beweis seiner Fürsorglichkeit ist, erlebt sie als Bedrohung. Sie denkt magisch: Bringt ein Ehevertrag die Möglichkeit einer Trennung zu Bewusstsein, so wird im Bewusstsein von Rose aus der Möglichkeit Wahrscheinlichkeit. Wenn ihr Freund es fertig bringt, so phantasiert sie, in diesem Moment an einen Vertrag zu denken, dann würdigt er ihre Liebe zu einer Geschäftsbeziehung herab, folglich kann es mit seinen Gefühlen nicht weit her sein.

Regina ist beruflich sehr erfolgreich. Sie arbeitet gerne und verdient das Doppelte ihres Mannes, von dem sie glaubt, und, wenn sie ehrlich ist, auch erwartet, er könne mehr aus seinen Aufstiegsmöglichkeiten machen. Beide sind sich einig, dass ihre Eheschließung eine echte Liebesheirat gewesen ist. In ihren Erinnerungen finden sich zahlreiche Episoden leidenschaftlicher Sexualität und liebevoller Zärtlichkeit; aber eben nur in ihren Erinnerungen. Nach drei Jahren Ehe ist davon kaum mehr etwas zu spüren. Schon lange schlafen sie nicht mehr zusammen und die letzte nicht routinierte, sondern herzliche Umarmung liegt Wochen zurück. Obwohl beide es erst nicht wahrhaben wollen, ihre große Liebe begann ab dem Zeitpunkt merklich auszukühlen, als Regina ihre erste Gehaltserhöhung erhielt und daraufhin einen immer raumgreifenderen Ehrgeiz entwickelte. Damals versuchte auch er, sich beruflich zu verbessern, als dies aber fehlschlug, hat er seine ehrgeizigen Anstrengungen schnell eingestellt. In der Folge entwickeln beide eine unbewusste Phantasie, die sie einander entfremdet: Er erlebt sich kastriert und mehr noch, von Scham- und Schuldgefühlen geplagt, weil er seine – am Ideal des männlichen Ernährers gemessene – 'Verweiblichung' durchaus genießt; sie erlebt ihren beruflichen Erfolg als triumphale 'Vermännlichung', in die sich Verachtung für die passiven Seiten ihres Ehemannes mischt.

Konflikte der beschriebenen Art beruhen nicht einfach auf Missverständnissen, die leicht auszuräumen wären. Denn sie entstehen nicht aus bloßer Gedankenlosigkeit, sondern aus subtilen identitätsstiftenden Gefühlen, Vorstellungen und Handlungsimpulsen. Meist sind sie nur schwer in Worte zu fassen und noch schwerer dem Partner verständlich zu machen: Hört beim Geld die Liebe auf und verdirbt es den Charakter? Paare, wie die beiden vorgestellten, geben den Warnungen, die das sprichwörtliche Alltagsbewusstsein parat hält, anscheinend Recht.

Historisch wurzeln solche Warnungen tief in christlichem Nährboden. Noch der junge Karl Marx war von ihrer Wahrheit überzeugt. In seinen „Ökonomisch-philosophischen Manuskripten" ([1844] 1968, S. 103 ff.) zitiert er den Mephisto aus Goethes „Faust" und Shakespeares „Thimon von Athen" als klassische Kronzeugen für seine These vom alles pervertierenden Geld als der wirkenden Macht des Privateigentums. Geld erscheint dabei als das dämonische Mittel, durch das aus der göttlichen Ordnung „die verkehrte Welt" wird: „Es verwandelt die Treue in Untreue, die Liebe in Haß, den Haß in Liebe, die Tugend in Laster, das Laster in Tugend, den Knecht in den Herrn, den Herrn in den Knecht, den Blödsinn in Verstand, den Verstand in Blödsinn." Dadurch aber raubt das Geld dem Menschen sein Seelenheil und damit seine Menschlichkeit. Das Gegenmittel, auf das der junge Marx zur Bekämpfung des Bösen schwört, ist – die Liebe: „Setze den Menschen als Menschen und sein Verhältnis zur Welt als ein menschliches voraus, so kannst du Liebe nur gegen Liebe austauschen, Vertrauen nur gegen Vertrauen."

Stereotype Wahrheiten

Vor gut vier Jahren habe ich mit einem Kollegen eine explorative Befragung zu Geldstereotypen durchgeführt (vgl. Günther/Haubl 1998). Wir befragten eine repräsentative Stichprobe von Augsburger Studierenden im ersten Semester der Wirtschaftswissenschaften. In dieser Stichprobe stimmt eine Mehrheit dem Statement „Geld verdirbt den Charakter" zu. Desgleichen ist die Mehrheit der Befragten der Meinung: „Freundlichkeit, Großzügigkeit und Liebe sind eher unter den Armen als unter den Reichen zu finden". Die in diesen Stereotypen zum Ausdruck kommende Sehnsucht nach unmittelbaren, nicht geldvermittelten zwischenmenschlichen Beziehungen steht im Gegensatz zu dem Stereotyp: „Geld regiert die Welt". Und auch diesem Statement stimmt eine Mehrheit der Befragten zu. Damit wird aber ein Dilemma deutlich, das im Übrigen – wie unsere Untersuchung zeigt – Frauen stärker erleben als Männer, weil sie mehr von einer beziehungsschädigenden Wirkung des Geldes überzeugt sind: Auf der einen Seite büßt man in einer monetären Gesellschaft, ohne über ausreichend Geld zu verfügen, an Kontrolle über seine Lebensbedingungen ein. Folglich gilt es, nach Geld zu streben, um sich Gestaltungsspielräume zu eröffnen. Dieses Streben hat aber auf der anderen Seite psychische Kosten, die – allgemein formuliert – in der Gefahr bestehen, sich an die Welt des Geldes zu verlieren:

Erscheint Geld vordergründig immer nur als Mittel zur Erfüllung nicht-monetärer Wünsche, so kann es im Streben, möglichst viel davon zu erwerben, um sich möglichst viele solcher Wünsche erfüllen zu können, aber leicht zum Selbstzweck werden, so dass letztlich der Wunsch nach Geld als einziger Wunsch übrig bleibt. Vielleicht liegt dies daran, dass wir uns mit Geld nur die Wünsche erfüllen können, die wir von vornherein auf Güter und Dienstleistungen richten, die sich kaufen lassen – und dass diese Wünsche gar nicht unsere Wünsche mit der größten existenziellen Bedeutung sind. Können wir uns Gesundheit kaufen? Zwar sterben Personen aus einkommensschwachen Bevölkerungsschichten im Durchschnitt früher als Personen aus wohlhabenderen Schichten. Aber auch dem Reichsten nützt all sein Geld nichts, wenn er eine unheilbare Krankheit hat. Können wir uns Schönheit kaufen? Ein gepflegtes Äußeres, sogar eines, das mittels kosmetischer Operationen unter die Haut geht, sicherlich, aber Schönheit? Können wir uns Talent kaufen? Ausbildung ja, aber Talent? Das gilt auch für die Liebe, wenn sie denn mehr sein soll als Zuwendung.

Und besonders gilt es für Glück (vgl. Myers/Diener 1995). So behauptet bekanntlich das sprichwörtliche Alltagsbewusstsein, Geld beruhige zwar die Nerven, mache aber eben nicht glücklich. Haben wir nicht alle schon von Lotto-Millionären gehört, die ein schreckliches Ende nehmen, weil der überraschende Geldsegen sie seelisch und moralisch ruiniert? Aber auch die Erben von Millionenvermögen tun sich in vielen Fällen nicht leichter. Klinische Erfahrungen lassen vermuten, dass es sich nicht selten um Personen mit einer schlecht integrierten Persönlichkeit handelt, die psychisch labil und alles andere als glücklich sind. Indessen: Über Reiche und ihren Reichtum wissen wir wenig (vgl. Lewis et al. 1995, Kap. 6). Wahrscheinlich aber muss man lernen, mit Reichtum so umzugehen, dass er einem nicht schadet. Das mag – zumindest in Deutschland – an einer bestimmten kollektiven Vorstellung liegen, die an ein stark ausgeprägtes Arbeitsethos gebunden ist. Dieser Vorstellung zufolge darf nur verdienter Reichtum auch genossen werden. Und verdient hat ihn nur derjenige, der für ihn arbeitet. Mithin sind es – zugespitzt formuliert – 'Mühsal und Fleiß', die verhindern, dass sich Geld gegen seinen Besitzer wendet. Zwar zeigt dieses tradierte Arbeitsethos inzwischen deutliche Verschleißerscheinungen, verschwunden aber ist es keineswegs. So haben sich in unserer Studierenden-Befragung hohe Zustimmungsraten für die folgenden drei Statements ergeben: „Derjenige, der sich selbst etwas aufgebaut hat, ist häufig moralischer als derjenige, der im Reichtum geboren wurde" – „Wer sein Geld selbst verdient hat, darf sich mehr daran erfreuen als einer, der es erbt" – „Leicht verdientes Geld wird meist verschwendet".

Selbstwert = Geldwert

Um den psychodynamischen Zusammenhang zwischen Geld und Glück zu vertiefen, möchte ich einen bemerkenswerten Aphorismus aus dem vorletzten Jahrhundert zitieren:

„Daß die Wünsche der Menschen hauptsächlich auf Geld gerichtet sind und sie dieses über alles lieben, wird ihnen oft zum Vorwurf gemacht. Jedoch ist es natürlich, wohl gar unvermeidlich, das zu lieben, was als ein unermüdlicher Proteus jeden Augenblick bereit ist, sich in den jedesmaligen Gegenstand unserer so wandelbaren Wünsche und mannigfaltigen Bedürfnisse zu verwandeln. Jedes andere Gut nämlich kann nur einem Wunsch, einem Bedürfnis genügen: Speisen sind bloß gut für den Hungrigen, Wein für den Gesunden, Arznei für den Kranken, ein Pelz für den Winter, Weiber für die Jugend usw. Sie sind folglich alle nur [...] relativ gut. Geld allein ist das absolut Gute: weil es nicht bloß einem Bedürfnis in concreto begegnet, sondern dem Bedürfnis überhaupt, in abstracto".

Dieser Aphorismus stammt von Arthur Schopenhauer (1968a, S. 414 f.). Er gipfelt in einer Formel, die auf Georg Simmels berühmte „Philosophie des Geldes" ([1900] 1977) vorausweist und Geld psychodynamisch aufschlussreich definiert: Geld ist „die menschliche Glückseligkeit in abstracto" (Schopenhauer 1968b, S. 691). Das aber lässt einen Konflikt erahnen, der sich im Konsumkapitalismus zuspitzt: Notorische Geldknappheit auf der einen Seite, die auch durch Konsumkredite nicht beseitigt wird, und die Qual der Wahl Glück verheißender Güter und Dienstleistungen auf der anderen Seite.[1]

Nach ersten Untersuchungen in Deutschland und anderen konsumkapitalistischen Ländern muss man damit rechnen, dass süchtige Käufer keine Seltenheit sind und noch weit mehr Personen in Gefahr stehen, nicht nur gelegentlich Impulskäufe zu tätigen, sondern dauerhaft die Kontrolle über ihr Einkaufsverhalten zu verlieren. Oftmals führt dies zu einer sukzessiven Aufstockung von Krediten, die nicht zurückgezahlt werden, so dass es zu einer anhaltenden Überschuldung

---

1 Diesen Konflikt habe ich immer wieder in meiner gruppenanalytischen Arbeit mit Kaufsüchtigen gefunden.

kommt. Bei dem Großteil der bekannten Fälle handelt es sich um jüngere Frauen aus allen sozialen Schichten. Kaufsucht hängt also nicht von der Einkommenshöhe ab (vgl. Haubl 1996a).

Schwere Fälle von Kaufsucht verlaufen anfallsartig und haben eine manisch-depressive Struktur (vgl Haubl 1998, Kap. 4). Anlässe für einen Einkaufsbummel, der dann außer Kontrolle gerät, sind nicht selten narzisstische Kränkungen, z.B. ein Streit mit dem Freund oder Ehemann, den die Betroffene als Zurückweisung erlebt, die ihr Bedürfnis nach Liebe und Anerkennung frustriert. In dieser Situation erhofft sie sich von ihrem Einkaufsbummel nicht nur Ablenkung, sondern Entschädigung. Sie begehrt Güter, deren Besitz ihr eine narzisstische Aufwertung versprechen. Auf der Jagd nach solchen Gütern gerät sie vor allem in den Einkaufsstraßen großer Städte unter den Einfluss eines Warenangebotes, dessen Inszenierung alle Sinne anspricht, zunehmend in eine manische Erregung (vgl. Haubl 1996b). Das Geld, das sie bei sich hat, erlebt sie als Besitz unzähliger noch nicht realisierter Möglichkeiten: Mit ihm kann sie alles kaufen, was es in ihrer Reichweite zu kaufen gibt. Dies erlaubt ihr, solange sie sich nicht für den Kauf eines bestimmten Gutes entscheidet, zu phantasieren, die ganze Welt 'in der Tasche' zu haben. Indessen kann sie sich angesichts dieser vermeintlichen Grenzenlosigkeit nicht entscheiden. Ihre Wahlmöglichkeit wird für sie zu einer Qual, aus der sie schließlich buchstäblich in einen Kaufakt flieht, um ihre Erregung zu dämpfen. Sie kauft ein Gut, von dem sie bereits im nächsten Moment spürt, dass sie es überhaupt nicht brauchen kann. Der Kauf wird zu einer erneuten narzisstischen Kränkung:

Zum einen reduziert er ihren Geldbesitz und damit die ihr verbleibenden Möglichkeiten. Zum anderen materialisiert sich ihr verausgabtes Geld in enttäuschungsanfälligen Gütern, die sich darin, dass sie enttäuschen, als widerständig und damit der Realität zugehörig erweisen. Sie setzen der vermeintlichen Grenzenlosigkeit des Geldes Grenzen. Allein schon dadurch, dass die Güter diese Grenzen materialisieren, müssen sie enttäuschen. Hinzu kommt, dass Kaufsüchtige ein Bewusstsein davon haben, dass ihre Probleme nicht durch Konsumgüter zu lösen sind, wie rudimentär dieses Bewusstsein auch sein mag. Und so entwickeln sie bereits während des Einkaufsbummels schmerzliche Scham- und Schuldgefühle, in denen sich die zuvor ausgeschaltete Bewertung ihres Handelns zurückmeldet. Als Folge dieser Selbstkonfrontation kommt es vor, dass Kaufsüchtige die eingekauften Güter unausgepackt horten, sie verschenken, ungebraucht in den Müll werfen oder zerstören. Dies verhindert allerdings nicht, dass sie eine depressive Verstimmung erleiden, die sie vorübergehend lähmt, dadurch aber für den nächsten Anfall umso anfälliger macht. Die Auswegslosigkeit, in der sich die Betroffenen erleben, ist kaum zu überschätzen. Und so meint es eine Kaufsüchtige dann auch bitter ernst, wenn sie sagt: „Wenn ich Millionen gewinnen würde, ich würde mich wahrscheinlich aufhängen".

Zu den Ursachen für Kaufsucht sind sehr wahrscheinlich unbewältigte lebensgeschichtliche Autonomiekonflikte zu zählen, die sich in einem niedrigen, treffender noch: in einem labilen, in seiner Höhe ständig schwankenden Selbstwert niedergeschlagen haben. Dass Geld und Konsumgüter diese Selbstwertschwäche zu kompensieren versprechen, liegt nicht zuletzt an dem gesellschaftlich geförderten Kurzschluss, Selbstwert sei eine Funktion der Konsumchancen, die Geldbesitz bietet.

Systematisierung monetärer Phantasien

Wenn die psychische Bedeutung des Geldes dessen ökonomische Bedeutung übersteigt, dann deshalb, weil es eng mit der existenziellen Notwendigkeit verbunden ist, Selbstwert zu erlangen. In meiner theoretischen Perspektive besteht Selbstwert aus einer Reihe von psychischen Ressourcen, deren Erwerb als entwicklungslogische Sequenz konzipiert werden kann:

Abbildung 1

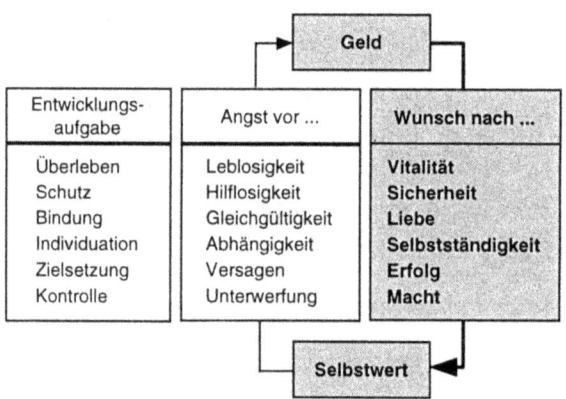

Stellen wir uns vor, welche Entwicklungsaufgaben ein heranwachsendes Gesellschaftsmitglied zu bewältigen hat: Zunächst geht es darum, überhaupt am Leben zu bleiben. Ist *Überleben* gewährleistet, so bedarf es des Schutzes durch Mitmenschen, um sich weiterentwickeln zu können. Diesen *Schutz* gewährleistet zu bekommen, heißt nicht zwangsläufig, auch emotional in eine menschliche Gemeinschaft eingebunden zu sein. Entstehen enge emotionale *Bindungen,* können sie es dem Heranwachsenden erschweren, wenn nicht gar verunmöglichen, sich zu individuieren. Mit zunehmender *Individuation* formuliert er persönliche Ziele und beansprucht, sie aus eigenen Kräften zu erreichen. Gelingt ihm diese *Zielsetzung* hinreichend, wird er ermutigt, seine Bestrebungen, sich selbst zu erproben, auch auf Ziele auszudehnen, die mit den Regeln kollidieren, die in seiner Lebensgemeinschaft herrschen. In konflikttächtigen Auseinandersetzungen mit deren Sanktionsdrohungen lernt er, sich mit sozialer *Kontrolle* zu arrangieren.

Demzufolge gibt es sechs verschiedene psychische Ressourcen, die den genannten Entwicklungsaufgaben entsprechen: *Vitalität, Sicherheit, Liebe, Selbstständigkeit, Erfolg* und *Macht*. Hat eine Person diese Ressourcen in ihrer Lebensgeschichte in ausreichendem Maße erworben, dann ist ihr Selbstwert hoch und stabil. Andernfalls wird sie von Ängsten vor *Leblosigkeit, Hilflosigkeit, Gleichgültigkeit, Abhängigkeit, Versagen* und *Unterwerfung* verfolgt, die ihren Selbstwert bedrohen. Diese Ängste sind interindividuell unterschiedlich ausgeprägt, je nachdem welche Entwicklungsaufgaben in welchem Ausmaß lebensgeschichtlich unbewältigt geblieben sind.

Geld kann in diesem psychodynamischen Rahmen als „Talisman des Ich" (Lockhart 1982, S. 21) fungieren. Unbewusst wird ihm die magische Kraft zugeschrieben, die genannten Ängste zu besänftigen oder anders akzentuiert: die Person mit den erwünschten selbstwertdienlichen psychischen Ressourcen auszustatten. Die *phantasmatische* Bedeutung, die Geld dadurch erhält, kann derart im Vordergrund stehen, dass sie ein zweckrationales Verhältnis zu ihm erschwert oder gar verhindert.

Solche Beeinträchtigungen der monetären Kompetenz einer Person haben wenig mit der Geldmenge zu tun; es gibt sie bei Armen wie bei Reichen. Sie zeigen sich im persönlichen „Geldstil" (vgl. Hallowell/Grace 1991): der Art und Weise, wie eine Person mit Geld umgeht und wie sich dies auf ihr Leben und das ihrer Bezugspersonen auswirkt. Paare unterschätzen oft, dass die Koordination ihrer Geldstile von besonderer Relevanz für ein dauerhaftes Zusammenleben ist (vgl. Turkel 1991; Goldbrunner 1994). Denn Geldprobleme sind oftmals nicht nur Probleme mit Geld, sondern der symptomatische Ausdruck der Probleme, die eine Person mit sich selbst hat. In schweren Fällen werden große Teile ihres Bewusstseins von einer unbewussten Phantasie beherrscht, die ihr ein Verhalten aufzwingt, das sie trotz seiner schädlichen Konsequenzen beibehält und deshalb auch verleugnen muss.

Es ist schwierig, den phantasmatischen Zusammenhang zwischen Geld und den einzelnen psychischen Ressourcen erschöpfend anzugeben; dafür sind die Variations- und Kombinationsmöglichkeiten zu groß. Ich bescheide mich deshalb mit einigen Modellszenen, wie ich sie in der gruppenanalytischen Arbeit mit Einzelpersonen und Paaren, die *selbstschädigende* Geldstile entwickelt haben, rekonstruieren konnte:

VITALITÄT und die ANGST VOR LEBLOSIGKEIT. Das Gefühl der Betroffenen, lebendig zu sein, hängt von der Geldbewegung ab. Bewegtes Geld bedeutet Leben, fehlendes oder gehortetes Geld dagegen Tod. Rinnt es den Betroffenen durch die Finger, spüren sie ihr Herz schlagen und ihr Blut strömen; Verschwendung wird zum Existenzbeweis. Die gekauften Güter sind dagegen letztlich uninteressant. Denn in den Gütern endet die Bewegung, verebbt der lebensspendende Geld-Strom.

SICHERHEIT und die ANGST VOR HILFLOSIGKEIT. Die Betroffenen rechnen mit einer Katastrophe. Sie wissen nicht, wann sie kommt, aber dass sie kommt. Sie können sie nicht verhindern, aber sich darauf vorbereiten. Zu diesem Zweck halten sie Geld parat. Deshalb dürfen sie auch immer nur so viel ausgeben, dass genug übrig bleibt. Folglich müssen sie sparsam sein. Da sie aber nicht wissen, wieviel sie im Katastrophenfalle benötigen, geben sie am besten gar nichts aus. Wird eine bestimmte kritische Geldmenge unterschritten, geraten die Betroffenen in Panik. Geld parat zu halten, heißt buchstäblich: Die Zahlungsmittel müssen in Reichweite bereit liegen; schon die Bank kann unerreichbar sein. Die Betroffenen sind überzeugt, dass sie sich auf Menschen nicht verlassen können. Tritt die Katastrophe ein, wird niemand da sein, der ihnen hilft.

LIEBE und die ANGST VOR GLEICHGÜLTIGKEIT. Solange Geld im Spiel ist, wissen die Betroffenen nicht, ob sie geliebt werden. Deshalb misstrauen sie den Gefühlen ihrer Bezugspersonen. Wenn man Liebe, was sie glauben, nur geschenkt bekommen kann, müssen sie Geld auszuschalten versuchen. Das führt zu einer Verachtung von Geld, die dessen Vernichtung heraufbeschwört: Erst, wenn ich arm bin, wird sich zeigen, wer mich wirklich liebt. Jedoch sind auch Kompromissbildungen möglich: Um nicht gekaufte Liebe befürchten zu müssen, wird überspielt, das etwas Geld gekostet hat. Im Schutze dieser Kompromissbildung kann Geld dann sogar zum Liebesbeweis werden: Wer mich liebt, schaut nicht aufs Geld, sondern erfüllt mir alle meine Wünsche, freilich ohne mich damit zu konfrontieren, dass deren Erfüllung ihren Preis hat.

SELBSTSTÄNDIGKEIT und die ANGST VOR ABHÄNGIGKEIT. Bewusst streben die Betroffenen danach, sich von Bezugspersonen unabhängig zu machen. Ihr Motto ist: Ich kann in jedem Fall alleine! Deshalb schätzen sie selbst verdientes Geld sehr hoch und ziehen es geschenktem und geliehenem Geld auch dann vor, wenn es lediglich gerade so zum Leben reicht. Eigensinnig achten die Betroffenen darauf, ihre Finanzhoheit nicht zu verlieren. Dazu schließen sie ihre Bezugspersonen sogar aus. Sie lassen sich nicht helfen; selbst Notlagen halten sie geheim. Gerade dann vermögen sie nicht um Hilfe zu bitten, wenn sie an dem Versuch gescheitert sind, ihren finanziellen Spielraum zu erweitern, um dadurch ihre Selbstständigkeit zu vergrößern. Eigenes Geld heißt für die Betroffenen: sich jederzeit trennen zu können, kein eigenes Geld: bleiben zu müssen, auch wenn sie sich trennen wollen. Um sich ihrer Unabhängigkeit trotz bestehender finanzieller Abhängigkeit zu vergewissern, kann es sein, dass die Betroffenen darauf verzichten, sich bedürftig zu zeigen; sie geben sich bedürfnislos, um kein Geld für ihre Bedürfnisbefriedigung annehmen zu müssen. Nichts ängstigt sie mehr als Dankbarkeit. Haben sie reichlich Geld zur Verfügung, so gelingt es ihnen oftmals nicht, damit selbstständig zu haushalten. Unbewusst manövrieren sie sich in finanziell prekäre oder sogar ausweglose Situationen. Denn erst eine vermeintlich rein objektive Existenznot erlaubt es ihnen, sich uneingestandene Abhängigkeitswünsche zu erfüllen.

ERFOLG und die ANGST VOR VERSAGEN. Die Betroffenen sind sich ungewiss, ob das, was sie von sich zeigen, auch anerkennenswert ist, mehr noch: Eigentlich sind sie sich gewiss, keine Anerkennung zu verdienen. Folglich leben sie ständig in Gefahr, sich schämen zu müssen, Versager zu sein. Da ihnen ein innerer Maßstab fehlt, wählen sie Geld als einen äußeren Maßstab. Je mehr Geld sie machen, desto mehr glauben sie, nicht versagt zu haben, ohne dass sie allerdings letztlich wirklich davon überzeugt wären. Deshalb müssen sie immer mehr Geld machen und dürfen auch nur das tun, was geldwert ist. Alles, was sich nicht berechnen lässt, vertieft ihre bohrende Ungewissheit, weshalb sie es vorauseilend entwerten, um sich nicht darauf einlassen zu müssen.

MACHT und die ANGST VOR UNTERWERFUNG. Die Betroffenen setzen Geld ein, um ihre Bezugspersonen dem eigenen Willen zu unterwerfen. Damit versuchen sie, ihnen zuvorzukommen. Denn sie erwarten, dass ihre Bezugspersonen ihrerseits darauf aus sind, sie ihrem Willen zu unterwerfen. Jemandem anderen zu Willen zu sein aber ist für die Betroffenen unerträglich, wobei sie allerdings jede Vergemeinschaftung schnell als Unterwerfungsversuch erleben. Da es um die Demonstration von Willensstärke geht, dürfen sich die Personen keine Schwäche leisten. Bindungen erscheinen ihnen als solche Schwächen. Die Betroffenen versuchen deshalb, alles was sie von Bezugspersonen brauchen, einschließlich emotionaler Zuwendungen, zu kaufen. Dass sie für diese Leistungen bezahlen, beruhigt sie; denn es erspart ihnen, selbst Gefühle zu investieren. Denn echte Gefühle machen schwach und damit unvorsichtig, was sofort ausgenutzt wird.

Geldförmiger Sozialcharakter

Die Behauptung, Geld verderbe den Charakter, ist moralisch voreingenommen. Dass Geld, genauer: die Geldkultur einer Gesellschaft deren Sozialcharakter formt, dürfte dagegen unstrittig sein (vgl. Müller 1977). Dabei hat Simmels Diagnose bis heute Bestand; vielleicht erreicht sie überhaupt erst heute ihre volle Geltung. Simmel (1977, Kap. 6) hat prognostiziert, dass der Sozialcharakter mit fortschreitender Monetarisierung der Gesellschaft selbst geldförmig wird. Das kann Verschiedenes meinen, vor allem aber Beweglichkeit und mehr noch: *Gleichgültigkeit.* So wie Geld sowohl seinem Besitzer gegenüber gleichgültig ist als auch den Gütern und Dienstleistungen gegenüber, die dieser damit kauft, werden auch die Gesellschaftsmitglieder selbst einander gleichgültig – und zwar in der doppelten Bedeutung des deutschen Wortes Gleichgültigkeit. Zum einen bedeutet es gleiche Wertigkeit: Geld macht alle gleich, zumindest so lange, wie sie über gleich viel Geld verfügen. In diesem Sinne reduziert es alle interindividuellen Unterschiede auf einen einzigen: Geldbesitzer zu sein. Diese Neutralität des Geldes wissen wir zu schätzen, da sie persönliche Bindungen, die ja nicht zwangsläufig wohlwollend sind, durch vertragliche Verpflichtungen ersetzt. Diesem emanzipativen Moment korrespondiert jedoch Gleichgültigkeit in ihrer zweiten Bedeutung: emotionale Teilnahmslosigkeit, Mitleidlosigkeit, Rücksichtslosigkeit und somit letztlich Bindungslosigkeit – alles Merkmale eines narzisstischen Sozialcharakters. Und deshalb führt die fortschreitende Monetarisierung der Gesellschaft fast zwangsläufig zu der romantischen Sehnsucht, sie aufzuheben. Folglich begegnen wir im Geld stets unseren eigenen Ambivalenzen.

Börsenfieber: Aktienmarkt und Popkultur

Welche Geldstile die Mitglieder einer Gesellschaft ausbilden, hängt immer auch von kollektiven monetären Idealen ab, die historischen Veränderungen unterliegen. Diese Ideale definieren Erwartungen, wie Geld sozial erwünscht gehandhabt werden soll. Im Kapitalismus unserer Tage darf *kalkuliertes finanzielles Risikoverhalten* als ein solches Ideal gelten. In ihm spiegelt sich auf der Ebene des einzelnen Gesellschaftsmitgliedes die Verschiebung unserer Kapitalkultur von einer Kultur der Produktionsprofite hin zu einer Kultur der Spekulationsprofite:

Frühjahr 2001. Die Kursblasen der letzten Monate sind wie Seifenblasen zerplatzt. Der Nemax notiert Ende März um 82 Prozent unter seinem Vorjahresstand. 65 Prozent verliert der Nasdaq. Selbst Standardtitel hat der Abwärtssog längst mit gerissen. Das Minus der vergangenen zwölf Monate beträgt beim Dax fast 25, beim Dow Jones 14 Prozent. Aus der Traum von jährlichen Renditen zwischen 20 und 30 Prozent, an die sich so mancher Anleger bereits gewöhnt hatte. Die Enttäuschung ist groß. So groß, dass das Deutsche Aktieninstitut befürchtet, die Bevölkerung könne sich von der Börse wieder abwenden. Dennoch: Die Entwicklung einer Aktienkultur ist auch in Deutschland unwiderruflich auf den Weg gebracht.

Hat die deutsche Bevölkerung unter Anlageberatern noch bis vor wenigen Jahren den Ruf gehabt, sich zu scheuen, ihr Geld in Aktien anzulegen (vgl. Oehler 1990), so trifft dies so nicht länger zu. Zwar zeigt ein Vergleich mit der US-amerikanischen Bevölkerung noch immer eine größere Zurückhaltung. Der tradierte Widerstand aber ist gebrochen. Auch wenn die Anlageformen Sparbuch, Versicherung und festverzinsliche Wertpapiere nach wie vor die Spitzenreiter in der Gunst der Deutschen sind, die Zahl der Aktionäre und Fondsbesitzer hat erheblich zugenommen. 1997 waren es 8,9% und 2000 bereits 18,5% der Bevölkerung über 14 Jahren. Dabei stieg die Zahl der Aktionäre von 3,9 Millionen auf 6,2 Millionen, die der Fondsbesitzer von 2,3 auf 8,4 Millionen.

Als Durchbruch darf der Börsengang der „Deutschen Telekom" gelten. Vollzog sich der Umbau des schwerfälligen Behördenapparates der alten Bundespost zu einem modernen Dienstleistungsunternehmen anfangs unspektakulär, so konnten mit einem in der deutschen Wirtschaftsgeschichte bis dato einmaligen Werbeaufwand breite Schichten als Aktionäre gewonnen werden. Da kritische Stimmen von Wirtschaftsexperten kaum Gehör fanden, wurde die Aktie schließlich fünffach überzeichnet. Nicht zuletzt wegen einer sozialen Epidemie, die immer mehr private Anleger erfasste und 650.000 Deutsche erstmals zu Aktionären machte. Vor allem diese Neu-Aktionäre belegen den Erfolg eines *Aktienmarketings,* das alle rhetorischen Register zieht, um die öffentliche Wahrnehmung zu beeinflussen, auch wenn dadurch der *Aufmerksamkeitswert* einer Aktie von der ökonomischen Substanz des Unternehmens mehr oder weniger abgekoppelt wird. Eine der erfolgreichsten Strategien dieses Marketings ist die *Personalisierung.*

Wem gelingt es, bei der T-Aktie nicht an den Schauspieler Manfred Krug zu denken, der die Kampagne anführte? Er war ihr herausragender Sympathieträger, der ein signifikantes Image einbrachte. In seinen bekanntesten Fernsehrollen als „Anwalt Liebling" und „Tatort"-Kommissar verkörpert er einen Zeitgenossen, der einen hedonistischen Materialismus mit einer Moralität paart, die gerade den 'kleinen Leuten' zu ihrem Recht verhilft. Diese spezifische Volkstümlichkeit authentifizierte das Projekt, die T-Aktie als „Volksaktie" zu präsentieren – ein Projekt, in dem sich zudem ein Stück deutscher Geschichte spiegelt: die Geschichte des „Wirtschaftswunders", das nicht zuletzt durch den „Volkswagen" symbolisiert wurde (vgl. Andersen 1997, S. 155 ff.).

In beiden Fällen geht es um einen *Abbau von Distinktionen:* Durch die Erfindung des „Volkswagens" war das Automobil – das Leitgut des Konsumkapitalismus – nicht länger ein exklusives Gut der Wohlhabenden und Reichen. Die Erfindung der „Volksaktie" wiederholt diesen Vorgang für das Leitgut des Finanzkapitalismus: die Aktie, das Gut der Güter. Dieser Abbau von Distinktionen, die immer auch psychosoziale Grenzen ziehen, erscheint als Demokratisierung, wobei freilich die Unterschiede nicht verschwinden, sondern lediglich feiner werden.

Haben sich Werbekampagnen schon immer des Aufmerksamkeitswertes von Stars bedient, so gab es doch bislang eine markante Grenze zwischen den Werbeträgern und den Managern eines Unternehmens. Diese Grenze verschwimmt. Mit Ron Sommer betritt ein neuer Typ von Top-Manager die Bühne. Und das buchstäblich. Denn statt das Scheinwerferlicht der Medien zu scheuen, sucht er es. Als geschickter Selbstdarsteller vermag er eine Performance abzuliefern, die ihn ebenso oft in die Klatsch-Spalten der Boulevardpresse bringt wie in die Wirtschaftsnachrichten. So weist er sich als Star der *Popkultur* aus.

Das Beispiel der T-Aktie hat Schule gemacht und wird weiter Schule machen. Ein Großteil der deutschen Aktiengesellschaften setzt auf eine Effektivierung ihrer Finanzmarktkommunikation („investor relations": vgl. Kirchhoff/Piwinger 2000). Zu diesem Zweck entstehen eigene Abteilungen, die meisten mit einem Jahresbudget von einer halben Million Euro und mehr. Diese Abteilungen bedienen die verschiedenen Zielgruppen, die in das Börsengeschehen involviert sind: vom Analysten über den Finanzjournalisten bis zum privaten Kleinanleger. Zwar unterliegen sie gesetzlich auferlegten Kommunikationspflichten. Darüber hinaus haben sie jedoch alle Freiheiten einer strategisch-taktischen Einflussnahme, die vor allem bei naiven Anlegern verfängt. Zu den erklärten Kommunikationsszielen gehört es, Aktien zu Marken zu entwickeln („sharebranding": vgl. Gehrke 2000). Denn Markenbildung, so lautet die Erwartung, „fördert ein Grundvertrauen in die Aktie, durch das der Informationsbedarf und die Unsicherheit der Anleger sowie die Anfälligkeit der Aktie gegenüber negativen Einflüssen reduziert werden können" (Lange 2000, S. 206). Sprich: Wenn Markenbildung gelingt, stärkt sie die Anlegerloyalität, die in Krisenzeiten vor überhasteten Verkäufen schützt.

Dies schließt streng genommen die Abwehr von spekulativen Interessen ein, da solche Interessen erfahrungsgemäß die Volatilität eines Aktienkurses erhöhen. Indessen wollen in den letzten Jahren immer mehr Unternehmen an die Börse, um sich Eigenkapital zu verschaffen. Folglich hat sich der Wettbewerb um das Kapital von Anlegern extrem verschärft, gilt es doch bei jeder Neuemission Aktien in vielfacher Millionenhöhe zu platzieren. Und genau das führt dazu, spekulative Interessen durch ein entsprechendes Aktienmarketing zu wecken. Das ist bei vielen Firmen des „Neuen Marktes" gut zu beobachten gewesen, die schwache Finanzkennzahlen durch eine starke Zukunftsvision („equity story") wettzumachen versucht haben.

Wie überall in Werbung und PR, so ist auch in der Finanzmarktkommunikation eine zunehmende *Ästhetisierung* zu beobachten. Bereits die gesetzlich vorgeschriebenen Geschäftsberichte gleichen längst Imagebroschüren, die ökonomischen Mehrwert durch emotionalen Mehrwert überbieten. Vor allem „Börsengänge werden mehr und mehr zu gesellschaftlichen Ereignissen mit hoch bezahlten Auftritten bekannter Fernsehstars wie Verona Feldbusch oder knapp bekleideter Models, die Schokoladenbrüstchen verteilen, wie beim Börsengang von Beate Uhse. Hauptsache es wird ein 'Event' daraus und dem Börsenkurs kann auf die Sprünge geholfen werden" (Piwinger 2000, S. 13). Dass solches Entertainment nicht nur bei naiven Anlegern wirkt, macht die Äußerung einer Analystin deutlich, die über die Performance von Thomas Haffa, dem Vorstandsvorsitzenden der „EM TV & Merchandising AG" und Wirtschafts-Popstar wie Ron Sommer, sagt: „Mir als Analystin ist es wichtig, dass das Charisma eines Vorstandes rüberkommt. Er muss selbst an das glauben, was er zeigt. Wenn zum Beispiel Thomas Haffa sagt, er werde der größte Spielfilmverkäufer der Welt, dann glaubt man ihm das, weil er so selbstsicher auftritt" (zit. n. Häring 2000, S. 18). In Anbetracht einer solchen *Hybridisierung*, bei der die Grenze zwischen Ökonomie und Popkultur verschwimmt, verwundert es nicht, wenn „geschätzte 40 Prozent der Entscheidungen auf dem Finanzmarkt nicht aus fundamentalen Gründen getroffen (werden), sondern aus emotionalen wie Instinkt und Ästhetik" (Häring 2000, S. 21).

Angstlust und Kontrollbedürfnis

Die grundlegende Frage, warum private Anleger überhaupt ihr Geld in Aktien investieren, erscheint auf den ersten Blick trivial: der – im Vergleich zu anderen Anlageformen – höheren Rendite wegen! So geben in einer Aktionärsbefragung (vgl. Müller-Peters 1999) dann auch 85% der Befragten die Erwartung einer hohen Rendite als Motiv für ihre Anlageentscheidung an. Es ist das stärkste Motiv, aber nicht das einzige. Auf dem zweiten Platz folgt bei dieser Befragung, in der Mehrfachnennungen möglich waren, mit 64% die „Lust am Risiko".

Aktien sind eine riskante Anlageform. Folglich muss, wer sein Geld in Aktien investiert, risikobereit sein. Aktionäre unterscheiden sich in dieser Hinsicht denn auch deutlich von Nicht-Aktionären. Da die „Lust am Risiko" ein subjektiver Faktor ist, kommt es auf die Risikowahrnehmung an. Während einem überzeugten Nicht-Aktionär bereits die Lust vergeht, wenn er sich nur vorstellt, in Aktien zu investieren, beginnt für einen erfahrenen Aktionär die Lust erst, wenn er von Standardwerten abgeht und in spekulativere Wertpapiere investiert.

Neben der „Lust am Risiko" nennen die befragten Aktionäre noch weitere Motive: auf dem dritten Platz mit 47% das Motiv eines „Kompetenzbeweises" und auf dem vierten Platz mit 25% das Motiv der „Freizeitbeschäftigung". Fasst man diese Motive zusammen, dann ist anzunehmen, dass das Interesse vieler heutiger Aktionäre über ein rein ökonomisches Kalkül hinausweist. Mithin würde sich das zunehmende Interesse an Aktien unter die Phänomene der „Erlebnisgesellschaft" (Schulze 1992) einreihen lassen. Wo dies zutrifft, handeln Anleger nicht zweckrational, sondern *erlebnisrational:* Sie kaufen, halten und verkaufen Aktien immer auch, um die emotionalen Spannungen in ihrem Erlebnishaushalt zu regulieren.

Risikobereitschaft ist in der Bevölkerung nicht gleich verteilt. Zwar hängt sie von situativen Bedingungen ab. Dennoch ist eine bestimmte soziodemographische Struktur zu erkennen: Finanziell risikobereit sind eher Vermögende als Nicht-Vermögende, eher formal Gebildete als Ungebildete, eher Männer als Frauen, eher Junge als Alte, eher Ungebundene (Singles) als (partnerschaftlich oder familiär) Gebundene (vgl. Unser 1999). Zudem dürfte Risikobereitschaft eine spezifische Persönlichkeitseigenschaft sein, zumindest aber mit bestimmten Persönlichkeitseigenschaften – wie etwa der lebensgeschichtlich erworbenen (risikofreudigen) Erfolgs- oder (risikoscheuen) Misserfolgsmotivation – einhergehen.

„Lust am Risiko" ist streng genommen *Angstlust* („thrill": Balint 1960). Sie hängt stets von der Fähigkeit ab, eine herausfordernde Situation zu kontrollieren: das Eintreten unerwünschter Ereignisse, die Angst machen, zu verhindern, und das Eintreten erwünschter Ereignisse, die Lust machen, herbeizuführen. *Kontrolle* ist ein Hauptstichwort, um die Psychodynamik der Börse zu beschreiben: Menschen haben ein grundlegendes *Bedürfnis,* ihre Lebenswelt zu kontrollieren (vgl.

Oesterreich 1981). Sie versuchen, diese Kontrolle zu erreichen, zu bewahren und zu erweitern. Gelingt es ihnen, fühlen sie sich wohl, denn es beweist ihnen ihre Kompetenz und verschafft ihnen Selbstwert. Nun ist aber die Fähigkeit, die Lebenswelt so zu gestalten, wie man es will, faktisch begrenzt. Für die Börse heißt das: Kein Anleger kann die Kurse kontrollieren. Kleinanleger schon gar nicht. Und auch Großanlegern gelingt es trotz ihres ungleich höheren Kapitaleinsatzes bestenfalls für kurze Zeit. Die meisten Anleger, sogar die naiven, sind sich dessen wenigstens prinzipiell bewusst.

In Situationen, in denen keine faktische Kontrolle besteht, kann das Kontrollbedürfnis auf andere Weise befriedigt werden. Zum einen durch *Vorhersagen,* welche Ereignisse eintreten werden, um sich darauf einzustellen. Zum anderen durch nachträgliche *Erklärungen* für eingetretene Ereignisse, die dazu dienen, zukünftig bessere Vorhersagen zu treffen. Beides hat umso mehr Erfolg, je besser es gelingt, alle Kausalfaktoren und deren Wechselwirkungen zu identifizieren, die das Eintreten der Ereignisse determinieren. So kann ein Anleger zwar nicht die Kursentwicklung kontrollieren, aber er versucht vorherzusagen (und nachträglich zu erklären), wie sich der Kurs entwickelt (hat), um sein Handeln darauf einzustellen: zu kaufen, wenn er einen Kursanstieg erwartet, zu verkaufen, wenn er mit einem Kursrückgang rechnet.

Je weniger er dabei über die Determinanten weiß, desto ungenauer werden seine Vorhersagen. Nun übersteigt die Komplexität der Determination die Analyse. Zum einen prinzipiell: Nicht alle Kausalfaktoren und ihre Wechselwirkungen sind bekannt. Zum anderen praktisch: Anlageentscheidungen erfolgen unter mehr oder weniger großem Zeitdruck. Zwar öffnen und schließen Börsen, wodurch Zeit für Analysen bleibt. Oftmals kann man aber nicht auf diese Auszeit warten. Während des Börsengeschehens einzugreifen, aber heißt: die Situation zu analysieren, während sie sich ändert. Um in Situationen bleibender Unsicherheit überhaupt zielgerichtet handeln zu können, bedarf es einer hinreichenden Kontroll*überzeugung*. Die Betonung liegt dabei auf Überzeugung: soweit den eigenen Vorhersagen zu trauen, dass eine, wenn auch nicht genau bestimmbare Wahrscheinlichkeit besteht, erfolgreich zu sein. Eine solche Überzeugung entspricht mehr einem Gefühl als einem Urteil. Und ist nicht selten *illusionär,* da sie aus einer Informationsverarbeitung resultiert, die in erster Linie das Kontrollbedürfnis befriedigt, zu diesem Zweck aber die Wahrnehmung der Realität verzerrt. Das stellt sich, wenn überhaupt, freilich erst hinterher heraus. Kontrollillusionen verzerren besonders die Risikowahrnehmung. Anleger, die unter dem Einfluss von Kontrollillusionen handeln, nehmen zu hohe Erfolgswahrscheinlichkeiten oder zu niedrige Misserfolgswahrscheinlichkeiten an, wodurch sie ihre Gewinnaussichten überschätzen und ihre Verlustwahrscheinlichkeiten unterschätzen.

Dabei spielen wiederum Persönlichkeitseigenschaften eine Rolle: So neigen Anleger mit einer *internen* Kontrollüberzeugung stärker dazu, Kontrollillusionen zu bilden. Denn sie handeln nach der generellen Erwartung, dass es von ihren Fähigkeiten und Anstrengungen abhängt, ob sie eine Situation kontrollieren können oder nicht. Während sie dadurch leicht ihre Kontrollmöglichkeiten überschätzen, ist es bei Anlegern mit einer *externen* Kontrollüberzeugung umgekehrt: Sie unterschätzen ihre Kontrollmöglichkeiten, weil sie davon überzeugt sind, selbst keine Kontrolle ausüben zu können, sondern letztlich von Schicksalsmächten kontrolliert zu werden.

Vor allem der naive Anleger ist sich der beschriebenen Einflüsse nicht bewusst. Allerdings sind professionelle Anleger nicht zwangsläufig realistischer (z.B. DeBont/ Thaler 1990). Auch ihre Trefferquote bei der Vorhersage von Kursentwicklungen liegt oft unter der Wettervorhersage von Meteorologen. Dies einzugestehen, würde jedoch ihrem Geschäft, das auf der Bildung und Unterstützung von Kontrollillusionen beruht, die Grundlage entziehen, weshalb sie stets ihre Deutungshoheit verteidigen.

Muss mit psychodynamischen Faktoren gerechnet werden, die das Handeln von Anlegern hinterrücks beeinflussen, liegt es nahe, deren Bewusstsein für diese unbewussten Determinanten der Informationsverarbeitung zu erweitern, um eine kritische Realitätsprüfung zu gewährleisten. Die Anleger sollen lernen, sich selbst auf die Schliche zu kommen. Dieser Aufgabe hat sich die in Deutschland noch junge psychologische Teildisziplin der „Finanzpsychologie" oder i.e.S. „Börsenpsychologie" (z.B. Fischer 1999) verschrieben. Sie arbeitet an einer Korrektur des ökonomischen Menschenbildes, indem sie – zumeist unter Rekurs auf empirische Befunde der kognitiven Psychologie (vgl. Nitzsch/Friedrich 1999) – darüber aufklärt, wie sich leibhaftige Anleger tatsächlich verhalten. Unter praktischen Gesichtspunkten beabsichtigt auch sie eine Verbesserung der Vorhersagefähigkeit (oder nachträglichen Erklärbarkeit) und dient somit ebenfalls der Befriedigung des Kontrollbedürfnisses – bis hin zur Fortschreibung von Kontrollillusionen, wie man sie in den zahlreichen Börsenratgebern für den naiven Anleger finden kann.

Im Wechselbad der Gefühle

Aktien sind zu einem Teil der populären Kultur geworden, in der sich naive Anleger wie Fans gebärden. Nicht zuletzt trägt dazu bei, dass Aktienkurse in *Charts* geführt werden. So wie Schlager, Filme, Bücher und die Fußballvereine einer Liga. Charts beruhen nicht auf vagen Absichtserklärungen, sondern auf bereits ausgeführten Handlungen. Ob eine Aktie gekauft oder verkauft wird: ihr Chart zeigt es als steigende oder fallende Kurve. Diese graphische Sichtbarkeit hat ihren eigenen Charme. Und ist entsprechend verführerisch. Sie verführt den naiven Anleger zu dem Glauben, Kursentwicklungen 'sehen' zu können. Das wird vor allem beim „Daytrading" deutlich, wo Anleger kurzfristige Kursschwankungen zu nutzen suchen. Zum Beispiel die Hausfrau, die auf ihre Intuition vertraut und während sie ihrem Sohn das Mittagessen kocht auf ihrem Computer die Charts beobachtet (vgl. Vetter 1998). Freilich sind nur wenige Daytrader Gewinner. Geschätzte 70% von ihnen machen so große Verluste, dass sie früher oder später aus dem Markt ausscheiden.

Dabei ist das Rationale der Chart-Beobachtung nicht von der Hand zu weisen. Es besteht im „herding" (vgl. Scharfstein/Stein 1990): Wer Charts beobachtet, beobachtet, was die anderen Anleger machen. Je mehr Anleger beobachten, dass andere Anleger gekauft haben, desto mehr werden diese Anleger kaufen, was wiederum von anderen Anlegern beobachtet wird, so dass es zu dem Kurzschluss kommt: was alle kaufen, muss gut sein, denn gut ist, was gekauft wird. Da nach der Logik der Popkultur Millionen von Käufern nicht irren können, braucht man vermeintlich kein substanzielles ökonomisches Wissen, um erfolgreiche Anlageentscheidungen zu treffen. Gerade das macht die Attraktion der Popkultur aus: Sie suggeriert, dass alle – ohne jeden Unterschied – teilhaben und mithalten können. Was wirkt, ist eine „Self-fullfilling-prophecy": Je mehr Anleger kaufen, desto höher klettert der Kurs und desto mehr Anleger kaufen. „The trend is your friend". Aber eben kein verlässlicher.

Was spielt sich psychodynamisch im Erleben eines *naiven* Anlegers ab, der Charts beobachtet, um „winner" nicht zu früh zu verkaufen und „looser" nicht zu lange zu halten (vgl. Shefrin/Statman 1985)? Er wird bei einem klaren Aufwärtstrend kaufen und bei einem klaren Abwärtstrend verkaufen (vgl. Schachter 1987). Dabei muss er den Trend freilich erst aus den Kursschwankungen ermitteln, wobei dieser sich umso schwerer 'sehen' lässt, je größer die Kursschwankungen sind. Gehen wir von einem klaren Aufwärtstrend aus. Der Anleger, der ihn beobachtet, erlebt charakteristische Gefühle: Er 'sieht' den Aufwärtstrend sowie den damit gegebenen potenziellen Gewinn und fühlt sich ausgeschlossen, was Ärger und Neid hervorruft. Je länger er wartet, ohne dass sich der Trend ändert, desto stärker werden diese Gefühle und drängen ihn – allein schon deshalb, um Unlust abzubauen – zum Kauf. Jetzt gehört er dazu. Wartet er noch länger, gerät er immer mehr in eine marginalisierte Position: erscheint zunehmend als Einziger, der seine Chance verpasst. Wenn kurz vor Ende eine Hausse häufig die größten Kurssprünge des Aufwärtstrends eines „Bullenmarktes" zu verzeichnen sind, zeigt das, wie sehr der – graphisch vermittelte soziale – Druck wächst, als sicher erscheinende Gewinne mitzunehmen.

Je länger und spektakulärer ein Trend ist, umso skeptischer wird der Anleger („gamblers fallacy"). Obgleich man dies auch bei Abwärtstrends beobachten kann; Aufwärtstrends betrifft es stärker. Der Anleger will nur deshalb verkaufen, weil er glaubt, die Kursentwicklung sei schon zu lange positiv verlaufen und werde deshalb umschlagen. Bevor er diese Entscheidung aber definitiv fällt, durchlebt er eine Phase der Ambivalenz, in der er sich bemüht, keine übereilte Entscheidung zu treffen. Deshalb verrechnet er die potenziellen Gewinne, die in der Differenz von Kurspreis und Kaufpreis bestehen, mit einem potenziellen Verlust, der sich aus der Differenz von Kaufpreis und möglichem höheren Kursgewinn ergibt. Dieser potenzielle Verlust ist umso größer, je weiter das für die Aktie kommunizierte Kursziel noch entfernt ist. Fungiert es als Erwartungsanker, wirkt es Verkaufsabsichten entgegen.

Besänftigt der Anleger seine Skepsis und der Trend setzt sich tatsächlich fort, verstärkt das seine Risikobereitschaft. Je öfter eine solche Verstärkung erfolgt und das heißt: je öfter sich ein befürchteter Rückschlag nicht ereignet, desto euphorischer und damit sorgloser wird der Anleger werden. Schließlich glaubt er, unfehlbar zu sein. Zumal dann, wenn er sich seinen Erfolg aufgrund einer *internen* Kontrollüberzeugung als eigene Leistung zurechnet. Ist diese Kontrollillusion aber erst einmal stabilisiert, wird der Anleger einen einsetzenden Abwärtstrends zu spät realisieren, weil er dessen Anzeichen nicht ernst nimmt.

Zeichnet sich der Abwärtstrend immer klarer ab, steht der Anleger vor der Entscheidung, ob er die Aktie halten oder verkaufen soll. Angenommen, er hat – anders als es eine der vielen Börsenweisheiten empfiehlt – nicht nur bereits abgeschriebenes Geld investiert, dann wird mit fallendem Kurs seine Angst steigen. Und das, je länger er mit dem Verkauf wartet. Wartet er zu lange, ohne dass sich der Trend umkehrt, geht seine Angst in Panik über, die Aktie nicht mehr loszubringen. Er fühlt sich mitgerissen. Will so schnell wie möglich und zu fast jedem Preis verkaufen. Nur nicht mehr dazugehören. Nicht nur, um sein Geld, sondern auch, um seinen Selbstwert zu retten. Nach dem Verkauf bilanziert er seine Verluste und ist mehr oder weniger deprimiert. Fällt der Kurs weiter, wird er erleichtert sein. Denn jede Mark, die er durch seinen Verkauf nicht verloren hat, ist jetzt eine gewonnene Mark. Hinzu kommt die Schadenfreude, dass andere, die nicht verkauft haben, noch mehr verlieren. Sie kann ihn ein Stück weit entschädigen.

Aber auch hier durchlebt der Anleger eine Phase der Ambivalenz. Solange die besteht, wird er immer noch nach Gründen suchen, die Aktie zu halten. So kann er bei fallendem Kurs einer Aktie leicht abwarten, wenn sein Risiko diversifiziert ist, da er ein Portfolio aus hinreichend verschiedenen Aktien angelegt hat. Was aber ist hinreichend? So hat der Anleger vielleicht vermieden, nur heimische Aktien in sein Portfolio zu nehmen („home equity bias") und sich stattdessen international engagiert, was aber nur dann einen kompensatorischen Effekt hat, wenn die internationalen Märkte unabhängig sind. Im Zuge der Globalisierung gilt diese Voraussetzung aber immer weniger. Inzwischen liegt der Korrelationsfaktor zwischen US-amerikanischen und europäischen Aktienkursen bei 0.8! Folglich ist die Wahrscheinlichkeit gestiegen, dass verlustreiche Zeiten hier auch verlustreiche Zeiten dort sind.

Halten wird der Anleger vor allem Aktien, denen gegenüber er ein hohes „commitment" entwickelt hat. Das sind zum einen solche, die auf einer wertrationalen Anlageentscheidung beruhen. Hat er in Aktien eines Unternehmens investiert, weil er dessen Philosophie teilt, wird er deren Verkauf leicht als 'Verrat' an den eigenen Werten erleben und ihn deshalb aufschieben. Ähnliches trifft auf Aktien zu, für die sich der Anleger – gegen eine Mehrheitsmeinung – besonders stark gemacht hat. Täuscht er sich bei einer Aktie, bei denen sich alle täuschen, verteilt sich die Enttäuschung. Täuscht er sich jedoch bei einer Aktie, für die er sich mit seiner Gewinnerwartung über andere erhoben hat, ist die Fallhöhe größer und damit auch die Enttäuschung tiefer, weil er sie als Beschämung erlebt, die obendrein noch durch die drohende Schadenfreude der anderen verstärkt wird. Auch in diesem Fall entsteht eine Verkaufshemmung.

Generell gilt: Um seine Angst bei fallenden Kursen zu besänftigen, wird sich der Anleger vor unfrisierten Verlustwahrnehmungen zu schützen suchen. So kann er eine fallende Aktie allein deshalb weiter halten, weil er noch nicht getätigte Verkäufe weniger als Verluste – auch nicht als Kontrollverluste – erlebt. Eine rationale Strategie dagegen ist es, auf Experten zu hören. Erfahrungsgemäß haben deren Analysen bei fallenden Kursen („Bärenmarkt") den größten Einfluss und das vor allem bei Anlegern mit einer *externen* Kontrollüberzeugung. Folglich studiert der verängstigte Anleger zunächst verstärkt die Börsennachrichten, die von den *Massenmedien* (vgl. Snow/Parker 1984) – Tageszeitungen, Wochenmagazinen, Fernsehsendern oder dem Internet – verbreitet werden: Er liest die „Financial Times Deutschland", „Focus-Money" oder auch nur die Börsenrubrik in der „Bild", stellt „n-tv" auf Dauerempfang, um „Telebörse", „Börse live" und „Neue Märkte" zu sehen und die Laufbänder mit den ständig aktualisierten Aktienkursen im Blick zu behalten. Wahrscheinlich nutzt er sogar „Börse-Online" und sucht die Homepage der betreffenden Aktiengesellschaft auf. Allerdings findet er in der Flut von Informationen kaum heraus, was wie relevant ist und träfe deshalb womöglich die bessere Entscheidung, würde er sie nicht zur Kenntnis nehmen (vgl. Andreassen 1987). Hat die Verarbeitung komplexer Informationen bereits für sich genommen einen verzögernden Effekt, vor allem, wenn sie keine eindeutigen Handlungsempfehlungen enthalten, so kommt bei ambivalenten Anlegern hinzu, dass sie unter diesen Bedingungen immer Informationen finden, die gegen den Verkauf sprechen. So kann bereits eine besonders eindrucksvolle („vividness") einzelne positive Nachricht über das Unternehmen einen überwertigen Einfluss („salience") erhalten und glauben machen, was der Anleger glauben möchte: dass sich der Abwärtstrend von nun an umkehrt.

In dem beschriebenen Selektionsprozess hängt vieles von der Aufmachung einer Nachricht und damit von dem rhetorischen Geschick der „Investor Relations"-Abteilungen ab. Generell gilt, dass sie bevorzugt mit *semantischer Steuerung* arbeiten. So hat etwa die Fremd- oder auch Selbstzuschreibung einer Aktiengesellschaft, über ein großes „Potenzial" zu verfügen, ihre eigene Psychologik. Ist die Wahrnehmung des Anlegers auf ein Potenzial eingestellt, verschiebt er seine Realitätsprüfung von heute auf morgen. Denn es zeichnet Potenziale aus, sich erst in der Zeit zu entwickeln. Dadurch aber wird die Rationalisierung begünstigt, dass das heutige Ergebnis notwendigerweise hinter dem morgigen Ergebnis zurückbleiben muss, so dass es unangebracht erscheint, heute schon enttäuscht zu sein. Vor diesem Hintergrund ist es dann auch plausibel, fallende Kurse nicht als „Verluste", sondern lediglich als momentan „entgangene Gewinne" darzustellen, was den Anleger motiviert, die Aktie trotz fallendem Kurs weiter zu halten.

Da Aktienunternehmen gesetzlich verpflichtet sind, ohne Verzögerung alle Daten zu veröffentlichen, die für die Kursentwicklung relevant sein könnten („Ad hoc-Regel"), haben sie die Legitimation für eine dichte Öffentlichkeitsarbeit, mit der sie freilich nicht nur ihre Pflicht erfüllen, sondern auch Eindruckslenkung betreiben. Folgt Meldung auf Meldung, so entsteht für den Anleger schnell ein *Informationsrauschen* („noise": Black 1986), das die Entwicklung von Gerüchten begünstigt, in denen sein Wunsch, keine Verluste realisieren zu müssen, zu trügerischer Hoffnung oder gar Gewissheit wird. Freilich nur solange, wie der Anleger ambivalent ist. Hat er dagegen erst einmal einen pessimistischen Erwartungshorizont gebildet, bleiben solche Wirkungen aus.

Fühlt sich der Anleger durch das Informationsrauschen in den Massenmedien überfordert, wird er früher oder später seinen *Anlageberater* bei der Bank aufsuchen und um eine Empfehlung bitten. Was er dabei in der Regel unterschätzt, ist die deutliche Differenz zwischen der Kursbeurteilung, die der Berater als Angestellter der Bank und als Privatmann trifft. Während er als Privatmann schon längst zu verkaufen empfiehlt, gibt er als Angestellter womöglich nach wie vor eine Kaufempfehlung ab. Tatsächlich sind die wenigsten Empfehlungen Verkaufsempfehlungen, was damit zu tun hat, dass die Banken, bei denen die Berater angestellt sind, Unternehmen nicht verärgern wollen, deren Aktien fallen. Verkaufsempfehlungen gefährden zukünftige Geschäftsbeziehungen, indem sie das strahlende Bild verdunkeln, das ein Unternehmen von sich in der Öffentlichkeit kommuniziert zu sehen wünscht. So heißt die Empfehlung, eine Aktie zu „halten" oft im Klartext, sie möglichst schnell loszuwerden.

Neidgesellschaft: Arbeitsethos im Generationenkonflikt

Verfolgt man die Wirtschaftsberichterstattung der letzten Jahre, so durchzieht sie der Gegensatz von „old economy" und „new economy". Was wie ein Generationenkonflikt klingt, ist es auch. Zwei verschiedene Ökonomien – zwei verschiedene Mentalitäten: „stakeholder value" und „shareholder value". Auf der einen Seite die Alten, die auf kontinuierliche Wertschöpfung durch steigende Produktivität vertrauen, auf der anderen Seite die Jungen – die Kinder der Wohlstandsgesellschaft, die auf schnelle Gewinnmitnahmen aus sind. Angeführt von Männern in den 30ern, die sich in ihren Rollen als Geschäftsführer oder Fondsmanager wie Pop-Stars inszenieren.

Die folgende Geschichte zeigt diesen Generationenkonflikt am Beispiel eines jungen Wirtschaftsstudenten. Sie trägt verallgemeinerbare Züge, auch wenn der Einzelfall besonders dramatisch sein mag. Der junge Mann, der wegen Prüfungsangst an einer meiner analytischen Selbsterfahrungsgruppen teilgenommen hat, ist der einzige Sohn kleinbürgerlicher Eltern. Sein Vater hält sich zugute, ein Leben lang rechtschaffen gearbeitet und deshalb heute etwas 'auf der hohen Kante' zu haben, so dass er und seine Frau gelassen ihrem Alter entgegen sehen können. Seinen Sohn sucht er von Kindheit an auf sein Arbeitsethos zu verpflichten. Gleichzeitig erwartet er aber auch, sein Sohn solle es weiter bringen als er selbst, da dieser ja die besseren Startbedingungen vorgefunden habe. Der Sohn fühlt sich seit der Schulzeit unter einem enormen Leistungsdruck, die Investition, die sein Vater in seine Ausbildung macht, zu rechtfertigen.

Der Vater ist der Überzeugung, dass Personen seiner eigenen sozialen Herkunft, die aber heute ökonomisch besser gestellt sind als er, dies häufig nicht durch eigene Leistung, sondern durch Begünstigung oder sonstwie, mithin eigentlich unverdient geschafft haben. Den Neid, der dieser Überzeugung entspricht, erlebt er jedoch nicht bewusst, weil er ihn kompensieren kann: Da er sich selbst alles, was aus ihm geworden sei, sogar gegen Widerstand habe erkämpfen müssen, fühlt er sich den vermeintlichen Günstlingen gegenüber moralisch überlegen. Dass sein Sohn BWL studiert, findet seine Zustimmung.

Schon bald ist der Sohn von allem fasziniert, was mit Börse zu tun hat. Er schließt sich einer Studierendengruppe an, die zu Übungszwecken Börsengeschäfte simuliert, d.h. mit echten Aktienkursen, wenn auch ohne echtes Geld, auf Anlagengewinne spekuliert. Da er bei dieser Simulation einigen Erfolg hat, wird sein Wunsch immer drängender, sein Können unter Ernstbedingungen unter Beweis zu stellen. Er phantasiert sich als abgebrühten Broker.

Der junge Mann träumt vom schnellen Geld. Es ist der Traum von einer Traumrendite: von einer unterbewerteten Aktie, die er für wenig Geld kauft, die dann aber rapide anzieht, so dass er sie für ein Vielfaches verkaufen kann. Seine Traumwelt sind die großen Börsen dieser Welt mit ihrer fiebrigen Atmosphäre. Seine Helden sind Bill Gates und George Soros, in dessen Buch mit dem bezeichnenden Titel „Die Alchemie der Finanzen" (1994) er immer wieder liest. Besonders faszinieren ihn legendäre Berichte von riesigen Verlusten, die kurz darauf von noch riesigeren Gewinnen wieder wettgemacht werden. Er liest sie als Versicherung, dass Verluste nie endgültig, sondern immer nur vorübergehend sein werden.

Aus seiner Identifikation mit den Helden der Börse heraus verachtet er seinen Vater für dessen kleinbürgerlichen Stolz auf ein rechtschaffenes Arbeitsleben. So macht er sich über dessen Vorsicht lustig, sein Erspartes lediglich in Bundesschatzbriefen anzulegen. Dagegen entwirft der Sohn das visionäre Bild zwar riskanter, aber ab einer bestimmten Geldsumme sicher kalkulierbarer Börsengeschäfte, die seinen Vater auf einen Schlag mehr Geld verdienen lassen würden, als er in seinem bisherigen Leben zusammengespart habe.

Es dauert einige Monate, dann hält der Vater diesem Druck seines Sohnes nicht länger stand; er lässt sich von dessen Faszination anstecken und stellt ihm 90.000 DM, den größten Teil der familiären Ersparnisse, zur Verfügung, um sie an der Börse zu vervielfachen. Stattdessen ist das Geld in kürzester Zeit durchgebracht, die väterliche Lebensleistung vernichtet. Den Sohn befällt panische Angst, dies seinem Vater sagen zu müssen, weshalb er ständig neue Geschichten von Reinvestitionen erfindet, um ihn hinzuhalten. Offensichtlich ahnt dieser die Katastrophe, wagt aber seinerseits nicht, seinen Sohn zur Rede zu stellen und lässt sich deshalb von ihm auch immer wieder vertrösten.

In der Gruppe zeigt sich, dass der junge Mann keine Schuldgefühle gegenüber seinem Vater empfindet. Weit gefehlt: Ihm bereite es viel größere Probleme, dass er versagt habe und sich deswegen schämen müsse; denn warum er versagt habe, verstehe er nicht. Und so läge er nachts wach und grüble voll innerer Unruhe darüber nach, wie er wieder zu Geld kommen könne, das den momentanen Verlust in einen Gewinn verwandele, um den ihn alle beneiden.

Ich kann von der narzisstischen Psychodynamik, die diese Geschichte vorantreibt, hier nur einen Punkt herausstellen: Der erfolgreiche Börsenspekulant, der schnelles Geld macht, nutzt die Gunst des Augenblicks, um reich zu werden. Dieser Reichtum ist nicht im tradierten Sinn erarbeitet. So gesehen entspricht die Identifizierung des Sohnes mit den Helden der Börse einer Identifizierung mit den vermeintlichen Günstlingen, die sein Vater beneidet, auch wenn er sie moralisch verachtet. Wenn der Vater in den Deal einwilligt, dann geht er von seinen Prinzipien ab, die er auch seinem Sohn gepredigt hat. Und zwar deshalb, weil er selbst, wenn auch uneingestanden, an deren Wert zweifelt: Was hat ihm – im Vergleich zu den vermeintlichen Günstlingen – sein rechtschaffenes Arbeitsleben denn eingebracht? Zu wenig! Das Gefühl moralischer Überlegenheit entschädigt ihn letztlich nicht. So gesehen ist der Sohn ein Delegierter seines Vaters; unbewusst verfolgt er die Aufgabe, die beschämend erlebte Benachteiligung seines Vaters wieder gutzumachen: vom Neider zum Beneideten zu werden.

Den zeitdiagnostischen Gehalt dieses Falles kann man als lebensgeschichtliches Zusammenspiel von Neid, Größenphantasien und Casino-Kapitalismus auf den Begriff bringen.

Bislang haben marktwirtschaftliche Gesellschaften alles daran gesetzt, die konkurrierenden Individuen auf das Leistungsprinzip zu verpflichten und ihnen den Glauben zu vermitteln, dass sich (mehr) Leistung auch (mehr) lohnt. Denn so lange dieses Versprechen erfüllt werden kann, erscheint auch bestehende soziale Ungleichheit als nur temporär und erträglich. Und so transformieren die Gesellschaftsmitglieder den Neid auf ihre erfolgreicheren Konkurrenten in den Ehrgeiz, selbst erfolgreich zu sein. Generell halten sie es für weitgehend planbar, was sie aus ihrem Leben machen.

Die postmoderne marktwirtschaftliche Gesellschaft geht anders mit dem Leistungsprinzip um. An die Stelle eines Lebensplanes treten im Casino-Kapitalismus Flexibilität und Risikobereitschaft. Erfolg ist nicht länger das Resultat stetig erbrachter Leistungen, wie das tradierte Arbeitsethos es fordert, sondern das Resultat der Bereitschaft, Erfolgschancen, die sich momentan bieten, sofort und ohne Rücksicht auf bisherige Bindungen – sei es an Personen oder Überzeugungen – zu ergreifen. Indem derart die Gegenwart von der Vergangenheit abgekoppelt wird, beginnt die Lebensführung der Gesellschaftsmitglieder zu „driften" (vgl. Sennett 1998).

Es ist vor allem der Neo-Liberalismus, der die Individuen zur Anpassung ihrer Persönlichkeitsstrukturen an die von der Seite des Kapitals geforderte Flexibilität und Risikobereitschaft nötigt. Aller Voraussicht nach wird dadurch Neid nicht geringer, sondern eher entfesselt. Denn der gesellschaftsstrukturelle Zwang, unbedingt flexibel und risikobereit zu sein, dürfte das Vertrauen der Gesellschaftsmitglieder in die Wirksamkeit ihrer eigenen Anstrengungen untergraben. Indem er Erfolg sehr viel weniger berechenbar macht, erscheint er den Erfolglosen eher als unverdient. Hopp oder top! Gegenüber dem tradierten Arbeitsethos kommt das aber einem Gottesurteil gleich.

Literatur

Andersen, Arne, 1997: Der Traum vom guten Leben. Alltags- und Konsumgeschichte vom Wirtschaftswunder bis heute, Frankfurt a.M./New York.
Andreassen, Paul B., 1987: On the social psychology of stock market: Aggregate attributional effects and the regressiveness of prediction, in: Journal of Personality and Social Psychology, 53, S. 490-496.
Balint, Michael, 1960: Angstlust und Regression, Stuttgart.
Black, Fischer, 1986: Noise, in: Journal of Finance, 41 (3), S. 529-543.
DeBont, Werner F.M. und Richard H. Thaler, 1991: Do security analysts overreact?, in: American Economic Review, 80 (2), S. 52-57.
Fischer, Lorenz, Thomas Kutsch und Ekkehard Stephan (Hrsg.), 1999: Finanzpsychologie, München/Wien.
Gehrke, Stefanie, 2000: Share Branding. Neue Ansätze und Instrumente der Investor Relations, München.
Goldberg, Herb und Robert Lewis, 1978: Money madness: The psychology of saving, spending, loving and hating money, London.
Goldbrunner, Hans, 1994: Masken der Partnerschaft. Wie Paare ihre Wirklichkeit konstruieren, Mainz.
Günther, Armin und Rolf Haubl, 1998: Augsburger Geldstilstudie. Unveröffentlichte Auswertung.
Hallowell, Edward M. und William J. Grace, 1991: Money styles, in: Sheila Klebanow und Eugene L. Lowenkopf (Hrsg.), Money and mind, New York/London, S. 15-26.
Häring, Christian, 2000: Wenn Vorstände Popstars werden, in: Brand, 1, S. 18-21.
Haubl, Rolf, 1996a: „Welcome to the pleasure dome". Einkaufen als Zeitvertreib, in: Hans A. Hartmann und Rolf Haubl (Hrsg.), Freizeit in der Erlebnisgesellschaft. Amüsement zwischen Selbstverwirklichung und Kommerz, Opladen, S. 199-224.
Haubl, Rolf, 1996b: Geldpathologie und Überschuldung. Am Beispiel Kaufsucht. Ein Von der Psychoanalyse vernachlässigtes Thema, in: Psyche, 50, S. 916-953.
Haubl, Rolf, 1998: Geld, Geschlecht und Konsum. Zur Psychopathologie ökonomischen Alltagshandelns, Gießen.

Kirchhoff, Klaus Rainer und Manfred Piwinger (Hrsg.), 2000: Die Praxis der Investor Relations. Effiziente Kommunikation zwischen Unternehmen und Kapitalmarkt, Neuwied/Kriftel.
Klebanow, Sheila und Eugene L. Lowenkopf (Hrsg.), 1991: Money and mind, New York.
Krueger, David W. (Hrsg.), 1986: The last taboo. Money as symbol and reality in psychotherapy and psychoanalysis, New York.
Lange, John, 2000: Investor Relations zum Börsengang. Erfahrungen eines Börsenneulings, in: Klaus Rainer Kirchhoff und Manfred Piwinger (Hrsg.), Die Praxis der Investor Relations. Effiziente Kommunikation zwischen Unternehmen und Kapitalmarkt, Neuwied/Kriftel, S. 197-222.
Lewis, Alan, Paul Wenbley und Adrian Furnham, 1995: The new economic mind. The social psychology of economic behaviour, New York.
Lockhart, Russel A., 1982: Coins and psychological change, in: Soul and money. Dalles, S. 5-21.
Marx, Karl, 1968: Texte zu Methode und Praxis Bd. II. Pariser Manuskripte 1844, Reinbek bei Hamburg.
Müller, Rudolf Wolfgang, 1977: Geld und Geist, Frankfurt a.M./New York.
Müller-Peters, Horst, 1999: Motivation und Risikoneigung privater Geldanleger – Millers Ratten statt Skinners Tauben?, in: Lorenz Fischer, Thomas Kutsch und Ekkehard Stephan (Hrsg.), Finanzpsychologie, München/Wien, S. 135-157.
Myers, David und Ed Diener, 1995: Who is happy?, in: Psychological Science, 6, S. 10-19.
Nitzsch, Rüdiger und Friedrich, Christian, 1999: Entscheidungen in Finanzmärkten. Psychologische Grundlagen, Mainz/Aachen.
Oehler, Andreas, 1990: Das Anlageverhalten von Privatkunden: die Sicht der Anlageberater, in: Sparkasse, 107 (11), S. 493-497.
Oesterreich, Rainer, 1981: Handlungsregulation und Kontrolle, München.
Piwinger, Manfred, 2000: Investor Relations als Inszenierungs- und Kommunikationsstrategie, in: Klaus Rainer Kirchhoff und Manfred Piwinger (Hrsg.), Die Praxis der Investor Relations. Effiziente Kommunikation zwischen Unternehmen und Kapitalmarkt, Neuwied/Kriftel, S. 7-22.
Schachter, Stanley, 1987: Effects of trends and of profit or loss on the tendency to sell stock, in: Basic & Applied Social Psychology, 8, S. 259-271.
Scharfstein, David S. und Jeremy C. Stein, 1990: Herd behavior and investment, in: American Economic Review, 80 (3), S. 465-479.
Schulze, Gerhardt, 1992: Die Erlebnisgesellschaft, Frankfurt a.M./New York.
Schopenhauer, Arthur, 1968a: Sämtliche Werke, Bd. IV, Darmstadt.
Schopenhauer, Arthur, 1968b: Sämtliche Werke, Bd. V, Darmstadt.
Sennett, Richard, 1998: Der flexible Mensch. Die Kultur des neuen Kapitalismus, Berlin.
Shefrin, Hersh und Meir Statman, 1990: The disposition to sell winners to early and ride loosers to long: Theory and evidence, in: Journal of Finance, 40, S. 777-792.
Snow, David A. und Robert Parker, 1984: The media and the market, in: Patricia Adler und Peter Adler (Hrsg.), The social dynamics of financial markets, Greenich/London, S. 153-172.
Soros, George, 1994: Die Alchemie der Finanzen, Kulmbach.
Turkel, Ann Ruth, 1991: Money as a mirror of marriage, in: Sheila Klebanow und E.L. Lowenkopf (Hrsg.), Money and mind, New York/London, S. 67-76.
Unser, Matthias, 1999: Behavioral Finance am Aktienmarkt: Empirische Analysen zum Risikoverhalten individueller Anleger, Bad Soden.
Vetter, Marcus, 1998: ... ein Schweinegeld. Daytrader beim Börsenroulette. Fernsehfeature, BW.

Lucia A. Reisch

Symbols for Sale[1]: Funktionen des symbolischen Konsums

Einführung

Bereits frühe Abhandlungen über das Konsumverhalten weisen darauf hin, dass Güter und Konsumhandlungen jenseits eines Gebrauchswertes bzw. unmittelbaren Zwecks auch einen symbolischen[2] Wert besitzen (Mason 1981). Dabei ist häufig ein warnender Unterton herauszulesen. Vor allem der selbstverwöhnende, demonstrative Luxuskonsum steht seit jeher unter argwöhnischer Beobachtung der Gesellschaftskritiker, wogegen er von der Ökonomik stets willkommen geheißen wurde (Reisch 1995; Jäckel/Kochhan 2000, S. 78-81). Adam Smith betonte nicht nur die wachstumsfördernde Wirkung des Strebens des Menschen, seine gesellschaftliche Position zu verbessern („to better his condition") und dies auch durch Güter darzustellen, sondern auch die gesellschaftsstabilisierende Wirkung des Statuskonsums (Falkinger 1986). Insgesamt scheint jedoch Konsum im Gegensatz zur Produktion eher pejorativ betrachtet worden zu sein und zu werden (Wyrwa 1997), was zum einen mit dem Nachklang des puritanischen Arbeitsethos (Campbell 1994) erklärbar ist. Die meist implizite Abwertung des Konsums wurde zum anderen durch die sich im 19. und 20 Jahrhundert formierende androzentrische Ökonomik verstärkt. Diese definiert nur die – von Männern dominierte – entlohnte Arbeit des formellen Sektors als „produktiv", dagegen die – fast ausschließlich von Frauen geleistete – nichtentlohnte Arbeit im informellen Sektor als „nicht produktiv" (Reisch 1999, S. 134-135). Konsum, gerade der demonstrative, symbolische und stellvertretende, wurde spätestens mit Veblens (1894, S. 70-77; 1899) Analyse[3] nicht nur als weibliche Kategorie festgeschrieben, sondern auch mit zweifelhaften Motiven wie Stolz, Neid und Eitelkeit verbunden und damit zur ethisch zweifelhaften, oberflächlichen, trivialen und nutzlosen Tätigkeit degradiert (Campbell 1994, S. 504-505).

1 In Anlehnung an Levys klassischen Artikel „Symbols for Sale" (1959), der den Beginn der systematischen Beschäftigung der Konsumforschung mit dem Thema markiert.
2 Unter einem Symbol wird gemeinhin ein wahrnehmbares Zeichen bzw. Sinnbild eines Gegenstandes, einer Handlung oder eines Vorganges verstanden, das stellvertretend für etwas nicht Wahrnehmbares steht (Czikszentmihalyi/Rochberg-Halton 1989).
3 Ausführlich zu Veblen, auch zu seinen feministischen Arbeiten, siehe Reisch (1995, S. 260-272).

Obwohl frühzeitig thematisiert, hat der symbolische Konsum erst mit der die moderne Konsumgesellschaft einläutenden Konsumrevolution im 19. Jahrhundert nennenswerte Ausmaße erreicht (McKendrick/Brewer/Plumb 1982; McKendrick 1997), um mit der Wende zur Postmoderne darin zu gipfeln, sämtliche Lebensbereiche zu kolonisieren[4] (Uusitalo 1998) und Produkte bar jeden Gebrauchswerts, nur noch aus Symbolwert bestehend, hervorzubringen (Liebl 2000). Die Bewertung des symbolischen Konsums bleibt ambivalent: Nach den konsumfreundlichen 80er Jahren des letzten Jahrhunderts geriet er in den 90er Jahren erneut ins Kreuzfeuer der Kritik, diesmal vor allem aus ökologischen Gründen. Symbolischer Konsum sei letztlich fehlgeleiteter Konsum (Beier 1993) und als umweltschädliche (Uusitalo 1992), die Überkonsumtion anheizende (Durning 1992), großkapitalgesteuerte (Klein 2001) „Pseudotherapie" sinnentleerter (Cushman 1990) und narzisstisch gekränkter (Lasch 1982) Individuen abzulehnen. Das heutige verbraucherpolitische Leitbild eines „verantwortlichen" (Neuner 2001) oder „nachhaltigen" Konsumentenverhaltens (Reisch/Scherhorn 1999) ist mit einer auf Produktobsoleszenz notwendig basierenden Wegwerfgesellschaft nicht zu vereinen.

Gleichzeitig verstärken sich die Stimmen der Erlebnis- und Spaßgesellschaft: Konsum sei nicht nur zentrales, selbstverständliches soziales Handeln, sondern als Zeichensystem wichtigstes Medium der gesellschaftlichen Verständigung und Folie für individuelle Identitäts- und Sinnfindung. Zudem habe der symbolische Konsum über seine enorme Anziehungskraft gesellschaftspolitische und historische Bedeutung. So macht Bocock (1995, S. 53) den Wunsch der Menschen nach den symbolisch aufgeladenen Gütern westlicher Konsumgesellschaften dafür verantwortlich, dass die osteuropäischen Staaten im letzten Jahrzehnt nach und nach, wie in einem Dominospiel, den sozialistischen Länderblock verließen.

Die Forschung zu symbolischem Konsum

Seit den späten 50er Jahren des zwanzigsten Jahrhunderts hat sich die sozialwissenschaftliche Forschung mit dem Konzept des symbolischen Konsums auseinander gesetzt (Levy 1959; Martineau 1959; Grubb/Grathwohl 1967; Birdwell 1968; Graumann 1974/75; Scitovsky 1977). Diese Forschung wurde in den 80er Jahren im Rahmen eines in verschiedenen Disziplinen nahezu gleichzeitig ansteigenden Forschungsinteresses an Konsumfragen (Campbell 1991) intensiviert.

In der *Konsumanthropologie* legten Douglas und Isherwood mit *The World of Goods* (1978) die Grundlage für kulturanthropologische Erklärungen. Der Gebrauch und Austausch von Objekten wird hier als kulturell bedeutungsvolle Erfahrung innerhalb eines gemeinsamen Kommunikations- und Informationssystems

---

4 Während diese Ausweitung der Güterwelt auf alle Lebensbereiche von Riesman et al. (1958) mit dem neutralen Begriff „Konsumfelderweiterung" bezeichnet wurde, spricht Scherhorn (1993) kritisch von der „Kommerzialisierung des Lebens".

gedeutet. Die kulturelle Bedeutung der Konsumobjekte sei in ständigem Fluss, wobei der Werbung und der Mode die zentrale Definitionsmacht über die kulturelle Symbolik zukomme (McCracken 1990).[5] Die Konsumenten trügen jedoch zum Bedeutungstransfer bei, indem sie Güter im Rahmen von Konsumritualen symbolisch einsetzten: bei Ritualen des Tausches (z.B. an Weihnachten, zu Geburtstagen), Ritualen des Besitzes (z.B. Vergleichen, Vorzeigen, Fotografieren), Ritualen der Pflege (z.B. von Automobilen) sowie bei Ritualen der Entledigung von Gütern (z.B. Reinigung und Neueinrichten von Wohnungen) (McCracken 1986a).[6]

In der *Konsumsoziologie* hat Baudrillard (1970, 1975, 1981, 1988) im Rahmen seiner neo-marxistischen Gesellschaftstheorie mit Hilfe eines semiotischen Ansatzes Konsum als Konsum von Zeichen und Symbolen[7] konzeptualisiert. Diese Symbole werden unter Beteiligung der Konsumenten innerhalb eines Zeichensystems festgelegt. Konsum wird als Prozess der aktiven Identitätskonstruktion betrachtet, in welchem die Konsumenten versuchen, kollektive und individuelle Identitäten durch die Zurschaustellung der Güter zu kreieren und zu erhalten. Aus diesem Verständnis heraus erklärt Baudrillard die Unersättlichkeit der Bedürfnisse in modernen Konsumgesellschaften: Weder psychologische Gesetze noch der Drang zur Emulation sei für den ständigen Wunsch nach Mehrkonsum verantwortlich, vielmehr sei Konsum eine symbolische Konstruktion von Identität, „a total idealist practice which has no longer anything to do (beyond a certain point) with the satisfaction of needs, nor with the reality principle" (Baudrillard 1988, S. 26). Für das angewandte Marketing, vor allem des Marken- und Produktdesign, ist der semiotische Ansatz bis heute von praktischer Relevanz (z.B. Büchelhofer 1992; Koppelmann 1992; Gallert 1998; Bruhn 2001; Zec 2001).

Eine weitere forschungsfeldkonstituierende Arbeit poststrukturalistischer Konsumforschung hat Bourdieu mit *Die feinen Unterschiede* (1982, Orig. 1979) vorgelegt. Bourdieu analysiert, wie Konsumgüter und -handlungen, z.B. Wohnungseinrichtungen oder Essen, von bestimmten sozio-ökonomischen Schichten eingesetzt werden, um ihren distinktiven Lebensstil zu markieren und sich von anderen

---

5 McCracken (1990, S. 6) spricht von einem zweistufigen Prozess des Bedeutungstransfers: „The movement of meanings from the culturally constituted world to the consumer good is accomplished by advertising and the fashion system. The movement of meanings from consumer goods to the individual consumer is accomplished through the efforts of the consumer".

6 „Ritual is a kind of social action devoted to the manipulation of cultural meaning for purposes of collectice and individual communication and categorization. Ritual is an opportunity to affirm, evoke, assign, or revise the conventional symbols and meanings of the cultural order" (McCracken 1986a, S. 78).

7 Die beiden Konzepte „Symbol" und „Zeichen" werden zwar vor allem in strukturalistischen Ansätzen synonym verwendet, sind es jedoch nicht. Während „Zeichen" auch zwischen Tieren ausgetauscht werden können, ist grundsätzlich nur der Mensch befähigt, Symbole zu entwickeln, ihre Bedeutung zu erlernen und zu verstehen. Zudem müssen Zeichen im unmittelbaren Umfeld und in konkreter Form ausgetauscht werden, wogegen Symbole abstrakt sein können (Bocock 1995, S. 73-74).

zu unterscheiden. Bourdieus Analyse kann als Weiterentwicklung der Veblenschen Arbeiten betrachtet werden, da auch hier der klassenspezifische Geschmack, das „symbolische" oder „kulturelle Kapital", als zentrale gesellschaftliche Praxis gesehen wird, die die hierarchischen gesellschaftlichen Beziehungen stabilisieren hilft. In Weiterentwicklung des bis dahin dominierenden strukturalistischen Ansatzes akzeptiert Bourdieu zwar den Einfluss gesellschaftlicher Strukturen – wie Klassen, Statusgruppen, Ethnien und Gender – auf die Handlungen, Einstellungen, Werte und Wünsche der Konsumenten, hält diesen Einfluss jedoch nicht für deterministisch. Vielmehr seien diese Wünsche und Konsumaspirationen recht autonom und zögen sich quer durch die gesellschaftlichen Gruppen. Insofern stellt Bourdieus Arbeit eine Verbindung zwischen der traditionellen Vorstellung von Statusgruppen und einer Analyse kultureller Symbole und Zeichen dar.[8]

In der *Konsumökonomik* wurde trotz viel versprechender Ansätze (Mason 1981) nur vereinzelt an Erklärungsmustern zum symbolischen Konsum gearbeitet, etwa in den Beiträgen der Hohenheimer Forschungsgruppe um Gerhard Scherhorn über Konsum als Kompensation (Scherhorn 1994; Scherhorn/Reisch/Raab 1990a,b; Reisch 1995; Stihler 1998a,b, 2000; Friese 1998, 2000). In der *psychologischen Konsumforschung* scheint das früher dominierende Informationsverarbeitungsmodell (Bettman 1979) an Bedeutung zu verlieren, während qualitative Ansätze der Konsumforschung, vor allem der „experiential approach" (Holbrook/Hirschman 1982; Hirschman/Holbrook 1982) an Bedeutung gewinnen. Damit kommt nun den kulturellen und symbolischen Aspekten des Konsums eine weitaus größere Bedeutung zu (Csikszentmihalyi/Rochberg-Halton 1981; Tomlinson 1990).

Auf solche Ansätze bauend, macht sich das betriebswirtschaftliche *Marketing* die Bedeutung der Gütersymbolik auf dreifache Weise zunutze: Erstens, indem Werbestrategien von Produktdesign bis zum Werbespot auf gesellschaftliche *Rituale* bezogen werden, die bei entsprechend enkulturierten Gesellschaftsmitgliedern quasi automatisch Verhaltensreaktionen auslösen (Rook 1984, 1985, 1999); zweitens, indem symbolisch aufgeladene Güter als Möglichkeit zur Definition und Verdeutlichung der vielfältigen *sozialen Rollen* und erwarteter Verhaltensmuster vermarktet werden (Solomon 1983, S. 320; Solomon/Buchanan 1991); drittens, indem gezielt der Wunsch nach *hedonistischen Konsumerlebnissen* bedient wird und multisensorische, phantasieanregende und emotionale Konsumerlebnisse und Produktkulturen inszeniert werden (Hirschman/Holbrook 1982, S. 92; Holbrook/Hirschman 1982; Konert 1986a,b; Schulze 1992).

Teilweise unabhängig, teilweise aber auch in kritischer Auseinandersetzung mit bestehenden semiotischen Modellen von Gütern als Zeichen einer gesellschaftlichen Meta-Sprache (McCracken 1988, S. 66-68) hat sich in den 80er Jahren die *konsumhistorische* Forschung formiert. Die Kernthese dieser neuen Forschungsrichtung lautet, die Entwicklung der modernen Industriestaaten sei weniger auf die Dynamik der „Industriellen Revolution" auf der Produktionsseite zurückzuführen,

---

8 Vgl. auch Daniel Miller (1987), der stark von Bourdieus Arbeiten beeinflusst wurde.

als auf eine „Konsumrevolution", die auf der Nachfragerseite der sich bildenden Märkte stattfand. Eingeläutet wurde diese Forschung durch Braudel (1973, 1981), der die bis dahin gültige Annahme widerlegte, die Nachfrage habe beim gesellschaftlichen Umbruch zur Moderne eine zu vernachlässigende Rolle gespielt. Darauf aufbauend zeigten eine Reihe konsumhistorischer Arbeiten mit unterschiedlichen geographischen Schwerpunkten und Forschungsansätzen (Williams 1982; Mukerji 1983; Campbell 1987; Schama 1987; Brewer/Porter 1993) die entscheidende Rolle des Konsums für Gesellschaftsentwicklung und Wirtschaftswachstum.

Eine besonders einflussreiche Studie wurde von McKendrick, Brewer und Plumb (1982) vorgelegt, die die Konsumrevolution im England des 18. Jahrhunderts nachzeichnen und erläutern, weshalb die damalige Gesellschaftskonstellation den idealen Nährboden für eine solche Revolution dargestellt habe. Ein durch Fernhandel zu Reichtum gekommenes Bürgertum (Wills 1993) wurde in nie zuvor gekannter Weise von agilen Unternehmern beworben, die mit innovativen Marketingtechniken und Werbeträgern neue Märkte schufen und dabei gezielt auf die Symbolik der neuerdings erreichbaren Güter abhoben.[9] Aus konsumhistorischer Betrachtung liegt die Zäsur in dem Faktum, dass ab nun die Symbolfunktion der Güter nicht mehr auf die traditionelle Statusdemonstration beschränkt war wie in den Jahrhunderten zuvor, sondern die Gütersymbolik nun auch Exotik, Wohlstand, Modernität und Exklusivität transportierte (Stihler 1998a). Mit der bald einsetzenden Entstehung der Kaufhäuser (Miller 1981) wurden ganze Symbol-, Themen- und Erlebniswelten nie gekannten Ausmaßes und Faszination geschaffen, die in den spätmodernen „Kathedralen des Konsums" wie den Cybermalls und Mega-Malls (Ritzer 2001a; Haubl 1996) ihre gigantische Fortsetzung finden. Der konsumhistorischen Forschung kommt das Verdienst zu, die bis dahin ahistorischen Modelle des Konsumverhaltens bereichert und ein ganz neues Bild der Entwicklung der Moderne gezeichnet zu haben, das nicht unbegründet übergangen werden kann.

In der Konsumforschung der Neunzigerjahre, wie sie von den führenden Fachzeitschriften und Fachkonferenzen widergespiegelt wird, bleibt die Analyse des symbolischen Konsums wichtig. Methodologisch und inhaltlich zeichnet sich ein Wandel dahingehend ab, dass phänomenologische und interpretative Analysen, die den individuellen Konsumenten und seine Versuche, den Gütern eigene Bedeutung gemäß eigenen Zielen und eigenen Selbstbildern zuzuschreiben (z.B. Friese 2000) marketingorientierte Analysen (z.B. McCracken 1990) ablösen. Auf konzeptioneller Ebene ist damit ein Wandel des Bildes des Konsumenten vom eher passiv rezipierenden und manipulierbaren hin zum „aktiven Konstrukteur" von Bedeutung, Sinn und Zufriedenheit verbunden (Uusitalo 1998, S. 216; Bianchi

---

9 Hinzu kam, dass die englische Gesellschaft sozialen Aufstieg nicht nur erlaubte, sondern auch förderte, was beispielsweise im starren Klassensystem Frankreichs undenkbar war (McKendrick/Brewer/Plumb 1982).

1998). Dazu parallel zeichnet sich auf methodischer Ebene die zunehmende Bedeutung und Akzeptanz qualitativer Ansätze in der Konsumforschung ab.

Funktionen des symbolischen Konsums

Eine Übersicht

Ein „integrated framework" der Forschung zu den symbolischen Funktionen des Konsums wurde zwar wiederholt angemahnt, liegt jedoch bis heute nicht vor. Gleichwohl wurden verschiedene Klassifikationsschemata, insbesondere von Richins (1994), Knapp (1996) und Wiswede (2000), sowie ein Prozessmodell (Haubl 1998) vorgelegt. In Anlehnung an diese Schemata sowie der vorhandenen Literatur wird im Folgenden eine Klassifikation in *fünf Funktionen* des symbolischen Konsums vorgeschlagen. Diese Funktionen sind logisch nicht überschneidungsfrei, sondern beschreiben die Funktionen extensional, also umfangslogisch, was auch Überschneidungen zulässt.

Wie Abbildung 1 zeigt, werden die Funktionen Position, Kompetenz, Expression, Hedonismus und Kompensation unterschieden. Bei den drei erstgenannten handelt es sich um originär soziologische Konzepte (Wiswede 2000, S. 49), bei den beiden letzteren um (sozial-)psychologische.

Abbildung 1: Funktionen des symbolischen Konsums

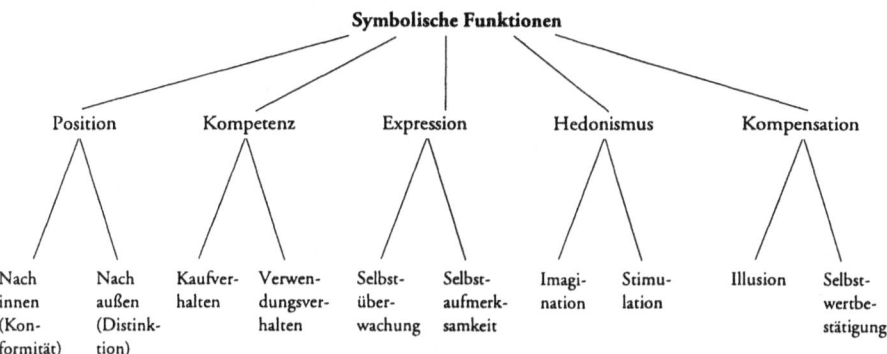

Die Funktionen des symbolischen Konsums sind teilweise nach außen auf das soziale Umfeld gerichtet, teilweise nach innen. Richins (1994) unterscheidet zwischen *privaten* und *öffentlichen* Funktionen symbolischen Konsums. Erstere stünden beim *selbst-bezogenen Konsum* im Mittelpunkt, letztere dagegen beim *repräsentativen Konsum*, der für ein Publikum inszeniert werde. Dieser Unterschied der Wirkungsrichtung sei nicht nur ein konzeptioneller, sondern zöge auch eine andere Art der

Nachfrage nach sich: Die öffentliche Funktion fördere tendenziell die Nachfrage nach neuen Gütern, während die private sich eher aus Objekten bestimme, die man bereits besitze.

Die Dichotomisierung der Nutzenarten ist nicht überschneidungsfrei, da die Nutzen multiple Ursachen haben, die je nach Situation unterschiedlich gewichtet werden können. In der Regel werden öffentlicher und privater Nutzen eines Konsumgutes zwar Hand in Hand gehen; es kann jedoch auch Inkonsistenzen geben, etwa wenn das eigene Selbstkonzept nicht mehr mit dem öffentlichen Image eines Produktes übereinstimmt (ebd.).[10] Gemeinsam ist den nach außen gerichteten Funktionen, dass Konsum nur dann Signalcharakter besitzen kann, wenn die gesendeten Symbole eindeutig und kollektiv einheitlich verstanden werden und nicht nur sichtbar, sondern augenfällig und daher zur Mitteilung auch geeignet sind (Schulze 1990).[11] Doch auch die nach innen gerichteten Funktionen beruhen auf der Internalisierung (sub)kollektiver Symbole; allerdings brauchen sie nicht augenfällig zu sein. Dabei können die symbolischen Funktionen mehr oder weniger absichtsvoll bedient werden (Wiswede 2000, S. 49), nämlich von vollständig intentional, wenn Konsumenten im Sinne der Theorie geplanten Handels die jeweilige Funktion strategisch „bedienen" bis zu wenig intentional, wenn etwa wohlhabende Konsumenten mit erlesenen Konsumgütern eher beiläufig umgehen und diese als Selbstverständlichkeiten betrachten (Stanley/Danko 1996).

In einer Übersicht über Theorien über den Erwerb und Konsum von materiellen Gütern bedient sich Knapp (1996) Richins' Dichotomie. Er unterscheidet zwischen Theorien, die Konsumverhalten als *Repräsentation bei einem Publikum* erklären und Theorien, die Konsum als *selbstbezogene Befriedigung* betrachten. Zu ersteren zählt er Theorien des Protzverhaltens, der Statussicherung, des Mitläuferverhaltens und Snobverhaltens, sowie Theorien der relativen Aufstiegsorientierung, der Gruppenzugehörigkeit (Integration und Differenzierung, Unähnlichkeit und soziale Identität) und der Kompetenzdemonstration (strategische Selbstpräsentation und symbolische Selbstergänzung). Zu den letzteren zählt er Theorien des Konsums als Kontemplation, als Lust durch Beherrschung (Selbstlenkung, Kultivation), als Begierde nach Aneignung (Habenorientierung) und Selbsterweiterung (Objekte als symbolische Repräsentationen des Selbst), Theorien des Konsums als Verlangen nach Konsistenz, Konsum als fragmentarische Erfüllung von Träumen sowie der Persönlichkeits- und Selbstbildformung.

Haubl (1998, S. 15-17, vgl. auch in diesem Band) entwickelt ein „Prozessmodell der Selbsterhaltung", das *vier Gebrauchsformen des Konsums* unterscheidet, die in

---

10 Richins (1994) nennt das Beispiel des Teenagers, der sich in der als unpassend empfundenen Familienlimousine unwohl führt und lieber in einem Sportwagen gefahren werden würde.
11 Dies schließt eine bewusste Verfremdung traditioneller Symbole nicht aus, wie sie beispielsweise von meist jugendlichen Subkulturen als Teil ihres Codes eingesetzt und vom Jugendmarketing aufgegriffen und weiterbearbeitet werden (Heinzlmaier/Großegger/Zentner 1999).

einem idealtypischen Prozess miteinander verbunden sind: Gütergebrauch dient hier primär der Selbsterfahrung einer Person, der dadurch ein Erlebnis vermittelt wird. Erlebnisgestützt kann sie die Güter gebrauchen, um den Eindruck, den Mitmenschen von ihr haben, zu lenken. In Antizipation bestimmter Erwartungen verkörpert sie ein Image. Über dieses Image erhält die Person Zugang zu einer Lebensstil- bzw. Statusgruppe, wobei Güter nun gleichzeitig Gruppenzugehörigkeit und Distinktion markieren.[12] Letztlich dient der Gütergebrauch der Selbstverwirklichung der Person, indem er zur Formulierung ihrer Ich-Identität beiträgt.

Ohne diese Klassifikationsschemata und Modelle an dieser Stelle vergleichen oder kritisieren zu wollen, machen sie doch deutlich, dass es letztlich nur wenige Funktionen des Güterkonsums gibt, die keine symbolische Dimension besitzen. Oder anders herum: Jenseits des Grundnutzens ist Konsum von Gütern und Diensten immer auch durch die Erwartung an einen *symbolischen Zusatznutzen* motiviert. Dabei wird der Produktnutzen zunehmend entmaterialisiert; es werden primär Zeichen statt der Produktfunktionen konsumiert (Diederichsen 1987; Hutter 1998). Indem die Vermögenseigenschaft des Geldes auf die Güter selbst übertragen wird, treten ihre symbolisch-ästhetischen Qualitäten gegenüber ihren materiellen in den Vordergrund (Deutschmann 2000, S. 308).

Je nach Güterkategorie, erfahrener Konsumsozialisation und aktuellem Konsumumfeld kann dieser symbolische Zusatznutzen den Grundnutzen bei weitem übersteigen. Die moderne Konsumgesellschaft beruht darauf, dass eine ausreichend große Zahl der Gesellschaftsmitglieder konsumbejahende und -fördernde Werthaltungen teilt und die Fähigkeit entwickelt, die Symbole des modernen Konsums zu verstehen und darauf zu reagieren (Bocock 1995). Die Sozialisation zu einem Konsumenten in einer kapitalistischen Konsumgesellschaft bedeutet damit auch, ein spezifisches Set kultureller Symbole und Werte zu erlernen (Bocock 1995, S. 54). Dabei können Spannungen entstehen, wenn beispielsweise traditionell asketische Werte, wie sie von manchen Religionen oder Ideologien gelehrt werden, mit den Verlockungen westlicher Konsumfreuden kollidieren (Featherstone 1991, 170-196). Diese Symbole können daher nicht einfach durch die Werbung oktroyiert werden, sondern müssen mit dem Lebensstil der Menschen zumindest teilweise übereinstimmen. Die Formung der Symbole geschieht in einem komplexen Zusammenspiel zwischen Produktdesign, Werbung, und schrittweisen Versuchen, mögliche Wünsche potenzieller Konsumenten zu erfassen und deren subkulturellen Werte zu formen (Gelder/Thorton 1997).[13]

---

12 Zu Konsum und Lebensstil vgl. den Überblicksartikel von Lüdtke (2000).
13 So erfährt beispielsweise ein (halb)nackter männlicher Körper, wie er in den 90er Jahren verstärkt in der europäischen Werbung eingesetzt wurde, bei verschiedenen Altersgruppen, ethnischen Gruppen und Nationalitäten eine unterschiedliche Symbolik und Akzeptanz.

Die Positionsfunktion

Wie zu Beginn skizziert, ist dogmengeschichtlich die *Positionsfunktion* die älteste und meist zitierte Funktion des symbolischen Konsums (Mason 1981, 1998a). Sie dient zum einen „der Wahrung und Erreichung der Zugehörigkeit zu einer bestimmten Sozialschicht, Berufsgruppe, Subkultur oder Bezugsgruppe durch entsprechende Homogenisierung und Anpassung an Normen und Werte dieser Referenzgruppen" (Wiswede 2000, S. 49); zum anderen dient sie der sozialen Distinktion, der Abhebung und Abgrenzung von unattraktiven sozialen Gruppen. Diese Doppelfunktion von *Konformität und Distinktion* wurde bereits von den frühesten Arbeiten zum statusorientierten, demonstrativen und symbolischen Konsum im späten 16. und frühen 17. Jahrhundert thematisiert (Reisch 1995, S. 192-274; Mason 1981, 1998a) und durchzieht die Konsumliteratur wie ein roter Faden.

Das einflussreichste soziologische Modell zur Erklärung von positionsgeleitetem *Statuskonsum* ist das vor einem Jahrhundert von Thorstein Veblen (1899) entwickelte Modell des emulativen Konsums. Im Kern besagt dieses, Konsum sei eine Form von Kommunikation, innerhalb derer wohlstands- und damit statussignalisierende Konsumobjekte und -handlungen gezielt der sozialen Umwelt demonstriert würden. Dabei obliege der obersten gesellschaftlichen Schicht die Funktion, die Konsumstandards zu setzen, während die darunter liegenden Schichten diese nachahmten (Reisch 1995, S. 260-272). Dieses Modell hat vielfältige Kritik bezüglich seiner theoretischen Konsistenz sowie seiner mangelnden empirischen Basis erfahren. Das größere Problem liegt m.E. jedoch darin, dass es ebenso ahistorisch arbeitet wie die viel gescholtenen ökonomischen Modelle und ihm daher der Unterschied zwischen traditionellem und modernem symbolischen Konsum entgeht (Campbell 1994). Interessanterweise ist die Positionsmotivation oder Positionalität über Konsumeffekte die einzige Funktion, die systematisch in die ökonomische Theorie integriert ist (Mason 1998b; Reisch 1995).

Besonders die sozial knappen *Positionsgüter* sind als Positionssymbole geeignet (Hirsch 1980; Reisch 1995). Die Attraktivität dieser Güter, die logisch bei steigendem Güterwohlstand einer Gesellschaft zunehmend knapper werden (Hirsch 1980), liegt nur zum Teil in den privilegierten Konsumchancen, die sie ihren Besitzern verschaffen; sie sind allein schon deshalb attraktiv, weil sie knapp sind und damit – nach außen – eine vorteilhafte Position signalisieren und – nach innen – dem Selbstwert zuträglich sind, indem ihr Besitz Einzigartigkeit (Snyder 1992), Überlegenheit und Macht konnotiert (Lynn 1992).

Tatsächlich scheinen Güter und Güterbündel als Positionssymbole zu taugen. Das zeigt die Empirie. So scheinen Menschen andere Menschen nicht zuletzt anhand der Produktsymbolik zu beurteilen, die das von ihnen ausgewählte Güterbündel (und damit Symbolbündel) ausstrahlt (Baran et al. 1989).[14] Diese Form

---

14 Erfragt wurden Bewertungen auf Grundlage vorgelegter Einkaufslisten, die eine unter-

der „Bewertung anhand von Marken" ist umso ausgeprägter, je höher der Medienkonsum der Beurteiler ist (ebd.). Weiter wurden so genannte „Konsumkonstellationen" festgestellt, d.h. Gruppen symbolisch komplementärer Produkte, Marken und Konsumaktivitäten, die mit einer bestimmten sozialen Rolle verbunden sind (Solomon/Assael 1987; Solomon/Buchanan 1991). Dabei müssen diese Konsumkonstellationen nicht die Erfindung teurer Werbekampagnen sein, sondern können sich in einer Subkultur entwickeln und verfestigen, wie Heubach (1992) am Beispiel der „Latzhosen-Clogs-Fahrrad-Welt" der 1970er Jahre schildert.

Die symbolische Demonstration von Klassen- und Gruppenzugehörigkeit spielt vor allem in „jungen" Konsumgesellschaften eine wichtige Rolle. Evers und Gerke (1999) zeigen für Südostasien die konstituierende Rolle des – aufgrund knapper Budgets weitgehend symbolischen – Konsums von Massenprodukten und der Werbung für einen Lebensstil, der auf Konsum und Freizeit basiert. Die neue Mittelschicht strebt den mediengesteuerten westlichen Lebensstil an, wobei jedoch nur ein kleiner Teil sich diesen auch leisten kann. Um trotzdem Mittelschichtzugehörigkeit zu demonstrieren, erhalten Ersatzaktivitäten und Symbole strategische Bedeutung (ebd., S. 46-47).[15]

Die Kompetenzfunktion

Die *Kompetenzfunktion* des symbolischen Konsums bezieht sich sowohl auf das Kauf- als auch das Verwendungsverhalten. Sie besteht im ersten Fall darin, dass sich die Personen beim Kaufen als kompetent erleben, beispielsweise bezüglich herangezogener Qualitätsindikatoren oder der Nutzung von „Beziehungen" bei einem Kauf; im zweiten Fall wird mit dem Konsum eine Kennerschaft für die „feinen Unterschiede" (Bourdieu 1982) verbunden im Sinne von Geschmack und Alltagsästhetik. Wie schon Hamilton (1977) unter Verweis auf Max Weber feststellte, sind nicht nur Konsumgüter, sondern auch Konsum*stile* Zeichen für Konsumkompetenz. Die Kompetenzfunktion ist in hohem Maße mit der Kontrollüberzeugung verbunden, Konsumgüter kompetent zu erwerben und adäquat verwenden zu können (Wiswede 2000).

---

schiedliche Markenwahl – Edelmarken, weiße Ware etc. – fiktiver Konsumenten zeigten (Baran et al. 1989).
15 Evers/Gerke (1999) berichten von jungen Leuten in Indonesien, die Stunden damit verbringen, in strategischen, d.h. allgemein sichtbaren Plätzen, bei McDonald's oder Pizza Hut, zu sitzen um dann das Restaurant mit einer leeren Hamburgerschachtel zu verlassen, um zu zeigen, wo sie gegessen haben. Andere leihen sich von Freunden Markenkleidung aus, um in Einkaufszentren „herumzuhängen" (Evers/Gerke 1999, S. 46).

Die Expressionsfunktion

Besondere Aufmerksamkeit wurde im letzten Jahrzehnt der *Expressionsfunktion* des symbolischen Konsums entgegengebracht. Diese besteht darin, dass Konsumenten ein bestimmtes Selbstwertgefühl, eine bestimmte Identität oder ein Selbstkonzept zum Ausdruck bringen wollen. Dabei kann dieser Wertausdruck durch Selbstwahrnehmung und Selbstaufmerksamkeit (Selbstüberwachung) nach innen auf die eigene Identität oder das eigene Selbstkonzept gerichtet sein oder auch nach außen mit der Intention, den Eindruck, den man auf seine soziale Umwelt macht, zu steuern (Selbstaufmerksamkeit). Die nach außen gerichtete Variante wird auch als „impression management", Selbstüberwachung (Wiswede 2000, S. 49; Conrady 1990; Schouten 1991) oder als aktives „appearance management" (Kaiser/Nagasawa/Hutton 1991; Kirchler/Piesslinger 1992; McCracken 1986b) bezeichnet.

In den Neunzigerjahren hat sich eine Forschungsrichtung entwickelt, die die Bedeutung persönlicher Gegenstände und Besitztümer für die eigene Selbstkonzeption nachzeichnet (z.B. Lunt/Livingstone 1992; Friese 1998). So wird Gütern in persönlichen Umbruchsituationen eine stabilisierende und selbstkonzeptstützende Wirkung zugesprochen (Schouten 1991). Diese symbolische Funktion wird auch in der Forschungsrichtung deutlich, die sich mit dem Konsumverhalten ethnischer und religiöser Einwanderer beschäftigt, die sowohl nach innen (Bewahrung) als auch nach außen (Anpassung) um eine neue Identität ringen. Vor allem die erste Generation der Einwanderer ist bemüht, gleichzeitig eine kollektive Identität als Gruppe zu bewahren als auch Zugehörigkeit zur neuen Kultur zu erfahren (Heinze 1990). Symbolisch bedeutsame Konsumgüter spielen hier eine zentrale Rolle. So besaßen in den 30er und 40er Jahren für die der Verfolgung entronnenen osteuropäischen Juden bestimmte Güter des amerikanischen städtischen Lebensstils eine zentrale Symbolik und auffallende Zentralität: Die modische Kleidung, die Urlaubsreise, der Salon, das Piano und nationale Markenprodukte (Heinze 1990, S. 4-5) waren die Dinge, die man sich als Erstes leistete, notfalls auf Kredit.

Die Identitätsdefinition und -versicherung bleibt auch in der *postmodernen Konsumkultur* zentrale Funktion des symbolischen Konsums (Connor 1989; Harvey 1989; Featherstone 1991; Jameson 1991; Uusitalo 1998). Ihre Bedeutung scheint mit zunehmender kultureller Ambivalenz und Verunsicherung der Konsumenten sogar zu wachsen (Kaiser/Nagasaw/Hutton 1991). Das Leben in postmodernen Gesellschaften wird häufig als individualisiert und „multioptional" charakterisiert (Gross 1994), was einerseits neue Wahlfreiheiten bedeutet, andererseits aber auch den Verlust tradierter Institutionen wie dem Lebensarbeitszeitverhältnis, der sozialen Klasse (Hillebrandt/Kneer/Kraemer 1998), ja sogar eindeutiger kultureller Symbole (Kaiser/Nagasaw/Hutton 1991 für die Kleidermode). Vor diesem „Scherbenhaufen postmoderner Lebensentwürfe" (Schütte 2001, S. 226) werden Individuen zu „Sinn- und Existenzbastlern" (Hitzler 1994), die sich in posttraditionalen

Gemeinschaften (Hitzler/Pfadenhauer 1998) ihre „Patchwork"-Lebens- und Konsumstile selbst zusammensetzen. Der Erfolg heutiger Markenkonzepte wird dann auch darin gesehen, dass Markenwelten ein überschaubares, funktionierendes Modell von Identität und Ordnung liefern (Schütte 2001), quasi-religiöse Waren-Kulte schaffen und dadurch den Konsum zum „Makro-Ritual" (Schilson 2000, S. 78) erhöhen.[16]

Tatsächlich scheint im Prozess postmoderner Differenzierung, Pluralisierung und Säkularisierung dem Konsum die Aufgabe zuzuwachsen, in Kult und Ritualen Existenzerhellung und Existenzvergewisserung zu bieten und damit *religiöse Funktionen* zu übernehmen (Isenberg/Sellmann 2000).[17] „Indem Menschen die verschiedenen Konsumbereiche mit einer wesentlich höheren Bedeutung als der des rein Funktionalen [...] befrachten und damit symbolisch aufladen, indem sie Kauf- und Tauschakt überhöhen, weil sie darin jenseits aller materiellen Momente vor allem einen Erlebnisgewinn, letztlich sogar einen echten Lebens-Gewinn [...] finden, der sie buchstäblich in Schwingungen versetzt und neue Dimensionen eröffnet, gerät dieser zu einem fasziniert vollzogenen, religiös affizierten Ritual und zu einer besonderen Art von Kult, wodurch Menschen Stand und Identität, Sicherheit und Sinn, Erfüllung und Glück gewinnen" (Schilson 2000, S. 77).

Ritual und Kult sind wichtige Elemente des postmodernen Marketing, das auf die zersplitterte Gesellschaft mit einer starken *Szene- und Subkulturorientierung* reagiert (Zentner 1999; Gelder/Thornton 1997) und versucht, szenespezifische symbolische „Geheimcodes" aufzuspüren (Diederichsen 1996). Nach Liebl (2000, S. 132) sind „die Klassenkämpfe von einst auf die Ebene von 'Style Wars' innerhalb und zwischen Szenen im Bereich der kulturellen Originalitätsproduktion verlagert worden" und dem Kampf ums das richtige Logo (Klein 2001) gewichen. Diese Stilkriege würden primär mit den „Kulturtechniken Cross-over, Fetischisierung, Sampling, Remix, Surfen, Shopping und Customizing" (Liebl 2000) geführt, wobei die Ästhetisierung letztlich Ausdruck der Krise des Kapitalismus sei (Liebl 2000; Kurz 1999). In ähnlich paramilitärischer Diktion argumentiert Douglas (1992) auf Basis der „Cultural Theory", Konsum sei zur zentralen gesellschaftlichen Arena geworden, in der sich der „Kampf" um die Vorherrschaft eines der vier universalen kulturellen Lebensstile – dem individualistischen, dem hierarchischen, dem egalitären und dem eklektizistisch-isolierten, abspiele.[18]

Als eine besondere Form des postmodernen Marketing entwirft und inszeniert

---

16 Im Rahmen dieser Entwicklungen wächst auch dem Geld „sakrale" Bedeutung zu (Belk/Wallendorf 1990), vor allem, wenn es in Form von „goldenen" Kredit- und Kundenkarten selbst zur beworbenen Ware wird (Ritzer 2001b).
17 Dabei meint „Kult und das diesen vollziehende Ritual ein Handeln, in welchem sich die besondere menschliche Fähigkeit zeigt, mittels symbolischen Verstehens und symbolischen Handlungen den Sinn des eigenen Daseins und der Welt im ganzen zu lichten, und ihren Bestand trotz Gefahr des Untergangs und der Vernichtung zu wahren und zu erneuern" (Schilson 2001, S. 76).
18 Vgl. jedoch die vernichtende Kritik an der Cultural Theory von Keller/Poferl (1998).

das *Kultmarketing* (Bolz/Bosshart 1995; Bolz 2000) die Marke als Artefakt und Fetisch, der den Konsumenten als Projektionsfläche ihrer Wünsche und Träume dient. Die Markenwerbung übernimmt hier die Funktion der „Mythenbildung", indem sie Produkte aus der Sphäre der Gebrauchswerte heraushebt und sie mit einer attraktiven Zusatzbedeutung belegt (Kehrer 2001). „Das Produkt wird zu einer Persönlichkeit, zu einem bekannten und vertrauten Gesicht in der anonymen Menge" (ebd., S. 207). „Brand Lands" verkaufen keine Güter, sondern Emotionen, Visionen und Werte (Altenhöner 2000).[19] Dabei wird die Markierung ausgehend vom klassischen Markenartikel auf nahezu alle Lebensbereiche ausgedehnt, was sich auch an der Kommerzialisierung der Sprache festmachen lässt (Friedman 1991). Produziert werden die immer vergänglicheren Stiltrends und kurzlebigen Symbolinhalte einerseits durch mächtige globale Markenhersteller (Klein 2001); andererseits konstruieren die diversen (Sub-)Kulturen ihre Symbolwelten selbst, beispielsweise in user groups, Kundenclubs oder (virtuellen) „Gemeinden" (Heinzlmeier/Großegger/Zentner 1999) und nicht zuletzt in Fangemeinden von „Daily Soaps" (Göttlich/Nieland 1998). Dies geschieht zum Teil in gezielter Inversion und Rekontextualisierung traditioneller Symbolinhalte (Liebl 2000). Gerade für jugendliche Zielgruppen wurden und werden Produkte bewusst als Träger von Nonkonformismus, Eskapismus, Widerstand, Differenz oder gar Devianz positioniert (Frank 1997); der Konsum dieser Güter erlaubt dann gewissermaßen eine konsequenzfreie „Kapitalismuskritik light".

Die Hedonismusfunktion

Campbell (1997) hat in *The Romantic Ethic and the Spirit of Modern Consumerism* die These aufgestellt, der moderne Konsum sei eine Konsequenz des *imaginativen Hedonismus*. Dieser führe nicht nur unentrinnbar dazu, dass „almost magically" ständig neue Güterwünsche entstünden, sondern dass diese auch stets auf (subjektive) Neuheiten gerichtet seien (ebd.; vgl. auch Bianchi 1998). Diese beiden konstituierenden Elemente des modernen Konsums erklärt Campbell mit dem Phänomen des *Tagträumens*, der Fähigkeit von Konsumenten, als angenehm empfundene Gefühle bewusst zu kreieren, zu verlängern oder zu verstärken und diese zu genießen. Dabei spielen vor allem durch Werbung und Medien symbolisch aufgeladene Güter, „Lifestyle-Konzepte" und Markenwelten eine Hauptrolle: Sie bieten die Projektionsfläche für in der Realität unerfüllte Träume, d.h. für imaginativen Konsum, und sind gewissermaßen die Vergegenständlichungen unerreichter[20] Lebensstile und -welten. Die Konsumenten versuchen zwar, sich die

---

19 Beispielsweise das „Brand Land" *Autostadt* in Wolfsburg, die „Nike Town" in Berlin oder auch das „Legoland" in Billund (Altenhöner 2000).
20 Dabei sind diese Zustände, z.B. ein harmonischer Familienurlaub, grundsätzlich erreichbar. Das unterscheidet das Phantasieren vom Tagträumen.

Güterversprechen anzueignen oder einzuverleiben. Da die Konsumrealität jedoch eine andere ist als die Imagination und das Produkt durch den Gebrauch „entzaubert" wird, muss es zu Desillusionierung und Enttäuschung kommen – was wiederum Tagträume hervorruft. Produkte mit einem Neuigkeitsversprechen bieten nun die Möglichkeit, erneut zu versuchen, die Träume wahr werden zu lassen. Da dieses nie geschehen kann, sondern die Realität immer gegenüber dem erträumten Ideal abfallen muss, entsteht eine ständige Sehnsucht, dieses Auseinanderklaffen zu überwinden. Über diese Dynamik der Stimulation, Imagination und Enttäuschung erklärt Campbell die Beschleunigung des modernen Konsums und die stete Suche nach Neuem.[21]

Die Hedonismusfunktion unterscheidet sich von den drei erstgenannten Funktionen in dreifacher Hinsicht. Erstens ist die Theorie des imaginativen Hedonismus konzeptionell *innengeleitet,* und steht damit im Kontrast zu den *außengeleiteten* Theorien soziologischer Tradition, die Konsum als soziale Praxis verstehen. Zweitens versteht die Theorie Konsum nicht als Besitzmaximierung im Sinne der These der materialistischen „aquisitive society". Vielmehr sei der hohe Güterumsatz und -verschleiß des modernen Konsumenten weniger durch eine Frommsche Habenorientierung zu erklären als durch die Antizipation der erträumten Befriedigung als eigentliche Befriedigung (Campbell 1994). Die herausragende Bedeutung des Kauferlebnisses und die zu vernachlässigende Bedeutung des Kaufobjekts wurde wiederholt in Untersuchungen mit Kaufsüchtigen gezeigt (z.B. Scherhorn/Reisch/Raab 1990a,b). Drittens bewertet die Hedonismustheorie die Praxis des Tagträumens und den damit verbundenen Konsum positiv. Denn, so Campbell (1994, S. 516), „the pleasure people derive from daydreaming is not separate from their moral life; it is intimately associated with it: [...] imagining one-self doing good and being good often constitutes an important part of the pleasures of daydreaming". Aus dieser Perspektive kann beispielsweise Mode als idealistischer Versuch gesehen werden, ein ästhetisches Ideal zu verkörpern.

Die Kompensationsfunktion

Kompensatorisch wird ein Verhalten dann genannt, wenn es nicht vorrangig den Zwecken dient, denen das gleiche Verhalten normalerweise gewidmet ist, sondern wenn es Defizite ausgleichen soll, die daraus entstanden sind, dass andere Probleme nicht gelöst wurden (Grønmo 1988, S. 67). Kompensatorischer Konsum zielt damit nicht auf Bedarfsdeckung, sondern auf den Ausgleich und Stabilisierung psychischer Defizite. Im deutschen Sprachraum hat sich Scherhorn (1994) intensiv mit der *Kompensationsfunktion* des symbolischen Konsums beschäftigt. Am deutlichsten ist diese bei pathologischen Konsumformen wie der Kaufsucht ausgeprägt,

---

21 Holbrook/Hirschman (1982) haben diesen „hedonistischen", nach Lust und Belohnung strebenden postmodernen Konsumenten porträtiert.

sie ist jedoch auch bei Nichtsüchtigen verbreitet, ja Teil des „heimlichen Lehrplans" der Konsumgesellschaft. Eine empirische Untersuchung ergab, dass Anfang der Neunzigerjahre ungefähr 25% der westdeutschen Bevölkerung regelmäßig kompensatorisch kaufen (Scherhorn/Reisch/Raab, 1990b).

Scherhorn (1994) folgend ist das Kaufen heute aufgrund seiner gesellschaftlichen Zentralität, der vielfältigen Symbolik der Güter sowie der Kommerzialisierung der immateriellen Bedürfnisse (Scherhorn 1993) zu einem „Suchtmittel par excellence" geworden. Vor allem Symbolgehalte wie Belohnung, Größe, Freiheit, Fülle oder Sicherheit verheißen immaterielle Erfüllungen und verleihen nicht nur den Gütern einen therapeutischen Sinn, sondern auch dem Kaufen selbst. Kaufsüchtige träumen sich beim Kaufen reich, schön, selbstsicher, und beliebt (Scherhorn/ Reisch/Raab 1990a,b) und werden von den positiven Gefühlen, die diese Illusionen verschaffen, abhängig.

Hinter der versuchten Kompensation wird meist der Versuch gesehen, einen unsicheren *Selbstwert zu bestätigen* bzw. selbstwertrelevante Stimmungen zu beeinflussen (z.B. Haubl 1996, S. 216-217; vgl. auch in diesem Band). Nicht akzeptierte Teile des Selbst oder unerreichbare Idealvorstellungen der eigenen Identität werden durch die übertriebene Betonung erwünschter Züge und wahrgenommener Kompetenzen auszugleichen versucht. Die Kompensation hat die Funktion der Beruhigung, Dämpfung und Ablenkung und damit der (kurzfristigen) Stabilisierung, nicht jedoch der Beseitigung des Defizits. Eine Reihe von empirischen Untersuchungen von Wicklund und Gollwitzer (1982) haben gezeigt, dass Güter dann kompensatorisch eingesetzt werden, wenn Individuen eine Diskrepanz zwischen ihren Idealvorstellungen bezüglich eines bestimmten Rollenverhaltens (Ideal-Selbst) und ihrer tatsächlichen Fähigkeit, diese zu erfüllen (Real-Selbst), feststellen. So beobachteten sie, dass Studierende der Wirtschaftswissenschaft, die in ihrem Studium eher unterdurchschnittlich gut abschnitten, in höherem Maße dazu neigten, relevante Symbole wie Aktentasche, Anzug, teuere Armbanduhr u.ä. zur Schau zu stellen als Studierende mit guten Karriereaussichten. In späteren empirischen Untersuchungen konnten Braun und Wicklund (1989) zeigen, dass es eine kompensatorische Beziehung zwischen tatsächlicher Erfahrung, Expertise und Kompetenz der Konsumenten bei von ihnen ausgeübten Konsumaktivitäten (z.B. Sport, Urlaub) und der Zurschaustellung materieller Symbole für diese Aktivität (z.B. Sportoutfit) gibt. Diese kompensatorische Beziehung ist dann besonders deutlich, wenn die Aktivität eine hohe Relevanz für das Selbst bzw. die eigene Identität besitzt, weshalb diese Funktion des symbolischen Konsums als *symbolische Selbstergänzung* bezeichnet wird (Wicklund/Gollwitzer 1982; Braun/Wicklund 1989).

Konsum und Geld: Two sides of the coin

Konsumsozialisation bedeutet heute alltagspraktisch eine Erziehung *zum* Konsum (Scherhorn 1994), angeleitet von Peers, dem Konsumgütermarketing und den Massenmedien (Reisch 2001). Der von ihnen gelehrte „heimliche Lehrplan" des Konsumismus lehrt, dass immaterielle Befriedigungen in der Zufuhr von Gütern und ihren Symbolen gefunden werden können, dass die Güter die Menschen beleben, nicht die Menschen die Güter und es daher sinnvoll ist, sich an äußeren Anreizen zu orientieren. Je mehr Güter aufgrund ihrer heraldischen Funktion zu den eigentlichen Bedeutungsträgern in der Gesellschaft werden (Heubach 1992),[22] je mehr Produktkulturen als „gelebte Ereignisse" (Selle 1992) empfunden werden, desto mehr ist eine kritische Konsumerziehung gefragt, die die Kompetenz und Souveränität des Einzelnen (nicht nur) bezüglich Konsumfragen fördert. Letztlich geht es darum, von den Befriedigungen des symbolischen Konsums nicht abhängig zu werden, sondern alternative Wege der Positionsbestimmung, Kompetenzerfahrung, des Selbstausdrucks, der Imagination und Stimulation sowie der Kompensation zu erlernen oder zu erhalten – und dabei die Möglichkeiten, die die Symbole der Konsumwelt bieten, spielerisch nach Belieben einsetzen zu können.

Konsumkompetenz bedingt Kompetenz im Umgang mit Geld (Reisch 1988). Wenn, wie oben gezeigt, der Besitz von Gütern Position, Kompetenz und Identität vermittelt und der Stimulation, Illusion und Kompensation dient, dann kommt dem Geld, das diesen Güterkonsum ermöglicht, ebenfalls symbolische Bedeutung zu. Die psychologische Geldforschung hat verschiedene Funktionen des Geldes identifiziert: Geld ist in einer materialistischen Welt Teil der Identität jener Person, die es besitzt; es drückt Sicherheit, Macht und (Konsum)freiheit aus und dient dazu, die Zuneigung anderer zu gewinnen (Furnham 1984). Belk (1988) und Dittmar (1992) sehen das Geld als eine Ausdehnung des Selbst bzw. als Mittel, Dinge zu tun oder zu erwerben, die wiederum das Selbst reflektieren und definieren. Dabei variieren diese Bedeutungen zwischen Männern und Frauen (Prince 1993) und zwischen unterschiedlichen Geldtypen (Furnham 1996), was sich nicht zuletzt auf die Bedeutung des Geldes in Partnerschaften auswirkt (Kirchler et al. 2000).

Geld und Konsum erfüllen danach sehr ähnliche psychologische Funktionen. Dies erklärt auch, weshalb das Geld selbst, beispielsweise in kartengestützten Zahlungssystemen wie „goldenen Kreditkarten", Warencharakter annehmen konnte und mit der entsprechenden Symbolik – „die Freiheit nehm' ich mir"! – vermarktet werden kann (Raab 1998).

---

22 Dies zeigt sich auch in der waren-analogen Form der Selbstdarstellung in Heiratsannoncen (Heubach 1992).

Literatur

Altenhöner, Norbert, 2000: „Brand Lands" – Die dreidimensionale Inszenierung von Markenwelten, in: Matthias Sellmann und Wolfgang Isenberg (Hrsg.), Konsum als Religion? Über die Wiederverzauberung der Welt, Mönchengladbach, S. 25-30.
Appleby, Joyce, 1993: Consumption in Early Modern Social Thought, in: John Brewer und Roy Porter (Hrsg.), Consumption and the World of Goods, London, S. 162-176.
Baran, Stanley J., Jin Ja Mok, Mitchell Land und Tae Young Kang, 1989: You Are What You Buy: Mass-mediated Judgments of People's Worth, in: Journal of Communication, 39 (2), S. 46-54.
Baudrillard, Jean, 1970: La Société de Consommation: Ses Mythes, ses Structures, Paris.
Baudrillard, Jean, 1975: The Mirror of Production, St. Louis, MO.
Baudrillard, Jean, 1981: Towards a Critique of the Political Economy of the Sign, St. Louis, MO.
Baudrillard, Jean, 1988: Consumer Society, in: M. Poster (Hrsg.), Jean Baudrillard: Selected Writings, Oxford, S. 26-55.
Beier, Udo, 1993: Der fehlgeleitete Konsum. Eine ökologische Kritik am Verbraucherverhalten, Frankfurt a.M.
Belk, Richard, 1988: Possessions and the Extended Self, in: Journal of Consumer Research, 15, S. 139-162.
Belk, Russel W. und Melanie Wallendorf, 1990: The Sacred Meanings of Money, in: Journal of Economic Psychology, 11, S. 35-67.
Bettman, James R., 1979: An Information Processing Theory of Consumer Choice, Reading, MA.
Bianchi, Marina, 1998: Taste for Novelty and Novel Tastes, in: Marina Bianchi (Hrsg.), The Active Consumer: Novelty and Surprise in Consumer Choice, London, S. 64-86.
Birdwell, Al E., 1968: A Study of the Influence of Image Congruence on Consumer Choice, in: Journal of Business, 41, S. 76-88.
Bocock, Robert, 1995: Consumption, London.
Bögenhold, Dieter, 2000: Konsum und soziologische Theorie, in: Doris Rosenkranz und Norbert F. Schneider (Hrsg.), Konsum. Soziologische, ökonomische und psychologische Perspektiven, Opladen, S. 95-116.
Bolz, Norbert und David Bosshart, 1995: Kult-Marketing: Die neuen Götter des Marktes, Düsseldorf.
Bolz, Norbert, 2000: Kultmarketing: Von der Erlebnis- zur Sinngesellschaft, in: Matthias Sellmann und Wolfgang Isenberg (Hrsg.), Konsum als Religion? Über die Wiederverzauberung der Welt, Mönchengladbach, S. 95-98.
Bourdieu, Pierre, 1982: Die feinen Unterschiede: Kritik der gesellschaftlichen Urteilskraft, Frankfurt a.M. Original, 1979: La Distinction: Critique social du jugement de gout, Paris.
Braudel, Fernand, 1973: Capitalism and Material life: 1400-1800, London.
Braudel, Fernand, 1981: Civilisation materielle, économie et capitalisme: XVe-XVIIIe siècle, Paris.
Braun, Ottmar L. und Robert A. Wicklund, 1989: Psychological Antecedents of Conspicuous Consumption, in: Journal of Economic Psychology, 10 (2), S. 161-187.
Brewer, John und Roy Porter (Hrsg.), 1993: Consumption and the World of Goods, London/New York.
Bruhn, Manfred (Hrsg.), 2001: Die Marke: Symbolkraft eines Zeichensystems, Bern/Stuttgart/Wien.
Büchelhofer, Andreas, 1992: Ein semiotischer Ansatz zur Entwicklung neuer Produktdesigns, in: Reinhard Eisendle und Elfie Miklautz (Hrsg.), Produktkulturen. Dynamik und Bedeutungswandel des Konsums, Frankfurt a.M., S. 211-224.

Campbell, Colin, 1987: The Romantic Ethic and the Spirit of Modern Consumerism, Oxford.
Campbell, Colin, 1991: Consumption: The New Wave of Research in the Humanities and Social Sciences, in: Floyd W. Rudmin (Hrsg.), To Have Possessions: A Handbook on Ownership and Property, Journal of Social Behavior and Personality (Special Issue), 6 (6), S. 57-74.
Campbell, Colin, 1994: Consuming Goods and the Good of Consuming, in: Critical Review, 8 (4), S. 503-520.
Connor, Steven, 1989: Postmodernist Culture: An Introduction to Theories of the Contemporary, Oxford.
Conrady, Roland, 1990: Die Motivation zur Selbstdarstellung und ihre Relevanz für das Konsumentenverhalten, Frankfurt a.M.
Csikszentmihalyi, Mihaly und Eugene Rochberg-Halton, 1981: The Meaning of Things: Domestic Symbols and the Self, London. Deutsch (1989): Der Sinn der Dinge: Das Selbst und die Symbole des Wohnbereichs, München.
Cushman, Philipp, 1990: Why the Self is Empty, in: American Psychologist, 45, S. 599-611.
Deutschmann, Christoph, 2000: Geld als 'absolutes Mittel'. Zur Aktualität von Simmels Geldtheorie, in: Berliner Journal für Soziologie, 3, S. 301-313.
Diederichsen, Diedrich., 1987: Zeichen statt Materie, in: L. Burckhardt und Internationales Design Zentrum (Hrsg.), Design der Zukunft: Architektur – Design – Technik – Ökologie, Köln, S. 109-123.
Dittmar, Helga, 1992: The Social Psychology of Material Possessions. To Have is to Be, Hemel Hampstead.
Douglas, Mary, 1992: In Defence of Shopping, in: Reinhard Eisendle und Elfie Miklautz (Hrsg.), Produktkulturen. Dynamik und Bedeutungswandel des Konsums, Frankfurt a.M., S. 95-116.
Douglas, Mary und Baron Isherwood, 1979: The World of Goods, New York.
Durning, Alan T., 1992: How Much is Enough? The Consumer Society and the Future of the Earth, New York/London.
Evers, Hans-Dieter und Solvay Gerke, 1999: Globale Märkte und symbolischer Konsum: Visionen von Modernität in Südostasien, in: Claudia Rademacher, Markus Schroer und Peter Wiechens (Hrsg.), Spiel ohne Grenzen? Ambivalenzen der Globalisierung, Opladen, S. 35-52.
Falkinger, Josef, 1986: Sättigung: Moralische und psychologische Grenzen des Wachstums, Tübingen.
Featherstone, Mike, 1991: Consumer Culture and Postmodernism, London.
Frank, Thomas C., 1997: The Conquest of Cool: Business Culture, Counterculture, and the Rise of Hip Consumerism, Chicago, Ill.
Friedman, Monroe (Hrsg.), 1991: A „Brand" New Language: Commercial Influences in Literature and Culture, London.
Friese, Susanne, 1998: Zum Zusammenhang von Selbst, Identität und Konsum, in: Michael Neuner und Lucia A. Reisch (Hrsg.), Konsumperspektiven, Berlin, S. 35-54.
Friese, Susanne, 2000: Self-concept and Identity in a Consumer Society, Marburg.
Furnham, Adrian, 1984: Many Sides of the Coin: The Psychology of Money Usage, in: Personality and Individual Differences, 5, S. 95-103.
Furnham, Adrian, 1996: Attitudinal Correlates and Demographic Predictors of Monetary Beliefs and Behaviours, in: Journal of Organizational Behaviour, 17, S. 375-388.
Galbraith, John Kenneth, 1958: The Affluent Society, Boston.
Gallert, Klaus, 1998: Markenzeichen aus semiotischer Sicht – Analyse und Generierungsmöglichkeiten. Frankfurt a.M.
Gelder, Ken und S. Thorton (Hrsg.), 1997: The Subcultures Reader, London.

Göttlich, Udo und Jörg-Uwe Nieland, 1998: Daily Soaps als Umfeld von Marken, Moden und Trends: Von Seifenopern zu Lifestyle-Inszenierungen, in: Michael Jäckel (Hrsg.), Die umworbene Gesellschaft: Analysen zur Entwicklung der Werbekommunikation, Opladen, S. 179-208.

Graumann, Carl F., 1974/75: Psychology and the World of Things, in: Journal of Phenomenological Psychology, 4, S. 389-404.

Grønmo, Sigmund, 1988: Compensatory Consumer Behaviour: Elements of a Critical Sociology of Consumption, in: P. Otnes (Hrsg.), The Sociology of Consumption: An Anthology, Oslo, S. 65-68.

Gross, Peter, 1994: Die Multioptionsgesellschaft, Frankfurt a.M.

Grubb, Edward L. und Harrison L. Grathwohl, 1967: Consumer Self-Concept, Symbolism and Market Behavior: A Theoretical Approach, in: Journal of Marketing, 31, S. 22-27.

Hamilton, Gary G, 1977: Chinese Consumption of Foreign Commodities: A Comparative Perspective, in: American Sociological Review, 42, S. 877-891.

Harvey, David, 1989: The Condition of Postmodernity, Oxford.

Haubl, Rolf, 1996: „Welcome to the Pleasure Dome". Einkaufen als Zeitvertreib, in: H.A. Hartmann und Rolf Haubl (Hrsg.), Freizeit in der Erlebnisgesellschaft, Opladen, S. 199-224.

Haubl, Rolf, 1998: Geld, Geschlecht und Konsum: Zur Psychopathologie ökonomischen Alltagshandelns, Gießen.

Heinze, Andrew R., 1990: Adapting to Abundance: Jewish Immigrants, Mass Consumption, and the Search for American Identity, New York.

Heinzlmaier, Bernhard, Beate Großegger und Manfred Zentner (Hrsg.), 1999: Jugendmarketing: Setzen Sie Ihre Produkte in Szene, Wien.

Heubach, Friedrich W., 1992: Produkte als Bedeutungsträger: Die heraldische Funktion von Waren. Psychologische Bemerkungen über den kommunikativen und imaginativen Gebrauchswert industrieller Produkte, in: Reinhard Eisendle und Elfie Miklautz (Hrsg.), Produktkulturen. Dynamik und Bedeutungswandel des Konsums, Frankfurt a.M., S. 177-197.

Hillebrandt, Frank, Georg Kneer und Klaus Kraemer (Hrsg.), 1998: Verlust der Sicherheit? Lebensstile zwischen Multioption und Knappheit, Opladen.

Hirsch, Fred, 1980: Die sozialen Grenzen des Wachstums – eine ökonomische Analyse der Wachstumskrise, Reinbek.

Hirschman, Elisabeth C. und Morris B. Holbrook, 1982: Hedonic Consumption: Emerging Concepts, Methods and Propositions, in: Journal of Marketing, 46, S. 92-101.

Hitzler, Ronald, 1994: Sinnbasteln: Zur subjektiven Aneignung von Lebensstilen, in: Ingo Mörth und G. Fröhlich (Hrsg.), Das symbolische Kapital der Lebensstile – Zur Kultursoziologie der Moderne nach Pierre Bourdieu, Frankfurt a.M., S. 75-92.

Hitzler, Ronald und M. Pfadenhauer, 1998: Eine posttraditionale Gemeinschaft. Integration und Distinktion in der Techno-Szene, In: Frank Hillebrandt et al. (Hrsg.), Verlust der Sicherheit?, Opladen, S. 83-102.

Holbrook, Morris B. und Elizabeth C. Hirschman, 1982: The Experiential Aspects of Consumption: Consumer Fantasies, Feelings, and Fun, in: Journal of Consumer Research, 9, S. 132-140.

Hutter, Michael, 1998: On the Consumption of Signs, in: Marina Bianchi (Hrsg.), The Active Consumer. Novelty and Surprise in Consumer Choice, London, S. 236-257.

Isenberg, Wolfgang und Matthias Sellmann (Hrsg.), 2000: Konsum als Religion? Über die Wiederverzauberung der Welt, Mönchengladbach.

Jäckel, Michael und Christoph Kochhan, 2000: Notwendigkeit und Luxus. Ein Beitrag zur Geschichte des Konsums, in: Doris Rosenkranz und Norbert F. Schneider (Hrsg.), Konsum. Soziologische, ökonomische und psychologische Perspektiven, Opladen, S. 73-94.

Jameson, Frederic, 1991: Postmodernism, or the Cultural Logic of Late Consumption, London.
Kaiser, Susan B., Richard H. Nagasawa und Sandra S. Hutton, 1991: Fashion, Postmodernity and Personal Appearance: A Symbolic Interactionist Formulation, in: Symbolic Interaction, 14 (2), S. 165-185.
Kehrer, Rico, 2001: Marken und Mythos: Eine kulturwissenschaftliche Betrachtung, in: Manfred Bruhn (Hrsg.), Die Marke: Symbolkraft eines Zeichensystems, Bern/Stuttgart/Wien, S. 197-218.
Keller, Reiner und Angelika Poferl, 1998: Vergesellschaftete Natur – Öffentliche Diskurse und soziale Strukturierung. Eine kritische Auseinandersetzung mit der Cultural Theory, in: Karl-Werner Brand und Eckart Hildebrandt (Hrsg.), Soziologie und Natur: Theoretische Perspektiven, Reihe „Soziologie und Ökologie", Bd. 2, Opladen, S. 117-142.
Kirchler, Erich und Carolin Piesslinger, 1992: Vestis virum reddit: Modische Kleider und deren Träger aus der Sicht der Designer, Händler, Verkäufer und Konsumenten, in: Jahrbuch der Absatz- und Verbraucherforschung 1/92, S. 21-53.
Kirchler, Erich, Christa Rodler, Erik Hölzl und Katja Meier, 2000: Liebe, Geld und Alltag: Entscheidungen in engen Beziehungen, Göttingen.
Klein, Naomi, 2001: No Logo! Der Kampf der Global Players um Marktmacht, München.
Knapp, Andreas, 1996: Über den Erwerb und Konsum von materiellen Gütern – Eine Theorieübersicht, in: Zeitschrift für Sozialpsychologie, 3, S. 193-206.
Konert, Franz-Josef, 1986a: Vermittlung emotionaler Erlebniswerte. Eine Positionierungs- und Profilierungsstrategie für Markenartikel auf gesättigten Märkten, in: Der Markenartikel, 48, S. 576-578.
Konert, Franz-Josef, 1986b: Vermittlung emotionaler Erlebniswerte. Eine Marketingstrategie für gesättigte Märkte, Heidelberg/Wien.
Koppelmann, Udo, 1992: Produktdesign als Instrument der Marktprofilierung, in: Reinhard Eisendle und Elfie Miklautz (Hrsg.), Produktkulturen. Dynamik und Bedeutungswandel des Konsums, Frankfurt a.M., S. 199-210.
Kurz, Robert, 1999: Die Welt als Wille und Design: Postmoderne, Lifestyle-Linke und die Ästhetisierung der Krise, Berlin.
Lasch, Christopher, 1982: Das Zeitalter des Narzißmus, München. Orig., 1978: The culture of narcissism, New York.
Levy, Sidney J., 1959: Symbols for Sale, in: Harvard Business Review, 37, S. 117-124.
Liebl, Franz, 2000: „Style Wars" – Trends als Krisenphänomen, in: Birger P. Priddat (Hrsg.), Kapitalismus, Krisen, Kultur, Marburg, S. 131-164.
Lüdtke, Hartmut, 2000: Konsum und Lebensstile, in: Doris Rosenkranz und Norbert F. Schneider (Hrsg.), Konsum. Soziologische, ökonomische und psychologische Perspektiven, Opladen, S. 117-132.
Lunt, Peter K. und Sonia M. Livingstone, 1992: Mass Consumption and Personal Identity. Everyday Economic Experience, Buckingham.
Lynn, Michael, 1992: The Psychology of Unavailability: Explaining Scarcity and Cost Effects on Value, in: Basic and Applied Social Psychology, 13 (1), S. 3-7.
Martineau, Pierre, 1959: Kaufmotive: Neue Weichenstellung für Werbung und Kundenpflege, Düsseldorf.
Mason, Roger S., 1981: Conspicuous Consumption. A Study of Exceptional Consumer Behaviour, Westmead.
Mason, Roger S. (Hrsg.), 1998a: The Economics of Conspicuous Consumption: Theory and Thought since 1700, Cheltenham.
Mason, Roger S., 1998b: Status, Identity and Style: Towards a New Theory of Consumption, in: Roger Mason (Hrsg.), The Economics of Conspicuous Consumption: Theory and Thought since 1700, Cheltenham, S. 130-151.

McCracken, Grant D., 1986a: Culture and Consumption: A Theoretical Account of the Structure and Movement of the Cultural Meaning of Consumer Goods, in: Journal of Consumer Research, 3, S. 71-84.
McCracken, Grant D., 1986b: Clothing as Language: An Object Lesson in the Study of the Expressive Properties of Material Culture, in: Barrie Reynolds und Margaret Stott (Hrsg.), Material Anthropology, New York, S. 103-128.
McCracken, Grant D., 1988: Culture and Consumption: New Approaches to the Symbolic Character of Consumer Goods and Activities, Bloomington, IN.
McCracken, Grant D., 1990: Culture and Consumer Behaviour: An Anthropological Perspective, in: Journal of the Market Research Society, 32 (1), S. 3-11.
McKendrick, Neil, 1997: Die Ursprünge der Konsumgesellschaft. Luxus, Neid und soziale Nachahmung in der englischen Literatur des 18. Jahrhunderts, in: Hannes Siegris, Hartmut Kaelble und Jürgen Kocka (Hrsg.), Europäische Konsumgeschichte. Zur Gesellschafts- und Kulturgeschichte des Konsums (18. bis 20. Jahrhundert), Frankfurt a.M., S. 75-108.
McKendrick, Neil, John Brewer und John H. Plumb, 1982: The Birth of a Consumer Society: The Commercialization of Eighteenth-century England, London.
Miller, Daniel, 1987: Material Culture and Mass Consumption, Oxford.
Miller, Michael B., 1981: The Bon Marché: Bourgeois Culture and the Department Store, 1869-1920, Princeton, NJ.
Mukerji, Chandra, 1983: From Graven Images: Patterns of Modern Capitalism, New York.
Neuner, Michael, 2001: Verantwortliches Konsumentenverhalten, Berlin.
Porter, Roy, 1993: Consumption: Disease of the Consumer Society? in: John Brewer und Roy Porter (Hrsg.), Consumption and the World of Goods, London, S. 58-84.
Postman, Neil, 1985: Wir amüsieren uns zu Tode, Frankfurt a.M.
Prince, M.,1993: Women, Men, and Money styles, in: Journal of Economic Psychology, 14, S.175-182.
Raab, Gerhard, 1998: Kartengestützte Zahlungssysteme und Konsumentenverhalten: eine theoretische und empirische Untersuchung, Berlin.
Reisch, Lucia A., 1995: Status und Position: Kritische Analyse eines sozioökonomischen Leitbildes, Wiesbaden.
Reisch, Lucia A., 1998: Der „heimliche Lehrplan" der Geldsozialisation. Bestandsaufnahme und Ansatzpunkte für die Forschung. 2. ergänzte Aufl. (1. Aufl. 1996) Stuttgart, Universität Hohenheim, Lehrstuhl für Konsumtheorie und Verbraucherpolitik, Arbeitspapier 69.
Reisch, Lucia A., 1999: Güterwohlstand und Zeitwohlstand – Zur Ökonomie und Ökologie der Zeit, in: Sabine Hofmeister und Meike Spitzner (Hrsg.), Zeitlandschaften: Perspektiven öko-sozialer Zeitpolitik, Stuttgart, S. 131-157.
Reisch, Lucia A., 2001: Funktionen des Konsums bei Kindern und Jugendlichen, in: Uschi Saur und Barbara Tilke (Hrsg.), Jung, lässig & pleite? Konsumlust und Schuldenlast bei Kindern und Jugendlichen, Stuttgart/Bad Boll, Aktion Jugendschutz Landesarbeitsstelle Baden-Württemberg, S. 10-19.
Reisch, Lucia A. und Gerhard Scherhorn, 1999: Sustainable Consumption, in: S. Baghwan Dahiya (Hrsg.), The Current State of Economic Science, Vol. 2, Rohtak (Indien), S. 657-690.
Richins, Marsha L., 1994: Valuing Things: The Public and Private Meanings of Possessions, in: Journal of Consumer Research, 21, S. 504-521.
Riesman, David, Reuel Denney und Nathan Glatzer, 1958: Die einsame Masse – eine Untersuchung der Wandlungen des amerikanischen Charakters, Hamburg.
Ritzer, George, 2001a: Enchanting a Disenchanted World: Revolutionizing the Means of Consumption, in: George Ritzer (Hrsg.), Explorations in the Sociology of Consumption, London, S. 108-144.

Ritzer, George, 2001b: Expressing America: A Critique of the Global Credit Card Society, in: George Ritzer (Hrsg.), Explorations in the Sociology of Consumption, London, S. 71-107.
Rook, Dennis W., 1984: Ritual Behaviour and Consumer Symbolism, in: Advances in Consumer Research, 11, S. 279-284.
Rook, Dennis W., 1985: The Ritual Dimension of Consumer Behavior, in: Journal of Consumer Research, 12, S. 251-264.
Rook, Dennis W., 1999: Ritual, in: Peter E. Earl und Simon Kemp (Hrsg.), The Elgar Companion to Consumer Research and Economic Psychology, Cheltenham, S. 506-512.
Schama, Simon, 1987: The Embarassment of Riches: An Interpretation of Dutch Culture in the Golden Age, New York. Deutsch, 1988: Überfluß und schöner Schein. Zur Kultur der Niederlande im Goldenen Zeitalter, München.
Scherhorn, Gerhard, 1993: Entkommerzialisierung oder die Wiederaneignung der Wünsche, in: Politische Ökologie, 11 (33), S. 73-76.
Scherhorn, Gerhard, 1994: Konsum als Kompensation, in: Klaus-Jürgen Reinbold (Hrsg.), Konsumrausch: Der heimliche Lehrplan des Passivismus, Schriftenreihe der Arbeitsgemeinschaft für Gefährdetenhilfe und Jugendschutz, Bd. 18, Freiburg, S. 7-41.
Scherhorn, Gerhard, Lucia A. Reisch und Gerhard Raab, 1990a: Addictive Buying in West Germany: An Empirical Study, in: Journal of Consumer Policy, 13 (4), S. 355-387.
Scherhorn, Gerhard, Lucia A. Reisch und Gerhard Raab, 1990b: Kaufsucht. Bericht über eine empirische Untersuchung. Stuttgart, Universität Hohenheim: Lehrstuhl für Konsumtheorie und Verbraucherpolitik, Arbeitspapier 50 (10., erw. Aufl. 2001).
Schilson, Arno, 2000: Säkulare Rituale. Theologische Entdeckungen in der Konsumwelt, in: Matthias Sellmann und Wolfgang Isenberg (Hrsg.), Konsum als Religion? Über die Wiederverzauberung der Welt, Mönchengladbach, S. 75-80.
Schouten, John W., 1991: Selves in Transition: Symbolic Consumption in Personal Rites of Passage and Identity Reconstruction, in: Journal of Consumer Research, 17 (4), S. 412-425.
Schulze, Gerhard, 1990: Die Transformation sozialer Milieus in der Bundesrepublik Deutschland, in: Peter A. Berger und Stefan Hradil (Hrsg.), Lebenslagen, Lebensläufe, Lebensstile, Soziale Welt (Sonderband 7), Göttingen, S. 409-432.
Schulze, Gerhard, 1992: Die Erlebnisgesellschaft: Kultursoziologie der Gegenwart, Frankfurt a.M.
Schütte, Stefanie, 2001: Die Marke als Lifestyle-Entwurf, in: Manfred Bruhn (Hrsg.), Die Marke: Symbolkraft eines Zeichensystems, Bern/Stuttgart/Wien, S. 219-226.
Scitovsky, Tibor, 1977: Psychologie des Wohlstands, Frankfurt a.M.
Selle, Gert, 1992: Produktkultur als gelebtes Ereignis, in: Reinhard Eisendle und Elfie Miklautz (Hrsg.), Produktkulturen. Dynamik und Bedeutungswandel des Konsums, Frankfurt a.M., S. 159-176.
Sellmann, Matthias und Wolfgang Isenberg (Hrsg.), 2000: Konsum als Religion? Über die Wiederverzauberung der Welt, Mönchengladbach.
Snyder, C.R., 1992: Product Scarcity by Need for Uniqueness Interaction: A Consumer Catch-22 Carousel?, in: Basic and Applied Social Psychology, 13 (1), S. 9-24.
Solomon, Michael R., 1983: The Role of Products as Social Stimuli: A Symbolic Interactionism Perspective, in: Journal of Consumer Research, 10, S. 319-329.
Solomon, Michael R. und Henry Assael, 1987: The Forest or the Trees? A Gestalt Approach to Symbolic Consumption, in: Jean Umiker-Sebeok (Hrsg.), Marketing and Semiotics: New Directions in the Study of Signs for Sale, Berlin, S. 189-217.
Solomon, Michael R. und Bruce Buchanan, 1991: A Role-Theoretic Approach to Product Symbolism: Mapping a Consumption Constellation, in: Journal of Business Research, 22 (2), S. 95-109.
Stanley, Thomas J. und William D. Danko, 1996: The Millionaire Next Door, Atlanta, GA.
Stihler, Ariane, 1998a: Die Entstehung des modernen Konsums, Berlin.

Stihler, Ariane, 1998b: Die Bedeutung der Konsumsymbolik für das Konsumverhalten, in: Michael Neuner und Lucia A. Reisch (Hrsg.), Konsumperspektiven, Berlin, S. 55-71.

Stihler, Ariane, 2000: Ausgewählte Konzepte der Sozialpsychologie zur Erklärung des modernen Konsumverhaltens, in: Doris Rosenkranz und Norbert F. Schneider (Hrsg.), Konsum. Soziologische, ökonomische und psychologische Perspektiven, Opladen, S. 169-186.

Tomlinson, Alan, 1990: Consumption, Identity and Style: Marketing, Meanings, and the Packaging of Pleasure, London.

Uusitalo, Liisa, 1992: Environment as a Social Problem, in: Reinhard Eisendle und Elfie Miklautz (Hrsg.), Produktkulturen. Dynamik und Bedeutungswandel des Konsums, Frankfurt a.M., S. 309-328.

Uusitalo, Liisa, 1998: Consumption in Postmodernity. Social Structuration and the Construction of the Self, in: Marina Bianchi (Hrsg.), The Active Consumer. Novelty and Surprise in Consumer Choice, London, S. 215-235.

Veblen, Thorstein, 1894: The Economic Theory of Women's Dress, in: Popular Science Monthly, 46. Wiederabgedruckt in: L. Ardzooni (Hrsg.), 1994, Essays in Our Changing Order, New York, S. 65-77.

Veblen, Thorstein, 1899: The Theory of the Leisure Class, New York.

Wicklund, Robert A. und P.M. Gollwitzer, 1982: Symbolic Self-completion, Hillsdale, NJ.

Wicklund, Robert A. und Marie M.P. Vandekerckhove, 1999: Conspicuous Consumption, in: Peter E. Earl und Simon Kemp (Hrsg.), The Elgar Companion to Consumer Research and Economic Psychology, Cheltenham, S. 106-110.

Williams, Rosalind, 1982: Dream Worlds: Mass Consumption in the Late Nineteenth Century France, Berkeley, CA.

Wills, John E. Jr., 1993: European Consumption and Asian Production in the Seventeenth and Eighteenth Centuries, in: John Brewer und Roy Porter (Hrsg.), Consumption and the World of Goods, London, S. 133-147.

Winston, Gordon C., 1982: The Timing of Economic Activities, Cambridge, MA.

Wiswede, Günter, 2000: Konsumsoziologie – Eine vergessene Disziplin, in: Doris Rosenkranz und Norbert F. Schneider (Hrsg.), Konsum. Soziologische, ökonomische und psychologische Perspektiven, Opladen, S. 23-72.

Wyrwa, Ulrich, 1997: Consumption, Konsum, Konsumgesellschaft. Ein Beitrag zur Begriffsgeschichte, in: Hannes Siegris, Hartmut Kaelble und Jürgen Kocka (Hrsg.), Europäische Konsumgeschichte. Zur Gesellschafts- und Kulturgeschichte des Konsums (18. bis 20. Jahrhundert), Frankfurt a.M., S. 747-762.

Zec, Peter, 2001: Die Rolle des Design bei der Entwicklung von Markenartikeln, in: Manfred Bruhn (Hrsg.), Die Marke: Symbolkraft eines Zeichensystems, Bern/Stuttgart/Wien, S. 227-250.

Zentner, Manfred, 1999: Ästhetik des HipHop: Szene-Insight am Beispiel einer Musikszene, in: Bernhard Heinzlmaier et al. (Hrsg.), Jugendmarketing, Wien, S. 117-133.

V. Geld und Sozialcharakter

Klaus Prange

Geld in der Erziehung

Über Knappheit als paedagogicum

Wir alle kennen aus der elementaren Christenlehre das Gleichnis vom Zinsgroschen, wie es nahezu gleichlautend in den drei synoptischen Evangelien zu finden ist. Jesus wird eine Fangfrage gestellt, die ihn als Feind von Staat und Gesellschaft, von römischem Recht und römischer Ordnung entlarven soll: „Ist es recht, daß man dem Kaiser Zins gebe, oder nicht?" (Mark. 12,14). Darauf lässt er sich eine Münze geben, vermutlich einen römischen Denar, Inbegriff des römischen Staatsgeldes, und es folgt eine *demonstratio ad oculus:* „Was ist das Bild und die Überschrift? – Sie sprachen zu ihm: Des Kaisers." (Mark. 12,16) Und Jesus schließt ab: „Gebt dem Kaiser, was des Kaisers ist, und Gott, was Gottes ist.." (Mark. 12,17) Im ältesten Evangelium bei Markus heißt es dann noch: „Und sie verwunderten sich über ihn", ebenso bei Lukas (Luk. 20,26), während Matthäus auch hier etwas weitläufiger ist: „Sie verwunderten sich und ließen ihn und gingen davon." (Matth. 22,22)

Doch nicht nur das Gleichnis vom Zinsgroschen mag Anlass zur Verwunderung geben, sondern auch der Umstand, dass das Geld-Thema mit einer biblisch-theologischen Reminiszenz in eine pädagogische Perspektive gebracht wird, wenn nicht überhaupt von vornherein die Befassung der Pädagogik mit Geld- als Erziehungsfragen befremdlich erscheint. Denn vom Geld versteht die Erziehungswissenschaft nicht allzuviel, ja sie will, wie zu zeigen sein wird, auch gar nicht viel davon verstehen. Geld ist kein Thema der Pädagogik, wenigstens keines ihrer großen und zentralen Themen, vielmehr ein Neben- und Peinlichkeitsthema, das nicht eigens aufgenommen und eher in die Niederungen der Alltagssozialisation verbannt wird. Es gibt ja vieles, was eben auch gelernt wird und zu lernen ist, ohne dass es ausdrücklich von der pädagogischen Reflexion thematisiert, didaktisch aufbereitet und zu einem Element bewusster Erziehungsabsichten gemacht wird. Und genau darin folgt sie einem Schema, das sich im Gleichnis vom Zinsgroschen ausgesprochen findet: eine gewisse Nonchalance gegenüber Cäsar und der Welt; denn es ist ganz klar: Was wir Gott und der Seele zu geben haben, das ist das Wichtige, und dem gebührt im Zweifel der Vorrang.

Tatsächlich präfiguriert das religiöse Bewusstsein die Opposition von Welt und

Seele, von Diesseits und Jenseits, von irdisch-dringlicher Gebundenheit und dem, was wirklich zählt; eine Opposition, die in der Pädagogik als dem Bewusstsein, das die Erziehung begleitet, sich wiederfindet und fortgeschrieben worden ist und weiter fortgeschrieben wird. Cäsar oder Gott, Geld oder Leben, Haben oder Sein: wie Erich Fromm die Alternative wirksam formuliert hat (Fromm 1976). Das ist ein Refrain, der offenbar unserem Verhältnis zu anderen und zu uns selbst tief eingeschrieben ist, auch mit der Zuschärfung, dass man nicht zwei Herren dienen kann und sich zu entscheiden hat; im Zweifel nämlich – auch das ist Teil der Botschaft des Neuen Testaments – Gott mehr als den Menschen und ihren Bedürfnissen. Denn was hülfe es dem Menschen, wenn er die ganze Welt gewönne und nähme doch Schaden an seiner Seele? Das ist altertümlich-biblisch gesprochen und mag insofern als etwas Vergangenes erscheinen; doch der Gedanke ist nicht vergangen und hat nichts von seiner Bedeutung verloren.

Worin sie besteht, hat uns Kant gesagt. In der „Grundlegung zur Metaphysik der Sitten" von 1785 macht Kant einen Unterschied zwischen Preis und Würde: Alle Dinge haben einen Preis, der Mensch allein hat Würde. Er drückt das wie folgt aus: „Was einen Preis hat, an dessen Stelle kann auch etwas anderes als Äquivalent gesetzt werden; was dagegen über allen Preis erhaben ist, mithin kein Äquivalent verstattet, das hat eine Würde" (Kant 1785, S. 77). Das ist in prägnanter Kürze erstens das Prinzip des Tausches, sei es direkt als Ware gegen Ware, sei es indirekt über Geld, und zweitens das Prinzip der Selbstbestimmung aus Freiheit. Was über Geld und Preis zu sagen ist, hat Kant dann im Anschlusswerk, nämlich seiner Rechtslehre als „Metaphysik der Sitten" ausgeführt, und zwar unter dem Titel des „intellektuellen Begriffs" des Geldes (Kant 1797, S. 125). Er gibt den Marktwert eines Gutes an, darunter selbst „die Wissenschaften, so fern sie anderen nicht umsonst gelehrt werden" (ebd.); intellektuell ist der Begriff deshalb, weil er nicht den empirisch-tatsächlichen Wert des Geldes angibt wie z.B. in Gold oder Silber oder sonst einem Gegenstand, sondern weil er „das öffentliche Urteil über den Wert angibt" (ebd.). Eben dieses „öffentliche Urteil" ist der Preis; er ergibt sich, wie Kant mit Adam Smith sagt, aus dem „Verhältnis auf die proportionierte Menge desjenigen, was das allgemeine stellvertretende Mittel der gegenseitigen Vertauschung des Fleißes (des Umlaufs) ist" (ebd.). Daraus folgt unmittelbar, dass die Frage nach dem gerechten Preis, die die Denker der Vormoderne umgetrieben hat, sich erübrigt. Geld und Preise, so ließe sich Kant paraphrasieren, betreffen nur das Reich der Mittel, die untereinander ausgetauscht werden können; sie betreffen nicht das Reich der Zwecke, in denen es nicht um relative Werte in Hinsicht auf eine veränderliche Gesamtheit der am Markt angebotenen Güter im Verhältnis zur Nachfrage geht, sondern um den „innern Wert", wie es in der Grundlegung heißt; denn das, so wieder Kant, „was die Bedingung ausmacht, unter der allein etwas Zweck an sich selbst sein kann, hat nicht bloß einen relativen Wert, d.h. einen Preis, sondern einen innern Wert, das ist Würde." (Kant 1785, S. 78) Der alte Dual Cäsar: Gott kehrt wieder als der Dual von bloß „äußerer"

Ökonomie und wahrhaft vernünftiger Moralität; relativer Wert dort, innerer Wert hier. Die Substanz des Menschen, so könnte man in der Sprache der Tradition sagen, ist seine Würde; sie ist das, was uns unersetzbar, unvertretbar, einmalig macht, was uns über alle besonderen Verhältnisse hinaus einen unbezahlbaren Wert verleiht.[1]

Von dieser Opposition, wie sie Kant noch einmal formuliert hat, soll ausgegangen werden, um nun zunächst das Thema „Geld" in der Erziehung zu vergegenwärtigen. Dabei soll unter Erziehung all das verstanden werden, was wir tun und unterlassen, um das Lernen zu steuern und zu hemmen, anzuleiten und ihm einen kulturell bedeutsamen Inhalt zu geben, also nicht nur die moralische Erziehung im Sinne der Erzeugung oder Weckung eines stabilen und wohlgeordneten Ethos, sondern ebenso die Ausbildung von sozialen und technischen Fertigkeiten, die Vermittlung von Kenntnissen und deren Vorenthaltung. Historisch gesehen und nach wie vor für das Alltagsverständnis ist es allerdings so, dass Erziehung zuerst und vor allem als Moralerziehung gefasst wird. Das gilt als ihr eigentlicher Zweck, dem die Vermittlung von Fertigkeiten und Kenntnissen zuzuordnen ist. Moralität ist bei allen inhaltlichen Unterschieden sozusagen der höchste Punkt, und die einzelnen Praktiken und theoretischen Vorschläge zur Erziehung unterscheiden sich darin, inwieweit sie den Erwerb und die Vermittlung von Kenntnissen und Fertigkeiten als Stufen und Elemente auf dem Weg zu diesem Zentralziel ansehen oder darauf verzichten und die Zielerreichung einer glücklichen Natur oder Eingebung zurechnen.

Ich fasse diesen Ausgangspunkt kurz und dogmatisch so: Erziehung gibt es in Beziehung auf Lernen, praktisch gesprochen: Es gibt sie, weil es Kinder gibt; aber es gibt sie nur dann, wenn es Aufgaben gibt, die dem Lernen gesetzt und auch wirklich gewusst und angestrebt werden; wieder praktisch gewendet: Wenn die Eltern, Lehrer und Jugenderzieher wissen, was sie den Heranwachsenden zeigen und was nicht, was sie sie sehen lassen und wozu sie durch Übung, Belehrung und Appell anleiten. Entfällt dieser Aufgabencharakter des Erziehens, überlässt man das Lernen der Heranwachsenden gewissermaßen sich selbst, dann bleibt zwar immer noch Betreuung und Versorgung, Therapie und Sozialarbeit; doch das ist nicht mehr Erziehung, bestenfalls eine notwendige, aber keine zureichende Bedingung für Erziehung (vgl. Prange 2000).

Wie steht es nun in dieser pädagogischen Perspektive mit dem Thema „Geld"? Gehört „Geld" zu den zentralen Themen der Erziehungsprogrammatik, so wie es

---

1 Kants Begriff des Geldes ist modern im Sinne des ökonomischen Systems und verdeckt zugleich, dass Geld immer auch „Vermögen" ist, wie Christoph Deutschmann (1999) gezeigt hat. Diese „Ökonomisierung" des Geldes ist eine der Voraussetzungen, Moralität und Legalität getrennt zu führen; ein Dualismus, dem in der Pädagogik die Opposition von „moralischer" Erziehung einerseits und „bloßer" Instruktion andererseits entspricht. Es dürfte kein Zufall sein, dass dieser Dualismus von *education* und *instruction* eine seiner ersten Ausprägungen im Milieu der schottisch-calvinistischen Aufklärung gefunden hat, dem auch Adam Smith angehörte (vgl. Brenner 1962, S. 43).

unzweifelhaft zu den zentralen Themen der Lebensführung gehört? Wenn uns versichert wird, dass wir in einer geldkapitalistisch verfassten Gesellschaft leben, dann sollte man erwarten, dass zumindest die allgemein verantwortete Erziehung sich um die Befähigung kümmert, Geld zu erwerben, zu verwalten und vermehren, in Geld zu rechnen, mit Geld zu handeln und überhaupt mit den Geheimnissen von Banken und Börsen, von Wechselkursen und Währungskrisen, mit der Technik von Warentermingeschäften und der mittelfristigen öffentlichen Finanzplanung bekannt zu werden; so wie ja auch dafür gesorgt und amtlich verordnet wird, dass jeder in Geschichte und mindestens einer Fremdsprache, in Religion und Sexualkunde, ja selbst in Turnen und Leibesübungen unterrichtet wird.

Wie steht es also mit der Geld-Erziehung? Die Antwort ist einfach: Es steht schlecht damit, geradezu düster und angesichts der Bedeutung von Ökonomie und angesichts der Allgegenwart des Geldes in unseren Sozialbeziehungen auf eine merkwürdige Weise verdeckt.[2] In den Lernziel- und Kompetenzkatalogen der amtlichen Lehrpläne und besonders in ihren Präambeln, die in der Regel den Tugendkatalog des zeitgemäß-aufgeweckten und wünschenswert kompetenten Normalbürgers enthalten, sucht man das Lern- und Erziehungsziel „Geldkompetenz" vergeblich; auch unter den heute viel besprochenen Schlüsselqualifikationen ist kein solcher Hinweis zu finden. Lesen, Schreiben, Rechnen: Das versteht sich von selbst; neuerdings kommt die Computerbedienungsfertigkeit hinzu, ferner unvermeidlich *social skills*, unter welchem Namen die Umgangstugenden noch einmal ihren Weg jetzt auch in die Studienprogramme für Bachelor und Master finden sollen. Und eine gewisse, wenn auch problematische Höhe gewinnt das Lernzieldenken, wenn es das Lernen selber zum Ziel erhebt und das selbstorganisierte Lernen, das Lernen im und am Projekt und schließlich das Lernen des Lernens selber proklamiert. Von Geld ist bei alledem nicht die Rede, als ob es zu ordinär oder zu banal sei, um dem Feiertagston der Präambeln und Zielformulierungen gerecht werden zu können.

Es wird auch nicht besser, wenn wir uns bei den sog. „Klassikern" der Pädagogik umsehen, also bei denen, die das pädagogische Bewusstsein in der Tradition formuliert und gesagt haben, wozu die Kinder und Heranwachsenden zu erziehen sind. Im Einzelnen mag schwanken, was als höchstes Gut, als *summum bonum*, der Erziehung angegeben wird; doch es ist müßig, sich auf die Spur nach dem Geld als Zielformel zu begeben. Vernunft nach Plato, Redekompetenz nach Quintilian, Freiheit nach Kant, die „proportionierlichste Bildung aller Kräfte zu einem Ganzen" nach Humboldt, „Vielseitigkeit des Interesses" nach Herbart oder Heiligung des Willens nach Johann Michael Sailer: Das finden wir; von Geschäftstüchtigkeit in monetärer Hinsicht keine Spur. Auch in den nachgeordneten und aus den obersten Zielen abgeleiteten Erziehungszielen mittlerer Reichweite ist von

---

2 Auch die von Tatjana Rosendorfer vorgelegte Studie über „Kinder und Geld" (2000) behandelt das Thema „Geld" nur als Faktor der Sozialisation, nicht als bewusst formulierte und didaktisch gestaltete Aufgabe der Erziehung.

Geld nicht die Rede. Der vielseitig, gar allseitig-proportionierlich gebildete Mensch braucht von Kredit und Zins, doppelter Buchführung und *deficit spending* nichts zu verstehen, geschweige denn davon, wie man erfolgreich spekuliert und die erste Million macht. Solches Wissen und Können erscheint erst auf der Ebene der Fachbildung; früher der Kaufleute und heute der Spezialgymnasien mit dem Hauptfach Wirtschaft.

Etwas anders verhält es sich, wenn man nicht auf das theologisch-philosophisch fundierte Erziehungsdenken zurückgeht, sondern auf die *oeconomica* im alten Verstande, nämlich als Lehre vom Hauswesen, vom *oikos* und seinen Regeln. Innerhalb der Lehre vom Hauswesen hat es immer auch einen Abschnitt über die Erziehungspflichten des Hausvaters gegeben, gewissermaßen das Tal der Tränen neben den pädagogischen Gipfelwanderungen. Diese Hausväterklugheit berücksichtigt den wirtschaftenden, sorgenden und mit den Alltagsaufgaben befassten Menschen, und da kommt unvermeidlich auch Geld als elementare Lebenstatsache vor. Innerhalb der *oeconomica* geht es deshalb um den rechten Geldgebrauch, so in Xenophons „Oikonomikos" für das antike Athen, so bei Leon Battista Alberti im 15. Jahrhundert in seinem Buch über die „Familie" – gemeint ist das Hauswesen – und schließlich noch bei John Locke in seinen „Thoughts Concerning Education" von 1792. Lockes Thema ist die Erziehung zum Gentleman, und da kommt der lebenskundige Locke eben nicht vorbei an Gewerbe *(trade)* und Buchhaltung *(merchant's accounts)*. Locke versäumt es indes nicht, uns zu versichern, dass Gewerbe und Buchhaltung auf keine Weise den Lebenszweck eines Gentleman ausmachen dürften; doch es „gibt nun einmal nichts Nützlicheres und Zweckmäßigeres, ihm den Besitz seines Vermögens zu erhalten" (Locke 1970, S. 261). Wer über Ausgaben Buch führt, mindert die Gefahr, dem Ruin zuzutreiben; aber man soll damit auch nicht übertreiben; der Vater soll zwar seinem Sohn die Buchführung beibringen oder besser noch: beibringen lassen, aber nicht allzu penibel wie ein richtiger Geschäftsmann. Das führt zur Kleinlichkeit, unwürdig eines Gentleman, *not gentlemanlike*. Das Entscheidende für die Erziehung zum Gentleman ist allemal Wissen und Weltkenntnis, Sprache und gute Umgangsformen, Reisen, Musik, Fechten und Reiten. Und da ist es natürlich angebracht, zu lernen, wie man liquide bleibt, ohne doch das Sinnen auf Vermehrung und spekulative Akkumulation des Kapitals zu richten. Bestandswahrung, nicht Vermögenserwerb wird pädagogisch thematisiert; die selbstverständliche Hintergrundprämisse ist natürlich, dass das nötige Vermögen schon da ist; ererbt, erheiratet oder schlimmerenfalls selbst erarbeitet.

Erst die bürgerlichen Brauchbarkeitspädagogen des 18. Jahrhunderts, die Philanthropen, befassen sich nachdrücklicher mit der Geldfrage; aber auch ihre Botschaft ist herkömmlich und hausgebunden, noch nicht marktorientiert. Sie lautet: Geld verlangt Augenmaß und Mäßigung; man soll weder zu geizig sein noch verschwenden, die Geldmittel beisammen halten und gut wirtschaften. Das ist vor allem an die Töchter und Mütter adressiert, weil die ja die Hausmittel bewirtschaften. Man kann das bei Joachim Heinrich Campe nachprüfen. Er war einer der Wortführer der Philanthropen; Hauslehrer der Humboldt-Brüder übrigens und Herausgeber des großen „Revisionswerks", der pädagogischen Summe der deutschen Aufklärung. 1789 veröffentlicht er einen „Väterlichen Rat für meine Tochter", und da kann man lesen: „Wirtschaftliche Kenntnisse (gemeint sind noch hauswirtschaftliche Kenntnisse K.P.), Fertigkeiten und Geschicklichkeiten (sind) das eigentliche Feld des weiblichen Geistes" (Campe 1789, S. 91), und dazu gehören näherhin der „Geist der Sparsamkeit und Haushältigkeit". Die Hausmutter „muß zuvörderst alle zur Nahrung, Kleidung und anderen Bedürfnisse des Lebens erforderliche Waren und Sachen, nach ihrer Güte und nach ihren Preisen kennen, und genau zu beurteilen wissen" (ebd., S. 92).

Es sind zwei Punkte, auf die hier über die direkt ausgesprochene Pflicht zur Sparsamkeit hinaus aufmerksam zu machen ist. Der erste ist allgemeiner Art: Das Wirtschaften im Hause erfolgt unter Bedingungen knapper Mittel. Und Geld ist dabei nur ein Mittel neben anderen. Nichts schlimmer für einen Mann, als wenn er eine „Madame Bovary" zur Frau bekommt, die aus ehelicher Frustration das erarbeitete Einkommen leichtfertig verschwendet, oder für eine Frau, an einen Spieler zu geraten. Der zweite Punkt ist: Die „Haushältigkeit", das Ökonomieprinzip im Mittelgebrauch, gehört zu den maßgebenden Tugenden der Frauen; direkt verbunden mit ihrer Aufgabe, für erträgliche Familienverhältnisse zu sorgen. Wer nicht zu wirtschaften versteht, sparsam, haushälterisch, preisbewusst, taugt auch nichts. Das gilt zunächst für alle; es gilt aber vor allem für diejenigen, die unter dem Regiment des Hausvaters stehen, und das sind hier bei Campe die Frauen, und es sind die Kinder. Sie werden knapp gehalten und sollen sich auf Knappheit einrichten. Die Pointe dabei ist: Das dient nicht nur der ökonomischen Sicherung, sondern es dient auch der moralischen Ertüchtigung. Die „züchtige Hausfrau", die „drinnen waltet", ist eben auch die erziehende Mutter, die sich um die Kinder kümmert und für ihre Versittlichung sorgt. Und gerade auch in dieser Hinsicht gilt: Knappheit und vollends Not machen nicht nur erfinderisch; Not macht erzieherisch; Knappheit ist ein *paedagogicum* ersten Ranges. Ein familiäres Sparta im Kleinen ist der Raum für die Vorbereitung auf die große Welt, in der es dann freilich nicht nur spartanisch zugeht.

Wie dieser Zusammenhang von Knappheit und Erziehung gedacht wird, lässt sich an einem Kronzeugen der neueren Pädagogik studieren, nämlich an Johann Heinrich Pestalozzi. Er ist wie andere vor ihm im 18. Jahrhundert von der Armen- und Waisenerziehung ausgegangen und hat darin ein Muster für Erziehung überhaupt gefunden: „Der Arme", so sagt er 1775 in den Aufsätzen über die Armenanstalt auf dem Neuhofe, „muß zur Armut auferzogen werden" (Pestalozzi 1927, S. 143). Damit ist zuerst gemeint: Die Armen müssen befähigt werden, innerhalb ihrer Verhältnisse und im Blick auf ihre beschränkten Möglichkeiten einigermaßen selbstständig mit dem Leben fertig zu werden. Aber gemeint ist auch: Die Dürftigkeit nötigt zu Eigenschaften, in denen die anderen empathisch wahrgenommen werden und auf die Dinge geachtet wird. Diese Erziehung durch die Dinge hatte Rousseau ja gerade ins Bewusstsein gerückt (vgl. Kraft 1988). Sie funktioniert nur, wenn es die Dinge nicht im Überfluss gibt. Dringlichkeit in Nahverhältnissen leitet und konzentriert das Lernen; Überfluss führt in die Zerstreuung, die Leichtfertigkeit und das gleichgültige Beieinander dessen, was man alles erreichen kann. So gesehen erfreuen sich die Schlechtweggekommenen und die Kinder aus weniger bemittelten Elternhäusern des Vorzugs, die Erfahrung innig-unersetzbarer Nahbeziehungen zu machen und Dinge des Gebrauchs schätzen zu lernen; sie erfahren den Wert der Arbeit und der eigenen Leistung. Knappheit und vollends Armut steigert die Bedeutung von Menschen, von Werken und Worten. Die eigene Bedeutung, der „innere Wert" (Kant), wird fühlbar: Es kommt auf mich an, wenn nur ich da bin, um zu helfen. Das ist leicht einzusehen und ebenso, dass eben dann, wenn der Tisch reich gedeckt ist, die Bereitschaft zum Lernen und zu eigener Anstrengung erlahmt. Warum sich mühen, wenn man umsonst bekommt, was andere sich mühselig erarbeiten müssen? Insofern ist Armut ein Movens, und die Armen haben es gleichsam von Geburt mitbekommen. Not lehrt nicht nur beten; sie lehrt vor allem auch lernen. Das ist ein wichtiges Element der Pädagogik Pestalozzis. Tatsächlich hat er den Sonderfall der Armenerziehung zum Schema für Erziehung überhaupt gemacht. Da ergibt sich natürlich ein Folgeproblem: Denn was macht man nun mit den beklagenswerten Kindern, die sorgenfrei oder gar in Reichtum aufwachsen? Es ist klar, was hier im Argen liegt. Es ist nicht gut, wenn es den Kindern allzu gut geht; geldlich schon gar nicht, wenn sie sich bequem kaufen können, was andere sich erarbeiten müssen oder durch moralisches Wohlverhalten sich erst zu verdienen haben. Das ist seit je gesehen worden und gehört nach wie vor zum pädagogischen Common Sense. Was tut man also, früher wie heute, wenn Geld da ist und womöglich viel Geld? Ich will in etwas stilisierter Zuschärfung drei Wege vorführen.

1. Möglichkeit: Man behandelt die Kinder so, als ob kein Geld da ist. Sie sollen sich alles selbst erwerben. Arbeit ja, unbedingt, um sich selbst zu erhalten und daran zu lernen; aber Geld als Ersatz, das schadet der Erziehung. Es gibt dafür ein prominentes Modell, nämlich die Arbeitsdidaktik nach Georg Kerschensteiner. Ich erinnere an sein Paradebeispiel: Eine Klasse baut einen Starenkasten (Kerschensteiner 1950). Sie hat nämlich bemerkt, dass vor dem Fenster den Staren eine gepflegte Heimstatt fehlt, und so wird beschlossen, einen Starenkasten zu bauen. Ein Projekt also: so richtig aus dem Leben, wenigstens dem Leben von Reformpädagogen, an dem nun praktisch, lebensnah, kooperativ und hochmotiviert gearbeitet wird und dabei dann kognitiv, moralisch und technisch gelernt wird. Es ist nun von der Kritik oft bemerkt worden, dass Kerschensteiner hier das vormoderne Handwerksmodell seiner Arbeitserziehung zugrundelegt und die industriell-arbeitsteilige Produktionsweise nicht zur Geltung kommt. Aber es ist noch etwas anderes, was hier fehlt: Geld kommt gar nicht ins Spiel. Schließlich

kann man Starenkästen auch kaufen, und statt der Arbeitsmühe wäre es ja auch möglich, Taschengeld zusammenzulegen oder elterliche Sponsoren zu finden oder eine Straßensammlung zu veranstalten. Das wird aber gar nicht in Betracht gezogen. Warum nicht? Weil es um Lernen geht, das heißt um das, was sich nicht kaufen lässt, sondern unvertretbar selber zu leisten ist. Lernen kann man nur selbst; folglich muss das Geld verschwinden, mit dem man kauft, was man eigentlich selber leisten soll.

2. Möglichkeit: Die Kinder werden zwar reichlich ausgestattet, aber nicht ohne Kontrolle, d.h. sie erhalten keine Barmittel zur eigenen Disposition, sondern Sachleistungen, die sich erzieherisch vertreten lassen. So wird ihnen der Reichtum zwar nicht vorenthalten; sie bekommen schon alles, doch nur dann, wenn es etwas taugt und förderlich erscheint. Dieses Vorhaben wird natürlich erschwert, wenn mit zunehmenden Jahren eben doch Geld gegeben und damit Kaufkraft übertragen wird. Das Dilemma zeigt sich z.B. beim Schenken. Der Sinn des Schenkens ist ja eigentlich, etwas unverwechselbar Eigenes mitzugeben; unter anderem auch pädagogische Impulse. So legt man einen Rilke-Band auf den Konfirmationstisch; aber den Jugendlichen ist *cash* viel lieber. Nur Bares ist Wahres, d.h. Vermögen zu ungebundener Verwendung, und dann eben nicht gerade Rilke, sondern „tamagotchi" oder Snowboards oder sonst etwas Sinnfrei-Überflüssiges. Interessant ist auch, dass hier das Gesetz, nämlich BGB § 110, mit dem so genannten Taschengeldparagraphen schützend eingreift: Die Minderjährigen dürfen mit dem zugemessenen Taschengeld beliebige Kaufgeschäfte tätigen und sind insofern vor pädagogisch motivierter Konfiskation gesichert. Leider enthält der „Taschengeldparagraph" nichts über die Höhe des Taschengeldes, weder absolut noch im Verhältnis zum elterlichen Vermögen; auch ist streitig, ob aus der Dispositionsfreiheit ein Anrecht auf Taschengeld abzuleiten ist.

3. Möglichkeit der pädagogisch-künstlichen Knappheit: Man versetzt die Kinder und Heranwachsenden vorsorglich in eine zivilisatorisch deprivierte Umwelt, d.h. sie kommen in ein Internat oder ein reformpädagogisch geführtes Landerziehungsheim, nämlich in eine pädagogisch legitimierte Knappheitslage, als ob sie so bedürftig wären wie Pestalozzis Kinder auf dem Neuhof oder in Stans. Das bedeutet dann: karge, aber gesunde Kost; hartes Lager statt Schlaraffia; auch muss man die Betten selber machen, selber die Räume sauberhalten, sich untereinander helfen und zu Diensten sein, statt von bezahltem Personal sich bedienen zu lassen; kurz: Leitend ist die Idee einer *moral economy;* jeder nach seinen Bedürfnissen und im Maße seiner Kräfte, direkt von Angesicht zu Angesicht, durchaus wirtschaftlich, aber im Prinzip ohne vermittelndes Geld.

Es sind gerade die vermögenden, herrschaftlichen und bildungsbewussten Familien gewesen und sind es noch, die ihre Kinder in die *public schools* nach Eton und Harrow, so in England, oder auf die Fürstenschule nach Schulpforta oder ins Maulbronner Konvikt geschickt haben, um ihnen eine Erziehung unter Bedingungen künstlicher Knappheit der Mittel und des intellektuellen Reichtums zu ermöglichen. Das Paradoxe dabei ist: Diese Distanz zum Geld, die nachgerade das pädagogisierte Leben ausmacht, darf ruhig kosten; denn gerade die künstlich-pädagogische Knappheit ist teuer und keineswegs ohne Geld zu haben. Es ist ein bisschen wie bei strenger Diät: Je weniger auf den Teller kommt, desto mehr muss man in der Regel dafür bezahlen. Man braucht durchaus Geld, viel Geld für Bildung und Erziehung, damit es in der Erziehung ärmlich-sittlich zugeht. Pädagogisch veranstaltete Knappheit in Distanz zum Geld verlangt eine geldorientierte Umwelt, so wie die Aussteiger aus der Konsum- und Leistungsgesellschaft eben diese Gesellschaft um sich herum brauchen, um sich ohne Lebensgefährdung von ihr zu lösen.

Das bedeutet nun freilich nicht, dass die Erzieher vermögend werden und sich an der wirklichen oder pädagogischen Bedürftigkeit bereichern sollten oder dürften. Im Gegenteil: Auch für sie gilt wie für die Kinder, dass sie knapp zu halten sind, eigentlich sollten sie um der moralischen Integrität willen umsonst wirken, für Gotteslohn, so wie Mütter ihren Einsatz nicht in geldwerte Leistungen umrechnen sollten. Schon gegen die ersten professionellen Lehrer, gegen die Sophisten, ist angeführt und als Ausweis ihrer Unseriosität angesehen worden, dass sie für das Lehren Geld genommen haben und sogar reich geworden sind, wie man von Gorgias und Isokrates weiß (vgl. Marrou 1957, S. 121 ff.). Pädagogen haben umso weniger zu verdienen, je intensiver, sozusagen kindnäher, sie wirken: Kindergärtnerinnen weniger als Grundschullehrerinnen, beide weniger als Gymnasial-, alle weniger als Hochschullehrer. Die Dignität des Erziehens verträgt sich nicht mit monetärer Prosperität; man kann sich ja auch schlecht ein Liquididationsrecht nach Art der Ärzte für pädagogische Einzelleistungen vorstellen. Bis in die Debatten um die Gebührenfrage für das Studium reicht der Gedanke, dass Erziehung und Bildung nicht verrechenbar sind. Erzieherische Leistungen werden als freie Gabe, als Geschenk, nicht als Tauschangebot erwartet, und zwar offenbar deshalb, weil das Erziehen allgemein und vor allem dann, wenn es sich auf das existenziell und moralisch bedeutsame Lernen des Subjekts bezieht, wenn es um dessen inneren Wert und Würdestatus geht, ordinäre, kosten- und preisbewusste Motive nicht verträgt.

Das Ergebnis ist: Zur hochtemperierten Atmosphäre der Moralpädagogik gehört die demonstrative Distanz zum Geld und zum wirtschaftlichen Erfolg. Pestalozzi ist auch hier beispielhaft. Zu seiner Selbstpräsentation gehörte auch das Bekenntnis, in Gelddingen unbedarft zu sein, ein Naturkind in der schnöden Welt des Mammons, im Übrigen noch untermalt von einer etwas befremdlichen Nachlässigkeit und Ungepflegtheit seines Erscheinungsbildes. Es gibt nicht nur, wie Veblen gezeigt hat, den demonstrativen Prestigekonsum; es gibt auch die moralisch-pädagogisch motivierte Demonstration von Anspruchslosigkeit und frei gewählter Bedürftigkeit, sozusagen die Aschenputtel-Attitüde der in die Niederungen des Habens verschlagenen reinen Seele. Diese Selbstinszenierung hat eine Funktion:

Um die Glaubwürdigkeit der Botschaft der Knappheit zu erhalten, erfolgt eine Identifikation mit den knapp gehaltenen oder wirklich Armen; auch der Erzieher schläft auf Stroh und trinkt nur Wasser, präsentiert sich wenigstens ähnlich zivilisationsverlassen wie die Kinder oder Klienten oder armen Teufel rundum. Diese Gestalt des äußerlich armen, doch innerlich reichen Retters ist aus der Geschichte der großen Prediger und Seelenführer wohlbekannt. Wer nichts für sich verlangt, wer an der Subsistenzgrenze existiert und sichtbar über die Welt hinaus ist, kann moralische Gefolgschaft verlangen. Er will ja nichts für sich. So sieht der spanische und mit einträglichen Pfründen wohlversehene Domherr Dominikus, dass die fürstlich und erhaben auftretenden Prälaten mit ihrer Predigt bei den häretischen Albigensern nichts ausrichten, und er zieht die radikale Konsequenz: Er macht sich klein und armselig, verlegt sich und seine Mitarbeiter, die Dominikaner, aufs Betteln; in der ursprünglich strengen Form bezeichnenderweise so, dass sie wie auch die Franziskaner kein Geld nehmen durften. Sie haben selber nichts als das Nötigste, um sichtbar und eindringlich mehr zu sein und alles fordern zu dürfen (vgl. Frank 1993, S. 86 ff.). Armut, künstliche Armut, demonstrative Bedürfnislosigkeit und Glaubenspredigt gehören zusammen. So wirkt es ja auch bei den modernen Gurus entlarvend, wenn ruchbar wird, dass sie wie andere Manager ein Konto auf einer Schweizer Bank haben. Distanz zum Geld, zum Haben und zum Vermögen gehört zur pädagogisch-moralischen Selbstinszenierung.

Es ist klar, dass diese Prätention des Unprätentiösen leicht unter Heucheleiverdacht gerät; man braucht nur hinzusehen, um zu bemerken, dass gerade die Unweltlichen viel vom Geld verstehen, vermutlich gerade deshalb, weil sie zum Geld ein reflexiv-gebrochenes und kein naives Nutzungsverhältnis haben. An der päpstlichen Kurie zu Avignon, im 14. Jahrhundert der führende Finanzplatz Europas, werden die ersten Formen bargeldloser Transaktionen erfunden; Vorläufer des elektronischen Geldes wie jetzt des Euro; Geld nicht zum Anfassen, sondern als Option auf beliebig wählbare Güter. Warum sind es Kleriker, die doch nicht mit Geld handeln sollen, die dem modernen Geldmanagement den Weg bahnen? Warum ist es ausgerechnet ein Franziskaner und nicht ein profitorientierter Fugger oder Welser, der die doppelte Buchführung erfindet? Die psychologische Erklärung oder gar moralische Entrüstung über die Raffgier von Geistlichen dürfte entschieden zu kurz greifen. Im Armutsstreit zwischen Kurie und Bettelorden ging es um die Frage, ob nicht nur die Einzelnen sich zu Armut, Besitz- und Geldlosigkeit zu verpflichten hätten, sondern auch die Orden und die Kirche insgesamt. Darf man nicht doch Geld nehmen, wie die Kirche sagte und die ersten Spiritualen es verneinten? Geld aber nicht für sich, sondern für die Organisation, mit der Folge, dass die Institution Vermögen bildet, gerade weil die einzelnen Mitglieder knapp gehalten werden, die ihrerseits aber nur dann als Prediger und Seelsorger wirken können, wenn hinter ihnen eine wohldotierte Organisation steht? Innere Werte und der Würdestatus, *nichts* zu haben, um allen alles zu sein, können ihre Bedeutung ersichtlich nur dann entfalten, wenn sie wirtschaftlich und finanziell abgesichert sind. Genau dieses Dilemma führte auf raffiniertere Formen des Geldbesitzes, die dann ihrerseits dem bloß wirtschaftlichen Verkehr zugute gekommen sind. Hier haben wir im Übrigen ein Beispiel dafür, wie eine extreme und etwas skurrile Grundentscheidung und Gesinnung den Scharfsinn besonders herausfordert, um zu Lösungen und Techniken zu verhelfen, damit doch sein kann, was nicht sein soll. Historisch gesehen ist der Armutsstreit vergangen und weithin vergessen, aber sein Thema ist nicht vergangen und nicht überholt. Er kann uns darüber belehren, dass Konsum- und schließlich Geldverzicht eben doch nicht aus dem Reich der Mittel herausführen und das Äquivalenzprinzip nicht außer Kraft setzen.

Cäsar und Gott, Geld und Geist, Haben und Sein, Preis und Würde sind ineinander verstrickt und bleiben auf einander angewiesen. Ihre Opposition ist eine Verkennung, die sich erlauben kann, wer im Hintergrund Vermögen zur Disposition hat. Was die Pädagogik angeht, die in vielerlei Hinsicht, auch ohne es recht zu wissen, in der Botmäßigkeit ehemals theologischer und metaphyischer Fragestellungen steht, so hat sie mit dem Problem zu tun, dass sie sich in einer geldbestimmten Sozialwelt nahezu unbegrenzter Substitutionsmöglichkeiten in Hinsicht auf das Lernen so zu verhalten hat, als ob es eben diese Möglichkeiten nicht oder nur unter Vorbehalt gibt. Das geschieht dadurch, dass die Mittel und allen voran das Geld knapp gehalten werden und der schnelle Weg des Geldes durch die langen Weilen des Lernens und Selberkönnens ersetzt wird. Zu den Folgen gehört, dass in der Erziehung, und hier vor allem in der öffentlichen Erziehung, das Geld mit Missmut betrachtet und misstrauisch behandelt wird, obwohl gerade für diese Erziehung Geld und immer mehr davon gebraucht wird, so dass es angezeigt scheint, Geld auch in der Erziehung eindeutig und zustimmend zu thematisieren. Wie das zu geschehen hätte, lässt sich hier nicht mehr sagen; als Hinweis mag der Rückgriff auf das eingangs eingeführte Gleichnis vom Zinsgroschen dienen. Es genügt nicht, nur die Kopfseite des Geldes zu betrachten; man muss die Münze auch umkehren und auf ihre andere Seite, auf die Zahlseite blicken, um beides aufeinander zu beziehen und zu vermitteln: Preis und Würde, Sein und Haben, das Lernen um unserer selbst willen und das Lernen als Investition in unseren Marktwert zum Austausch von Leistungen. Wie jedes Geldstück hat die Erziehung in ihrer Beziehung auf das Lernen diese beiden Seiten: In der Erziehung geht es nicht ohne Knappheit und künstliche Armut, aber ihre Anschlussfähigkeit an die Sozialwelt, wie sie ist, gibt es nicht ohne Handhabung der Mittel, der sie in ihrer Programmatik die offizielle Anerkennung versagt. Dieses Missverhältnis spiegelt sich in der gängigen Alternative von Erziehung und Unterricht, von der am Anfang die Rede war: Der Reinheit des Erziehens und der Bildung wird das niedere Geschäft von Unterricht und Ausbildung gegenübergestellt, als ob der Geist wehen könnte, wie er will, ohne Macht und Vermögen, und gewissermaßen mittellos dennoch die langfristigen Haltungen und Motive ergreift. In Wahrheit ist es die Verknappung der Mittel, die als ein bewährtes

Vehikel für Lernprozesse benutzt wird und so de facto bestätigt, was die pädagogische Selbstbeschreibung nicht wahrhaben will: Es gibt keine Erziehung ohne Unterricht und ohne Vermögen, und es gibt diese nicht, ohne dass nicht auch *in* der Erziehung insgesamt und speziell *im* Unterricht die Logik des Geldes zur Geltung gebracht würde.

Literatur

Brenner, Eduard, 1962: Betrachtungen zur schottischen Erziehungsgeschichte, Erlangen.
Campe, Joachim Heinrich, 1789: Väterlicher Rath für meine Tochter, Braunschweig.
Deutschmann, Christoph, 1999: Die Verheißung des absoluten Reichtums. Zur religösen Natur des Kapitalismus, Frankfurt a.M./New York.
Frank, Karl Suso, ⁵1993: Geschichte des christlichen Mönchtums, Darmstadt.
Fromm, Erich, 1976: Haben oder Sein. Die seelischen Grundlagen einer neuen Gesellschaft (= Gesamtausgabe, Bd. 2, München 1989, S. 269-414).
Kant, Immanuel, 1785: Grundlegung zur Metaphysik der Sitten (= Werke in 6 Bdn., Bd. 4, Darmstadt 1966).
Kant, Immanuel, 1797: Metaphysik der Sitten (= Werke in 6 Bdn., Bd. 4, Darmstadt 1966).
Kerschensteiner, Georg, 1950: Der pädagogische Begriff der Arbeit (zuerst 1923), in: Begriff der Arbeitsschule, München, S. 29-64.
Kraft, Volker, 1988: Erziehung durch die Dinge. Einblick in das „Emilische System" der Erziehung, in: curriculum vitae, hrsg. v. D. Spanhel, Essen, S. 48-59.
Locke, John, 1970: Gedanken über Erziehung, Stuttgart (zuerst engl.: Thoughts Concerning Education, 1792).
Marrou, Henri-Irénée, 1957: Geschichte der Erziehung im klassischen Altertum, Freiburg/München (zuerst frz.: Histoire de l'éducation dans l'antiquité, Paris 1948).
Pestalozzi, Joh. Heinrich, 1927: Sämtliche Werke, Bd. 1, Berlin/Leipzig.
Prange, Klaus, 2000: Plädoyer für Erziehung, Baltmannsweiler.
Rosendorfer, Tatjana, 2000: Kinder und Geld. Gelderziehung in der Familie, Frankfurt a.M./New York.

*Christine Wimbauer / Werner Schneider / Wolfgang Ludwig-Mayerhofer
unter Mitarbeit von Jutta Allmendinger und Dorothee Kaesler* [1]

Prekäre Balancen – Liebe und Geld in Paarbeziehungen

> „Für ein Verhältnis zwischen Menschen, das seinem
> Wesen nach auf Dauer und Wahrheit der verbindenden
> Kräfte angelegt ist – wie das wirkliche Liebesverhältnis, so
> schnell es auch abgebrochen werde –, ist das Geld niemals
> der adäquate Mittler."
> Georg Simmel (1985 [1898], S. 146)

Geld und/oder Liebe

'Geld' und 'Liebe' stehen in einem scheinbar unversöhnlichen Gegensatz zueinander. Entsprechend dem romantischen Liebesideal gilt die Liebesbeziehung, mit ihrem Anspruch auf Dauer und Wahrheit der die Liebenden *als Individuen* verbindenden Kräfte, bis heute als Gegenpol zu den sozialen Beziehungen zwischen Akteuren in der modernen Geldwirtschaft, wo Individuen in ihrem geldvermittelten Austausch gerade *nicht* in ihrer Individualität in Erscheinung treten können bzw. müssen. Diese – von der bürgerlichen Moderne bis in unsere heutige Alltagsdeutung reichende – Gegensätzlichkeit von Liebe und Geld als 'entweder – oder' ging einher mit der Durchsetzung des bürgerlichen Ehekonzepts, welches mit seinem Rollenmodell des männlichen Hauptverdieners und der weiblichen Hausfrauentätigkeit eine ganz eigene machtvolle Ordnung von 'Geld *und* Liebe' im Privaten etablierte. Heute stellt sich jedoch die Frage, inwieweit ein Wandel dieses Ehemodells nicht zuletzt durch die zunehmende Erwerbstätigkeit von Frauen diese private (Geschlechter-)Ordnung der Moderne möglicherweise verändert: Erlaubt die Verfügbarkeit von 'eigenem' Geld nun (auch) für Frauen das 'eigene' Leben – nicht nur außerhalb von, sondern ebenso *in* Paarbeziehungen? Transformiert sich dadurch das Fundament eben dieser modernen Paarbeziehung?

Bislang liegen zu dieser Thematik kaum empirische Erkenntnisse vor – konkret:

---

1 Dieser Beitrag beruht auf Arbeiten, die im Projekt „Gemeinsam leben, getrennt wirtschaften? Grenzen der Individualisierung in Paarbeziehungen" (Teilprojekt B6 des Sonderforschungsbereich 536 „Reflexive Modernisierung") durchgeführt werden. Wir danken Maria Haunerdinger, Riccarda Höft und Chantal Höft für ihre kontinuierliche Unterstützung, die eine wichtige Grundlage für das Zustandekommen dieses Beitrags bildete.

Welche Bedeutungen messen Paare, zumal wenn beide Partner erwerbstätig sind, in ihrem Alltag dem skizzierten Zusammenhang von 'Geld und/oder Liebe' zu? Wie gestalten sie die ökonomische Seite ihrer Beziehung als gemeinsames oder getrenntes (nicht nur, aber vor allem auch) 'Geld-Haushalten'? Im Verlauf dieser Arbeit sollen auf empirischer Basis hierzu exemplarisch einige Antworten formuliert werden: Ein mikrosoziologischer Blick auf die Geldarrangements von Paaren zeigt, wie sich darin verschiedene Bedeutungen von eigenem oder gemeinsamem Geld mit unterschiedlichen Vorstellungen von Liebe und Beziehung, mit der eigenen Identität oder der des Partners, mit biographischen Erfahrungen und Perspektiven verschränken. Theoretisch geht es uns dabei um den Nachweis, dass für eine soziologische Interpretation des Zusammenhangs von 'Geld und Liebe' in Paarbeziehungen eine einfache, gleichsam von außen gesetzte Dichotomie von 'eigenem' und 'gemeinsamen' Geld nicht ausreicht. Geld ist also im Paar- oder Familienhaushalt nicht nur als ökonomische Ressource entweder auf individueller (als Individual-) oder auf Haushaltsebene (als Haushaltseinkommen) zu betrachten, sondern als eine Form von Wechselwirkung (Simmel), die tief in der Gesamtkonstruktion der Beziehung(en) zwischen den Individuen verankert ist.

Im Folgenden entfalten wir zunächst das eingangs angesprochene Spannungsverhältnis von 'Geld' und 'Liebe' einschließlich seiner gegenwärtig diskutierten möglichen Veränderungen (Abschnitt 2). Nach einer kurzen Darstellung und Kritik des aktuellen Forschungsstands (Abschnitt 3) präsentieren wir drei Fallrekonstruktionen zum Verhältnis von Geld und Liebe bei Paaren, in deren Geldarrangement sowohl 'gemeinsames' als auch 'eigenes' Geld enthalten ist (Abschnitt 4). Zuletzt (Abschnitt 5) fassen wir die Ergebnisse zusammen.

Die bürgerliche Familie und der Familienhaushalt im Modernisierungsprozess

Unsere Fragestellung lässt sich explizieren, indem wir zwei Perspektiven auf die Familie aufeinander beziehen, die beide gleichermaßen plausibel und doch für sich genommen einseitig sind: Einerseits eine Sichtweise, nach der sich im Zuge des Modernisierungsprozesses die bürgerliche Kleinfamilie als besonderer, auf 'emotionale Vergemeinschaftung' spezialisierter Privatheitstyp herausdifferenziert hat;[2] andererseits einen Blick auf ökonomische Abhängigkeiten und Ungleichheiten im Geschlechterverhältnis, die bis in die Ehe und Familie reichen, ja mehr noch: gerade dort ihre für die Moderne spezifische Gestalt erfahren.

Die Familie gilt als exemplarischer Beleg für die Deutung von Modernisierung als funktionaler Differenzierung: Während das 'Ganze Haus' der traditionalen

---

2 Dieser Privatheitstyp unterliegt im Zuge fortschreitender Modernisierung weiteren Differenzierungsprozessen mit der Folge der Entwicklung verschiedener, neuer Privatheitstypen (vgl. z.B. Meyer 1992).

Gesellschaft den Familienverband samt seinem Gesinde als weitgehend autark wirtschaftende Einheit sah, hat sich im Prozess der Modernisierung die zunehmend industrialisierte Produktion aus dem Familienhaushalt ausdifferenziert.[3] Parallel dazu entwickelte sich die Kern- bzw. bürgerliche Kleinfamilie als Ort der emotionalen Vergemeinschaftung ihrer Mitglieder sowie der Zeugung von Nachkommen und deren primärer Sozialisation zum vorherrschenden Typus des Privathaushalts. Die Partnerwahl richtet sich dem bürgerlichen Ehe- und Familienideal zufolge nicht mehr, wie im weltlichen Ehemodell der traditionalen Gesellschaft, nach ökonomischen Gesichtspunkten und Verwandtschaftsinteressen, sondern wird durch das Kriterium der 'romantischen Liebe' (vgl. u.a. Luhmann 1982; Tyrell 1987) gesteuert. Gleichzeitig wird die bürgerliche Familie vor allem im 19. Jahrhundert zur nach außen abgeschotteten Privatsphäre: Im gleichen Maße, wie nach dem romantischen Liebesideal die (Ehe-)Partner der Norm wechselseitigen Vertrauens, ja wechselseitiger Offenbarung unterliegen und den jeweils Anderen aufgrund der Gesamtheit seiner Persönlichkeit schätzen, werden die Grenzen, die um die familiale Binnenkommunikation herum gezogen sind, immer undurchlässiger, beziehen sich die beiden Partner ausschließlich aufeinander und definieren sich als Persönlichkeiten wesentlich über ihre intime Paarbeziehung (Berger/Kellner 1965). Obwohl die Soziologie konstatiert, dass jene die Familie umgebenden „Mauern der Privatheit" schon seit langem „geschleift" seien (von Trotha 1990, S. 464), weshalb heute von einer „offenen Familie" gesprochen werden müsse (ebd., S. 463 ff.), gilt ein hohes Ausmaß an Privatheit und Intimität immer noch als ihr wichtigstes Charakteristikum.[4]

So plausibel diese differenzierungstheoretische Argumentation in ihren Grundzügen erscheint, so steht sie doch in der Gefahr, genau jene bürgerliche 'Privatheitsideologie' zu reproduzieren, welche die Familie unter dem Primat emotionaler Vergemeinschaftung fasst und somit ihre ökonomischen Fundamente, Abhängigkeiten und Zwänge ausblendet. Bekanntlich sind Familienhaushalte auch heute neben Markt und Staat wichtige Produzenten von Wohlfahrt (Esping-Andersen 1999; Kaufmann 1999), da auch in modernen Familienhaushalten Arbeit geleistet wird[5] und finanzielle und andere Ressourcen (freilich nach einer nicht-marktlichen Logik) verteilt werden. Letzteres gilt insbesondere für Personen, die nicht oder nur in eingeschränktem Umfang an der Erwerbsarbeit partizipieren. Namentlich trifft dies für Länder wie die Bundesrepublik zu, in denen aufgrund gesellschaftlicher Leitbilder wie staatlicher Rahmenbedingungen die so genannte 'Hausfrauen-

---

3 In der familiensoziologischen Literatur werden diese und weitere (Aus-)Differenzierungen wahlweise als 'Funktionsverlust' oder als 'Funktionsentlastung' (Mitterauer/Sieder 1979, S. 101) der Familie beschrieben.
4 Ein Blick in neuere einschlägige Werke macht dies deutlich (vgl. z.B. Lenz 1998; Herrmann 2001; Hohenester 2000): Hauptthemen sind hier auch und vor allem Beziehungsphasen und Beziehungsarbeit, Identität, Emotionen und Liebe.
5 Die (in der Bundesrepublik, aber sicher auch in vielen anderen Ländern) in quantitativem Umfang die Erwerbsarbeit deutlich übertrifft (Blanke/Ehling/Schwarz 1996, S. 16).

ehe' jedenfalls lebensphasenspezifisch eine nicht unbedeutende Rolle spielt und die Einkommen der Frauen auf dem Arbeitsmarkt aufgrund vielfältiger Faktoren, etwa Lohndiskriminierung (Engelbrech 1996) oder geringerer Arbeitszeiten (Pfaff 2000), erheblich hinter denen der Männer zurückbleiben.

Vor diesem Hintergrund gilt es, die spezifische *Verschränkung* von (romantischer) 'Liebe' und (modernem) 'Geld' im Privaten in den Blick zu nehmen. Die bürgerliche Kleinfamilie als Familienhaushalt mit der für sie konstitutiven Paarbeziehung verbindet zwei für sich genommen gegensätzliche Grundprinzipien moderner Wechselwirkungen zwischen Individuen: das der romantischen Liebesbeziehung zugrunde liegende Prinzip der 'individuellen Höchstrelevanz des (geliebten) Anderen um seiner selbst willen' und das den sozialen Beziehungen unter dem Primat der modernen Geldwirtschaft unterliegende Prinzip der 'absoluten Sachlichkeit rationalen Kalküls als eigene Nutzenmaximierung'.[6] Anders als Liebe als affektiver dyadischer Vergemeinschaftungsmodus ist Geld in der Moderne ein abstrakter Modus von Vergesellschaftung – im Sinne von 'Substanz gewordener Wechselwirkung':[7] Das moderne Geld besitzt keinen inneren Wert an sich mehr, sondern ist die materielle Manifestation einer reinen Wertbeziehung. Liebe und Geld folgen dabei unterschiedlichen Tauschlogiken: Während der Gegenpart von Liebe wiederum nur Liebe sein kann, ist das im Geld enthaltene abstrakte Wertversprechen nur über den Tausch gegen etwas, das nicht Geld ist, einzulösen: Waren, Dienstleistungen, Informationen etc. Vor allem ist die 'soziale Reichweite' von Liebe und Geld diametral entgegengesetzt: Liebe – als romantische, wenn auch ehelich domestizierte Liebe – ist höchst 'subjektiv' und vergemeinschaftet genau zwei (bestimmte) Individuen miteinander, diese aber je als ganze Person, womit deren Individualität gleichermaßen die Voraussetzung für ihre Beziehung darstellt wie als deren Resultat erscheint. Geld wirkt dagegen in höchstem Maße 'objektivierend', indem es potenziell jede/n mit jedem/r in eine Beziehung treten lassen kann, dabei jedoch – wie Simmel argumentiert hat – im konkreten Austausch gerade von der Individualität der Beteiligten abstrahiert und sie ausschließlich als Träger der einzutauschenden Leistung anspricht und vergesellschaftet.

In Paarbeziehungen bzw. Familien, die nach dem überkommenen Leitbild der geschlechtsspezifischen Rollenverteilung organisiert sind, wird dieser Gegensatz in einem Regime komplementärer Reziprozität 'aufgelöst' (ideologiekritisch formuliert: verschleiert): Das vom (Ehe-)Mann verdiente Geld wird als Familieneinkommen konzipiert und wahrgenommen, das von der (Ehe-)Frau eventuell verdiente Geld als Zusatzeinkommen. Solches Geld – als materiale Basis des Haushalts und als symbolischer Ausdruck der damit einhergehenden Beziehungsstruktur – ver-

---

6 In dieser Gegensätzlichkeit liegt mit ein Grund, warum das Thema 'Geld' in den Hintergrund rückt, je mehr Paarbeziehungen und Familien unter dem Blickwinkel der affektiven Vergemeinschaftung betrachtet werden (Allmendinger et al. 2001).
7 Marx (1929); Simmel (1989); Deutschmann (1999, 2000); vgl. auch Luhmanns (1988) Konzeption von Geld als symbolisch generalisiertes Kommunikationsmedium.

gemeinschaftet beide Partner mittels eines komplementären Arrangements von (männlicher) 'Arbeit für Geld', welches beiden bzw. allen Familienmitgliedern zugute kommen muss, und (weiblicher) 'Arbeit im Haushalt'. Wessen Geld wem gehört und wozu beiträgt, ist innerhalb dieses Regimes somit institutionell vorgegeben und bis in entsprechende sozialstaatliche Regelungen hinein abgesichert. Legitimiert wird dieses Modell, welches eine finanzielle Abhängigkeit der Frau von 'ihrem' Mann impliziert und den Mann gegenüber 'seiner' Frau und Familie finanziell verpflichtet, durch die wechselseitige, an individueller 'Höchstrelevanz' orientierte, emotionale Verbundenheit – sprich: das romantische Liebesideal.[8]

Die Rahmenbedingungen dieser Ordnung von 'Geld und Liebe' im Privaten haben in den vergangenen Dekaden jedoch einen teilweise tiefgreifenden Wandel erlebt.[9] Als unabweisbar erscheint zunächst die abnehmende, wenn auch keineswegs verschwundene, Ungleichheit zwischen den Geschlechtern jedenfalls auf der Ebene normativer Ansprüche, teilweise aber auch im faktischen (insbesondere: Erwerbs-) Verhalten. Das männliche 'Familienernährer'-Modell bzw. die 'Hausfrauen-Ehe' findet heute – bei Männern wie Frauen – nur mehr eingeschränkte Zustimmung; Frauen streben nach 'eigenem Geld', welches 'eigenes Leben' ermöglichen soll (Beck-Gernsheim 1983). Ebenso – aber nicht deshalb! – lässt sich beobachten, dass die Institutionen Ehe und Familie an Selbstverständlichkeit verlieren, wenn auch von ihrer Auflösung nicht die Rede sein kann (Nave-Herz 1994; Tyrell 1988).

Die Ausgestaltung des Verhältnisses von Geld und Liebe im Alltag von Paarbeziehungen bzw. Familien und die damit verbundenen Deutungen aus der Perspektive der Akteure können davon nicht unberührt bleiben. Mindestens zwei tendenziell gegenläufige, dennoch womöglich gleichzeitig auftretende Entwicklungen wären denkbar: Einmal wandelt sich die Rollenkomplementarität des alten Familienmodells möglicherweise hin zu einer wachsenden Symmetrie; die sich herausbildenden Normen gleichberechtigter Partnerschaft (Giddens 1993), gleichen Einflusses und gleicher Verfügungsmacht könnten sich auch auf das Geldarrangement erstrecken, indem das von beiden in den Paar- bzw. Familienhaushalt eingebrachte Geld als 'gemeinsames', also gemeinsamer Verfügung unterliegendes wahrgenommen wird. Doch der gleiche Prozess lässt auch eine wachsende Dominanz 'individuellen Geldes' plausibel erscheinen: Geld, selbst erworben, für einen selbst verfügbar und damit als 'eigenes Geld' das 'eigene Leben' innerhalb und außerhalb der Paarbeziehung ermöglichend und symbolisierend, unterliegt dann auch im Kontext der Paarbeziehung dem rationalen Kalkül individueller Nutzenmaximierung. Damit stünde das solcherart 'individualisierte' Geld in einem prekären – weil durch keine institutionell abgesicherten und durch komplementäre

---

8 Ein Ideal, welches die damit verbundenen, nicht nur ökonomisch begründeten Aspekte von Macht, Herrschaft und Ungleichheit verdeckt (z.B. Cancian 1985; Dröge-Modelmog 1987) und dessen nicht nur 'materiale Reziprozität' im Alltag von Paarbeziehungen oft genug konterkariert wird (Brannen/Wilson 1987).
9 Vgl. z.B. Beck-Gernsheim (1998), Hoffmeister (2001), Lüscher et al. (1988), Peuckert (1999).

Reziprozitätsnormen legitimierten – Gegensatz zur Liebe, der nun von den beiden Partnern in den alltäglichen Konstruktions- und Rekonstruktionsprozessen ihrer Paarbeziehung mehr oder weniger reflexiv balanciert werden müsste.

So oder so erscheint Geld in der heutigen Paarbeziehung bzw. Familie als offen für vielfältige Bedeutungszuschreibungen und damit einhergehende praktische Arrangements: Die Optionalität von 'mein Geld – dein Geld – unser Geld' verweist generell auf mögliche vielfältige und flexible, kontextspezifische Verteilungs- und Verfügungsmuster sowie damit verbundene verschiedenartigste Bedeutungsgehalte von Geld (vgl. Zelizer 1994). Wessen Geld wem gehört und wozu beiträgt, kann, ja muss unter den gegenwärtigen institutionellen und beziehungsdynamischen Bedingungen durch 'Bedeutungsarbeit' ausgehandelt werden.

Geldarrangements in Paarbeziehungen: zum Forschungsstand

Insgesamt hat die Soziologie zum Thema Geld, wenn es mit Liebe einhergeht, bislang wenig zu sagen. Die Familiensoziologie hat die Frage der ökonomischen Vergemeinschaftung größtenteils ausgeblendet.[10] Die Soziologie sozialer Ungleichheit ist dagegen, sofern sie Haushalte untersucht hat, von der Fiktion ausgegangen, das oder die individuelle(n) Einkommen würden zusammengelegt ('gepoolt') und (bedarfs-)gerecht an die Haushaltsmitglieder verteilt (Jenkins 1991; Ludwig-Mayerhofer 1995). Erst seit zwanzig Jahren gibt es vereinzelte Versuche, die 'black box' der finanziellen Seite des Familienhaushaltes aufzuhellen, also den Blick auf die Individuen in diesen Haushalten und ihre monetären Beziehungen zu richten.[11] Die bisherigen Studien zum Thema „Money and Marriage" (so exemplarisch der Titel der Monographie von Jan Pahl 1989) haben sich vor allem mit der Verwaltung des laufenden Einkommens befasst und untersucht, ob entsprechende Entscheidungen gemeinsam (oder zumindest gleichberechtigt) getroffen werden oder ob die Kontrolle über das Geld bei einer Person liegt; damit sollten Phänomene der Ungleichheit, insbesondere manifester oder latenter männlicher Dominanz, herausgearbeitet werden. Pahl hat etwa in ihren vielfach rezipierten Studien Geldarrangements vorgefunden, in denen der (zumeist männliche) Hauptverdiener seiner (Ehe-)Partnerin das Haushaltsgeld und gegebenenfalls eine kleine Summe für ihre persönlichen Bedürfnisse zuteilt (sog. „allowance system"). Aber auch ein

---

10 Zwei Ausnahmen sind zu notieren: Einmal sind familienökonomische Ansätze zu erwähnen, wie sie insbesondere durch und im Anschluss an Gary S. Becker (1981) entwickelt wurden. Hier wird die Spannung von Liebe und Geld dadurch aufgelöst, dass auch die Liebe unter dem Kosten-Nutzen-Kalkül betrachtet wird. Wegen der Unterstellung einer gemeinsamen Nutzenfunktion sind viele Formulierungen dieses Ansatzes wenig ergiebig (als Ausnahme siehe z.B. Ott 1991, 1992). Auf der anderen Seite stehen feministische Ansätze einer 'politischen Ökonomie' des Familienhaushalts. Für eine vergleichende Darstellung und Diskussion beider Ansätze siehe Gardiner (1997).

11 Bahnbrechend waren die Arbeiten von Jan Pahl (1980, 1983, 1989).

scheinbar umgekehrtes Arrangement („whole wage system"), in dem der Mann der Frau sein gesamtes Einkommen aushändigt – freilich im Allgemeinen nicht ohne eine gewisse Summe für seine eigenen Bedürfnisse behalten zu haben –, hat nach Pahl meist wenig mit weiblichem Einfluss zu tun, weil sich dieses Arrangement vor allem bei sehr niedrigen Einkommen fand, im Grunde also den Frauen nur die Last der Mängelverwaltung aufgebürdet wurde.

Im Lichte der oben skizzierten Entwicklungen von Paarbeziehungen und Familien erscheinen diese Geldarrangements vor allem für Kleinfamilienhaushalte mit komplementärer Rollenverteilung charakteristisch, da sie voraussetzen, dass die Frauen nicht oder kaum über selbst verdientes Geld verfügen. Unsere Annahme, solche 'einseitigen' Formen der Kontrolle über Geld könnten heute tendenziell obsolet werden, kann an der Oberfläche mit neueren Umfragedaten des ISSP (International Social Survey Program) aus dem Jahr 1994 bestätigt werden.[12] Diese zeichnen ein Bild weithin geteilter Partnerschaftlichkeit und Gemeinsamkeit (vgl. Tabelle 1): In der Bundesrepublik – noch mehr in Ost- als in Westdeutschland – gibt eine Mehrheit der Befragten an, dass bei ihnen das Geld gemeinsam verwaltet wird; zusammen mit jenen, die das Geld teils individuell, teils gemeinsam verwalten, scheinen knapp 80% der Befragten ein mehr oder weniger egalitäres Arrangement zu praktizieren. Vergleichbare Angaben finden sich in allen modernen Industrienationen, wobei die 'Gemeinsamkeit' der Geldverwaltung in den südeuropäischen Ländern etwas weniger, in den skandinavischen Staaten stärker ausgeprägt scheint.[13] Unter Unverheirateten, die häufig zu den jüngsten Alterskohorten zählen und die teilweise mit ihrer Partnerin bzw. ihrem Partner nicht zusammen leben, scheinen die traditionellen Arrangements, in denen ein Partner das Geld verwaltet, nahezu ausgestorben; hier dominieren Formen der gemeinsamen und der teilweise oder gänzlich individuellen Geldverwaltung.[14]

Doch worüber geben diese Daten eigentlich Auskunft? Was meinen Befragte, wenn sie – wie die Antwortvorgabe im ISSP lautet – sagen: „Wir legen das ganze

---

12 Die hier benützten Daten und ihre Dokumentation wurden vom ZENTRALARCHIV FÜR EMPIRISCHE SOZIALFORSCHUNG, KÖLN zur Verfügung gestellt. Die Daten für das ISSP wurden in den jeweiligen Ländern von unabhängigen Institutionen erhoben. Weder die Personen bzw. Institutionen, die ursprünglich die Daten erhoben haben, noch das ZENTRALARCHIV tragen eine Verantwortung für unsere Auswertungen und Interpretationen.
13 Dass in anderen Ländern andere Arrangements bedeutsam sein könnten, zeigt der Blick auf Japan und die Philippinen, wo der gleichen Umfrage zufolge jeweils in etwa 60% der Fälle das Geld von der Frau verwaltet wird. Ohne näheres Wissen über die kulturspezifischen Familiennormen, -formen und -praktiken in diesen Ländern können diese Angaben keinesfalls mit Arrangements wie den von Pahl beschriebenen verglichen oder gar gleichgesetzt werden.
14 In der Bundesrepublik praktizieren diese Paare zu je einem Drittel ein gänzlich individuelles, ein teils individuelles/teils gemeinsames und ein gemeinsames Arrangement, in Norwegen und Australien zeigen sich ganz ähnliche Tendenzen. (Wegen eines Datenfehlers im ISSP lassen sich die Daten nur in diesen drei Ländern getrennt nach Familienstand auswerten.)

Tabelle 1: Geldverwaltung in Paarbeziehungen/Ehen in ausgewählten Ländern (Angaben in Spaltenprozent)

	D-W	D-O	NL	GB	US	N	S	I	E	CZ	PL	RUS
Mann	9	3	6	11	8	2	1	16	10	6	5	8
Frau	10	10	9	13	12	2	2	22	28	13	14	34
Gemeinsam	64	72	72	54	61	66	63	55	58	58	70	47
Teils gemeinsam, teils individuell	10	12	10	13	10	20	23	4	3	20	8	11
Ganz individuell	7	3	4	9	9	10	11	3	1	3	3	0
N	1591	802	1222	578	796	1434	905	648	1557	700	1032	1448

Quelle: ISSP 1994, eigene Berechnungen

Die entsprechende Frage in der deutschen Version des Fragebogens lautet: *Wie regeln Sie und Ihr (Ehe-)Partner den Umgang mit dem Einkommen, das einer von Ihnen oder Sie beide erhalten? Welche der folgenden Beschreibungen trifft am ehesten auf Sie beide zu?*

Die Frage wurde jeweils an eine Person gestellt und gemäß dem Geschlecht der Befragten umcodiert:

Mann:	Befragte/r gibt an, dass er selbst (männl. Befragter) bzw. der (Ehe-)Partner (weibl. Befragte) das ganze Geld verwaltet.
Frau:	Befragte/r gibt an, dass sie selbst (weibl. Befragter) bzw. die (Ehe-)Partnerin (männl. Befragte) das ganze Geld verwaltet.
Gemeinsam:	Befragte/r gibt an, das ganze Geld werde zusammengelegt und jeder nehme sich, was er/sie braucht.
Teils gemeinsam, teils individuell:	Geld wird teils zusammengelegt, teils von jedem für sich verwaltet.
Ganz individuell:	Jeder verwaltet sein Geld für sich.

Geld zusammen und jeder nimmt sich, was er/sie braucht"? Offenbar werden hier in erster Linie die im öffentlichen Diskurs verhandelten und in entsprechenden rhetorischen Mustern aufbereiteten Gemeinsamkeits- und Gleichberechtigungsnormen heutiger Partnerschaften reproduziert. Ob die Daten aber dem komplexen Zusammenspiel von Geld und Liebe im Alltag der Akteure und den dort zugrunde liegenden Sinnsetzungen und Deutungen gerecht werden, scheint uns zweifelhaft. Wie wird – um im Rahmen der Antwortvorgabe zu bleiben – beispielsweise konkret im Alltag der Paare festgelegt, wie viel eine jede und ein jeder (wofür?) braucht bzw. glaubt, brauchen zu dürfen? Wie werden solche Ansprüche gegenüber dem anderen formuliert und wer setzt sich damit durch? Darüber hinaus wird hier Geld eindimensional, weil ausschließlich auf der Ebene von (laufenden) Einkommen und Ausgaben angesprochen. Die vielfältigen denkbaren Bedeutungen von Geld (als verdientes oder geschenktes, als gutes oder schlechtes, als knappes oder überflüssiges usw.) werden ebenso ausgeblendet wie seine verschiedenen Formen (etwa als Aktien, Lebensversicherung, Kreditkarten, Überziehungskredite, Verschuldung, zu erwartende Erbschaften) oder seine zeitliche Verknüpfung mit Partnerschaft (biographische Gelderfahrungen oder 'Zukunftsprojekte' von Paaren, die vor allem dann bedeutsam werden können, wenn sich Paarbeziehungen rechtlich institutionalisieren).[15]

Fassen wir die Kritik am aktuellen Forschungsstand zum Thema 'Geld und Liebe' kurz zusammen: Die existierenden empirischen Studien gehen vielfach von einem sehr engen, auf den ökonomischen Geldwert zentrierten Geldkonzept aus und können mit diesem Fokus kaum hinreichenden Aufschluss über den alltäglichen Deutungs- und Interaktionszusammenhang zu Geld und Liebe innerhalb von Paarbeziehungen geben. In ihrem Blick auf Haushaltseinkommen und damit verbundene – summarisch angegebene – Geldarrangements vernachlässigen sie die unter dieser Oberfläche liegenden, in den Paarbeziehungen vorfindbaren alltäglichen Bedeutungszuschreibungen von Geld sowie deren Konstitution durch und Auswirkungen auf die sich als zusammengehörend definierenden Partner. Damit bleiben sie letztlich blind gegenüber möglichen Veränderungen oder Kontinuitäten der Ordnung von Geld und Liebe im Privaten.

Der Wert des Geldes und der Wert der Liebe

Im folgenden möchten wir anhand von qualitativen Interviewdaten aus unserem laufenden Forschungsprojekt einen Einblick in Aspekte des alltäglichen Umgangs mit Geld in Paarbeziehungen geben. Da die Datenerhebung noch nicht beendet ist und auch die Auswertungen der vorliegenden Interviews noch in Gang sind, kann es hier nicht darum gehen, abschließende Resultate vorzustellen.[16] Unsere

15 Damit sind nicht nur Eheschließung und/oder Familiengründung gemeint, sondern auch etwa Zusammenwohnen, Aufnahme (oder auch wechselseitiges Geben und Nehmen) von Krediten, wechselseitige Lebensversicherungen oder größere, im Hinblick auf eine gemeinsame Zukunft (oder deren Fehlen) getätigte Ausgaben oder Investitionen.

16 Die folgenden Darstellungen beruhen auf Auswertungen qualitativer Intensivinterviews mit Paaren, bei denen wegen des Fokus auf die Bedeutung 'eigenen Geldes' beide Partner über ein eigenes – wenn auch nicht notwendig gleich hohes – Einkommen verfügen. Als Paare definieren wir alle Personen, die sich selbst als solche wahrnehmen, unabhängig vom Familienstand oder vom Zusammenwohnen. Die Paare werden zunächst gemeinsam als Paar interviewt; einige Wochen später werden Interviews mit beiden Partnern getrennt, aber gleichzeitig durchgeführt. Bei beiden Befragungen setzen wir eine Kombination aus biographisch-narrativen und leitfadengesteuerten Interviews ein; das Paarinterview wird ergänzt durch eine kurze standardisierte Erhebung zu soziodemographischen Daten und verschiedenen Aspekten der finanziellen Situation. Für die (wechselseitige) Konstruktion der Paarbeziehung sind v.a. die gemeinsamen Paarinterviews instruktiv, da hier auch die Kommunikation bzw. Interaktion zwischen den beiden Partnern *in situ* erhoben und analysiert werden kann. Das Ziel jener Interviewteile mit gänzlich oder weitgehend offenen Erzählaufforderungen ist, den Befragten ausführliche Erzählungen und Darstellungen nach ihren eigenen Relevanzstrukturen zu ermöglichen. Die Interviews werden in einer Kombination von Codieren und Sequenzanalyse ausgewertet; insgesamt orientieren wir uns dabei

Absicht ist vielmehr, mit Ausschnitten aus ersten Fallrekonstruktionen exemplarisch zu verdeutlichen, worauf sich der analytische Blick zu Geld in Paarbeziehungen bei den damit verbundenen Verschränkungen von affektiver und finanzieller Vergemeinschaftung im Paaralltag richten kann.[17] Dazu präsentieren wir kurze Analysen zu drei von bislang 11 interviewten Paaren, die wir unter dem Gesichtspunkt ausgewählt haben, deutlich ausgeprägte Verknüpfungen von 'Geld *und* Liebe' in Paarbeziehungen darstellen und diskutieren zu können. Diese Paare leben jeweils in einer Wohnung zusammen und führen auch einen gemeinsamen Haushalt, insoweit typische haushaltsbezogene Ausgaben – insbesondere solche für Wohnung und Nahrungsmittel – jeweils von beiden Partnern bestritten werden, wie immer die konkrete alltagspraktische Aufteilung im Detail aussieht. In den Schilderungen und Darstellungen der drei ausgewählten Paare (wie auch in allen anderen von uns bislang erhobenen Fällen) finden sich Paarbeziehungsnormen – wiederum mit Unterschieden im Detail –, die Aspekte wie Gleichberechtigung, wechselseitiges Vertrauen und Offenheit artikulieren. Entsprechend werden auch die Arrangements des Verfügens über Geld beschrieben: Zwar hat jeder Partner ein eigenes Konto, doch hat man keine Geheimnisse voreinander und beide Partner beteiligen sich, wenn auch in unterschiedlichen Formen, an den Ausgaben für die 'Haushaltsführung'. Das dann den Individuen verbleibende Geld unterliegt mehr oder weniger explizit und in unterschiedlichem Ausmaß der individuellen Verfügungsmacht. Insofern wären vermutlich alle Paare – standardisiert befragt nach ihrem Umgang mit dem Einkommen – in die Kategorie 'teilweise gemeinsame, teilweise individuelle' Geldverwaltung einzuordnen. Unterhalb dieser Kennzeichnung des Geldverwaltungsarrangements zeigen die folgenden Ausführungen, (1) wie im paarspezifischen Aushandeln über einen für die Beziehung als 'gemeinsame Basis' definierten Umgang mit Geld die Identität der Partner zur Disposition steht; (2) wie innerhalb einer Paarbeziehung das als 'gemeinsam' definierte Geld mit unterschiedlichen Bedeutungen versehen werden kann, die mit divergenten Beziehungskonzepten der Partner einhergehen; und schließlich (3) wie durch die symbolische Verbindung von 'Geld und Liebe' im Paaralltag 'eigenes' Geld als Beziehungs-'Vermögen' in ein gemeinsames Geld- und Lebensarrangement eingeht.

(1) Identität und Umgang mit Geld: „Ich bin die Sparsamere"
Die Beziehung zwischen Anna Achleitner und Andreas Arnold[18] besteht zum Interviewzeitpunkt seit fünf Jahren. Beide haben sich im Rahmen beruflicher Kon-

---

an den theoretischen und methodologischen Grundlagen der *grounded theory* (Glaser/Strauss 1967) sowie der wissenssoziologischen Hermeneutik (Hitzler/Reichertz/Schröer 1994; Schröer 1999).

17 Selbstverständlich reichen solche Verknüpfungen häufig über die Ebene von Paarbeziehungen hinaus und finden ihren Ausdruck etwa in entsprechenden finanziellen Transfers zwischen den Generationen (Kohli/Szydlik 1999; Szydlik 2000).

18 Die Namen der Befragten wurden aus Gründen der Anonymisierung verändert. Originalzitate der Interviewpartner werden in doppelten Anführungszeichen angeführt.

takte kennen gelernt und wurden ein halbes Jahr später ein Paar. Damals war Andreas Achleitner noch Student und arbeitete nur nebenher, doch schloss er sein Studium bald darauf ab, um eine Vollzeitstelle anzutreten. Anna war zu diesem Zeitpunkt bereits seit einigen Jahren erwerbstätig. Dennoch liegt ihr Gehalt gegenwärtig nur geringfügig über seinem, da sie ihre Berufserfahrung nicht in entsprechende Karriereschritte ummünzen konnte. Über lange Zeit sahen sich die beiden nur am Wochenende – oft in 14-tägigem Abstand –, da sie mehrere 100 km voneinander entfernt arbeiteten und wohnten. Vor kurzem hat sie einen Job in der Stadt gefunden, in der er schon seit über zwei Jahren arbeitet, und so wohnen sie seit einigen Wochen zusammen; sie haben beschlossen, in einem Jahr zu heiraten.

An vielen Stellen des Paar- und der Einzelinterviews wird als zentraler und aus Sicht von Anna Achleitner als problematisch wahrgenommener Aspekt der Umgang mit Geld thematisiert: Ihr Partner neigt dazu, sich durch Spontankäufe zu verschulden. Ein solches Verhalten und seine von ihrem Partner in seiner bisherigen Biographie immer wieder erfahrene Konsequenz eines Lebens mit einem Konto, das sich häufig im Minusbereich einpendelt, scheinen für die in Gelddingen sich als äußerst vorsichtig präsentierende Anna Achleitner beängstigend zu sein. Für sich selbst lehnt sie z.B. eine Kreditkarte ab mit der Begründung, bei Ausgaben ihre finanzielle Situation nicht jederzeit exakt überblicken zu können. Und obwohl sie selbst z.B. gerne gute Kleidung kauft, macht sie dies nur, nachdem sie die entsprechende Summe extra angespart hat. Diesem auf Sicherheit und Vorsorge bedachten sparsamen Geldverhalten entsprechend hat sie mittlerweile bereits ca. 40.000 DM als Vermögenspolster 'zur Seite' gelegt, zu einem Großteil sehr konservativ in Sparbriefen und Sparbüchern mit wachsendem Zins angelegt und nur zu einem kleinen Teil in Aktien und einem Aktienfonds investiert. In idealtypischer Gegenüberstellung erscheinen die bisherigen individuellen 'Geldwege' beider Partner als diametral gegenüberstehend: Hier die (auf Sicherheit bedachte) Akkumulation von Werten, dort die (unvorsichtige) Akkumulation von Schulden.

Auf der Grundlage des für sie einzig und allein angemessenen, akzeptablen Umgangs mit Geld ist es für Anna Achleitner von zentraler Bedeutung für den auch in Zukunft dauerhaften Bestand ihrer Beziehung zu Andreas, diese Asymmetrie in Gelddingen auszugleichen und seine finanziellen Verhältnisse zu ordnen; und wenn auch Andreas selbst diese Vorstellung des 'disziplinierten' Geldhandelns als Beziehungsbasis nicht uneingeschränkt teilt, so ist ihm offenbar die Beziehung so wichtig, dass er sich ihrem Wunsch beugt. Daher haben beide einen Kredit aufgenommen, dessen Höhe immerhin dem Jahresnettoeinkommen eines der beiden entspricht; dieser wird zu einem guten Teil dafür verwendet, sein Konto auszugleichen. Formell und aus der Paarperspektive handelt es sich um einen gemeinsamen Kredit, da beide als Kreditnehmer zeichnen, doch bestehen die wichtigsten Sicherheiten für den Kredit in ihren Ersparnissen.

Ohne hier auf Annas subjektive Einschätzung und Deutung ihrer 'Beziehungsinvestition' näher eingehen zu können – aus ihrer Sicht kann sie angesichts der bisherigen Erfahrungen in dieser Beziehung mit einiger Berechtigung hoffen, ihre Partnerschaft werde halten und der Kredit irgendwann abbezahlt sein, ohne dass ihre Ersparnisse angegriffen wurden –, scheint für sie entscheidend zu sein, den je individuellen Umgang mit Geld dem gemeinsamen Beziehungsprimat unterzuordnen. Weil durch die Kreditaufnahme die Folgen seines früheren Verhaltens ja noch nicht ausgelöscht, sondern nur in die überschaubare Regelmäßigkeit zukünftiger Kreditraten transformiert sind, hat Anna Achleitner ihrem Partner vor dem Zusammenziehen das Versprechen abgenommen, Einkäufe in Zukunft davon abhängig zu machen, ob Geld auf dem Konto ist. Dies impliziert auch, dass er vor größeren Einkäufen sie zu Rate ziehen muss, und führt – so berichten beide im Paarinterview – immer wieder zu Szenen, in denen er sie vor ein Schaufenster „zerrt" (wie sie es beschreibt), um sie auf ein Objekt seiner Kauflust aufmerksam zu machen. Sie kann aber unter Berufung auf sein Versprechen die Diskussion über den möglichen Kauf mehr oder weniger schnell beenden, indem sie auf den Preis des begehrten Gegenstands auf der einen und den aktuellen Kontostand auf der anderen Seite verweist. Er selbst ist zwar nach solchen Auseinandersetzungen – in seinen eigenen Worten – „fünf Minuten grillig", doch hat er ihr 'Geldregime' inzwischen „internalisiert, ich weiß, dass du recht hast. Die fünf Minuten werden immer kürzer".

Die Spezifik dieser von Anna zwar forcierten, aber für beide mit Blick auf die gemeinsame Beziehung offensichtlich zentralen Bedeutung des rational kalkulierten und auf Sicherheit hin bedachten Umgangs mit Geld, zeigt eine Passage aus dem Paarinterview. Hier entwickelt sich im Anschluss an die Frage der Interviewer, was mit „dem Geld geschieht", das „übrig bleibt" (wobei die Frage offen lässt, um wessen Geld es sich hier handelt und was 'übrig bleiben' in Anbetracht der noch nicht ausgeglichenen Schulden eigentlich bedeuten soll), eine kurze Auseinandersetzung zwischen Anna und Andreas. Anna antwortet zuerst auf die Frage, und zwar mit der Herstellung einer Differenz, die die Frage nach Geld mit einer *Persönlichkeits*charakterisierung im Sinne einer relationalen Selbstzuschreibung beantwortet: „Also ich bin die Sparsamere von uns beiden." Andreas reagiert sofort auf Annas Antwort, indem er die von ihr gesetzte Differenz explizit anerkennt („Stimmt, geb' ich unumwunden zu"), versucht aber im Anschluss einen expliziten semantischen Bezug zur gemeinsamen *Beziehung* herzustellen, indem er die Interviewfrage nicht nur wiederholend paraphrasiert, sondern sogar inhaltlich verändert und dabei deutlicher auf beide als Paar bezieht: „Was machen wir mit dem Geld?" Anna reagiert darauf mit erneutem Insistieren darauf, dass sie 'ihr' Geld spart, was er aber als Antwort nicht gelten lassen will: „Naja, aber es ging aber um das Gemeinsame. Was von dem Gemeinsamen." Während Andreas hier also an eine geldvermittelte Paargemeinsamkeit appelliert, die als Anspruch von beiden geteilt wird, wird dieser Anspruch von Anna mit dem Hinweis auf den faktischen individuellen Unterschied im Umgang mit Geld ausdrücklich als jedenfalls derzeit nicht eingelöst deklariert und dabei – und das erscheint uns hier als zentral – als Persönlichkeits*unterschied* konzipiert: „Ich bin die Sparsamere".

In idealtypischer Gegenüberstellung erscheinen nicht nur die 'Geldwege' beider Partner als diametral sich gegenüberstehend, sondern vielmehr sind es – insbesondere aus Sicht von Anna – zwei 'Persönlichkeitstypen', welche der unterschiedliche Umgang mit Geld offenbart: Hier die Akkumulation von Werten durch den vor- und umsichtigen Sparer, dort die Akkumulation von Schulden durch den unvorsichtigen, immer gefährdeten, damit auch gefährlichen Verschwender. Die unbestimmte, offene Interviewerfrage nach Geld-Handeln wird von Anna sofort auf die Ebene von Identität gehoben, weil für sie Geld und der Umgang damit auf die identitätsrelevante Frage des 'individuellen Seins' verweist, und dies ist die entscheidende Ebene, auf der sie das Thema als relevant für die Beziehung verhandeln möchte. Im Gegensatz zu Annas Verknüpfung von 'Geld und Selbst' beharrt Andreas auf der Problematisierung von Geld als (gemeinsames oder individuelles) Geld-Handeln, d.h. er sieht und akzeptiert Annas Forderung nach einem anderen Umgang mit Geld vielmehr als Anforderung an sein Verhalten und dessen Änderung. Zusammengefasst: Für Anna drückt sich im Umgang mit Geld die *Persönlichkeit* des Partners aus, die eine Liebesbeziehung tragen kann oder nicht; für Andreas ist ein *gemeinsam* arrangierter *Umgang mit Geld* Ausdruck einer erfolgreichen Liebesbeziehung zweier in ihren Persönlichkeiten mehr oder weniger unterschiedlicher Partner.

Während bei diesem Paar in seiner Verknüpfung von Geld und Liebe der Umgang mit dem eigenen wie dem gemeinsamen Geld gleichsam als differenzmarkierender Ausgangspunkt dient, verdeutlicht das nächste Paar, dass Geld selbst nicht immer schon Geld sein muss. Hier ist es weniger der konkrete Umgang mit vorhandenem Geld, sondern es sind die unterschiedlichen Bedeutungen des 'gemeinsamen' Geldes, die mit verschiedenen Beziehungsvorstellungen der beiden Partner einhergehen.

(2) Beziehungsvorstellungen, wertvolles und wertloses Geld: „[...] unser Geld [...] unsere Küche"
Beate und Boris Bichler leben seit 4 1/2 Jahren zusammen. Boris studiert zurzeit und hat ein unregelmäßiges, in seiner jeweiligen Höhe sehr schwankendes Einkommen (im Jahresdurchschnitt ca. 1.000-1.500 DM monatlich), das sich zusammensetzt aus einem Stipendium und diversen Nebenjobs, etwa als Aushilfsverkäufer in einem Plattenladen, Übersetzer, Hilfskraft und Schauspieler. Zusätzlich übernehmen seine Eltern die Miete für die gemeinsame Wohnung. Boris stammt aus einer alten Kaufmannsfamilie, woraus sich für ihn zu einem großen Teil auch das Interesse an seinen Hobbys speist – neben seiner Vorliebe für Briefmarken insbesondere das Sammeln von antiquarischen Landkarten. Beate absolviert derzeit eine Ausbildung zur Verwaltungsangestellten und hat während der Ausbildungszeit ein regelmäßiges monatliches Nettoeinkommen von 1.800 DM. Im Paarinterview

schildern Beate und Boris ihr Geldarrangement als 'gemeinsames Geld' ohne getrennte Kassen, obwohl beide über ein je eigenes Konto verfügen, auf welches das jeweilige Einkommen fließt. Von Beates Konto werden laufende Ausgaben wie KfZ-Steuer und Versicherungen abgebucht, andere größere Anschaffungen und weitere alltägliche Ausgaben, etwa Essen gehen oder Einkaufen, werden hingegen von demjenigen bezahlt, der zum gegebenen Zeitpunkt mehr Geld hat und gerade 'flüssig' ist.

Bei genauerer Analyse zeigt sich folgende, bemerkenswerte Differenz in der Bewertung (bzw. im 'Wert') des 'gemeinsamen Geldes' des Paares, die für beide Partner auf einer latenten Ebene zwei 'Währungen' des gemeinsamen Geldes etabliert: Boris verfügt in seiner Wahrnehmung über 'richtiges', weil 'besonderes Geld', welches sich seinen künstlerischen Fähigkeiten als Schauspieler, seinen kommunikativen Kompetenzen (vom Verkaufen bis zum Übersetzen) und schließlich seinem Expertenwissen im Erkennen des Werts von antiquarischen Landkarten verdankt. Dieses – im Marx'schen Sinne und mit Blick auf die offenbar tatsächlich wertvollen Landkarten und einige andere Sammlerstücke – 'wirkliche Geld' besitzt jedoch zum einen insofern einen virtuellen Charakter (für das Haushalten des Paares), als diese geldwerten Gegenstände zwar real vorhanden sind, ihr präziser Geldwert aber unsicher, schwer einschätzbar ist. Somit können diese 'wertvollen' Gegenstände – mit Blick auf das Paar – nur durch *sein* Wissen in (Funktions-)Geld umgewandelt werden, nur Boris kann gleichsam das virtuelle Wertpotenzial real werden lassen. Zum anderen erstreckt sich diese besondere Geldqualität auch über jene (jetzt schon material vorhandenen) Wertgegenstände hinaus als 'individuelles Wert-Potenzial' entlang einer zeitlichen Dimension in die Zukunft – z.B. Boris' potenzielle Erwerbschancen als (erfolgreicher) Schauspieler, in einer akademischen Karriere oder gar mit Blick auf die nicht unerheblichen Geldressourcen seiner Eltern. Alle diese Fähigkeiten und Perspektiven sowie ihre immer schon (potenziell) in Geld ausmünzbaren Ergebnisse und Folgen zusammengenommen stehen für Boris in einem dominanten Deutungskontext des 'Besonderen', d.h. in einem Rahmen (Goffman 1977) des Außergewöhnlichen, Außeralltäglichen und Wertvollen-an-sich (wie eben z.B. alte Landkarten, 'geldwerte' besondere persönliche Fähigkeiten usw.). Dieses – in diesem Sinne – 'richtige' Geld unterscheidet sich in seiner Wahrnehmung deutlich von Beates Geld, welches 'stinknormal' ist: erzielt durch tagtägliche Arbeit in einem gesicherten, unspektakulären Angestelltenverhältnis und somit eben auch nicht mehr und nicht weniger als „normales", alltägliches Geld, reines „Mittel zum Zweck" (der Sicherung des notwendigen Lebensunterhaltes). Auf den Punkt gebracht: Geld in seiner veralltäglichten Bedeutungsvariante ist für Boris 'wert-los', in seiner besonderen, außeralltäglichen hingegen immer schon 'wert-voll'.

Betrachtet man auf dieser Grundlage das skizzierte Geldarrangement in seiner die beiden Partner auf spezifische Art differenzierenden Bedeutung, so läge zunächst folgende Interpretation nahe, die auf das damit verbundene (Macht-)Ungleichgewicht hinter dem 'gemeinsamen Geld' in Beates und Boris' 'gemeinsamer Beziehung' abstellen würde: Beate ist zuständig für das regelmäßige Einkommen, das sie über ihre geregelte Beschäftigung als Verwaltungsfachkraft einbringt, und damit für das (aus Boris Sicht eher unbedeutende, 'wert-lose') 'normale Alltagsleben'. In dieser Normalitätssicherung mittels ihres, als verlässliche Sicherung des (gemeinsamen) Alltagslebens immer schon vergemeinschafteten Geldes ermöglicht Beate für Boris seine Konstruktion und Praxis des Besonderen und Außergewöhnlichen. Eine solche Interpretation lässt aber, abgesehen von der 'materialen Ermöglichung', die Frage nach der Rolle von Beate weitgehend ungeklärt: Was ist ihr Anteil an der Konstruktion dieser beiden Währungen und was bestimmt aus ihrer Sicht den 'Wechselkurs'?

Aufschluss hierüber gibt ein genauerer Blick auf die jeweiligen Vorstellungen darüber, was für Boris und Beate ihre gemeinsame Beziehung kennzeichnet. In der Darstellung von Boris zeigt sich ein eher als funktional-pragmatisch zu kennzeichnendes Beziehungskonzept, welches z.B. um Aspekte wie Schutz vor Alleinsein, gegenseitige Unterstützung etc. kreist. Beate hingegen präsentiert in ihren Beiträgen zum gemeinsamen Beziehungsalltag ein Beziehungskonzept, welches sich deutlicher am kulturellen Kode des romantischen Ideals orientiert und dabei die Besonderheit und Einzigartigkeit der Beziehung mit dem Partner als höchstindividueller Person artikuliert. Wie sich diese Differenz mit den beiden Geldwährungen verbindet, zeigt ein exemplarisches Beispiel der Paarinteraktion im Paarinterview, in der im thematischen Rahmen einer Klärung, was beide eigentlich unter ihrem 'gemeinsamen Geld' verstehen, Boris die Sammelstücke als 'seine eigenen', als etwas für ihn Individuelles, beansprucht. Hierauf reagiert Beate, indem sie diese Antiquitäten aktiv in den gemeinsamen Beziehungsbereich hineindefiniert, d.h. 'seine' Wertgegenstände für das Paar beansprucht. Sie beschließt gleichsam das Thema mit dem (von Boris nicht in Frage gestellten) Fazit, „es ist ja auch nicht deine Landkarte", „weil sie nicht in deiner Küche hängt, sondern in unserer". Während Boris das Besondere, Außeralltägliche typischerweise als das Eigene, Individuelle zurechnet und das Normale, Alltägliche vergemeinschaftet, stellt Beate nicht diese Differenz, also die Existenz beider Währungen als solche, in Frage, sondern sie sucht beides in 'das Gemeinsame' zu integrieren. Obwohl Beate sich nach eigenem Bekunden für seine Antiquitäten und sein „altes Zeugs" als solches nicht wirklich interessiert, diese Dinge selbst eher gering schätzt, ist sie an Boris' Konstruktion seines virtuellen Geldes insofern unterstützend bzw. aktiv beteiligt, als es gerade diese, 'seine Währung' ist, die für sie ihre Liebesbeziehung zu Boris als 'ihrem', höchst individuellen, einzigartigen Partner repräsentiert, der um seiner selbst willen geliebt wird – überspitzt gesagt: Seine im 'besonderen' Geld ausgedrückte Individualität ist es, die für sie ihre gemeinsame Beziehung begründet und zementiert, solange er diese Individualität der Gemeinsamkeit der Beziehung verpflichtet.

An diesem Paar lässt sich somit zeigen, wie unter der Oberfläche eines einfachen

Konstatierens von teils gemeinsamer, teils getrennter Geldverwaltung in einer Kombination von unterschiedlichen Bedeutungen 'gemeinsamen Geldes' und verschiedenen Beziehungskonzepten der Partner, trotz damit verbundener Spannungen (oder vielleicht gerade deshalb!?), sich ein gemeinsames Haushalten als Paar einstellt. Beim folgenden, dritten Paar demonstriert die dort vorfindbare Verknüpfung von Liebe und Geld, wie ebenfalls vor der Deutungsfolie von 'wertvollem und wertlosem' Geld das 'eigene' Geld unterschiedliches Potenzial an Beziehungs-'Vermögen' entfaltet: Um die Beziehung zu leben, genauer: sie so zu leben, wie es ihr vorschwebt, wirft die Partnerin Liebe *und* Geld in die Waagschale, um den Partner zu einem Minus an 'eigenem' Geld zu bewegen, das für beide ein Plus an Beziehungsqualität bringen soll.

(3) 'Eigenes' Geld als Beziehungs-'Vermögen': „lieber etwas haben"
Dagmar Deimling geht auf die 60 zu. Sie hat ca. 20 Jahre als Grafik-Designerin gearbeitet und dabei überdurchschnittlich verdient. In dieser Zeit hat sie sich auch eine kleine Eigentumswohnung gekauft. In den letzten Jahren hat sie ihre Erwerbstätigkeit jedoch stark eingeschränkt und die Arbeit in ihrem Beruf ganz aufgegeben, weil sie mit der Dominanz von PC-Anwendungen in diesem Bereich nicht zurecht gekommen ist; stattdessen arbeitet sie gelegentlich als Verkäuferin in einer Boutique. Ihr Ehemann Daniel, einige Jahre jünger als sie, mit dem sie seit 8 Jahren zusammen ist, hat die meiste Zeit seines Lebens als Angestellter in diversen Unternehmen verschiedener Branchen gearbeitet.

Da Dagmar Deimling die Wohnung, die im Wesentlichen schon vor der Eheschließung abbezahlt wurde, gewissermaßen in die Beziehung eingebracht hat, übernimmt Daniel die Kosten für die Haushalts-Einkäufe, vor allem für Nahrungsmittel. Diese sind allerdings nicht sehr hoch, da er häufiger auswärts isst und auch Dagmar an den Tagen, an denen sie in der Boutique arbeitet, meist mit einer Freundin essen geht, was in beiden Fällen jeweils individuell bezahlt wird. Insgesamt kommt sie so mit ihrem derzeit wenigen Geld gut über die Runden, weil sie keine hohen materiellen Ansprüche an ihren Lebensstil hat und die wichtige Ressource Wohnung, vom Wohngeld abgesehen, kostenlos zur Verfügung steht. Daniel verdient deutlich mehr als sie und hat einige Ersparnisse zurückgelegt; er kann davon ausgehen, in seiner jetzigen Tätigkeit noch einige Jahre Geld zu verdienen und die Ersparnisse zu vermehren. Dass es sich um 'ihre' Wohnung und 'seine' Ersparnisse handelt, ist für beide selbstverständlich, doch ist ebenso klar – wenn auch teilweise nur implizit –, dass es sich aufgrund ihrer Ehe in letzter Instanz um Ressourcen handelt, die aktuell (Wohnung) oder potenziell (seine Ersparnisse) für die gemeinsame Lebensführung aufgewendet werden können oder müssen.

Nicht zuletzt wegen ihrer Eigentumswohnung kann und will Dagmar Deimling es sich leisten, bald in Frührente zu gehen, und sie hat auch konkrete Vorstellungen von ihrer Lebensführung in dieser Zeit: Sie empfindet das Stadtleben, auch wenn sie es nicht gänzlich missen möchte, mittlerweile als viel zu hektisch, und möchte daher die Hälfte eines jeden Jahres im Ausland verbringen. Ihr ist aber auch unbedingt daran gelegen, diese Zeit nicht alleine verbringen zu müssen, im Gegenteil: Sie hat, so berichtet sie, schon immer einen Partner an ihrer Seite gebraucht (sie hat mehrere Beziehungen und bereits eine Ehe hinter sich), und so möchte sie auch in diesen Zeiten nicht auf ihren Mann verzichten, sondern möglichst viel mit ihm zusammen sein.

Da Daniel Deimling seine Berufstätigkeit zeitlich stark in Anspruch nimmt, Dagmar jedoch mit der Verwirklichung ihres Planes nicht bis zu seinem Renteneintritt warten möchte, hat dies zur Folge, dass er bei seiner Firma kündigen und damit auf sein regelmäßiges Erwerbseinkommen verzichten soll. Weil ihre Rentenansprüche wegen ihres früheren guten Verdienstes zusammen mit seinen Ersparnissen bei einem bescheidenen Lebensstandard für den gemeinsamen Lebensunterhalt ausreichen, hält Dagmar das für ein durchaus realisierbares Ziel. Doch ist es nicht leicht, Daniel zum Verzicht auf die Erwerbstätigkeit zu bewegen, denn ihm bedeutet seine Arbeit sehr viel und er scheint ein Anhänger des Sprichwortes „kleines Konto, kleines Glück; großes Konto, großes Glück" zu sein. Daher versucht sie, ihn auf die Schattenseiten seiner Erwerbstätigkeit aufmerksam zu machen – ihrer eigenen Wahrnehmung nach mit ersten Erfolgen, da er sich bereits gelegentlich über den Stress beklagt, der mit seinem Beruf einhergeht. Er selbst ist nach eigenem Bekunden zwar inzwischen entschlossen, seiner Frau ihren Wunsch zu erfüllen. Doch wie an vielen Stellen im Paar- und Einzelinterview deutlich wird, fällt ihm dieser Entschluss nicht leicht, ja er betont sogar ausdrücklich, dass er ohne die diesbezüglichen Interventionen seiner Frau seine Erwerbstätigkeit keinesfalls einschränken würde.

Daniel begründet dies zum einen mit der wichtigen Rolle, die durch Arbeit verdientes Geld für ihn spielt, und er hat in seinem Beruf so viele Kenntnisse und Erfahrungen gesammelt, dass er in den nächsten Jahren noch ein hohes Gehalt erwarten und damit einige Ersparnisse zur Aufbesserung seiner „windigen" (so Daniel) Rente ansammeln könnte. Darüber hinaus ist für ihn das Berufsleben nicht allein Mittel zum Zweck (des Geldverdienens), sondern an sich eine Herausforderung: Es ist für ihn wichtig, sich in wechselnden Arbeitskontexten zu bewähren und Neues zu erproben, die Bestätigung zu erhalten, auch in ungewohnter Umgebung oder mit ganz neuen Tätigkeitsschwerpunkten in kurzer Zeit reüssieren zu können. Diese für seine berufliche Identität relevanten und von ihm hoch bewerteten Fähigkeiten von Flexibilität, Mut zum Risiko und zu Neuem etc. erlauben es ihm seiner Ansicht nach gleichzeitig, sich leichter mit dem neuen Lebensprojekt seiner Frau abzufinden; er hofft, aufgrund seiner Kompetenzen und seiner Anpassungsfähigkeit während jener Monate, die sie weiterhin in der Stadt verbringen werden, in einem gleitenden Pendeln zwischen Erwerbstätigkeit und Altersruhestand entweder in seinem gewohnten Beruf, vielleicht aber auch in einem ganz neuen Tätigkeitsfeld, nach wie vor etwas hinzuzuverdienen.

Während Daniel Deimling seine zu erwartende Rente deutlich abwertet – aber nicht etwa, weil er während seines bisherigen Erwerbslebens zu wenig eingezahlt hätte, sondern weil er die Vorstellung, nur 67 Prozent seines Nettoverdienstes als Rente zu bekommen, als unbefriedigend wahrnimmt –, empfindet seine Frau ihre Zukunft als Rentenbezieherin als sehr positiv, erhält sie diese sichere finanzielle Zuwendung doch „ob ich krank bin oder gesund, ob ich arbeite oder nicht". Aus einer Außenperspektive formuliert hat Dagmar für das gemeinsame Zukunftsprojekt des Paares – das Leben im Alter – also zwei Eisen im Feuer: Ihre Rente zur Deckung der laufenden Lebensunterhaltskosten, und die Wohnung, die auch ihm kostenlos zur Verfügung steht. Der Tatsache, dass er ohne ihre Wohnung – wenn also die Ehe auseinander ginge – erheblich mehr Geld ausgeben müsste, ist auch er sich bewusst.

Betrachtet man Dagmars und Daniels Sicht auf das Zukunftsprojekt der gemeinsamen Beziehung im Alter im Hinblick auf die Verschränkung von Geld und Liebe, so verlangt Dagmar von ihrem Mann – vereinfacht gesagt – einen Verzicht auf das für ihn wichtige, weil von ihm selbst verdiente Geld zu Gunsten der gemeinsamen Liebe. Dies ist für sie möglich und erscheint ihr als gerechtfertigt, weil sie zum einen ihr eigenes Geld (einschließlich der Wohnung) in die Waagschale werfen kann und dabei zum anderen in ihren Augen der Wert von Geld, in dem Moment, in dem man ihn im Vergleich zum Wert von Liebe setzt, sofort verblasst: „Ich sage immer, den Stellenwert des Geldes kann man daran ermessen: Möchten Sie, wenn Sie reich wären, um Ihres Geldes willen geheiratet werden? Möchten Sie das? Dass jemand sagt, hier ist eine Frau, die hat vielleicht Kohle und deshalb heirate ich sie. Oder? Da sehen Sie doch, dass Geld eigentlich nicht so einen tollen Stellenwert hat." Über ihre gesamte Beziehungsbiographie hinweg galt für Dagmar das Motto, Geld der Beziehung im Sinne einer gemeinsamen Erlebnisqualität unterzuordnen, also z.B. für schöne gemeinsame Erlebnisse immer schon 'bedenkenlos' Geld auszugeben, ohne zu fragen, woher oder „von wem es kommt". Geld ist für Dagmar soweit und in dem Umfang wertvoll, als es erlaubt, die Liebesbeziehung zu leben – also soweit sich Geld in Liebe im Sinne von gemeinsamer Beziehung transformiert –, und dann ist es auch gleichgültig, woher und von wem es kommt. Geld verliert folglich diesen Wert dort, wo die Beschaffung des Geldes zu Lasten der Beziehung geht. Im direkten Vergleich zu Liebe ist Geld als solches, also Geld, das sich nicht immer schon in Liebe transformiert, wertlos und kann deshalb ohne weiteres für die Liebe geopfert werden.

Dem an Daniel mit Blick auf die zukünftige Lebenssituation gerichteten Wunsch nach einem Verzicht auf die weitere Akkumulation von (innerhalb Dagmars Deutungskontext überflüssigem) 'eigenem' Geld, steht dieser, wie erwähnt, reserviert bis ambivalent gegenüber und begründet das – wie er es darstellt – mit seinem Respekt vor 'ihrem' Geld. Seine Frau hat ihm schon früher bedeutet, dass sie sich mehr Zeit von ihm wünscht, aber die Vorstellung, dabei (und sei es nur teilweise) von ihrem Geld zu leben, hat er bislang abgelehnt. Der von ihm bekundete Respekt vor ihrem Geld, von dem er sich nicht abhängig machen will, dient ihm zur Sicherung seines, für ihn wichtigen Anspruches auf sein eigenes Geld: Er ist „eigentlich auch einer, der lieber etwas hat als nichts", und einer, für dessen Selbstverständnis es wichtig ist, das was er hat, selbst verdient zu haben. Anders als für Dagmar verliert Geld im Vergleich zu Liebe weder seinen Wert, wenn es nicht in Liebe aufgeht, noch verliert es, auch wenn es in der gemeinsamen Liebesbeziehung aufgeht, seine individuelle Zurechenbarkeit. Geld ist für Daniel also weder als gemeinsames noch als individuelles Geld, als Geld, welches der gemeinsamen Beziehung zukommt, noch als Geld, welches seiner Unabhängigkeit dient, wertlos; im Gegenteil: Nur solches, in diesem Sinne individuelles Geld, selbst verdient und deshalb immer schon wertvoll, kann er dann gegen Liebe tauschen, weil er nur so den Wert dieses Tausches (z.B. als seinen Beitrag zu Beziehung) sehen kann. Deshalb ist es ihm auch für diesen zukünftigen neuen Lebensabschnitt wichtig, Hoffnung auf solches wertvolles Geld zu haben, also sein 'eigenes' Geld, wenn auch in deutlich verringertem Umfang, verdienen zu können.

Die Vielfalt der prekären Balancen von Geld und Liebe

Welche Einsichten zur Verknüpfung von Liebe und Geld im Alltag von Paarbeziehungen lassen sich anhand der hier diskutierten und weiterer Paare zusammenfassen? Zunächst: Unser Datenmaterial illustriert das vielfältige, prekäre alltägliche Balancieren des Zusammenhangs von Geld *und* Liebe von Paaren unter den Bedingungen einer 'modernisierten Moderne' (Beck/Bonß 2001), indem es die Bedeutungsvielfalt von eigenem/gemeinsamen Geld und die Kontingenz der damit einhergehenden alltäglichen Arrangements ausweist: Geld bildet das 'Material', in dem die Akteure ihren Beziehungsvorstellungen, Identitäten, biographische Erfahrungen und Zukunftsperspektiven im Alltag Gestalt geben können und müssen. Eine zentrale, durch die weiteren Auswertungen zu überwindende Einschränkung unserer bisherigen Fallrekonstruktionen ist dabei die Verengung auf einen mikrosoziologischen Blick, der die institutionelle Eingebundenheit bis hin zu den vielfältigen geldrelevanten Rahmenbedingungen sozialstaatlicher Regelungen ausblendet (wie sie hier etwa bei dem dritten Paar zum Tragen kommen in der Sicherheit, die eine monatlich ausgezahlte Rente vermittelt). Erst dann erscheint es uns möglich und fruchtbar, solche in diesem Beitrag exemplarisch skizzierten Verschränkungen von Geld und Liebe als möglicherweise 'typische Muster' für die derzeitige gesellschaftliche Situation von Paarbeziehungen bzw. von 'Individuen-in-Paarbeziehungen' ausarbeiten zu können.

Dennoch lassen sich bereits jetzt einige grundlegende theoretische Folgerungen festhalten: Erstens lohnt es aufgrund der deutlichen und weitreichenden finanziellen Verflechtungen in Paarbeziehungen, und entgegen einer gängigen Konzentration auf emotional-affektive Aspekte moderner Paarbeziehungen, den analytischen Blick auf Paare (und auf Familien) auch unter dem Aspekt der 'ökonomischen Vergemeinschaftung' zu richten. Paarbeziehungen und Familien sind nicht nur (H)Orte der Zuneigung, der affektiven Konstruktion von Gemeinsamkeit, sondern in ihnen wird auch gemeinsam gewirtschaftet. Wichtig ist aber, den 'Haushalt' angemessen zu konzeptualisieren: Nicht als gegebene Entität jenseits der oder über den Individuen, sondern als komplexen und dynamischen (Re-)Konstruktionsprozess, den die Akteure als Individuen-in-Paaren in der alltäglichen Interaktion als Praxis eines 'gemeinsamen' – oder besser: auf einander bezogenen – Wirtschaftens leisten.

Zweitens ist so verstandenes 'Haushalten' nicht etwas, was zur durch Zuneigung bestimmten Paarbeziehung nur *hinzu*kommt; vielmehr lassen sich die monetären Beziehungen zwischen den Partnern gar nicht verstehen ohne den Blick auf ihre affektive Vergemeinschaftung und umgekehrt. Geld in Paarbeziehungen und Familien ist nicht (nur) von einer oder mehreren Personen verdientes und ausgegebenes 'Haushaltsgeld', sondern auch und immer '*Beziehungsgeld*'. Das heißt nicht, dass die Beziehung ausschließlich oder auch nur vorwiegend über Geld definiert wird; aber das Geld kann offensichtlich nicht als separates Medium gesehen werden, sondern ist eng mit der Gesamtkonstruktion und -bewertung der Beziehung verbunden. Dabei muss nicht immer eine Gemeinsamkeit und Parallelität in Gelddingen hergestellt werden, wie dies bei unserem ersten hier diskutierten Paar der Fall ist; charakteristischer dürfte sein, dass eine Differenzierung des Geldes hergestellt wird, die der Differenzierung in der Paarbeziehung entspricht. In diesem Sinne könnte es ein – explizit als vorläufig zu kennzeichnender – Befund sein, dass das 'eigene' Geld, zumal von Frauen als das von ihnen verdiente Geld, häufig gerade nicht als 'individuelles' Geld außerhalb der Beziehung angesiedelt wird, sondern eher auf diese hin ausgerichtet ist. Das selbst verdiente Geld wird nicht von selbst zum 'eigenen', individualisierten und individualisierenden Geld. Sondern es kann gerade in seiner spezifischen Verknüpfung mit Liebe immer schon als gemeinsames Geld erscheinen (siehe unser zweites Paar), welches nur das Paar als Paar dann der individuellen Verfügbarkeit zuordnen kann. Es sind möglicherweise vielmehr Männer, die (vor diesem Hintergrund!) eher Konzepte eines 'eigenen Geldes' entwickeln (wie beim zweiten und dritten Paar), das ihre Besonderheit und Individualität qua Familienherkunft, qua eigener Fähigkeiten oder anderer besonderer Eigenschaften widerspiegelt und gleichzeitig unterstreicht.

Solche Konzeptionen von eigenem oder gemeinsamen Geld dürfen aber – drittens – keineswegs, wie alle drei Beispiele zeigen, vorschnell und ohne genaueren Blick auf die Beziehungsdynamik und die jeweiligen *Bedeutungen* von Geld in Macht- und Ungleichheitseffekte übersetzt werden. Einige Untersuchungen haben etwa betont, dass das Geld des Mannes oft als das finanzielle Fundament des Familienhaushaltes wahrgenommen wird, während das Einkommen der Frau sogar dann, wenn es die gleiche Höhe wie das des Mannes erreicht, eher als 'zusätzliches'

Einkommen definiert wird (zusammenfassend Potuchek 1997). Einer solchen einfachen Festschreibung der Bedeutung von Geld widersprechen unsere Daten deutlich. Die Bedeutung des Geldes ist nicht einfach vorhanden und durch das (wie immer konzipierte) Geschlecht dessen definiert, der es verdient oder besitzt; sie resultiert erst aus komplexen wechselseitigen und die Beziehung insgesamt charakterisierenden Zuschreibungen – etwa von beziehungsrelevanten Persönlichkeitseigenschaften, von Rollen oder Aufgaben innerhalb und außerhalb der Beziehung, von dem, was die Beziehung stiftet oder zusammenhält u.a. Daher wäre es auch verkehrt, unmittelbar von einem rein quantitativ bestimmten Mehr an Geld auf ein Mehr an Macht in der Beziehung zu schließen. Gewiss mag dieser Nexus häufig gegeben sein, doch für eine Analyse von Paarbeziehungen wichtiger erscheint hierfür die symbolische Wertigkeit des Geldes als besonderem 'Mittler von Liebesbeziehungen'.

Literatur

Allmendinger, Jutta, Wolfgang Ludwig-Mayerhofer, Janina von Stebut und Christine Wimbauer, 2001: Gemeinsam leben, getrennt wirtschaften? Chancen und Grenzen der Individualisierung in Paarbeziehungen, in: Ulrich Beck und Wolfgang Bonß (Hrsg.), Die Modernisierung der Moderne, Frankfurt a.M.: Suhrkamp, S. 203-215.
Beck, Ulrich und Wolfgang Bonß (Hrsg.), 2001: Die Modernisierung der Moderne, Frankfurt a.M.: Suhrkamp, S. 203-215.
Beck-Gernsheim, Elisabeth, 1983: Vom „Dasein für andere" zum Anspruch auf ein Stück „eigenes Leben", in: Soziale Welt, 34, S. 307-340.
Beck-Gernsheim, Elisabeth, 1998: Was kommt nach der Familie? Einblicke in eine neue Lebensform, München: Beck.
Becker, Gary S., 1981: A Treatise on the Family, Cambridge, MA: Harvard University Press.
Berger, Peter L. und Hansfried Kellner, 1965: Die Ehe und die soziale Konstruktion der Wirklichkeit, in: Soziale Welt, 16, S. 220-235.
Blanke, Karin, Manfred Ehling und Norbert Schwarz, 1996: Zeit im Blickfeld. Ergebnisse einer repräsentativen Zeitbudgeterhebung. Schriftenreihe des Bundesministeriums für Familie, Senioren, Frauen und Jugend, Bd. 121, Stuttgart: Kohlhammer, S. 70-91.
Brannen, J. und Gail Wilson, 1987: Give and Take in Families, London: George Allen & Unwin.
Cancian, Francesca, 1985: Marital Conflict over Intimacy, in: Gerald Handel (Hrsg.), The Psychosocial Interior of the Family (3. Aufl.), New York: Aldine, S. 277-292.
Deutschmann, Christoph, 1999: Die Verheißung des absoluten Reichtums. Zur religiösen Natur des Kapitalismus, Frankfurt a.M.: Campus.
Deutschmann, Christoph, 2000: Geld als „absolutes Mittel". Zur Aktualität von Simmels Geldtheorie, in: Berliner Journal für Soziologie, 10, S. 301-313.
Dröge-Modelmog, Ilse, 1987: Was heißt hier Liebe? Gedanken zu einem sozialen Massenphänomen, in: dies. und G. Mergner (Hrsg.), Orte der Gewalt. Herrschaft und Macht im Geschlechterverhältnis, Opladen: Westdeutscher Verlag.

Engelbrech, Gerhard, 1996: Vocational Training and Gender-Specific Development of Income in West Germany: Examples of Horizontal and Vertical Segregation During the First Years of Employment, in: Petra Beckmann (Hrsg.), Gender Specific Occupational Segregation (BeitrAB 188), Nürnberg: Institut für Arbeitsmarkt- und Berufsforschung der Bundesanstalt für Arbeit, S. 132-152.

Esping-Andersen, Gøsta, 1999: Social Foundations of Postindustrial Economies, Oxford: Oxford University Press.

Gardiner, Jean, 1997: Gender, Care and Economics, Houndmills, London: Macmillan.

Giddens, Anthony, 1993: Wandel der Intimität. Sexualität, Liebe und Erotik in modernen Gesellschaften, Frankfurt a.M.: Fischer.

Glaser, Barney und Anselm L. Strauss, 1967: The Discovery of Grounded Theory, Chicago: Aldine.

Goffman, Erving, 1977: Rahmen-Analyse. Ein Versuch über die Organisation von Alltagserfahrungen, Frankfurt a.M.: Suhrkamp.

Herrmann, Horst, 2001: Liebesbeziehungen – Lebensentwürfe. Eine Soziologie der Partnerschaft, Münster: Telos.

Hitzler, Ronald, Jo Reichertz und Norbert Schröer (Hrsg.), 1999: Hermeneutische Wissenssoziologie. Standpunkte zur Theorie der Interpretation, Konstanz: Universitätsverlag Konstanz.

Hoffmeister, Dieter, 2001: Mythos Familie. Zur soziologischen Theorie familialen Wandels, Opladen: Leske+Budrich.

Hohenester, Birgitta, 2000: Dyadische Einheit. Zur sozialen Konstitution der ehelichen Beziehung, Konstanz: Universitätsverlag Konstanz.

Jenkins, Stephen P., 1991: Poverty Measurement and the Within-household Distribution: Agenda for Action, in: Journal of Social Policy, 20, S. 457-483.

Kaufmann, Franz-Xaver, 1999: Sozialstaatlichkeit unter den Bedingungen moderner Wirtschaft, in: W. Korff u.a. (Hrsg.), Handbuch der Wirtschaftsethik. Bd. 1: Verhältnisbestimmung von Wirtschaft und Ethik, Gütersloh, S. 800-830.

Kohli, Martin und Marc Szydlik, 1999: Familienbande, in: Kursbuch, 135, S. 33-39

Lenz, Karl, 1998: Soziologie der Zweierbeziehung. Eine Einführung, Opladen: Westdeutscher Verlag.

Ludwig-Mayerhofer, Wolfgang, 1995: Familiale Vermittlung sozialer Ungleichheit. Vernachlässigte Probleme in alter und neuer Ungleichheitsforschung, in: Peter A. Berger und Peter Sopp (Hrsg.), Sozialstruktur und Lebenslauf, Opladen: Leske + Budrich, S. 155-177.

Lüscher, Kurt, Franz Schultheis und Michael Wehrspaun (Hrsg.), 1988: Die „postmoderne" Familie. Familiale Strategien und Familienpolitik in einer Übergangszeit, Konstanz: Universitätsverlag Konstanz.

Luhmann, Niklas, 1982: Liebe als Passion. Zur Codierung von Intimität, Frankfurt a.M.: Suhrkamp.

Luhmann, Niklas, 1988: Die Wirtschaft der Gesellschaft, Frankfurt a.M.: Suhrkamp.

Marx, Karl, 1929: Das Kapital. Kritik der politischen Ökonomie (Bd. 1), Leipzig.

Meyer, Thomas, 1992: Modernisierung der Privatheit. Differenzierungs- und Individualisierungsprozesse des familialen Zusammenlebens, Opladen: Westdeutscher Verlag.

Mitterauer, Michael und Reinhard Sieder, 1977: Vom Patriarchat zur Partnerschaft. Zum Strukturwandel der Familie, München: C.H. Beck.

Nave-Herz, Rosemarie, 1994: Familie heute. Wandel der Familienstrukturen und Folgen für die Erziehung, Darmstadt: Primus-Verlag.

Ott, Notburga, 1991: Die Wirkung politischer Maßnahmen auf die Familienbildung aus ökonomischer und verhandlungstheoretischer Sicht, in: Karl-Ulrich Mayer, Jutta Allmendinger und Johannes Huinink (Hrsg.), Vom Regen in die Traufe: Frauen zwischen Beruf und Familie, Frankfurt a.M.: Campus, S. 385-407.

Ott, Notburga, 1992: Intrafamily Bargaining and Household Decisions, Berlin: Springer.
Pahl, Jan, 1980: Patterns of Money Management within Marriage, in: Journal of Social Policy, 9, S. 313-335.
Pahl, Jan, 1983: The Allocation of Money and the Structuring of Inequality within Marriage, in: Sociological Review, 31, S. 237-262.
Pahl, Jan, 1989: Money and Marriage, Basingstoke, London: MacMillan.
Peuckert, Rüdiger, 1999: Familienformen im sozialen Wandel, Opladen: Leske+Budrich.
Pfaff, Anita, 2000: Frauen, in: Jutta Allmendinger und Wolfgang Ludwig-Mayerhofer (Hrsg.), Soziologie des Sozialstaates. Gesellschaftliche Grundlagen, historische Zusammenhänge und aktuelle Entwicklungstendenzen, Weinheim/München: Juventa, S. 269-296.
Potuchek, Jean L., 1997: Who Supports the Family? Gender and Breadwinning in Dual-Earner Marriages, Stanford, CA: Stanford University Press.
Schröer, Norbert, 1994: Interpretative Sozialforschung. Auf dem Weg zu einer hermeneutischen Wissenssoziologie, Opladen: Westdeutscher Verlag.
Simmel, Georg, 1989 (1900): Philosophie des Geldes. Gesamtausgabe Bd. 6, Frankfurt a.M.: Suhrkamp.
Simmel, Georg, 1985 (1898): Die Rolle des Geldes in den Beziehungen der Geschlechter, in: ders., Schriften zur Philosophie und Soziologie der Geschlechter, Frankfurt a.M.: Suhrkamp, S. 139-156.
Szydlik, Marc, 2000: Lebenslange Solidarität. Generationenbeziehungen zwischen erwachsenen Kindern und Eltern, Opladen: Leske+Budrich.
Trotha, Trutz von, 1990: Zum Wandel der Familie, in: Kölner Zeitschrift für Soziologie und Sozialpsychologie, 42, S. 452-473.
Tyrell, Hartmann, 1987: Romantische Liebe – Überlegungen zu ihrer „quantitativen Bestimmtheit", in: Dirk Baecker et al. (Hrsg.), Theorie als Passion. Niklas Luhmann zum 60. Geburtstag, Frankfurt a.M.: Suhrkamp, S. 570-599.
Tyrell, Hartmann, 1988: Institutionalisierung und Deinstitutionalisierung von Ehe und Familie, in: Kurt Lüscher, Franz Schultheis und Michael Wehrspaun (Hrsg.), Die „postmoderne" Familie. Familiale Strategien und Familienpolitik in einer Übergangszeit, Konstanz: Universitätsverlag Konstanz, S. 145-156.
Zelizer, Viviana A., 1994: The Social Meaning of Money. Pin Money, Pay Cheques, Poor Relief, and Other Currencies, Princeton: Princeton University Press.

Jan-Alexander Bethge / Tilman Heisterhagen / Rainer-W. Hoffmann / Sibyll-Annett Strecker

Geldkrisen und Währungsreformen

Schichten-Schicksale, Sozialcharaktere und Sozialisation

Das 20. Jahrhundert ist *auch* das Jahrhundert von Geldkrisen und außerordentlich gravierenden Währungsschnitten, deren Wirkungskraft weit über die monetäre Sphäre hinausgeht. So sahen sich Autoren verschiedenster Provenienz für jede *einzelne* dieser großen Krisen und Reformen zu Superlativen veranlasst. Doch die *Summe* der privilegierenden und diskriminierenden Wirkungen auf die Sozialstruktur, ihre transformierenden Einflüsse auf Normenhaushalte, Sozialisationsprozesse und den Sozialcharakter insgesamt sind nie im Zusammenhang reflektiert worden. Die folgende Darstellung zentraler empirischer Befunde einer in Göttingen 1996 durchgeführten Erhebung mit Zeitzeugen der Hyperinflation und deren Nachfahren gilt genau diesem Ziel.

Monetäre Superlative

Schon Franz Eulenburg als einer der ersten kundigen sozialwissenschaftlichen Beobachter der Hyperinflation der Zwanzigerjahre beurteilte deren ökonomische Verteilungsfolgen als die „größte Enteignung (Expropriation) und Besitzentziehung (Depossedierung), die jemals auf friedlichem Wege stattgefunden hat" (Eulenburg 1924, S. 757). Über ein halbes Jahrhundert später beschreibt Elias Canetti in *Die Fackel im Ohr* (1980), dem zweiten Teil seiner Autobiographie, die Allgewalt des Monetären, der er sich als Inflationskind ausgesetzt sah. Nicht zuletzt seine persönlichen Erfahrungen führen ihn zu der Quintessenz, „daß es in unseren modernen Zivilisationen außer Kriegen und Revolutionen nichts gibt, das sich in seiner Tragweite mit Inflationen vergleichen läßt" (Canetti 1992, S. 214).[1] Kindleberger präzisiert, wenn er die Krise der Zwanzigerjahre als währungsgeschichtliches Gegenstück zur Französischen Revolution bezeichnet (1984, S. 10 f.). „Die

---

1 Am Beispiel von Elias Canetti zeigt Bernd Widdig (1995), wie das Erleben der Inflation in ein literarisches Werk Eingang findet und welche Aufschlusskraft diesem für das Verständnis einer derart grundlegenden gesellschaftlichen Erfahrung zukommt.

Rolle der Rentenmark bei der Überwindung der Hyperinflation in der Weimarer Republik" (Widmaier 1993) wird bei vielen anderen Autoren zum „Wunder der Rentenmark" (Bresciani-Turroni 1937, S. 336 f.) erhöht. Fallada überbietet mit einem Plural in der Überschrift des Schlusskapitels seines gewaltigen Inflationsromans: „Die Wunder der Rentenmark". Dieses Ende der Krise beinhaltet eine ambivalente Erfahrung: Die Einführung der Rentenmark sanktionierte die sozialen und ökonomischen Resultate der Krise und öffnete doch gleichzeitig, indem sie die erodierten Geldfunktionen wieder herstellte, neue wirtschaftliche Perspektiven und politische Horizonte. Das Epochale dieser Zäsur fasst Stefan Zweig in folgende Worte: „Der Tag, da die deutsche Inflation beendet war (1923), hätte ein Wendepunkt in der Geschichte werden können. Als mit einem Glockenschlag je eine Billion emporgeschwindelter Mark gegen eine einzige neue Mark eingelöst wurde, war eine Norm gegeben. [...] die Verhältnisse normalisierten sich, jeder konnte jetzt klar rechnen, was er gewonnen, was er verloren. [...] Man konnte wieder arbeiten, sich innerlich sammeln, an geistige Dinge denken. Man konnte sogar wieder träumen und auf ein geeintes Europa hoffen" (Zweig 1955, S. 288 f.). Die sozialen Konsequenzen der schwer vorstellbaren Umtauschrelation von einer Billion Papiermark zu einer Rentenmark beschreibt Hans Fallada in einer Kurzgeschichte. Seitens der Banken „gingen Briefe an die Kunden heraus. 'Sie werden gebeten, Ihr wertes Konto bei uns wegen Geringfügigkeit aufzulösen. Ihre Effekten usw. liegen zur Abholung in den Schalterstunden bereit. Mit vorzüglicher Hochachtung [...]'. Und es begann der Einmarsch der Geprellten, der Schieflieger, der Enteigneten, der sich betrogen Fühlenden; es kamen die alten Leute, die mit den mühsam erworbenen Papieren ihren Lebensabend hatten sichern wollen, es kamen die Rentiers, die kleinen Sparer, mittlere und hohe Beamte. Es zeigte sich, daß dies Volk nicht gerade das gewesen war, was man geschäftstüchtig nennen kann. Sie hatten keine Devisenspekulationen gemacht, keine Schiebungen – sie hatten einfach gewartet und alles verloren" (Fallada 1991, S. 5 f.).

Wirtschaftshistorische Arbeiten jüngeren Datums sehen in der Hyperinflation eines der „Schlüsselerlebnisse der Deutschen in diesem Jahrhundert" (Kiehling 1999, S. 1). Sie „prägte sich mit der totalen Zerrüttung des Geldwesens als fratzenhaftes Abbild der Gesamtperiode in das kollektive Gedächtnis der Deutschen ein" (Buchheim 2001, S. 147). Die traumatischen Krisenerfahrungen besitzen deshalb intergenerative Fernwirkungen, die ihresgleichen suchen. So sollte nach Aussage eines prominenten Historikers die Erinnerung daran „in Deutschland die Generationen überdauern" (Schulze 1994, S. 38). Denn „wirkliche Katastrophen" wie der „Zusammenbruch der Währung" seien „immer wieder auftauchender Gesprächsstoff, Inhalt von Erzählungen, Gegenstand von Diskussionen" (Noelle-Neumann 1968, S. 38). Vor diesem Hintergrund werden Diagnosen wie eine „panische Angst vor einer erneuten inflationären Entwicklung" (Galbraith 1976, S. 166) oder gar eine „Inflationsphobie" (Waldmann 1987, S. 367) verständlich.

Die verdeckte Inflation im Nationalsozialismus und die beiden Währungsreformen von 1948 bilden die nächste Sequenz großer Währungsereignisse, die zugleich Marksteine für die deutsche Teilung sind und wiederum enorme sozialstrukturelle Wirkungen entfalten. Im Osten war die Reform so konzipiert, „daß die Verluste der Werktätigen gering gehalten werden" (Staatsbank der DDR 1989, S. 15). Im Westen hat die Währungsreform die Menschen „nicht gleichgemacht, sondern sie nur gleichbehandelt" (Riehl 1978, S. 197). Erneut wird ein (Wirtschafts-)Wunder bestaunt, und für die DM beginnt die „aufregende Geschichte einer Weltwährung" (Riehl 1978), deren Übernahme in der DDR sich schon aus dem Blickwinkel von 1990 als das „größte Experiment der Finanzgeschichte" (Walitzek 1990) darstellt. Zum zehnjährigen Jubiläum bezeichnet der Bundesbankpräsident die schnelle Einführung der DM in der DDR als „ein historisch beispielloses Ereignis" (zit. nach FR vom 03.07.2000) Beim nächsten Jahrestag ist ganz in diesem Sinne von einer der „größten Herausforderungen" in der Geschichte der Deutschen Bundesbank die Rede. Zwar war das Geld zunächst Projektionsfläche kollektiver Wunschphantasien, während die tiefer angesiedelten makroökonomischen Probleme erst später in den Blick gerieten: „Mit der Übernahme des Geldes eines bislang anderen nationalen Reproduktionsraumes werden dessen ökonomische Bedingungen, insbesondere die Produktivitäts- und Verteilungsnormen, zum Standard im neuen Währungsgebiet, ohne daß eine Gewähr dafür besteht, daß diese eingehalten werden können" (Altvater 1991, S. 697).

Für große Teile der Bevölkerung waren die Krisen und Reformen des 20. Jahrhunderts mehr oder minder gravierende Ab- und Entwertungen – nicht nur im rein ökonomischen Sinn. Wegen der vielfältigen, sehr oft symbolischen Funktionen von Geld haben diese stets auch psychische Dimensionen, denn ein Betrag auf dem Sparkonto ist fast immer eine monetarisierte Lebensleistung (Hoffmann 1994, 1996). Auf der Folie vielfältiger und vielfacher Abwertungen sind die Euro-Ära und die zeitgleich sich verstärkende Virtualisierung des Geldes oftmals negativ besetzt. Die immer wieder beschriebene Bevölkerungsmehrheit mit einer Anti-Haltung (Hoffmann 1996, 1999) hat sich aktuell zu einer überwältigenden Majorität gesteigert. Eine repräsentative Umfrage vom April 2001 des Institutes für Sozialforschung und Kommunikation in Bielefeld zeigt, dass neun Zehntel der bundesdeutschen Bevölkerung vor dem Euro Angst haben, da sie mit seiner Einführung die Erwartung von Preiserhöhungen und gleichzeitig geringerer Preisstabilität verbinden (Contoli u.a. 2001, S. 74).

Nach dieser knappen Skizze der Ereignisse selbst sind die Verbindungslinien zwischen den Begriffen im Titel soweit zu explizieren, dass die theoretische Grundlage der im Verlauf präsentierten empirischen Befunde deutlich wird. Wer in den Krisen und nach den Reformen als Gewinner abschneidet bzw. ein Opferschicksal erleidet, richtet sich keinesfalls nur nach den „harten" ökonomischen Kriterien (Art und Umfang des Vermögens, Typ und Höhe des Einkommens, Nettoposition als Gläubiger oder Schuldner, Wirtschaftssektor). Vielmehr spielen auch Faktoren wie Klassenzugehörigkeit im Weber'schen Sinne, ständisch vorgeprägter Normen, spezifische kognitive Schemata und – ganz besonders – Zugehörigkeit zu einer sozialcharakterologischen „Fraktion" eine wichtige Rolle. Karrieren als Opfer bzw. Gewinner beginnen dann in der je spezifischen Mentalität, ergreifen über diesen „Umweg" die Sozialstruktur und begründen einen entsprechenden säkularen Langzeittrend mit. So gibt es Krisenkarrieren, die die mit der Modellfigur des „homo oeconomicus" verbundenen Erwartungen geradezu konterkarieren. Gruppen, Familien und Individuen, die durch solche abweichenden Prozesse gestärkt bzw. geschwächt werden, rechnen sich gewisssermaßen gesamtgesellschaftlich hoch und tragen zur Verschiebung der Größe, der Macht und der Kräfteverhältnisse zwischen höheren Aggregaten bei. Der Zeithorizont dieser längst noch nicht abgeschlossenen Prozesse ist ähnlich zu bemessen wie in Webers protestantischer Ethik. Doch schon in der Generation der jungen Erwachsenen von heute hat sich der „Geist des Kapitalismus", der monetäre Sozialcharaktere und Sozialisationsprozesse gleichermaßen prägt, spürbar und nachweisbar geändert.

Somit spielt die monetäre Sozialisation in diesem Gesamtprozess eine zentrale Rolle: Um die Wende zum 20. Jahrhundert hatte sich der Geist des Puritanismus so umfassend durchgesetzt, dass seine monetären Normen inklusive der entsprechenden psychischen Instanzen als geldkulturelle Selbstverständlichkeiten quer durch die Klassen, Schichten und Sektoren mehrheitlich an die nächste Generation weitervermittelt wurden (v.a. Sparsamkeit, behäbige Akkumulation, Verschuldungstabu). Mit der Inflation und Hyperinflation der Zwanzigerjahre trat *erstmals* die Krise selbst als Sozialisationsagent auf und vermittelte eine gegenteilige ökonomische Logik. Bei der monetären Sozialisation standen die Älteren gewissermaßen für das Überkommene und folgten eben nicht den Imperativen der Krise. Bisweilen verstanden die größeren Kinder, die Jugendlichen und die jungen Erwachsenen die neue Botschaft eher als die Eltern und Großeltern. Ein Hören auf die *Kinder* war dann das Geheimnis des Erfolges für das Überleben der Familie in der Inflation. Insgesamt freilich wirken die Krisen und Reformen als langsamer Katalysator.

Methodisches

Ein Forschungsprojekt wie die Göttinger Studie von 1996[2] wird es in vergleichbarer Form nie wieder geben. Im vollen Bewusstsein eines „now or never" ist es an die Grenze des empirisch Machbaren gegangen. Da seine methodischen Besonderheiten an gut zugänglicher Stelle dokumentiert sind (Heisterhagen u.a. 2000, S. 465 ff.), sei es hier bei einer Kurzcharakteristik belassen. Befragt wurden drei genealogisch verbundene Generationen; diese Angehörigen einer „Familienstafette" aus ältester (G1), mittlerer (G2) und jüngster Generation (G3) haben einen identischen Pro-

---

2 Gefördert durch die Deutsche Forschungsgemeinschaft. Die geplante Monographie trägt den (Arbeits-)Titel „Lehrmeister Währungskrise?! Monetäre Schlüsselerfahrungen deutscher Familien in drei Generationen."

jektnamen erhalten. In der ältesten Generation wurde eine theoretische Stichprobe angestrebt und mit winzigen Abstrichen auch realisiert, die an drei Hauptachsen entlang gleich große Gruppen schafft: *sozialökonomischer Status* („selbstständig" vs. „abhängig beschäftigt"), *Sektor* („primär", „sekundär", „tertiär") und *„politischer Wohnort" 1990* (alte BRD, damalige DDR). Die Geburtsjahrgänge reichen von *1896 bis *1977; im Falle einer Wahlmöglichkeit zwischen mehreren Gesprächspartnern in der zweiten oder dritten Generation war das jeweils höhere Alter das entscheidende Auswahlkriterium. Für die Startgeneration ergibt sich somit in sozialstruktureller Hinsicht eine Matrix von sechs Feldern, die jeweils mit acht Personen besetzt waren. Multipliziert mit den drei Generationen ergeben sich 144 Gespräche, die zwar im Tenor qualitativ orientiert sind, aber auch das Extrem durchstandardisierter Sequenzen enthalten und daher als „Hybrid-Interviews" bezeichnet werden. Ein Schaubild fasst das Gesagte übersichtlich zusammen.

Soziodemographische Struktur der Startgeneration (G 1)

Selbstständige Land		Selbstständige Produktion		Selbstständige Handel/Verw./Dienstl.	
West	Ost	West	Ost	West	Ost
▲	▲	▲	●	●	●
1902	1906	1896	1904	1904	1899
●	●	▲	▲	●	▲
1907	1911	1908	1906	1905	1903
▲	▲	●	▲	●	●
1910	1911	1912	1906	1911	1906
●	●	●	●	●	▲
1914	1912	1913	1907	1911	1909
			●		
			1911		
Primärer Sektor		Sekundärer Sektor		Tertiärer Sektor	
West	Ost	West	Ost	West	Ost
▲	●	▲	●	●	●
1903	1900	1902	1907	1896	1902
●	▲	●	▲	▲	▲
1903	1912	1904	1908	1903	1908
▲	●	▲	▲	●	▲
1911	1913	1905	1908	1903	1912
●	●	▲		●	
1915	1916	1908		1906	
				●	
				1909	
Abhängige Land		Abhängige Produktion		Abhängige Handel/Verw./Dienstl.	

Σ 48 BPn ≈ 48 Familien (● = Frau, ▲ = Mann, jeweils mit Geburtsjahr)
© Forschungsgruppe „Soziomonetäre Prozesse", Soziologisches Seminar, Universität Göttingen.

Die Gesprächsleitfäden mussten sehr hohen Anforderungen genügen, die nur mit einigen Stichworten angerissen seien: schon die Startgruppe G1 ist sehr unterschiedlich und wird (unbeeinflussbar!) bei G2 und G3 immer heterogener; die Währungserfahrungen der Befragten sind extrem breit gefächert; die Verbindungsstellen zwischen den Generationen mussten nach dem Prinzip „Stecker-Steckdose" konstruiert werden. Weil das Alter determiniert, wer welches Währungsereignis in welchem Lebensabschnitt (Kind/jugendlich bis Ruhestand) erlebt hat, musste der Leitfaden in fünf Versionen zerlegt werden, die sich im Prinzip identisch gliedern.

Dem Hybridcharakter der Gespräche korrespondiert eine entsprechende Auswertungsstrategie auf der Basis der Volltranskription aller Interviews. Die Zusammenführung der verschiedenen Leitfadenversionen zu einem „Master"-Leitfaden bildet die technische Basis für den EDV-gestützen Einsatz von vier verschiedenen Auswertungsmethoden und -schritten, die vom Primat des Qualitativen ausgehen, aber bewusst auch quantitative Elemente beinhalten. Dieser Methoden-Mix besteht aus (1) rein quantitativen Auswertungen in Form der numerischen Grundauszählung von standardisiert erhobenen Daten, aus (2) Transformationen von standardisierten Einzeldaten und Datenblöcken zu höher aggregierten Aussagen, aus (3) der Bildung neuer Variablen durch Applikation von neuen Kategorien und deren allmählicher Verfeinerung und Sättigung (Strauss 1994, S. 56-68) und aus (4) Typisierungen in Form ganzheitlicher Einordnung von kleineren und größeren Gesprächskomplexen im Sinne neuerer gestalttheoretischer Überlegungen.[3]

Dass in einem Aufsatz wie diesem scharf eingegrenzt und ausgewählt werden muss, versteht sich von selbst. Von den hier im Vordergrund stehenden sozialstrukturellen und sozialcharakterologischen Aspekten zur Zeit der Hyperinflation ausgehend werden einige familiale Kontinuitäten und Brüche entwickelt, die bis in die Gegenwart reichen. In diesen Partien wird versucht, das „Handgelenk lockerer [zu] halten: das Leben zieht keine klaren Grenzen, sondern verspielt sich in tausend Zwischenformen. Aus dem bunten Mancherlei ein einheitliches Bild zu gewinnen, ist dann letzte Aufgabe – nur mit Vorsicht anzugehen" (Geiger 1932, S. 82). Auf diese Art hoffen wir, zugleich dem vorwiegend qualitativen Charakter des Materials gerecht zu werden *und* das Potenzial des Spektrums von Auswertungsschritten anzudeuten.

Währungskrise und Sozialstruktur

Die Frage der sozialen Folgen oder – volkswirtschaftlich gesprochen – der redistributiven Effekte der „Großen Inflation" 1918-23 gehört nicht nur zum tra-

---
3 Vgl. hierzu im Bereich der Generationenforschung die für die Frage des biographischen Erzählens einschlägigen und methodologisch innovativen Arbeiten von Rosenthal (1995) und von Engelhardt (1997).

ditionellen Programm der Inflationsforschung – v.a. mit Blick auf hoch- und hyperinflationäre Währungskrisen (Jarchow 1998, S. 311, 317). Die Inflationsbetroffenheit der Angehörigen unterschiedlicher Sozialgruppen ist zugleich Erfahrungshintergrund für sozialhistorische Problemkonstellationen höchsten Kalibers wie z.B. der Vergiftung des öffentlichen Lebens infolge der Währungsereignisse. Der Forschungsstand hierzu scheint jedoch nicht geeignet, entsprechenden Fragestellungen eine einigermaßen verlässliche Ausgangsbasis zu liefern.

Die gängigen ökonomischen Analysen inflationsbedingter Verteilungswirkungen sind aus soziologischer Sicht auf je ihre Art eindimensional, wodurch sie einem hochkomplexen Vorgang schon im Ansatz nicht gerecht werden. Wie Robert Scholz (1986, S. 278 ff.) anhand der Frage der sozialen Lage der Arbeiter in der Inflationszeit ausführt, kommen unterschiedliche Autoren je nach Berücksichtigung und Interpretation selektiver Sozialindikatoren zu völlig konträren Ergebnissen. Die Forderung nach differenzierterer sozialstruktureller Untersuchung ist daher mit allem Nachdruck zu unterstreichen. Für die Sozialwissenschaften lautet die „Aufgabe, die neuen und ganz eigenartigen Verknüpfungen und Beziehungen der Lebensweise, die durch den Verfall des Geldwertes bedingte Systematik, zu finden und zu beschreiben" (Scholz 1986, S. 321).

Nun stellt die Große Inflation aber nicht nur „für ein hochindustrialisiertes Land eine Geldentwertung ohne Parallele" (Maier 1978, S. 329) dar. Darüber hinaus markiert sie einen tiefgreifenden *Umbruch* im wirtschaftlichen Leben der deutschen Gesellschaft. In ihrem Gefolge kommen bis dato nahezu unbekannte, *monetäre Handlungsbedingungen* zur Geltung, durch welche die aus der Goldstandardära überkommenen „Prämissen [...] wirtschaftlichen Verhaltens von Grund auf in Frage gestellt werden" (Waldmann 1987, S. 369). Aufgrund der periodischen Inflationssteigerungen und der Heftigkeit der finalen Inflationsentwicklung entsteht ein immenser Anpassungsdruck.

Daher wird die Frage unterschiedlicher Anpassungsmodi und somit das *reale Anpassungsverhalten* zu einer *Schlüsseldimension* bei der Analyse der unmittelbaren sozialen Inflationsfolgen. (Waldmann 1987, S. 368 f.; Pierenkemper 1998, S. 72) Hierfür aber ist insbesondere die ökonomische Theorie „kategorial unterausgestattet" (Ganßmann 1996, S. 14). In der volkswirtschaftlichen Denktradition wird nämlich das Akteursverhalten prinzipiell am Modell des *homo oeconomicus* abgeglichen. Die typischen Argumentationsmuster gehen dann in die Richtung, dass die inflationären Verteilungsfolgen vom Grad der Antizipation von Preisniveausteigerungen abhängen oder – in dezidierterer Form – solche Akteure zu den Inflationsgewinnern zählen, die sich annähernd wie homines oeconomici verhalten (Fricke 1981, S. 290 f.). Insoweit reduziert sich die Frage des realen Anpassungsverhaltens auf das Ausmaß an formeller ökonomischer Rationalität.

Zweifellos ist die rational-kognitive Perzeption der Ereignisse wichtig für die individuelle bzw. familiale Inflationsbetroffenheit. Auszugehen ist dabei von einem „differenzierten Lernprozeß [...], bei dem der Zeitfaktor von besonderer Bedeutung ist" (Pierenkemper 1998, S. 72); dies manifestiert sich zentral im Grad der Überwindung von *Geldillusion:* „Generell gelang es demjenigen am besten, auf dem schlüpfrigen Terrain der Inflationswirtschaft die Balance zu wahren, der beizeiten erkannte, daß der Geldwert an sich uninteressant geworden, d.h. nur noch in Relation zur Zeitdimension von Bedeutung war" (Waldmann 1987, S. 381). Im Prozess der trabenden oder galoppierenden Geldentwertung rückt der *Zeitfaktor* so zu einer Basiskategorie der sozialen Dynamik auf. Die Crux des volkswirtschaftlichen Theoriezuschnitts besteht darin, dass das Akteursverhalten in keinerlei Bezug zu den situativen Bedingungen gesetzt wird, denen sich die „Wirtschaftssubjekte"[4] gegenüber sehen – weder im Hinblick auf objektive noch auf subjektive Handlungsfaktoren. Individuelle (wie kollektive) Anpassungsreaktionen aber unterliegen sozialen Restriktionen und Deutungsmustern (Harwood 1983, S. 795 ff.), in denen sich gesellschaftliche wie individuelle Vergangenheit manifestiert.

Bei der Entwicklung eines Untersuchungsansatzes, der bei der Analyse empirischen Materials die Akteursperspektive systematisch berücksichtigen will, sind rational-kognitive von affektiv-normativen Handlungsdispositionen zu unterscheiden. (Hoffmann/Rühmann 1993, S. 53 ff.) Erstere sind im Prinzip durch Lernprozesse veränderbar, wobei der bereits vorhandene Kenntnisstand eine Rolle spielt; letztere sind „eher beharrend, stärker emotional geladen und in den tieferen Schichten des psychischen Apparats des Menschen angesiedelt" (Hoffmann/Rühmann 1993, S. 55).

In diesen Komplex lässt sich Peter Waldmanns an Weber angelehnter Begriff der *sozialen Chance* einfügen, die aus „sozialen Lagen und Bedingungen [resultiert], [...] die eine [Inflations-]Anpassung erleichterten oder erschwerten" (Waldmann 1987, S. 378). Laut Waldmann entscheidet sich das individuelle Abschneiden in der Inflationszeit durch ein *Ensemble* objektiver und subjektiver Chancenelemente (S. 379). Zu den objektiven Chancenelementen zählt er beispielsweise Vermögensbesitz (nach Art und Umfang), Bonität und Bildungsgrad. In die „subjektive Disposition" (S. 383) spielen Normen und Attitüden sowie der Grad des Geldwertbewusstseins hinein. Zur Verteilung dieser Chancenelemente auf die deutsche Bevölkerung verdichtet Waldmann seine umfangreiche Literaturarbeit zur folgenden zentralen Hypothese: „Die Kombination der verschiedenen Merkmale führte an den Extrempunkten, wo sich die 'positiven' und 'negativen' Chancen akkumulieren, zu jenen Klumpungen, die aus der Literatur über die Inflationszeit vertraut sind. [...] Das Gros der Bevölkerung, vor allem die Masse der Arbeitnehmer, war näher dem letztgenannten 'negativen' Pol angesiedelt, doch gab es auch eine stattliche Gruppe, bei der sich 'negative' und 'positive' Chancenelemente in vielfacher Weise überschnitten" (S. 382 f.). Weiter führt er aus: „Gerade ein differenziertes Studium der Entwicklung der Mittelschichtsektoren während der

---

4 Der Begriff „Wirtschaftssubjekt" wird ja nicht umsonst gebraucht, da es sich hierbei – zum Zwecke der Theoriekonstruktion – um einen völlig eigenschaftslosen Akteur handelt.

Inflation erweist, wie wichtig es ist, nicht nur einen, sondern mehrere Chancenindikatoren zu berücksichtigen" (S. 384).

Die vorgestellte theoretische Stichprobe, nach der das empirische Material erhoben wurde, lässt sich mit ihrem zentralen Achsen-Mix aus Marx (selbstständig/abhängig) und Fourastié (primärer/sekundärer/tertiärer Sektor) als Rahmen bezeichnen, innerhalb dessen sich schichtenspezifische Krisenfolgen vorstrukturieren.

Die *Selbstständigen* stellen alle Gewinner und den Löwenanteil der Opfer, was einer ungewöhnlich harten *Polarisierung* dieser Schicht geschuldet ist. Bei den *Bauernfamilien* kommen interessanterweise beinahe alle Inflationsschicksale relativ gleichmäßig vor; ihr Abschneiden präsentiert sich als vergleichsweise *indifferent.* Unter den *Abhängigen* gibt es überhaupt *keine Gewinner.* Sie stellen vielmehr die Mehrheit der Benachteiligten und Neutral- oder Nichtbetroffenen. Eine einmalig starke Konzentration findet sich dabei unter den *Landarbeiterfamilien,* bei denen drei Viertel zu den Benachteiligten gehören; schwere Inflationsnachteile hat dort niemand erlitten. Bei den Abhängigen im tertiären Sektor, gleichsam Avantgarde in der Entwicklung der gesamtgesellschaftlichen Arbeitsstrukturen, ist merkwürdigerweise eine vergleichbare Tendenz zu konstatieren.[5]

Feinere Differenzierungen sind allerdings nur durch qualitative Auswertung zu erhellen. Statt eines farblosen Konglomerats von Zahlen sei deshalb eine Konstellation von Schicksalen entwickelt, die sich in exemplarischer Absicht auf Familien des *Alten Mittelstandes* konzentriert. Denn diese sehen sich dem massiven Anpassungsdruck der Inflationszeit in besonderer Weise ausgesetzt: Ihre Gratwanderung zwischen nachhaltigen Gewinnen und gravierenden Verlusten führt am Ende zu starker Polarisierung. Das genaue Kontrastprogramm hierzu findet sich bei den Arbeiterfamilien, deren Anpassungsspielraum minimal war, was abschließend an einem einzelnen Beispiel dargestellt wird.

Die summarische Auswertung der Inflationsopfer unter den Familien des Selbstständigen Mittelstandes zeigt *kein einheitliches Verhaltensprofil* und keine unmittelbaren Kausalketten zwischen Klassenlage und Handeln. Überall wirkt indes die Ära des Goldstandards nach. Die subjektiven Anpassungsprobleme an das Inflationsgeschehen sind hier regelmäßig eher kognitiven *oder* affektiv-normativen Partikeln geschuldet, wobei erstere überwiegen und über die Hälfte der Opferschicksale dominieren. Vom Idealbild des homo oeconomicus aus reicht dabei im Extrem schon ein einziger sachlicher bzw. zeitlicher „Fehler", um den Absturz einzuleiten.

Stellvertretend zeigt das Schicksal von Familie Bruns, wie *kognitive Anpassungsschwierigkeiten* einen anfänglichen Inflationsvorteil zunichte machen und ins Gegenteil verkehren. Der Fall der Bruns (im doppelten Wortsinn) handelt sozusagen von *verpassten Inflationschancen.* Dabei schwingt der monetäre Normenset der Goldstandardära spürbar mit. Die Drechslerfamilie hat zunächst „in der Inflation

---

5 Näheres zur Operationalisierung von Inflationsbetroffenheiten und der genauen quantitativen Verteilung im Kapitel über Schichten-Schicksale 1918-23 in: Heisterhagen/Hoffmann (2002).

eine Werkstatt gebaut, und die war durch die Inflation schnell abgetragen" (Frau Bruns, *1911). Aus der eher zufälligen Erfahrung mit dem entwertungsbedingten Abbau seiner finanziellen Belastungen scheint Vater Bruns jedoch keine Lehre zu ziehen. Auf dem Höhepunkt der Inflation entscheidet er ganz im Gegenteil, die Werkstatt zu schließen und mit seinen Söhnen, die alle im Familienbetrieb mitarbeiten, Auftragsarbeiten auf Lohnbasis zu übernehmen. Nach Aussage von Frau Bruns ist das der Anlass dafür, dass sich im Zuge der finalen Inflationsbeschleunigung die Einkommenssituation ihrer Familie drastisch verschlechtert.

Vor dem Hintergrund der Erfahrungen beim Werkstattbau offenbart sich die kognitive Lücke darin, dass nicht einmal ansatzweise versucht wird, hieran anzuknüpfen und den Weg gezielter Verschuldung oder Vorfinanzierung einzuschlagen. Vater Bruns scheint nicht imstande, den ökonomischen Charakter der ablaufenden Geschehnisse zu erfassen. Der schnelle Abtrag der Bauschuld wird von ihm nicht als strukturelle Begünstigung der Schuldnerposition unter Inflationsbedingungen begriffen, sozusagen als „windfall profit". Anschließend vermag er offenbar auch nicht, der sich ausweitenden inflationistischen Einnahme-Ausgabe-Lücke Herr zu werden, also eine angemessene Wertsicherung seiner Einnahmen zu realisieren. Stattdessen erfolgt der Rückzug in die faktische Lohnabhängigkeit, was einem regressiven Umgang mit der Inflation gleichkommt. Die Entwertung umfangreicher Ersparnisse: „[...] mein Vater war sehr sparsam, dem sind auch bei der Inflation damals 30.000 Mark verfallen, da hätte er drei Wohnhäuser bauen können [...]" deutet in die gleiche Richtung. So bleibt nach dem Ende der Inflation zwar (zunächst noch) die Selbstständigkeit der Familie erhalten, der Finanzierungsvorteil beim Werkstattbau wird jedoch mehr als zunichte gemacht. Das ausschlaggebende Moment, das sie bei ihrer Gratwanderung hat abstürzen lassen, ist das Unvermögen, die Krisenmechanik, von der sie eben noch profitierten, wirklich zu erfassen und interessendienlich damit umzugehen.

Bei einem relativ kleinen Teil der Opferschicksale hingegen sind es gerade affektiv-normative Handlungsdispositionen, die den Ausschlag zum Negativen geben, so z.B. im Fall der Familie Teske, deren Opferschicksal sich früh abzeichnet. Die ursprünglich sehr wohlhabende Familie hat bereits im Vorfeld der Inflation starke finanzielle Einbußen, weil bedeutende Gold(mark-)bestände preisgegeben werden. Im weiteren Verlauf verliert sie darüber hinaus beinahe ihren gesamten Geschäftsbesitz, zunächst 1921 die Bäckerei und später auch das Lebensmittelgeschäft. So wird der Familienunterhalt zum Schluss nur noch mit einem Marktstand bestritten. Gleich in doppelter Hinsicht sind hierfür affektiv-normative Dispositionen verantwortlich. Die *puritanertypische Ablehnung von Schulden* zeigt sich bei Teskes in Gestalt einer Präferenz für Barzahlungen, die auch in der Zeit der Inflation durchgehalten wird. So weiß Frau Teske (*1907) zu erzählen: „Auch mit der Ware und alles und so, also daß wir uns allein irgendwie mal was [Bares] weggelegt hätten [...]. Wir hatten auch alles, [...] das hat er alles immer bezahlt. Also wir hatten nie Geld." Diese Barzahlungskultur besitzt unter den Bedingungen der Inflation ein Janusgesicht. Sie hat einerseits einen unvermittelt rationalen Zug, indem sie die für die Entwertung anfälligen Kassenbestände ganz von selbst minimiert. Andererseits verbaut sie aber auch den Weg in die attraktive Schuldnerposition.

Die andere Komponente lässt sich als *affektive Distanz zur Geldwelt,* wie sie dem damaligen Kind in der monetären Sozialisation vermittelt werden, beschreiben. Wie Frau Teske zum Ausdruck bringt, wird in ihrem Elternhaus generell eine zurückweisende Geldattitüde kultiviert. Diese könnte sich in der Inflation mit ihrer Ausschließlichkeit des Papiergeldes zur Aversion gesteigert haben, denn „bei meinem Vater gab es nur Goldmark". Am Rande sei notiert, dass auch in dieser Familie – wie in manch anderem Fall – einem Kind in der Inflationszeit große monetäre Verantwortlichkeiten zukamen: Frau Teske wurde ab 1921, d.h. als Vierzehnjährige, an der Verwaltung der elterlichen Geschäftskasse beteiligt.

Bei den Gewinnern im Alten Mittelstand ändern sich die Konstellationen grundlegend und stehen in scharfem Kontrast zu den Gescheiterten ihrer Schicht. Nicht partikulare Handlungsdispositionen sind hier ausschlaggebend, sondern der Grad der Näherung an den „inflationsorientierten Sozialtypus", der sich vom „vorinflationären Sozialtypus" durch weit mehr abhebt als nur seine kognitive Schärfe (Hoffmann 1990, S. 319). Im Verbund damit sorgen inflationsadaptierte Attitüden und Normvorstellungen für größere „subjektive Elastizität". In Abwandlung der Modellfiguren des homo oeconomicus, der nur die kognitive Handlungsdimension kennt, und des homo sociologicus, dessen Handeln zuallererst normbestimmt ist, sei daher vom adaptierten „homo socio-oeconomicus" als synthetischer Modellfigur die Rede.

Das Paradebeispiel für diesen *umfassend inflationsorientierten homo socio-oeconomicus* liefert Familie Korte. Während der Kriegs- und Inflationsjahre bauen die Eltern ihre selbstständige Erwerbsgrundlage, die zunächst in einer Schmiede bestand, systematisch zu einer Mischexistenz mit Kolonialwarenladen und landwirtschaftlichem Nebenerwerb aus. Dabei profitieren sie ganz erheblich von der Entwertung von Krediten, Hypotheken und anderen Verbindlichkeiten, die sie für den Grunderwerb und zum (Aus-)Bau von Immobilienbesitz u.ä. aufnehmen. Der Inflationsumgang der Kortes ist dabei durch das *Zusammenspiel vollständig inflationsadaptierter kognitiver wie affektiv-normativer Bewusstseinslagen* gekennzeichnet. Die umfangreiche Kreditaufnahme deutet schon an, dass die Eltern Korte zu jener Minderheit in ihrer Generation gehören, die keinem normativen Verschuldungstabu unterliegen oder sich davon lösen. Ja, sie bilden geradezu eine affektive Verschuldungsbereitschaft aus. Wie Herr Korte (*1909) berichtet, haben seine Eltern weit über die Inflationszeit hinaus Verbindlichkeiten: „[...] also sie hatten ewig Schulden, bis während des Krieges dann meine Mutter mir schrieb – 1943: Wir haben jetzt die letzten Schulden bezahlt." Die Verschuldungsbereitschaft wird jedoch keineswegs vollständig habituell, sondern durchaus auch strategisch und flexibel den Zeitläuften angeschmiegt. So berichtet Herr Korte mit Bezug auf die

Rentenmarkreform: „Die Eltern hatten ja Schulden, die haben ja dann versucht, daß sie schnell auch das abzahlen konnten, daß die weniger wurden. [...] im November kam ja dann die Umstellung [...]." Den Eltern ist offenbar klar, dass sich die fortwährende Privilegierung der Schuldner in den Inflationsjahren durch eine Währungsreform mit noch unklaren Modalitäten ins Gegenteil verkehren kann.

Adaptiert ist nicht nur der flexible Umgang mit Schulden. Vielmehr fügen sich das gesamte Geschäftsgebaren und die allgemeine Wirtschaftsgesinnung der Kortes zu einem kohärenten Ganzen. Die Erweiterung der familialen Erwerbsgrundlage etwa ist nicht Wildwuchs, sondern eher durchdachte Diversifikation. Schon während des Krieges begonnen, wird sie unter dem Eindruck der Währungskrise systematisch vorangetrieben und in ihrem Zuschnitt durchaus an das Inflationsgeschehen angepasst. Im Hinblick auf die Versorgungsengpässe und den zunehmenden Naturaltausch erweist sich die kleine Mischexistenz als sehr vorteilhaft. „Mutter hat auch schnell erkannt, daß sie Faktoren schaffen mußte, die eine gewisse Unabhängigkeit von der Kundschaft bewirkten." Auf einer tieferen Ebene dokumentiert sich darin, dass die Wirtschaftsgesinnung der Kortes nicht durch die „traditionelle bzw. vorindustrielle 'intrinsische' Bindung an bestimmte Arbeitsweisen, Produkte" (Türk 1987, S. 280) bestimmt ist. In der Antizipation bzw. unter dem Wirken der Inflation bildet und bewährt sich eine rein formale, allein am Wertprinzip orientierte Grundhaltung. Zusammenfassend kondensieren sich bei Familie Korte also verschiedene Erkenntnisse, Attitüden und Normen, die „untereinander in einem harmonisch-konsistenten Verhältnis" (Hoffmann/ Rühmann 1993, S. 57) stehen, zu einem besonders gewinnträchtigen Inflationsumgang.

Die *Arbeiterfamilien* erleben die Große Inflation eher als allgemeine, relativ unspezifische Krise. Der Kampf gegen Hunger und Not bestimmt den Alltag und lässt die monetären Spezifika der Zeit, wie sie in den Inflationserfahrungen der selbstständigen Mittelstandsfamilien dominieren, in den Hintergrund treten. Anders formuliert: Der Schwerpunkt der Krisenerfahrungen liegt hier nicht auf der monetären Dynamik der Inflationsjahre, sondern auf den realwirtschaftlichen Begleitumständen. In Übereinstimmung mit Waldmann lautet der Befund, dass die Inflationsbewältigung regelmäßig „'negativ' bzw. regressiv [verlief], sie beschränkte sich auf das Erleiden der Teuerungsfolgen und den Versuch, trotz der verschlechterten Existenzbedingungen irgendwie zu überleben" (Waldmann 1987, S. 384). Beispielhaft hierfür, wenn auch besonders dramatisch, ist das Krisenschicksal von Familie Pochadt, die anschließend noch unter sozialcharakterologischen und sozialisatorischen Gesichtspunkten auftaucht.

Die allgemein ermittelte Deprivation der Arbeiterfamilien wird in diesem Fall noch dadurch potenziert, dass Vater Pochadt, ein ungelernter Arbeiter, wiederholt und längere Zeit arbeitslos ist. Infolge dessen verschärfen sich speziell im Jahr der Hyperinflation die familiären Lebensbedingungen soweit, dass der Rückgriff auf inkriminierte und pönalisierte Handlungen unvermeidlich ist. „[...] Vater ist auf die Rieselfelder gegangen und hat Grünkohl gestohlen [...]. Dann sind sie auch, [...] wo die Güterwagen an den Fabriken vorbeizogen, die haben dann Kohlen in die Fabriken gezogen, und die ganzen Erwerbslosen, [...] die sind dann auf die Kohlenwagen aufgesprungen, haben die Kohlen runter geworfen, [...] damit jeder dann mal eine warme Stube hatte im Winter. [[Frau Pochadt beginnt zu weinen]]" (Frau Pochadt, *1907). Hier liegt nicht nur eine lebenslange Traumatisierung begründet. Der inflationsbedingte Schädigungskomplex der Pochadts, der eine entwertete Erbschaft der Mutter (†1912) einschließt, ist zumindest mitursächlich für die Vererbung der sozialen Benachteiligungslage vom Vater auf die Tochter und damit den familialen Opferstatus. Infolge eines Ausbildungsweges ohne jeden Abschluss wird ihre soziale Aufwärtsaspiranz vereitelt, mit der Konsequenz, dass sie „[...] zwischendurch auch sehr viel arbeitslos gewesen [ist]."

Es ist reizvoll und wäre doch aussichtslos, im gegebenen Rahmen auch nur annäherungsweise auf die Inflationsbetroffenheiten sämtlicher Sozialgruppen einzugehen; selbiges gilt für die übrigen bedeutenden Währungsereignisse im 20. Jahrhundert. Hier sei nur angedeutet, dass sich *trotz* der Krisen als Lehrmeister Opferschicksale *und* Gewinnerkarrieren eher fortsetzen als umkehren.[6]

Krisenschicksal und Sozialcharakter

Vor dem Hintergrund eines ganzen Jahrhunderts lohnt es sich, die sozialen Wirkungen der Währungsverhältnisse auch sozialcharakterologisch zu betrachten. Der in der Goldstandardzeit für die Elternhäuser der ältesten Generation ermittelte dominante puritanisch-traditionelle Sozialcharakter ist über einen fast schon monolithischen Set von Normen und Prinzipien bestimmt: Vorsorgende Sparsamkeit und Verschuldungstabu verbinden sich mit Arbeits- und Sekundärtugenden wie Fleiß, Ordnung und Pünktlichkeit sowie mit einer Verzichtsethik beim Konsum und einer Heim(-at)präferenz (Heisterhagen u.a. 2000, S. 473 ff.).

Der monetäre Puritanismus als das sozialcharakterologische „Erfolgsmodell" des 19. und beginnenden 20. Jahrhunderts gerät mit den ersten beiden großen Geldkrisen und -reformen selbst in die Krise. Denn seine zentralen Charaktereigenschaften werden in der Ökonomie der Inflation kontraproduktiv, indem sie den Puritaner zum prädestinierten Krisenopfer stempeln.

Schon relativ bald nach der Hyperinflation 1923 hat Franz Eulenburg diese Hypothese einer quasi-darwinistischen Selektion des inflationsadaptierten auf Kosten des traditionelle Werte verkörpernden Sozialcharakters aufgestellt: „Die kräftigsten, rücksichtslosesten, aber auch vorausschauenden und gescheitesten Naturen haben gesiegt, die feineren, zaghafteren, geistigeren sind zurückgedrängt. [...] Andererseits das Emporkommen rücksichtsloser, waghalsiger, aber auch nüchterner

6 Näheres in: Heisterhagen/Hoffmann (2002).

Naturen ist für die große Schar der 'Neureichen' charakteristisch. Es hat im ganzen eine bestimmte Auslese stattgefunden an Energie und Rücksichtslosigkeit auf der einen Seite, ein Zurückdrängen der weichen, soliden, vielleicht auch vornehmeren Naturen auf der anderen Seite. Jene mögen häufig genug sich 'moralinfrei' betätigt haben, aber es sind die wirtschaftlich Stärkeren" (Eulenburg 1924, S. 793 f.).

Dementsprechend ist der inflationsadaptierte modernistische Hedonist als der monetäre Gegentyp zum Puritaner sehr facettenreich: Wie schon das Beispiel von Familie Korte zeigte, zeichnet er sich in seiner Handlungslogik durch Elastizität und Flexibilität bis hin zu Risikofreudigkeit aus. In normativer Hinsicht besteht Bereitschaft zur Verschuldung, wobei diese nicht investiven Aufgaben zu gute kommt, sondern primär der Konsumtion dient; statt Arbeitsamkeit und Askese regieren Spekulations- und Genussfreude.

Die mit der Elimination des traditionalistischen monetären Sozialcharakters einhergehende Erosion von gesellschaftlicher Stabilität stellt Eisermann unter Rückgriff auf Paretos Gegensatzpaar „sparender Rentner" versus „investierender Spekulant" in den Mittelpunkt seiner theoretischen Überlegungen: „Es handelt sich deshalb nicht nur darum, daß die 'Rentner' ihrer Einkommen und Vermögen beraubt werden, sondern daß diese für den Bestand der Gesellschaft unerläßlichen beharrenden Gefühlsstrukturen proportional zurückgedrängt, zerstört und vermindert werden" (Eisermann 1967, S. 60).

Die Verknüpfung von sozialcharakterologischer Fraktionszugehörigkeit und Währungskrisenbetroffenheit besitzt somit ein Janusgesicht: Einerseits ist neben den oben benannten ökonomischen und sozialstrukturellen Parametern der Sozialcharakter als mitursächlich für das Abschneiden von Personen in Währungskrisen anzusehen. Andererseits haben die mit Währungskrisen einher gehenden Bilanzen auch langfristig Auswirkungen auf monetäre Normen, Einstellungen und habitualisierte Überzeugungen.

Der Zusammenhang von Puritanismus und Krisenopferstatus lässt sich empirisch gut belegen: Über alle drei Generationen hinweg betrachtet, verbinden sich drei Viertel aller Opfer-Biographien mit einem puritanischen Charakter, während bei den unauffälligen Bilanzen deutlich weniger als die Hälfte Puritaner sind; stattdessen gewinnen pragmatische und hedonistische Orientierungen an Raum, indem sie sich verdoppeln bzw. sogar verdreifachen.

Auch eine nach Generationen differenzierte Auswertung führt zu Ergebnissen, die in dieselbe Richtung weisen. Innerhalb der ältesten Generation ergibt sich z.B. im Hinblick auf die Währungsreform von 1948 die signifikante Korrelation, dass alle diejenigen, die sich als Opfer begreifen, ausgeprägte Puritaner sind und umgekehrt keiner der wenigen Nicht-Puritaner eine auffällige Bilanz zieht. Dies kann als Indiz dafür verstanden werden, dass im Puritanismus selbst Reflexionen über ihm inhärente Opferdispositionen einsetzen, ohne dass von Angehörigen der ältesten Generation hieraus unmittelbare Konsequenzen gezogen worden wären.

Doch erst eine qualitative Auswertung kann Auskunft geben über die Art und

Weise, welche sozialcharakterologisch relevanten Wahrnehmungsmuster und Bewältigungsstrategien sich bei der ältesten Generation im Gefolge bestimmter Krisenbetroffenheiten bilden. In der Frage der Kriseninduzierung sozialcharakterologischer Veränderungen darf nicht erwartet werden, dass eine quasi-mechanische direkte Einwirkung von Krisenereignissen auf den Sozialcharakter zu konstatieren sein wird, sondern hier muss in längeren Fristen gerechnet werden.

Die ganze Bandbreite der möglichen Reaktionen zwischen Resignation und Revolte spiegelt sich in folgenden drei typischen Formen wider: Der in der ältesten Generation häufigste Fall des klassischen puritanischen Krisenopfers erfüllt ein Diktum Paretos über den furchtsam-hasenfüßigen Sparer,[7] der weiß, dass er die Kosten historischer Umwälzungen zu tragen hat. Dagegen bleibt der Puritaner, der in Übereinstimmung mit seinem Normenset langfristige Anti-Krisenstrategien entwickelt und umzusetzen sucht, den eigenen Prinzipien treu, ohne der Inflation hilflos ausgesetzt zu sein. Die dritte, eher seltene Variante bildet der Puritaner, der sich unter Krisenbedingungen im Extremfall von seinem eigenen Normenset dispensiert und sich strategisch-situativ verhält.

Verharrende Opfer

Die Hälfte aller ausgeprägten Puritaner lässt sich dem Typus des klassischen puritanischen Krisenopfers subsumieren. Hierbei bildet die enge Verbindung von negativen Krisenbilanzen und puritanischem Sozialcharakter keinesfalls ein Signum der bürgerlichen Mittelschichten, sondern ist vielmehr in ganz verschiedenen sozial-ökonomischen Lagen anzutreffen. So stammt der Maurer Herr Otte (*1912) aus einem Arbeiterhaushalt mit angeschlossener kleiner Landwirtschaft. In damals weit verbreiteter Geldillusion[8] fallen seine Eltern Gerüchten über eine Aufwertung des Inflationsgeldes zum Opfer: „Manche Leute haben ja gedacht, sie verkaufen und dann sind sie Millionär, und hinterher sind sie bettelarm geworden. Andere Leute, die sehr viel Schulden hatten, die haben ein Schwein verkauft auf dem Lande, vom Land her gesprochen, oder irgendwas verkauft und haben für ein Butterbrot ihre Schulden bezahlt [...]. Und meine Eltern haben da eine Kuh verkauft, hat 3.000 Mark gekostet. Und da gab es dann diese großen Tausendmark-

---

[7] Nach Pareto besitzt der Typus des Rentners und Sparers – in diametralem Gegensatz zum Spekulanten – ein fundamentales Interesse an hohen Zinsen und niedrigen Preissteigerungen. Die hiermit verbundenen Gefühlsstrukturen, und Handlungsdispositionen beschränken die möglichen Adaptionsfähigkeiten an historische Veränderungen radikal: „Die einfachen Sparer hingegen sind oftmals ruhige, furchtsame Leute, die immer mit aufgestellten Ohren dasitzen wie ein Hase, die wenig hoffen und viel fürchten aus Veränderungen, denn sie wissen aus bitterer Erfahrung, daß sie fast immer die Kosten dafür zu tragen haben (§ 2316)" (Pareto 1962, S. 183).
[8] Zur Verbreitung von Geldillusionen vgl. die Ausführungen von Schmölders (1972) unter Verweis auf Fisher (1948).

scheine, da gab es grün gestempelte und rot gestempelte, und da hat, da war das Gespräch so im Umlauf, die würden wieder gültig." Obwohl Herr Otte gelernt zu haben meint, dass Geld nichts sicheres ist, verrät auch er unfreiwillig die Wirkungsmächtigkeit von Geldillusionen. Auf die Frage: „In der Bundesrepublik hat es nahezu immer eine Geldentwertung gegeben. Wieviel ist die D-Mark im Vergleich zu 1948 heute noch wert?" erwidert er: „Ich würde sagen, sie ist viel mehr wert." Mag dies auch ein ostdeutsch geprägter Blick auf die westdeutsche „Wohlstandsgesellschaft" sein, so verwundert es doch nicht, dass Herrn Ottes Bilanz sowohl 1948 wie 1990 negativ ausfällt, da beide Male Ersparnisse entwertet werden. Und trotzdem antwortet Herr Otte auf die Frage nach den bewährten monetären Grundsätzen der Eltern: „Sparsam erzogen, bin es heute noch" und bringt diese seinerseits in Verbindung mit den nicht nur von ihm so genannten preußischen Tugenden: „Treu, brav, ehrlich, pflichtbewußt".

Sein Enkel Herr Otte (*1963) bestätigt die Tendenz des Großvaters zum Aufbewahren und Geldhorten in der Frage nach dessen Krisenlehren: „Schaffe Grund und Boden so viel, wie du kannst, hebe auf, was du hast, lege beiseite, was du hast, Grund und Boden verkauft man nicht, hebe alles auf für die lachenden Erben, das sind die Grundsätze meines Großvaters, und nach denen lebt er noch und steht auch fest auf diesem Standpunkt, und er hat immer gespart und er spart heute noch. Wenn Sie ihm eine Mark geben, legt er eine Mark und einen Pfennig beiseite, das ist mein Großvater." Neben dem unüberhörbar kritischen Unterton schwingt jedoch bei Otte junior auch eine gewisse Anerkennung für die monetären Einstellungen des Großvaters mit, zählt er doch selbst zu den wenigen ausgeprägten Puritanern in der jüngsten Generation und sagt von sich: „Ich habe den Geiz von meinem Großvater geerbt." Dagegen präsentiert sich seine Mutter Frau Otte medio (*1941) selbst als Bindeglied dieser puritanischen Traditionsstafette, indem sie für sich als Erziehungsgrundsatz reklamiert: „Ich bin sparsam erzogen worden und so habe ich meinen Sohn auch erzogen."

Normkonforme Konsequenzen

Der Puritanismus erschöpft sich jedoch nicht in der Darstellung tendenziell realitätsverweigernder Wahrnehmungen. Gerade angesichts der besonderen Ungeschütztheit vor den Folgen monetärer Krisen ist es nicht verwunderlich, dass auch von ihm selbst langfristig angelegte Konsequenzen aus den Währungskrisen gezogen werden.

Für diesen Typus der kriseninduzierten intrinsischen Transformation des puritanischen Sozialcharakters hin zu langfristigen nicht-monetären Formen der Vorsorge kann Frau Pochadt (*1907), deren familiales Krisenschicksal oben beschrieben wurde, als Beispiel dienen. Ihr puritanischer Sozialcharakter selbst hat die geschilderten Krisenverluste unbeschadet überstanden, wie z.B. die Antwort auf die Frage nach den bewährten elterlichen monetären Grundsätzen dokumentiert: „Wer den Pfennig nicht ehrt, ist den Taler nicht wert. [...] Na, immer versuchen, so sparsam wie möglich zu sein, damit man nicht in Versuchung kommt, woanders was zu begehren, was man nicht ermöglichen kann." An anderen Stellen des Interviews bekundet sie jedoch auch Formen der Geldskepsis, die bis hin zu aktueller Inflationsphobie reichen, und auch die Monolithizität des puritanischen Sozialcharakters tangieren: „Das ist fast das Gleiche, wie es jetzt ist, Sie können sagen, was Sie wollen, es ist, meine Kinder und Enkelkinder, die sagen immer: 'Oma, du unkst!' [[BP weint wieder]] Ich sage: 'Kinder, tut mir leid, aber ich habe das Gefühl, kauft euch das, was ihr braucht und laßt das Geld nicht aufstocken, das wird nichts. Das Geld verliert an Wert.' Da kann einer sagen, was er will. Also das ist meine persönliche Meinung, aber kann ja jeder für sich so denken. Aber ich sage das meinen Kindern und Enkeln ganz offen so, wie ich es Ihnen jetzt sage."

Aus dieser Erkenntnis und der Prägung durch die Inflationsereignisse resultiert bei Frau Pochadt eine erste Krisenkonsequenz des Erwerbs von Sachwerten in Form eines Grundstückskaufs: „Na ja, das Einzige war, unser Prinzip als junge Leute, wir kaufen uns ein Grundstück, dann haben wir etwas, worauf wir wohnen können, ja. [...] Das haben wir dann später gemacht, das war das, was wir uns vorgenommen hatten, daß wir nicht Geld aufsammeln, sondern uns irgendwas anschaffen, was für die Dauer, für das Leben, für uns sein kann, das waren die Ergebnisse und noch die Nachwirkungen der Inflation." Allerdings scheitert der geplante Hausbau aufgrund von Arbeitslosigkeit von Frau Pochadt und ihres Ehemannes. Die zweite wesentliche und dann realisierte Krisenkonsequenz besteht in einer Humankapitalorientierung für die eigenen Kinder, die schon bei den Krisenlehren an die nächste Generation artikuliert und im Bereich der Grundfragen in der Reaktion auf den Satz „Eine gute Ausbildung ist das beste, was man den Kindern mitgeben kann" noch einmal bekräftigt wird: „Die höchste, die es gibt! [...] Nach dem Prinzip: was du im Kopf hast." Unter sozialcharakterologischem Gesichtspunkt ist wichtig, dass die bei Frau Pochadt virulente Form der Geldskepsis nicht zu einem tiefen Einbruch in ihren puritanischen Normenhaushalt führt, sondern aufgrund ihrer krisenkonsequenten Orientierung an Sachwerten sowie an Humankapital die Prinzipien der Schuldenvermeidung, ein hohes Arbeitsethos und Konsumverzicht eher eine neue Renaissance erfahren.

Situative Strategien

Die insgesamt wenigen Fälle inflationsadaptierten Verhaltens verdienen im vorliegenden Rahmen der Darstellung des Zusammenhanges von Krisenschicksal und Sozialcharakter insofern besondere Aufmerksamkeit, weil sich die Frage stellt, wie sich strategische Orientierungen zu dem in der Generationenlage der Ältesten verbreiteten puritanischen Sozialcharakter generell verhalten. Stärkere Einbrüche in den puritanischen Normenhaushalt sind dann zu konstatieren, wenn durch das strategische Agieren die genuin monetären Essentials des Puritanismus wie z.B. Schuldenvermeidung in Mitleidenschaft gezogen werden. Der Bankkaufmann Herr Lehmannn (*1903) berichtet bspw. von einem Aktienkauf auf Verschuldungsbasis und begründet diesen durch eine Zeit und Geldwert unter Inflationsbedingungen ins Verhältnis setzende Überlegung von rein ökonomischer Rationalität: „[...] Ich habe Aktien gekauft und sogar auf Schulden, weil ich mir sagte, die Schulden, die du heute machst, die kannst du morgen aus der Tasche bezahlen.[...]" An anderer Stelle des Interviews hingegen verneint Herr Lehmann, jemals Kredite aufgenommen oder selbst Geld verliehen zu haben, konstatiert jedoch eine allgemeine Zunahme privater Borggeschäfte und bewertet diesen Trend mit einem Argument von hohem normativen Sättigungsgrad: „Schlecht. Unsolide [...] ja, und deswegen Verleitung zu Kriminalität. [...]" Ganz offensichtlich hat sich Herr Lehmann für die Zeit der Hyperinflation vom puritanischen Sozialcharakter so weit dispensiert, dass er seine über siebzig Jahre zurückliegenden Aktienkäufe auf Kreditbasis überhaupt nicht als Schulden in dem von ihm inkriminierten Sinne begreift. Und auch für die Nachkriegszeit, in der Herr Lehmann als von seiner Bank im Osten eingesetzter Leiter im Westen wohnte und so aufgrund seiner Lebenssituation nach eigenem Bekunden „finanziell ausblutete", verrät er einen zeitweiligen Abschied von puritanischen Moralprinzipien: „[...] Und nun hatten wir, das sage ich Ihnen ganz offen, ich habe ein paar Geschäfte gemacht außerhalb des Berufs, in Geldsachen, die mir, mit denen ich also mich über Wasser halten konnte, und meine Frau, die hat, ich sage es Ihnen ganz offen, ganz schön gekungelt [[Lachen]], so daß wir also die Zeit gut überwinden konnten."

Wenn Herr Lehmann in persönlicher Sicht seine Familie für die Hyperinflation von 1923 als schweres Krisenopfer präsentiert, obwohl sie unter objektiven Kriterien nur als Krisenbenachteiligte eingestuft werden konnte, zeigt sich, dass auch strategisches Handeln nicht zwangsläufig in der Frage der inflationären Verteilungspositionen zu positiven Bilanzen führt.

Am Ende dominiert doch die schichtungsspezifische Gefährdung der Herkunftsfamilien die berufsbedingten Krisenkompetenzen. Es darf aber auch gemutmaßt werden, dass die dramatisierte Wahrnehmung der familialen Krisensituation die Bereitschaft gefördert hat, den eigentlichen Kern der dem Puritanismus offenstehenden Handlungsoptionen inflationsadaptiert zu erweitern oder sogar zeitweilig zu verlassen und dies in der Interviewsituation auch an den entsprechenden Stellen freimütig zu offenbaren.

Hedonistische Spätfolgen

Während der hedonistische Sozialcharakter in der älteren und mittleren Generation insgesamt randständig ist, avanciert er in der jüngeren Generation zu einer relevanten Minderheit, die bereits den Puritanismus überflügelt hat. Die Anti-Sparsamkeit und Verschuldungsbereitschaft des monetären Hedonismus in der Gegenwart speist sich hierbei aus verschiedenen Quellen: Durch die Wertewandelforschung gut bekannt sind die verschiedenen Facetten des auf Selbstentfaltung abzielenden Postmaterialismus des alternativ-urbanen Milieus der alten Bundesrepublik. Weniger erforscht ist der einer spezifischen DDR-Geldkultur inhärente Hedonismus, während das eigentlich unbekannte Wesen, nämlich der Hedonismus als mittelbarer charakterologischer Reflex auf Währungskrisen, erst durch die vorliegende Untersuchung entdeckt werden konnte.

Die Inflationsbelehrtheit und -adaptiertheit des monetären Hedonismus zeigt sich exemplarisch am Beispiel des Forstwirts Bruns (*1966), dessen Urgroßvater – wie oben ausführlich dargestellt – in der Hyperinflation 1923 ein Vermögen verloren hat und bei seinem Tode 1951 trotz lebenslanger Sparsamkeit geradezu verarmt war. Intergenerativ hat mit der Großmutter eine intensive familiale Kommunikation stattgefunden, die bei Herrn Bruns zu folgender Quintessenz geführt hat: „[...] viel Dummheit von den Menschen. Z.B. der Vater von meiner Oma, das war auch so ein Geizhals. Und immer auf dem Geld sitzengeblieben. Geld war wichtiger für den wie alles andere – wie Immobilienbesitz oder sonstige Dinge. Geld war – um Ansehen im Dorf oder worum es da ging. Das war natürlich alles futsch dann, nicht. Schadet nichts. Das sind so intensive Sachen, wo ich mir schon oft Gedanken drüber gemacht habe, warum das so gewesen ist, warum der so gehandelt hat." Ganz in dieser Logik liegt die bedingte Zustimmung zu der provokativen These „Schulden statt Sparen", wie sie Herr Bruns ohne die Einrede eines normativ zensierenden Über-Ichs artikuliert: „Das klingt ganz gut, wenn es in einem gewissen Rahmen ist. D.h. sparen sollte man schon, aber durch die Inflation ist es sicherlich eine Überlegung wert, gutes Geld von heute mit schlechtem Geld von morgen zurückzuzahlen." Gleichzeitig wäre es eine zu einseitige Zeichnung des monetären Sozialcharakters von Herrn Bruns, wollte man seinen Hedonismus allein als Resultat der emotionalen und reflexiven Verarbeitung der Währungskrisen dieses Jahrhunderts ausweisen. Eine ebenso bedeutsame Rolle scheinen die von ihm als prägend reklamierten Erfahrungen von Geld in der DDR gespielt zu haben: „Ja, es ist sehr schnell in die Vollen gegriffen worden, was Geld betrifft. Ich habe das selber gemerkt. Ich habe unwahrscheinlich viel Geld für ein Auto ausgegeben, das war total unvernünftig. Aber es ist gemacht worden, weil Geld eben nicht diesen Stellenwert hatte. Hatte also für ein Auto mehr als den Neupreis bezahlt. Geld war mir in dem Moment wurschtegal."

In der Frage der langfristigen Erosion des puritanischen Sozialcharakters in der mittleren und jüngeren Generation aufgrund bestimmter familialer Krisenerfahrungen ist die sozialisatorische Bedeutung von Währungskrisen bisher sträflich vernachlässigt worden. Wie schon das Beispiel von Herrn Bruns zeigt, kann diese u.U. dafür mitverantwortlich sein, dass sich in charakterologischer Hinsicht ein Tradierungsbruch zwischen puritanischen Eltern und hedonistischen Kindern vollzieht. Wird dies nur als Abkehr von den Prinzipien und der sozialisatorischen Bedeutung der älteren Generation verstanden, so wird die Brisanz des Themas „Währungskrise" in der kommunikativen Auseinandersetzung zwischen den Generationen gewaltig unterschätzt.

Währungskrisen als Sozialisationsimpulse?

In der monetären Sozialisation[9] können sich verschiedene *Einstellungen* bzw. *Haltungen* zum Geld herausbilden und schließlich auch in verschiedenen Umgangsweisen mit dem Geld – gemeint sind hierbei sowohl die *Verwendung* ebenso wie die *Verwaltung* – Ausdruck finden. Aspekte wie z.B. Sparsamkeit und Antiverschuldung, aber auch Verschuldungstoleranz und Konsumneigung können sowohl in den jeweiligen Ausprägungen einer dezidierten Norm als auch eines relativierten Wertes auftreten. Bei der Art der Geldverwaltung kann zwischen einem regulierten, einem reglementierten oder einem liberalen Umgang unterschieden werden.[10]

Auch in Bezug auf die monetäre Sozialisation sind Fragen nach den sozialen Mechanismen einer Gesellschaft, durch die eine Tradierung vorherrschender Werte, Normen und Verhaltensweisen, eine Distanzierung oder gar ein Bruch mit denselben erfolgt, zentrale Aspekte. Unter diesem Blickwinkel tritt besonders die Rolle von Währungskrisen in den Vordergrund. Bereits technische Weiterentwicklungen in der monetären Sphäre (z.B. die Einführung des Geldautomaten, die Elektronisierung des Geldes usw.) haben Auswirkungen auf den Umgang mit Geld. Individuelle monetäre Grundsätze und Einstellungen verändern sich dadurch aber nicht automatisch mit. Auslöser für entsprechende Veränderungsprozesse könnten z.B. in den jeweiligen Erfahrungen gesehen werden, wenn ein bestimmtes mone-

---

9 In dem hier vorgestellten Forschungsprojekt werden allgemeine Annahmen der Sozialisationsforschung mit Blick auf die monetäre Sozialisation überprüft und konkretisiert. Auch unter monetären Vorzeichen gilt, dass ein Individuum in eine Gesellschaft hineingeboren wird, in die es sich mehr oder weniger einfügen muss. Dieser Prozess ist ein zweiseitiger, bei dem sich das Individuum zu seiner Umwelt individuell, situativ und aktiv verhalten kann (Tillmann 1996, S. 12).

10 Der reglementierte Geldumgang beschreibt die Verwendung von Praktiken bzw. Techniken zur Geldeinteilung und dessen Verwendungsnachweis. Der regulierte Geldumgang grenzt sich vom reglementierten durch eine weniger rigide Handhabung ab. Dennoch stellen Attribute wie z.B. „umsichtig", „sorgsam", „ordentlich" und „sicher" typische Zuschreibungen dar. Der liberale Geldumgang wiederum unterscheidet sich von den beiden Vorgenannten vor allem durch das weitgehende Fehlen von Kontrollen.

täres Verhalten für das Individuum positive oder negative Ergebnisse zeitigt. Basierend auf dieser Hypothese können Sequenzen von Währungskrise und -reform gewissermaßen einen Impuls darstellen, der Anlass für die Fortführung oder die Abwandlung monetärer Grundsätze und Einstellungen sein kann.

Werden bei den meisten Themen der Sozialisationsforschung die Lernprozesse vorwiegend in der Kinder- und Jugendphase verortet, so weist die monetäre Sozialisation mehrere Besonderheiten auf. Eine vollständige kognitive Durchdringung monetärer und ökonomischer Prozesse gelingt aufgrund entwicklungspsychologischer Möglichkeiten frühestens in der Lebensphase junger Erwachsener (Rosendorfer 1998, 2000). In welcher Phase eines biographischen Lebenslaufes eine Währungskrise auftrat bzw. auftritt, war und ist wiederum dem bloßen Zufall geschuldet. Filipp (1990) führt die Auseinandersetzung mit „critical life events" als Impulse für erneutes Lernen auch in der Erwachsenenphase an. „Beispiele für plötzliche Veränderungen und Neuformulierung von Entwicklungszielen sind die *critical life events*, die für viele gemeinsam (Krieg, Wirtschaftskrisen) oder aber nur für den einzelnen (als nur für ihn bedeutsam interpretiertes Ereignis) den künftigen Lebenslauf maßgeblich bestimmen können" (Oerter 1995, S. 381). Monetäre Lernprozesse sind also nicht nur auf die Kindheits- und Jugendphasen beschränkt, sondern finden auch im Erwachsenenalter statt. Diese Lernprozesse können sich in einer Veränderung auch der monetären Werte, Normen und Moralvorstellungen widerspiegeln und schließlich auch ihren Ausdruck in einem veränderten Geldumgang finden.

So hat nicht nur der historische Differenzierungsprozess insgesamt, sondern auch das „lebenslange Lernen" zu einer Auslagerung von Erziehungs- und Sozialisationsfunktionen aus der Familie geführt (Hurrelmann 1986, S. 74). Dennoch ist diese nach wie vor als die primäre Sozialisationsinstanz (Nunner-Winkler 1998, S. 185) anzusehen, der auch unter historisch veränderten Bedingungen bei der Persönlichkeitsbildung und -entwicklung eine Schlüsselrolle zukommt (Hurrelmann 1986, S. 92). Für Kinder und junge Erwachsene, die in Zeiten von Währungskrisen aufwachsen, bedeutet dies unter Umständen die Konfrontation mit zwei widerstreitenden Sozialisations-„agenten": Während ihre Eltern ihnen den traditionellen Normenset aus Sparsamkeit, Antiverschuldung und entsprechenden Arbeitstugenden vermitteln, besteht die Logik der Krise genau in den gegenteiligen Botschaften.

Aber auch für die Kinder, die erst später aufwachsen und monetär sozialisiert werden, gehen die Krisenerfahrungen nicht verloren, zumal die krisenspezifischen monetären Erfahrungen ihrer Eltern wiederum Eingang in die Erziehung finden können. Unter diesem Gesichtspunkt wird besonders das familiale kommunikative Gedächtnis interessant. Das Erlernen monetärer Verhaltensweisen und Einstellungen zum Geld erfolgt in einem Prozess der sozialen Interaktion und Kommunikation. „Eine der wesentlichen Eigenschaften von sozialer Interaktion ist die, daß sie bedeutungsvoll von den darin beteiligten Handlungssubjekten betrieben wird und daß diese bedeutungsbezogene Wahrnehmung der Welt und der darin agierenden Anderen in Sprache gefaßt und mitgeteilt wird. Dies geschieht im Gespräch, das als ein das praktische Handeln laufend begleitendes Sprechen zwischen den Individuen stattfindet" (Schmitz 1995, S. 118).

Die Alten, als „Hüter der Tradition", als „Verwalter" eines „Schatzes" von Erfahrungen und Erinnerungen, haben die Aufgabe, diese Erfahrungen weiterzuvermitteln. Kommunikationsprozessen und -situationen wiederum sind spezifische Problematiken immanent. „Wenn man sich zuweilen über die lustig macht, die ihre Rolle zu ernst nehmen und das Recht des Alters auf Schwatzhaftigkeit über Gebühr in Anspruch nehmen, so neigt doch jede soziale Funktion zur Übertreibung. Wenn man zu sehr auf Erfahrungsratschläge hörte, würde man nicht vorankommen" (Halbwachs 1985, S. 152). Dieses Spannungsfeld von Wandel und Tradierung birgt gerade auch für die verschiedenen Generationen einer Familie nicht unerhebliches Konfliktpotenzial. Das Interview hingegen gestattet eine entspannte Situation zwischen Erzählwilligen und Zuhörbereiten.

In Ausweitung von Filipps Ansatz sind Währungskrisen nicht ausschließlich auf der individuellen Ebene als „critical life events" zu interpretieren, sondern sie markieren im familialen Zusammenhang wie sogar für ganze historische Generationen gravierende Einschnitte. So lässt der familiale und generative Zuschnitt des Samples reichhaltige Forschungsergebnisse in dieser Frage erwarten. Gerade die retrospektive Perspektive der Befragten – ergänzt durch Fragen an die jeweiligen Kinder über ihre Eltern – ermöglicht eine Einsicht, in welchen Verhaltensänderungen sich das möglicherweise Gelernte manifestiert.[11] Beginnend mit den Kindheitserlebnissen der ältesten Generation bis hin zu den Erziehungsbotschaften seitens der jüngsten Generation kann die intergenerative Vermittlung monetärer Erfahrungen beleuchtet werden; diese umfassen teilweise zwei Sequenzen von Krise und Reform.

Im Folgenden werden anhand dreier „typischer" Familienstafetten einige Aspekte der Währungskrisen als Sozialisationsimpulse sowie die hieraus resultierenden längerfristigen Auswirkungen beleuchtet. Im intergenerativen Verlauf kann es sich

---

11 An dieser Stelle hatten sich die bereits erwähnten „Stecker-Steckdosen-Fragen" zu bewähren. Die Fragen dieses Typs waren der genealogischen Struktur des Familienverlauf genau angepasst. Zum Beispiel war eine typische „Stecker-Frage" an die Angehörigen der ersten Generation, wie oft diese von ihren Erfahrungen und Gedanken aus der Zeit der Inflation in den Zwanzigerjahren erzählt haben. Die passende „Steckdosen-Frage" an die zweite Generation lautete dann entsprechend, ob der Vater bzw. die Mutter von den Gedanken und Erfahrungen in der Zeit der Inflation erzählten. Auch für die Gespräche zwischen der ersten und der dritten Generation gab es die entsprechend angepassten Fragesequenzen. So konnten sowohl die Kommunikationsdichte als auch die erzählten Inhalte zwischen Großeltern, Eltern und Kindern/Enkeln erfasst werden. Auf diesem Wege war es möglich, die Rolle der Großeltern bei der monetären Sozialisation ihrer Enkel zu klären. (Wobei diese Frage nur eine von mehreren war, die solche Schlussfolgerungen dann auf eine empirisch fundierte Basis stellen.)

dabei um Prozesse der Tradierung, des Wandels oder aber auch eines Bruches[12] mit den Werten, Normen und Verhaltensweisen der vorangegangenen Generation(en) handeln.

Wie bereits beim Sozialcharakter angeklungen, lässt sich in der Familie Bruns zwischen der dritten Generation und den Vorfahren ein deutlicher Bruch lokalisieren. Bei dieser Familie wird besonders deutlich, wie stark der tatsächliche Wandel monetärer Verhaltensweisen nicht nur von der kognitiven Durchdringung gemachter Erfahrungen, sondern eben auch von den individuellen Auseinandersetzungsmöglichkeiten mit dem eigenen normativen „Gerüst" abhängt.

So hat Frau Bruns senior (*1911) den Krisenmechanismus in der Inflation zwar erfasst, gleichzeitig bleibt sie selbst aber der Sparsamkeitsnorm verhaftet. Es gelingt ihr nicht, ihre normative Ausrichtung zum Sparen zu überwinden. Sogar noch nach den Krisenerfahrungen der Vierzigerjahre sendet sie eine dezidierte Sparsamkeitsnorm an ihre Kinder weiter. Diese Rigidität wird jedoch von Frau Bruns medio (*1943) nicht mehr erinnert, sondern nur das Sparen selbst in einer abgeschwächten Variante. In den nur gelegentlichen Gesprächen über die Währungskrisen und -reformen wird ihr als Lehre nur vermittelt, mit dem Vorhandenen auszukommen. Diese Einstellung wiederum ermöglicht erste Ansätze einer relativierten Konsumorientierung, die aber nur im Rahmen der vorhandenen Ressourcen stattfindet. Die liberale Gelderziehung, die dem Sohn zuteil wird, ist aber nicht nur hierdurch geprägt. Auch er wird im Hinblick auf den elterlichen Umgang mit Geld erneut mit einer dezidierten Sparsamkeitsnorm konfrontiert: „Ja, alles, was man so machen kann, was kein Geld kostet, wo es den gleichen Effekt bringt, ist bevorzugt worden. [...]" Auch Frau Bruns medio war also nur sehr bedingt in der Lage, sich von der an sie weitergegebenen Sparsamkeitsnorm zu lösen.

Eine endgültige Abkehr gelingt erst Herrn Bruns junior (*1966). Die durch die Großmutter erfahrenen Lehren aus der Hyperinflation werden durch die gelegentliche Kommunikation mit den Eltern über die Währungskrise und -reform der Vierzigerjahre ergänzt. In diesen Gesprächen wurde „[...] immer mal wieder gefachsimpelt über Geldwert und Sachwerte und solche Sachen. Und auch Geldanlage und solche Dinge." Aber er betont aufgrund eigener Schlussfolgerungen, konkrete Krisenlehren formulieren zu können: „Daß Geld nicht den Wert besitzt, der ihm eigentlich oftmals zugesprochen wird. Und ein momentaner Vorteil – wo Geld momentan Rendite bringt, nur scheinbar gut ist. Es ist eben doch so, daß Immobilienbesitz oder andere Dinge für langfristige Überlegungen besser sind." Hier spricht der hedonistisch-flexible Stratege. Seine Ablehnung dem Sparen gegenüber gipfelt in seinen Botschaften an nachfolgende Generationen: „[...] ich kann nicht zu übertriebener Sparsamkeit ermutigen. Das finde ich nicht in Ordnung, das ist Quatsch. Das geht dann irgendwann in Geiz über, und davon halte

---

12 Durch den Bias im vorliegenden Material zugunsten intakter Familien über drei Generationen treten Fälle eines radikalen Normenbruches, der zu einem Abbruch der familialen Beziehung selbst führt, nicht auf.

ich überhaupt nichts. [...]". Die Kommunikation über die monetären Ereignisse ermöglichte Herrn Bruns junior eine Auseinandersetzung mit den Erfahrungen seiner Altvorderen, was zu einer krisenadaptierten Ausrichtung seiner monetären Grundsätze und Verhaltensweisen führte.

Während der Bruch in den monetären Grundsätzen der Familie Bruns sich den nachträglichen sozialisatorischen Impulsen der Währungskrisen verdankt, verlieren sich die genuinen Krisenlehren „Humankapitalbildung" und „Sachwertstrategie" von Frau Pochadt senior in den nachfolgenden Generationen ihrer Familie in vielgestaltigem Wandel, der sie letztendlich aus dem Ursprung der Währungskrisen selbst löst. Das Beispiel von Frau Pochadt senior (*1907), die auch Jahrzehnte später nach den Krisen und Reformen gefragt eine sehr starke emotionale Betroffenheit zeigt (wiederholtes Weinen), ist ein dramatischer Beleg dafür, dass Währungskrisen als „critical life events" interpretiert werden können.

Frau Pochadt medio (*1935) bleiben hingegen vor allem Beschreibungen der damaligen Not, des alltäglichen Krisenmanagements und der rapide zunehmenden Geldentwertung in Erinnerung. Eine Humankapitalbildung als Lehre der Mutter taucht bei ihr in dieser Form nicht auf. Nach den Krisenlehren ihrer Eltern gefragt, nennt sie ausschließlich ein Misstrauen gegenüber Banken und verneint die Frage nach Ratschlägen an sie selbst. Humankapitalbildung als Krisenlehre bzw. Vorbeugung gegen kommende Krisen reflektiert sie nicht. Auch der Abgang von der Schule nach der 10. Klasse, entgegen dem Drängen ihrer Eltern, spricht dafür, dass sie diese Lehre nicht erreicht hat. Die konkrete Krisenlehre „Ausbildungspräferenz" wandelt sich in ein allgemeines bürgerliches Bildungsideal, dem gerade der konkrete Bezug zu Ausbildung als Zugangsmöglichkeit in Arbeitsverhältnisse und damit zu Geld abhanden kommt. Ähnliches gilt für die Botschaften bezüglich der monetären Sphäre. Die durch Frau Pochadt senior vorgelebte Sachwertpräferenz als Konsequenz aus ihren Krisenerfahrungen kommt bei ihrer Tochter nicht mehr in diesem Zusammenhang vor. Dennoch kann auch Frau Pochadt medio konkrete Krisenlehren an ihre Kinder formulieren: „Daß man sein Geld vielleicht doch eher in, wenn man soviel hat, in Wertsachen oder Immobilien anlegen sollte. Aber das ist auch eine Frage, wie gesagt, des Umfangs des Vermögens."

Frau Pochadt junior (*1957) schließlich wird in ihrer Kindheit mit einem relativ breiten Spektrum an monetären Verhaltensweisen und Einstellungen und ebenso mit der hohen Bildungspräferenz ihrer Eltern konfrontiert. Dennoch erreichen auch sie die sowohl von ihrer Großmutter als auch von ihrer Mutter vermittelten Krisenlehren nicht in dieser Form. Neben den monetären Verhältnissen in der ehemaligen DDR war vor allem die ökonomische Beengtheit im Hause Pochadt für sie von prägender Bedeutung. Sie thematisiert diesen Punkt öfter im Verlauf des Interviews. Das Sparen stellt zwar eine mögliche strategische Handlungsoption dar, der sie selbst eine Zeit lang nach der Währungsunion von 1990 folgt; im Kontext möglicher Krisen jedoch treten ihre Überlegungen zur Geldentwertung in den Vordergrund: „[...] das Sparen, das denke ich, muß jeder auch für sich entscheiden, also, die Alten sagen ja oft, so habe ich es gehört, sparen hat keinen Sinn, irgendwann wird das Geld sowieso wieder entwertet, wenn jetzt der Euro kommt, dann ist unser Geld wieder entwertet und wer weiß, was dann ist. Wobei das jeder für sich selber entscheiden muß. Also da würde ich kein Dogma setzen." Die Ausbildungspräferenz ihrer Großmutter als Krisenlehre relativiert sich vor dem Hintergrund des beruflichen Werdegangs der Enkelin. So wird sie trotz Studiums nach der Wende arbeitslos. Nach verschiedenen Jobs und Umschulungen hat sie zum Zeitpunkt des Interviews eine Teilzeitstelle. Die Erfahrungen mit der Währungsunion 1990 führen bei der Enkelin – wie auch schon bei ihrer Mutter infolge der Krisenerfahrungen der Vierzigerjahre – zu einer Sachwert- bzw. Immobilienpräferenz: „[...] aber durch die Wende und auch durch das höhere Einkommen, das wir dann auch hatten und die Ersparnisse, haben wir uns eben überlegt, was Eigenes zu machen, was Eigenes zu bauen [...]." Sie ergänzt: „[...] Ja, daß wir uns dann sagten, daß eine Immobilie mehr Wert hat als irgendwann jedes ersparte Geld, das war eben für uns mit der Grund. Dadurch haben wir jetzt Schulden gemacht, aber das ist ja beim Haus nicht so relevant." So wie zuvor das Sparen tritt hier eine bedingte Verschuldungsbereitschaft als strategisches Kalkül in Sachen Geld auf.

Ist bei Familie Pochadt die Kommunikation über die einzelnen Währungskrisen intergenerativ zwar nicht besonders ausgeprägt, so muss doch konstatiert werden, dass die Vermittlung von Krisenlehren in einer von den Währungskrisen losgelösten Form gelingt. Der monetäre Puritanismus der Großmutter wandelt sich zu einem monetären Pragmatismus bei der Enkelin.

Die Mitglieder der Familie Otte, die bereits beim Sozialcharakter als Traditionsstafette vorgestellt wurden, können auch bezüglich der rein monetären Sphäre und der Vermittlung monetärer Einstellungen und Verhaltensweisen als eine traditionsstarke Familie eingestuft werden. In der Frage nach der Rolle von Währungskrisen als Sozialisationsimpulsen wird gerade diese Traditionsstärke interessant. Das Augenmerk wird hier auf das Bindeglied zwischen den beiden bereits vorgestellten Familienmitgliedern gerichtet: Frau Otte medio (*1941).

Sie erlebt die Zeit der Währungskrise der Vierzigerjahre als Kind. Ihre Eltern aber schaffen zwischen ihr und der Geldsphäre eine Distanz, die auch während der Krisenzeiten aufrecht erhalten wird. So bemerkt sie auf die Frage nach ihren Erinnerungen an diese Zeit: „Das war Sache meiner Eltern" und ergänzt bezüglich der Auswirkungen auf die wirtschaftliche Lage ihres Elternhauses: „So viel habe ich nicht mitgekriegt, ich weiß, es war keine leichte Zeit, es war ziemlich schwierig, aber in gewisser Hinsicht haben meine Eltern versucht, mir vieles fern zu halten, so daß ich da nicht den Einblick habe [...] also da kann ich nicht viel dazu sagen." Intergenerative Gespräche über die Hyperinflation von 1923 fanden nicht statt. Die gelegentlichen Gespräche mit ihrem Vater über seine Erfahrungen und Gedanken aus der Zeit der verdeckten Inflation sind sehr oberflächlich. Sie identifiziert sich mit den elterlichen monetären Grundsätzen und tradiert die Sparsamkeit an ihre Kinder. Krisenlehren indes hat sie keine parat. Die Währungskrise als direkter Sozialisationsimpuls für die monetäre Sozialisation von Frau Otte medio wird nicht virulent. Zu jung, um die Ereignisse um sie herum kognitiv zu erfassen, wird sie durch ihre Eltern auch nicht an die monetäre Sphäre herangeführt. Auch in einer späteren Lebensphase holt sie eine aktive Auseinandersetzung mit diesem Thema nicht nach. Ihre Distanz zum Geld bleibt zeitlebens bestehen, was zur Folge hat, dass sie ihre Familie in der Folge der Währungsunion von 1990 als Gewinner verortet, obwohl sie unter objektiven Gesichtspunkten benachteiligt waren.

Im Falle der Familie Otte kann von einer Traditionsstafette gesprochen werden, weil sich trotz ihrer Krisenerfahrungen die Sparsamkeitsnorm als Zentrum des monetären Normenhaushaltes fast unverändert bewahrt. Der Großvater spielte bei der monetären Sozialisation seines Enkels eine erhebliche Rolle, was Herr Otte junior auch selbst reflektiert und bestätigt. Hätten die negativen Krisenbilanzen bei Herrn Otte senior erwarten lassen, dass er sowohl selbst andere Konsequenzen zieht als auch einen gesteigerten Wert auf die Vermittlung seiner Erfahrungen an seine Nachkommen legt, so zeigte sich stattdessen die Resistenz aller Familienmitglieder gegenüber der „äußeren Realität". Die Krisenerfahrungen, die einen anderen Geldumgang nahelegen würden, werden quasi ausgeblendet. Weder auf der individuellen Ebene noch im intergenerativen Austausch spielen sie bei der monetären Sozialisation eine Rolle. In dieser Familie sind Währungskrisen keine Sozialisationsimpulse.

Wurde anhand der vorliegenden Beispiele die Rolle von Währungskrisen als Sozialisationsimpulse dargestellt, so wurde gleichzeitig deutlich, welche Rolle dem kommunikativen Gedächtnis in Familien zukommt. So kann die Vermittlung des „Schatzes" der Währungserfahrungen als Bestandteil des familialen kommunikativen Gedächtnisses für die Entwicklung krisenadaptierter Einstellungen und Verhaltensweisen mit ausschlaggebend sein.

Der Facettenreichtum intergenerativer Kommunikation sei hier nur kurz anhand einiger Beispiele angerissen. Das Spektrum der Gesprächssituationen umfasst die beiläufige Einflechtung entsprechender Inhalte, wie sie beispielsweise Frau Lehmann junior (*1969) beschreibt: „[...] verpackt in andere Gespräche, wo wir dann einfach mal drauf gekommen sind, aber nie so speziell, daß ich gefragt hätte: Mensch, wie war denn das in der Zeit [...]". Konträr hierzu verhält sich Frau Lehmann medio (*1936), die – fast schon sozialwissenschaftlich – ihren Vater, den strategisch versierten Bankkaufmann Herrn Lehmann senior (*1903), gezielt befragt hat. Doch wie bereits angedeutet, ist gerade auch die intergenerative Kommunikation nicht immer unproblematisch. So bezeugt Frau Menne (*1911) ihr Übermaß an „Schwatzhaftigkeit", wenn sie ihre Tochter zitiert: „[...] Ich erzähle immer davon, aber sie sagt: Mutti, das hat so einen Bart, das hast Du mir schon so und so viele Male erzählt!"

Ein perspektivisches Fazit

Der Aufsatz hat exemplarisch gezeigt, wie tiefgehend und fein verästelt die sozialen Folgen einer Währungskrise sind – ein Thema, das sich durch die Einbeziehung der hier vernachlässigten Schichten-Schicksale, vor allem aber durch Ausweitung der Perspektive auf die übrigen monetären Großereignisse im 20. Jahrhundert stark anreichern wird. Das Eingangsplädoyer für einen Analyseweg, der auf Vielfalt und Verwendung auch widerstreitender Konzepte setzt, hat sich u.E. erhärtet. Gegenüber dem Relativismus in den Modetrends in der Frage des Entstehens und der Wandlung von Werten konnte für einen Ausschnitt erklärt werden, „woher sie kommen, wie sie sich zu konsolidieren vermochten und was sie am Leben erhält" (Boudon/Bourricaud 1984, S. 659). Der puritanische Wertekanon stand eben in perfekter Passung zur Ära des Goldstandards und wird in dessen Krise hineingezogen. Seine Träger werden quer durch die Klassen, Schichten, ja Familien geschwächt: Sie verarmen, scheitern, bringen sich im Extrem um. Auch sonst bringt die Krise ungewöhnliche und interessante Verwerfungen mit sich, die nähere Erforschung lohnen. Der Aufstieg von Kindern zu „Finanzministern" der Familien, die Rolle von Frauen als erfolgreichen, innovativen „Krisenmanagerinnen" und die lebenslange Traumatisierung durch die Währungskrise werfen spannende Fragen auf.

Die Reflektions- und Anpassungskraft von Krisenopfern ist, auf das gesamte Leben und die Rolle als Sozialisationsagenten für die nachfolgenden Generationen bezogen, eher gering. Opfer der ersten Sequenz aus Krise und Reform werden in der nächsten tendenziell wieder Opfer. Interessanterweise nehmen die Nachfahren das ökonomische Verhalten der Altvorderen in der Währungskrise aber hin, auch wenn es über Generationen hinweg schwerwiegende Konsequenzen gehabt hat. Die Entscheidungen werden also nicht wie ein „durchgebrachtes Erbe" bis ins dritte und vierte Glied angelastet oder auch gegeißelt, sondern als Fügung oder Schicksalsschlag hingenommen. Währungskrisen stehen bezüglich der Verarbeitungsmuster in einer Reihe mit Kriegsfolgen wie Flucht und Vertreibung. Dieses Hinnehmen kann durchaus mit Spott und Geringschätzung von erhaltenen Ratschlägen koexistieren; die Jüngeren wissen in monetären Dingen einfach mehr, und sie haben es in der Regel nicht direkt von den Eltern oder Großeltern gelernt. Die intra- und intergenerativen Austauschprozesse sind ungemein kompliziert und keineswegs als asymptotische Näherung an das Modell des „homo oeconomicus" zu begreifen. Sie umfassen vielmehr die gesamte Bandbreite von anhaltendem Unverständnis bis zu fortschreitender Rationalität. Auch die monetäre Zukunft mit ihren *Ereignissen* (Europäische Währungsunion), *Trends* (Elektronisierung und Virtualisierung des Geldes) und Vorstellungsräumen (Angst vs. Zuversicht, Fatalismus vs. Handlungssouveränität) stellt sich polarisiert dar.

Die Krisen- und Reformerfahrungen der Deutschen wirken wie ein langsamer

Katalysator auf die monetäre Sozialisation, die Sozialstruktur und den Sozialcharakter. Auch die Geldkultur unterliegt zwischen Gold, Papier und Plastik grundlegenden Wandlungen.

Literatur

Altvater, Elmar, 1991: Ist das Wirtschaftswunder wiederholbar? Ein Leistungsvergleich zwischen Währungsreform 1948 und Währungsunion 1990, in: Blätter für deutsche und internationale Politik 36, S. 695-707.
Boudon, Raymond und François Bourricaud, 1992 [1984]: Soziologische Stichworte. Ein Handbuch, Opladen.
Bresciani-Turroni, Constantino, 1937 [1931]: The Economics of Inflation. A Study of Currency Depreciation in Post-War Germany 1914-1923, London.
Buchheim, Christoph, 2001: Währungsreformen in Deutschland im 20. Jahrhundert: Ein Vergleich, in: Vierteljahrsschrift für Sozial- und Wirtschaftsgeschichte 88, S. 145-165.
Canetti, Elias, 1980: Die Fackel im Ohr – Lebensgeschichte 1921-31, München.
Canetti, Elias, 1992 [1960]: Masse und Macht, München.
Contoli, Melanie u.a., 2001: Vorsicht, Euro!, in: Die Telebörse vom 07.06., S. 70-77.
Eisermann, Gottfried, 1967: Gesellschaftspolitische Aspekte der Geldentwertung, in: Die wirtschaftlichen und sozialen Folgen der Geldentwertung. Nürnberger Fakultätswoche 14.-24. November 1966, Berlin, S. 47-68.
von Engelhardt, Michael, 1997: Generationen, Gedächtnis und Erzählen. Zur Bedeutung des lebensgeschichtlichen Erzählens im Generationenverhältnis, in: Eckart Liebau (Hrsg.), Das Generationenverhältnis: Über das Zusammenleben in Familie und Gesellschaft, Weinheim/München, S. 53-76.
Enzyklopädie Erziehungswissenschaft, 1995: Handbuch und Lexikon der Erziehung in 11 Bänden und einem Registerband, hrsg. von Dieter Lenzen unter Mitarbeit von Agi Schründer, Stuttgart/Dresden.
Eulenburg, Franz, 1924: Die sozialen Wirkungen der Währungsverhältnisse, in: Jahrbücher für Nationalökonomie und Statistik 122, S. 748-794.
Fallada, Hans, 1978 [1937]: Wolf unter Wölfen, Reinbek bei Hamburg.
Fallada, Hans, 1991: Der Pleitekomplex: sieben Malheurgeschichten, Berlin.
Filipp, Sigrun-Heide, 1990: Ein allgemeines Modell für die Analyse kritischer Lebensereignisse; in: dies. (Hrsg), Kritische Lebensereignisse, 2. erweiterte Aufl., München.
Fisher, Irving, 1948: Feste Währung. Illusion und Wirklichkeit, Heidelberg.
Fricke, Dieter, 1981: Verteilungswirkungen der Inflation, Baden-Baden.
Galbraith, John Kenneth, 1976 [1975]: Geld. Woher es kommt, wohin es geht, München/Zürich.
Ganßmann, Heiner, 1996: Geld und Arbeit, Frankfurt a.M./New York.
Geiger, Theodor, 1932: Die soziale Schichtung des deutschen Volkes. Soziographischer Versuch auf statistischer Grundlage, Stuttgart.
Halbwachs, Maurice, 1985 [1925]: Das Gedächtnis und seine sozialen Bedingungen, Frankfurt a.M.
Harwood, Edwin, 1983: Towards a Sociology of Inflation, in: Nathan Schmuckler und Edward Marcus (Hrsg.), Inflation through the Ages, New York, S. 792-803.
Heisterhagen, Tilman u.a., 2000: Geld – Krise – Generation. Soziomonetäre Streifzüge im 20. Jahrhundert, in: Soziale Welt 51, S. 463-486.
Heisterhagen, Tilman und Rainer-W. Hoffmann, 2002: Lehrmeister Währungskrise?! Monetäre Schlüsselerfahrungen deutscher Familien über drei Generationen, Wiesbaden.

Hoffmann, Rainer-W., 1990: Implikationen von Inflationen. Notizen zu den oft verborgenen Verzweigungen eines globalen Problems, in: Universitas 45, S. 310-321.
Hoffmann, Rainer-W., 1994: Währungsunion 1990 – ein soziomonetärer Prozeß, in: Reiner Hoffmann u.a. (Hrsg.), Problemstart: Politischer und sozialer Wandel in den neuen Bundesländern, Köln, S. 52-78.
Hoffmann, Rainer-W., 1996: Der schwierige Abschied von der D-Mark. Sozialwissenschaftliche Aspekte der EWU, in: WSI-Mitteilungen 49, S. 170-182.
Hoffmann, Rainer-W., 1999: Deutsche, Mark und Euro. Befunde und Fragezeichen, in: Universitas 54, S. 232-244.
Hurrelmann, Klaus, 1986: Einführung in die Sozialisationstheorie. Über den Zusammenhang von Sozialstruktur und Persönlichkeit, Weinheim/Basel.
Jarchow, Hans-Joachim, 1998: Theorie und Politik des Geldes I, 10. überarbeitete und wesentlich erweiterte Aufl., Göttingen.
Kiehling, Hartmut, 1999: Die Bevölkerung in der Hyperinflation 1922/23, in: Scripta Mercaturae 33, Heft 2, S. 1-60.
Kindleberger, Charles P., 1984: A Structural View of the German Inflation, in: Gerald D. Feldman u.a. (Hrsg.), Die Erfahrungen der Inflation im internationalen Zusammenhang und Vergleich, Berlin/New York, S. 10-33.
Maier, Charles S., 1978: Die deutsche Inflation als Verteilungskonflikt: soziale Ursachen und Auswirkungen im internationalen Vergleich, in: Otto Büsch und Gerald D. Feldman (Hrsg.), Historische Prozesse der deutschen Inflation 1914 bis 1924, Berlin, S. 329-342.
Noelle-Neumann, Elisabeth, 1968: Geldwert und öffentliche Meinung. Anmerkungen zur „Psychologie der Inflation", in: Clemens August Andreae, Karl Heinrich Hansmeyer und Gerhard Scherhorn (Hrsg.), Geldtheorie und Geldpolitik, Günter Schmölders zum 65. Geburtstag, Berlin, S. 35-46.
Nunner-Winkler, Gertrud, 1998: Erziehung und Sozialisation, in: Bernhard Schäfers und Wolfgang Zapf (Hrsg.), Handwörterbuch zur Gesellschaft Deutschlands, Opladen, S. 178-188.
Oerter, Rolf, 1995: Entwicklung, in: Dieter Lenzen und Klaus Mollenhauer (Hrsg.), Theorien und Grundbegriffe der Erziehung und Bildung, Band 1 der Enzyklopädie Erziehungswissenschaft, Stuttgart/Dresden, S. 379-382.
Pareto, Vilfredo, 1962 [1916]: System der allgemeinen Soziologie. Einleitung, Texte und Anmerkungen von Gottfried Eisermann, Stuttgart.
Pierenkemper, Toni, 1998: Die Angst der Deutschen vor der Inflation oder: Kann man aus der Geschichte lernen?, in: Jahrbuch für Wirtschaftsgeschichte, S. 59-84.
Riehl, Hans, 1978: Die Mark. Die aufregende Geschichte einer Weltwährung, Hannover.
Rosendorfer, Tatjana, 1998: Kinder und Geld – Gelderziehung in der Familie, in: Sylvia Gräbe (Hrsg.), Vom Umgang mit Geld. Finanzmanagement in Haushalten und Familien, Frankfurt a.M./New York, S. 35-62.
Rosendorfer, Tatjana, 2000: Kinder und Geld. Gelderziehung in der Familie, Frankfurt a.M./New York.
Rosenthal, Gabriele, 1995: Erlebte und erzählte Lebensgeschichte. Gestalt und Struktur biographischer Selbstbeschreibungen, Frankfurt a.M.
Schmitz, Enno, 1995: Erwachsenenbildung als lebensweltbezogener Erkenntnisprozeß; in: Enno Schmitz und Hans Tietgens (Hrsg.), Erwachsenenbildung, Band 11 der Enzyklopädie Erziehungswissenschaft, Stuttgart/Dresden, S. 95-123.
Schmölders, Günter, 1972: „Geldillusion" oder „Angst vor Geldentwertung"?, in: Johannes Schlemmer (Hrsg.), Enteignung durch Inflation? Fragen der Geldwertstabilität, München, S. 77-89.

Scholz, Robert, 1986: Lohn und Beschäftigung als Indikatoren für die soziale Lage der Arbeiterschaft in der Inflation, in: Gerald D. Feldman u.a. (Hrsg.), Die Anpassung an die Inflation, Berlin/New York, S. 278-322.

Schulze, Hagen, 1994 [1982]: Weimar. Deutschland 1917-1933, Berlin.

Staatsbank der DDR, 1989: Die Banknoten und Münzen der Deutschen Demokratischen Republik, Berlin/DDR.

Strauss, Anselm L., 1994: Grundlagen qualitativer Sozialforschung. Datenanalyse und Theoriebildung in der empirischen soziologischen Forschung, München.

Tillmann, Klaus-Jürgen, 1996: Sozialisationstheorien. Eine Einführung in den Zusammenhang von Gesellschaft, Institution und Subjektwerdung, 7. Aufl., Hamburg.

Türk, Klaus, 1987: Einführung in die Soziologie der Wirtschaft, Stuttgart.

Waldmann, Peter, 1987: Lernprozesse und Bewältigungsstrategien in einer inflationären Wirtschaft, in: Klaus Heinemann (Hrsg.), Soziologie wirtschaftlichen Handelns, Kölner Zeitschrift für Soziologie und Sozialpsychologie, Sonderheft 28, S. 367-392.

Walitzek, Jörg, 1990: Die D-Mark – Chancen und Risiken, in: Leipziger Volkszeitung vom 30.06./01.07.

Widdig, Bernd, 1995: Tägliche Sprengungen. Elias Canetti und die Inflation, in: Michael Krüger (Hrsg.), Einladung zur Verwandlung. Essays zu Elias Canettis „Masse und Macht", München/Wien, S. 128-150.

Widmaier, Hans Peter, 1993: Zur Psychologie des Geldes. Die Rolle der Rentenmark bei der Überwindung der Hyperinflation in der Weimarer Republik, in: Hans-Joachim Stadermann und Otto Steiger (Hrsg.), Der Stand und die nächste Zukunft der Geldforschung, Festschrift für Hajo Riese zum 60. Geburtstag, Berlin, S. 57-68.

Zweig, Stefan, 1955 [1944]: Die Welt von Gestern. Erinnerungen eines Europäers, Stockholm.

Jochen Hörisch

Zählen oder Erzählen

Hinweise auf neuere Geld-Literatur

Menschen und ihre Leitkulturen kann man nach vielen Gesichtspunkten unterscheiden. Eine mögliche Unterscheidung klingt neuzeitlich bis modern, vielleicht gar modisch und ist doch schon bei einem klassischen Autor der römischen Antike zu finden. In seiner berühmten Epistel *De arte poetica* setzt Horaz (68-8 v. Chr.) – übrigens der Sohn eines freigelassenen Sklaven, der als Steuereinnehmer und Zöllner eine gewisse Karriere machte – die römische Kultur als eine des Zählens von der griechischen Kultur des Erzählens und der geschliffenen Rede ab: „Grais ingenium, Grais edit ore rotundo / Musa loqui, praeter laudem nullius avaris. / Romani pueri longis rationibus assem / discunt in partis centum diducere." Der Grund für die Rechenkünste des römischen Knaben ist schnell genannt: Ihre Sinne sind von der „Jagd nach dem Gelde" erfasst.

Griechen verlieh die Muse Genie, geschliffene Rede;
Griechen kennen, außer der Ruhmsucht, keinerlei Ehrgeiz.
Römische Knaben dagegen lernen, durch längeres Rechnen
Asse in hundert Teile zu teilen. 'Sag mir ganz schnell jetzt,
Sohn des Albinus: nimmst von fünf Zwölfen du eine Unze,
Wieviel bleibt übrig?' – 'Ein Drittel As doch!' – 'Bravo, so hältst du
Künftig das deine zusammen. – Eine Unze dazu noch?'
'Macht grad ein halbes As.' – Wenn diese Jagd nach dem Gelde
Erst mal die Sinne erfasst hat – kann da noch ein Dichtwerk entstehen,
Das man mit Zedernöl schützt und bewahrt im Zypressenholzkästchen?[1]

Die suggestive Frage, ob die Kunst des Erzählens noch Aussichten auf Erfolg hat, wenn die monetäre Prosa der Verhältnisse die Muse verdrängt, legt eine klare Antwort nahe. Im Zypressenkästchen, das Bewahrenswertes aufhebt, ist buchstäblich kein Platz für Dichtwerke mehr. Münzen haben ihn okkupiert. Wenn Geld die Welt regiert, hat das Zählen und nicht etwa das Erzählen das Sagen.

Die horazische Entgegensetzung übersieht allerdings, dass gerade die Dichtwerke, die von der Muse besonders geküsst wurden, ein auffallendes Interesse am Zählen und durchaus auch am Zählen von Geld haben. Geld ist nicht erst eines

---

1 Horaz: De arte poetica, vv. 323-333 (übers. v. Gerhard Fink).

der obsessiven Themen, wenn nicht (nach der Liebe) das Hauptthema der neuzeitlichen Hochliteratur.[2] Schon in der klassischen Literatur der Antike spielt Geld eine entscheidende Rolle – wie etwa ein Blick auf die berühmte Geldpassage der *Antigone* zeigt. Die monetär induzierte und immer virtuoser sich entwickelnde Technik des Zählens hat die Kunst des Erzählens ihrerseits zu immer größeren und komplexeren Anstrengungen provoziert. Dass dem so ist, ist aber nicht immer so beobachtet worden. Dass Geld eines, wenn nicht das bedeutendste Motiv der neuzeitlich-modernen Literatur ist, ist so unübersehbar wie zumeist unausgesprochen. Einer und wohl nicht der geringste Grund dafür dürfte sein, dass der Satz „Über Geld spricht man nicht" einigermaßen konstant auch in den Kreisen der professionellen Literaturinterpreten seine Geltung behielt.

Über Geld spricht man nicht, auch wenn schöne Literatur so auffallend häufig und gründlich über Geld spricht. Die Paradoxie ist in den letzten zehn Jahren zerfallen. Wer auf dem Zeitschriftenmarkt Geld verdienen will, muss Finanz- und Börsenzeitschriften verlegen. Die tägliche Börsen- und Geldsendung im Fernsehen ist mittlerweile fast so selbstverständlich geworden wie der tägliche Wetterbericht. Eurokurs, Börsenturbulenzen, UMTS-Frequenzen, E-commerce, Neuer Markt, CDU-Schwarzgelder, Firmenfusionen, Steuerreform, Etatdefizite: Die Nachrichten, die in letzter Zeit eigentlich zählen, sind die, die sich in Heller und Pfennig, ach was: die sich in Milliarden und Billionensummen formulieren lassen. Die Informationen aus den früher der Politik nachgeordneten Wirtschaftsteilen der Tageszeitungen haben die Titelseiten erobert. Alle reden vom Geld. Und das Geld redet überall mit. Kaum ein Satz ist in den letzten Jahren so schnell gealtert wie der schon zitierte alte bürgerliche Spruch mit der unbürgerlich zynischen Ergänzung: „Über Geld spricht man nicht – man hat es". Heute reden auch die, die es haben, vom Geld. Und die, die es nicht haben, sowieso.

Geld ist das Thema nicht nur dieser Saison. Denn es ist ein, wenn nicht das Zentralthema der neuzeitlich-modernen Literatur. Von Shakespeares *Kaufmann von Venedig* und Molières *Geizigen* über Lessings *Nathan*, Goethes *Wilhelm Meister*-Romane, Fausts Papiergelderfindung, Dostojewskis, Dickens', Flauberts, Gottfried Kellers und Balzacs Prosa über Spieler, Verschuldete, Schuldige, Schuldner, Gläubiger, Wechsler, Händler, Ruinierte, Ruinierende, Arme und Reiche bis hin zu so unterschiedlichen Schriftstellern wie Thomas Mann, Bertolt Brecht und Friedrich Dürrenmatt (um nur sie zu nennen) hat der Zauber des Geldes Schriftsteller aller Couleur in seinen Bann geschlagen. Diesen Bann zu brechen oder doch zu durchschauen, traten neben den literarischen Werken auch die der Theorie an.

Wie intensiv die ökonomietheoretische Diskussion seit dem frühen 16. Jahrhundert auch im vermeintlich so geistfixierten Deutschland war, belegt ein teurer Band aus der *Bibliothek der Geschichte und Politik* des Deutschen Klassiker Verlags, der seinen Preis aber durchaus wert ist. Er steht unter dem Titel *Geschichte der*

2 Vgl. Jochen Hörisch: Kopf oder Zahl – Die Poesie des Geldes, Frankfurt a.M. 1996.

Ökonomie und macht ihm alle Ehre. Denn er versammelt Schlüsseltexte zur Ökonomie von Luthers *Bedenken von Kaufshandlung* (1524) bis zu Adolph Wagners *Staatswirtschaft* von 1893. Man kann darüber streiten, wie sinnvoll es ist, vergleichsweise leicht erreichbare Texte von Adam Müller oder Karl Marx in diese Sammlung aufzunehmen. Verdienstvoll aber ist es zweifellos, Abhandlungen von weitgehend vergessenen Nationalökonomen wie Johann August Schlettwein oder Georg Sartorius darzubieten. Denn hier handelt es sich um Schlüsseltexte in jedem Wortsinn. Sie machen nämlich die deutsche Ökonomie-Szene mit Grundgesten der Theorie von Adam Smith vertraut. Und sie finden u.a. einen hochaufmerksamen Leser: den vom Thema Geld und Wirtschaft geradezu besessenen Weimarer Finanzminister Goethe.

Schlettwein und Sartorius liefern – die Kommentare der Herausgeber Johannes Burckhardt und Birger P. Priddat wuchern mit diesem Pfund nicht – den Subtext, ohne den der erste Akt des zweiten Faust-Teils kaum verständlich ist. „Laßt uns", so heißt es in der 1806 erschienenen Abhandlung *Beförderung des Nationalreichtums* von Sartorius, „laßt uns demnach untersuchen: in wie fern ist es in Wahrheit begründet, was Smith oft behauptet, daß der Einzelne, indem er seinem Vorteile nachjage, den Vorteil des Ganzen notwendig befördern müsse." Und es folgen Studien zu dem, was man heute als Marktversagen klassifizieren würde – dass z.B. „die Bedienten der Englisch-Ostindischen Compagnie die bekannte und schreckliche Hungersnot in Bengalen veranlaßten." Der frühe deutsche Smith-Fan plädiert schon 1806 für soziale Marktwirtschaft und für einen Staat, der dort in freien Handel interveniert, wo dieser aufhört, Handlungsfreiheiten zu garantieren und in Zwang umschlägt.

Die Texte des Sammelbandes sind geschickt ausgewählt und angeordnet. Zeigt ihre Abfolge doch die normative Kraft des Faktischen. Aus einem noch von biblischen Zinsverboten und Abwertungen der satanischen Handelssphäre gespeisten Affekt gegen die Sphäre des Geldes erwächst langsam, aber mit bemerkenswerter Sicherheit die Einsicht in die geistreichen, produktiven und innovatorischen Dimensionen eines entfalteten Kapitalverkehrs. Geld ist nicht das andere des Geistes, sondern vielmehr seine tiefenstrukturale Voraussetzung. Denn Geld ist das Medium der Abstraktion schlechthin. Was wäre abstrakter, als absolut Ungleiches gleichzusetzen? Wer etwa den Arbeitslohn für einen Tag und ein Kleidungsstück oder einen alten Bordeaux-Wein und ein Handy oder einen Ski-Pass und ein Buch äquivalent setzt, erklärt Ungleiches für gleichwertig – und damit eben auch für gleichgültig.

Geld ist, weil es das abstrahierende Äquivalenzmedium schlechthin ist, ein Medium der Kälte, der Indifferenz und der Gleichgültigkeit. Und zugleich ein heißes dialektisches Medium, das systematisch mit doppelten Negationen arbeitet. Private Untugenden wie den Egoismus und das Gewinnstreben lässt Geld nicht unbeeinträchtigt gelten – es transformiert sie vielmehr in öffentliche Vorteile. Sorgt es doch schon dadurch, dass es über Preise Knappheiten anzeigt, dafür dass

Knappheiten knapp werden. Kapitalistische Gesellschaften haben nachweislich produktivere Volkswirtschaften als Plangesellschaften aller Art. Die bedeutendsten Schriftsteller der Neuzeit haben sich für solche Wirtschaftswunder nachhaltig interessiert. Die Dichter und Denker denken nur an das Eine – auch und gerade, wenn sie Goethe heißen.

Wert und Gegenwert: was sich auf den ersten Blick wie ein Kalauer ausnehmen mag, ist immerhin ein erhabener Kalauer Goethes. Der Name des Titelhelden, der seinen Autor schnell weltberühmt, wenn auch mangels Copyright und aufgrund des Raubdruckunwesens nicht so reich wie erhofft machte, ist beziehungsreich gewählt: Werther will mehr wert sein als seine in die Prosa der Verhältnisse verstrickten Konkurrenten. Und der Kaufmannssohn Wilhelm Meister erhöht seinen Wert und seine Selbstwertgefühle, indem er seinen nicht unbeträchtlichen Wohlstand mäzenatisch für die Theaterkunst verausgabt. Es gehört (um zurückhaltend zu formulieren) zu den eigentümlichsten Lücken der Literaturwissenschaft, dass sie die doch so überdeutliche Präsenz von Ökonomie- und Geldthemen in der neuzeitlichen Literatur nicht einmal ignoriert hat.

Eine der wenigen Ausnahmen von dieser Regel stellen die Essays und Studien von Ulrich Fülleborn dar, die nun unter dem aussagekräftigen Titel *Besitz und Sprache* versammelt vorliegen. Ihre häufig an Texten Rilkes (die sich als ungeahnt ökonomieträchtig erweisen) demonstrierte Grundthese lautet: Das, was eigentlich zählt, lässt sich nicht besitzen. Subjekte haben keine Eigentumstitel – nicht einmal an sich selbst. Vielmehr sind sie Elemente eines „Bezugs", der keinen Eigentümer kennt. Auf welches Instrument sind wir gespannt? Zu geliebten Menschen, zum Leben, das man fälschlich possessiv das eigene nennt, und zur Sprache, die als Medium der Intersubjektivität nie ein individuelles Gut sein kann, stehen wir in Bezügen, die sich jeder transitiven Besitzlogik entziehen. Nicht aber der intransitiven Logik des Verlustes. Sei allem Abschied voran: Rilkes obsessive Beschäftigung mit dem nicht sonderlich originellen, aber eben doch großen Thema Tod kreist um die Einsicht, dass keine possessive Macht der Welt uns davor feien kann, von allem Abschied nehmen zu müssen – noch von uns selbst. Wie spürt man eines kleinen Lebens Kürze. Und wie sehr kann (mit Nietzsche) die ökonomische Einsicht in den Wert des Knappen dazu beitragen, die Kürze des Lebens nicht nur als unfassbare Bedrohung, sondern auch als seinen festlichen Reiz zu verstehen.

Füllleborns kluge, mitunter angenehm altmodisch argumentierende und zugleich avancierte Lektüren hätten sich auch auf Rilkes Jahrgangsgenossen Thomas Mann beziehen und berufen können, der viel deutlicher noch als dieser sein Werk mit ökonomischen und monetären Motiven angereichert hat. Die Thomas-Mann-Forschung aber hat die veritable und fast schon über-offensichtliche Geldfixierung ihres Helden kaum zur Kenntnis nehmen wollen. Man findet Hunderte von Abhandlungen über Ironie oder Hermes-Motive in den Werken Thomas Manns, kaum je aber Hinweise darauf, dass die Buddenbrooks, der Erwählte, Joseph und selbst eine Königliche Hoheit sich mehr um Geld- und Ökonomie- als um Liebesprobleme kümmern. Und dass Thomas Mann den Gott Hermes nicht zuletzt deshalb schätzt, weil er der listige Gott des Handelns ist, der weiß, wie viel Rationalität in der fundamentalen Irrationalität des Geldes steckt.

„Neue Blicke in ein altes Buch" verspricht ein kluger Katalog über den ersten Roman Thomas Manns. Er enthält neben (auf ansprechendem Niveau ausgebreiteten) Üblichkeiten eine umfangreiche Studie von Manfred Eickhölter über die kaufmännischen Aspekte des Buches. Und über das Grundproblem der lübischen Familie: ihr Kapital ist so unproduktiv, wie sie selbst unfruchtbar ist. Zinsen und Gewinne sind die Kinder des Geldes. Mit dem Geschlecht des Geldes aber ist es seltsam bestellt. Dass Geld sexy ist, ist unverkennbar. Wer eine Stange Geld hat, ist potent, steht gut dar, ist davor gefeit, dass seine Bilanzen einknicken, und kann darauf hoffen, dass sich nach einer Finanzspritze die Bilanzen wieder aufrichten und er in der Lage ist, seine Gläubiger restlos zu befriedigen. Die phallische Begrifflichkeit, die das Geld umgibt, wird allerdings umdüstert durch seine analpervesen Dimensionen, die schon Freuds Aufmerksamkeit auf sich zogen. Wer seine Geschäfte erfolgreich erledigt, wird alsbald einen Haufen Geld besitzen und stinkreich sein. Pecunia (non) olet.

Das einzige Kind von Gerda und Thomas Buddenbrook hat wenig Lust und aufgrund seines frühen Todes auch wenig Gelegenheit, sich der Geld- und Familienvermehrung zu widmen. Zinseszinsen und Kindeskinder sind keine Objekte seiner Begierde. Nicht zuletzt das unterscheidet den Senator aus Lübeck von einem Mustermann des rheinischen Kapitalismus, der in dürftiger Nachkriegszeit ein potentes Unternehmen gegründet hat und zusammen mit seiner alsbald zur Ehefrau avancierten Sekretärin auch eine Reihe von Kindern in die Welt setzt. So will es ein Roman von Hans Graf von der Goltz mit dem prägnanten Titel *Die Erben*. An seinen Kindern und zumal an seiner Tochter Irmgard (um von deren Mann, der gleichermaßen den Frauen und dem Geld nachstellt, gnädig zu schweigen) hat der alternde, aber anfangs noch rundum vitale Industriekapitän keinen rechten Gefallen. Sie wollten der „Familie langfristig die Mehrheit an der Lehr AG erhalten", eröffnen ihm die festlich in seinem Haus versammelten Kinder. „Heißt das, ich darf mich doch noch auf Enkelkinder freuen?" fragt der Patriarch. Ein peinliches Missverständnis. Denn die Kinder (und die älteste, in schlechte Schwiegersohn-Gesellschaft geratene Irmgard voran) wollen nur das eine: sein Geld bzw. seine Aktienmehrheit.

Lehr ahnt, was da auf ihn und sein Lebenswerk zukommt. Weil er sich sträubt, wird eine plumpe Intrige gesponnen. Der Schwiegersohn hetzt dem Patriarchen die Steuerfahndung und die linken Medien auf den Hals. Natürlich hat Lehr alle Steuerschulden incl. der Kirchensteuer stets redlich entrichtet. Aber er kapituliert schließlich doch und stirbt an gebrochenem Herzen. Und es kommt, wie es kommen muss. Die Regeln der Old Economy werden außer Kraft gesetzt, sobald die Erben über die Lehr-AG verfügen. Und die des Anstands und des vertrauensvollen

Umgangs mit den Mitarbeitern, den Banken und dem Schah gleich mit. Ja, auch mit dem Schah, dem großen Lehrer seines undankbaren Volkes hat Lehr vertrauensvoll zusammengearbeitet: „Majestät!' Als Lehr, sich aus seiner Verbeugung wieder aufrichtend, dem Schah in die Augen blickte, sagte dieser, so als setze er ein schon begonnenes Gespräch fort. 'Jeder ist willkommen, der uns hilft, aus diesem Land einen modernen, säkularisierten Staat zu machen, einen starken Staat, mit einer konkurrenzfähigen Wirtschaft." Doch die Iraner sind undankbar und unfähig wie Lehr(er)s Kinder, die bekanntlich selten oder nie gedeihen.

Kein Kommentar zu dieser Prosa. Nur ein Hinweis: In der Prosa von Hans Graf von der Goltz (der laut Klappentext 1926 geboren wurde und „Führungspositionen in der deutschen Wirtschaft bekleidete") gehen die alten Erzähl- und die alte Wirtschaftsökonomie ein Bündnis, ein joint venture ein, das man atemberaubend nennen darf. Ein aufschlussreiches Buch. In dem gleichzeitig erschienenen Roman *Alles was zählt* des 1963 geborenen Georg M. Oswald findet es seine New-Economy-Entsprechung. Gemeinsam ist beiden Romanen, dass sie je in ihrer Weise Klartext bieten. Oswalds Roman tut dies gar in direkter Leser-Anrede, die eine postmoderne Variante der tradierten „mein geneigter Leser"-Attitude ist: „Jeden Tag gehe ich ins Büro. / Das behaupten Sie wahrscheinlich auch von sich [...]" So der Beginn des Romans. Das Büro von Thomas Schwarz liegt im Frankfurter Bankenviertel. Und „in beinahe jeder Großstadt ist das Bankenviertel auch ein Drogenviertel."

Das ist Klartext. Und auch die Abteilung, in der Schwarz arbeitet, wird deutlich benannt: Abwicklung und Verwertung bei säumigen Schuldnern. „Heißt im Klartext: Wir pfänden ihnen alles, was sie haben, unter dem Arsch weg, restlos alles." Der Held versteht sich auf dieses Geschäft so glänzend, dass er bald zum Leiter dieser Abteilung ernannt zu werden hofft. Doch eine Kollegin bootet ihn aus. Er verliert seinen Job, seine Frau, seinen Alltag. Und landet, da Banken- und Drogenviertel einander so eng benachbart sind, Schwarzgeld waschend, gleich nebenan, seinem Namen alle Ehre machend. Doppelagent zu werden, fällt ihm angesichts seiner brillanten Kenntnisse beider Ökonomien, der reinen und der schwarzen, nicht schwer. Denn sie folgen denselben Regeln. Mit einem Koffer voll Schwarzgeld, den er bei einer Geldübergabe, für die er seine Wohnung zur Verfügung stellte, erobert hat, flieht er in Begleitung von Sabine nach Monaco. Im Spielcasino will er sich entweder endgültig ruinieren oder richtig reich werden.

Das alles ist ein wenig zu flott zu lesen und ein wenig zu überdeutlich. Was an und in dieser flotten Erzählung zählt und bleibt, sind ihre flotten Sprüche. Georg M. Oswald hat eigentlich einen Aphorismenband geschrieben. Die Sprüche, zwischen denen die Romanhandlung moderiert, sind z.T. tatsächlich ihr Geld wert. Auch dann, wenn sie wie dieser nur geliehen sind: „Sir, you are tough and I am tough / But who will write who's epitaph." Lässt sich gut auf alle Verhältnisse des knappen Romans anwenden – auf das Verhältnis von alter und neuer Ökonomie, von Freunden und Feinden und auf das von Männern und Frauen sowieso.

„Das grundlegende Prinzip unseres Daseins ist der Ausschluß der anderen" lautet ein weiterer Aphorismus. Und auch die beiden letzten Sätze des Kurzromans haben durchaus aphoristische Qualität. „Niemand kennt mich dort (in Monaco), und wer dort kein Geld hat, den will auch niemand kennen. Und deshalb wird es mir am Ende dort leichter fallen als irgendwo sonst auf der Welt, endgültig loszuwerden, was ich ohnehin nie besessen habe: eine Identität."

Dass Geld stiftet, was wir Identität nennen, ist nur auf den ersten Blick eine irritierende These. Subjekte, die auf ihre Identität mit sich selbst gesteigerten Wert legen, gibt es nur in Geldkulturen. Die Possessivpronomina und die mein/dein-Unterscheidung sind in logischer wie chronologischer Hinsicht früher als die erste Person Singular. Ich bin ich, weil Geld nicht nur die unterschiedlichsten Güter äquivalent setzen kann, sondern weil Geld auch dafür sorgen kann, dass diese Güter meine Güter werden. Ein Testament mit seinem Namen zu unterschreiben lohnt sich nur für denjenigen, der etwas zu testieren und zu vererben hat. Die Äquivalenz- und Identitäts-Formatierungen, die das Medium Geld mit sich bringt, sind das Thema des (allzu) umfang- und motivreichen Romans *Das Liebeswerk* des Niederländers Thomas Rosenboom (Jahrgang 1956). Er erzählt (mit zahlreichen Buddenbrooks-Anspielungen) von Aufstieg und Fall des Willem Augustijn van Donck, der im 18. Jahrhundert ein Verfahren zur preiswerten Herstellung von Kristallzucker an sich bringt und dadurch in Prozesse verwickelt wird, die in jeder Weise „spekulativ" sind.

„Verkehrte Natur" ist der Prolog zu diesem Riesenwerk überschrieben. „Contra naturam" zu sein, war in alten aristotelischen und thomistischen Zeiten der Standardvorwurf gegen das Geld. Geld ist „verkehrt rum", wenn es als Kunstprodukt auf Natur übergreift, wenn es Kinder=Zinsen bekommt, oder wenn es mit dem arbeitet, was eigentlich nur Gott gehört: der Zeit. Für Verkehrungen sorgt Geld in der Geschichte, die Rosenboom erzählt, auch im Sinn von Adam Smith: ein Egomane stiftet Aktiengesellschaften und Liebeswerke (ein Armenhaus). Once more: Private vices become public benefits. Dass die Liebeswerke Werke der Selbstliebe sind, versteht sich von selbst. Dass nicht alle Zeitgenossen (und schon gar nicht die von Willem primär begehrte Frau) seiner Verkehrungs-Logik folgen wollen und können – das ist der Stoff, aus dem dieser historisch gelehrte Roman gewebt ist. Allzu gerne vergisst er bei dieser Webarbeit, dass nicht nur Lebens-, sondern auch Lese-Zeit eine knappe Ressource ist.

Von Donck, der sich auf monetäre Spekulationen ebenso versteht wie auf philosophische, ist ein erpressbarer Perverser, der dem perversen Geld zum spekulativen Durchbruch verhilft. Pervers aber ist von Donck, weil er die identitätsoktroyierende Macht des Geldes sprengen will – aus dem alten „sese conservare" wird für ihn vor der Zeit ab und an ein romantisches „und ich mag mich nicht bewahren". Der Roman schildert opulent, wie Geld sich aufgrund seiner antinatürlichen Kräfte in allen Bereichen und noch im Innersten des Subjekts durchsetzt. Der Roman nimmt sich fast wie eine epische Paraphrase der Luhmann'schen

Systemtheorie aus: Das Recht der Gesellschaft, die Religion der Gesellschaft, die Wissenschaft der Gesellschaft etc. pp. werden gewissermaßen romanesk durchdekliniert. Die Pointe ist allerdings eine andere als bei Luhmann. Geld erscheint bei Rosenboom als der alles regierende Supercode, der die Natur auf den Kopf stellt. Kristallzucker ist in der Natur so wenig vorgesehen wie Geld. Oder eben doch: Denn zur Natur gehört offenbar, dass sie sich überwinden lässt.

Ist-Zustände zu überwinden und Unmögliches zu begehren, ist nach Auskunft der Bibel das älteste aller Begehren. Ja, es ist die Grundstruktur des Begehrens selbst. *Unsere gefrorenen Begierden – Was das Geld will* lautet der Titel eines so chaotischen wie anregenden Buches von James Buchan. Es erinnert in Diktion und Stil an Marshall McLuhans Medien-Bücher: ein überquellender Zettelkasten aus Zitaten, wilden Thesen, Essays, Autobiographica, Polemiken, historischen Skizzen, Aphorismen und Anekdoten. Dennoch hat es einen roten Faden und eine durchgehaltene Grundthese: „Geld ist zu einem Rangierbahnhof geworden, in dem permanent die Wünsche und Träume zahlloser Menschen eintreffen und zu ungeahnten Zielen entsandt werden." Geld ist handgreifliche, gefrorene Begierde.

Soll offenbar heißen: Faszinierend ist das Medium Geld, weil es systematisch Irrationalität in Rationalität verwandelt. Begierden sind bekanntlich nicht sonderlich vernünftig. Werden sie in Geld formatiert, lassen sie sich zählen, verwalten und überweisen. Gerade weil Geld so skandalös „kalt", inhaltsleer und indifferent ist, lässt sich alles in Geld und Geld in alles wandeln. Monetäre Prozesse sind zauberhaft. Denn sie transsubstantiieren systematisch – z.B. reine Wertzeichen in Handgreiflichkeiten oder Menschen, die nichts von ihrem Besitz hergeben wollen, in Tauschwillige. Wirtschaftswunder sind nicht die Ausnahme, sondern die Regel. Die Sphäre des geldvermittelten Wirtschaftens ist die Sphäre der systematisierten Wunder. Zu den Wundern, für die das (ir)rationale Geldmedium sorgt, gehört nicht zuletzt, dass es entschieden dazu beiträgt, Knappheit knapp werden zu lassen.

Knappheit ist das Zauberwort aller Volkswirte. Alles ist knapp – und eben deshalb gibt es die Ökonomie und ihr Leitmedium Geld. Nie kann es genug Güter und Dienstleistungen geben, um die Wünsche aller restlos zu befriedigen. Um unter den nachparadiesischen Bedingungen knapper Ressourcen einen vergleichsweise friedfertigen, funktionalen und effektiven Wechsel von Gütern und Dienstleistungen zu ermöglichen, beglückte sich die zivilisierte Menschheit mit dem Medium, das über Knappheiten zu informieren vermag: mit dem Geld. Das um 700 v.Chr. im griechischen Kulturraum „erfundene" bzw. emergierte Geld ist das Medium einer zweiten, künstlichen Knappheit. Und diese zweite Knappheit konterkariert die primäre Knappheit an Gütern und Dienstleistungen. Wie rätsel- und zauberhaft es um das Geld bestellt ist, weiß schon Platon. In seinem Dialog *Ion*, der vom Zauber des Erzählens handelt, kommt er auch aufs Zählen von Geld zu sprechen. Sagt doch der Rhapsode, der seinen Zuhörern die homerischen Texte vorträgt: „Auch muß ich ja wohl gar sehr auf sie (die Zuhörer) achtgeben; denn habe ich sie recht weinen gemacht, so lache ich hernach, weil ich Geld einnehme;

habe ich sie aber [...] lachen gemacht, so muß ich selbst weinen, weil ich das Geld einbüße."

Kommentierte Literatur

Buchan, James, 1999: Unsere gefrorenen Begierden – Was das Geld will; aus dem Englischen von A. Praesent und P. Torberg, Köln: A. DuMont Verlag.
Burkhardt, Johanns und Birger P. Priddat (Hrsg.), 2000: Geschichte der Ökonomie, Frankfurt a.M.: Deutsche Klassiker Verlag.
Eickhölter Manfred und Hans Weißkirchen (Hrsg.), 2000: 'Buddenbrooks' – Neue Blicke in ein altes Buch – Begleitband zur neuen ständigen Ausstellung 'Die Buddenbrooks' – Ein Jahrhundertroman im Buddenbrookhaus, Lübeck: Dräger Verlag.
Fülleborn, Ulrich, 2000: Besitz und Sprache – Ausgewählte Aufsätze, hrsg. von Günter Blamberger, Manfred Engel und Monika Ritzer, München: Fink Verlag.
Goltz, Hans Graf von der, 2000: Die Erben – Roman, Wien: Paul Zsolnay Verlag.
Oswald, Georg M., 2000: Alles was zählt – Roman, München: Hanser Verlag.
Rosenboom, Thomas, 2000: Das Liebeswerk – Roman; aus dem Niederländischen von Waltraud Hüsmert, Frankfurt a.M.: Suhrkamp Verlag.

VI. Zentralbanken und Finanzmärkte

Rainer Weinert

Geld und Politik: Autonomisierung und Funktionswandel von Zentralbanken

Einleitung

Zentralbanken gelten als „Hüter der Währung". Diese schillernde Formulierung assoziiert mehr als die formale Funktion der Sicherstellung der Zahlungsfähigkeit einer Volkswirtschaft. Der paternalistische Ausdruck „Hüter" unterstellt, dass die Geldwirtschaft einer besonderen Behütung bedarf. Die Konnotation der Hüter-Kategorie hat allerdings schon immer Befürchtungen genährt, dass Zentralbanken weit mehr als nur Geldpolitik betreiben. So postuliert Wildenmann im Jahre 1969, dass die Bundesbank eine „Kontre-Regierung" sei, für William Greider (1989) ist es eine ausgemachte Sache, dass „the federal reserve runs the country". Ähnlich sieht das der erste Arbeitsminister der Regierung Clinton, Robert B. Reich, für den die amerikanische Zentralbank „the true center of power in the United States" ist (Reich 1997, S. 79). Paul Krugman stellt fest, dass noch „nie in der Geschichte [...] ein Zentralbankchef eine so mystische Verehrung genossen (habe) wie Alan Greenspan" (Krugman 1999, S. 32). Schließlich sah der „Economist" die *central bankers* mit der Errichtung der Europäischen Zentralbank (EZB) am Ziel all ihrer Wünsche, nämlich „as Gods" (Economist 1998).

Zentralbanken hatten nicht von Anfang an diese außergewöhnliche Reputation, vielmehr waren die Notenbanken über drei Jahrhunderte hinweg von eher nachrangiger Bedeutung. Ihre Stellung in unserem heutigen Verständnis ist nicht älter als hundert, ihr Aufstieg zu einflussreichen politischen Institutionen nicht älter als dreißig Jahre. Diese Entwicklung der Zentralbanken zeichnet sich Ende des neunzehnten Jahrhunderts ab und erhält mit der Gründung der amerikanischen Federal Reserve Bank 1913 eine neue, gesteigerte Bedeutung. Was in diesem Prozess auffällt, ist die Parallelität der Autonomisierung von Zentralbanken auf der einen und der 'Modernisierung' der Zahlungsmittel auf der anderen Seite. Finanz- und geldhistorisch wird zwischen den Phasen des Münz-, Papier- und Kreditgeldes unterschieden (Kindleberger 1993, S. 21). Zwar überlappen sich diese Phasen mitunter, aber die alltägliche Nutzung von Papiergeld können wir auf Ende des neunzehnten Jahrhunderts datieren. Für Deutschland, einem ausgesprochenen Nachzügler in der Entwicklung der Finanz- und Geldökonomie, wird dieser Übergang sogar erst für Anfang des zwanzigsten Jahrhunderts angenommen (Weimer 1992, S. 186), da Reichsbanknoten erst im Jahre 1909 gesetzliches Zahlungsmittel wurden. Ein wichtiges Kriterium für die massenhafte Diffusion von Papiergeld ist dessen Einführung bei Lohnzahlungen. Geldhistorisch koinzidiert die Verbreitung von Papiergeld mit dem Aufstieg „moderner" Zentralbanken. Veränderungen der Zahlungsmittel beschleunigten oder ermöglichten erst ökonomische Entwicklungen, die die Entstehung von Zentralbanken förderten und ihre Macht steigerten.

Gleichzeitig entwickelte sich eine systematische wissenschaftliche Analyse von Geldpolitik und Zentralbanken, wofür die Veröffentlichung von Walter Bagehots bahnbrechendem Werk „Lombard Street" im Jahre 1873 beispielgebend war. Im achtzehnten und neunzehnten Jahrhundert konzentrierte sich das ökonomische Denken primär auf Fragen der Gewährleistung der Notenemission und deren Kontrolle. Notenbanken waren nach damaligen Verständnis für die Gewährleistung des Geldgebrauchs nicht unwichtig, ökonomisch wie geldpolitisch aber von nachgeordneter Bedeutung (Cairncross 1988, S. 46). Das heutige Verständnis von Geld- und Währungspolitik als umfassender Kontrolle des Währungssystems ist eine typische Entwicklung des zwanzigsten Jahrhunderts. So verwundert es auch nicht, dass wir bei den Klassikern der Soziologie kaum etwas über Zentralbanken erfahren. Max Weber streift kurz die Aufgaben der Notenbanken (Weber 1976, S. 93), während Durkheim noch nicht einmal auf das Thema Geld eingeht (vgl. dazu: Beckert 1997, S. 129).[1]

Im Folgenden soll der Versuch unternommen werden, den Prozess der Machtsteigerung von Zentralbanken zu rekonstruieren. Dabei können wir nur sehr grobe Entwicklungslinien skizzieren.[2] Wir wollen uns auf drei Zentralbanken konzentrieren: die Bank of England, die Federal Reserve Bank der USA und die Deutsche Bundesbank. Darüber hinaus werden wir einige Anmerkungen zur Internationalisierung und Europäisierung von Geldpolitik machen. Diese Einschränkung bietet sich an, weil die genannten drei Zentralbanken in unterschiedlichen historischen Phasen die Rolle von Vorbildern für die Geldpolitik und die Gestaltung der

1 Das ändert sich erst mit Parsons' Systemtheorie, insbesondere mit der 1956 erschienenen Studie „Economy und Society". Die Zentralbank hier wird an der Schnittstelle zwischen Wirtschaft und Politik verortet und dem politischen Subsystem zugeordnet (Parsons/Smelser 1972, S. 161); dabei wird die Funktionsweise von Zentralbanken immer als erfolgreich realisiert unterstellt, obwohl spätestens seit dem Versagen der Zentralbanken, vor allem der amerikanischen, in der Weltwirtschaftskrise von 1929 bis 1933 eine Problematisierung der Rolle von Zentralbanken aus soziologischer Sicht angebracht gewesen wäre. Der gleiche theoretische wie empirische Kurzschluss, die erfolgreiche Realisierung von Geldwertstabilität, findet sich auch in späteren systemtheoretischen Arbeiten, vgl. Luhmann (1989, S. 146 f.); Baecker (1991, S. 174); zu Parsons und Geld vgl. auch Ganßmann (1996); Beckert (1997), Deutschmann (1999, S. 36-61).
2 Ich beziehe mich auf folgende finanz- und geldhistorische Abhandlungen: Davies (1994); North (1994), Kindleberger (1993); Weimer (1992); bei der Entwicklung der Zentralbanken auf: Toniolo (1988); Holtfrerich/Reis/Toniolo (1999) sowie dem dreibändigen Werk von Collins (1993) über „Central Banking in History".

Institution Zentralbank gespielt haben. Sie beherrschten mit ihrer Geldpolitik ganze Imperien (wie die Bank of England das British Empire und die Federal Reserve Bank bis heute den „Dollarraum") oder kontrollierten Wirtschaftsblocks, wie die Bundesbank seit Anfang der Siebzigerjahre in Europa. Ihre jeweilige Organisation strahlte auf die Institutionalisierung der Geldpolitik auch in anderen Bereichen aus. Ein zentraler Aspekt der Entwicklung ist, wie wir zeigen wollen, die sukzessive Autonomiesteigerung von Zentralbanken, die sie aus der Verpflichtung auf konkurrierende ökonomische Handlungsorientierungen herauslöst und gegen die dahinter stehenden wirtschafts- und währungspolitischen Konflikte (vor allem zwischen Regierung, Parlament und Zentralbanken) abschirmt. Sie hat mit der Gründung der ersten suprastaatlichen Zentralbank in Europa ihren vorläufigen Höhepunkt gefunden. Wir stützen uns auf neuere Beiträge zur Theorie politischer Institutionen (Nedelmann 1999; Göhler 1997; Rehberg 1997; Offe 1996; Powell/ DiMaggio 1991; zusammenfassend: Weinert 2000a). Obwohl der Grad formaler Unterstellungsverhältnisse (unter den Staat) nicht notwendigerweise etwas über den faktischen Gebrauch des Interventionsrechtes aussagt (Holtfrerich 1988), stimmt die internationale Literatur in der Einschätzung der formalen Unabhängigkeit der Zentralbank als entscheidender Dimension überein (Goodman 1992; Hall 1994; Hall/Franzese 1998; Toniolo 1988).

Im Unterschied zur ökonomischen Theorie verstehen wir allerdings unter *Autonomisierung der Geldpolitik* keine völlige Autonomie, die, wie Esser gezeigt hat (1999, S. 341 ff.), in politischen Systemen eher die Ausnahme ist. Auf der anderen Seite waren selbst vom Staat abhängige Notenbanken nicht völlig abhängig. Die Aufgabe von Zentralbanken, Geldwertstabilität sicherzustellen, ist de facto durch Instrumente der Geldpolitik *allein* nicht zu erfüllen. Begleitet werden muss diese Zielsetzung durch eine staatliche Finanzpolitik, die das geldpolitische Ziel nicht durch üppige Staatsausgaben konterkariert und einer „expansiven" Lohnpolitik der Gewerkschaften entgegenarbeitet. Geldpolitik ist interdependent, sie steht zu anderen ökonomischen Handlungsorientierungen in einem strukturellen Spannungsverhältnis, in dem sich die Konflikte gesellschaftlicher Akteure um die Kontrolle von Ressourcen niederschlagen (Esser 1999, S. 343).

Die Ausdifferenzierung von Geldpolitik

Zentralbanken mit einem Funktionsverständnis, das dem heutigen entspricht, entstehen erst gegen Ende des neunzehnten Jahrhunderts. Wesentliche Voraussetzungen sind die allgemeine Durchsetzung des Goldstandards, die massenhafte Verbreitung von Papiergeld sowie die Festigung der Nationalstaaten (Sayers 1968; Veit 1966).[3] „Metallic standards, central banks, and legal tender laws all had an

---

3 Notenbanken sind in der klassischen Politischen Ökonomie randständige Themen. Adam Smith diskutiert zwar die Pflichten des Souveräns im „Wohlstand der Nationen" (Buch V,

interrelated historical development in the nineteenth century." (Timberlake 1998, S. 177) Aus soziologischer und zeitgeschichtlicher Perspektive stellt somit der Ausdifferenzierungsprozess von Geldpolitik eine spezifische Entwicklung kapitalistischer Geld-Verfassung dar. Max Weber fasst die Durchsetzung kapitalistischer Handlungsmaximen bekanntlich als universalen Prozess „formaler" Rationalisierung. Dabei ist für ihn „technisch" Geld das „vollkommenste" wirtschaftliche Rechnungsmittel, die „Geldform das Maximum dieser formalen Rechenhaftigkeit" (Weber 1976, S. 21-25). Vorausgesetzt wird dabei die Ausrichtung sozialen Handelns auf eine „legitime Ordnung". Soweit das der Fall ist, erhält diese Ordnung „Geltung" (Weber 1976, S. 16; Lepsius 1995, S. 395). „Einen Sinngehalt einer sozialen Beziehung wollen wir a) nur dann eine 'Ordnung' nennen, wenn das Handeln an angebbaren 'Maximen' (durchschnittlich und annähernd) orientiert wird. Wir wollen b) nur dann von einem 'Gelten' dieser Ordnung sprechen, wenn diese tatsächliche Orientierung an jenen Maximen mindestens auch (also in einem praktisch ins Gewicht fallenden Maß) deshalb erfolgt, weil sie als irgendwie für das Handeln geltend: verbindlich oder vorbildlich, angesehen werden" (Weber 1976, S. 16). Weber räumt sogleich ein, dass durchaus mehrere, sich widersprechende Handlungsmaximen nebeneinander bestehen können. Entscheidend sei die Chance für den Einzelnen, sein Handeln tatsächlich an einer legitimen Handlungsmaxime ausrichten zu können (vgl. auch Lepsius 1995, S. 395). Für Lepsius ist damit das Problem der Konstitutionsbedingungen von Institutionen angesprochen, das aus drei Dimensionen besteht: Die erste Dimension ist die Konkretisierung der Leitidee, das heißt: wie werden Leitideen in praktische anwendbare Verhaltensorientierungen umgesetzt, deren Befolgung als rational gilt und sich von subjektiven Motivationen und Interessenlagen loslöst? Die zweite Dimension ist die Ausdifferenzierung eines Handlungskontextes, die notwendig ist, damit eine spezifische „Handlungsmaxime" Geltung beanspruchen kann (auch durchaus neben anderen). Die dritte Dimension betrifft die Durchsetzungschance der Handlungsmaxime gegenüber anderen. Als klassische Illustration dafür kann die Institutionalisierung der privatkapitalistischen Wirtschaftsweise gelten. „Wirtschaften" wird hier als gesonderter Handlungsraum ausdifferenziert, in dem die alleinige Ausrichtung auf Aufwands- und Ertragskalkulation nach Maßgabe der Rentabilität „Geltung" hat. Dieser Prozess ist voraussetzungsvoll, es bedarf der Trennung von Haushalt und Betrieb und der unbeschränkten Verfügungschance des Kapitaleigentümers über den Einsatz der Produktionsmittel. Gleichzeitig müssen Solidaritätsbeziehungen vernachlässigt werden dürfen, Entlassungen aus Arbeitsverhältnissen ethische Billigung erfahren (ebd., S. 397).

Kap. 1), die Notwendigkeit eines *monetary systems* taucht bei ihm aber nicht auf. Noch Anfang des zwanzigsten Jahrhunderts sprechen sich wichtige Autoren wie Walter Bagehot und Vera Smith gegen Zentralbanken aus, obwohl beide einräumen, dass eine rasche Änderung des schon damals eingetretenen Zustands unrealistisch sei, vgl. die Text- und Aufsatzsammlung in Collins (1993).

An der Durchsetzung privatkapitalistischen Handelns als „legitimer Ordnung", interessiert uns vor allem ein Aspekt: Im Zuge der Institutionalisierung der privatkapitalistischen Wirtschaftsweise etablieren sich *verschiedene* legitime Handlungsorientierungen. Kapitalistisches Wirtschaften nimmt an Komplexität zu, der Prozess formaler Rationalisierung differenziert sich in unterschiedliche Handlungsmaximen. Auf der Makro-Ebene kennen wir Kriterien wie Wirtschaftswachstum, Vollbeschäftigung, außenwirtschaftliches Gleichgewicht und Geldwertstabilität, die im Weberschen Sinne unterschiedliche Handlungsmaximen mit entsprechenden Geltungsansprüchen repräsentieren. Das Handeln der Menschen kann sich „irgendwie" auf diese Kriterien ausrichten. Das einschränkende „irgendwie" in der Formulierung Webers verweist darauf, dass die Institutionalisierungsgrade von Handlungsmaximen höchst unterschiedlich ausfallen können. Unsere These ist, dass im Prozess der Institutionalisierung der privatkapitalistischen Wirtschaftsweise die Durchsetzungschancen der Handlungsmaxime „Geldwertstabilität" zu Lasten anderer Maximen gestiegen sind. Seit Anfang des zwanzigsten Jahrhunderts gewinnen finanz- und geldpolitische Zielsetzungen nach und nach an Durchsetzungsmacht. Wenn wir diesen allgemeinen Analyserahmen auf die Geldpolitik anwenden, dann können wir feststellen, dass sich im Zuge der Entwicklung der privatkapitalistischen Wirtschaftsweise *Geldpolitik* als eigenständiger Geltungskontext ausdifferenziert, der durch die Leitidee *Geldwertstabilität* legitimiert und durch *Geldmengensteuerung* als Handlungsmaxime operationalisiert wird. Der für den Privatkapitalismus typische Geldgebrauch und die Institutionalisierung von Geldwertstabilität sind funktionale Erfordernisse von gewinnorientiertem Wirtschaften, die aber historisch immer nur schwer zu gewährleisten waren: Viele Ökonomien waren (und sind) mehr Zettel- als Geldökonomien, so dass die Rechenhaftigkeit privatwirtschaftlicher Tätigkeit und die Zahlungsfähigkeit des Gesamtsystems umso mehr gefährdet waren, je mehr die Entpersönlichung des Zahlungsverkehrs voranschritt.

In der Abbildung 1 versuchen wir diesen Prozess zu schematisieren. Frühzeitig, parallel zum Geldgebrauch, entsteht der Geltungskontext „Geld-Politik" mit dem jeweiligen Herrscher bzw. Staat als Träger. Die Zentralbank als „organisatorischer Hauptträger" der Geldpolitik tritt mit der Gründung der Bank of England 1694 in Erscheinung. Die industrielle Revolution trieb die Entwicklung der Geldpolitik und der Zentralbanken voran. Die Finanzierung der neuen Eisenbahnen und Dampfschiffe ließ den Kapitalbedarf erheblich steigen. In Deutschland begann erst in der Folge der industriellen Revolution das Papiergeldzeitalter (Weimer 1992, S. 177). Zwischen 1871 und 1873 weitete sich der deutsche Kapitalmarkt explosionsartig aus, über 800 Aktiengesellschaften mit einem Grundkapital von ca. drei Milliarden Mark wurden gegründet. Auch die drei großen Banken Deutschlands (Deutsche Bank, Dresdner Bank und Commerzbank) entstanden in dieser Zeit. Aber schon 1873 folgte der erste *backlash*, der sog. Gründerkrach, die Spekulation

Abbildung 1: Ausdifferenzierung von Geldpolitik als eigenständiger Geltungskontext (nach Lepsius 1997)

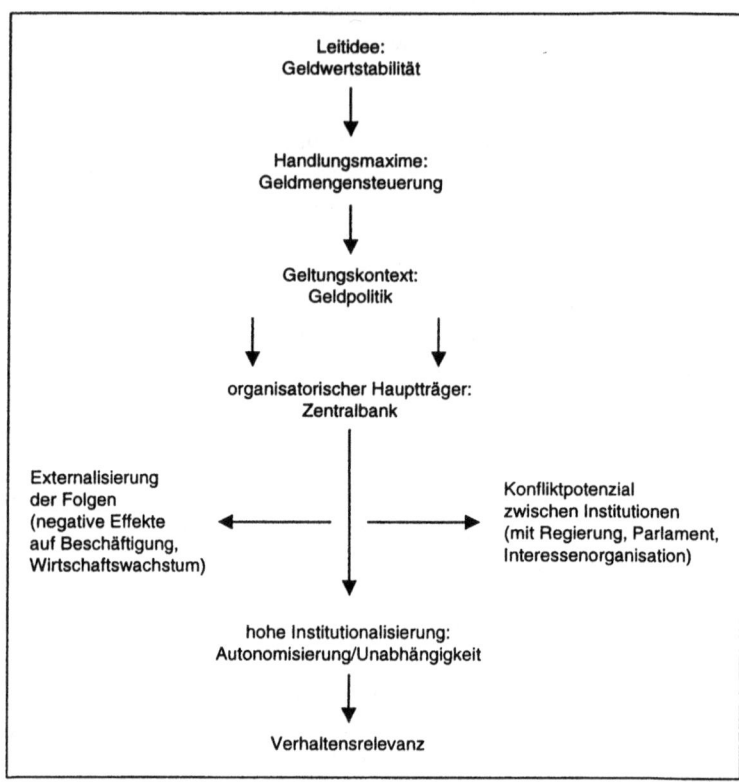

der Gründerjahre führte zu Börsenkrächen und zum Zusammenbruch von 127 Aktiengesellschaften (Kindleberger 1993, S. 127 ff.).

Die Sicherstellung von Zahlungsfähigkeit (Luhmann 1989, S. 131, 147) wird seit dieser Zeit zu einem immer wichtigeren Erfordernis. Dennoch bleibt die institutionelle Ausgestaltung von Zentralbanken fast hundert Jahre heterogen. Die finanzwirtschaftliche Dynamik führt nicht zu einer Homogenisierung institutioneller Strukturen in der Geldpolitik, vielmehr bleiben diese den Idiosynkrasien der jeweiligen politischen Systeme verhaftet. So wird Geldpolitik bis weit ins zwanzigste Jahrhundert hinein organisiert über private Geschäftsbanken (Bank of England bis 1946), als staatlich abhängige Notenbanken (Reichsbank, Banque de France, Banca d'Italia) oder durch unabhängige Zentralbanken (Federal Reserve Bank) (Toniolo 1988; Holtfrerich/Reis/Toniolo 1999).

Wir wollen diesen handlungstheoretischen Analyserahmen anhand der Rekonstruktion der wichtigsten Züge der Entwicklung der Bank of England, der Federal Reserve Bank und der Bundesbank spezifizieren.

Die 'Mutter' aller Zentralbanken: Die Bank of England

Die Gründung der Bank of England im Jahre 1694 hatte einen polit-ökonomischen und einen geldpolitischen Hintergrund. Der polit-ökonomische Aspekt ist in der merkantilistischen Wirtschaftsauffassung der damaligen Zeit zu sehen. Danach hatte die Bank of England Handel und Gewerbe in England zu fördern und dem Staat Geld aus den Kassen der Kaufleute zugänglich zu machen (Bonin 1979, S. 31). Wesentlich für diese Institutionenbildung waren die enormen Kosten des Unterhalts des Heeres sowie die Kriegsfinanzierung. Nach der Glorious Revolution 1688 verschlechterte sich die politische und vor allem die Finanzlage Englands (Bendix 1980, Bd. II, S. 118). Die Finanzierung des Neunjährigen Krieges mit Frankreich (1689-1698), des Spanischen Erbfolgekrieges (1701-1714), der Unterhalt einer riesigen Land- und Seestreitmacht, der Ausbau einer neuen Flotte sowie der Aufbau einer neuen militärischen Infrastruktur zur Kriegführung auf dem Kontinent verschlangen Unsummen (Houtman-De Smedt/van der Wee 1993, S. 160). Die spätere Gründung weiterer Zentralbanken in Europa hatte ähnliche Hintergründe. Das finanz- und geldpolitische Problem des Staates, das sich aus dem steigenden Geld- und Kreditbedarf stehender Heere und der Kriegführung ergab, ist den modernen Gesellschaften erhalten geblieben: als Spannungsverhältnis zwischen den Ausgabenverhalten des Staates einerseits und dem Interesse an der Stabilität des Geldes andererseits.

Die Bank of England ist durch verschiedene, auch für die Entwicklung der späteren „modernen" Zentralbanken bedeutsame Merkmale geprägt. Sie war über drei Jahrhunderte eine private Einrichtung, die, per Gesetz mit bestimmten Privilegien ausgestattet, bankmäßige Geschäfte betrieb, fremde Gelder aufnahm und Wechselpapiere („bills") ausgab. Insgesamt sollte sie neue Finanzierungsquellen für die Regierung erschließen und ähnelte den anderen merkantilistischen Monopolgesellschaften wie die South Sea Company oder der United East India Company. Seit dem siebzehnten Jahrhundert spielte England die Rolle eines Vorreiters in der Geld- und Kreditentwicklung. So hatte das Königreich schon im achtzehnten Jahrhundert eine Goldwährung, da seit 1774 Goldmünzen als gesetzliches Zahlungsmittel (legal tender) anerkannt waren – eine Entwicklung, der die anderen Nationen erst hundert Jahre später folgten (North 1994, S. 144). Vorreiter war England auch bei der Durchsetzung der Banknote als gesetzlichem Zahlungsmittel. Die Position der englischen Zentralbank wurde mit dem Einsetzen der industriellen Revolution erheblich erschüttert. Der massiv gestiegene Geld- und Kreditbedarf führte Mitte des achtzehnten Jahrhunderts in den neuen industriellen Zentren wie Bristol und Manchester zur Gründung sog. „country banks", die ebenfalls Banknoten ausgaben. In der „Peels Akte" von 1844 wurde unter dem Einfluss von Ricardos Quantitätstheorie die Golddeckung der Banknoten sanktioniert. Die rigiden Deckungsvorschriften ebneten den Weg sowohl zu *einem* Zahlungsmittel als auch den Weg zu *einer* Zentralbank mit Notenausgabemonopol (ebd., S. 154).

Dabei ist zu berücksichtigen, dass die Zentralbank nicht die Vorstellung hatte, als „Hüterin der Währung" nach heutigem Verständnis zu fungieren. Eine umfassende Interventionskompetenz zur Sicherung der Währung kam ihr nicht zu. Vielmehr war die Bank of England „not conscious of any responsibility for control over the monetary system nor did the government think in these terms" (Cairncross 1988, S. 45). Für die Regierung war die Notenausgabe das zentrale Element der Geldpolitik. Bis zum Jahre 1946 blieb die Bank of England ein privates Institut, das privilegierte geschäftliche Beziehungen mit der Regierung unterhielt. Erst nach dem 2. Weltkrieg nationalisierte die neue Labour-Regierung die Zentralbank. Die faktische Arbeitsweise blieb von dieser institutionellen Änderung weitgehend unberührt (ebd.). Für unsere Fragestellung ist auch das Verhältnis zwischen Zentralbank und Schatzamt von Interesse. Dieses Verhältnis wird in der Literatur als eng beschrieben; Konflikte sind kaum bekannt geworden.[4] Auch die formale Unterordnung der Zentralbank unter das Weisungsrecht des Schatzamtes führte nicht zu relevanten Konflikten. Die grundlegenden geldpolitischen Aufgaben sowie die Position der Bank of England fasste Sayers in drei Punkten zusammen: „First, a central bank does not, as a commercial bank does, exist to make maximum profits for its owners; second, it must have some means of controlling the commercial banks; and third, it is subordinate to the State." (Sayers 1958, S. 64) Ihr Selbstverständnis umriss die Bank of England in einem Memorandum aus dem Jahre 1980 so: Ihre Bedeutung leite sich ab „from its operational involvement in the financial markets, and its consequential close relationships with and knowledge of the financial institutions, and from its specialisation in monetary economics and statistics. The Treasury's distinctive contribution stems from its responsibilities for overall co-ordination of macro-economic objectives and the relationship of that policy to the Government's wider objectives" (Bank of England 1980, para. 14, zit. n. Caircross 1988, S. 69).

Wie wir noch sehen werden, unterscheidet sich diese institutionelle und funktionelle Selbstbeschreibung erheblich von der Bundesbank, aber auch der Federal Reserve Bank. Die Bank of England beschreibt hier eine traditionelle Aufgabenteilung zwischen Regierung und Zentralbank, die funktional durch komplementäre Aufgabenbereiche unter der Gesamtverantwortung der „Treasury", ökonomisch durch gleich gerichtete Interessen, etwa der Sicherung und Ausweitung des „Fi-

---

4 Nur in den Jahren 1916/17 gab es den sog. „Cunliffe-Lloyd George Konflikt". Der Governor der Bank of England, Lord Cunliffe, betrachtete sich als unabhängig und verweigerte häufig sonst übliche Konsultationen mit dem Schatzamt, worüber es zu scharfen Auseinandersetzung mit Premierminister Lloyd George kam. Dieser Konflikt wird jedoch nicht auf strukturelle Probleme, etwa auf sich überschneidende Kompetenzen von Regierung und Zentralbank, zurückgeführt, sondern gilt mehr als Ausdruck unterschiedlicher Führungspersönlichkeiten und hatte deshalb auch keine weiteren Auswirkungen auf die Zusammenarbeit zwischen Schatzamt und Zentralbank, vgl. Cairncross (1988, S. 44).

nanzstandortes" der Londener „City", bestimmt werden (Underhill 1993, S. 23). Diesem traditionalen Verständnis ist eine autonome Zentralbank außerhalb der politischen Gesamtverantwortung des Staates nicht nur fremd, es würde auch dem hergebrachten englischen Verfassungsverständnis vom „responsible government" widersprechen (Bonin 1979, S. 110). Dem hergebrachten politischen Verständnis entspricht auch eine hohe Kompetenz des Parlamentes bei der Kontrolle der Bank of England. Vor dem 2. Weltkrieg war es das Macmillan Committee von 1931, nach dem 2. Weltkrieg das Radcliffe Committee von 1959 und schließlich das Wilson Committee von 1980, die die Bank jeweils einer umfangreichen parlamentarische Überprüfung unterzogen. Der politische Diskurs über die Zentralbank und die Kontrolle durch das Parlament sind zentrale Elemente des institutionellen Arrangements der Geldpolitik innerhalb des politischen Systems Englands. Mit Blick auf neuere Zentralbankentwicklungen bleibt festzuhalten, dass weder die politische Gesamtverantwortung der Regierung noch die umfangreiche parlamentarische Kontrolle der Reputation und der Glaubwürdigkeit der Bank of England abträglich war. Trotz (oder gerade) wegen dieser politischen Einschränkungen, war und ist die faktische Stellung der Bank of England unumstritten. Daran hat auch die aktuelle Entwicklung nach der Errichtung der Europäischen Zentralbank nur graduell etwas geändert. Im Gefolge des Maastricht-Prozesses wurde im Jahre 1997 unter der Regierung Blair und dessen Schatzmeister Gordon Brown die Unabhängigkeit der britischen Zentralbank weiter gestärkt, obwohl diese nach wie vor in „public ownership" verbleibt (Brown 1997).

Die erste moderne Zentralbank: Die amerikanische Federal Reserve Bank

Im Jahre 1913 wurde die amerikanische Federal Reserve Bank gegründet, sie gilt als die erste moderne Zentralbank (Kettl 1986; Woolley 184). Dem gingen im neunzehnten Jahrhundert zwei Versuche (von 1791 bis 1811 und von 1816 bis 1836) voraus, eine an das Vorbild der Bank of England angelehnte Zentralbank zu errichten. Beide Versuche scheiterten an populistischen Bewegungen (Kettl 1986, S. 2), die eine zu einflussreiche Monopolbank fürchteten (Sylla 1988, S. 18). Diese Episode ist deshalb bedeutsam, weil sie verdeutlicht, dass Geldpolitik in der Geschichte der USA immer wieder zu erheblichen Politisierungen führte. Dieses Problem ist der amerikanischen Zentralbankpolitik bis heute erhalten geblieben. Die geldpolitischen Funktionen nahm daraufhin das Schatzamt wahr. Aber eine rein staatliche Regulierung des Geldmarktes stieß ebenso auf manifeste politische und ökonomische Vorbehalte, zumal das Schatzamt Anfang des zwanzigsten Jahrhunderts seine Befugnisse auszuweiten versuchte. Die Deflationskrise Ende des neunzehnten Jahrhunderts politisierte die amerikanische Geldpolitik erneut. Zu diesem Zeitpunkt formierte sich allerdings eine neue ökonomische Elite in den aufstrebenden USA, „leading bankers, financiers, and managers of the large manufacturing corporations" (ebd., S. 21), die innerhalb kurzer Zeit erheblichen Einfluss auf die amerikanische Wirtschaftspolitik erlangte. Diese neue Elite war es auch, die sich für eine unabhängige Zentralbank stark machte und sie schließlich durchsetzte. Hilfreich für dieses politische Ziel war „the great financial panic of 1907" (ebd.), die in kurzer Zeit den Weg zur ersten Zentralbank ebnete. Das Ergebnis war der Federal Reserve Act von 1913, in dem Elemente der zuvor im neunzehnten Jahrhundert gescheiterten Bankexperimente mit der staatlichen Treasury-Tradition verknüpft wurden – und der damit zu einer völlig neuen Zentralbank führte (ebd.). Es wurde ein zweistufiges Zentralbank-System errichtet, das sich aus zwölf regionalen Reserve Banks als unterer Stufe und dem Federal Reserve Board in Washington D.C. als oberer Stufe zusammensetzte. Diese Struktur sollte sicherstellen, dass die geldpolitischen Institutionen weder unter den Einfluss des New Yorker Finanzkapitals in der „Wall Street", noch unter den politischen Einfluss der Regierung in Washington gerieten. Die Struktur wird in der Literatur als schwach beschrieben, da die Zuständigkeiten zwischen dem Board und den regionalen Banken nicht klar definiert waren und die Koordinierung beider Einrichtungen nicht funktionierte. Es entspannen sich daher heftige Kontroversen darüber, wer das letzte Entscheidungsrecht bei der Anordnung geldpolitischer Maßnahmen haben sollte (Woolley 1984; Kettl 1986; Sylla 1988).

Diese schwache organisatorische Struktur des Zentralbanksystems wird im hohen Maße dafür verantwortlich gemacht, dass die Federal Reserve Bank in der Weltwirtschaftskrise von 1929 bis 1933 nicht nur versagte, sondern mit ihrem Handeln die Krise sogar noch verschärfte (Sylla 1988, S. 22).[5] Das Scheitern des Zentralbank-Systems führte in der New Deal-Ära der Dreißigerjahre zu erheblichen Veränderungen, die auch heute noch Bestand haben (Patrick 1993). Der Banking Act von 1935 implementierte eine Zentralisierung, die Stellung des Boards in Washingtons wurde zu Lasten der regionalen Reserve Banks gestärkt. Die Aufgaben der Zentralbank bestanden in drei konkurrierenden Aufgaben: das langfristige Wachstum zu stärken, die Arbeitslosigkeit niedrig und die Preise stabil zu halten (Kettl 1986, S. 2). Eine zentrale Neuerung war die Einrichtung des sog. „Federal Open Market Committee", dem der Zentralbank-Präsident, die Mitglieder des Board of Governors sowie in einem jährlichen Rotationsverfahren vier Mitglieder der Federal Reserve Banks angehörten. Dessen Aufgabe ist es, durch Maßnahmen der Offenmarktpolitik, also den Kauf und Verkauf von Wertpapieren, die Geldmenge zu steuern (Kettl 1986, S. 5). Diese Änderungen hatten erheblichen Einfluss auf die Gesamtstruktur des Zentralbanksystems. Ein wesentliches Element der

---

5 Von Milton Friedman und A.J. Schwarz stammt die These, dass die Weltwirtschaftskrise durch eine falsche Handhabung der Geldmenge zu erklären sei bzw. bei einer angemessenen Offenmarktpolitik zu verhindern gewesen wäre (1963, S. 370); eine These, die von Kindleberger (1973, S. 142 ff.) bestritten wird, da verschiedene Faktoren zu berücksichtigen seien. Heute gilt allgemein als akzeptiert, dass die Weltwirtschaftskrise durch einen Zusammenbruch der effektiven Nachfrage verursacht wurde und die amerikanische Zentralbank gut daran getan hätte, die Geldmenge erheblich auszuweiten, Krugman (1999, S. 30).

Autonomisierung der amerikanischen Zentralbank war die starke Hierarchisierung nach Präsident, Board of Governors und den Federal Reserve Banks, die zur Steigerung der Handlungsfähigkeit der Bank maßgeblich beitrug (Moore 1990, S. 87 ff.; Goodhart 1995). Nach Kettl ist es aber nicht so sehr der Status formeller Unabhängigkeit, der die Macht der Federal Reserve Bank ausmachte, sondern die erfolgreiche Organisierung von Prozessen der Machtkonzentration. „The power of its [the Fed's] decisions, moreover, depends more on the balance of political forces that stand behind them than on the force of decisions themselves" (Kettl 1986, S. 11). Die außergewöhnliche Machtstellung, die der Präsident der Federal Reserve Bank erlangen konnte, beruht nach Kettl auf fünf „extra legal sources": „his role as public spokesman of the Fed; his position as representative of the Federal Reserve System, especially in meetings with the president; his management of the Fed's staff; his role in chairing meetings at the Fed; and his ability to build coalitions for key votes" (ebd., S. 14).

Die Machtballung an der Spitze der Fed führt bis heute zu regelmäßigen politischen Kontroversen über die Stellung der Zentralbank im politischen System der USA. Nach 1945 wurde die Unabhängigkeit der amerikanischen Zentralbank weiter gestärkt (im „Treasury-Federal Reserve Accord" von 1951). Der Willensbildung des Gesetzesvorhabens war eine „battle for independence" (Epstein/Schor 1995, S. 34) der amerikanischen Notenbank vorausgegangen. In diesem Konflikt wurde die von Kettl erwähnte Paktierung zwischen Zentralbank und *financial und banking community* besonders deutlich, während seitens der organisierten Arbeitnehmerschaft relevante Einflussstrategien oder gar Machtbildungsprozesse gänzlich fehlten. Dabei stellte doch gerade die Abwehr einer Vollbeschäftigungspolitik durch die *financial und banking community* ein wesentliches Motiv in dem genannten Konflikt dar. Ein anderer, bis heute in der Literatur kontrovers diskutierter Konflikt ist die sog. „transparency"-Debatte in den Siebzigerjahren (Muchlinski 2001). Im Gefolge der Watergate-Affäre bemühte sich der amerikanische Kongress um eine größere Transparenz der geldpolitischen Entscheidungsgrundlagen der Federal Reserve Bank. Nach heftigen Auseinandersetzungen wurde eine schnellere Veröffentlichungspflicht der Protokolle und Memoranden des „Federal Open Market Comittee" durchgesetzt, die als „Let the Sunshine in"-Politik in die Literatur einging (Woolley 1984, S. 154 ff.; Kettl 1986, S. 113). Hinsichtlich der Informationspflicht wurde die Fed gezwungen, vierteljährlich (heute halbjährlich) dem Kongress über seine Entscheidungen im vergangenen Berichtszeitraum und über geplante Maßnahmen zu berichten. Bedeutsam an dieser Entwicklung ist, dass mit den implementierten Hearings vor dem Parlament „a new and subtle political arena" (Kettl 1986, S. 166) ausdifferenziert wurde, die allerdings von der Fed, nicht vom zuständigen Parlamentsausschuss kontrolliert wird. Der Fed gelang es, diese Hearings in einflussreiche institutionelle Selbstinszenierungen zu transformieren, die dank der Ausführungen oder Andeutungen des Präsidenten über anstehende geldpolitische Maßnahmen bei Börsenakteuren mehr Resonanz finden als bei Parlamentariern.

Die institutionelle Entwicklung der Federal Reserve Bank weist sie als erste „moderne" Zentralbank aus. Das gilt insbesondere nach den neuen gesetzlichen Regelungen der New Deal-Ära, die die Unabhängigkeit der Fed stärkte, zu einer Zentralisierung der Geldpolitik führte und vor allem den Zentralbank-Präsidenten mit außerordentlichen Durchsetzungschancen ausstattete. Politisch ist die enge Verflechtung der Fed mit der *financial and banking community* in New York bestimmend. Gleichwohl besteht das Aufgabenprogramm der Fed nicht nur in der Sicherung der Geldwertstabilität, sondern umfasst auch wirtschaftspolitische und beschäftigungspolitische Wachstumsziele. Besonders auffällig ist die hohe Politisierung der Geldpolitik, die immer wieder zu öffentlichen Auseinandersetzungen führt. Die Konfliktlinien verlaufen dabei weniger zwischen Regierung/Präsident und Zentralbank als zwischen Parlament und Zentralbank. Das weit verbreitete Unbehagen in den USA an der Fed hat politisch mit ihrer außergewöhnlichen Machtstellung innerhalb des politischen Systems zu tun, ökonomisch mit der strukturellen Privilegierung von Interessen des Finanzkapitals. Sie geht zu Lasten mittlerer und kleinerer Industrieunternehmen, die ihrerseits politische Bündnispartner im Kongress suchen.

Die zweite deutsche Zentralbank: Die Bundesbank

Die Vorgängerin der Bundesbank war die Reichsbank, die im Jahre 1875 gegründet wurde und damit in den westeuropäischen Ländern eine ausgesprochene Spätentwicklung darstellte. Die Gründe dafür sind in dem späten Einsetzen der industriellen Revolution in Deutschland (im Vergleich etwa zu England) und der deutschen Kleinstaaterei zu sehen, die die Herstellung eines einheitlichen Zuständigkeitsgebietes für eine Zentralbank behinderte. Als gesetzliches Zahlungsmittel zirkulierte vor 1871 Papiergeld, das von 20 verschiedenen Staaten ausgegeben und Bankgeld, das von 33 „Zettelbanken" ausgegeben wurde (Borchardt 1976, S. 3). Erst die Reichsgründung schuf die politischen Voraussetzungen für die Vereinheitlichung des Geld- und Bankwesens. Zwischen 1871 und 1873 wurden verschiedene Gesetze erlassen, um eine umfassende Münz- und Währungsreform zu realisieren. Nicht geregelt wurde das Papiergeldwesen und die Frage, ob es eine Zentralbank geben sollte. Eine Einigung kam erst 1875 zustande. Die Reichsbank knüpfte funktionell an die Preußische Bank an, die zuvor in Preußen de facto als Zentralbank gedient hatte (Holtfrerich 1988, S. 107). Die Reichsbank unterstand dem Reichskanzler, das verwaltende Organ der Zentralbank war das Reichsbankdirektorium. Hinzu trat ein aus vier Mitgliedern bestehendes Kuratorium, das als eine Art Ländervertretung fungierte, in dem ebenfalls der Reichskanzler den Vorsitz führte.

Ökonomisch und politisch war Entwicklung der Reichsbank bis Ende des neunzehnten Jahrhunderts im Vergleich etwa zur englischen und amerikanischen Zentralbank bedeutungslos (Davis 1994, S. 565). Das änderte sich erst im zwanzigsten Jahrhundert, als die Entwicklung der Reichsbank durch zwei äußere Zäsuren entscheidend verändert wurde: 1922 und 1948 oktroyierten jeweils die Alliierten dem deutschen System eine unabhängige Zentralbank, um übergeordnete reparations- bzw. besatzungspolitische Ziele durchzusetzen. Im Jahre 1922 setzte die Hyper-Inflation ein, und die Alliierten hegten den Verdacht, dass diese Inflation von der deutschen Regierung bewusst herbeigeführt wurde, um die Unmöglichkeit der Begleichung der Reparationsforderungen zu belegen (Weimer 1992, S. 201). Die Alliierten setzten ein Autonomiegesetz durch, das die Reichsbank nicht dem Kanzler, sondern dem Bankdirektorium unterstellte. Für die Weimarer Republik ist außerdem die Tatsache hervorzuheben, dass mit dem Präsidenten der Reichsbank, Hjalmar Schacht, ein extrem politisierender *central banker* an Einfluss gewann, der mit seinem Hass auf die Republik einen veritablen Eigenbeitrag zum Untergang der Republik von Weimar leistete (Mommsen 1990).

Nach dem Ende des 2. Weltkriegs drängte vor allem die amerikanische Militärregierung auf die Zerschlagung des zentralistischen Notenbanksystems, das die nationalsozialistische Kriegspolitik aktiv unterstützt hatte (Horstmann 1989, S. 138). An die Stelle des zentralistischen Reichsbanksystems trat im Frühjahr 1948, nach zähen Verhandlungen zwischen der amerikanischen und britischen Seite, eine extrem föderative Konstruktion, die „Bank deutscher Länder" (BdL). Die BdL hatte eine zweistufige Organisationsstruktur, die Landeszentralbanken der Länder, die auch das Grundkapital hielten, und die BdL, die insofern die Bank der Landeszentralbanken war. Die Gründung der „Bank deutscher Länder" ist auf die Politik der amerikanischen und der englischen Militärregierung in Deutschland zurückzuführen, während Vorschläge von deutscher Seite, die eine Revitalisierung des Reichsbankmodells vorsahen, keine Durchsetzungschancen hatten (Kaltenthaler 1996; Marsh 1992; Kennedy 1991; Gilles 1990; Gilles/Otto 1989; Horstmann 1989; Wandel 1980; Borchardt 1976). Insofern ist die Deutsche Bundesbank unter dem Aspekt ihrer Entstehung keine deutsche, sondern eine „amerikanische" Bank. Die Konstruktion der BdL wurde von deutscher Seite nur als eine transitorische Einrichtung betrachtet, die durch eine andere, „richtige" Zentralbank abgelöst werden sollte. Die Umwandlung erfolgte im Jahre 1957, als das Bundesbankgesetz verabschiedet wurde und zu einer Zentralisierung des Zentralbanksystems führte. Das Grundkapital hielt nunmehr der Bund, die Landeszentralbanken wurden zu Hauptverwaltungen der Bundesbank ohne eigene Rechtspersönlichkeit herabgestuft, obwohl sie noch in bestimmten Bereichen Selbstständigkeit genossen. Diese Strukturänderungen waren im Vorfeld von heftigen ordnungspolitischen Kontroversen begleitet, ob und inwieweit die dezentrale Struktur aufgegeben werden sollte (Eynern 1957). Der danach einsetzende Verstetigungsprozess der Bundesbank führte zu einer weitgehenden Zentralisierung der Notenbankpolitik, obwohl mit dem Zentralbankrat und den partiellen Kompetenzen der Landeszentralbanken die Abkehr von der Struktur der Reichsbank besiegelt wurde. Erhalten blieb die Autonomie der BdL.

Durch die Zentralisierung im Jahre 1957 nahm das „Modell Bundesbank" zwar seinen Lauf, zur völligen Entfaltung kam es aber erst nach dem Zusammenbruch des Bretton Woods-Systems. Im Jahre 1973 gaben die USA die Goldkonvertibilität des Dollar auf; es begann die Periode frei floatender Währungen, die zu beträchtlichen spekulativen Kapitalbewegungen (vor allem nach Deutschland) führte. Die Bundesbank reagierte im Jahre 1974 als erste Zentralbank mit der Formulierung von Geldmengenzielen (Erkel 1997; Paprotzki 1991). Diese Änderung repräsentiert einen grundlegenden Strategiewechsel deutscher Geldpolitik: Die fragile Zielkombination Nachkriegsdeutschlands mit der Orientierung auf Wirtschaftswachstum, Geldwertstabilität, außenwirtschaftliches Gleichgewicht und Vollbeschäftigung wurde zugunsten einer Handlungsmaxime, der Geldwertstabilität, abgelöst. Daraus ergaben sich die für Deutschland typischen Konflikte zwischen der Regierung (und deren Orientierung an Wirtschaftswachstum) und der Bundesbank mit ihrer ausschließlichen Orientierung auf Geldwertstabilität. Solche Strategiewechsel finden wir zwar auch in anderen Ländern (Epstein/Schor 1990), aber keine andere Zentralbank betrieb die neue Politik so rigide wie die Bundesbank.

Das „Modell Bundesbank" steht auf zwei Säulen: a) einer historisch geprägten Sonderentwicklung (durch jeweils zwei externe Interventionen der Alliierten wurde der Weg zu einer unabhängigen Zentralbank überhaupt erst gebahnt) und b) dem Prinzip der Vermeidung der Budgetfinanzierung. Zwar gilt eine Politik der Vermeidung der Budgetfinanzierung grundsätzlich für alle Zentralbanken; sie wird jedoch durchaus pragmatisch gehandhabt. Als prominentes Gegenbeispiel zur Bundesbank gilt die Federal Reserve Bank, die den Kauf staatlich emittierter Papiere – und damit Staatsbudgetfinanzierung – betreibt und gleichwohl der Rationalität stabilitätsorientierter Geldpolitik verpflichtet bleibt. Demgegenüber zeichnet sich die Politik der Bundesbank durch eine prinzipielle Ablehnung derartiger „staatsnaher" geldpolitischer Aktivitäten aus (Schelkle 1997). Bemerkenswert ist, dass die deutsche Zentralbank ihre Politik nicht geldpolitisch, sondern sozialpsychologisch mit den Erfahrungen des deutschen Volkes mit den zwei großen Hyperinflationen im zwanzigsten Jahrhundert begründet (Tietmeyer 1996). Andere Gründe dürften in dem in den Siebzigerjahren durchgeführten ökonomischen Paradigmenwechsel zugunsten monetaristischer Konzepte liegen, der von der Bundesbank in Form einer rigiden Stabilitätsorientierung der Geldpolitik umgesetzt wurde (Mooslechner 1993; Schulmeister 1997). Die „German central bank (became) a model for international imitation" (Davis 1994, S. 565; Leaman 2001).

Prägend für das deutsche Zentralbanksystem ist der starke Glaube an die Legitimität und 'Weisheit' der Bundesbank, die Unterstützung durch die deutsche *financial und banking community* sowie die hohe Konflikthäufigkeit zwischen Regierung und Zentralbank. Die Bundesbank genießt in der Bevölkerung nicht nur ein hohes Ansehen, vielmehr ist der Glaube an die geldpolitische Legitimität dieser Institution in der bundesrepublikanischen Gesellschaft sehr ausgeprägt (Goodmann 1991, S. 339). Die Unterstützung der Frankfurter *financial und banking community* dürfte allerdings für die Durchsetzungskraft der Bundesbank ebenso entscheidend gewesen sein (Goodman 1991). In Deutschland waren die Geschäftsbanken (bisher) mit drei großen Universalbanken (Deutsche Bank, Dresdner Bank, Commerzbank) übersichtlich strukturiert. Die Universalbanken waren zudem durch ihre großen Industriebeteiligungen eng mit dem Industriesektor verzahnt (Goodman 1991, S. 339). Alle Akteure einte die Wahrnehmung der Interessen der großen exportabhängigen Unternehmen. Diese Interessenkoinzidenz des deutschen Finanz- und Industriekapitals sicherte in hohem Maße die Unabhängigkeit der Bundesbank (ebd., S. 340), da sonst erwartbare Konflikte zwischen Finanz- und Industriekapital ausblieben. Schließlich fällt die Häufung von Konflikten zwischen Regierung und Bundesbank auf, die sich von den Auseinandersetzungen Konrad Adenauers mit der Bundesbank bis zu den Konflikten über die deutsch-deutsche Währungsunion sowie über die europäische Währungsunion – ganz unabhängig von der parteipolitischen Zusammensetzung der Kabinette – beobachten lassen (Weinert 1999, S. 350). In all diesen Konflikten verließen die Bundesregierungen als Verlierer den Ring, nicht die Bundesbank (zu diesen Konflikten vgl. u.a. Robert 1978; Bonin 1979; Kaiser 1980; Sturm 1990). Aus den Niederlagen haben gewissermaßen andere Interessenorganisationen 'gelernt' und wagten erst gar nicht, in eine öffentliche Auseinandersetzung mit der Bundesbank einzutreten. Eine weitere Besonderheit im politischen System der Bundesrepublik ist darin zu sehen, dass unter den kollektiven Akteuren, vor allem den Gewerkschaften, zwar eine Unzufriedenheit mit der Geldpolitik der Bundesbank weit verbreitet ist, die Gewerkschaften es aber zu keinem Zeitpunkt wagten, die Autonomie der Bundesbank politisch ernsthaft in Frage zu stellen (Sturm 1990). Dieser Verzicht auf relevante politische Auseinandersetzungen um die Machtballung der Bundesbank steigerte deren ohnehin sichere Position im politischen Gefüge der Bundesrepublik. In dieser Hinsicht repräsentiert die Bundesrepublik im internationalen Vergleich eine ausgesprochene Sonderentwicklung.

Die Internationalisierung und Europäisierung der Geldpolitik

Mit dem Zusammenbruch des Bretton Woods-Systems setzt eine neue Ära internationaler Kooperation der Zentralbanken ein (Dormeal 1978). Die Baseler Bank für Internationale Zusammenarbeit (BIZ) und das dort angesiedelte „Basel Committee on Banking Supervision" sind von strategischer Bedeutung für diese transnationale Entwicklung. Ziel des Ausschusses ist es, institutionell regulierte Vereinbarungen über die Steuerung internationaler Finanzmärkte zu realisieren. Nach eigenem Selbstverständnis ist die BIZ die älteste internationale Finanzinstitution, deren Gründung auf das Jahr 1930 zurückgeht, um die Reparationszahlungen Deutschlands nach dem Ersten Weltkrieg im Rahmen des Young-Planes zu überwachen. Diese Zielsetzung trat nach und nach in den Hintergrund und die BIZ etablierte sich als ein wichtiges Forum „for central bank cooperation" (BIS history 2001). Nach dem 2. Weltkrieg wirkte die BIZ als Wahrer der Bretton Woods-Ordnung eher im Verborgenen. Erst mit dem Ende von Bretton Woods, den Ölschocks der Siebzigerjahre und den skizzierten Veränderungen auf den internationalen Finanz- und Kapitalmärkten etablierte sich die BIZ als bedeutsames Forum internationaler Zentralbank-Kooperation. Nach verschiedenen Zusammenbrüchen von Geschäftsbanken in den Siebzigerjahren (in den USA und Großbritannien die Franklin National Bank und in Deutschland der Herstatt Konzern) wurde der Baseler Ausschuss für Bankenaufsicht gegründet (EZB 2001; BIS 2000; Underhill 1997, S. 23; Helleiner 1994, S. 171 ff.), der sich aus Vertretern der Zentralbanken oder der für die Bankenaufsicht in den jeweiligen Ländern zuständigen Behörden der G-10-Länder sowie Spaniens und Luxemburg zusammensetzt. Die zentrale Frage nach dem Zusammenbruch dieser Banken, war einfach, aber folgenreich: „Who pays?" (Underhill 1997, S. 23) Mit der sog. Baseler Eigenkapitalvereinbarung wurden erstmals internationale Standards für die Finanz- und Kapitalmärkte formuliert, obwohl, wie Underhill (1997) und Helleiner (1994) aufzeigen, die nationalen Interessen noch sehr stark durchschlugen. So waren beispielsweise die gewachsenen Interessenidentitäten der politischen Instanzen in London mit der „City" besser organisiert als die deutschen (Helleiner 1994, S. 14; Dodd 1994, S. 89).[6]

Mit der internationalen Kooperation entsteht ein neuer Typus eines transnationalen institutionellen Arrangements, das in Teilbereichen das Bretton Woods-System ablöste. Helleiner (1994, S. 190) spricht in Anlehnung an Keohane von einem „BIS-centered regime". Die BIZ hatte in den Sechzigerjahren nur eine regionale, europäische Bedeutung. Nach der ersten Dollarkrise in den Sechzigerjahren erweiterten die europäischen Zentralbanken die BIZ um die Federal Reserve Bank, im Jahre 1970 traten die Bank of Canada und die Bank of Japan hinzu. Es etablierte sich eine „informal, clublike atmosphere of the BIS" (ebd., S. 97). Nach den Bankenzusammenbrüchen im Jahre 1974 wurde auf Druck der Bank of England diese informelle Struktur stärker formalisiert und in den Ausschuss überführt. Es wurde ein Sekretariat eingerichtet und verbindliche Verfahren der Willensbildung eingeführt. So durften Mitglieder keine Regierungsvertreter sein, es sei denn, sie vertraten die nationalen Institutionen der Bankenaufsicht. Diese

---

6 In den Arbeiten von Helleiner und Underhill wird der Bundesbank eine eher untergeordnete Rolle in den Verhandlungen in Basel zugeschrieben, die insgesamt stark von der Federal Reserve Bank und der Bank of England dominiert worden seien. In den Memoiren des ehemaligen Bundesbank-Präsidenten Otmar Emminger (1986) liest sich das natürlich ganz anders.

Regelung wurde getroffen, um die Unabhängigkeit des Gremiums nicht zu beeinträchtigen, außerdem wurden regelmäßige Treffen formalisiert (mindestens zehnmal im Jahr) (Helleiner 1994, S. 174). Als Folge dieser transnationalen Kontakte gelang es der BIZ, dass „specific norms, rules, and decision-making procedures were established concerning lender-of-last-resort, regulatory, and supervisory activities in order to prevent further crises" (ebd., S. 190). Über das Funktionieren des Komitees ist wenig bekannt. „The Committee operates in considerable secrecy and its efforts represent a clear attempt at international political co-operation where traditional domestic regulation is almost by definition inadequate" (Underhill 1997, S. 23). Es geht darum, international wirksame Standards für den globalen Kapitalverkehr zu setzen. Dieses Ziel verfolgt das Komitee im Arkanum einer hoch oligarchisierten Struktur. Was James Pierce (1990, S. 162) für die USA festgestellt hat, gilt auch hier, nämlich dass „the stability of the financial system will depend on swift and wise actions by a few persons" (Pierce 1990, S. 162). Ein weiterer, wesentlicher Effekt der oligarchisierten Struktur des BIZ war die Etablierung eines „international network of high-level supervisory authorities who know each other well, trust each other, and are able to communicate confidentially with each other" (Spero 1980, S. 164, zit. n. Helleiner 1994, S. 174). Die BIZ-Kooperation der Zentralbank-Akteure konnte spektakuläre Bankenzusammenbrüche wie die in den Neunzigerjahren nicht verhindern, was auch nicht zu erwarten war. Für unsere Fragestellung ist entscheidend, dass die Zentralbanken parallel mit den tiefgreifenden Veränderungen auf den internationalen Finanzmärkten (Moran 1991, 1986) seit den Siebzigerjahren einen Prozess suprastaatlicher Appropriation von Kompetenz in Gang setzten, der mittlerweile einen wesentlichen Bestandteil des internationalen Finanzmanagements bildet (EZB 2000).

Zur *Internationalisierung* der Zentralbank-Kooperation gehört deren *Europäisierung*. Der europäische Integrationsprozess war immer mit globalen Entwicklungen verknüpft: Das Ziel, die Herstellung eines gemeinsamen Binnenmarktes, fand vor dem Hintergrund der Zerstörungen des 2. Weltkrieges in Europa und dem Aufstieg der USA zur Weltmacht statt. Ökonomisch erhielt das *financial system* mit den Vereinbarungen von Bretton Woods seine für die Nachkriegsperiode typische Organisationsform, in dem der Dollar als globale Reservewährung fungierte. In dem gleichen zeitlichen Kontext wurden mit der Weltbank, dem IWF und dem GATT jene internationalen Handels- und Finanzorganisationen geschaffen, die auch heute noch für die Regulierung internationaler Wirtschafts- und Finanzprozesse von großer Bedeutung sind (Weinert 2001). Einerseits repräsentierte die europäische Einigung eine eigenständige innovative Idee, andererseits war die Europäisierung in die schon in der Nachkriegszeit einsetzenden wirtschaftlichen Globalisierungsprozesse eingebunden, obwohl der Begriff damals zunächst noch ungebräuchlich war (Ross 1998, S. 164). Diese Konstellation wirkte auch in den Achtzigerjahren weiter, als die Politik des französischen Kommissions-Präsidenten Delors die weitere Integration prägte, die letztlich zur Einheitlichen Europäischen

Akte und zum Vertrag von Maastricht führte. Auch für diese Periode gilt, dass eine eigenständige Integrationspolitik verfolgt wurde, die auf globale Veränderungen reagierte, sie aber auch mitprägte.

Die „Idee" einer europäischen Währungsunion ist nicht neu, sie geht schon auf Anfang der Sechzigerjahre zurück (Dahrendorf 1973, S. 102 ff.). Konkretisiert wurde sie im sog. Werner-Plan von 1970. Nach den damaligen Vorstellungen sollte die Währungsintegration in einem Stufenplan bis 1980 verwirklicht sein. Der Plan war zum damaligen Zeitpunkt weniger bedeutsam, da das Bretton Woods-System noch funktionierte. Der spätere Delors-Bericht von 1989 griff die wesentlichen Argumente des Werner-Stufenplans wieder auf (Thomasberger 1993, S. 159). Das Ergebnis waren der Vertrag von Maastricht und die Amsterdamer EU/EG-Verträge von 1995, mit denen ein neuer Vertrag über die Europäische Union zustande kam. Der Kern der Verträge von Maastricht besteht in der Herstellung der Europäischen Wirtschafts- und Währungsunion mit der Europäischen Zentralbank als zentraler Institution. Das wichtigste Dokument dieser Entwicklung ist der Delors-Report von 1989 (Krägenau/Wetter 1993, S. 146-157). Die Struktur der neuen EZB ähnelt der Bank deutscher Länder: Es gibt eine regionale Struktur von Länder-Zentralbanken und die EZB selbst, die zusammen das „europäische System der Zentralbanken" bilden, den EZB-Rat und das Direktorium. Der EZB-Rat besteht aus den Mitgliedern des Direktoriums des EZB und den Präsidenten der nationalen Zentralbanken, das Direktorium besteht wiederum aus dem Präsidenten, dem Vizepräsidenten und vier weiteren benannten Mitgliedern. Im EZB-Rat hat jedes Mitglied eine Stimme, bei Stimmengleichheit gibt die Stimme des Präsidenten den Ausschlag. Die Ratssitzungen sind nicht öffentlich, es besteht keine Pflicht zur Information der Öffentlichkeit über die Ergebnisse von Beratungen. Das Direktorium der EZB ist der organisatorische Kern der EZB (detailliert dazu: Weinert 2000). Das „vorrangige Ziel" der EZB ist die Sicherstellung der Geldwertstabilität, die Unterstützung der Wirtschaftspolitik der Kommission erfolgt nur, insoweit die Preisstabilität nicht gefährdet wird. Die Abgrenzung des Geltungskontextes „Geldwertstabilität" ist schärfer ausgefallen als in den nationalen Gesetzen (Goodhart 1995, S. 305). Offenheit und Vagheit des Aufgabenprogramms von Zentralbanken finden wir zwar schon in den einschlägigen Gesetzen zur Federal Reserve Bank oder der Bundesbank. Die Besonderheit auf europäischer Ebene besteht in dem Fehlen jener kollektiver Akteure, die in den nationalstaatlichen Vorläufern gewissermaßen die genuinen Gegenspieler der Zentralbanken sind: die Regierung, das Parlament und mächtige intermediäre Organisationen, vor allem die Gewerkschaften. Aber auf europäischer Ebene gibt es keine Regierung (und damit auch keinen Finanzminister), während der Kommission eine Intervention bei der EZB rechtlich untersagt ist. Das Europäische Parlament ist in seinen Befugnissen schwach und Gewerkschaften spielen auf der Ebene der europäischen Politik noch kaum eine Rolle. So entstand eine politische und ökonomische

Machtasymmetrie zugunsten der suprastaatlichen Zentralbank, die das Charakteristikum des europäischen Institutionensystems nach Maastricht ausmacht.

Einige (unvollständige) Konklusionen

Abschließend sollen einige zentralen Ergebnisse des Beitrages thesenhaft zugespitzt werden:

1. Die Emergenz von Zentralbanken (in unserem heutigen Verständnis) beginnt Ende des neunzehnten Jahrhunderts, ihr Aufstieg zu einflussreichen politischen Institutionen setzt mit der Gründung der amerikanischen Federal Reserve Bank im Jahre 1913 ein.
2. Für den Ausdifferenzierungsprozess von Geldpolitik scheint folgender Zusammenhang zuzutreffen: Je älter die Zentralbanken, desto 'kryptischer' und heterogener die institutionellen Handlungsorientierungen; je die jünger Zentralbankgründungen bzw. die Veränderung von Zentralbankgesetzen, desto eindeutiger die Ausdifferenzierung zugunsten einer Handlungsmaxime: der Geldwertstabilität. Die Ausdifferenzierung scheint ihrerseits mit der zunehmenden ökonomischen wie politischen Bedeutung und Durchsetzungsfähigkeit geldpolitischer Interessen (des Finanzkapitals) und der *financial and banking community* zusammenzuhängen.
3. Trotz der Ausdifferenzierung von Geldpolitik bleiben die Organisationsformen und Zuständigkeiten von Zentralbanken bis Mitte des zwanzigsten Jahrhunderts heterogen (private Institute, staatlich abhängige Notenbanken oder unabhängige Zentralbanken), sie orientieren sich primär an den Strukturen der nationalen politischen Systeme. Das ändert sich ab den Achtzigerjahren im Zuge der umfassenden Deregulierungen der Finanz- und Kapitalmärkte (zunächst in den USA und England) und gipfelt in der Gründung der EZB als erster suprastaatlichen Zentralbank. In deren Folge geht eine Reihe von Ländern dazu über, ihre Zentralbanken stärker zu autonomisieren (u.a. England). Die EZB induziert eine internationale Homogenisierung von Zentralbank-Strukturen.
4. Der Autonomisierungsprozess der Zentralbanken führt zu einer Machtverschiebung innerhalb bestehender institutioneller Arrangements: Durch einen erfolgreichen Pakt mit der *financial and banking community* und den politischen Parteien steigern Zentralbanken ihre politischen Durchsetzungschancen, während parallel die Machtressourcen vor allem der Gewerkschaften (insbesondere ab den Siebzigerjahren) schrumpfen.
5. Die Durchsetzungsfähigkeit von Zentralbanken wird durch die Zentralisierung der Kompetenzen und eine organisationsstrukturelle Hierarchisierung zugunsten des Zentralbank-Präsidenten erleichtert.

6. Die Konfliktstrukturen bleiben uneinheitlich. Grundsätzlich scheint folgender Zusammenhang zuzutreffen: Ist der Grad der Autonomie der Zentralbank hoch, ist auch die Konflikthäufigkeit hoch, sei es zwischen Zentralbank und Regierung bzw. Parlament (Deutschland und die USA); ist der Grad der Autonomie der Zentralbank niedrig (England, Frankreich, Italien), ist die Konflikthäufigkeit zwischen Zentralbank und Regierung geringer, da das Letztentscheidungsrecht bei der Regierung liegt, was konfliktreduzierend wirkt.
7. Mit dem Ende der Nachkriegsordnung von Bretton Woods im Jahre 1973 geht die Bundesbank als erste Zentralbank im Jahre 1974 zur Festlegung von Geldmengenzielen über. Bis 1976 folgen fast alle wichtigen Zentralbanken der westlichen Gesellschaften diesem Beispiel. Die Zentralbanken bereiten durch diesen Schritt der Nachkriegsordnung in den westlichen Gesellschaften ein Ende, indem sie die komplexe Zielhierarchie zu Lasten von Wirtschaftswachstum und Vollbeschäftigung und zugunsten von Geldwertstabilität auflösen. Dadurch verschärfen sich in den westeuropäischen Gesellschaften Wachstumsschwäche und Arbeitslosigkeit.
8. Ebenfalls ab den Siebzigerjahren intensiviert sich die Internationalisierung der Zentralbank-Kooperation, die über die Baseler Bank für internationale Zusammenarbeit abgewickelt wird und zur Formulierung von Mindeststandards auf den internationalen Finanz- und Kapitalmärkten (Eigenkapitalvereinbarung) führt. Diese Kooperation befördert die Bildung einer oligarchisierten *community of central bankers* auf transnationaler Ebene.
9. Die geldhistorische Entwicklung von Münz-, über Papier- zum Kreditgeld hatte immer auch politische und funktionelle Veränderungen von Zentralbanken – und durchweg deren Machtsteigerung – zur Folge. Am Anfang des einundzwanzigsten Jahrhundert befinden wir uns bereits jenseits dieser herkömmlichen Einteilung in der Phase des „virtuellen Geldes". Durch Internet-Handel und E-Commerce wird die Digitalisierung des Wirtschaftsverkehrs möglich. Diese Entwicklung wird zur Verbreitung virtueller Geldformen führen, woraus für die Zentralbanken völlig neue Probleme der Kontrolle der Geldmenge erwachsen werden. Wenn diese Vermutung zutrifft, dann dürfte die Machtsteigerung der Zentralbanken und die quasi-religiöse Überhöhung ihres Handelns weiter zunehmen. Mit der Virtualisierung des Geldes steht zu befürchten, dass diejenigen Autoren Recht behalten, die *central bankers* schon heute als Geld-Götter der Postmoderne betrachten, die aus ihren Geld-Tempeln die Geschicke der Gesellschaften bestimmen. Zentralbanken transformieren sich von politischen zu quasi-religiösen Institutionen.

Literatur

Baecker, Dirk, 1991: Womit handeln Banken? Eine Untersuchung zur Risikoverarbeitung in der Wirtschaft, Frankfurt a.M.: Suhrkamp.
Beck, Nathaniel, 1990: Congress and the Fed: why the dog does not bark in the night, in: Thomas Mayer (Hrsg.), The political economy of American monetary policy, Cambridge: Cambridge University Press, S. 131-150.
Beckert, Jens, 1997: Grenzen des Marktes. Die sozialen Grundlagen wirtschaftlicher Effizienz, Frankfurt a.M.: Campus.
Bendix, Reinhard, 1980: Könige oder Volk. Machtausübung und Herrschaftsmandat, Frankfurt a.M.: Suhrkamp.
BIS, 2000: History of the Basel Committee and its Membership, zit. n.: http://www.bis.org.
BIS, 2001: BIS History, zit. n.:. http://www.bis.org.
Bonin, Konrad v., 1979: Zentralbanken zwischen funktioneller Unabhängigkeit und politischer Autonomie, Baden-Baden: Nomos.
Borchardt, Knut, 1976: Währung und Wirtschaft, in: Deutsche Bundesbank (Hrsg.), Währung und Wirtschaft in Deutschland 1876-1975, Frankfurt a.M.: Verlag Knapp, S. 3-55.
Brown, Gordon, 1997: The New Monetary policy, zit. n.: http://www.hm-treasury.gov.uk.
Cairncross, Alec, 1988: The Bank of England: Relationships with the Government, the Civil Service, and Parliament, in: Gianni Toniolo (Hrsg.), Central Banks' Independence in Historical Perspective, Berlin/New York: de Gruyter, S. 39-72.
Collins, Michael, 1993: Central Banking in History, Volume I: Central Bank Functions, Aldershot: Edward Elgar.
Dahrendorf, Ralf, 1973: Plädoyer für die Europäische Union, München: Piper.
Davis, Glyn, 1994: A History of Money. From Ancient Times to the Present Day, Cardiff: University of Wales Press.
Deutsche Bundesbank (Hrsg.), 1976: Währung und Wirtschaft in Deutschland 1876-1975, Frankfurt a.M.: Verlag Knapp.
Deutschmann, Christoph, 1999: Die Verheißung des absoluten Reichtums. Zur religiösen Natur des Kapitalismus, Frankfurt a.M.: Campus.
Dodd, Nigel, 1994: The Sociology of Money. Economics, Reason and Contemporary Society, Cambridge: Polity Press.
Dormael, Armand van, 1978: Bretton Woods. Birth of a Monetary System, New York: Holmes and Meier Publ.
Emminger, Otmar, 1986: D-Mark, Dollar Währungskrisen. Erinnerungen eines ehemaligen Bundesbankpräsidenten, Stuttgart: DVA.
Epstein, Gerald A. und Juliet B. Schor, 1990: Macropolicy in the Rise and Fall of the Golden Age, in: Stephen A. Margin und Juliet B. Schor (Hrsg.), The Golden Age of Capitalism, Oxford: Clarendon, S. 126-152.
Epstein, Gerald A. und Juliet B. Schor, 1995: The Federal Reserve-Treasury Accord and the Construction of the Postwar Monetary Regime in the United States, in: Social Concept 7, S. 7-48.
Erkel, Stephan, 1997: Die Geldpolitik der Deutschen Bundesbank seit Einführung des Geldmengenziels. Eine empirische Untersuchung mit Methoden der Zeitreihen- und Kointegrationsanalyse, Lohmar/Köln: Josef Eul Verlag.
Esser, Hartmut, 1999: Soziologie. Allgemeine Grundlagen, Frankfurt a.M.: Campus.
Eynern, Gert v., 1957: Die Unabhängigkeit der Notenbank, Berlin: Colloquium Verlag.
EZB, 2000: Jahresbericht 1999, Frankfurt a.M.: EZB.
EZB, 2001: Monatsbericht Mai 2001.
Friedman, Milton und Anna J. Schwartz, 1963: A Monetary History of the United States 1867-1960, Princeton: Princeton University Press.
Ganßmann, Heiner, 1996: Geld und Arbeit, Frankfurt a.M.: Campus.

Gilles, Franz-O., 1990: Zwischen Autonomie und Heteronomie, in: Hajo Riese und Hans-Peter Spahn (Hrsg.), Geldpolitik und ökonomische Entwicklung, Regensburg: transfer Verlag, S. 219-228.
Gilles, Franz-O. und Gerhard Otto, 1989: Die Seriösität des schönen Scheins, in: Theo Pirker (Hrsg.), Autonomie und Kontrolle. Beiträge zur Soziologie des Finanz- und Steuerstaates, Berlin: Schelzky & Jeep, S. 155-173.
Göhler, Gerhard, 1997: Wie verändern sich Institutionen? Revolutionärer und schleichender Institutionenwandel, in: Gerhard Göhler (Hrsg.), Institutionenwandel. Sonderheft 16 des Leviathan, Opladen: Westdeutscher Verlag, S. 21-56.
Goodhart, Charles, 1985: The Evolution of Central Banks, London: Macmillan.
Goodhart, Charles, 1995: A European Central Bank, in: Charles Goodhart, The Central-Bank and The Financial System, London: Macmillan, S. 304-329.
Goodman, John B., 1991: The Politics of Central Bank Independence, in: Comparative Politics 23, S. 329-349.
Goodman, John B., 1992: Monetary Sovereignty. The Politics of Central Banking in Western Europe. Independence, Ithaca/London: Cornell University Press.
Greider, William, 1989: Secrets of the temple: how the federal reserve runs the country, New York: Simon & Schuster.
Hall, Peter, 1994: Central Bank Independence ans Coordinated Wage Bargaining: Their Interaction in Germany and Europe, in: German Politics & Society 31, S. 1-23.
Hall, Peter A. und Robert J. Franzese, 1998: Mixed Signals: Central Bank Independence, Coordinated Wage Bargaining, and European Monetary Union, in: International Organization 52, S. 505-535.
Helleiner, Eric, 1994: States and the Reemergence of Global Finance. From Bretton Woods to the 1990s, Ithaca/London: Cornell University Press.
Holtfrerich, Carl-Ludwig, 1988: Relations between Monetary Authorities and Governmental Institutions: The Case of Germany from the 19th Century to the Present, in: Gianni Toniolo (Hrsg.), Central Banks' Independence in Historical Perspective, Berlin/New York: de Gruyter, S. 105-160.
Holtfrerich, Carl-Ludwig, Jamie Reis und Gianni Toniolo (Hrsg.), 1999: The emergence of modern central banking from 1928 to the present, Aldershot: Edward Elgar.
Horstmann, Theo, 1989: Kontinuität und Wandel im deutschen Notenbanksystem, in: Theo Pirker (Hrsg.), Autonomie und Kontrolle, Berlin: SchelzkyJeep, S. 135-154.
Houtman-De Smedt, Helma und Hermann van der Wee, 1993: Die Entstehung des modernen Geld- und Finanzwesens Europas in der Neuzeit, in: Hans Pohl (Hrsg.), Europäische Bankengeschichte, Frankfurt a.M.: Fritz Knapp Verlag, S. 75-173.
Kaiser, Rolf H., 1980: Bundesbankautonomie – Möglichkeiten und Grenzen einer unabhängigen Politik, Frankfurt a.M.: Rita G. Fischer Verlag.
Kaltenthaler, Karl, 1996: The Restructuring of the German Bundesbank: The Politics of Institutional Change, in: German Politics & Society 14, S. 23-48.
Kennedy, Ellen, 1991: The Bundesbank: Germany's Central Bank in the International Monetary System, London: Pinter Publ.
Kettl, Donald F., 1986: Leadership at the Fed, New Haven/London: Yale University Press.
Kindleberger, Charles P., 1973: Die Weltwirtschaftskrise 1929-1939, München: dtv.
Kindleberger, Charles P., 1984: A Financial History of Western Europe, London: George Allen&Unwin Publ.
Krägenau, Henry und Wolfgang Wetter, 1993: Europäische Wirtschafts- und Währungsunion. Vom Werner-Plan zum Vertrag von Maastricht, Baden-Baden: Nomos.
Krugman, Paul, 1999: Die Große Rezession. Was zu tun ist, damit die Weltwirtschaft nicht kippt, Frankfurt a.M.: Campus.
Leaman, Jeremy, 2001: The Bundesbank Myth. Towards a Critique of Central Bank Independence, Houndsmills/New York: Palgrave.

Lepsius, M. Rainer, 1995: Institutionenanalyse und Institutionenpolitik, in: Birgitta Nedelmann (Hrsg.): Politische Institutionen im Wandel. Sonderheft der Kölner Zeitschrift für Soziologie und Sozialpsychologie Nr. 35, Opladen: Westdeutscher Verlag, S. 392-403.
Lepsius, M. Rainer, 1997: Institutionalisierung und Deinstitutionalisierung von Rationalitätskriterien, in: Gerhard Göhler (Hrsg.), Institutionenwandel. Sonderheft Leviathan Nr. 16, Opladen: Westdeutscher Verlag, S. 57-69.
Luhmann, Niklas, 1989: Die Wirtschaft der Gesellschaft, Frankfurt a.M.: Suhrkamp.
Marsh, David, 1992: Die Bundesbank. Geschäfte mit der Macht, München: C. Bertelsmann Verlag.
Mommsen, Hans, 1990: Die verspielte Freiheit. Der Weg der Republik von Weimar in den Untergang 1918 bis 1933, Frankfurt a.M./Berlin: Propyläen.
Moore, Carl H., 1990: The Federal Reserve System. A History of the First 75 Years, Jefferson, NC: McFarland&Company.
Mooslechner, Peter, 1993: Die Zentralbank als politische Institution – Im Spannungsfeld politischer Un/Abhängigkeit, finanzieller In/Stabilität und in/aktiver Wirtschaftspolitik, in: Hajo Riese und Heinz-Peter Spahn (Hrsg.): Geldpolitik und ökonomische Entwicklung. Ein Symposion, Regensburg: transfer verlag, S. 229-240.
Moran, Michael, 1986: The Politics of Baking. The Strange Case of Competition and Credit Control, London: Macmillan Press Ltd.
Moran, Michael, 1991: The Politics of the Financial Services Revolution. The USA, UK and Japan, London: Macmillan Press Ltd.
Morris, Irvin L., 2000: Congress, the President, and the Federal Reserve. The Politics of American Monetary Policy-Making, Ann Arbor: The University of Michigan Press.
Muchlinski, Elke, 2001: Die Fed im Kontext der Transparency-Debatte. Diskussionsbeiträge des Fachbereichs Wirtschaftswissenschaft der FU Berlin.
Nedelmann, Birgitta, 1999: Prozesse der Institutionalisierung und Deinstitutionalisierung in der Politik, in: Hermann Schwengel (Hrsg.), Grenzenlose Gesellschaft? 29. Kongress der Deutschen Gesellschaft für Soziologie in Freiburg im Breisgau 1998. Band II/2 Ad-hoc-Gruppen, Foren, Pfaffenweiler: Centaurus-Verlagsgesellschaft, S. 217-220.
North, Michael, 1994: Das Geld und seine Geschichte. Vom Mittelalter bis zu Gegenwart, München: C.H. Beck'sche Verlagsbuchhandlung.
Offe, Claus, 1996: Designing Institutions in East European Transitions, in: Robert E. Goodin (Hrsg.), Theory of Institutional Design, Cambridge: Cambridge University Press, S. 199-226.
Paprotzki, Maria, 1991: Die geldpolitischen Konzeptionen der Bank von England und der Deutschen Bundesbank. Eine Analyse über den Einfluß des monetarischen Paradigmas, Frankfurt a.M.: Peter Lang Verlag.
Patrick, Sue C., 1993, Reform of the Federal Reserve System in the Early 1930s. The Politics of Money and Banking, Ney York/London: Garland Publ.
Pierce, James L., 1990: The Federal Reserve as a political power, in: Thomas Mayer (Hrsg.), The political economy of American monetary policy, Cambridge: Cambridge University Press, S. 151-164.
Powell, Walter W. und Paul J. DiMaggio (Hrsg.), 1991: The New Institutionalism in Organizational Analysis, Chicago: University of Chicago Press.
Rehberg, Karl-Siegbert, 1997: Institutionenwandel und Funktionsveränderung des Symbolischen, in: Gerhard Göhler (Hrsg.), Institutionenwandel. Sonderheft Leviathan Nr. 16, Opladen: Westdeutscher Verlag, S. 94-120.
Reich, Robert B., 1997: Locked in the Cabinet, New York: Alfred A. Knopf.
Robert, Rüdiger, 1978: Die Unabhängigkeit der Bundesbank, Kronberg/Ts.: Athenäum Verlag.
Ross, George, 1998: European Integration and Globalization, in: Roland Axtman (Hrsg.), Globalization and Europe. Theoretical and Emipirical Investigations, London: Pinter, S. 164-183.
Sayers, R.S., 1958: Modern Banking, Oxford: Clarendon Press.

Sayers, R.S., 1968: Banking, Central, in: International Encyclopedia of the Social Sciences, Vol. 2, New York: Mamillan Comp&The Free Press, S. 1-10.
Schelkle, Waltraud, 1997: Kann eine Zentralbank zu unabhängig sein? Die Politik der Bundesbank, in: Matthias Möhring-Hesse, Bernhard Emunds und Wolfgang Schroeder (Hrsg.), Wohlstand trotz alledem. Alternativen zur Standortpolitik, München: Knaur, S. 242-261.
Schulmeister, Stephan, 1997: Die Bundesbank: Hüter der Stabilität oder des Finanzkapitals?, in: Kursbuch, Heft 130, S. 55-71.
Sturm, Roland, 1990: Die Politik der Deutschen Bundesbank, in: Klaus von Beyme und Manfred G. Schmidt (Hrsg.), Politik in der Bundesrepublik Deutschland, Opladen: Westdeutscher Verlag, S. 255-282.
Sylla, Richard, 1988: The Autnonomy of Monetary Authorities: The Case of the U.S. Federal Reserve System, in: Gianni Toniolo (Hrsg.), Central Banks' Independence in Historical Perspective, Berlin/New York: de Gruyter, S. 17-38.
Thomasberger, Claus, 1993: Europäische Währungsintegration und globale Währungskonkurrenz, Tübingen: J.C.B. Mohr.
Timberlake, Richard H., 1978: The Origins of Central Banking in the United States, Cambridge, MA/London: Harvard University Press.
Timberlake, Richard H., 1998: Gold Standard Policy and Limited Government, in: Kevin Wood und Richard H. Timberlake, (Hrsg.), Money and the Nation State. The Financial Revolution, Government and the World Monetary Systems, New Brunswick/London: Transaction Publ., S. 167-191.
Tietmeyer, Hans, 1996: Währungsstabilität für Europa, Baden-Baden: Nomos.
Underhill, Geoffrey R.D., 1997: Private Markets and Public Responsibility in a Global System: Conflict and Co-operation in Transnational Banking and Securities Regulation, in: Geoffrey R.D. Underhill (Hrsg.), The New World Order in International Finance, New York: St. Martin's Press: S. 17-49.
Veit, Otto, 1966: Zentralbankpolitik, in: Handwörterbuch der Sozialwissenschaften, zwölfter Band, Stuttgart/Tübingen: J.C.B. Mohr, S. 423-434.
Wandel, Eckard, 1980: Die Entstehung der Bank deutscher Länder und die deutsche Währungsreform 1948, Frankfurt a.M.: Verlag Knapp.
Weber, Max, 1976: Wirtschaft und Gesellschaft, 5. rev. Aufl., Tübingen: J.C.B. Mohr.
Weimer, Wolfram, 1992: Geschichte des Geldes. Eine Chronik mit Texten und Bildern, Frankfurt a.M./Leipzig: Insel Verlag.
Weinert, Rainer, 1999: Ideologie, Autonomie und institutionelle Aura. Zur Politischen Soziologie von Zentralbanken, in: Kölner Zeitschrift für Soziologie und Sozialpsychologie 51, S. 339-363.
Weinert, Rainer, 2000: Voluntarismus, Oligarchisierung und institutionelle Entkopplung. Institutionenbildung und Institutionenpolitik der Europäischen Zentralbank, in: Maurizio Bach (Hrsg.), Europäisierung nationaler Gesellschaften. Sonderheft 40 der Kölner Zeitschrift für Soziologie und Sozialpsychologie, Opladen: Westdeutscher Verlag, S. 68-92.
Weinert, Rainer, 2000a: Politische Institutionen, in: Soziologie 2000. Sonderheft 5 der Soziologischen Revue, S. 196-206.
Weinert, Rainer, 2001: Zwangs-Europäisierung europäischer Nationalgewerkschaften, in: Soziale Welt 52, S. 323-339.
Wildenmann, Rudolf, 1969: Die Rolle des Bundesverfassungsgerichts und der Deutschen Bundesbank in der politischen Willensbildung, Stuttgart: Kohlhammer.
Wood, Kevin und Richard H. Timberlake, 1998: Introduction, in: Dies. (Hrsg.), Money and the Nation State. The Financial Revolution, Government and the World Monetary Systems, New Brunswick/London: Transaction Publ., S. 1-19.
Woolley, John T., 1984: Monetary Politics. The Federal Reserve and the Politics of Monetary Policy, Cambridge: Cambridge University Press.

Mathias Binswanger

Spekulative Blasen und ihre Bedeutung in hochentwickelten Industrieländern

Der Börsenboom der 80er und 90er Jahre als spekulative Blase?

Von Beginn der 80er Jahre bis ins Jahr 2000 boomten die Börsen in den USA, aber auch in den meisten westeuropäischen Ländern und nach wie vor sind die Aktienkurse auf einem im historischen Vergleich hohen Niveau. Kein Wunder, dass insbesondere seit dem Zusammenbruch der Technologiewerte immer wieder die Frage auftauchte: Haben die Börsenkurse eigentlich noch etwas mit der realen Wirtschaft zu tun?

Um diese Frage zu klären, gilt es zunächst einmal zu untersuchen, ob die heutigen Börsenkurse tatsächlich durch spekulative Blasen in die Höhe katapultiert wurden. Von einer spekulativen Blase spricht man, wenn sich die Höhe des Börsenkurses nicht mehr mit Gewinnerwartungen bei den Unternehmen begründen lässt. In diesem Fall lassen sich die Börsenkurse gedanklich in zwei Komponenten zergliedern: erstens den Fundamentalwert und zweitens die spekulative Blase. Im Gegensatz zum Fundamentalwert ist die Entwicklung der spekulativen Blase nicht von den Gewinnerwartungen und damit der realwirtschaftlichen Entwicklung abhängig. Die Blase lebt einzig und allein vom Glauben der Investoren, die Aktien stets zu einem noch höheren Kurs wieder verkaufen zu können. Und wenn alle das glauben, dann finden sich auch stets neue Investoren, welche bereit sind, die Aktien zu einem noch höheren Kurs zu erwerben, was der Blase ein stetiges Wachstum beschert. Verlieren die Investoren allerdings ihren Glauben, dann kommt es zum Crash und die Börsenkurse schrumpfen wieder auf ihre Fundamentalwerte.

In der Praxis ist es allerdings nicht leicht zu entscheiden, ob Börsenkurse tatsächlich eine Blase enthalten. Betrachten wir einmal die amerikanische Börse, wo fast die Hälfte des gesamten Aktienkapitals der Welt investiert ist, dann stellten sich im Jahr 2000 folgende Fragen: Haben sich die Gewinnaussichten der großen Konzerne in den 90er Jahren dermaßen verbessert, dass sich damit eine Vervierfachung des Dow Jones Industrial Index seit 1989 begründen lässt? Hatte die technologische Entwicklung so rasante Fortschritte gemacht, dass damit die Verzehnfachung des technologielastigen Nasdaq Composite Index während der 90er Jahre erklärt werden konnte? Und befinden sich traditionelle Börsenkennziffern wie Kurs-Gewinn-Verhältnisse und Kurs-Dividenden-Verhältnisse auf historischen Höchstständen, weil die zukünftigen Gewinne, die sich im gegenwärtigen Kurs widerspiegeln, viel höher sein werden als die gegenwärtigen Gewinne? Wenn solche Fragen vorbehaltlos mit ja beantwortet werden könnten, dann gäbe es keine spekulativen Blasen und die Börsenkurse wären jederzeit fundamental gerechtfertigt.

Insbesondere bei Banken und anderen Finanzdienstleistern fanden sich zumindest bis vor kurzem optimistische Experten, welche davon ausgingen, dass die Kurse tatsächlich fundamental gerechtfertigt sind. Das erstaunt nicht weiter, denn ein erwarteter zukünftiger Kursanstieg aufgrund wirtschaftlicher Stärke kommt als Verkaufsargument für Aktienfonds einfach besser an als eine spekulative Blase. Denn die könnte ja platzen, und das wirkt sich auf potenzielle Anleger abschreckend aus. Im Wesentlichen führen die Optimisten drei Argumente ins Feld, weshalb die Kurse nicht überhöht seien. Erstens, und das war bis vor kurzem das wichtigste Argument, zeichne sich der Übergang zu einer „New Economy" ab, in der die Produktivität der Wirtschaft in bisher nie gekanntem Maß zunehme. Ursache seien die neuen Informationstechnologien und das Internet, die uns Dinge wie E-Commerce, E-Banking, E-Books und zuletzt auch virtuelle Unternehmen bescheren. Der Anstieg der Börsenkurse seit den 80er Jahren, insbesondere bei den Technologiewerten, wäre dann nur eine Vorwegnahme der großartigen wirtschaftlichen Zukunft, die uns erwartet. Daran glaubt heute jedoch kaum noch jemand.

Als Zweites argumentieren die Blasenverneiner auch mit den Risikoprämien an der Börse. Anleger erkennen zunehmend, so lautet die Argumentation, dass bei langfristiger Betrachtung Aktienanlagen gar nicht viel riskanter sind als Anlagen in staatliche Obligationen (in den USA: Treasury Bonds). Die Anlieger hätten demnach bisher das Risiko an der Börse „irrational" überschätzt, was dazu führte, dass die Kurse in der Vergangenheit zu tief waren. Denn die Höhe der Risikoprämie entscheidet, wie stark die zukünftigen erwarteten Gewinne abdiskontiert werden und damit über die Höhe des Börsenkurses. So erzielte man in den USA im Zeitraum von 1946 bis 1997 an der Börse im Durchschnitt eine reale Rendite von 7.5 Prozent während Bonds lächerliche 1.1 Prozent abwarfen, obwohl sich die Risiken der Anlagen kaum unterschieden. Seit den 80er Jahren seien die Anleger jedoch zunehmend vernünftiger geworden und hätten die Risikoprämien der Realität angepasst, so dass die Börsenkurse jetzt endlich den „richtigen" Fundamentalwerten entsprächen.

Und schließlich gibt es noch ein drittes Argument, welches insbesondere die Rekordhöhe des Kurs-Dividenden-Verhältnisses erklären soll. Unternehmen würden es vermehrt vorziehen, so heißt es, die Aktionäre nicht über die Auszahlung von Dividenden, sondern durch den Rückkauf eigener Aktien am erwirtschafteten Gewinn partizipieren zu lassen. Der Grund dafür sei in erster Linie bei der relativ starken Besteuerung von Dividenden zu suchen, was Aktienrückkäufe vorteilhafter macht. Und als angenehmer Nebeneffekt würden die Börsenkurse durch Aktienrückkäufe noch zusätzlich in die Höhe getrieben.

Was ist von diesen Argumenten zu halten? Das zuletzt erwähnte Argument reicht als Erklärung sicher nicht aus, denn selbst wenn man die veränderte Auszahlungspolitik der Unternehmen mit einbezieht, bleibt das Kurs-Dividenden-Verhältnis auf Rekordhöhe. Das erste und zweite Argument hingegen lässt sich unmittelbar weder beweisen noch widerlegen. Fundamentalwerte lassen sich nicht beobachten, sondern hängen von den Erwartungen der Investoren über die wirtschaftliche Zukunft ab. Für Technofreaks, die an ein zukünftiges Informationstechnologie-Paradies glauben, waren die Kurse der Technologieaktien keineswegs überhöht, während kritischere Geister das als eine reine Illusion abtaten. Die zur Verfügung stehenden Informationen über die zukünftige Wirtschaftsentwicklung lassen sich eben ganz unterschiedlich interpretieren und so ergeben sich für „Bullen" andere Fundamentalwerte als für „Bären". Das gilt auch für die Risikoprämien, da das zukünftige Risiko von Aktienanlagen nicht von allen Anlegern gleich eingeschätzt wird, obwohl sie alle dieselben Informationen zur Verfügung haben.

Bei den Old Economy-Unternehmen war es zumindest noch ansatzweise möglich, sich eine auf Fakten basierende Meinung darüber zu bilden, was der fundamental gerechtfertigte Kurs ist. Die zukünftigen Verkaufszahlen der entsprechenden Produkte ließen sich einigermaßen abschätzen und damit auch die Cash Flows bzw. Dividenden, aus denen sich der fundamental richtige Aktienkurs ableiten lässt. Bei New Economy-Unternehmen hingegen ist der Begriff „fundamental" zu einer leeren Worthülse geworden. Diese Unternehmen und ihre Produkte sind nur noch schwer erfassbare Gebilde, für deren „richtige" Aktienkurse sich kein vernünftiger Maßstab mehr angeben lässt. Bei den traditionelleren New Economy-Unternehmen wie zum Beispiel Amazon.com werden zwar noch althergebrachte Produkte (in diesem Fall Bücher) über das Internet verkauft, doch bei vielen „New Economy"-Unternehmen sind auch die Produkte virtueller Natur.

Nehmen wir als Beispiel die in Boston ansässige Firma Artificial Life, die 1994 gegründet wurde und seit 1998 nach einem IPO (erstmalige Kotierung an der Börse) an der Nasdaq gehandelt wird. Die geplanten Produkte, welche in Zukunft verkauft werden sollen, heißen etwa User-Interface-Bots oder Spiderbots. Für diejenigen, die sich unter diesen Begriffen nichts vorstellen können: Bots sind intelligente Software-Roboter, die natürliche Sprache verarbeiten können und die Schnittstelle zwischen Mensch und Computer optimieren, indem sie die Navigation im Internet erleichtern. Zum Beispiel durchsuchen sie von sich aus das Internet nach bestimmten Informationen und teilen die Ergebnisse dann dem Benutzer mit. Gemäß der Vision von Artifical Life werden die Software-Roboter in Zukunft die direkte Kommunikation des Benutzers mit dem Internet ersetzen und eine Investition in Artifical Life wäre deshalb längerfristig ungeheuer Erfolg versprechend, obwohl bis zum 3. Quartal 2001 ausschließlich Verluste eingefahren wurden und die Gewinnzone nur durch eine gewaltige Redimensionierung der Unternehmenstätigkeit erreicht werden konnte. Ist die von Artifical Life selbst stammende Zukunftsvision also gerechtfertigt? Auch Spezialisten können darauf keine fundamental gesicherte Antwort geben.

Müssen wir also die Frage, ob wir es mit einer spekulativen Blase zu tun haben, offenlassen? Nicht ganz. Denn wenn ein Aktienkurs seinem Fundamentalwert entspricht, müsste er in einem bestimmten Zusammenhang zur realwirtschaftlichen Entwicklung stehen, der sich empirisch überprüfen lässt. Das lässt sich an folgendem Beispiel verdeutlichen. Wird bekannt, dass der Schweizer Pharma-Konzern Novartis (es könnte auch Roche sein) die Entwicklung eines neuen Erfolg versprechenden Medikaments plant, und dass die bisherigen Tests zu Optimismus Anlass geben, dann wirkt sich das unmittelbar nach Bekanntwerden der Nachricht positiv auf den Aktienkurs der Novartis AG aus. Es wird aber ziemlich Zeit vergehen, bis das Medikament tatsächlich produziert, auf den Markt gebracht und verkauft worden ist und die Produktions- und Verkaufszahlen bzw. die Gewinne bei Novartis effektiv steigen. Der sofort gestiegene Aktienkurs von Novartis läuft dann der „realwirtschaftlichen Entwicklung" des Novartis-Konzerns voraus. Das gilt aber nicht nur für Novartis, sondern für alle Aktiengesellschaften eines Landes, weshalb auf gesamtwirtschaftlicher Ebene die Börsenkurse (ausgedrückt durch einen Aktienindex) ein der realwirtschaftlichen Entwicklung vorauslaufender Indikator sein sollten, solange die Börsenkurse durch die Fundamentalwerte der Aktiengesellschaften bestimmt sind. Oder genauer ausgedrückt: Schwankungen der Wachstumsraten des Bruttoinlandprodukts oder der industriellen Produktion müssen mit vergangenen Schwankungen der Aktienrenditen korrelieren

Und tatsächlich haben sie das bis vor kurzem auch getan. So haben langfristige Analysen bestätigt, dass die Börse sowohl in den USA als auch in Europa und Japan seit den 50er Jahren der realwirtschaftlichen Entwicklung stets vorausgelaufen ist (Choi et al. 1999; Fama 1990; Schwert 1990). Wie eigene Untersuchungen zu diesem Thema vermuten lassen, ist damit aber seit den frühen 80er Jahren Schluss (Binswanger 1996b, 1999, 2000, 2001). Seither können weder die Schwankungen der Wachstumsrate des Bruttoinlandprodukts noch die Schwankungen der Wachstumsrate der industriellen Produktion mit der Börsenentwicklung in Zusammenhang gebracht werden. Dieses Ergebnis gibt uns einen Hinweis darauf, dass die heutigen Börsenkurse wohl von spekulativen Blasen dominiert werden und tatsächlich ihren Fundamentalwert übersteigen.

Spekulative Blasen einst und jetzt

Was bedeutet das nun für die Zukunft der Börse? Schauen wir zunächst einmal, ob wir etwas aus der Geschichte lernen können, und werfen einen Blick zurück auf einige historische Blasenepisoden. Und tatsächlich lässt sich eine große Gemeinsamkeit erkennen: alle früheren Blasen sind spätestens nach einigen Jahren geplatzt. Eine bittere Erfahrung, die viele Spekulanten über mehrere Jahrhunderte hinweg machen mussten. Pioniere auf diesem Gebiet waren die Holländer im Amsterdam der 40er Jahre des 17. Jahrhunderts. Dort entzündete sich das Spekulationsfieber an einigen neu aus dem vorderen Orient importierten seltenen Tulpenzwiebeln, die innerhalb kurzer Zeit zu reinen Spekulationsobjekten wurden. Zwiebeln, die bis dahin kaum einen Wert besaßen, waren im Jahre 1636 plötzlich soviel wert wie „ein neuer Wagen, zwei Pferde und noch das Geschirr dazu". Bereits ein Jahr später endete die „Tulpenmanie" mit einem Crash, denn die Tulpenzwiebelinvestoren hatten ihren Glauben an stets steigende Tulpenzwiebelpreise verloren. Die Blase war geplatzt und der Preis der Tulpenzwiebeln entsprach wieder ihrem Fundamentalwert, der bekanntlich nicht allzu hoch ist. An der holländischen Wirtschaft ging der Crash auch nicht spurlos vorbei, denn viele Spekulanten hatten die Zwiebeln auf Kredit gekauft und konnten diesen anschließend nicht mehr zurück zahlen, da sie bankrott waren. Alles Phänomene wie man sie auch aus späteren Blasenepisoden kennt. Erwähnt seien hier nur die berühmtesten Beispiele: das Platzen des Mississippi-Bubble in Paris im Jahre 1720, das Auffliegen des „Südseeschwindels" in London im Jahre 1720, bei dem Sir Isaac Newton den größten Teil seines Vermögens verlor, der Börsencrash in New York im Jahre 1929, der Zusammenbruch der Japanischen Börsenkurse im Jahre 1990, der Einbruch der Börsenkurse in den südostasiatischen Ländern Ende 1997 und, last but not least, der Zusammenbruch der Technologiewerte im Jahr 2000.

Im Vergleich zu den erwähnten Blasen ist die heute außerhalb des Technologiesektors mit großer Wahrscheinlichkeit fortexistierende Blase in den USA und Westeuropa jedoch auffällig langlebig. Aufgrund der historischen Erfahrung müsste sie nämlich längst geplatzt sein. Diese Blase entwickelte sich Mitte der 80er Jahre, als einige amerikanische Firmen darauf kamen, dass es profitabler ist, bereits bestehende Firmen aufzukaufen statt in neue Anlagen und Maschinen zu investieren. Das führte zu der großen „Mergers&Acquisitions-Welle" der 80er Jahre, welche die Börsenkurse zu neuen Höhenflügen veranlasste. Bereits im Oktober 1987 schien jedoch alles vorbei zu sein. Ein Mini-Crash erschütterte das Vertrauen der Anleger, doch nicht für lange. In den 90er Jahren ging der Börsenboom mit noch größerer Dynamik weiter und die Aktienkurse eilen von Rekord zu Rekord. Und bis heute ist diese Blase nicht geplatzt, auch wenn sie im neuen Jahrtausend deutlich an Dynamik eingebüßt hat. Wir erleben zurzeit eine „nachhaltige Blase" – die erste der Wirtschaftsgeschichte –, die in Bezug auf ihre Dauer längst alle historischen Blasen in den Schatten gestellt hat (siehe Binswanger 1999).

Was unterscheidet die nachhaltige Blase von heute von den kurzlebigen Blasen von früher? Eine genauere Analyse der verschiedenen Blasenepisoden führt zu folgenden Schlussfolgerungen. Erstens platzen alle Blasen, die zu schnell wachsen. Börsenkurse, die sich in nur einem Jahr vervielfachen, wirken schnell unglaubwürdig, wie etwa die Entwicklung der Börse Ende der 20er Jahre in New York und in Japan Ende der 80er Jahre aufzeigte. Verglichen damit wächst die heutige

Blase bei den Blue Chips, die wesentlich den Verlauf des Dow Jones Index bestimmen, relativ langsam und ohne allzu große Aufmerksamkeit zu erregen. Bei den Technologiewerten hingegen bestätigte es sich einmal mehr: Wenn Aktienkurse in zu kurzer Zeit in die Höhe katapultiert werden, dann ist der Crash programmiert.

Zweitens darf die Höhe des Fundamentalwerts eines Spekulationsobjekts nicht zu offensichtlich sein. So ist der Fundamentalwert von Tulpenzwiebeln leicht abschätzbar, was dazu führte, dass die Preise im Jahre 1637 relativ rasch als „überhöht" erkannt wurden. In solchen Situationen verlieren die Investoren ihr Vertrauen, und die Blasen platzen nach relativ kurzer Zeit. Ganz anders ist das bei den heutigen Börsenkursen. Wie schon erwähnt, gibt es genügend Experten, welche die Existenz einer Blase bezweifeln und niemand weiß, wie hoch der Fundamentalwert der Aktien tatsächlich ist. Und Blasen, die nicht unmittelbar als solche erkennbar sind, gedeihen immer besonders gut.

Drittens tragen die Unternehmen selbst zum Platzen der Blase bei, wenn sie versuchen, von den hohen Aktienpreisen zu profitieren, indem sie sich durch die Herausgabe von zusätzlichen Aktien billig Kapital beschaffen. Die Preise eines Gutes (in diesem Fall Aktien), dessen Angebot ständig erhöht wird, beginnen nämlich schnell zu sinken und das verkraftet selbst die stärkste Blase nicht. Sowohl amerikanische Unternehmen Ende der 20er Jahre als auch japanische Unternehmen Ende der 80er Jahren begingen diese „Sünde" und leisteten damit ihren eigenen Beitrag zum Börsencrash. Während des gegenwärtigen Aktienbooms verhielten sich die amerikanischen Unternehmen hingegen bis jetzt sehr blasenfreundlich, indem sie tendenziell sogar das Angebot an Aktien durch Aktienrückkäufe verringerten.

Viertens führt mangelndes Risikomanagement bei den Banken, Vetternwirtschaft und Korruption zum schnellen Tod einer Blase, wie die südostasiatischen Länder Ende 1997 schmerzlich erfahren mussten. Blasen können nur in hochentwickelten Finanzsystemen überleben, in denen das Vertrauen in die Banken groß, die Märkte liquid und Risikodiversifikationsmöglichkeiten zahlreich sind.

Fünftens, können Blasen nicht nachhaltig gedeihen, wenn im Hintergrund kein potenter „Lender of last Resort" das Vertrauen in das Finanzsystem eines Landes stützt. Als Lender of last Resort agiert die Zentralbank eines Landes, wenn sie bereit ist, den Banken notfalls unbeschränkt zusätzliches Geld zur Verfügung zu stellen, sobald der Zusammenbruch des Finanzsystems droht. Im Jahre 1987 hat die amerikanische Zentralbank erfolgreich demonstriert, wie schnell das Vertrauen durch eine solche Maßnahme wieder hergestellt werden kann. Im Jahr 1929 hatte sie sich hingegen geweigert, ihre „Lender of last Resort"-Funktion wahrzunehmen und damit der Blase jede weitere Lebenschance genommen. Einen potenten Lender of last Resort besitzen allerdings nur Industrieländer, denn eine Zentralbank, die notfalls zusätzliche Baht oder Ringgit drucken kann, nützt überhaupt nichts. In solchen Situationen sind harte Devisen gefragt, die ausschließlich die Zentralbanken in den Industrieländern schaffen können.

Der realwirtschaftliche Hintergrund: Knappheit an profitablen Investitionsmöglichkeiten

Obwohl wir es gegenwärtig mit großer Wahrscheinlichkeit mit einer spekulativen Blase zu tun haben, muss diese in nächster Zeit nicht platzen. Zwar kann es immer wieder mal abwärts gehen wie etwa 1987 oder in den Jahren 2000 und 2001, aber der große Crash wird nicht kommen, solange die skizzierten Grundlagen für ein „nachhaltiges Blasenmanagement" von Politik und Wirtschaft weiterhin beachtet werden. Und „nachhaltige Blasen" können sich in den heutigen hochentwickelten Industrieländern sogar als nützlich erweisen, denn die wirtschaftliche Situation hat sich im Vergleich etwa noch zu den 20er und 30er Jahren grundlegend verändert. Damals lag ein Hauptproblem der spekulativen Investitionstätigkeit an der Börse darin, dass der Realwirtschaft dadurch Kapital entzogen wurde und wichtige Investitionen in der Realwirtschaft deshalb unterblieben. Diese Erkenntnis geht im Wesentlichen auf Keynes zurück, der davon sprach, dass der Finanzsektor dem Realsektor das Geld „stiehlt". Heute ist die Situation jedoch eine grundlegend andere. Knapp ist heute nicht das Kapital, sondern profitable Investitionsprojekte in der Realwirtschaft. Relativ zum heute vorhandenen Finanzkapital, ist die Realwirtschaft immer kleiner geworden und damit auch erfolgsversprechende Investitionsprojekte.

Profitable Investitionsmöglichkeiten sind für moderne Wirtschaften jedoch lebensnotwendig, denn sie bestimmen den Wert eines Unternehmens an der Börse (Binswanger 1996a). Dieser ergibt sich durch die Abdiskontierung der zukünftigen erwarteten Dividenden, die wiederum aus den Gewinnen bezahlt werden müssen. Fließt nun aber zuviel Geld in die Realwirtschaft, werden zunehmend unrentablere Investitionsprojekte finanziert, wodurch die Gewinnerwartungen sinken und damit auch die Börsenkurse. Die Existenz einer Blase verhindert nun, dass zuviel Geld in der Realwirtschaft investiert wird, wodurch die Gewinnerwartungen hoch bleiben und damit auch die Börsenkurse. Zwar werden in einer „Blasenwirtschaft" insgesamt weniger realwirtschaftliche Investitionsprojekte realisiert als in einer Wirtschaft ohne Blase, doch die Blase selbst stellt ebenfalls eine profitable Investitionsmöglichkeit dar, da sie stets zu einem höheren Preis an eine nächste Generation von Investoren weitergegeben werden kann. Zumindest ist das solange der Fall, wie die Blase sich nachhaltig entwickelt und nicht platzt.

In einer Wirtschaft, in der die profitablen Investitionsmöglichkeiten in Realkapital knapp sind, kann eine nachhaltige spekulative Blase die Realwirtschaft positiv beeinflussen, da sie das Spektrum an profitablen Investitionsmöglichkeiten erweitert. Dank der Entwicklung der Finanzmärkte ist es zunehmend möglich geworden, auch bloße Phantasien über steigende Aktienkurse in reale Profite zu verwandeln. Selbst wenn sich immer wieder herausstellt, dass ein Teil der Aktienkurse nicht mehr als „heiße Luft" sind wie etwa beim kürzlich erlebten Einbruch der Technologiewerte, so ist dies nicht weiter tragisch, solange immer wieder neue Ideen dazu kommen (z.B. Biotechnologie-Visionen), welche den Fortbestand der Blasen garantieren. In diesem Zusammenhang ist es sogar heilsam, wenn die Technologiewerte hin und wieder etwas nach unten korrigiert werden. Denn zu stark wachsende Kurse erschüttern die Glaubwürdigkeit und erhöhen die Wahrscheinlichkeit eines Crashs für die gesamte Börse.

Und schließlich liefert die Existenz von spekulativen Blasen auch eine weitere Erklärung dafür, warum die Inflationsraten trotz hoher Wachstumsraten in der Realwirtschaft und tiefer Arbeitslosigkeit gering bleiben. Wenn Geld vor allem dazu verwendet wird, Aktien zu kaufen und zu verkaufen, dann führt dies nicht zu Inflation bei Gütern und Dienstleistungen sondern zu Inflation bei den Aktienpreisen. Und diese Inflation ist im Gegensatz zur Inflation bei den Güter- und Dienstleistungspreisen höchst erwünscht, da sie zu entsprechend hohen Renditen an der Börse führt. Mit anderen Worten: ein zunehmend größerer Teil der vorhandenen Geldmenge zirkuliert in der Finanzsphäre der Wirtschaft und hat mit realwirtschaftlichen Prozessen unmittelbar nichts mehr zu tun.

Die zum Normalfall gewordenen Blasen spielen also eine entscheidende Rolle in heutigen Volkswirtschaften und haben auch großen Einfluss auf die Realwirtschaft. Und dieser Einfluss kann durchaus positiv sein, da dadurch das Spektrum an profitablen Investitionsmöglichkeiten erweitert wird, ohne dass es zu Inflation kommt. Außerdem sind mit den Blasen auch die Schaffung und der Erhalt viele Arbeitsplätze verbunden. Ein Großteil der Beschäftigten bei Beratungsfirmen oder Finanzdienstleistern arbeitet nämlich letztlich an der Weiterentwicklung und dem Fortbestand der Visionen, auf welchen die Blasen aufbauen und für die sie lebensnotwendig sind.

Die eben gemachten Ausführungen sind allerdings nicht so zu verstehen, dass spekulative Blasen heute grundsätzlich gut sind. Blasen können ihre positive Wirkung nur dann entfalten, wenn sie nachhaltig sind und nicht jederzeit mit ihrem Platzen gerechnet werden muss. Instabile und kurzlebige Blasen sorgen hingegen für hohe Volatilität an der Börse und schaffen damit erhebliche Risiken für die gesamte Volkswirtschaft. Und da die Investoren an der Börse zu Übertreibungen neigen, kommt es immer wieder zu kurzfristig stark wachsende Blasen, die sich dann als wenig nachhaltig erweisen, wie der Zusammenbruch der Technologiewerte im Jahr 2000 erneut gezeigt hat. Das Überleben der seit Beginn der 80er Jahre die gesamte US-Börse dominierenden, längerfristigen Blase, die vor allem in der Höhe des Dow Jones- und des S&P 500-Index zum Ausdruck kommt, wurde durch diesen Zusammenbruch eines Teilmarktes allerdings bis heute nicht gefährdet. Denn auch in Zukunft wird die Weltwirtschaft ganz ohne Blasen nur schlecht funktionieren. Da die Wirtschaft auf ein ständiges Wachstum ausgerichtet ist, aber die Realwirtschaft wegen der Endlichkeit der Erde nicht unendlich wachsen kann, muss das Wachstum zwangsläufig in virtuellen Räumen stattfinden. Und eine spekulative Blase mit der ihr zugrundeliegenden Zukunftsphantasie ist der Prototyp eines wirtschaftlich erfolgreichen virtuellen Raums.

Literatur

Binswanger, Mathias, 1996a: Monetäre Wachstumsdynamik in modernen Wirtschaftssystemen, in: Rupert Riedl und Manuela Delpos (Hrsg.), Die Ursachen des Wachstums, Wien, S. 282-296.

Binswanger, Mathias, 1996b: Die Entwicklung der Aktienmärkte und die reale Wirtschaft: Kommt es zu einer Entkopplung?, in: Friedhelm Hengsbach und Bernhard Emunds (Hrsg.), Haben sich die Finanzmärkte von der Realwirtschaft abgekoppelt?, Frankfurter Arbeitspapiere zur gesellschaftsethischen und sozialwissenschaftlichen Forschung Nr. 16, S. 70-78.

Binswanger, Mathias, 1999: Stock Markets, Speculative Bubbles and Economic Growth, Cheltenham: Edward Elgar.

Binswanger, Mathias, 2000: Stock Market Booms and Real Economic Activity: Is This Time Different?, in: International Review of Economics and Finance 9, S. 387-415.

Binswanger, Mathias, 2001: Does the Stock Market Still Lead Real Activity? – An Investigation for the G-7 countries, in: Journal of Financial Markets and Portfolio Management 15, S. 15-29.

Choi, Jongmoo, Shmuel Hauser und Kenneth Kopecky, 1999: Does the stock market predict real activity? Time series evidence from the G-7 countries, in: Journal of Banking & Finance 23, S. 1771-1792.

Fama, Eugene, 1990: Stock Returns, Expected Returns, and Real Activity, in: Journal of Finance 45, S. 1089-1108.

Schwert, William, 1990: Stock Returns and Real Activity: a Century of Evidence, in: Journal of Finance 45, S. 1237-1257.

Abbildung 1: Verhältnis der Werts des Börsenkapitals zum Bruttoinlandprodukt in den USA

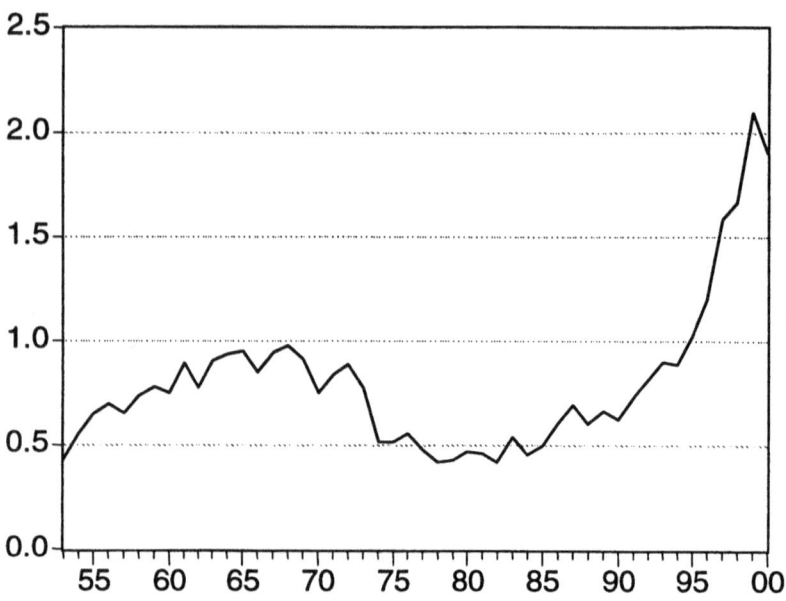

Abbildung 2: Preis-Dividenden-Verhältnis in den USA seit 1870

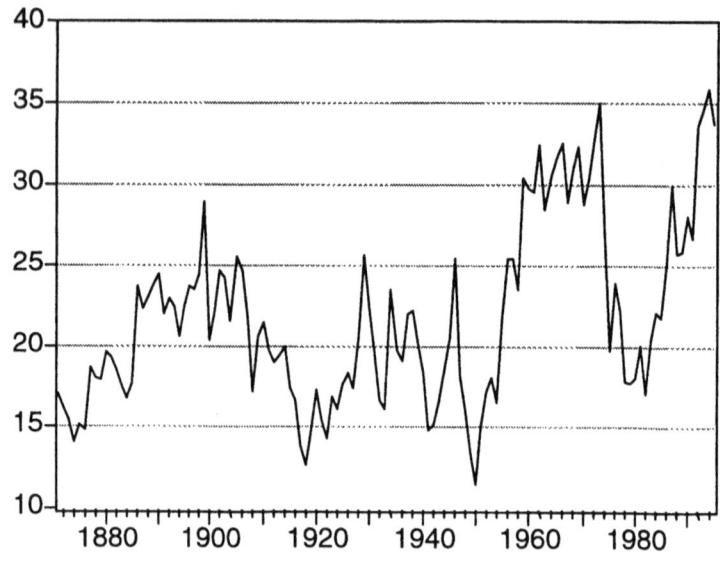

Verzeichnis der Autorinnen und Autoren

Dirk Baecker, Dr., Professor für Soziologie an der Universität Witten/Herdecke, dbaecker@uni-wh.de.

Jan-Alexander Bethge, M.A., wiss. Mitarbeiter am Soziologischen Seminar der Universität Göttingen

Mathias Binswanger, Dr., Professor an der Fachhochschule Nordwestschweiz/Solothurn, Abteilung für Wirtschaft, Mathias.Binswanger@FHSO.CH

Christoph Deutschmann, Dr., Professor für Soziologie an der Universität Tübingen, christoph.deutschmann@uni-tuebingen.de

Heiner Ganßmann, Dr., Professor für Soziologie an der Freien Universität Berlin, ganssmann@mail.zedat.fu-berlin.de

Aldo J. Haesler, Dr., Professor für Soziologie an der Universität Caen (Frankreich), AldoHaesler@aol.com

Rolf Haubl, Dr., Dipl. Psychologe und Gruppenanalytiker; apl. Professor an der Wirtschafts- und Sozialwissenschaftlichen Fakultät der Universität Augsburg

Tilman Heisterhagen, Staatsexamen, wiss. Mitarbeiter am Soziologischen Seminar der Universität Göttingen

Rainer-W. Hoffmann, Dr., Professor am Soziologischen Seminar der Universität Göttingen, rhoffma@uni-goettingen.de

Jochen Hörisch, Dr., Professor am Seminar für Deutsche Philologie der Universität Mannheim, hoerisch@split.uni-mannheim.de

Wolfgang Ludwig-Mayerhofer, Dr., Professor für Soziologie mit Schwerpunkt Vergleichende Analyse von Gegenwartsgesellschaften an der Universität Leipzig, WLM@sozio.uni-leipzig.de, WLM@soziologie.uni-muenchen.de

Rudolf W. Müller, Dr., Professor em. für Politikwissenschaft an der Universität Hannover, Ziegelweg 29, 79100 Freiburg

Axel T. Paul, Dr., wissenschaftlicher Assistent am Soziologischen Institut der Universität Freiburg, paulaxel@uni-freiburg.de

Klaus Prange, Dr., Professor für Erziehungswissenschaft an der Universität Tübingen

Lucia Reisch, Dr., wissenschaftliche Assistentin am Lehr- und Forschungsbereich Konsumtheorie und Verbraucherpolitik an der Universität Stuttgart-Hohenheim, lureisch@uni-hohenheim.de

Werner Schneider, Dr., Privatdozent und Oberassistent am Institut für Soziologie der Universität München, Werner.Schneider@soziologie.uni-muenchen.de

Franz Segbers, Dr., Privatdozent für Sozialethik am Fachbereich Evangelische Theologie der Universität Marburg, FranzSegbers@t-online.de

Heinz-Peter Spahn, Dr., Professor für Wirtschaftspolitik an der Universität Stuttgart-Hohenheim, spahn@uni-hohenheim

Sibyll-Annett Strecker, M.A., wiss. Mitarbeiterin am Soziologischen Seminar der Universität Göttingen

Rainer Weinert, Dr., apl. Professor am Institut für Soziologie der Freien Universität Berlin, weinert.berlin@t-online.de

Christine Wimbauer, Dipl. Soz., Wissenschaftliche Mitarbeiterin im Sonderforschungsbereich 536 „Reflexive Modernisierung" an der Universität München, Tine.Wimbauer@lrz.uni-muenchen.de

English abstracts

D. Baecker: The Form of Payment

One of the paradoxes of money is that any of its payments dissolves a debt yet does so only at the expense of a further entanglement with the social relationships in which such a debt solution mechanism is embedded. One of sociology's descriptions of this paradox is Niklas Luhmann's notion that any one payment produces both solvency on the part of the receiver and (relative) insolvency on the part of the giver. The paper identifies solvency and insolvency as the two sides of the "form" of payment and analyzes how the economy informs itself about its actual and possible states by specifying this form according to observation perspectives of different organizations (households, firms, banks, governments, NGOs). The paper advertises a information theory perspective on social phenomena.

J.-A. Bethge / T. Heisterhagen / R.-W. Hoffmann / S.-A. Strecker: Currency Crises and Reforms. Class Destinies, Social Characters and Socialization

The paper is based on empirical field studies about the experiences of three generations with the big cuts of the currency system in Germany during the 20th century (1923, 1948, and 1990). As the authors argue, changes in the currency systems are always reflections of deep structural changes of society. The study tries to identify the winners and the losers of the currency reforms, and it shows how changes in the social structure and in the experiences with money are transferred from one generation to the next. Moreover it analyzes, how the capacity of actors to adapt to changing monetary orders is based on internalized value orientations. Interestingly, those families who had developed a conservative money ethic of thrift and solidity, frequently found themselves on the side of the losers. In many cases children developed a flexible and more realistic attitude concerning the use of money than their parents.

M. Binswanger: Speculative Bubbles and their Significance in Highly Developed Industrial Countries

Stock markets have been booming in most industrialized countries since the 1980s, and there is a lot of evidence that a large part of these stock price movements cannot be explained by fundamentals. Stock markets seem to be influenced by speculative bubbles which are responsible for the decoupling of stock prices from real economic activity. But this paper also argues that speculative bubbles are an inherent part of the recent development in highly industrialized countries and that there is some economic logic behind this development. If profitable investment opportunities in the real economy become increasingly scarce relative to the existing monetary funds, money is invested in financial assets instead of in real assets (machines and other productive devices). These purely financial investments, especially in stocks, lead to the emergence of speculative bubbles. However, as long as bubbles do not burst they can be profitable as investors can continually pass them on among each other at constantly increasing prices. Therefore, sustainable bubbles can be understood as a new way to overcome a real constraint to further economic growth. The paper also outlines several criteria, which are a prerequisite for the sustainability of bubbles.

Ch. Deutschmann: Capitalism, Religion and Entrepreneurship: An Unorthodox View

The influence of religion and religious ethics on capitalist development is a well established theme of sociological research since the studies of Weber. In contrast to this orthodox approach, the paper explores the analytical potential of the interpretation of capitalism as an intrinsically religious phenomenon, which has been suggested by Benjamin in his famous fragment and which can be found also in the theories of Simmel and Marx. In the first step it is shown that sociological theories of religion as well as of money meet certain structural paradoxes, whose similarity points to an inner affinity of religion and money. In the second step this point is deepened by a discussion of the theories of Simmel and Marx which concentrates on the difference between mainstream economic conceptualizations and money, and the concepts of money as "Vermoegen" (Simmel) and "capital" (Marx). In the third step it is shown how the latter concepts can be combined with current neoinstitutionalist and constructivist theories of economic "myths" and "paradigms", thus opening a new perspective for the sociological analysis entrepreneurship, innovation, economic growth, and social change.

H. Ganßmann: The Money Game

Recent sociological theories (Parsons, Habermas, Luhmann) propose a concept of money as a symbolically generalized medium of communication. This conceptualization leads to at least three problems: a questionable analogy of money and language, a rather vague notion of symbols, and a neglect of the role of money in relations of domination. These problems are addressed by proposing a line of argument suggested by Searle, by clarifying in what way money objects function as symbols, by analyzing the ways in which money is used to coordinate actions, and how and why it differs from language as a medium of communication. The paper closes with a sketch of a model of the money game developed by Cartelier.

A. J. Haesler: Irreflexive Modernity. Consequences of the De-Materialization of Money, Viewed from a Theory of Social Exchange

The author interprets the long term process of dematerialization of money from the perspective of an anthropological theory of social exchange. Social exchange guarantees, as he argues, that minimum in social reciprocity which is indispensable for civilized human society. With the expansion of the monetary economy, exchange relationships are becoming more and more abstract; at the same time the logic of money increasingly permeates all spheres of society, as the author argues with reference to Simmel and Sohn-Rethel. For the author, the abolition of the gold standard of the Dollar in 1971 and the introduction of the credit card system as the final step in the dematerialization of money represent fundamental turning points in the history of money. What is prevailing since then is "purely conceptual" money which no longer follows the principle of social reciprocity and is inaccessible to social reflection. Instead, society becomes permeated by an invisible spider-web of total control, as the author argues referring to Foucault and Deleuze.

R. Haubl: Money Madness. A Psychodynamic Sketch

Money is more than an economic medium, as its use involves also a symbolic dimension. Conflicts about money are often the expression of unresolved conflicts with ourselves and significant others. The article is based on case studies. It describes different money-styles which the author has identified in his psychosocial work with persons, who are deeply in debt or suffer from shopping-addiction. However, individual problems are always social ones. Seen from this view, it is important to consider the cultural expectations concerning the use of money. In the present we can observe a shift from an emphasis on safety to risk seeking. The main arena of this change is the stock exchange and the increasing popularity of stocks as a form of investment. The article describes psychic mechanisms how private investors try to cope with their feelings – greed, envy, anger, anxiety – by watching charts, and how they try to gain – illusionary – control. In the concluding section the author points to the conflict between the traditional work ethic and the market conditions of the "new economy".

J. Hörisch: Counting or Telling. References to New Literature on Money

The article comments recent belletristic literature on money, focussing on the entanglement of bourgeois biographies into the paradoxes of money.

R. W. Müller: The Coming only is Sacred – Rush to the Future. On Time, Money, Future Today

The article explores the interconnections between money, time, and modernity. "Modernity" is a temporal concept and the specific 'modern' understanding of time as a linear, homogeneous, and dynamic entity would have been impossible without the evolution of a monetary economy. The article contrasts the 'naturalistic' concepts of time in archaic societies with the highly abstract and future-orientated organization of time in modern capitalism. The author draws on ideas of Simmel, Schumpeter, and Knight, in particular he refers to the descriptions of the American way of life in Ralph W. Emerson and Philip Fisher.

A. T. Paul: The Legitimacy of Money

The article outlines a societal theory of money drawing mainly on the, although widely respected, theoretically still underrated *Philosophy of Money* of Georg Simmel. It is argued that the emergence of money, on the one hand, gave birth to our modern functionally differentiated society and constituted, on the other hand, its economic and social dynamics. It is shown that the legitimacy of money, being similar to, but not identical with, religious belief, rests on the politically manipulable trust of the people in the money they use. Given the centrality of money in modern society this seems to alter the character of social cohesion.

K. Prange: Money and Education. On Scarcity as a Means of Education

Educational theory is remarkably reluctant to accept money as one of the basic facts of life. Didactic advice on how to get on with money, let alone how to make a fortune, is hard to come by. Education is mainly discussed in terms of moral improvement and individual perfection, preferably outside the sphere of managing the monetary aspects of life. However, when it is made explicit, scarcity and the virtue of getting on with little or no money is the dominant aspect. There is even a tradition of artificial, educationally induced poverty so as to appreciate the "real" values in life and to acquire them under conditions of self-imposed scarcity. The truth in this is that the learning process requires a sense of urgency, at a price: education tends to turn a blind eye on the reality of the monetary aspects in human affairs.

L. A. Reisch: Symbols for Sale: Functions of Symbolic Consumption

The article gives an overview of the research on symbolic consumption. Drawing on studies and theories of diverse research fields such as anthropology of consumption, sociology of consumption, consumer economics, psychology of consumption, and history of consumption, it presents the key ideas of the most seminal writings in each area. Against this backcloth, a categorization of five functions of symbolic consumption is proposed. Consumption of goods can signal position, competence, expression, and identity (all these three being genuine sociological concepts), and it can also facilitate imaginative hedonism and compensation (which are psychological concepts). Symbolic consumption can – more or less intentionally – be directed to the outside world as audience (e.g. positional consumption), and it can also be directed to the individual self (e.g. imaginative hedonism and identity formation). The article closes by pointing to the parallels between the symbolic aspects of consumption and money.

F. Segbers: Money – the Most Ordinary Idol on Earth (Martin Luther). The Civil Religion of Everyday Life in Capitalism

The article asks whether the biblical criticism of myths has the potential of a critique of money in favour of a logic of humaneness and whether it can contribute to demystify the "everyday religion" of money (Marx) in order to establish a viable economic order. The biblical distinction between God and god/mammon intends to shed light on apparently inviolable and sacred ideological powers. Mammon rules, where the permanent increase of money is accepted as a supreme goal, with the ensuing actions. The central concept of Marx' critique of capitalism is a theological metaphor: fetishism. Capitalism is not just similar to religion, it is a religion whose cult is the money-mediated barter. Critique of gods in the biblical heritage intents to demystify the appearance of inviolability which surrounds the money-religion, and to establish political, social, and economic structures in which money is not the all-encompassing reality.

H.-P. Spahn: The Order of Society as a Payment Economy

Money performs two basic functions in a decentralized market system. From a microeconomic point of view, problems of mutual low information and trust in the exchange of resources can be eluded by using spot transfers in terms of a generally accepted means of payment. The use of money thus evolves as a substitute for a fragile network of interpersonal and intertemporal creditor-debtor relations, and insofar helps to eliminate the time dimension from economic processes. Money serves as a "language" of economic communication, and manages an exclusive transfer of private property rights. From a social point of view, money is a transparent bookkeeping device which indicates that market agents do not exceed their budget constraint when acquiring resources; as money is supposed to act as an impartial arbiter when distributing market income, the impression of a "fair trade" might support social stability of the market system. Money essentially represents the cornerstone of a specific order where economic behaviour is basically guided by "investment" strategies denominated in pure nominal quantities. The popular saying of a "decoupling" of financial markets therefore comprises the illusion that "real" economic motives could control the working of a monetary economy.

R. Weinert: Money and Politics: Autonomy and Change of Central Banks

Central banks are considered as guardians of the currency. They appropriated this function in the late 19th century and became powerful political institutions. The paper discusses this process with regard to three Central banks (Bank of England, Federal Reserve Bank, and the German Bundesbank). They had an extraordinary impact on whole empires or on trading blocs at different times. A salient feature is the increasing autonomy of Central Banks and the rise of political conflicts. This leads to a shift in power among existing institutional arrangements: The success of Central Banks in coalition building with the financial and banking communities and political parties led to an increase of their power. After the end of the Bretton Woods-system in 1973, transnational co-operation of Central banks had been intensified via the Bank for International Settlements (BIS) in Basle. Their organizational structures remained divergent until the middle of the 20th century; this is changing since the end of 20th century after establishing the ECB as the first supra-national Central bank. The power of Central banks will increase further due to the diffusion of "cyber money"; as a consequence they could be transformed from political to semi-religious institutions.

Ch. Wimbauer / W. Schneider / W. Ludwig-Mayerhofer, with the collaboration of J. Allmendinger and D. Kaesler: A Precarious Balance. Love and Money in Intimate Relationships

'Love' and 'money' appear as diametrically opposed, yet they are the basis of the modern family household. The tension between love and money is resolved (or veiled) in the bourgeois family through a division of labour ('his' work for money and 'her' domestic labour) that makes money appear as 'family income'. With increasing female labour market participation, and consequently increasing female earnings, new regimes of love and money have to be established by couples. Exemplary analyses of three couples exhibit, how densely love and money are interwoven in couples' everyday life: The value of money is determined by the couples' (or the individual partners') notions of their relationship, by their biographies and plans for the future, and it is closely related to personalities and identities.

AUS DEM PROGRAMM

Soziologie

Erhard Stölting, Uwe Schimank (Hrsg.)
Die Krise der Universitäten
2001. 360 S. Br. € 34,00
ISBN 3-531-13600-3

Die Krise der Universitäten ist in aller Munde. In dieser Debatte will der vorliegende Sammelband sich weder auf die Seite der sturen Verteidiger und Mythologisierer der Tradition noch auf die Seite der eilfertigen Rundumreformer schlagen, sondern sich gezielt zwischen diese Stühle setzen - mit differenzierten historischen Vergewisserungen und empirisch informierten Betrachtungen von Finanzen, Personal- und Entscheidungsstrukturen, Forschung und Lehre.

Bettina Heintz (Hrsg.)
Geschlechtersoziologie
2002. 551 S. mit 25 Abb. und 24 Tab. Br. € 54,00
ISBN 3-531-13753-0

Das 41. Sonderheft der *Kölner Zeitschrift für Soziologie und Sozialpsychologie* geht aus unterschiedlichen theoretischen Perspektiven der Frage nach, über welche Mechanismen Geschlechterungleichheit erzeugt oder auch abgebaut wird. Obschon die Geschlechtergrenzen durchlässiger geworden sind, gibt es nach wie vor Bereiche, in denen die Geschlechterungleichheit praktisch unverändert fortbesteht. Wie ist es zu erklären, dass in einer Gesellschaft, die sich von ihrem Selbstverständnis her an universellen Sachprinzipien orientiert, geschlechtliche Zuschreibungen weiterhin wirksam sind? Die Beiträge machen deutlich, dass die Herstellung von Geschlechterungleichheit an spezifische Konstellationen gebunden ist und interaktive Prozesse, Organisationsstrukturen und internationale Normen hier eine besondere Rolle spielen.

Maurizio Bach (Hrsg.)
Die Europäisierung nationaler Gesellschaften
2001. 515 S. Br. € 49,00
ISBN 3-531-13591-0

Zentrale Themenbereiche dieses 40. Sonderhefts der KZfSS sind: Institutionenbildung und Institutionenkonflikte in der EU; Marktbildung, Konvergenz und Sozialintegration; nationaler und europäischer Bürgerstatus; die Entstehung politischer Öffentlichkeiten; Migration in Europa sowie gesellschaftstheoretische Perspektiven der europäischen Integration im sozialen Wandel. Der Band möchte dazu beitragen, die gegenwärtige Europafrage in ihrem ganzen Facettenreichtum stärker als bisher auch soziologisch zu diskutieren.

www.westdeutschervlg.de

Abraham-Lincoln-Str. 46
65189 Wiesbaden
Tel. 06 11. 78 78 - 285
Fax. 06 11. 78 78 - 400

Erhältlich im Buchhandel oder beim Verlag.
Änderungen vorbehalten. Stand: April 2002.

Westdeutscher Verlag

GPSR Compliance

The European Union's (EU) General Product Safety Regulation (GPSR) is a set of rules that requires consumer products to be safe and our obligations to ensure this.

If you have any concerns about our products, you can contact us on

ProductSafety@springernature.com

In case Publisher is established outside the EU, the EU authorized representative is:

Springer Nature Customer Service Center GmbH
Europaplatz 3
69115 Heidelberg, Germany